Die Geschichte
des Deutschlandproblems
im Spiegel
der politischen Karikatur

Wolfgang Marienfeld

Die Geschichte des Deutschlandproblems im Spiegel der politischen Karikatur

Verlag CW Niemeyer · Hameln

CIP-Titelaufnahme der Deutschen Bibliothek

Marienfeld, Wolfgang:
Die Geschichte des Deutschlandproblems im Spiegel der
politischen Karikatur / Wolfgang Marienfeld. – Hameln:
Niemeyer, 1990
    ISBN 3-87585-137-4

© 1990, Verlag CW Niemeyer, Hameln
Herausgeber: Nieders. Landeszentrale für politische Bildung, Hannover
Gesamtherstellung: CW Niemeyer-Druck, Hameln
Printed in Germany
ISBN 3-87585-137-4

INHALT

VORWORT

Als der Völkerrechtler Constantin Frantz im Jahre 1866 feststellte: „Die Deutsche Frage ist das dunkelste, verwickeltste und umfassendste Problem der ganzen neueren Geschichte", vermochte er nicht zu ahnen, in welch dramatischem Sinne und unter welchen schwerwiegenden Ereignissen er bis heute mehr denn je recht behalten sollte. Den später so mühsam errungenen Nationalstaat hat der Nationalsozialismus, hat Hitlers Krieg zerstört. Seine Konsequenz war die deutsche Teilung, mehr noch, die Teilung Europas.

In seiner großen Gedenkrede zum 8. Mai 1945 sagte Bundespräsident Richard von Weizsäcker: „Wir alle, ob schuldig oder nicht, ob alt oder jung, müssen die Vergangenheit annehmen. Wir alle sind von ihren Folgen betroffen und für sie in Haftung genommen." Diese Haftung dauert an ebenso wie die deutsche Teilung, die zu überwinden ein Denken in historischen Zeiträumen erfordert.

Kaum schwiegen 1945 die Waffen, da zerbrach die Koalition der Hitlergegner. Der rasch aufbrechende Ost-West-Konflikt gewann zunehmend Einfluß auch auf die Gestaltung der Nachkriegsentwicklung in Deutschland, die hier zur Gründung zweier Staaten mit unterschiedlicher Gesellschaftsordnung führte, integriert in zwei scharf voneinander getrennte Machtblöcke.

Gewiß gab es, bevor es dahin kam und später noch, immer wieder politische Überlegungen und Diskussionen über Deutschlands Zukunft. Alle Vorstellungen aber, wie seine Einheit wieder herzustellen sei, gingen angesichts des Ost-West-Gegensatzes so weit auseinander, daß eine Lösung sich nicht abzeichnete. Mehr und mehr verband sich die deutsche Frage mit dem Problem von Sicherheit und Abrüstung in Europa, während die Hoffnung auf Überwindung der staatlichen Teilung sich in dem Maße verringerte, wie sich die beiden großen Machtblöcke verfestigten.

Wenn es heute auch zwei Staaten in Deutschland gibt, so gehören ihre Bürger dennoch unverändert zu einer Nation. Als weitere Klammer wirkt die im Grundgesetz der Bundesrepublik Deutschland verankerte einheitliche Staatsbürgerschaft. Daher besteht zwischen beiden deutschen Staaten die besondere Beziehung, füreinander kein Ausland zu sein.

Die neue Ost- und Deutschlandpolitik der frühen siebziger Jahre führte zum Grundlagenvertrag mit der DDR, dessen Bestimmungen der fortbestehenden staatlichen Spaltung Deutschlands Rechnung tragen, ohne sie jedoch festzuschreiben, und die davon ausgehen, daß es in der nationalen Frage „unterschiedliche Auffassungen" gebe. Dem Grundlagenvertrag folgten zahlreiche Vereinbarungen zwischen beiden Staaten.

Inzwischen lassen die kaum vorhersehbaren Veränderungen im östlichen Machtbereich hier ein neues Denken erkennen. „Ein atemberaubender Prozeß ist im Gange", so Richard von Weizsäcker, „...die europäische Nachkriegsordnung ist in Bewegung geraten". In der DDR fordern Hunderttausende von Menschen, und täglich werden es mehr, längst überfällige Reformen. „Damit stehen wir im Westen vor einer gewaltigen Probe."

Sich angesichts solcher Entwicklung das Deutschlandproblem in seinen verschiedenen Stadien von den Anfängen bis an die unmittelbare Gegenwart heran erneut in kritischer Reflexion vor Augen zu führen, kann da nur nützlich sein. Die vorliegende Schrift versucht dies vor allem im Spiegel von fast 500 ausgewählten politischen Karikaturen, die mit den besonderen Möglichkeiten ihres Genres das Deutschlandproblem durch mehr als vier Jahrzehnte begleitet haben und noch begleiten.

Denn die Geschichte des Deutschlandproblems ist zugleich eine Geschichte der politischen Karikatur, deren jeweilige Wahrnehmungsperspektive, wie Wolfgang Marienfeld schreibt, „oft witzig, gleichwohl immer ernst", in ihrer Verfremdung des Bekannten den Betrachter sowohl emotional bewegt als auch rational anspricht. Immer wohnt der Karikatur hohe Aussagekraft inne, immer regt sie zu Fragen an und vermittelt Denkanstöße. Nicht zuletzt darin liegt ihre besondere Wirkung.

Die oft meisterlichen Strichzeichnungen setzen in der vorliegenden Auswahl um das Jahr 1945 ein; sie begleiten die Phase der beiden Staatsgründungen auf deutschem Boden bis zum Mauerbau und darüber hinaus. Sie konturieren Grundströmungen und Schwerpunkte ihrer Nachkriegsentwicklung, spiegeln die neue Deutschland- und Ostpolitik ab 1969 wider, beleuchten die Ergebnisse der Vertragspolitik und widmen sich der Aufbruchstimmung in der DDR und in Osteuropa im

Sommer und Herbst 1989. Dabei wird immer wieder deutlich, wie sehr die deutsche Frage in den gesamteuropäischen Zusammenhang eingebettet ist.

Vor allem junge Menschen in Schule und Ausbildung dürften durch die Bildsprache der Karikatur motiviert werden, sich anhand eines derart unorthodoxen Leitfadens über Themen und Probleme der deutschen Nachkriegsgeschichte zu informieren. Ganz im Sinne des Bundespräsidenten helfen die oft kargen und doch so aussagekräftigen Strichzeichnungen, die Erinnerung wachzuhalten und sich auf die geschichtliche Wahrheit einzulassen. Sie zeigen aber auch das Zusammengehörigkeitsgefühl jener, die „dieselbe Geschichte durchlebt haben", und geben uns die Zuversicht, „daß der 8. Mai nicht das letzte Dokument unserer Geschichte bleibt, das für alle Deutschen verbindlich ist".

Inzwischen hat die Deutsche Demokratische Republik unter dem anhaltenden Reformdruck ihrer Bevölkerung am 9. November 1989, einem schicksalsträchtigen Datum der gemeinsamen deutschen Geschichte, ihre Grenzen zur Bundesrepublik Deutschland und in Berlin geöffnet. Was daraufhin geschah, wird wohl niemand vergessen. Die bewegenden Bilder des nach so langer Trennung ungebrochenen Zusammengehörigkeitsgefühls der Menschen diesseits und jenseits von Mauer und Stacheldraht, die über Nacht durchlässig wurden, sind um die ganze Welt gegangen. Ein neues, hoffnungsvolles Kapitel in der Geschichte des Deutschlandproblems, das nur in Frieden und Freiheit im europäischen Rahmen gelöst werden kann, ist in diesen Tagen aufgeschlagen worden.

Hannover und Bonn, im November 1989

Dr. Wolfgang Scheel
Direktor der Niedersächsischen Landeszentrale für politische Bildung

Franklin Schultheiß   Horst Dahlhaus   Wolfgang Maurus
Direktorium der Bundeszentrale für politische Bildung

ZUR EINFÜHRUNG

In der politischen Karikatur wird die Wahrnehmung politischer Vorgänge zu einer Erfahrung oder Einsicht verarbeitet, die sich zu ihrer Artikulation einer graphischen Symbolsprache bedient. Die Karikatur möchte nicht bloßes Abbild von Personen, Gruppen, Institutionen, Ereignissen, Handlungsabläufen sein, sondern deren Wesen, deren Kern, deren Bedeutung, deren inneren Zusammenhang aufdecken. Sie ist Urteil über Tatbestände: Sachurteil und Werturteil. Sie möchte die Sachverhalte entwirren, ihres Rankenwerks entkleiden, auf den entscheidenden Punkt hin durchleuchten, die verborgene Wahrheit aufdecken, den Widerspruch zwischen Schein und Sein bloßlegen. Sie steht dem Geschehen nicht neutral, nicht wissenschaftlich-distanziert gegenüber, sondern nimmt Partei: entschieden, oft leidenschaftlich; sie versteht sich als Waffe im politischen Kampf. Sie kann bloßstellen, lächerlich machen, ja vernichten wollen; sie kann Mittel der Aggression sein. Sie will den Betrachter aufrütteln, ihn nicht nur rational ansprechen, sondern auch emotional ergreifen, will Haltung zum Ausdruck bringen, will Einstellungen erwecken, gelegentlich sogar Aktion auslösen. Ihre Aussage will eindeutig und sinnfällig sein, ihre Form zum überzeugenden Symbol werden. Sie bedient sich einer vielgestaltigen, einer phantastischen und willkürlichen, die wahrgenommene Wirklichkeit verfremdenden Formensprache: der Verzerrung, der Verkleidung, der Parodie und der Allegorie, des provozierenden Widerspruchs zwischen Bild und Text, der scheinbaren Außerkraftsetzung der natürlichen Kausalität wie auch der zeitlichen Ordnung und des historischen Zusammenhanges, der Vermischung getrennter Daseinsformen, der Entrückung in andere Lebenswelten. Die Karikatur ist dadurch oft witzig und gleichwohl immer ernst, oft nicht einmal auf befreiendes Gelächter, sondern auf Erschrecken und Entsetzen ausgerichtet. Sie nur als witzige Illustration zum Geschehen anzusehen, hieße ihr Wesen zu verkennen und ihre Aussagekraft zu unterschätzen.

Die Geschichte des Deutschlandproblems ist zugleich eine Geschichte der politischen Karikatur. Die Teilung Deutschlands, die Einbindung der beiden Teilstaaten in weltpolitische Lager und ideologische Wertsysteme, deren heftige und leidenschaftliche, bis in die Fundamente des Seins hinabreichende Auseinandersetzungen, das Ringen um den Fortbestand der Nation und um die Wiedergewinnung der staatlichen Einheit, die Vielzahl und die Vergeblichkeit der Anläufe, das Mit- und Gegeneinander der politischen Entwürfe, der Gegensatz zwischen Idee und Wirklichkeit, zwischen Bekenntnis und Tun, zwischen Entwurf und Ergebnis, die Dramatik des Handlungsablaufs, der jähe Wechsel der Konstellationen – alles das sind Tatbestände, die dem politischen Karikaturisten die Feder in die Hand geben. So sind im Ablauf der deutschen Teilungsgeschichte Zehntausende von Karikaturen entstanden – in den ersten Nachkriegsjahren, als die deutschen Zeitungen noch nicht täglich erschienen und nur aus einem Einzelblatt oder wenigen Seiten bestanden, mehr in den Zeitungen der über Deutschland streitenden Besatzungsmächte, nach der Währungsreform und mehr noch nach den beiden Staatsgründungen in dichter Folge auch in den Zeitungen der beiden deutschen Staaten. Besonders die 50er Jahre sind überaus produktiv: die deutsche Frage stellt eines der großen Weltprobleme dar, dessen Signatur in der Fülle deutschlandpolitischer Erklärungen, Pläne, diplomatischer Noten und internationaler Konferenzen zu sehen ist. Außenpolitik und Deutschlandpolitik stehen in einem engen Zusammenhang; für die beiden deutschen Staaten sind sie fast miteinander identisch.

Der Bau der Mauer in Berlin 1961 schließt diese Periode ab. Die Deutschlandfrage verlagert sich zunehmend aus dem Zentrum der Weltpolitik an dessen Peripherie. Auch für die deutschen Staaten gilt, daß Außenpolitik und Deutschlandpolitik auseinanderrücken. Langfristige Konzeptionen treten an die Stelle kurzfristiger Entwürfe und unmittelbarer Erwartungen. Andere Probleme kommen neben der deutschen Frage auf und beanspruchen das Interesse – das der Politiker ebenso wie das der Karikaturisten. Gleichwohl bleibt die Fülle des Materials auch in den 60er Jahren eindrucksvoll.

An deren Ende steht die Formulierung einer neuen Politik durch die sozial-liberale Koalition: der vom Mauerbau ausgehende Wandel der deutschlandpolitischen Konzeptionen wird in eine entschlossene Vertragspolitik umgesetzt, die sich von bisherigen Mustern deutschlandpolitischen Verhaltens löst. Der aufrüttelnde Meinungskampf um die richtige deutsche Politik und die Umsetzung der neu formulierten Konzeption in die Wirklichkeit rücken die deutsche Frage erneut in den Mittelpunkt, was sich auch in einer Vielzahl von Karikaturen niederschlägt. Der unterschiedliche politische Standort in der Bewertung dieser Politik tritt dabei deutlich hervor.

9

Die Fortführung der Vertragspolitik im weiteren Verlauf dieses Jahrzehnts und in den 80er Jahren ist weniger spektakulär als deren Ingangsetzung, so daß eine vergleichbare Materialfülle wie in den frühen 70er Jahren nicht mehr besteht. Die Vertragspolitik der sozial-liberalen Koalition hat sich als Grundkonzeption in der Bundesrepublik durchgesetzt, insofern ist es um die Prinzipien der Deutschlandpolitik ruhiger geworden. Karikaturen erscheinen jetzt in den Zeitungen, wenn einzelne Ereignisse den normalen Handlungsverlauf unterbrechen. Das können Zwischenfälle an der Grenze sein, spektakuläre Fluchtaktionen, Vertragsabschlüsse, Politikerbesuche (so z. B. Honeckers Besuch der Bundesrepublik im September 1987); es können aber auch Wandlungen in den Grundpositionen sein, so z. B. auffällige Erscheinungen der Abgrenzungspolitik in der DDR oder in der Bundesrepublik, beispielsweise Vorstöße zur Eliminierung des deutschlandpolitischen Auftrages aus dem Grundgesetz.

Angesichts der Materialfülle und der hohen Aussagekraft der Karikaturen für die Wahrnehmungsperspektive des Deutschlandproblems mußte der Versuch reizen, die Geschichte dieses Problems im Spiegel der politischen Karikaturen darzustellen. Diesem Versuch sind vom Umfang des Themas und vom Umfang des Quellenmaterials natürliche Grenzen gesetzt. Aus dem überaus reichen Ausgangsmaterial in den Zeitungen ist als Vorauswahl eine Karikaturensammlung entstanden, die über 5000 Exemplare umfaßt. Aus dieser sind dann für den Abdruck in der vorliegenden Arbeit nahezu 500 Karikaturen ausgewählt worden, also etwa 10 % der Vorauswahl und zwischen 1 und 2 % des Ausgangsmaterials. Die für die Publikation unabdingbare Reduktion des Ausgangsmaterials schließt aus, daß für den gesamten Untersuchungszeitraum die ganze Breite des Meinungsfeldes dokumentiert wird. Nur für einzelne, besonders wichtige Entscheidungssituationen ist dieses möglich gewesen, so z. B. für die Auseinandersetzung um die Ost-

und Deutschlandpolitik der sozial-liberalen Koalition Anfang der 70er Jahre (vgl. hierzu S. 179). Auch ist es angesichts der Vielzahl der herangezogenen Zeitungen nicht möglich, die einzelnen Zeitungen in ihrem politischen Standort, speziell in ihrer deutschlandpolitischen Haltung zu charakterisieren. Es erbringt auch nicht genug, sie schlagwortartig bestimmten politischen Lagern zuzuordnen und vielleicht damit das Urteil des Lesers zu besetzen. Die deutschlandpolitische Haltung ist auch mit der Problemgeschichte selbst Wandlungen unterworfen, die sich in Zahl und Inhalt der Karikaturen niederschlagen. Das Neue Deutschland beispielsweise hat sich schon sehr früh und viel entschlossener als die meisten Zeitungen in den Westzonen bzw. dann in der Bundesrepublik der Karikatur als politischer Waffe im rivalisierenden Kampf um Deutschland bedient. Bis Ende der 60er Jahre bleibt die deutschlandpolitische Orientierung in einer Fülle von Karikaturen bestehen.

Die inhaltliche (und auch die ästhetische) Spannweite ist dabei sehr eng: die Bundesrepublik als Hort der Reaktion, als Fortsetzung des Faschismus in Deutschland, in ihrer Politik auf Revanche und Krieg ausgerichtet – die DDR als zukunftsweisendes Gesellschaftsmodell, eine welthistorische Mission erfüllend, ununterbrochen auf Friedenswacht stehend. In den 70er Jahren tritt mit der Politik der Abgrenzung und dem Aufbau der Zwei-Nationen-Theorie die deutschlandpolitische Orientierung stark zurück, um schließlich ganz zu verschwinden. Die Abgrenzungspolitik schließt aus, daß die Treffen von Erfurt und Kassel, die Ostverträge der Bundesrepublik, das Viermächte-Abkommen über Berlin oder der Grundlagenvertrag überhaupt thematisiert werden. Schließlich verschwinden aus dem Neuen Deutschland nicht nur die deutschlandpolitischen Karikaturen, sonder – erstaunlicherweise! – die Karikaturen überhaupt. So wie hier für das Neue Deutschland sind auch für die Zeitungen der Bundesrepublik Wandlungen feststellbar, allerdings bei weitem nicht so grund-

legende wie im Neuen Deutschland. Besonders deutlich als Scharnier für neue Einstellungen tritt die Ingangsetzung der neuen Ost- und Deutschlandpolitik durch die sozial-liberale Koalition Anfang der 70er Jahre hervor.

Die Materialbeschaffung erfolgte durch systematische Auswertung führender Tages- und Wochenzeitungen der Bundesrepublik und der DDR.[1] Andere Zeitungen wurden für bestimmte Problembereiche oder längere Zeitabschnitte herangezogen.[2] Wieder andere wurden durch Karikaturensammlungen zugänglich. Hier ist an erster Stelle die sehr umfangreiche, einige 10000 Exemplare umfassende Karikaturensammlung in der Pressedokumentation des Deutschen Bundestages zu nennen. Für die Besatzungszeit war das Institut für Zeitungsforschung in Dortmund von besonderem Wert, weil hier die für die ersten Jahre nach 1945 besonders wichtigen ausländischen Zeitungen eingesehen werden konnten, so z. B. die *New York Herald Tribune* und der *Manchester Guardian*. Im Dortmunder Institut fand sich auch die private Karikaturensammlung des Zeitungswissenschaftlers Karl d'Ester, die zeitlich bis 1965 reicht. Für die Zeit ab 1976 konnte die private Sammlung von Herrn Gerhard Welter/Hannover ausgewertet werden.

Allen, die mich bei meiner Arbeit unterstützt haben, möchte ich meinen Dank sagen. Dieser Dank gilt außer den genannten Personen und Institutionen auch der Bibliothek des Niedersächsischen Landtages in Hannover.

Hannover, im Juli 1989

Der Verfasser

[1] Die Frankfurter Allgemeine Zeitung, die Hannoversche Allgemeine Zeitung, die Hannoversche Presse, das Neue Deutschland, Der Spiegel, die Süddeutsche Zeitung, Die Welt, Die Zeit
[2] Bayernkurier, Berliner Tagesspiegel, Berliner Zeitung, Deutsches Allgemeines Sonntagsblatt, Deutsche Zeitung und Wirtschaftszeitung, Frankfurter Rundschau, Kölnische Rundschau, Mannheimer Morgen, Neue Ruhr-Zeitung, Nürnberger Nachrichten, Rhein-Neckar-Zeitung, Schweizer Illustrierte Zeitung, Ulenspiegel, Westdeutsche Allgemeine Zeitung, Aachener Nachrichten u. a.

I

Die Teilung Deutschlands
1945–1949

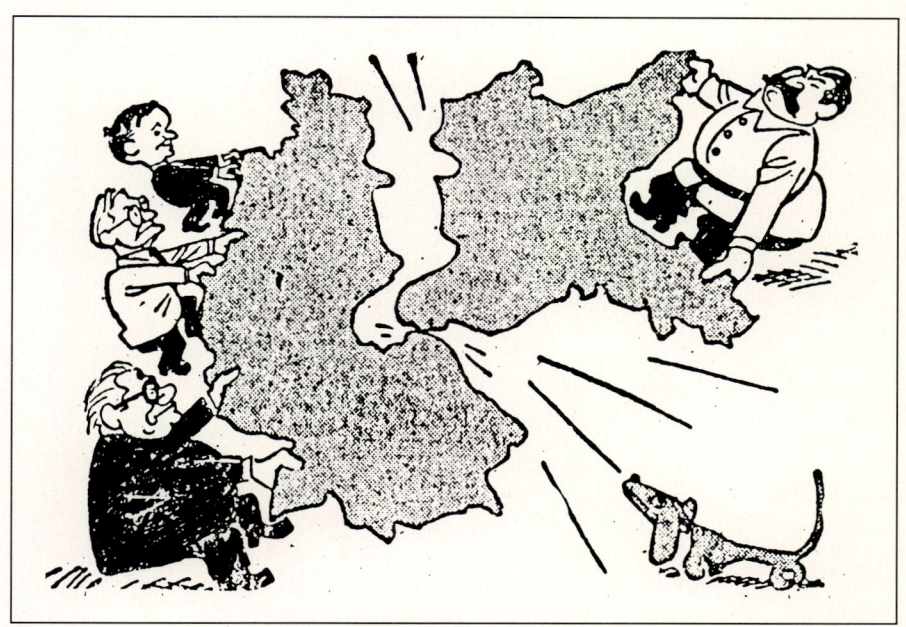

L'Aurore (Hannoversche Presse, 22.5.1948)

Die Anti-Hitler-Koalition: Einigkeit in Kriegs- und Friedenszielen?

Am 13. Februar 1945 erschien im Daily Herald eine Karikatur **[1]**, in der die Hauptmächte der Anti-Hitler-Koalition, symbolisiert durch ihre Regierungschefs: Roosevelt, Churchill und Stalin, als gewaltiger Felsblock dargestellt werden, an dem sich die Wogen der nationalsozialistischen Aggression brechen. Der Felsblock symbolisiert sowohl die gewaltige Macht der Koalition als auch das politische Einvernehmen der an ihr beteiligten Staaten – so wie es das Kommuniqué der gerade beendeten Jalta-Konferenz der drei alliierten Regierungschefs (4.–11. 2. 1945) zum Ausdruck gebracht hatte:

„Einigkeit in Krieg und Frieden. Unsere Konferenz auf der Krim hat erneut unsere gemeinsame Entschlossenheit versichert, diese Einigkeit im Ziel und im Vorgehen, die den Sieg der Vereinten Nationen in diesem Krieg möglich und zur Gewißheit gemacht hat **[2, 3]**, auch im kommenden Frieden aufrechtzuerhalten und zu stärken. Wir glauben, daß dies eine heilige Verpflichtung unserer Regierungen gegenüber unseren Völkern und allen Völkern der Welt ist."[1]

Der gemeinsame Krieg gegen einen gemeinsamen Gegner (der gegen Japan seine Fortsetzung finden sollte), die gemeinsam durchlittene Not und Gefahr und der bevorstehende gemeinsame Sieg hatten ein Bewußtsein der Zusammengehörigkeit entstehen lassen. Dieses glaubte sich tiefer als nur in Waffenbrüderschaft und gemeinsamen Kriegszielen begründet; es schloß die Friedensziele in sich ein. Das Jalta-Kommuniqué sprach von Einigkeit in Krieg und Frieden. Stalin hatte in einem Trinkspruch die Solidarität der drei Mächte hervorgehoben:

„Ich erhebe mein Glas auf die Festigkeit unseres Drei-Mächte-Bündnisses. Möge es stark sein und dauerhaft, möge größtmögliche Aufrichtigkeit zwischen uns walten! ... Daß wir gemeinsam gekämpft haben, war gut. Es war aber nicht so schwierig; daß jedoch in diesen Tagen das Werk von Dumbarton Oaks abgeschlossen und die rechtliche Grundlage gelegt worden ist, um die Sicherheit der Welt zu organisieren und den Frieden zu stärken, das ist eine große Leistung. Das ist ein Wendepunkt. Ich erhebe mein Glas auf den erfolgreichen Abschluß von Dumbarton Oaks und darauf,

[1] *THE ROCK* Daily Herald, 13. 2. 1945

[2] Deutscher Herbst 1944. Thomas Theodor Heine im schwedischen Exil

Die Kriegslage Ende 1944.

daß unsere aus der Not der Schlacht geborene Allianz nach dem Kriege erweitert und gefestigt werde, daß unsere Länder über ihren eigenen Problemen die gemeinsame Sache nicht vergessen mögen und sie deshalb die Sache unserer Einigkeit im Frieden mit ebensolcher Begeisterung verfechten wie im Krieg."[2]

Für amerikanische Ohren war Stalins Bekenntnis zum Werk von Dumbarton Oaks (UNO-Vorbereitungskonferenz im Herbst 1944) besonders wohlklingend, bedeutete es doch nichts Geringeres als die Unterstützung eines zentralen amerikanischen Friedenszieles, nämlich mit der Gründung der UNO eine völlig neue Basis der zwischenstaatlichen Beziehungen zu schaffen: die Außenpolitik souveräner Staaten in einer labilen

WHO'S GOING TO CARVE ?...

[3] Kem's Christmas card.

Daily Telegraph, 22.12.1944

Wer wird den Weihnachtstruthahn (Hitler) zerlegen?
Frankreich (General de Gaulle), Sowjetrußland (Marschall Stalin), die Vereinigten Staaten
(Präsident Roosevelt) und Großbritannien (Premierminister Churchill).

Staatengesellschaft in die Weltinnenpolitik einer stabilen Staatengemeinschaft zu verwandeln, die in der UNO ihr politisches Entscheidungs- und auch Machtzentrum und in den Großmächten ihre Polizisten haben sollte. Dem Völkerbund hatte sich die Sowjetunion lange Zeit ferngehalten und hatte ihn ideologisch bekämpft. Die Unterstützung der amerikanischen UNO-Politik am Ende des Zweiten Weltkrieges schien einen grundlegenden Wandel der sowjetischen Politik und ihres Selbstverständnisses erkennbar zu machen oder zu bestätigen, hatte die Sowjetunion doch schon 1943 die Kommunistische Internationale – den Zusammenschluß aller kommunistischen Parteien unter sowjetischer Führung, gleichsam den Generalstab der Weltrevolution – aufgelöst und führte sie doch den Krieg gegen Deutschland nicht als militärischen Klassenkampf der Sowjetunion gegen eine der Hauptmächte des Monopolkapitalismus, sondern als nationalen Verteidigungskrieg Rußlands gegen den Angreifer Deutschland. Dem Bekenntnis zur UNO entsprach in Jalta die gemeinsame Verabschiedung einer „Erklärung über das befreite Europa", in der sich die Alliierten nach den großen Grundsatzdeklarationen (Atlantikcharta 1941, Erklärung der Vereinten Nationen 1942) erneut auf die Verwirklichung des Selbstbestimmungsrechtes in der Nachkriegsordnung verpflichteten: „...die befreiten Völker in die Lage versetzen..., demokratische Einrichtungen nach ihrer eigenen Wahl zu schaffen."[3] Vor dem Hintergrund dieser Erklärung hatte die nach heftiger Diskussion für das Polenproblem gefundene Lösung (vgl. hierzu weiter unten) durchaus hoffnungsvolle Perspektiven.

Präsident Roosevelt brachte am 1. März 1945 die hochgespannten Zukunftserwartungen in einer Botschaft an den amerikanischen Kongreß mit den folgenden Worten zum Ausdruck:

„Ich kehre von der Krimkonferenz mit der festen Überzeugung zurück, daß wir auf dem Wege zu einer friedlichen Welt einen wichtigen ersten Schritt getan haben ...

Noch nie zuvor waren die alliierten Großmächte untereinander so einig – und zwar nicht nur in bezug auf die Kriegsziele, sondern auch in bezug auf die Friedensziele. Und sie sind entschlossen, ihre innere Einigkeit weiterhin aufrechtzuerhalten ... damit das Ideal eines dauerhaften Weltfriedens zu einer Realität werde ...

Ich bin überzeugt, daß wir auf Grund der in Jalta getroffenen Vereinbarungen ein politisch stabileres Europa haben werden als je zuvor ...

Ein hervorragendes Beispiel für das gemeinsame Vorgehen der drei alliierten Großmächte in den befreiten Gebieten ist die Lösung der polnischen Frage ...

Die Krimkonferenz war der erfolgreiche Versuch der drei führenden Mächte, eine gemeinsame Grundlage für den Frieden zu finden. Sie bedeutet das Ende des Systems einseitiger Handlungen, exklusiver Allianzen, gesonderter Einflußsphären, des Gleichgewichts der Mächte und aller der übrigen Hilfsmittel, die jahrhundertelang ausprobiert worden sind und versagt haben. Wir wollen an ihre Stelle eine universelle Organisation setzen, an der mit der Zeit alle friedliebenden Nationen werden teilnehmen können."[4]

Roosevelts Sonderbeauftragter Harry Hopkins beschreibt die gehobene Stimmung, mit der die Amerikaner Jalta verließen, mit den Worten:

„Wir glaubten im Herzen wirklich, ein neuer Tag sei angebrochen, der Tag, den wir alle seit so vielen Jahren ersehnt und über den wir so viel geredet hatten. Wir waren absolut überzeugt, den ersten großen Friedenssieg gewonnen zu haben ... Die Russen hatten bewiesen, daß sie vernünftig und weitblickend sein konnten, und weder der Präsident noch irgend einer von uns zweifelte im geringsten daran, daß wir mit ihnen leben und friedlich auskommen könnten bis in unabsehbare Zukunft. Eine Einschränkung muß ich allerdings machen – ich glaube, wir alle machten im stillen den Vorbehalt, daß wir nicht voraussagen konnten, was geschehen würde, wenn Stalin etwas zustieße. Wir glaubten, damit rechnen zu können, daß er vernünftig und verständnisvoll sei – aber nie konnten wir wissen, was sich da hinter seinem Rücken im Kreml abspielte."[5]

Nur zwei Jahre später war von diesen hoffnungsvollen Zukunftserwartungen nichts mehr übriggeblieben **[4, 5]** und verkündete der amerikanische Präsident die sogenannte „Truman-Doktrin"; weitere zwei Jahre später wurde mit dem Atlantikpakt eine „exklusive Allianz" geschlossen, eine „gesonderte Einflußsphäre" aufgerichtet, ein „Gleichgewicht der Mächte" stabilisiert, kurz: wurden „Hilfsmittel" in Anspruch genommen, „die jahrhundertelang ausprobiert worden sind und versagt haben". Der Gegensatz zwischen dieser Politik und Roosevelts Vision einer völlig neuen Ära der Weltgeschichte kann nicht größer gedacht werden. **[6]**

[4]

New York
Herald Tribune,
1. 4. 1949

[5]   New York Herald Tribune, 9. 3. 1949

Auch die Herrschaftsordnung wird in der sich wandelnden Weltsicht neu und anders gesehen:
Hakenkreuz und Sichel sind Symbole einer strukturell gleichen politisch-sozialen Ordnung im nationalsozialistischen Deutschland und in Sowjetrußland.
Welche Herrschaftsordnung hatte Roosevelt vor Augen, wenn er in seiner Kongreßbotschaft vom 1. März 1945 mit starken Worten die Einigkeit in den Friedenszielen beschwor?

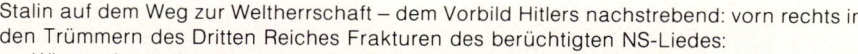

Stalin auf dem Weg zur Weltherrschaft – dem Vorbild Hitlers nachstrebend: vorn rechts in den Trümmern des Dritten Reiches Frakturen des berüchtigten NS-Liedes:
„... Wir werden weitermarschieren, wenn alles in Scherben fällt, denn heute da hört uns (oft als „gehört uns" gesungen und so vor allem im Ausland wahrgenommen) Deutschland und morgen die ganze Welt."
Innerhalb von wenigen Jahren hat sich die Wahrnehmungsperspektive für Sowjetrußland und für Stalin fundamental verändert. Der Unterschied zwischen dem von Hopkins gezeichneten Stalinbild und dem der Karikatur kann nicht größer sein: Zehn Jahre nach Entfesselung des Zweiten Weltkrieges steht die Welt vor einer gleichen Gefahr.

„Vor drei Jahren verkündete Hitler vor aller Welt, daß die Zerstückelung der Sowjetunion ... zu seiner Aufgabe gehört. Er erklärte unumwunden: ,Wir werden Rußland vernichten, daß es sich niemals mehr erheben kann.' ... Die wahnwitzigen Ideen Hitlers sollten jedoch nicht in Erfüllung gehen. ... Was in Wirklichkeit herauskam, ist das gerade Gegenteil dessen, wovon die Hitlerleute faselten ... Die Sowjetunion feiert den Sieg, wenn sie sich auch nicht anschickt, Deutschland zu zerstückeln oder zu vernichten."[6]

Einheit oder Teilung Deutschlands?

Zu den verbindenden Elementen der Anti-Hitler-Koalition im Frühjahr 1945 gehörte auch das gemeinsame Sicherheitsbedürfnis gegenüber Deutschland. Auch hier schien Einigkeit zu bestehen – sogar im Wandel der Grundvorstellungen. Während des Krieges waren in allen drei Ländern Teilungskonzeptionen entstanden: Sicherheit vor Deutschland sollte durch die Zerstörung seiner staatlichen Einheit für die Zukunft verbürgt werden. Diese gemeinsame Überzeugung hat in den interalliierten Verhandlungen vielfältigen Ausdruck gefunden, einen besonders deutlichen auf der Konferenz von Teheran im November 1943.

Erstaunlicherweise sind jedoch alle drei Mächte im weiteren Verlauf des Krieges von den Teilungskonzeptionen abgerückt. Noch in Jalta war ein sogenanntes „Dismemberment Committee" gegründet worden, das die Modalitäten der Teilung Deutschlands beraten sollte. Doch als dieses im März 1945 in London zusammentrat, sprach sich keine der drei Mächte mehr für die Teilung Deutschlands aus. Stalin dokumentierte den Sinneswandel in der sowjetischen Deutschlandpolitik am 9. Mai 1945 in seiner Ansprache an die Völker der Sowjetunion:

Auch wenn die Preisgabe der Zerstückelungskonzeptionen bei den alliierten Mächten von höchst unterschiedlichen Motiven getragen war und man im Blick auf diese vorausgreifend sagen kann, daß die faktische Teilung Deutschlands genau in dem Augenblick begann, als die förmlichen Teilungskonzeptionen aufgegeben wurden, trat diese Entwicklung doch noch nicht deutlich zutage und schien die gemeinsame Überzeugung, an der Einheit Deutschlands festzuhalten, eine gemeinsame Deutschlandpolitik zu ermöglichen.

15

"Im Westen nichts Neues"

[6] *Vielleicht gehts beim zweiten Male besser.*   ("Krokodil")

Nationalzeitung – Berlin (Ost), 30.5.1948

Das Gegenbild im Osten.
Die USA, beherrscht von den Monopolkapitalisten, auf dem Weg in den dritten Weltkrieg: So wie der von den USA getragene Dawes-Plan von 1924 Hitler an die Macht brachte bzw. bringen sollte, so soll jetzt der von denselben Monopolherren ausgehende Marshall-Plan einen Nachfolger Hitlers an die Macht bringen und den dritten Weltkrieg auslösen. Die Hakenkreuze signalisieren die politische Qualität des erwarteten Hitler-Nachfolgers.

"Die herrschenden Kreise Polens hatten sich gehörig mit der Stabilität ihres Staates und der Kraft seiner Armee gebrüstet. Jedoch ein einziger schneller Schlag gegen Polen, erst durch die deutsche Armee und dann durch die Rote Armee, und nichts blieb übrig von diesem häßlichen Sprößling des Versailler Vertrages."[7]

Polen hatte jedoch entgegen Molotows Worten nicht aufgehört, als Staat zu bestehen. Es gab in London eine Exilregierung, ein Exilparlament, sogar eine Exilarmee. Es hatte diplomatische Vertretungen im westlichen und im neutralen Ausland und hoffte auf die Hilfe der Westmächte für die Wiederherstellung des polnischen Staates – ohne jede Zukunftsaussicht, solange die deutsch-sowjetische Zusammenarbeit andauerte. 1941 entstand jedoch eine völlig neue Situation. Durch den deutschen Angriff auf Sowjetrußland wurden Polen und Rußland gleichsam über Nacht zu Verbündeten. Sie stellten die diplomatischen Beziehungen wieder her und vereinbarten militärische Zusammenarbeit; die deutsch-sowjetischen Polen-Verträge wurden von der Sowjetunion förmlich annulliert. Strittig blieb jedoch, über welches Territorium das künftige Polen verfügen sollte. Die Sowjetunion beharrte ebenso auf der

Polen als Prüfstein interalliierter Zusammenarbeit/ Die Oder-Neiße-Linie

Die Jaltakonferenz wurde als ein hoffnungsvolles Zeichen für den künftigen Frieden wahrgenommen. Das wird besonders deutlich, wenn man sich vergegenwärtigt, daß der Daily Herald einen Monat vor Jalta die alliierte Einheit und damit die Hoffnung auf einen dauerhaften Frieden, symbolisiert in Rotkäppchen, durch Mißverständnisse, Mißtrauen und Uneinigkeit ernsthaft bedroht gesehen hatte. [7] Mißtrauen zwischen den Alliierten war in besonderem Maße aus dem polnischen Problem erwachsen. Was machte Polen zu einem interalliierten Problem? In der Zeit der deutsch-sowjetischen Zusammenarbeit von 1939–41 waren Hitler und Stalin übereingekommen, einen polnischen Staat nicht mehr bestehen zu lassen. Polen verlor im Osten und Westen umfangreiche Territorien an die Sowjetunion und an Deutschland, ein Restgebiet verblieb als sogenanntes Generalgouvernement unter deutscher Besetzung. Au-

ßenminister Molotow brachte vor dem Obersten Sowjet seine Genugtuung hierüber mit den Worten zum Ausdruck:

[7] *Little Red (White and Blue) Riding Hood*   Daily Herald, 5.1.1945

16

The Fruits of 'Liberation'

[8]   New York Herald Tribune, 2.2.1947

Die Früchte der „Befreiung".
Die Westmächte haben auf der Potsdamer Konferenz durchgesetzt, daß die kurz zuvor gebildete „Provisorische Regierung der nationalen Einheit" „so bald wie möglich" Parlamentswahlen abhalten soll.
Die Verpflichtung zu freien, allgemeinen, geheimen Wahlen wird bei den bis Januar 1947 verzögerten Wahlen zum verfassunggebenden Sejm grob mißachtet. Vor allem die unter der Führung von Mikolajczyk stehende Polnische Volkspartei sieht sich stärksten Repressionen ausgesetzt. Die Proteste der USA und Großbritanniens gegen die Wahlmanipulation bleiben wirkungslos.

gewaltsam festgelegten Grenze von 1939, wie Polen die Rückgabe seiner Ostgebiete verlangte. Belastet waren die polnisch-russischen Beziehungen auch durch das ungewisse Schicksal der aus den strittigen Gebieten ins Innere Rußlands deportierten Polen und der 1939 in russische Kriegsgefangenschaft geratenen polnischen Soldaten. Bei der Neuaufstellung polnischer Truppen aus den Kriegsgefangenen der Roten Armee wurden insbesondere die Insassen dreier Offizierslager vermißt, zu denen bis 1940 Kontakt bestanden hatte. Die polnische Exilregierung hatte sich seit 1941 vergeblich darum bemüht, deren Schicksal aufzuklären. Die so in vielfältiger Weise belasteten polnisch-sowjetischen Beziehungen erfuhren eine dramatische Zuspitzung, als im Frühjahr 1943 durch deutsche Truppen bei Katyn Massengräber polnischer Offiziere entdeckt wurden und die polnische Regierung in London eine

Untersuchung der Gräber durch das Schweizer Rote Kreuz verlangte. Die Sowjetunion brach daraufhin die diplomatischen Beziehungen zu Exilpolen ab und setzte 1944 eine ihr ergebene, aus polnischen Rußlandemigranten gebildete Regierung in Lublin ein – ein alarmierendes Zeichen nicht nur für die polnische Exilregierung, sondern auch für die britische Regierung, war doch 1939 die Bedrohung von Existenz und Unabhängigkeit des polnischen Staates für Großbritannien Anlaß gewesen, Deutschland den Krieg zu erklären. Die britische Regierung bemühte sich nun das ganze Jahr 1944 hindurch darum, die diplomatischen Beziehungen zwischen Polen und Rußland wiederherzustellen und damit die polnische Unabhängigkeit zu sichern, unter anderem dadurch, daß man sich das sowjetische Territorialprogramm – Polen für den Verlust seiner Ostgebiete durch deutsche

Gebiete bis zur Oderlinie zu entschädigen – zu eigen machte und die polnische Exilregierung hierfür zu gewinnen suchte. Die Exilregierung lehnte jedoch die in Teheran gefundene Formel der Westverlagerung ab:

„Wir haben unsere Forderungen gegen Deutschland gestellt, wir haben die Eingliederung Ostpreußens, Oberschlesiens und von Teilen Pommerns in Polen verlangt ... Aber wir wollen unsere Grenze im Westen nicht so weit ausdehnen, daß sie 8 bis 10 Millionen Deutsche umschließt. Wir wollen weder Breslau noch Stettin. Wir fordern nur unsere ethnisch und historisch polnischen Gebiete, die unter deutscher Herrschaft stehen."[8]

Die Teheran-Lösung scheiterte nicht nur am Widerstand der polnischen Exilregierung, sondern auch daran, daß es der Sowjetunion nicht nur um territoriale Fragen ging. Dieses wird besonders daran erkennbar, daß sie im Herbst 1944 den Aufstand der polnischen Untergrundarmee in Warschau gegen die deutsche Besat-

[9] «Die Dressurprüfung»   Welem folget er ächt am Änd?

Schweizer Illustrierte Zeitung, 29.8.1945

Wohin werden sich die Balkanstaaten politisch orientieren? Zu den Westmächten (Attlee und Truman) oder zur Sowjetunion? Die Sowjetunion als Besatzungsmacht im Lande hat die Zügel so fest im Griff, daß politische Alternativen für die Balkanstaaten nicht bestehen. Über alle geht ein von der Sowjetunion gesteuerter Gleichschaltungsprozeß hinweg, der sie zu Gliedern eines großen Imperiums macht. Nur das unbesetzte Jugoslawien schert aus der Front der gleichgeschalteten Regime aus und beansprucht unter der Führung von Tito einen eigenen, seinen nationalen Bedürfnissen entsprechenden Weg zum Sozialismus. Es wird 1948 aus dem Kominform (Zusammenschluß der kommunistischen Parteien 1947) ausgeschlossen; der sog. Titoismus wird im Kominform ideologisch geächtet. In den Ostblockstaaten finden Säuberungsprozesse gegen „Titoagenten" statt.

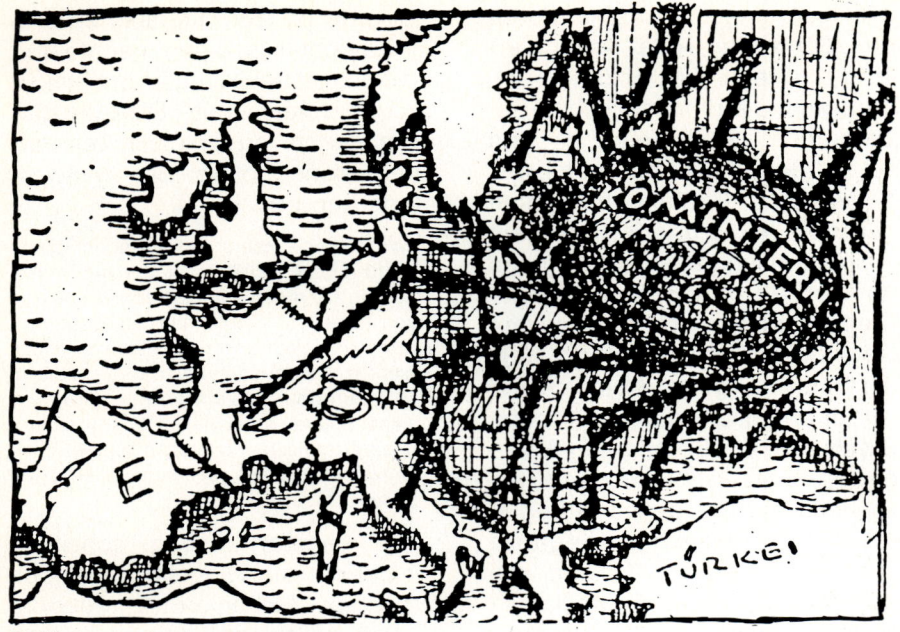

[10] *Sie spinnt neue Fäden über Europa* Hannoversche Presse, 10. 10. 1947

Wird das Kominform die große Bedeutung gewinnen, die die Kommunistische Internationale (Komintern) für die politische Steuerung der kommunistischen Parteien durch die Sowjetunion hatte?

zungsmacht ohne Unterstützung ließ. Die Rote Armee verharrte untätig auf dem östlichen Weichselufer und verhinderte über lange Wochen sogar eine Versorgung der Aufständischen durch angloamerikanische Flugzeuge, indem sie diesen die erbetene Landeerlaubnis auf sowjetischen Frontflugplätzen verweigerte: Die militärischen Machtmittel der Exilregierung sollten ganz offenbar zerschlagen werden, um diese aus dem politischen Prozeß in Polen auszuschalten. Wie sehr das sowjetische Verhalten beim Warschauer Aufstand die angloamerikanischen Mächte aufgeschreckt hat, wird an den Worten des amerikanischen Botschafters in Moskau, Harriman, deutlich:

„Ich kann nur den Schluß ziehen, daß diese Aktion aus rücksichtslosen politischen Erwägungen heraus erfolgte, damit dem Untergrund nicht die Befreiung Warschaus zugeschrieben wird und damit seine Führer von den Deutschen getötet oder unter einem Vorwand verhaftet werden können, wenn die Rote Armee in Warschau einmarschiert. Ich kann mir kaum vorstellen, wie unter diesen Umständen eine friedliche und akzeptable Lösung für das polnische Problem gefunden werden kann."

Charakteristisch für die damalige amerikanische Politik erscheint nun, daß dieses Telegramm an den amerikanischen Präsidenten nicht abgeschickt wurde: Die Hoffnungen waren stärker als die Zweifel. Harriman selbst hatte im Text fortgefahren:

„Trotz meiner Sorge bin ich immer noch optimistisch, daß wir die Russen dazu bewegen können, ihre Haltung zu ändern."[9]

In Jalta stand dann die Frage der polnischen Regierung und damit die Frage der polnischen Unabhängigkeit zur Diskussion. Die nach langen und heftigen Auseinandersetzungen gefundene Lösung – Erweiterung der Lubliner Regierung durch demokratische Politiker aus dem Lande und aus dem westlichen Exil – erweckte Hoffnungen, vor allem, wenn man sie zusammen mit der „Erklärung über das befreite Europa" sah. Freilich war diese Formel weit von dem entfernt, was die Westmächte angestrebt hatten, nämlich die Bildung einer neuen Regierung aus allen demokratischen Parteien, und sie war darüber hinaus so unscharf gefaßt, daß weitere Konflikte um die Auslegung unausweichlich waren. Das Gewicht der polnischen Frage für die interalliierten Beziehungen kommt in Churchills beschwörenden Worten zum Ausdruck:

„Weit wichtiger als das Territorium Polens innerhalb der schon jetzt ersichtlichen Grenzen ist die Freiheit Polens… Soll Polens Souveränität und Unabhängigkeit unbeschränkt sein, oder soll Polen eine bloße Widerspiegelung des Sowjetstaates werden und ihm von einer bewaffneten Minderheit die Annahme eines kommunistischen oder totalitären Systems entgegen seinem Willen aufgezwungen werden? Ich trage die Sache ohne jede Schönfärberei vor. Hier ist ein weit empfindlicherer und gewichtigerer Prüfstein als die Festlegung der Grenzen …"[10]

Noch deutlicher wird das Gewicht der polnischen Frage für die interalliierten Beziehungen in den Worten des amerikanischen Botschafters in Moskau. Harriman nannte Polen „den Prüfstein für das sowjetische Verhalten in der Nachkriegswelt"[11]. Der Kampf um die Umbildung der Lubliner Regierung ging über mehrere Monate weiter, und als schließlich im Sommer 1945 die neue Regierung feststand und dann von allen Alliierten anerkannt wurde unter gleichzeitiger Preisgabe der Exilregierung, hatten nur zwei Vertreter des westlichen Exilpolentums, jedoch kein Mitglied der amtierenden Exilregierung, in sie Aufnahme gefunden, darunter der ehemalige Ministerpräsident Mikolajczyk als Landwirtschaftsminister und stellvertretender Ministerpräsident. In seiner Person verkörperte sich symbolhaft die Unabhängigkeit Polens. **[8]** Als er 1947, um seiner Verhaftung zu entgehen, in den Westen floh, war die Frage der polnischen Unabhängigkeit endgültig beantwortet. Wie wenig die Sowjetunion bereit war, ihre Herrschaft über Polen in Frage stellen zu lassen, wird daran erkennbar, daß sie im April 1945 einen Beistandspakt mit eben jener Regierung abschloß, um deren Umbildung es in den Verhandlungen mit den Westmächten ging. Eine härtere Brüskierung der Westmächte war kaum vorstellbar.[12] **[9, 10]**

Schon viel früher beantwortet war die Frage, über welches Staatsgebiet Polen verfügen sollte. Vor dem Hintergrund der 1944/45 bestehenden Machtverhältnisse – die Sowjetunion im Besitze aller von ihr beanspruchten Territorien – war die Westverlagerung Polens unabwendbar. Strittig blieb nur, wie weit Polen nach Westen vorrücken sollte. Die Westmächte hatten sich in Jalta der von der

[11]   Kann die Kuh Milch geben?

Die Zeit, 9. 10. 1947

Die Oder-Neiße-Linie wird hier in ihrer wirtschaftlichen Bedeutung gesehen: Der Verlust der landwirtschaftlichen Überschußgebiete in Ostdeutschland zerstört die Ernährungsbasis des deutschen Volkes. Damals ist nicht absehbar, ja nicht einmal denkbar, daß es einmal „ernährungsmorphologische" Probleme mit Milchseen, Butter- und Fleischbergen geben und daß vom Staat Geld ausgegeben wird, um landwirtschaftliche Produktion zu drosseln.

des Krieges gegen eine vollkommene Zertrümmerung Deutschlands zur Wehr gesetzt und mit der Idee eines Donaubundes (der aus Süddeutschland und Österreich, evtl. auch noch aus Ungarn bestehen sollte), der Förderung einer polnisch-tschechischen Föderation und einer schnellen politischen Wiederaufrichtung Frankreichs den Aufbau eines neuen Gleichgewichtssystems in Europa vor Augen hatte, nachdem das alte durch die vermessene Politik Deutschlands zerstört worden war. Es liegt auf der Hand, daß sich die Sowjetunion hiergegen mit allen Mitteln zur Wehr setzte. In dem Maße, wie dann 1944/45 die Rote Armee nach Westen vorrückte, ganz Ostmitteleuropa militärisch besetzte und politisch beherrschte, wie besonders am Beispiel Polens deutlich geworden ist, wurde das britische Gleichgewichtsdenken immer stärker herausgefordert. **[12]** Am 4. Mai 1945 sprach Churchill von der „drohenden großen Katastrophe". Damit rückten auch die Entscheidungen über Deutschland in eine andere Perspektive: In Jalta verhinderte

Sowjetunion nun geforderten Oder-Neiße-Linie widersetzt, und so war nur vereinbart worden, daß Polen „im Norden und Westen einen beachtlichen territorialen Zuwachs erhalten muß ... und die endgültige Festlegung der Westgrenze Polens der Friedenskonferenz vorbehalten sein soll"[13]. Stalin nahm der Friedenskonferenz jedoch die Arbeit ab, indem er im März 1945, also noch vor Kriegsschluß, aus eigener Machtvollkommenheit die Oder-Neiße-Linie als polnische Staatsgrenze aufrichtete – ohne Konsultation der Westmächte, ja gegen deren Proteste. **[11]**

Britische Gleichgewichtspolitik

Die britische Regierung hat auf die Politik der vollendeten Tatsachen in Ostmitteleuropa und in Ostdeutschland viel schneller und entschlossener reagiert als die amerikanische. Vor dem Hintergrund traditioneller britischer Europapolitik war es bezeichnend, daß sich Churchill schon während

[12]

Die Uhr am Rhein.
Daily Mirror, 27. 2. 1945

In dem Maße, wie die Uhr Hitlers abläuft (die Westalliierten unter Eisenhowers Befehl stehen im Februar 1945 am Rhein und die Rote Armee an der Oder: im Bilde sieht Hitler angstvoll den Minutenzeiger mit Eisenhower näherrücken) und damit die deutsche Vorherrschaft über Europa endet, wächst in britischen Augen eine neue Gefahr heran: die Sowjetunion. Ihr Machtgewicht ist durch den Kriegsverlauf zu beherrschender Größe herangewachsen. Droht eine neue Vorherrschaft?

die britische Politik, daß ein völkerrechtlich wirksamer Beschluß über die Teilung Deutschlands gefaßt wurde. Harriman beurteilte Churchills Politik auf der Jaltakonferenz mit den Worten:

"Sein Hauptinteresse bestand darin, die Beherrschung Europas durch die Sowjetunion zu verhindern. Er setzte sich hart gegen Stalin (und zuweilen auch gegen Roosevelt) ein, um Frankreich eine respektable Nachkriegsrolle zu sichern, die Zerstückelung Deutschlands zu blockieren und dem polnischen Volk das Recht auf Selbstregierung zu gewährleisten."[14]

Großbritannien war die erste Macht im alliierten Lager, die in ihrer amtlichen Politik von der Teilungskonzeption abrückte. In der Schlußphase des Krieges bemühte sich Churchill darum, den Vormarsch der angloamerikanischen Streitkräfte unter politische Gesichtspunkte zu stellen, vor den Russen in den großen mitteleuropäischen Hauptstädten Berlin, Prag und Wien mit angloamerikanischen Streitkräften präsent zu sein, die weit in die vorgesehene sowjetische Besatzungszone hineinreichende Besetzung Deutschlands durch angloamerikanische Truppen nicht aufzugeben, bevor nicht eine neue Konferenz den alliierten Regierungschefs Klarheit über die sowjetischen Absichten gebracht hätte. Gleichzeitig beschwor er Stalin zu einer kooperativen Politik:

"Ich richte diesen persönlichen Appell an Sie und Ihre Kollegen als ein aufrichtiger Freund Rußlands, und als solcher bitte ich Sie, in der polnischen Frage ein gutes Einvernehmen mit den Demokratien des Westens herzustellen und nicht die Hand zurückzustoßen, die wir Ihnen für die künftige Leitung der Welt kameradschaftlich entgegenstrecken."[15]

Sowjetrußland und Deutschland in der amerikanischen Politik

Der Versuch, auch die Amerikaner zu einem entschlossenen Vorgehen zu bewegen, hatte nur sehr begrenzten Erfolg. Zwar wurden Roosevelts Telegramme an Stalin in der polnischen Frage immer dringlicher, aber den vorgeschlagenen Repressivmaßnahmen in Deutschland schloß sich die amerikanische Politik nicht an: Der Vormarsch in Deutschland ließ sich von militärischen Gesichtspunkten leiten, und die von anglo-

amerikanischen Truppen besetzten Gebiete der SBZ, Thüringen, Sachsen und Teile von Mecklenburg, wurden am 1. Juli 1945, d.h. vor der Potsdamer Konferenz geräumt und damit als Faustpfänder aus der Hand gegeben.

Die amerikanische Zukunftsvision der einen Welt demokratisch organisierter Staaten, die in der UNO ihre Schaltzentrale und ihren Machtmittelpunkt haben sollte, fühlte sich zwar durch das sowjetische Vorgehen in Ostmitteleuropa herausgefordert, aber noch nicht widerlegt. Man sah in ihm eher ein übertriebenes Sicherheitsbedürfnis wirksam als ein expansives Programm. Die amerikanische Politik suchte diesem Sicherheitsbedürfnis entgegenzukommen (vgl. weiter unten) und vorab mit der Moskaureise des Sonderbeauftragten Hopkins im Mai und Juni 1945 das gute Einvernehmen zwischen den Alliierten wiederherzustellen. Sie glaubte, daß eine Unterstützung der britischen Haltung die Sowjetunion politisch zurückstoßen würde, und von daher war der amerikanische Präsident nicht

einmal bereit, mit dem britischen Premier zu einer bilateralen Konferenz vor Potsdam zusammenzutreffen; er erwog sogar eine amerikanisch-sowjetische Vorkonferenz.

Die auch für die amerikanische Politik feststellbare Abkehr von der Teilungskonzeption für Deutschland war – anders als bei den Briten – nur sehr indirekt außenpolitisch motiviert. Das State Department hatte sich während des ganzen Krieges stets gegen die Teilung Deutschlands ausgesprochen und argumentiert, daß sich ein demokratischer Wiederaufbau Deutschlands und eine den Deutschen aufgezwungene Teilung ihres Landes gegenseitig ausschlössen. Bei aller Entschiedenheit, Deutschland militärisch niederzuwerfen und den Nationalsozialismus zu beseitigen, auch Sicherheit vor Deutschland zu verbürgen, müsse doch Deutschland einen Frieden eingeräumt bekommen, der "künftige nationalistische Ausbrüche" unwahrscheinlich mache, und das sei nur möglich, wenn den Deutschen eine "Aussöhnung mit der Friedens-

[13] Entwurf für ein Siegerdenkmal. Schweizer Illustrierte Zeitung, 11. 4. 1945

Die Sieger – Stalin auf der einen, Roosevelt und Churchill auf der anderen Seite – nach der Tötung der Schlange (Hitler) uneins über den weiteren Weg.

ordnung" möglich sei. Von daher ergab sich nicht nur eine deutliche Zurückhaltung gegenüber möglichen Gebietsabtretungen (keine Zustimmung zur Oderlinie und schon gar nicht zur Oder-Neiße-Linie), sondern auch und vor allem eine dringende Empfehlung an die amerikanische Regierung, „sich einer erzwungenen Teilung Deutschlands als Teil der Friedensordnung zu widersetzen".[16]

Der Tod Roosevelts im April 1945 ermöglichte es dann dem State Department, sich für die Führung der amerikanischen Außenpolitik viel stärker zur Geltung zu bringen, als es in der Ära Roosevelt möglich gewesen war. Roosevelt hat sich in Teheran entgegen dem State Department für eine vollständige Zertrümmerung Deutschlands ausgesprochen.

Sowjetrußland und der Westen

Die Sowjetunion hat die amerikanische Zukunftsvision von der einen und zugleich friedlichen Welt demokratisch organisierter Staaten nicht geteilt und von den ideologischen Denkvoraussetzungen auch nicht teilen können. [13] Eine in sich solidarische und friedliche Welt wird es danach erst im kommunistischen Endstadium der Geschichte geben. Unter den Bedingungen kapitalistischer Produktion und entsprechend bürgerlicher Gesellschaftsordnung sind in dieser Sicht innerkapitalistische Konflikte und noch mehr Konflikte zwischen Kapitalismus und Sozialismus unvermeidlich, alles andere ist Illusion. Charakteristisch für diese ideologisch gebundene Vorstellung erscheint, daß Stalin im Frühsommer 1944, also auf dem Höhepunkt der Waffenbrüderschaft der Anti-Hitler-Koalition, den westlichen Führungsmächten des Kapitalismus unterstellte, sie erstrebten die Zerstörung der Sowjetunion:

„Sie (gemeint sind Großbritannien und die USA) werden nie den Gedanken akzeptieren, daß eine so große Fläche rot ist, niemals niemals."[17]

Öffentlichen und weitreichenden Ausblick hat Stalins düstere Zukunftsperspektive in seiner berühmten Wahlrede vom 9. Februar 1946 gefunden. In einer Ursachenanalyse des Krieges weist Stalin die Vorstellung zurück, der Krieg sei „zufällig oder infolge von Fehlern dieser oder jener Staatsmänner entstanden":

„In Wirklichkeit entstand der Krieg als unvermeidliches Ergebnis der Entwicklung der internationalen wirtschaftlichen und politischen Kräfte auf der Grundlage des modernen Monopolkapitalismus. Die Marxisten haben wiederholt erklärt, daß das kapitalistische System der Weltwirtschaft die Elemente einer allgemeinen Krise und kriegerischer Zusammenstöße in sich birgt, daß infolgedessen die Entwicklung des internationalen Kapitalismus in unserer Zeit nicht in Form einer ruhigen und gleichmäßigen Vorwärtsbewegung erfolgt, sondern durch Krisen und Kriegskatastrophen…
Auf diese Weise entstand als Ergebnis der ersten Krise des kapitalistischen Systems der Weltwirtschaft der Erste Weltkrieg, und als Ergebnis der zweiten Krise entstand der Zweite Weltkrieg."

Die Westmächte werden in dieser Rede nicht attackiert, sondern noch als Bundesgenossen der „antifaschistischen Koalition" angesprochen. Da das kapitalisti-

sche System jedoch fortbesteht, verbleiben nur sie nach der Niederwerfung Deutschlands, Italiens und Japans als diejenigen, die mit der nächsten Krise des Kapitalismus zum Krieg getrieben werden. Die Sowjetunion müsse sich auf diese Entwicklung einstellen:

„Dafür werden wohl drei neue Fünfjahrespläne, wenn nicht mehr, erforderlich sein. … Nur unter dieser Bedingung kann man damit rechnen, daß unser Vaterland gegen jegliche Zufälle garantiert sein wird."[18]

Diese Rede hat in der westlichen Öffentlichkeit tiefe Bestürzung hervorgerufen und ist gleichsam als Kriegserklärung verstanden worden. Nachdem von Stalin die ersten drei Fünfjahrespläne mit dem Vorrang der Schwer- und Rüstungsindustrie als erforderliche industrielle Abwehrmaßnahme gegen die faschistische Aggression bezeichnet worden waren, konnten die nächsten drei oder mehr Fünfjahrespläne nur als antiwestliche Maßnahme verstanden werden. [14]

[14]

Schweizer Illustrierte Zeitung, 9. 5. 1945

Truman   Stalin   Churchill   **Die Friedensglocke**

Düstere Perspektiven für die künftige Entwicklung – entgegen den Hoffnungen auf eine friedliche Welt. Die Friedensglocken werden von den alliierten Regierungschefs noch gemeinsam geläutet; aber die schwarzen Vögel künden bereits neues Unheil an.

[15] **·Türkischer Honig·** Schweizer Illustrierte Zeitung, 2.1.1946

Zu den Mitteln sowjetischer Herrschaftsausweitung gehört auch der Vorstoß an die Meerengen, dem sich die Türkei, die 1945 noch in den Krieg gegen Deutschland eingetreten ist, ausgesetzt sieht. Die Sowjetunion verlangt nicht nur eine ihr entgegenkommende Revision der Meerengenkonvention von Montreuil aus dem Jahre 1936 (uneingeschränktes und jederzeitiges Durchfahrtsrecht sowjetischer Kriegsschiffe), sondern auch die Abtretung türkischer Gebiete (Kars, Ardahan), vor allem aber die Einrichtung sowjetischer Militärstützpunkte an den Meerengen. Die gegen die Türkei vorgetragenen Forderungen, die durch den Aufmarsch sowjetischer Truppen in Bulgarien nachhaltig unterstützt werden, zielen auf den Aufbau einer sowjetischen Mittelmeerstellung, wie die gleichzeitigen Forderungen erkennen lassen, als Uno-Treuhänder die bis dahin italienische Kolonie Libyen übertragen zu bekommen und an der internationalen Verwaltung von Tanger und damit an der Kontrolle der Mittelmeereinfahrt beteiligt zu werden.

Nichts ist auffälliger für die ideologisch festgelegte Erwartungshaltung, daß ganz unabhängig von Stalins Zukunftsperspektive die illegale KPD in Deutschland im Jahre 1943 zu eben denselben Schlüssen gelangt war. So heißt es in ihrem Kadermaterial:

„Das augenblickliche ‚Bündnis' der Sowjetunion mit England und Amerika steht und fällt mit seiner Voraussetzung, der gemeinsamen Gegnerschaft gegen die machthungrigste und beutegierigste Gruppe der internationalen Bourgeoisie, den deutschen Faschismus ... Der letzte Krieg um den Sieg des Sozialismus über den Kapitalismus hat noch nicht begonnen. Es besteht die Gefahr, daß auf dem politischen Kraftfeld Mitteleuropas dieser Krieg unmittelbar anschließend an den jetzigen ausgetragen wird. Wenn es nach den Imperialisten ginge, würde es so sein."

Auf die Frage, wie dieser Gefahr zu begegnen sei, wird geantwortet:

„Es kommt ... alles darauf an, eine politische Kräfteverteilung zu schaffen und zu erzwingen, die es den Imperialisten auch nach einem Sieg über den deutschen Fa-

schismus unmöglich macht, sich gegen die europäische Arbeiterklasse und die Sowjetunion zu wenden. Dazu aber ist die Schaffung eines Blocks sozialistischer Staaten in Europa im Bunde mit der Sowjetunion die sicherste Voraussetzung."[19]
[15]

Bei Stalin heißt es im Frühjahr 1945:

„Stalin legte dar, wie er über die besondere Art des Krieges dachte, den wir zur Zeit führten: ‚Dieser Krieg ist nicht wie in der Vergangenheit. Wer immer ein Gebiet besetzt, erlegt ihm auch sein eigenes gesellschaftliches System auf. Jeder führt sein eigenes System ein, so weit seine Armee vordringen kann. Es kann gar nicht anders sein.'"[20]

Bemerkenswert ist die im Kadermaterial der KPD für Deutschland gezogene Schlußfolgerung:

„Nicht ein zerschlagenes, territorial aufgesplittertes Deutschland, das ein willenloses Werkzeug in den Händen großer imperialistischer Räuber ist, ist Garant für die nächste Zukunft nach diesem Kriege, sondern ein sozialistisches Zentrum in Europa, das, gestützt auf eine siegreiche Arbeiter-

klasse, eine gut ausgebaute Industrie, eine entwicklungsfähige Technik, nicht nur Deutschland selbst ein neues Gesicht zu geben vermag, sondern auch als wirkliche Kraftquelle die übrigen europäischen Völker nicht durch Terror und Gewalt, sondern kraft des siegreichen Beispieles in seinen Bann zwingt."

Zu diesem Zeitpunkt, 1943, vertrat die Sowjetunion jedoch noch die Zertrümmerungskonzeption für Deutschland, besonders deutlich auf der Teheraner Konferenz im November 1943 – wohl in der Erwartung, daß sich am Ende des Krieges der mitteleuropäische Raum nicht in der eigenen Machtsphäre, sondern in der der kapitalistischen Westmächte befinden würde. Die Zertrümmerung Deutschlands und der radikale Abbau seiner industriellen Kapazität – in Jalta wurde die Reduzierung der deutschen Schwerindustrie auf 20 % des Vorkriegsstandes gefordert – boten unter dieser Perspektive die beste Gewähr gegen die Ausnutzung des mitteleuropäischen Potentials gegen die Sowjetunion. Als aber im weiteren Verlauf des Krieges immer deutlicher wurde, daß man an seinem Ende in Mitteleuropa selbst präsent, ja eine eigene Besatzungszone in Deutschland haben würde, erwies sich die Teilungskonzeption als widersinnig: Ein einheitliches, unter Viermächteverwaltung und damit unter sowjetischem Veto stehendes Deutschland konnte viel leichter kontrolliert werden als ein aufgeteiltes; denn hier war zu befürchten, daß die westlichen Nachfolgestaaten von den Führungsmächten des Kapitalismus beherrscht, also dem sowjetischen Einfluß entzogen sein würden. Ein kontrolliertes einheitliches Deutschland machte dieses als Ganzes ungefährlich, setzte aber auch die Kontrollpräsenz der Sowjetunion voraus. Es bot optimale Voraussetzungen für eine Sicherheitspolitik gegenüber der kapitalistischen Weltverschwörung. Wie weit die Politik in Deutschland im Sinne der proletarischen Weltbefreiungsmission vorangetrieben werden konnte, mußte sich in Rivalität mit den Führungsmächten des Kapitalismus ergeben. Wir können vermuten, daß unter diesen Überlegungen die Sowjetunion im Frühjahr

Die Gründung der Bundesrepublik Deutschland durch die Führungsmächte des Monopolkapitals (Dollar und Pfund als Erkennungszeichen) wird als Versuch gewertet, Militarismus und Faschismus in Deutschland (Stahlhelm und Hakenkreuze) im Sinne der kapitalistischen Weltverschwörung neu zu beleben. Der Zeichner äußert die Überzeugung, daß „das Gewächs aus der Gattung der faschistischen Kletten (das offenbar Adenauer als Blüte hervorbringt) trotz der Bemühungen der Herren Truman und Bevin zum Verdorren verurteilt ist".

union in ihm mit eigener Besatzungszone präsent, im Alliierten Kontrollrat in Berlin mit Zuständigkeitsrechten für ganz Deutschland versehen, unmittelbare Kontrollgewalt über das Ruhrgebiet ausübend, wäre sowohl im Sinne defensiver Sicherung gegen die kapitalistische Weltverschwörung als auch im Sinne offensiver proletarischer Weltbefreiung eine optimale Lösung gewesen. War sie durchsetzbar? Im Kadermaterial der illegalen KPD hieß es hierzu: „Einer solchen Entwicklung können weder England noch Amerika freiwillig zustimmen."

Die Deutschlandfrage auf der Potsdamer Konferenz

Die 1945 für die Politik in Deutschland befolgten Einheitskonzeptionen der alliierten Mächte gingen, wie deutlich geworden ist, von höchst unterschiedlichen Sichtweisen des historischen Prozesses und hiermit verbundenen politischen Zielvorstellungen aus. [17]

Die Dreierkonferenz — und wiederum unter Ausschluß Frankreichs

«Und immer sagen sie mir: ich darf erst mitmachen — wenn ich groß bin!»

Der Versuch der britischen Politik, zugunsten eines neuen europäischen Gleichgewichtes Frankreich (Regierungschef General de Gaulle) in das Konzert der Großmächte einzubeziehen, bleibt zunächst auf halbem Wege stecken. Frankreich wird zwar an der Besetzung und Kontrolle Deutschlands beteiligt und nachträglich mit einer eigenen Besatzungszone ausgestattet; es wird aber nicht zur Potsdamer Konferenz eingeladen, auf der die Grundsätze der Besatzungspolitik verhandelt werden. Das hat schwerwiegende Folgen für die Verwirklichung des Potsdamer Abkommens.

1945 in ihrer Deutschlandpolitik zur Einheitskonzeption überging und dieses um so leichter tun konnte, als zu diesem Zeitpunkt mit der Aufrichtung der Oder-Neiße-Linie auch ein wesentlicher Teil der Teilungskonzeption politisch durchgesetzt worden war.

Die Umkehr der sowjetischen Deutschlandpolitik ging so weit, daß sie sich nach Potsdam und im Widerspruch zum Potsdamer Abkommen sogar für einen deutschen Einheitsstaat einsetzte und damit nicht nur den französischen Teilungsplänen entgegentrat, sondern auch den britischen und amerikanischen Föderalisierungsvorstellungen. Dieser Konzeption drohte nur dann Gefahr, wenn sich im Zuge der erwarteten

kapitalistisch-sozialistischen Konfrontation eine faktische Teilung Deutschlands an den Grenzen der SBZ zu den Westzonen herausbildete. Diese drohten dann der sowjetischen Überwachung zu entgleiten. [16] Hiergegen war man nur gesichert, wenn man in den westlichen Besatzungszonen als Kontrollmacht unmittelbar präsent war. Von daher ist verständlich, daß nach 1945 die Frage einer sowjetischen Mitkontrolle der Ruhr für die Sowjetunion von überragender Bedeutung war.

Das Politbüromitglied Shdanow bezeichnete folgerichtig 1947 die Ruhrkontrolle als „die wichtigste Frage der internationalen Politik".[21] Ein fortbestehendes einheitliches Deutschland, die Sowjet-

«Wir belassen Ihnen hiermit den Grundriß der Fabrik und erwarten, daß Sie zum Wohl Europas und Ihrer selbst Ihre Produktion um 150 % zu steigern in der Lage sein werden.»

[18]　　　Demontierungsmirakel　　　Schweizer Illustrierte Zeitung, 5.11.1947

> Das Wirtschafts- und Reparationsprogramm der Potsdamer Konferenz war wenig wirklich-
> keitsgemäß. Im Angesicht der schweren Kriegszerstörungen, der erheblichen Verluste an
> landwirtschaftlichem und industriellem Potential durch Gebietsabtretungen (Oder-Neiße-
> Gebiete, vorerst auch das Saargebiet) und des sich in die Besatzungszonen ergießenden
> Flüchtlingsstromes durfte Industrie nicht zerstört (Abrüstung) oder demontiert (Reparatio-
> nen), sondern mußte industrialisiert werden, und zwar nicht nur, um Deutschland lebens-
> fähig zu erhalten, sondern auch, um den Wiederaufbau ganz Europas zu ermöglichen. Erst
> 1947 setzt sich diese Einsicht durch. Der stellvertretende amerikanische Außenminister
> Acheson bringt sie am 8. Mai 1947 in die Worte: „Wir müssen mit dem Wiederaufbau jener
> beiden großen Werkstätten Europas und Asiens – Deutschland und Japan –, von denen
> der endgültige Wiederaufbau der beiden Kontinente in so großem Maße abhängt, vor-
> wärtsschreiten."

War daher zwar eine Interessen-
kollision in Deutschland unvermeidbar, so doch nicht notwendigerweise die Teilung Deutschlands vorprogrammiert. Nicht undenkbar erscheint, daß – sollten
sich die jeweils eigenen Zielsetzungen als nicht voll durchsetzbar
erweisen – in Deutschland Kompromißlösungen gefunden würden, etwa in der Art, Deutschland
in eine völkerrechtliche Sonderstellung zwischen den Mächten
oder weltanschaulichen Lagern
zu bringen.

Die Interessenkonflikte zwischen
den Alliierten traten auf der Potsdamer Konferenz (17. Juli bis 2.
August 1945) noch nicht so klar
zutage, daß gemeinsame Beschlüsse verhindert wurden. Da
die drei Mächte an der Einheit
Deutschlands festhalten, andererseits sich auch noch Handlungsfreiheit in Deutschland vorbehalten wollten, kam verhältnismäßig
schnell eine Reihe von Beschlüs-

sen zustande, die diesen Willen
hoffnungsvoll zum Ausdruck
brachten:

– Ein Rat der Außenminister
  wurde gegründet und mit dem
  Arbeitsauftrag versehen, „eine
  Friedensregelung für Deutschland vorzubereiten, die durch
  die Regierung von Deutschland
  angenommen werden soll,
  nachdem eine dazu geeignete
  Regierung gebildet sein wird"[22]

– In den Grundsätzen für die Tätigkeit des Alliierten Kontrollrates wurde der politische Wiederaufbau Deutschlands angesprochen. Dieser sollte auf demokratischer Grundlage erfolgen, im lokalen Verantwor-
  tungsrahmen ansetzen und im
  Maße der Bewährung demokratischer Selbstverwaltung zu immer höheren Integrationsebe-
  nen (Bezirk, Provinz, Land),
  schließlich zur deutschen Zen-
  tralregierung führen. Diese
  sollte zwar vorerst nicht gebil-

det, jedoch institutionell schon
vorweggenommen werden
durch „demokratische Parteien
in ganz Deutschland mit dem
Recht zur Versammlung und zur
öffentlichen Diskussion", vor allem aber durch „zentrale deutsche Verwaltungsbehörden unter der Leitung von Staatssekre-
tären" – dem Rumpf der späteren Reichsregierung.

– Die wirtschaftlichen Grundsätze
  legten fest, daß „ganz Deutschland als eine wirtschaftliche Einheit behandelt" werden sollte
  (Beispiel: „Einfuhr- und Aus-
  fuhrpläne für ganz Deutschland"). Im Rahmen „allgemein-
  gültiger Richtlinien" für die entscheidenden wirtschaftlichen
  Aktivitäten und entsprechender
  alliierter Kontrollmaßnahmen
  sollte ein prinzipiell freier Verkehr von Menschen, Gütern und
  Dienstleistungen über die Zonengrenzen hinweg gewährleistet sein.

Würde diese gemeinsame Überzeugung in die Wirklichkeit umgesetzt werden können? Die Alliierten haben sich selbst die Verwirklichung wenn nicht verbaut, so
doch wesentlich erschwert durch
die für die Reparationsfrage gefundene Lösung. Die Sowjetunion
machte sehr hohe – vor dem Hintergrund der schweren Kriegszerstörungen in ihrem Lande ver-
ständliche – Reparationsansprüche gegenüber Deutschland geltend: Leistungen im Wert von etwa
zehn Milliarden Dollar in Vor-
kriegspreisen und damit etwa
50 % des gesamten deutschen
Reparationsaufkommens. Die beiden Westmächte verkannten nicht
das hohe Reparationsbedürfnis
der Sowjetunion; sie anerkannten
auch den geforderten relativen
Anteil, hielten aber die Gesamt-
summe angesichts der Reparati-
onserfahrungen nach dem Ersten Weltkrieg, der in Trümmern
liegenden deutschen Städte und
der erheblichen Wertverluste
durch Landabtretungen im Osten
(diese sollten nicht auf das Repa-
rationskonto angerechnet werden) für unrealistisch. Die Lösung
des heftig umstrittenen Problems
wurde in der Weise gefunden, daß
das Besatzungsgebiet in zwei Re-
parationshälften zerlegt und die

Sowjetunion für die Umsetzung ihrer Reparationsansprüche im wesentlichen auf ihre eigene Zone in Deutschland verwiesen wurde. Damit wurde das Prinzip der Wirtschaftseinheit durchbrochen und wurden die verschiedenen Besatzungszonen höchst unterschiedlichen Belastungen ausgeliefert. Wie sollte jetzt die Übereinkunft in den wirtschaftlichen Grundsätzen der Besatzungspolitik – „eine gerechte Verteilung der Güter unter den verschiedenen Zonen vorzunehmen, so daß überall in Deutschland ein wirtschaftliches Gleichgewicht hergestellt und der Einfuhrbedarf vermindert wird" – realisiert werden? [18, 19]

Die im Widerspruch zueinander stehenden Potsdamer Beschlüsse zur Wirtschafts- und zur Reparationspolitik bescherten der späteren Besatzungspolitik ein überaus schwieriges Problem. In Potsdam selbst stand eine andere Frage als Problem im Vordergrund, die durch die Frage Churchills, „was unter Deutschland zu verstehen sei", aufgeworfen wurde. Stalins Antwort, „Deutschland sei das, was aus ihm nach dem Krieg geworden sei", macht die Absicht deutlich, die von der Sowjetunion in eigener Machtvollkommenheit im März 1945 aufgerichtete Oder-Neiße-Linie auf der Potsdamer Konferenz zur östlichen Grenze des Besatzungsgebietes, damit Deutschlands zu machen und auf diese Weise die Politik der vollendeten Tatsachen völkerrechtlich abzuschließen. Das erbitterte, hier nicht zu verfolgende Ringen endete mit einem Formelkompromiß, wonach die Gebiete jenseits von Oder und Neiße aus dem Besatzungsgebiet ausgeklammert wurden und die Regelung der Grenzfragen dem künftigen Friedensvertrag vorbehalten blieb. Die Westmächte gingen nur hinsichtlich des nördlichen Ostpreußen eine Vorausbindung im Sinne der Unterstützung der sowjetischen Territorialansprüche auf der Friedenskonferenz ein. Die beabsichtigte völkerrechtliche Offenheit in der Grenzfrage wurde aber dadurch wieder, und zwar erheblich eingeschränkt, daß ein (wenn auch durch massive Irreführung Stalins: „die Deutschen seien alle

Jedes legt noch schnell ein Ei, und dann kommt der Tod herbei.
[19]

Neue Ruhr-Zeitung, 15.6.1949

Trotzdem gehen die Demontagen zunächst noch weiter. Zu ihren Objekten gehören auch die Hydrierwerke, in denen aus Kohle Treibstoff gewonnen werden kann. Da die deutsche Kriegswirtschaft von diesem Treibstoff abhing, wird der Abbau der Hydrierwerke als Abrüstungsmaßnahme gesehen.

geflohen" zustandegekommener) Beschluß über die Ausweisung der Deutschen aus Polen, der Tschechoslowakei und Ungarn gefaßt wurde, ohne dabei Polen territorial zu definieren. Ähnlich wie in der Wirtschafts- und Reparationsfrage standen sich hier zwei Beschlüsse in einem außerordentlichen Spannungsverhältnis gegenüber.[23]

Frankreich und die Einheit Deutschlands

Das für die Bewahrung der Einheit Deutschlands durchaus hoffnungsvolle Potsdamer Programm ist nicht in die Wirklichkeit umgesetzt worden – vorderhand deshalb nicht, weil sich Frankreich als neu in die Deutschlandpolitik eintretende Macht seiner Verwirklichung entgegenstellte. Frankreich stand bei Kriegsende im Blick auf seine Deutschlandpolitik „zwischen Vergangenheit und Zukunft", wie es eine Zeit-Karikatur ausdrückte. [20] „Vergangenheit" hieß, das durch den Krieg aufgeworfene Sicherheitsproblem durch Mittel traditioneller Machtpolitik zu lösen, d. h. Deutschland durch Verminderung seines territorialen und wirtschaftlichen Potentials und durch politische Auf-

lagen wie Entmilitarisierung, Neutralisierung, Überwachung u. ä. m. so zu schwächen, daß von ihm in Zukunft keine Gefahr mehr ausgehen könnte. „Zukunft" hieß, ein demokratisiertes, innerlich gewandeltes Deutschland zum Partner in einer europäischen Gemeinschaft zu machen, ihm positive Entwicklungsmöglichkeiten bis hin zur Gleichberechtigung einzuräumen und sein politisches Interesse an neue und umfassendere, ihm selbst auch entgegenkommende Aufgaben zu binden. Bewegte sich das erste Modell in den traditionellen Denkbahnen natürlicher deutsch-französischer Machtrivalität oder gar Erbfeindschaft und strebte es ein effektiveres Versailler System als das von 1919 an, so wollte das zweite aus dem Zusammenbruch des Versailler Systems nach dem Ersten Weltkrieg Lehren für die Zukunft ziehen. Sah das erste Deutschland in seinen grundlegenden machtpolitischen Interessen und Verhaltensweisen gleichsam unwandelbar, so hatte das zweite ein viel offeneres Deutschlandbild vor Augen – wenngleich beide davon ausgingen, daß Deutschland, zumindest vorläufig, unter politische Vormundschaft gestellt werden müßte.

Marianne zwischen Vergangenheit und Zukunft

Zeichnung Szewczuk

[20]

Die Zeit, 30.10.1947

Wird es Frankreich möglich sein, eine zukunftsweisende Konzeption seiner Deutschlandpolitik zu entwickeln oder werden die Schatten der Vergangenheit bestimmend sein? Läßt sich Sicherheit nicht auch progressiv verbürgen?

her aus. Danach sollte das Ruhrgebiet „als eine von Deutschland unabhängige politische Einheit behandelt und einem Regime der sowohl politischen wie wirtschaftlichen Internationalisierung unterworfen werden". Auch das Rheinland sollte „politisch und wirtschaftlich vom übrigen Deutschland getrennt" und als selbständiger, zugleich entmilitarisierter und dauernd von französischen oder westeuropäischen Truppen besetzter Staat (oder mehrere Staaten) organisiert werden. Das Saargebiet schließlich sollte in das französische Zoll- und Währungssystem einbezogen und auf Dauer von französischen Truppen besetzt werden; über den endgültigen politischen Status könne später entschieden werden.

Dieses höchst weitreichende französische Territorialprogramm traf auf den Widerstand der drei übrigen Besatzungsmächte. Am schärfsten setzte sich der sowjetische Außenminister Molotow dagegen zur Wehr:

Es liegt auf der Hand, daß im Moment des Sieges und vor dem Hintergrund der leidvoll durchlebten deutschen Besatzungsherrschaft das erste Modell die größere Anziehungskraft entfaltete [21] und das in der Résistance der politischen Mitte entstandene integrative Modell zurückdrängte. Das traditionell-machtstaatliche Modell fand seinen Ausdruck in einem Deutschlandmemorandum vom 14. September 1945.[24] Die Regierung de Gaulle machte hierin Vorbehalte geltend gegenüber denjenigen Bestimmungen des Potsdamer Abkommens, die auf die Einheit Deutschlands abzielten, und verweigerte seine Zustimmung zur geplanten deutschen Zentralverwaltung, sofern nicht vorher die Gebiete von Rhein, Ruhr und Saar – ähnlich wie die Oder-Neiße-Gebiete – aus dem Besatzungsgebiet, damit auch aus dem Amtsbereich der deutschen Zentralverwaltung ausgegliedert würden. Ein weiteres Deutschlandmemorandum vom 25. April 1946[25] führte die französischen Vorstellungen vom künftigen Schicksal dieser Gebiete nä-

Marianne: „Haltet ihn nur ja fest, er hat es auf meine Unschuld abgesehen!"
Karikatur: Ernst Maria Lang

[21]

Süddeutsche Zeitung, 20.1.1948

Im Januar 1947 tritt durch Vereinigung der britischen und der amerikanischen Besatzungszone die Bizone ins Leben. Das Scheitern der Außenministerkonferenzen von Moskau und London 1947 führt zu einem Ausbau der Bizonenbehörden, zu einer Stärkung ihrer Funktionen und zum Abbau alliierter Bevormundung. Frankreich sieht sich durch diesen Prozeß auf eine deutsche Staatlichkeit hin in seinem Sicherheitsbedürfnis herausgefordert.

„Das ist ein Kurs auf die Zerstückelung Deutschlands und auf seine Liquidierung als selbständiger Staat, was mit den Interessen eines dauerhaften Friedens nicht zu rechtfertigen ist. Man darf das deutsche Volk seines Staates nicht berauben. Wenn wir einen solchen Kurs verfolgen, dann machen wir das deutsche Volk zu unserem unerbittlichen Feind und treiben es den deutschen Revanchepolitikern und Militaristen in die Arme. Bei einer solchen Einstellung kann von einer Demokratisierung Deutschlands keine Rede sein."[26] (Die vorgetragene und durchaus einleuchtende Überzeugung auf die Abtrennung der Oder-Neiße-Gebiete anzuwenden, kam Molotow jedoch nicht in den Sinn)

Solcherart von den übrigen Kontrollmächten zurückgewiesen – selbst die vorbehaltlose Anerkennung der Oder-Neiße-Linie als polnischer Westgrenze brachte nicht die sowjetische Unterstützung des französischen Territorialprogrammes in Westdeutschland ein –, machte die französische Regierung ihre im Memorandum vom 14. September 1945 ausgesprochene Ankündigung wahr, einen Beschluß des Alliierten Kontrollrates zur Errichtung einer deutschen Zentralverwaltung in Berlin mit ihrem Veto zu blockieren. Seit September 1945 war damit der Kontrollrat in dieser Frage handlungsunfähig, und die in Potsdam vorgesehene deutsche Zentralverwaltung ist nie ins Leben getreten.

Hätte die deutsche Zentralverwaltung – entsprechend dem amerikanischen Antrag vom September 1945 ins Leben gerufen – die Teilung Deutschlands verhindert? Das ist wenig wahrscheinlich, wenn auch nicht auszuschließen ist, daß eine existierende deutsche Zentralverwaltung als Exekutive des Alliierten Kontrollrates die Deutschlandpolitik der vier Mächte stärker zusammengehalten hätte, als es ohne sie der Fall war. Wenn die drei übrigen Mächte an der Einheit Deutschlands festhielten, konnte der französische Widerstand deren Verwirklichung nur verzögern, aber nicht auf Dauer verhindern. Waren jedoch die jeweiligen Einheitsvorstellungen mit nicht konsensfähigen Auflagen verbunden, hätte vermutlich auch eine einmal ins Leben gerufene deutsche Zentralverwaltung die Teilung Deutschlands nicht verhindert. [22]

[22]

Aus dem Nebelspalter, Schweiz
(Der Spiegel, 2.8.1947)

Die Alliierten (die Außenminister Marshall, Bidault und Bevin sowie Marschall Stalin) und ihr jeweiliges Bild vom künftigen Deutschland. Würde ein gemeinsames Bild möglich sein? Die unterschiedlichen Bilder vom künftigen Deutschland haben ihre Entsprechung in unterschiedlichen Vorstellungen von der Zukunft der deutschen Industrie.

[23]

Aachener Nachrichten
10.9.1949

Bäumchen, Bäumchen wechsle Dich

Das Saargebiet wird 1946/47 von Frankreich aus seiner Besatzungszone in Deutschland ausgegliedert und dem französischen Wirtschaftsgebiet verbunden. Die Saar-Verfassung vom Dezember 1947 bekennt sich zum wirtschaftlichen Anschluß an Frankreich und zur politischen Trennung von Deutschland. Frankreich versucht durch eine bevorzugte Versorgung der Saarbevölkerung deren Lösung von Deutschland zu unterstützen.

Das vergleichsweise geringe Bedeutungsgewicht der französischen Politik kann man daran ablesen, daß sich Frankreich genötigt sah, seine deutschlandpolitischen Vorstellungen aufgrund des Widerstandes der übrigen Mächte Zug um Zug zu revidieren. Zwar wurde mit offenbarer Billigung der angloamerikanischen Mächte im Dezember 1946 das Saargebiet in das französische Zoll- und Wirtschaftsgebiet eingegliedert, im Dezember 1947 mit einer separatistischen Saar-Verfassung auch politisch abgetrennt und damit ein Teil des französischen Deutschlandprogramms verwirklicht; [23] aber in den übrigen Programmteilen sah sich die französische Regierung genötigt, den Vorstellungen der drei anderen Mächte immer mehr entgegenzukommen. Im Herbst 1946 erklärte sich die französische Regierung mit der Wirtschaftseinheit des Besatzungsgebietes einverstanden, und im Januar 1947 legte sie den übrigen Mächten zur Vorbereitung der Moskauer Außenministerkonferenz ein „Memorandum über den staatsrechtlichen Aufbau Deutschlands" vor[27], das von der Einheit Deutschlands, wenn auch eines extrem föderalisierten Deutschlands, ausging (Staatenbund, nicht Bundesstaat; die deutschen Staaten mit eigenem Staatsoberhaupt und eigenem diplomatischem Vertretungsrecht, das Bundesparlament als Staatenhaus mit vier Abgeordneten je Staat ...). Das Ruhrgebiet sollte bei Deutschland verbleiben, aber auf Dauer einer internationalen Kontrolle unterliegen, wobei auch das Eigentum an den Gruben und Industriebetrieben an die überwachenden Nationen übergehen sollte.

Als verursachend für den Wandel der französischen Deutschlandpolitik ist nicht nur der Widerstand der übrigen Mächte anzuführen, der die Möglichkeiten der französischen Deutschlandpolitik stark einengte (die Briten hatten mit der Gründung des Landes Nordrhein-Westfalen im Juli 1946 den französischen Ruhrplänen entschlossen einen Riegel vorgeschoben), sondern auch die Tatsache, daß sich nach dem Rück-

tritt de Gaulles im Januar 1946 und dem Austritt der Kommunisten aus der Koalitionsregierung 1947 die Parteien der Mitte mit dem integrativen Deutschlandmodell viel stärker zur Geltung bringen konnten (die KPF hatte erstaunlicherweise und im Gegensatz zur sowjetischen Deutschlandpolitik das französische Territorialprogramm mitgetragen, ja sogar mitbestimmt). Nicht zuletzt gewannen die in Deutschland zu treffenden Entscheidungen mit dem sich ausbildenden Ost-West-Gegensatz ganz neue Dimensionen, durch die Frankreich viel enger an die Politik der USA und Großbritanniens herangedrängt wurde. Es liegt auf der Hand, daß Frankreich auch durch seine starke Abhängigkeit von amerikanischer Kredithilfe für seinen Wiederaufbau (1945/46 mehr als zwei Milliarden Dollar) genötigt war, seine Politik der amerikanischen anzupassen. Die Deutschlandpolitik de Gaulles hatte ein kooperatives Verhältnis zur Sowjetunion zur Voraussetzung. Charakteristisch für den gedanklichen Hintergrund seiner Politik erscheint, daß er die Sowjetunion nur als „Rußland" an-

gesprochen hat, also mit einem sehr traditionellen Vorstellungsbild an sie herangegangen ist.[28]

Neutralisierung Deutschlands?

Die USA waren nach der Potsdamer Konferenz von allen Mächten am stärksten darum bemüht, die Einheit des Besatzungsgebietes herzustellen. Als ihr Antrag zur Errichtung der deutschen Zentralverwaltung im September 1945 im Alliierten Kontrollrat am französischen Veto gescheitert war, versuchten sie seit November 1945 die Sowjetunion und Großbritannien für eine Dreizonenverwaltung zu gewinnen. Daß dieser Versuch ohne Erfolg blieb und daß ihn bei seiner Wiederholung im Jahre 1946 nur Großbritannien positiv aufnahm – was dann 1947 zur Gründung der Bi-Zone führte –, [24, 25] macht deutlich, daß für die Verwirklichung der Einheit Deutschlands noch ganz andere Hindernisse bestanden als die von der französischen Politik aufgerichteten. Vergeblich hatten die Amerikaner zuvor versucht, mit einem Lieferungsstop von Demon-

[24]

Daily Herald. (Die Welt, 2. 8. 1946)

Das in vier Zonen geteilte Besatzungsgebiet und die bevorstehende Gründung der Bizone: die Außenminister Byrnes und Bevin legen die Zonengrenze nieder; Bidault und Molotow beteiligen sich nicht an der Zonenvereinigung.

tagegütern aus der amerikanischen Zone Druck auf Frankreich und die Sowjetunion auszuüben.

Diese Hindernisse treten besonders deutlich zutage in der Diskussion eines amerikanischen Vorschlages zu einem Viermächte-Abkommen über die langfristige Entmilitarisierung Deutschlands – nach dem amtierenden Außenminister auch Byrnes-Plan genannt, der im Frühjahr 1946 der Pariser Außenministerkonferenz unterbreitet wurde.[29] Der amerikanische Vertragsentwurf legte für die Dauer von fünfundzwanzig Jahren die vollständige Entmilitarisierung Deutschlands einschließlich seiner industriellen Entwaffnung fest. Der entmilitarisierte Zustand Deutschlands sollte nach dem Ende der Besetzung durch eine interalliierte Viermächtekontrollkommission fortlaufend überwacht werden. Auf der Basis interalliierter Übereinkommen sollten die vier Mächte gemeinsam ein Interventionsrecht im Fall von Verletzungen der Entmilitarisierung durch Deutschland haben. Als Ziel schwebte dem Vertragsentwurf ganz offenbar ein Deutschland vor, das zwar im Zustand der Entwaffnung unter alliierter Kontrolle gehalten, aber nicht besetzt und zugleich in seinen inneren Belangen frei sein sollte. Die Amerikaner versprachen sich von diesem Vertrag, der mit der gemeinsam kontrollierten Entmilitarisierung Deutschland zugleich auch neutralisierte, eine grundlegende Befriedigung des Sicherheitsbedürfnisses aller Mächte und damit auch eine Festigung des politischen Einvernehmens zwischen den Alliierten:

„Falls die Entmilitarisierung Deutschlands durch eine derartige Bindung sichergestellt ist, kann keine Kombination europäischer Staaten die Sowjetunion ernsthaft bedrohen, und diese kann sich zu einer freiheitlichen Politik, besonders in östlichen Europa, bereitfinden; und auf diese Weise kann der Teufelskreis durchbrochen werden, in dem sich die Sowjetunion zur Gewährleistung ihrer Sicherheit bewegt und wodurch sie eben jene Verbindung von Mächten zustande bringt, die sie gerade vermeiden will.“[30]

Der amerikanische Entmilitarisierungs- und Neutralisierungsvorschlag ging weit über das hinaus, was die Sowjetunion 1952 in der berühmten Stalin-Note vom 10.

Big-Four Conference

[25]

New York
Herald
Tribune,
3. 4. 1947

Das Fahrzeug der deutschen Wirtschaft kommt auch mit zwei Rädern nicht in Gang: die wirtschaftliche Entwicklung in der Bizone bleibt hinter den Erwartungen zurück.
Das Problem der Wirtschaftseinheit auf der Moskauer Außenministerkonferenz 1947.

März zugunsten ihrer Sicherheit für erforderlich hielt. Daß sie den amerikanischen Vorschlag ablehnte und sich hierbei auch durch das Angebot einer Verlängerung der Vertragsdauer auf 40 Jahre nicht beirren ließ, läßt den Schluß zu, daß sie mit ihrer Politik in Deutschland über die vom Vertrag gesteckten Grenzen hinausstrebte. „Strebt die sowjetische Politik nach Sicherheit oder nach Expansion?“ fragte sich Byrnes im Zusammenhang mit seinem Vertragsangebot. Dieses bekam damit die Qualität eines Tests für Motive und Zielsetzungen der sowjetischen Politik.

Der sowjetische Gegenentwurf[31], der der Moskauer Außenministerkonferenz 1947 [26] vorgelegt wurde, sprach sich natürlich auch für die Entmilitarisierung und für die industrielle Entwaffnung Deutschlands aus. Der Entmilitarisierungsbegriff wurde dabei allerdings nicht nur militärisch oder rüstungspolitisch, sondern auch gesellschaftspolitisch verstanden (Bodenreform, „Liquidierung der deutschen Konzerne, Kartelle, Syndikate und Trusts sowie der sie kontrollierenden Bankenmonopole“). Weitere Bedingungen wurden für die Beendigung der Besetzung Deutschlands gestellt. Der Abzug der Besatzungstruppen sollte von der Erfüllung der deutschen Reparationsverpflichtungen und – wichtiger noch – „von der Wiederherstellung und Festigung einer demokratischen Ordnung in Deutschland“ abhängen.

Das Ende einer Reparationsschuld ist absehbar, wenn die Höhe der Schuld und die jährlichen Leistungen festliegen. Wann aber kann eine demokratische Ordnung als gefestigt gelten? Auf der Grundlage dieser höchst dehnbaren Formel ließ sich die Besetzung Deutschlands über

[26] **MOSKAU 24. APRIL** Daily Mail, (Der Spiegel, 3.5.1947)

Auf der Moskauer Außenminister-Konferenz (10.3.–24.4.1947) steht das Deutschlandproblem im Mittelpunkt der Diskussion. In den Hauptfragen (Reparationen, Ruhrkontrolle, Zonenvereinigung, Regierungsbildung und Staatsaufbau, Byrnes-Plan) kann keine Einigung erzielt werden – im Gegenteil: die unterschiedlichen Auffassungen artikulieren sich so scharf, daß die vier Mächte am Ende der Konferenz weiter von einer Lösung entfernt sind als an deren Anfang. Eine gemeinsame Deutschlandpolitik wird immer unwahrscheinlicher.

Veränderung der Wahrnehmungsperspektive für Sowjetrußland

Daß die Sowjetunion diese ihre Machtstellung in Deutschland nur im defensiven Sinne zur Aufrechterhaltung ihrer Sicherheit handhaben würde, erschien den Westmächten vor dem Hintergrund der gewaltsamen Veränderungen der Staats- und Gesellschaftsordnung in Ostmitteleuropa, des Bürgerkrieges in Griechenland, der territorialen Ansprüche gegenüber der Türkei (Einräumung von Militärstützpunkten an den Meerengen) wenig wahrscheinlich. [28] Auch die Politik der Sowjetunion in ihrer deutschen Besatzungszone war nicht dazu angetan, Vertrauen zu stiften. Hierbei ist nicht nur an die unter dem Stichwort „Entnazifizierung" betriebene, aber weit darüber hinausgreifende Verstaatlichungspolitik von Banken und Industriewerken zu denken, sondern mehr an die Gleichschaltung der politischen Parteien im Rahmen der sogenannten „Blockpolitik" (die Erteilung der Lizenz zur Parteigründung wurde von der Anerkennung des Blocksystems abhängig ge-

Jahrzehnte hinweg für notwendig erklären. Bis zum Ende der Besatzungszeit aber verlangte die Sowjetunion die Beteiligung an der Kontrolle des Ruhrgebietes. Sie erhob also Anspruch auf eine unmittelbare Kontrollpräsenz in der britischen Zone und suchte sich damit den Zugriff auf ein wirtschaftliches Machtzentrum zu sichern, das nicht nur defensiv zur Gewährleistung der eigenen Sicherheit, sondern auch höchst offensiv für die Durchsetzung der eigenen Wirtschafts-, Gesellschafts- und Reparationspolitik benutzt werden konnte. Auch nach dem höchst ungewissen Ende der Besetzung würde nach dem Wortlaut des Gegenentwurfes die sowjetische Machtstellung über Deutschland andauern; denn die Sowjetunion beanspruchte ein individuelles, also nicht an eine Viermächteübereinkunft gebundenes Interventionsrecht in Deutschland. [27]

[27] New York Times, 22.6.1947

Ähnlich wie der Byrnes-Plan zur Neutralisierung Deutschlands wird auch der Marshall-Plan als Test für die Absichten der sowjetischen Politik angesehen: wirtschaftliche Zusammenarbeit im Rahmen des Marshall-Plans, entsprechend auch politische im Aufbau der Nachkriegsordnung für Europa oder expansive Politik zum Aufbau eines Sowjetimperiums und amerikanischer Widerstand dagegen auf der Basis der Truman-Doktrin?

Crisis in the Mediterranean

[28]   New York Herald Tribune, 30. 3. 1947

Am 12. 3. 1947 verkündet der amerikanische Präsident in einer Rede vor dem Kongreß die nach ihm benannte „Truman-Doktrin". Veranlassung hierzu sind der Bürgerkrieg in Griechenland sowie die territorialen Forderungen der Sowjetunion gegenüber der Türkei. Der Kernsatz der Doktrin lautet: „Es muß die Politik der Vereinigten Staaten sein, die freien Völker zu unterstützen, die sich der Unterwerfung durch bewaffnete Minderheiten oder durch Druck von außen widersetzen."
Nachdem Großbritannien wegen wirtschaftlicher Schwierigkeiten seine Hilfe für Griechenland und die Türkei aufgekündigt hat, drohen beide Länder in den sowjetischen Machtbereich einbezogen zu werden.

macht), in besonderem Maße an die mit der Gründung der SED verbundene Ausschaltung einer selbständigen Sozialdemokratischen Partei. Alle diese Aktionen wurden als Ausdrucksformen einer offensiven Politik im Sinne sowjetrussischer Expansion und kommunistischer Welterlösung bewertet. Die britische, bemerkenswerterweise von einer Labour-Regierung getragene Politik hat hierauf viel schneller und viel empfindlicher reagiert als die amerikanische, die deutlich länger am Konzept alliierter Zusammenarbeit festhielt. Wie sehr und wie schnell sich in der britischen Politik die Wahrnehmung der Sowjetunion verändert hatte und welches Gewicht dadurch die in Deutschland zu treffenden Entscheidungen bekamen, wird in einer dem deutschen Problem gewidmeten Kabinetts-

vorlage des britischen Außenministeriums deutlich. Weniger als ein Jahr nach Kriegsende schreibt Bevin:

„Bis vor wenigen Monaten waren wir der Meinung, das deutsche Problem beschränke sich einzig und allein auf Deutschland selbst, und es gehe nur darum, den besten Weg zu finden, den Wiederaufstieg Deutschlands zu einer starken, aggressiven Macht zu verhindern. Zeitweilig wurde besonderer Nachdruck auf die Umerziehung gelegt **[29]**, in der Regel ging es jedoch um Kontroll- und Sicherheitsmaßnahmen. Dieses Ziel kann selbstverständlich nicht aufgegeben werden, ist es doch eines, was wir mit den Russen gemeinsam verfolgen. Aber es kann nicht länger als unser einziges oder sogar wichtigstes Ziel betrachtet werden. Denn die russische Gefahr ist inzwischen mit Sicherheit genauso groß, möglicherweise aber noch größer als die Gefahr eines wiedererstarkten Deutschlands. Am schlimmsten aber wäre ein wiedererstarktes Deutschland, das gemeinsame Sache mit Rußland macht oder von ihm beherrscht würde."[32] **[30]**

In welchen Alternativen die britische Politik bereits zu diesem Zeitpunkt dachte, lassen die sich anschließenden Überlegungen erkennen.

„Vorausgesetzt, wir sind nicht bereit, Rußland das Feld in Deutschland zu überlassen, dann ergibt sich die Frage, womit uns am besten gedient ist: an der in Potsdam festgelegten Politik festzuhalten und sie weiterzuentwickeln oder sie über Bord zu werfen und unsere Zone, unabhängig von den übrigen Zonen, allein nach unseren Vorstellungen zu organisieren und, soweit es uns möglich ist, die übrigen westlichen Zonen miteinzubinden."

Die günstigen und die ungünstigen Folgen einer an Potsdam festhaltenden und einer sich von Potsdam lösenden Politik werden aufgelistet (bei der letzteren wird unter anderem eine Berlin-Krise vorausgesehen!); aber eine Entscheidung wird noch nicht getroffen. Auf der Moskauer Außenministerkonferenz 1947 legt Bevin sogar einen Stufenplan zur Bildung einer gesamtdeutschen Regierung vor.[33] Bemerkenswert erscheint aber auch die Einschätzung der amerikanischen Politik:

„Die Amerikaner sind wahrscheinlich noch nicht so weit, eine solche Politik (gemeint ist die Preisgabe einer gesamtalliierten Deutschlandpolitik) mitzumachen. Ihre führenden Vertreter in Deutschland werden sich mit Sicherheit mit Händen und

[29]   *Habe ich den nicht schon mal gesehen?*   News Chronicle (Der Spiegel, 15. 2. 1947)

Die Umerziehung wird von allen Besatzungsmächten als eine besonders wichtige Aufgabe der Besatzungspolitik angesehen. Umerziehung heißt Erziehung zur Demokratie. Sie ist die positive Kehrseite der Entnazifizierung im Sinne der Säuberung der Lehrkörper in Schule und Lehrerbildung von belasteten Personen. In keinem Bereich ist der Anteil der aus dem Dienst Entfernten so groß wie in Schule und Lehrerbildung. Die Umerziehung strebt eine innere und eine äußere Schulreform an. Meinte die erste eine Veränderung der Lehrinhalte, der Sichtweisen, aber auch der Lehrmethoden und Arbeitsformen, so will die zweite auch die Organisation von Schule verändern. Auf diese Weise soll Demokratie als politische und soziale Lebensform ins Bewußtsein gerückt und zur täglichen Erfahrung gemacht werden.

[30]   New York Times (Nürnberger Nachrichten, 20. 3. 1948)

Läuft die Uhr, die die sowjetische Expansion anzeigt, unaufhaltsam weiter?

Füßen dagegen wehren ... Die volle Unterstützung der Amerikaner ist jedoch absolut notwendig. ... In Berlin sind die Amerikaner in der Regel darauf bedacht, mit den Russen zusammenzugehen, was zu dem bedauerlichen Ergebnis geführt hat, daß sich im Alliierten Kontrollrat manchmal fast ein amerikanisch-russischer Block gebildet hat."[34]

Aber auch in der amerikanischen Politik mehrten sich die warnenden Stimmen. **[31]** Einer ihrer Sprecher war der amerikanische Botschafter in der Sowjetunion, Walter Bedell Smith. In einem an das State Department gehenden Bericht zur Vorbereitung der Moskauer Außenministerkonferenz schrieb er:

„Deutschland ist in der kommunistischen Ideologie und in praktischen Plänen immer von großer Bedeutung gewesen. Lenin betrachtete es als ein europäisches Land, das für die Ausbreitung des Kommunismus am besten geeignet sei, und gleichzeitig als Hauptglied in der Kette der Revolutionen. Stalin hat diesen Glauben weitergetragen, und nicht einmal das Erscheinen des Nazismus vermochte die Überzeugung zu erschüttern, daß das Proletariat in Deutschland den Schlüssel zur proletarischen Revolution in ganz Europa in der Hand habe."

Von welchen Zielvorstellungen wird die gegenwärtige sowjetische Deutschlandpolitik geleitet? Bedell Smith beurteilt sie so:

„Man muß sich daran erinnern, daß der Krieg einen Grad an politischem und wirtschaftlichem Zusammenbruch in Deutschland gebracht hat, der für die kommunistischen Zielsetzungen günstiger ist, als der Kreml hätte erhoffen können. Vom praktischen Standpunkt aus gesehen, stellt Deutschland die größte potentielle Bedrohung oder den mächtigsten möglichen Partner der Sowjetunion dar. Es gibt Anzeichen dafür, daß der Traum einer glücklichen Verbindung zwischen den sowjetischen Hilfsquellen und Arbeitskräften einerseits und deutschem technischem Geschick und administrativer Fähigkeiten wieder durch die Köpfe sowjetischer Führer geistert. Wie auch immer, der Krieg hat in Rußland ein tiefes Bewußtsein von der Realität einer deutschen Aggression hinterlassen. Der Entschluß, das Wiederemporkommen eines starken und unabhängigen und damit möglicherweise feindlichen Deutschland zu verhindern, ist sicher eine dominierende Zielsetzung in der sowjetischen Politik. Diese beiden Zielsetzungen, eine ideologische und eine praktische, er-

gänzen und unterstützen einander. Ihre vollständige Ausführung kann im Lichte der sowjetischen Erfahrungen nur durch die endgültige Herrschaft und Einbeziehung Deutschlands in die sowjetische Einflußsphäre gesichert werden."

Bedell Smith gelangte zu ähnlichen Schlußfolgerungen wie Bevin:

„Die Streitfrage also ist Deutschland und mit ihm die Zukunft Europas. Es scheint mir unausweichlich, daß wir darauf vorbereitet sein müssen, falls nötig lieber eine weitere Trennung der östlichen und der westlichen Zonen voneinander als eine wertlose Vereinigung hinzunehmen, die tatsächlich nur der vollkommenen Erfüllung der sowjetischen Absichten in ganz Deutschland die Türe öffnet."[35]

Auch hier wurde keine Entscheidung getroffen, sondern noch in möglichen Alternativen gedacht. Ganz unzweifelhaft aber ergab sich eines: Aus dem gemeinsamen Kampf gegen Deutschland war ein rivalisierender Kampf um Deutschland geworden, in dem sich eine destruktive Deutschlandpolitik verbot, wenn man in diesem Kampf um Deutschland nicht verlieren wollte. **[32]** Bedell Smith kam zu dem Schluß:

„Für uns kann es nur eine Politik geben: Wir müssen in Wort und Tat alle wahrhaft demokratischen und progressiven Kräfte in unserer Zone fördern und unterstützen, und gleichzeitig müssen wir sie verteidigen gegen Infiltration und Subversion totalitärer Machenschaften aus dem Osten. Ich benutze die Worte ‚unterstützen' und ‚verteidigen' im aktiven Sinne zum Unterschied von moralischer Unterstützung, die wir bisher gegeben haben."

[31]

„Der Raub der Europa 1948. Die Sage der Alten von der Entführung der schönen Königstochter Europa durch Zeus, den unersättlichen und nicht umsonst als Stier erschienenen Verführer, scheint immer mehr Wahrheitsgehalt zu bekommen. Verzweifelt versucht der königliche Vater Marshall den molotowschen Stier zurückzuhalten, ohne zum Schwert zu greifen, während die wehrlose Jungfrau Europa dem Spiel der Kräfte notgedrungen untätig zuschaut – Europas Geschichte im Jahre 1948." Schweizer Illustrierte Zeitung, 25. 2. 1948

[32] New York Herald Tribune, 28.5.1946

Rivalen im Kampf um Deutschland
Der schwer gehbehinderten Germania werden konkurrierende Angebote zur Mitnahme gemacht. Die jeweiligen Fahrzeuge signalisieren in der Meinung des Autors die unterschiedliche Angemessenheit der politisch-sozialen Systeme für die Probleme der Zeit.

[33]

Manchester Guardian, 14.11.1946

(c) Solo/Bulls Pressedienst

"TIGHTEN THE BELT AGAIN? NO MORE HOLES...".

Der Lebensstandard in der britischen Besatzungszone ist 1946 sehr niedrig (der Gürtel kann kaum noch enger geschnallt werden). Die 1945 aufgestellte Versorgungstabelle sieht für den „Normalverbraucher" (etwa zwei Drittel der Bevölkerung) 1550 Kalorien pro Tag vor. Dieser Satz kann 1946 weder in der britischen noch in einer anderen Zone eingehalten werden. Die relativ beste Versorgung hat die amerikanische Zone mit rund 1400 Kal./Tag, die schlechteste die französische mit durchschnittlich 1200 Kal. Die britische und die sowjetische Zone liegen dazwischen. In dem überaus strengen Winter 1946/47 können selbst diese Sätze nicht überall aufrechterhalten werden. Eine deutliche Verbesserung der Versorgungslage ergibt sich erst ab Frühjahr 1948. Sie ist vorher erreichbar, wenn man auf dem schwarzen Markt mit Sachwerten „kompensieren" kann.

Bei Bevin hatte es geheißen:

„Es geht darum, Schritte zu vermeiden, die die Deutschen auf Dauer von uns entfremden und in die Arme Rußlands treiben ... Es geht darum, die Probleme in unserer Zone nicht weniger konstruktiv anzupacken, als die Russen in ihrer Zone lauthals verkünden. Und es geht vor allen Dingen darum, einen einigermaßen hohen Lebensstandard in Westdeutschland aufrechtzuerhalten, um die Kommunisten daran zu hindern, daß sie die wirtschaftliche Not, die die Bevölkerung leidet, zu ihrem Vorteil ausnutzen ... Wir sollten uns in unserer Zone auf konstruktive politische und wirtschaftliche Maßnahmen konzentrieren."[36, 37] **[33, 34]**

Ruhrkontrolle und Reparationen

Zu den konstruktiven Maßnahmen oder zu ihren Voraussetzungen gehörte auf jeden Fall die Abwehr des sowjetischen Anspruchs auf Mitkontrolle des Ruhrgebietes – um so mehr als die Sowjetunion einen analogen Anspruch der Westmächte auf die Mitbestimmung im oberschlesischen Industriegebiet und jedes Infragestellen der Endgültigkeit der Oder-Neiße-Linie kategorisch zurückgewiesen hatte. Eine sowjetische Kontrollbefugnis an der Ruhr würde es der Sowjetunion erlauben, das eigene Reparationspro-

[34]

Daily Mail (Der Spiegel, 23.8.1947)

Der Kuckuck im Nest

Der Krieg hat Großbritannien finanziell ruiniert. Die USA gewähren 1946 einen Kredit in Höhe von 3,75 Mrd. Dollar. Großbritannien kann dieses Geld nicht ausschließlich für den Wiederaufbau seiner eigenen Wirtschaft verwenden, sondern muß davon auch Lebensmittel auf dem Weltmarkt kaufen, um die Menschen in seiner deutschen Besatzungszone am Leben zu erhalten. Auch die amerikanische Zone erfordert Zulieferungen durch die Besatzungsmacht. Außenminister Marshall beziffert 1947 die Lebensmittelsubvention für die Bizone auf jährlich 700 Mio. Dollar. Die wirtschaftlichen Schwierigkeiten Großbritanniens werden daran besonders deutlich, daß 1946 das Brot rationiert wird, was selbst auf dem Höhepunkt des U-Boot-Krieges nicht notwendig gewesen ist. (Premierminister Attlee füttert die britische Zone mit Dollars zu Lasten der Bedürfnisse Großbritanniens.)

[35] *Das trojanische Pferd!*   Neue Ruhr-Zeitung, 21. 5. 1949

Die von der Sowjetunion als Preis für die Wirtschaftseinheit des Besatzungsgebietes geforderte Beteiligung an der Ruhrkontrolle läuft darauf hinaus, die Wirtschaftsentwicklung in den Westzonen sowjetischer Entscheidung auszuliefern. Die Sowjetunion kann die Ruhrkontrolle als Hebel zur Durchsetzung ihrer Wirtschafts- und Reparationsinteressen in Deutschland benutzen – zu Lasten der Angloamerikaner in Deutschland und zu Lasten des ganzen westeuropäischen Wiederaufbaus. Die Beteiligung an der Ruhrkontrolle kann sich damit als Trojanisches Pferd erweisen.

38] durch Demontage auf etwa 55 % des Vorkriegsstandes herabgedrückt werden sollte, nun auch noch durch Entnahme aus der laufenden Produktion zu schwächen, würde entweder den ohnehin sehr niedrigen Lebensstandard weiter herabdrücken oder aber die Anglo-Amerikaner dazu nötigen, die Zuschüsse in ihre Zonen bzw. nach Herstellung der Wirtschaftseinheit in das gesamte Besatzungsgebiet zu erhöhen – letzteres um so mehr, als in der SBZ eine Vielzahl von Betrieben mit einem Produktionsanteil von 25–30 Prozent beschlagnahmt und in sowjetischen Aktiengesellschaften organisiert, also zu exterritorialem Sowjeteigentum gemacht worden waren. Da der amerikanische Außenminister Marshall – entsprechend auch der britische – unmißverständlich erklärte, „die USA seien nicht dazu bereit, einem Programm für Reparationen aus der laufenden Produktion als Preis für die Einheit Deutschlands zuzustimmen"[38],

gramm den übrigen Alliierten aufzuzwingen. **[35]** In diesem Programm war neben der Höhe der deutschen Reparationsschuld (vgl. hierzu das oben Gesagte) vor allem die beanspruchte Aufbringungsart problematisch, nämlich neben demontierten Industrieeinrichtungen und Auslandsguthaben auch Güter aus der laufenden Produktion heranzuziehen. **[36]** Diese Aufbringungsart stand zwar nicht förmlich, aber faktisch in Widerspruch zum Potsdamer Abkommen, denn hier war das sogenannte „Imports first"-Prinzip vereinbart worden: Die laufende Produktion sollte vorab für die Bezahlung der lebensnotwendigen Importe verwendet werden. Die Frage der Lebensnotwendigkeit war zugleich die Frage nach dem Lebensstandard, der den Deutschen eingeräumt werden sollte. Nun hatten sich die britische und die amerikanische Besatzungszone für die Besatzungsmächte in hohem Maße und ungeachtet des niedrigen Lebensstandards als Zuschußgebiete erwiesen. Die deutsche Volkswirtschaft, deren Leistungskraft gemäß alliiertem Industrieplan vom März 1946 **[37,**

Our End of the Cow

[36]

New York
Herald Tribune,
29. 9. 1946

Die sowjetische Forderung, die – bedingt durch Kriegszerstörungen, territoriale Verluste und Demontagen – sehr geringe laufende Produktion auch für Reparationszwecke heranzuziehen, droht die erzwungene Subventionierung der deutschen Wirtschaft durch die Angloamerikaner in die Zukunft hinein zu verlängern, wenn man nicht den Lebensstandard so weit herabdrücken will, daß alle Hoffnungen auf einen demokratischen Wiederaufbau aufgegeben werden müssen.

[37]

Manchester
Guardian,
13. 7. 1946

(c) Solo/Bulls Pressedienst

Der Industrieplan orientiert sich an den Leitvorstellungen, das wirtschaftliche Kriegspotential Deutschlands auszuschalten, damit zugleich auch Reparationsgüter sicherzustellen, andererseits ihm ein Industriepotential zu belassen, das für einen mittleren Lebensstandard ausreicht und es ihm möglich macht, ohne Hilfe von außen zu existieren. Der Industrieplan unterscheidet zwischen vollständig verbotenen Produktionen (Kriegsmaterial aller Art, aber auch Flugzeuge, Seeschiffe, synthetische Treibstoffe, Kugellager, schwere Traktoren u.ä.m.), eingeschränkt erlaubten Produktionen (z.B. Stahl mit 39% der Vorkriegsproduktion, chemische Grundstoffe zu 40%, Werkzeugmaschinen zu 11%, Elektromaschinen zu 50%, landwirtschaftliche Maschinen zu 80% u.ä.m.) und unbeschränkt erlaubten Produktionen (z.B. Kohle- und Kalibergbau, Konsumgüterindustrie, Landwirtschaft ...)

der kapitalistischen Weltverschwörung von den Führungsmächten des Kapitalismus verwendet werden könnte. Angesichts des großen politischen Bedeutungsgewichtes des mitteleuropäischen Raumes kam den Entscheidungen in Deutschland entsprechend hohe Bedeutung zu. Die Einschätzung der Wichtigkeit ist unter anderem daran ablesbar, daß die sowjetische Militäradministration in Deutschland (SMAD) mit über 50 000 Mitarbeitern mehr Personen aufbot als die drei übrigen Mächte zusammen. Die Fülle der SMAD-Aktivitäten spricht für einen klaren Gestaltungswillen, sind doch von der sowjetischen Militäradministration bis 1949 mehr als 1100 Befehle herausgegeben worden. Beide Zielprojektionen setzten voraus, daß die Anti-Hitler-Koalition mit dem Ende des Krieges nicht vollständig auseinanderbrach, sondern daß zumindest in Deutschland ein ko-

andererseits Molotow ebenso deutlich hervorhob, daß es „ohne die Lösung der Reparationsfrage für die Sowjetunion keine Lösung des deutschen Problems geben"[39] könne, war die Situation in der Reparationsfrage festgefahren.

Die sowjetische Deutschlandpolitik / Die Gründung der SED

Nach dem bisher Gesagten stellt sich die Frage, welche Ziele die Sowjetunion mit ihrer Deutschlandpolitik verfolgte. Die sowjetische Politik ist schwer zu beurteilen – nicht nur weil, systembedingt, die Quellenlage außerordentlich ungünstig ist, sondern auch deshalb, weil die Politik selbst uneinheitlich, ja widerspruchsvoll ist, so daß man fragen kann, ob ihr überhaupt eine eindeutige Konzeption zugrunde lag. Die Sowjetunion mußte aus ihrer Interessenlage heraus bestrebt sein, sich einen beherrschenden Einfluß auf Deutschland zu sichern, um einmal zu verhindern, daß dieses als eigenständige, zu einer antisowjetischen Politik fähige Macht neu organisiert wurde, zum anderen aber auch, um sicherzustellen, daß sein Potential oder wesentliche Teile desselben nicht im Sinne

[38]

New York
Herald Tribune,
13. 4. 1947

Der Industrieplan ist wenig realistisch. Unter der Bedingung der fehlenden Wirtschaftseinheit des Besatzungsgebietes (die Wirtschaftseinheit hat er freilich zur Voraussetzung gemacht) ist er gänzlich unsinnig, und zwar nicht nur im Blick auf die Lebensmöglichkeiten Deutschlands, sondern auf die ganz Europas; denn es ist sehr schnell deutlich geworden, daß vom Wiederaufbau Deutschlands der Wiederaufbau ganz Europas entscheidend abhängt. Schon das 1947 allein der Bizone zugebilligte Industrieniveau geht deutlich über das vom Industrieplan für ganz Deutschland festgesetzte hinaus.

Nach Nürnberg

[39]

Jetzt sollte man ein neues Kapitel beginnen können

Schweizer Illustrierte Zeitung, 9. 10. 1946

Mai-Gedanken im Jahre 1947

„Wenn das Bäumchen wachsen soll, werde ich diese Wurzeln, die ihm die ganze Kraft entziehen, doch wohl abhacken müssen!"

[40]

Berliner Zeitung, 1.5. 1947

Aus den Schrecken des Krieges erwächst die Überzeugung, daß eine neue Ordnung ins Leben gerufen werden müsse, die die Wiederholung einer Menschheitskatastrophe ausschließt. Die Verurteilung der am Kriege und an den sie begleitenden Untaten Schuldigen in den Nürnberger Kriegsverbrecherprozessen stützt die Hoffnung, daß sich das Recht gegen die Gewalt durchgesetzt habe. Aber welcherart müssen die Fundamente sein, auf denen die neue Ordnung ruhen soll? Sind es geistige und moralische Kräfte? Sind es politisch-rechtliche Grundordnungen? Oder sind es wirtschaftlich-gesellschaftliche Verhältnisse?

operatives Verhältnis bestehen blieb. So entschlossen und gegenüber den westlichen Interessen so völlig rücksichtslos die Sowjetunion in Ostmitteleuropa einen hegemonial beherrschten Cordon sanitaire aufbaute und die Staaten dieser Region durch deren gewaltsame Sowjetisierung, auch durch ein lückenloses Paktsystem an sich band, so sehr suchte sie in Deutschland den Anschein einer rigiden Sowjetisierungspolitik zu vermeiden und sich in die politische Vorstellungswelt der Westalliierten einzuordnen. Sie rief in ihrer Besatzungszone und in Berlin mit SMAD-Befehl Nr. 2 schon vor der Potsdamer Konferenz ein Mehrparteiensystem ins Leben. Deutlich vor den übrigen Zonen entstanden in Berlin in der Zeit vom 11. Juni bis 5. Juli 1945 KPD, SPD, CDUD und LDPD. Die Namengebung signalisiert deren gesamtdeutsche Orientierung – ganz anders als es in der französischen Besatzungszone der Fall war. Den im Juni 1945 ins Leben gerufenen fünf Ländern der SBZ wurden Ministerpräsidenten gegeben, von denen keiner der KPD angehörte (allerdings kamen alle Stellvertreter aus den Reihen der KPD; diese waren zuständig für innere Angelegenheiten: Polizei, Personalwesen, Entnazifizierung, Bodenreform).

Noch auffälliger ist die Tatsache, daß sich der Gründungsaufruf der KPD vom 11. Juni 1945 zur „Aufrichtung eines antifaschistischen, demokratischen Regimes, einer parlamentarisch-demokratischen Republik mit allen demokratischen Rechten und Freiheiten für das Volk" bekannte. „Deutschland das Sowjetsystem aufzuzwingen", wurde ausdrücklich abgelehnt. Es gelte, „die Sache der bürgerlich-demokratischen Umbildung, die 1848 begonnen wurde, zu Ende zu führen". Für ein KPD-Programm zentrale und eigentlich als selbstverständlich vorauszusetzende Begriffe wie Sozialismus oder Kommunismus tauchten gar nicht auf, ja der Aufruf bekannte sich zur „völlig ungehinderten Entfaltung des freien Handels und der privaten Unternehmerinitiative auf der Grundlage des Privateigentums".[40] Auch der SMAD-Befehl vom 10. Juni 1945 zur Neugründung politischer Parteien sprach von „Demokratie und bürgerlichen Freiheiten in Deutschland".[41] [39, 40]

Demgegenüber war der Berliner Gründungsaufruf der SPD vom 15. Juni 1945 mit seinem Bekenntnis zu „Demokratie in Staat und Gemeinde, Sozialismus in Wirtschaft und Gesellschaft" deutlich weiter links angesiedelt. Selbst der Gründungsaufruf der CDUD vom 26. Juni 1945 sprach sich dafür aus, „daß die Bodenschätze in Staatsbesitz übergehen" und daß „der Bergbau und andere monopolartige Schlüsselunternehmungen … klar der Staatsgewalt unterworfen werden".[42] So schien in der SBZ ein politisches System zu entstehen, das den Vorstellungen westlicher Demokratie entsprach. Dieses hoffnungsvolle Bild erlitt vorerst auch dadurch noch keine Einbuße, daß die neugegründeten Parteien am 14. Juli 1945 in der „Einheitsfront der antifaschistisch-demokratischen Parteien" zusammengeschlossen wurden, deren Beschlüsse auf Vereinbarung und nicht auf Abstimmung beruhen sollten. Die Erteilung der Lizenz für eine Parteigründung wurde von der SMAD von der Anerkennung des Blocksystems abhängig gemacht. Das mit dem Blocksystem verbundene Veto-Recht gewährleistete zwar, daß keine Beschlüsse gegen die KPD getroffen werden konnten; aber das galt unter formalen Gesichtspunkten auch für die übrigen Parteien. Da die Tätigkeit der Parteien nach SMAD-Befehl Nr. 2 „der Kontrolle der sowjetischen Militärverwaltung" und „den von ihr gegebenen Instruktionen" untergeordnet wurde, kam der Nähe zur Besatzungsmacht und naturgemäß der Politik der Besatzungsmacht selbst höchste Bedeutung zu. Die Absetzung der Führer der CDUD, erst Hermes und Schreiber, dann Kaiser und Lemmer, machte dieses besonders deutlich. Die CDUD wurde mit der erzwungenen Auswechslung ihrer Vorsitzenden in eine linientreue Satellitenpartei der SED umgewandelt.

Ein ganz anderes Bild von den politischen Verhältnissen in der SBZ entstand mit der Gründung der SED. Die Initiative zu einer Vereinigung der beiden Arbeiterparteien war von der SPD in Berlin ausgegangen, aber zunächst abgewiesen worden. Seit November 1945 jedoch ging die KPD auf Gegenkurs und betrieb mit steigender Intensität die Vereinigung. Inzwischen hatten sich jedoch bei den Sozialdemokraten die Voraussetzungen erheblich verändert: Der anfängliche Vereinigungswille hatte zunehmender Skepsis Platz gemacht. Diese speiste sich nicht nur aus der immer deutlicher werdenden und die übrigen Parteien klar benachteiligenden Zusammenarbeit von sowjetischer Besatzungsmacht und KPD, aus „zunehmendem Zweifel an der Ehrlichkeit des Bekenntnisses der KPD zur Demokratie und des Willens zur Zusammenarbeit und zur Einheit ohne betonten Führungsanspruch der KPD", sondern vor allem auch aus der Einsicht, daß mit der zonalen Verschmelzung von SPD und KPD die Einheit der SPD in Deutschland und sogar die Einheit Deutschlands gefährdet würden. [41] Gustav Dahrendorf, ein Mitglied des Zentralausschusses der SPD in Berlin und anfänglicher Befürworter des Zusammenschlusses, formulierte am 20. 12. 1945 für den Zentralausschuß:

„Diese Frage (gemeint sind gemeinsames Wahlprogramm und gemeinsame Wahllisten) kann ebensowenig zonenmäßig entschieden werden wie die Herstellung der organisatorischen Einheit der beiden Parteien, ohne daß die politische Einheit Deutschlands und damit zugleich die Einheit der SPD im gesamten Reich gefährdet würde."[43]

Grotewohl hatte schon am 11. November 1945 erklärt, daß „eine zonenmäßige Vereinigung vermutlich die Vereinigung im Reichsmaßstab nicht fördern, sondern nur erschweren und vielleicht das Reich zerbrechen würde".[44] Daß diese Rede nicht veröffentlicht werden durfte, machte deutlich, daß Sowjetunion und KPD entschlossen waren, sich über Widerstände der SPD in ihrer Zone und über noch viel stärkere Widerstände der SPD in den Westzonen hinwegzusetzen. Schumacher hat Grotewohl und Dahrendorf schließlich sogar empfohlen, die SPD durch Selbstauflösung der Partei in der SBZ dem politischen Druck zu entziehen. Der schließliche Zusammenschluß beider Parteien zur SED im April 1946 ist jedoch nicht nur als Zwangsunion zu sehen. Ihm kamen spontane, aus dem Erlebnis der nationalso-

[41] *Auch die Elbe ist kein Hindernis*   Neues Deutschland, 1.5.1946

Wie wird sich der von der KPD seit Herbst 1945 angestrebte Zusammenschluß mit der SPD auf die Westzonen auswirken? Wird er für sie beispielgebend sein? Oder wird er die Distanz zwischen den beiden Parteien vergrößern? Wird er im Sinne der Parole „Einheit der Arbeiterklasse – Einheit Deutschlands" den gesamtdeutschen Zusammenhalt fördern oder ihn gefährden? Drängt er zum Brückenbau über die Elbe, oder wird durch ihn die Elbe zum Hindernis?

[42] New York Herald Tribune, 3.11.1946

Bei den Wahlen zum (Gesamt-)Berliner Magistrat am 20. 10. 1946 wird die SPD überlegener Sieger, gefolgt von der CDU. Erst an dritter Stelle kommt die SED. Vor dem Hintergrund dieses Wahlergebnisses in Berlin (selbst im sowjetischen Sektor erhält die SPD mit 43,6 % die eindeutige Mehrheit) ist die Fusion von SPD und KPD zur SED zu sehen.

zialistischen Herrschaft erwachsene Kräfte in der sozialdemokratischen Arbeiterschaft entgegen, die von Sowjetunion und KPD zu Zusammenschlüssen auf unterster Ebene vor dem Vereinigungsparteitag genutzt werden konnten und die die Parteiführung der SPD zusätzlich unter Druck setzten. Gleichwohl ist unbestreitbar, daß ohne die zielstrebige und rigide Politik der Sowjetunion die Fusion nicht erfolgt wäre. Das Verbot der Urabstimmung unter den SPD-Mitgliedern unterstreicht das Gesagte, und die Ergebnisse der Urabstimmung unter den SPD-Mitgliedern der Berliner Westsektoren (82 % gegen die Vereinigung, wohl aber 62 % für eine Zusammenarbeit) und noch mehr der Wahlen zum Abgeordnetenhaus in Gesamt-Berlin im Oktober 1946 (48,7 % SPD; 22,2 % CDU; 19,8 % SED; 9,3 % LDP) sind deutliche Signale für das Meinungsbild unter SPD-Mitgliedern und -Anhängern. **[42]** Dem Zusammenschluß war unzweifelhaft förderlich, daß die Einheitspartei unter dem Stichwort des „besonderen deutschen Weges zum Sozialismus" in Gang

gesetzt wurde[45] und daß in der SED alle Leitungspositionen mit KPD- und SPD-Mitgliedern paritätisch besetzt wurden. Zwei Jahre später wurde die These vom besonderen Weg offiziell widerrufen, und im Januar 1949 wurde die SED nach dem Vorbild der KPdSU zu einer „Partei neuen Typs" umgeformt. Mit dem Bekenntnis zum Marxismus/Leninismus als ideologischer Grundlage und der Verpflichtung aller Werktätigen, „die sozialistische Sowjetunion mit allen Kräften zu unterstützen", wurde auch die paritätische Besetzung der führenden Funktionen aufgehoben.[46] 1954 waren ehemalige Sozialdemokraten nur noch mit etwa zehn Prozent in den Leitungsgremien der SED vertreten. Die mit diesem Prozeß einhergehende Fluchtbewegung sozialdemokratischer Funktionäre und

Mitglieder aus der SBZ in die Westzonen setzte schon 1946 ein; Gustav Dahrendorf gehörte zu den frühesten. **[43]**

Die Gründung der SED war ein Vorgang von einschneidender Wichtigkeit, der die Frage nach den zentralen Zielsetzungen der sowjetischen Deutschlandpolitik dringlich macht. Die SED gab sich betont gesamtdeutsch. Auf Plakaten mit dem historischen Händedruck Piecks und Grotewohls stand die Parole „Einheit der Arbeiterbewegung – Einheit Deutschlands". Und die auf dem Vereinigungsparteitag beschlossenen „Grundsätze und Ziele" formulieren: „Die Einheit der sozialistischen Bewegung ist die beste Gewähr für die Einheit Deutschlands."[47] **[44]** Tatsächlich aber konnte kein Zweifel daran beste-

Insel der Seligen . . .

[43]

Aachener Nachrichten, 9.12.1949

. . . oder rette sich, wer kann!

Seit Kriegsende gibt es einen ununterbrochenen Flüchtlingsstrom aus der sowjetischen Besatzungszone in die Westzonen, dem eine nur bescheidene Wanderbewegung von West nach Ost gegenübersteht. Seit 1949 werden die Flüchtlinge in förmlichen Aufnahmeverfahren statistisch erfaßt. Im Gründungsjahr der beiden deutschen Staaten werden rund 130 000 Flüchtlinge registriert.

Das ganze Deutschland muß es sein . . .

[44]

Neues Deutschland, 20.9.1947

Die SED in ihrer Selbstdarstellung: Der Kampf um die nationale Einheit ist ihr politischer Auftrag.

Militärregierung in Deutschland berichtete am 4. Februar 1946 an das Foreign Office über ein Gespräch mit Grotewohl und Dahrendorf:

„Was sie sagten, war nicht ermutigend. Grotewohl ... sah mitgenommen und besorgt aus ... Sie würden nicht nur persönlich unter stärksten Druck gesetzt (er sagte, sie würden von russischen Bajonetten gekitzelt), ihre Organisation in den Ländern sei vollkommen unterwandert. Männer, die ihm noch vor vier Tagen versichert hätten, sie seien entschlossen, Widerstand zu leisten, flehten ihn nun an, die Sache hinter sich zu bringen. Auf diese Leute sei jede nur mögliche Art von Druck ausgeübt worden, von dem Versprechen, ihnen einen Arbeitsplatz zu besorgen, bis zur Entführung am hellichten Tag, und wenn er, Grotewohl, zusammen mit dem Zentralausschuß den Widerstand fortsetzen würde, dann würden sie ganz einfach abgesetzt und durch Provinzausschüsse ersetzt werden. ... Dahrendorf sprach davon, sie hätten bis zum Einsatz ihres Lebens Widerstand geleistet.

Dies alles hat mich sehr deprimiert; aber es sieht so aus, als würden die Russen jetzt ihre Glacéhandschuhe ausziehen."[48]

(Vgl. in diesem Zusammenhang die Kabinettsvorlage Bevins zur deutschen Frage einen Monat später, siehe oben S. 31)

---

hen, daß die Gründung der SED der Einheit Deutschlands in höchstem Maße abträglich war, und zwar in doppelter Weise. Nicht nur mußten sich die Widerstände in der westdeutschen Sozialdemokratie gegen eine Fusion mit der KPD und gegen eine politische Orientierung auf die Sowjetunion hin sprunghaft steigern, ja unversöhnlich werden: Zwölf Jahre lang war die Partei verboten gewesen und waren Sozialdemokraten verfolgt worden; weniger als ein Jahr nach ihrer Neugründung war sie erneut ausgeschaltet, und widerstrebende Sozialdemokraten wurden in Gefängnisse und Konzentrationslager (wie zum Beispiel Buchenwald) eingewiesen. Auch die westlichen Besatzungsmächte, zumal das von einer Labour-Regierung geführte Großbritannien, mußten auf die SED-Gründung verschreckt reagieren. Die Risiken einer Viermächte-Deutschlandpolitik wurden schlagartig deutlich. Konnte man einer so agierenden Sowjetunion direkten Einfluß in den Westzonen gewähren? Der Leiter der politischen Abteilung der britischen

Oberst Howley: „Im US-Sektor sind genügend Truppen stationiert, um die Wahlen am 5. Dezember durchzuführen."

[45]

Berliner Zeitung, 12.11.1948

Nach der Sprengung der im Ostsektor tagenden (Gesamt-)Berliner Stadtverordnetenversammlung im September 1948 setzen die Abgeordneten (mit Ausnahme der zur SED gehörenden) ihre Arbeit in den Westsektoren fort; und auch der Magistrat wechselt ins Schöneberger Rathaus. Für den 5. 12. 1948 werden Neuwahlen zum Berliner Magistrat angesetzt. Sie werden von der Sowjetunion im Ostsektor verboten, und die SED fordert unter der Parole „Spalterwahlen" dazu auf, die Wahl zu boykottieren. Die SPD erringt bei 86,3 % Wahlbeteiligung mit 64,5 % der Stimmen einen überwältigenden Sieg.
Die SED bezeichnet schon im vorhinein die Wahlen als unfrei und deren (zu erwartendes) Ergebnis als von den Besatzungstruppen manipuliert. Dieses Verfahren wird auch künftig ein probates Mittel sein, zwischen dem wahren Volkswillen und dem tatsächlich bekundeten zu unterscheiden.

DIE NOTBRÜCKE

[46]

Vorsicht! Nicht stürzen!

Ulenspiegel,
3. Mai-Heft 1948

Für das Bewußtsein der Zeitgenossen stellt die Währungsreform vom 20. Juni 1948 die eigentliche Zäsur der Nachkriegsgeschichte dar, und in der naiven Tradition wird zwischen der Zeit „vor der Währung" und der Zeit „nach der Währung" unterschieden. Die Reform der Währung ist eine entscheidende Voraussetzung für den wirtschaftlichen Wiederaufstieg; aber sie ist auch ein Element des Teilungsprozesses in Deutschland, denn die noch bestehende Währungseinheit geht verloren wie schon zuvor die politische und die wirtschaftliche Einheit.

Die Sowjetunion hat ihrer eigenen, auf Deutschland als Ganzes ausgerichteten Politik einen schweren, ja irreparablen Schaden zugefügt, so daß sich die Frage stellt, ob sie überhaupt noch gesamtdeutsch oder bereits teilstaatlich orientiert war. Für letzteres würde auch sprechen, daß sie Ende Oktober 1945 mit SMAD-Befehl 124 eine rigorose Verstaatlichungspolitik einleitete, die mehr als 7000 Industriebetriebe umfaßte und die weit über den vorgegebenen Rahmen der „Entnazifizierung" hinausging. Wenn man – wie behauptet – an gesamtdeutscher Politik festhielt: Wie sollte die politische Einheit Deutschlands jetzt verwirklicht werden? Daß die der eigenen Zone auferlegte Lösung im gesamtdeutschen Rahmen nicht durchsetzbar war, lag offen zutage. Sollte bei den zukünftigen gesamtdeutschen Wahlen die SPD wieder zugelassen werden, der SED also nur eine kurzfristige Zwischenexistenz eingeräumt werden? Welchen Sinn hatte die zwangsweise herbeigeführte Fusion von KPD und SPD in der ei-

genen Besatzungszone, wenn man eine auf die Einheit Deutschlands gerichtete Politik betrieb, die nur gemeinsam mit den übrigen Besatzungsmächten betrieben werden konnte? Zwangsfusion und Einheit Deutschlands schlossen sich gegenseitig aus. Nicht einmal in Ostmitteleuropa, wo sich die Sowjetunion viel unbedenklicher über die Interessen der Westmächte hinwegsetzen konnte, aber auch hier noch einen scheindemokratischen Schleier aufrecht hielt, war sie zu diesem Zeitpunkt so weit vorgeprellt: Die Selbständigkeit der sozialdemokratischen Parteien wurde dort erst im Verlaufe des Jahres 1948 beseitigt. Nimmt man die sowjetische Reaktion auf den Byrnes-Plan hinzu, so war der Sowjetunion ganz offenbar uneingeschränkte Verfügungsgewalt über die eigene Zone und damit die Stabilisierung des auf sie bezogenen Regimes wichtiger als ein entmilitarisiertes und neutralisiertes, dem politischen und gesellschaftlichen Gehalt nach aber bürgerliches Deutschland. **[45]** Schon während des

Krieges, als im Herbst 1944 zwischen den Alliierten die Modalitäten des Besatzungsregimes verhandelt wurden, hatte sie sich gegen eine integrierte Besetzung Deutschlands ausgesprochen und eine eigene Zone beansprucht. Nach dem französischen Veto gegen die Errichtung einer deutschen Zentralverwaltung widersetzte sie sich mehrfach dem amerikanischen Vorschlag einer Dreizonenverschmelzung; diese hätte ganz sicher die Gründung der SED, die soziale Umwälzung, des weiteren auch die Fortführung der Blockpolitik erschwert oder unmöglich gemacht. Sie war nur dann zu einer Zonenfusion bereit, wenn sie dafür deutliche Machtgewinne in den Westzonen über das Bestehende hinaus einbringen konnte (Ruhrkontrolle, Reparationen). Das entmilitarisierte und neutralisierte, aber bürgerliche Deutschland war ihr als Alternative zu einem deutschen Teilstaat, den sie beherrschte und dem sie das von ihr favorisierte Gesellschaftssystem auferlegen konnte, nicht wertvoll genug; und sie zog auch im rivalisierenden Kampf um Deutschland eine Re-

'Don't Worry – He Won't Hurt You'

[47] New York Herald Tribune, 28.6.1948

Trotz der von Frankreich mitgetragenen neuen westlichen Deutschlandpolitik und der von ihm mitverabschiedeten Beschlüsse der Londoner Sechs-Mächte-Konferenz bleibt das französische Sicherheitsbedürfnis lebendig: Wie wird sich der künftige westdeutsche Staat verhalten?
Bevin und Marshall suchen den französischen Ministerpräsidenten Schumann zu beruhigen: „Keine Angst, er beißt nicht!"

vision ihrer übrigen Deutschland-politik, etwa eine politisch höchst werbewirksame Korrektur der Oder-Neiße-Linie, nicht in Erwägung. Dieser auf die Festigung der Herrschaft in der eigenen Besatzungszone zielenden Politik steht aber entgegen, daß die Sowjetunion der neuen westlichen, auf die Gründung eines westdeutschen Staates ausgerichteten Politik entschlossenen Widerstand entgegensetzte und die Westmächte damit in eine gesamtdeutsche Viermächteverantwortung zurückzuzwingen suchte.

Neuorientierung der westlichen Deutschlandpolitik

Die Viermächtepolitik in Deutschland war festgefahren. Obwohl die Einheit Deutschlands im Prinzip nicht mehr strittig war, kam man zu ihrer Verwirklichung keinen Schritt voran, weil hiermit jeweils Bedingungen verknüpft wurden, die der jeweils anderen Seite als zu großes Risiko erschienen. Die Errichtung der Bizone am 1. Januar 1947 war als Notlösung des Augenblicks erfolgt. Das Scheitern der beiden großen Konferenzen des Außenministerrates im Jahre 1947 hat dazu geführt, daß die Bizonenbehörden ausgebaut und funktionstüchtiger gemacht wurden. In der dritten Phase ab Februar 1948 war mit Wirtschaftsrat, Länderrat, Verwaltungsrat und deutschem Obergericht eine Organisationsform erreicht worden, die der der späteren Bundesrepublik sehr ähnlich war. Trotzdem ist die Bundesrepublik nicht aus der Bizone hervorgegangen – jedenfalls nicht direkt, wohl aber in dem Sinne, daß das Scheitern der Viermächtepolitik in Deutschland zur Suche nach neuen Lösungen veranlaßte. Außenminister Marshall sagte bereits nach dem Scheitern der Moskauer Außenministerkonferenz im April 1947:

„Wir dürfen ... nicht übersehen, welche Rolle der Zeitfaktor spielt. Die Gesundung Europas macht viel langsamere Fortschritte, als man erwartet hatte. Es machen sich zersetzende Kräfte bemerkbar. Der Patient wird schwächer, während die Ärzte beraten. Darum glaube ich nicht, daß wir einen Erschöpfungskompromiß abwarten dürfen."[49]

Als die Londoner Außenministerkonferenz im Dezember 1947

[48]   Daily Mirror (Der Spiegel, 5. 2. 1949)

Am 5. 6. 1947 trägt Marshall in einer Rede an der Harvard-Universität den Gedanken einer amerikanischen Wirtschaftshilfe für den europäischen Wiederaufbau vor: die Geburtsstunde des Marshallplanes, der nicht ein begrenztes „Linderungsmittel", sondern eine grundlegende „Heilkur" sein soll: für die wirtschaftlichen Verhältnisse ebenso wie für die politischen. Die USA lehnen es ab, von sich aus ein Wiederaufbauprogramm zu entwerfen; sie stellen vielmehr ihre Hilfe für ein von den europäischen Mächten gemeinsam entworfenes Programm in Aussicht. Auf diese Weise tragen sie der wirtschaftlichen Interdependenz der europäischen Volkswirtschaften Rechnung, fördern sie die europäische Kooperation und in dieser die deutsch-französische Zusammenarbeit. Frankreich soll an ein für sich zukunftsträchtiges, zugleich aber Deutschland einbeziehendes und damit die französischen Sicherheitsbedenken positiv überwindendes Programm gebunden werden. Die europäischen Länder entsprechen der amerikanischen Auflage. Von 1948 bis 1951 fließen mehr als 13 Mrd. Dollar als Kredithilfe nach Europa.

[49]   Daily Herald (Der Spiegel, 6. 9. 1947)

Der Marshallplan hat nicht nur die Gesundung Europas vor Augen, sondern auch die Prosperität der USA selbst. Eine dahinsiechende europäische Wirtschaft zieht notwendigerweise die der USA in Mitleidenschaft.

[50]   Hamburger Abendblatt, 9. 6. 1949

In Westdeutschland ergibt sich nach Inkrafttreten des Marshallplanes eine groteske Situation: die Gleichzeitigkeit von Kreditinvestition und Demontage. Mit dem revidierten Industrieplan für die Bizone vom Herbst 1947 ist eine Demontageliste verbunden, die zwar die Zahl der abzubauenden Betriebe von 1600 auf knapp 700 vermindert, aber die Demontagen nicht abbindet. Dieses geschieht erst 1949 mit dem Petersberger Abkommen.

verankern und auch seine Saarpolitik fortzusetzen. In der französischen Nationalversammlung sind die Londoner Empfehlungen nur mit knapper Mehrheit (300 zu 286 Stimmen) verabschiedet worden. **[47]**

Die neue westliche Deutschlandinitiative war Teil einer umfassenden Politik, die sich auf außenpolitischem Felde in der Verkündung der Truman-Doktrin (März 1947), im Abschluß des Brüsseler Fünfmächtepaktes (März 1948) und des Nordatlantikpaktes (April 1949), auf wirtschaftlicher Ebene im Europäischen Wiederaufbauprogramm des Marshallplanes (ab Juni 1947) äußerte. **[48, 49, 50]** Es ging um die Abwehr einer als bedrohlich empfundenen sowjetischen Politik, um die Begrenzung des sowjetischen Herrschaftsraumes (Politik des Containment), um die politische und wirtschaftliche Stabilisierung der als zutiefst ge-

ergebnislos endete, wurden entschlossen neue Wege beschritten. **[46]** Eine rein westliche Sechsmächtekonferenz wurde nach London einberufen (die Westalliierten und die Beneluxländer), die die Empfehlung aussprach, in den drei Westzonen ein demokratisches Regierungssystem auf föderativer Grundlage aufzubauen. Mit der Übergabe dieser Empfehlungen an die elf westdeutschen Ministerpräsidenten (Frankfurter Dokumente, 1. Juli 1948) begann der politische Prozeß, der über die Einberufung des Parlamentarischen Rates (1. September 1948) und die Verabschiedung des Grundgesetzes (8. Mai 1949) im September 1949 zur Gründung der Bundesrepublik Deutschland führte. Dieser von den angloamerikanischen Mächten getragenen Initiative hat sich auch Frankreich mit neu orientierter Deutschlandpolitik zugeordnet – zögerlich, die vorwärtsdrängende Initiative der angloamerikanischen Politik vielfach hemmend (besonders deutlich im Protest gegen den organisatorischen und politischen Ausbau der Bizone erkennbar), darauf bedacht, seine Sicherheitsinteressen gegenüber Deutschland um so deutlicher im Besatzungsstatut und in der Ruhrkontrolle zu

[51]

New York
Herald Tribune,
30. 4. 1947

Die amerikanische Wirtschaftshilfe erfolgt zwar aus tiefer Sorge wegen der nur schleppend in Gang kommenden Gesundung Europas, aber doch zugleich auch in dem Bewußtsein der natürlichen Überlegenheit des kapitalistischen Wirtschaftssystems gegenüber dem kommunistischen.
Der Kapitän auf der Brücke eines stolzen Schiffes fühlt sich jedenfalls nicht veranlaßt, sein Schiff zu verlassen und vor dessen Untergang Rettung auf dem längsseits liegenden „Seelenverkäufer" zu suchen.

fährdet angesehenen westlichen Welt. [51] Die Art und Weise, wie sich die Sowjetunion gegen diese Politik zur Wehr setzte, hat im Westen die negative Wahrnehmungsperspektive für die sowjetische Politik noch erheblich vertieft und damit den eingeschlagenen Weg verfestigt. [52, 53]

Die sowjetische Antwort

Mit der Preisgabe des Potsdamer Programms alliierter Zusammenarbeit in Deutschland und der Neuformulierung einer westlichen Deutschlandpolitik vollzog sich genau das, was die Sowjetunion mit der Einheitskonzeption hatte verhindern wollen: Der größere, ökonomisch wertvollere Teil Deutschlands ging ihrer Kontrolle verloren und wurde in ihrer Sicht zu einer Machtdomäne der kapitalistischen Führungsmächte. Sie war nicht willens, diesem Prozeß tatenlos zuzusehen. Seit Dezember 1947 wurde in der SBZ die Volkskongreßbewegung „für Einheit und gerechten Frieden" gegen die sich aus der Viermächteverantwortung entfernende westliche Deutschlandpolitik ins Feld geführt. Aus dieser Bewegung entstand zwar später die DDR, aber ihre mit großem Propagandaaufwand betriebenen Aktionen waren immer gesamtdeutsch ausgerichtet. Aus Protest gegen die Londoner Sechsmächtekonferenz über Deutschland und gegen den Brüsseler Fünfmächtepakt zog Marschall Sokolowsky am 20. März 1948 aus dem Alliierten Kontrollrat aus und beendete damit dessen Tätigkeit (im Juni 1948 vollzog sich das gleiche in der Berliner Kommandantur). [54] Wenig später begannen Behinderungen des Berlin-Verkehrs, die sich bis zur Blockade der Stadt steigerten, als im Zuge der wirtschaftlichen Stabilisierung Westdeutschlands am 20. Juni 1948 eine Währungsreform erfolgte, die wenige Tage später auf die Westsektoren Berlins ausgedehnt wurde. Die Antwort hierauf war die Luftbrücke, die die Kapitulation in Berlin ebenso vermeiden sollte wie den gewaltsamen Konflikt, jedenfalls die Entscheidung hierüber der Sowjetunion übertrug. [55, 56] Auch

[52]   Krokodil, Moskau (Der Spiegel, 8.11.1947)

Der Beitritt zum Europäischen Wiederaufbauprogramm steht auch der Sowjetunion und den osteuropäischen Staaten offen, und bei den letzteren besteht auch erhebliches Interesse, anfangs sogar bei der Sowjetunion selbst. Diese hat jedoch dann ihre eigene Teilnahme verworfen und den Marshallplan als Beseitigung der Souveränität der beteiligten Staaten propagandistisch bekämpft. Die amerikanische Bedingung einer integrativen Wirtschaftsentwicklung ist für ihre Autarkiepolitik nur schwer akzeptabel und setzt ein anderes politisches Selbstverständnis voraus.

[53]   „Die Augen links!"   (c) Solo/Bulls Pressedienst
Die Welt, 12.7.1947

Die Teilnahme der ostmitteleuropäischen Staaten am Marshallplan würde deren einseitige Ausrichtung auf Sowjetrußland im Wirtschaftlichen wie im Politischen mindern. Das wird offenbar als Gefahr angesehen. Das von der Sowjetunion verhängte Verbot einer Teilnahme dieser Staaten am europäischen Wiederaufbauprogramm steht in einem merkwürdigen Spannungsverhältnis zu dem gegen den Marshallplan vorgebrachten Souveränitätsargument.

[54]   *Das Solo*   Mannheimer Morgen, 3. 4. 1948

Butter statt Bomben

[56]   Die Zeit 15. 7. 1948

Für die Sowjetunion erweist sich die Blockade Berlins als ein großer Fehlschlag. Sie kann nicht nur die von ihr verfolgten Ziele nicht durchsetzen, sondern vertieft im Westen das Bewußtsein der Bedrohung, damit die westliche Solidarität und die Entschlossenheit, den eingeschlagenen Weg der Machtbildung fortzusetzen und Westdeutschland mindestens wirtschaftlich und politisch in ihn einzubeziehen. Auch die Hinwendung der Westdeutschen und der Westberliner zum Westen wird durch die Blockade Berlins nachhaltig gefördert. Der Luftkrieg, den Berlin leidvoll durchlitten hat, liegt nur wenige Jahre zurück. Jetzt erscheinen die angloamerikanischen Flugzeuge als „Rosinenbomber", die nicht den Tod bringen, sondern das Überleben sichern.

[55]   *Gefährliche Passage*   New York Sun (Der Spiegel, 18. 9. 1948)

Die Sowjetunion hat die Sperrung der drei Luftkorridore nach Berlin nicht versucht – wohl in der Erwartung, daß eine Millionenbevölkerung nicht aus der Luft versorgt werden könnte, die Kapitulation der Angloamerikaner also nur eine Frage der Zeit sei. Tatsächlich aber gelingt es, die Luftbrücke so auszubauen, daß der zur Versorgung der West-Berliner Bevölkerung errechnete Tagessatz von mindestens 4500 Tonnen Güter schon im August 1948 erreicht wird, im Frühjahr 1949 bis auf 8000 Tonnen gesteigert werden kann. Zu diesem Zeitpunkt werden auf dem Luftweg mehr Güter nach West-Berlin transportiert als zuvor auf dem Land- und Wasserweg. Nie zuvor in der Geschichte der Luftfahrt hat es ein vergleichbares Transportunternehmen aus der Luft gegeben.

wurde über die SBZ eine Gegenblockade verhängt. Die sowjetische Berlinpolitik zielte darauf ab, die Westmächte durch den Druckansatz der Blockade in die Viermächtepolitik für ganz Deutschland zurückzuzwingen oder – wenn dieses nicht gelang – sie aus Berlin zu verdrängen, um damit über ein geschlossenes und unangefochtenes Herrschaftsgebiet in Deutschland zu verfügen. Der amerikanische Botschafter in Moskau war „restlos davon überzeugt", daß man „jederzeit innerhalb von 15 Minuten zu einer Vereinbarung (über die Einstellung der Blockade) hätte gelangen können, wenn wir die Außerkraftsetzung der Londoner Beschlüsse angeboten hätten".[50] Die Entschlossenheit in der Behauptung des eigenen Herrschaftsraumes unterstrichen der erneute Zusammenschluß der kommunistischen Parteien in der Kominform (Kommunistisches Informationsbüro) 1947 und der kommunistische Staatsstreich in der Tschechoslowakei im Februar 1948, durch den der letzte der von der Roten Armee besetzten Staaten der volksdemokratischen Ordnung unterworfen wurde. **[57]** In Berlin wurde im September 1948 die im Ostsektor tagende Stadtverordnetenversammlung durch kommunistische Störaktionen gesprengt, so daß sie, ohne die Abgeordneten der SED, in die Westsektoren auswich. Als im November 1948 in Ost-Berlin ein eigener Magistrat ins Leben gerufen wurde, war die Spaltung der Berliner Verwaltung vollendet. **[58]**

Obwohl zu diesem Zeitpunkt weder Bundesrepublik noch DDR bestanden, war Deutschland bereits tiefgründig gespalten. Der Alliierte Kontrollrat und die Berliner Kommandantur als Klammern der deutschen Einheit waren auseinandergebrochen, Berlin in Ost- und West-Berlin gespalten. Es gab zwei verschiedene Währungen, zwei unterschiedliche Wirtschafts- und Gesellschaftssysteme (ein in privaten Besitzverhältnissen marktwirtschaftlich orientiertes und ein in staatlichen Besitzverhältnissen planwirtschaftlich ausgerichtetes), das eine in den Marshallplan einbezogen, das andere ihm ferngehalten; die beiden Wirtschaftsgebiete waren gleichzeitig unterschiedliche Reparationsgebiete. In beiden Gebieten bestanden zwar die Mehrparteiensysteme fort; aber das eine war dem freien Spiel der politischen Kräfte ausgesetzt, das andere seit 1945 der Einheitsfront und seit 1949 auch der Einheitsliste unterworfen, mit der Umwandlung der SED zu einer Partei neuen Typs – einer leninistischen Kaderpartei – zu einem offenen politischen Entscheidungsprozeß nicht mehr fähig. **[59]** Beide Gebiete waren in unterschiedlichen, ja gegeneinander gerichteten Staatsbildungsprozessen befindlich und doch zugleich aufeinander und damit auf die Nation bezogen. Welchen Anteil hatten die Deutschen an der Teilung ihres Landes?

Die Berliner Blockade ist der erste große, sogar die Möglichkeit des Krieges einschließende Konflikt zwischen Ost und West. Was würde passieren, wenn die Sowjets auch den Luftweg nach Berlin versperrten? Aus der Anti-Hitler-Koalition sind zwei gegeneinander gerichtete Bündnissysteme entstanden, die fast alle europäischen Staaten in sich einbeziehen. Im Februar 1948 wird auch die Tschechoslowakei dem Sowjetisierungsprozeß unterworfen. Zu den Unheil verkündenden Symbolen dieses Umbruchs gehört ein erneuter „Prager Fenstersturz", dem Außenminister Masaryk zum Opfer fällt. Den sich gegenüberstehenden politischen Lagern entsprechen deren Weltbilder. Mit dem Aufbau des Kominform wird die Zwei-Lager-Theorie verbunden: ein Weltfriedenslager unter der Führung der Sowjetunion steht einem Weltkriegslager unter Führung der USA gegenüber. Im Westen sieht man die Situation umgekehrt.

[58]

Es ist vollbracht ...!

Mannheimer Morgen, 4.12.1948

[59]

Pariser Spaziergang.

Kasseler Zeitung, 8.6.1949

Die Erfolglosigkeit der Berliner Blockade veranlaßt die Sowjetunion im Frühjahr 1949 zum Rückzug: Im Mai 1949 wird die Blockade aufgehoben. Die als „Gegenleistung" konszedierte Sitzung des Außenministerrates in Paris bringt keine Annäherung der Standpunkte. Die westliche Forderung nach Bildung einer gesamtdeutschen Regierung auf der Basis des Grundgesetzes lehnt die Sowjetunion ebenso ab, wie es die Westmächte mit der sowjetischen Forderung tun, den Alliierten Kontrollrat wieder ins Leben zu rufen und einen gesamtdeutschen Staatsrat auf der Grundlage der bestehenden Zonenorgane (Wirtschaftsrat in Frankfurt und Deutsche Wirtschaftskommission in Ost-Berlin) zu gründen. Vom Westen wird jede Viermächte-Vereinbarung über Deutschland an vorherige freie Wahlen in der SBZ gebunden – eine Forderung, die die Herrschaft der SED in Frage stellt.

[60]

Treibeis
(M. Szewczuk)

Die Zeit, 21. 2. 1946

Die Deutschen, wie der Krieg sie hinterlassen hat: Überlebende, Entwurzelte auf dem Treibeis der Geschichte.

Volk. Eine gestaltlose Masse von Heimatlosen, Hungernden, Leidenden."[52] Und das Foreign Office glaubte im Mai 1948 die politisch-nationale Haltung der Westdeutschen mit den Worten kommentieren zu können: „Die Westdeutschen sind nur allzu bereit, die formelle Teilung ihres Landes anzuerkennen, vorausgesetzt, dies wird ihnen in der richtigen Weise präsentiert."[53] Das britische Urteil klingt erhaben und selbstgewiß; das Urteil Kaisers ist einfühlsamer, verständnisvoller, hat die Menschen vor Augen, die durch den Krieg in Not und Elend, in Hoffnungslosigkeit, ja Verzweiflung gestürzt worden sind und keine Kräfte mehr freimachen können, die über die tägliche elementare Daseinssicherung hinausreichen. [60, 61, 62]

Die Notsituation im Nachkriegsdeutschland hatte jedoch nicht nur eine zutiefst bedrängende, die Kräfte absorbierende Außenseite, sondern auch eine nicht minder lähmende und die Kräfte bedrängende Innenseite. Dieser kommt

Die Deutschen und die Teilung ihres Landes

Jakob Kaiser, Mitbegründer der CDU in Berlin und in der SBZ, 1946/47 deren Vorsitzender, fragte schon 1947:

„Was haben wir, was hat unser Volk getan, um trotz aller trennenden Wirkungen der Zonengrenzen den Zusammenhalt unseres Volkes zu wahren? ... Wir sind nicht naiv genug, um nicht zu wissen, wie sehr Deutschlands Schicksal von der Verständigung der Weltmächte abhängt. Aber unabhängig von Weltmächten, unabhängig von ihren Auseinandersetzungen gibt es ein Recht und eine Pflicht der Deutschen, ihren Willen zur Einheit zu wahren und diesen Willen zu bekunden."[51]

Es hat viele Bekundungen dieses Willens gegeben – bis in die jeweiligen Staatsgründungen hinein; und dennoch wird man sagen müssen, daß sich ein geschlossener politischer Wille, die staatliche Einheit Deutschlands gegen die auseinanderdriftenden Kräfte in der Politik der Besatzungsmächte zu bewahren, nicht ausgebildet hat. Jakob Kaiser selbst hatte schon im Juni 1946 resignierend festgestellt: „Was ist unser heutiges Deutschland? Kein Reich, kein Staat, keine Gemeinschaft, kein

[61]

„Heim ins Reich"

Die Zeit, 28. 2. 1946

Millionen drängen als Vertriebene „heim ins Reich", in eine zerstörte Welt, von apokalyptischen Mächten begleitet.

[62]

Die Zeit, 7.3.1946

Wird in den Menschen wieder Mut zum Leben entstehen, der Wille, es in die Hand zu nehmen? Werden in ihnen Kräfte wachsen, aus den Trümmern der alten Welt eine neue zu bauen?

sens: nicht glanzvoller Höhepunkt der deutschen, ja der Weltgeschichte, sondern deren Apokalypse – mußte das historische Selbstverständnis von Grund auf erschüttern, alles in Frage stellen, was bis dahin geglaubte Gewißheit gewesen war. **[63]** Gerade weil das Reich Adolf Hitlers als „Tausendjähriges Reich" einen fast heilsgeschichtlichen Rang beansprucht hatte, mußte die von ihm ausgelöste historische Erschütterung weit in die Geschichte zurückwirken und historische Inhalte in Zweifel ziehen, die von bisherigen historischen Erschütterungen unberührt geblieben waren. Im Angesicht des Zusammenbruchs 1945 treten Theodor Heuss am Todestag Schillers dessen Verse in den Sinn:

„Stürzte auch in Krieges Flammen
deutsches Kaiserreich zusammen,
deutsche Größe bleibt bestehn."

Er fügt hinzu:

„Das war einmal ein stolzes Trostwort der geschichtlichen Ehrfurcht beim Untergang des alten Reiches, um die Dauer unverderbbarer, geistiger und moralischer Werte eines Volkes wissend, geschrieben in einer Zeit, da inmitten politischer Ohnmacht

im Blick auf die Bewahrung der Einheit Deutschlands noch größere Bedeutung zu. Das Dritte Reich hatte die nationalen Kräfte Deutschlands in einem unerhörten Maße beansprucht und dabei

sein nationales Selbstbewußtsein bis zur Vorstellung einer historischen Weltmission emporgetrieben. Der tiefe Fall dieses Reiches und die in ihm zutage tretende Selbstoffenbarung seines We-

[63]

Aufstieg und Fall des Dritten Reiches in der Vorausschau von A. Paul Weber 1932: der Triumphzug ins Grab.
Das Bild findet sich in dem Buch von Ernst Niekisch:
Hitler – ein deutsches Verhängnis. Berlin 1932, S. 11.
Niekisch hat ein tiefes Gespür für die mit dem Nationalsozialismus wachgerufenen historischen Kräfte, wenn er schreibt:
„Das Dritte Reich ist weniger eine politische Möglichkeit als vielmehr eine religiöse Hoffnung: es ist kein irdischer Staat, sondern eine Art Reich Gottes auf Erden. Wenn es zu uns kommen soll, ist es nötig, daß ein nationaler Messias es bringe. Der Nationalsozialismus ist eine Form von nationalem Messianismus; der Messias ist Hitler."

[64]	Mannheimer Morgen, 24. 10. 1946

„jetzt müßten wir auswandern, jetzt – nachher sind wir belastet.."

[65]	Die Zeit, 29. 5. 1947

Der Wiederaufbau nach dem Kriege kann unerwartet schnell die Trümmer beseitigen, die der Krieg hinterlassen hat. Die Trümmer des nationalen Selbstbewußtseins aber lassen sich nicht forträumen; ja, sie werden mit zunehmendem Abstand vom Dritten Reich eher noch größer, und sie erben sich fort auch in das Bewußtsein der Nachwachsenden hinein.

deutsches Denken und Dichten Werke der Weltgeltung schuf. Man überdenkt heute die Worte mit Bitterkeit, denn auch jene Kräfte der Deutschen, deren Schiller sich in unbefangener Zuversicht als ewig wirkend erfreuen konnte, scheinen durch die zwölf Jahre Nationalsozialismus in ihrem Mark und Kern gefährdet, durch Lüge, propagandistische Zweckhaftigkeit und subalternes Ressentiment vergiftet. Es wird eines ungeheuren seelischen Prozesses bedürfen, um diese Elemente aus dem Wesen der Deutschen wieder auszuschneiden. Ob Schiller selber dabei helfen kann?"[54]

Im Miterleben und im Mitvollzug von Aufstieg und Fall des Dritten Reiches entsteht eine deutsche Frage – nicht erst als Reaktion auf den Teilungsprozeß, sondern – ihm vorausgehend und ihn mitbedingend als vom historischen Prozeß hervorgebrachte Erschütterung des historischen Identitätsbewußtseins und Selbstwertgefühls. [64, 65] Dolf Sternberger traf den Kern des Problems, wenn er 1949 schrieb: „Wir wissen nicht, wer wir sind. Das ist die deutsche Frage."[55, 56] Die nationale Idee war die große sinngebende Konstante im historischen Selbstbewußtsein gewesen. Ihre Übersteigerung und

Pervertierung in nationalsozialistischer Zeit mußte ihr die bis dahin nicht bezweifelte Verbindlichkeit nehmen. Damit schwanden aber auch die Kräfte, die der auf Teilung Deutschlands zulaufenden Politik der Besatzungsmächte hätten entgegengesetzt werden können. Konnte man noch in der Situation nach 1945 alle seine Kräfte für den Bestand der Nation einsetzen, nachdem sich der nationalsozialistische Staat als Vollendung der deutschen Nation dargestellt und als zutiefst verbrecherisch historisch erwiesen hatte! [66] Auch wenn die Nation als identitätstiftender Wert nicht prinzipiell in Frage gestellt wurde, galt eines ganz sicher, daß hinfort der staatlichen Einheit andere Werte vorzuordnen waren: demokratische Freiheit und bürgerliche Rechtsstaatlichkeit. Die Unbedingtheit, mit der sich noch bei der Saarabstimmung 1935 und beim Anschluß Österreichs 1938 die Idee der Einheit gegen die der Freiheit durchgesetzt hatte – die für jedermann erkennbare Zerstörung des demokratischen Rechtsstaates in Deutschland hatte keinen wesentlichen Einfluß auf die Wahlergebnisse zur Frage des Anschlusses, im katholischen Österreich nicht einmal der Kirchenkampf in Deutschland und die

päpstliche Enzyklika „Mit brennender Sorge" (1937) –, war durch das Erlebnis nationalsozialistischer Herrschaft aufgelöst worden. In Abwägung von Einheit und Freiheit schrieb Ernst Friedländer im März 1948:

„Wir bedürfen heute vor allem der Freiheit, die notwendig ist, um jeden Totalitarismus abzuwehren, und um unsere soziale Gerechtigkeit zu finden. Das ist die zeitgemäße Freiheit, und wo wir sie gewinnen, da allein ist Deutschland, ganz unabhängig von geographischen Begriffen. Eine Einheit ohne diese Freiheit, oder gar eine Ein-

„Wie wär's, Emilie, wenn wir mal nach drüben gingen, es riecht nach frischem Speck"

[66]	Hannoversche Neueste Nachrichten, 7. 10. 1946

Der Ausstieg aus der Nation als Möglichkeit, dem Inferno zu entkommen: das Beispiel der „Speckdänen".

heit, mit der wir dem Totalitarismus ausgeliefert werden, ist ohne Sinn und Wert ... Wir besitzen sie bisher nirgends ..., aber sie läßt sich nur im Westen Deutschlands gewinnen."[57]

Noch schärfer formulierte Dolf Sternberger:

„Es ist in den letzten hundert Jahren der deutschen Geschichte immer wieder unser deutsches Unheil gewesen, daß der Wunsch nach Freiheit von dem Wunsch nach Einheit überspielt, erstickt und schließlich erdrückt wurde. Ich wünschte, daß wir diesen selbstmörderischen Fehler nicht abermals begingen."[58]

Diese neue Wertehierarchie hieß gleichzeitig Westorientierung, nicht nur in einem ideellen Sinne, sondern als Europabewegung auch in einem politischen Sinne. Europa als politische Vereinigung demokratisch-freiheitlich organisierter Staaten wurde zu einem Leitbegriff derjenigen Generation, die durch das Feuer nationaler Kriege hindurchgegangen war und die nun Lehren aus erlebter Geschichte ziehen wollte. [67, 68] Der aufbrechende „Wille zur europäischen Gemeinschaft" war in der Kritik Jakob Kaisers aber auch „Ausweg aus der deutschen Verzweiflung", „Flucht aus dem deutschen Schicksal", und er rief dazu auf, „zunächst das Schicksal zu meistern, das Deutschland heißt".[59] Aber eine breite Volksbewegung im Sinne dieses Aufrufs ist nicht entstanden, und die mit dem Aufruf verbundene Vorstellung Kaisers, Deutschland könne in der aufbrechenden Ost-West-Konfrontation so etwas wie eine Brückenfunktion zwischen den Machtblöcken und den sich gegenüberstehenden sozialen Ideen und Ordnungen einnehmen und damit zugleich seine Einheit bewahren, war wenig realistisch. Auch andere, wie z.B. der ehemalige deutsche Botschafter in Moskau, Rudolf Nadolny, haben sich vergeblich in dieser Richtung bemüht. Das militärisch niedergeworfene, am Boden liegende, dem Willen der Alliierten ausgelieferte Deutschland konnte Objekt und Untergrund ihrer Politik sein, aber keine aktive Brückenfunktion wahrnehmen.

Ungeachtet der dem Erhalt der Einheit Deutschlands wenig förderlichen Bedingungen bei den Deutschen selbst sind zwei große

[67] *Nur wer die Sehnsucht kennt ...*   Die Welt, 13.8.1949

Europa-Sehnsucht als Absage an Vergangenheit und als Zukunftshoffnung. —————

Versuche unternommen worden, die politischen Kräfte im Nachkriegsdeutschland zu einer gesamtdeutschen Aktion zusammenzufassen und damit unübersehbare Signale zu setzen: die Bremer Interzonenkonferenz im Oktober 1946 und die Münchener Ministerpräsidentenkonferenz im Mai 1947. Beide sind gescheitert.

Die Bremer Interzonenkonferenz

Die Bremer Interzonenkonferenz nahm ihren Ausgang von einer Initiative der Ministerpräsidenten der britischen Zone. Die Ministerpräsidenten der Länder aller vier Besatzungszonen wurden zu einer Konferenz eingeladen, die den politischen Willen zur Erhaltung der Einheit Deutschlands gegenüber den Alliierten zum Ausdruck bringen sollte. Es sollte um nichts Geringeres als um den Aufbau einer deutschen Regierung gehen. Veranlassung hierzu boten die von den Militärgouverneuren Clay und Robertson offen ausgesprochenen Gefahren, die mit der bevorstehenden Gründung der Bizone für die Einheit Deutschlands verbunden waren. Die Initiative fühlte sich durch Außenminister Byrnes' Stuttgarter Rede vom 6.

September 1946 bestätigt, hatte doch dieser nicht nur die Zonenvereinigung gefordert, sondern auch die Schaffung eines Nationalrates aller deutschen Länderchefs vorgeschlagen. Die Bremer Interzonenkonferenz verfehlte die beabsichtigte gesamtdeutsche Wirkung, weil die Ministerpräsidenten der französischen und auch der sowjetischen Zone nicht erschienen oder nicht erscheinen durften. Die Ministerpräsidenten der britischen und der amerikanischen Zone schlugen dem Alliier-

[68] Hannoversche Neueste Nachrichten, 19.7.1949

Naive Formen der Amerikanisierung des Lebens in Westdeutschland.

ten Kontrollrat die Bildung eines deutschen Länderrates und eines deutschen Volksrates, zunächst als beratendes Gremium des Alliierten Kontrollrates, vor und forderten die Herstellung der Wirtschaftseinheit und damit verbunden den Aufbau der in Potsdam vorgesehenen Zentralverwaltung. Die Ministerpräsidenten der SBZ waren trotz anfänglicher Zusagen der Bremer Konferenz ferngeblieben, was die SED jedoch nicht daran hinderte, diese Konferenz propagandistisch als „Föderalistenkonferenz" zu verunglimpfen und ihr – sachlich gänzlich abwegig – die Absicht zu unterstellen, „daß Deutschland in zwei oder mehrere voneinander unabhängige Teile zerrissen werden soll". Die Bewohner der SBZ wurden aufgefordert, bei den bevorstehenden Kreis- und Landtagswahlen die SED zu wählen, weil „keine Partei so konsequent gegen die föderalistische Reaktion und für die wirtschaftliche und politische Einheit Deutschlands kämpft wie die SED".[60] [69] Das Fernbleiben aller Ministerpräsidenten der SBZ von der Bremer Konferenz sagt allerdings etwas ganz anderes aus: Wenn man sich so sehr der Einheit Deutschlands verpflichtet fühlte,

durfte man auf keinen Fall – gerade auch im Hinblick auf die bevorstehende Gründung der Bizone – der Bremer Konferenz fernbleiben. Die vorgegebene Entschuldigung mit den im Oktober anstehenden Kreis- und Landtagswahlen in der SBZ kann nicht als zureichender Grund dafür angesehen werden, niemanden als Delegierten oder auch nur als Beobachter zu entsenden.

Die Münchener Ministerpräsidentenkonferenz

Ähnliches läßt sich für die Münchener Ministerpräsidentenkonferenz sagen. Zwar kamen hier erstmalig alle deutschen Ministerpräsidenten zusammen; aber die Ministerpräsidenten der sowjetischen Zone (vier gehörten der SED an und einer der LDPD) reisten schon wieder ab, bevor noch die eigentliche Konferenz begonnen hatte – vorderhand deswegen, weil keine Einigung über die Tagesordnung hatte erzielt werden können.[61]

Die ostzonalen Ministerpräsidenten wollten als Punkt 1 der Tagesordnung festgelegt wissen

„Bildung einer deutschen Zentralverwaltung durch Verständigung der demokratischen Parteien und Gewerkschaften zur Schaffung eines deutschen Einheitsstaates."

Die westdeutschen Ministerpräsidenten sahen in der gemeinsamen Konferenz aller Regierungschefs ebenfalls die Gelegenheit, gesamtdeutschen Willen deutlich und unüberhörbar zu bekunden, wollten aber nach dem Hungerwinter 1946/47 die Konferenz vornehmlich zur Diskussion wirtschaftlicher und sozialer Sachfragen nutzen (Ernährungslage, Energieversorgung, Wirtschaftssituation, Flüchtlingsproblem und ähnliches mehr) und in der gemeinsamen Arbeit an der Lösung dieser Probleme deutsche Einheit dokumentieren. Sie wollten vermeiden, die Konferenz zum Forum einer politischen Demonstration zu machen, zumal sich hierbei für das Verhältnis zu den Besatzungsmächten, aber auch für die gesamtdeutsche Aktion selbst gravierende Probleme ergaben: Die Formulierung des strittigen Tagesordnungspunktes legte die Teilnehmer für die Herstellung der Einheit Deutschlands auf einen bestimmten Verfahrensgang (Parteien und Gewerkschaften) und auf ein bestimmtes Ziel fest („Einheitsstaat" meint etwas wesentlich anderes als „Einheit Deutschlands"), das zur Politik der westlichen Besatzungsmächte und zu starken föderalistischen Strömungen in Deutschland selbst in erheblichem Widerspruch stand. Es war von daher ganz undenkbar, daß dieses Problemfeld in „nicht mehr als 15 bis 20 Minuten" abgehandelt werden konnte, wie zur Begründung des Tagesordnungspunktes gesagt worden war. Es wurden vielmehr Fundamentalprobleme aufgeworfen, und die vorgegebene Formulierung des Tagesordnungspunktes war für fast alle westdeutschen Ministerpräsidenten unannehmbar. Die Ministerpräsidenten der französischen Zone waren nur zur Diskussion wirtschaftlicher Fragen ermächtigt. Bei einer politischen Demonstration im Sinne des Antrages drohte ihre Abberufung durch die Besatzungsmacht und drohte eine längerfristige Blockierung gesamtdeutscher Aktivitäten der Mi-

Der deutsche Michel

Der Traum der Gegner der deutschen Einheit. Für ihre selbstsüchtigen Pläne ist ihnen jedes Mittel recht

Neues Deutschland, 11. 5. 1946

[69]

Die SED als Sachwalter der deutschen Einheit gegen Separatismus und Föderalismus in den Westzonen und für die Erhaltung der Einheit Deutschlands.

50

Der heiße Brei in München

Was für die Parteien und jeden Deutschen die erste brennendste Frage, ist für die west-deutschen Verwaltungs-Chefs eine Angelegenheit, die sie überhaupt nicht anrühren wollen

[70]

Neues Deutschland, 8. 6. 1947

Die Münchener Ministerpräsidentenkonferenz in der Kritik der SED: die westdeutschen Ministerpräsidenten wehren sich mit Hilfe der Tagesordnung gegen die Einheit Deutschlands.

– Der Auszug der ostzonalen Ministerpräsidenten wurde durch denjenigen erklärt, der als letzter in München erschienen war und an der Diskussion der Ministerpräsidenten um die Tagesordnung nicht teilgenommen hatte.

– Der Auszug erfolgte, ohne daß über die Tagesordnung förmlich abgestimmt worden war.

– Die Formulierung des vorgesehenen Tagesordnungspunktes 1 erfolgte in Kenntnis der von der bayerischen Staatskanzlei veröffentlichten Liste der vorgesehenen Tagesordnungspunkte; hierbei war mitgeteilt worden, daß bestimmte Themen „mit Rücksicht auf die zum Teil auseinandergehenden Standpunkte der vier Besatzungsmächte" nicht behandelt werden sollten; hierzu zählten an erster Stelle „staatsrechtliche Fragen hinsichtlich des zukünftigen staatlichen Aufbaus Deutschlands"; die gewählte Formulierung des Tagesord-

nisterpräsidenten. Zurückgewiesen in der Frage der Tagesordnung, verließen die fünf ostzonalen Ministerpräsidenten die Konferenz, bevor sie offiziell eröffnet war.

Man muß jedoch fragen, ob sie ernsthaft an gemeinsamer gesamtdeutscher Arbeit interessiert waren:

– Sie waren verspätet angereist und griffen in die Diskussion zur Tagesordnung erst ein, als diese von den übrigen Teilnehmern bereits weitgehend festgelegt war; einen bevollmächtigten Vertreter zur Vorbereitung der Tagesordnung hatten sie trotz Aufforderung nicht entsandt.

– Sie waren ohne Mitarbeiterstab erschienen und damit für die Diskussion der Sachfragen nicht oder nur unzureichend gerüstet; trotz Aufforderung hatten sie keinen Referenten für die Erörterung der Sachfragen nominiert.

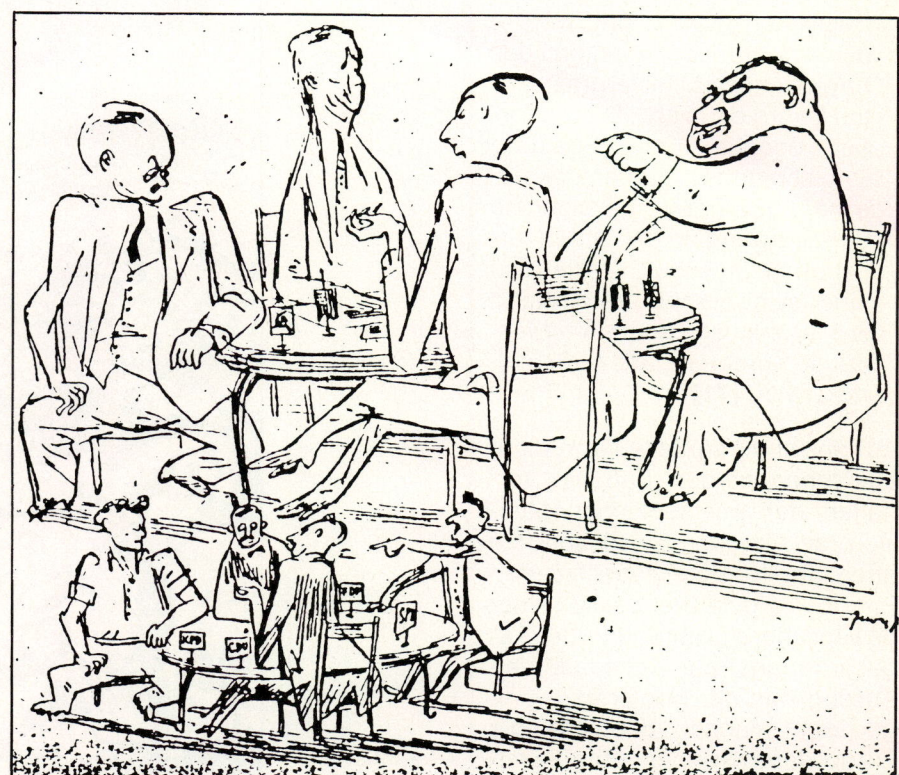

[71]

Die Zeit, 11. 12. 1947

Die Kontroversen zwischen den Besatzungsmächten im Außenministerrat haben ihre Entsprechung in den Kontroversen zwischen den Parteien in Deutschland: München ein zweites Moskau.

51

nungspunktes 1 stellte zudem eine erhebliche Veränderung der bisherigen Position dar: Am 28. 5. war gefordert worden, „in den Mittelpunkt der Tagesordnung die Schaffung der wirtschaftlichen und politischen Einheit zu stellen". Die neue Formulierung griff hierüber weit hinaus, und mit ihr zugleich wurde für den Fall der Ablehnung der Auszug aus der Ministerpräsidentenkonferenz festgelegt. Damit war der Konflikt vorprogrammiert.[62]

– Die ostzonalen Ministerpräsidenten reisten ab, obwohl doch eine gemeinsame Arbeit an den gemeinsamen Problemen eine unübersehbare und zugleich unanfechtbare gesamtdeutsche Demonstration war. Die brüske Abreise jedenfalls dokumentierte unübersehbar die innere Konfliktsituation in Deutschland und stand zu den gesamtdeutschen Bekenntnissen der SED – auch in der nachfolgenden Pressekonferenz – in scharfem Widerspruch. [70] Wie sehr der Auszug der ostzonalen Ministerpräsidenten aus der Konferenz symbolhaft auf die Beteiligten gewirkt hat, wird in der spontanen Reaktion des bayerischen Ministerpräsidenten Ehard deutlich: „Dieser Vorfall bedeutet die Spaltung Deutschlands." Ein amerikanischer Journalist bezeichnete den Vorgang in München als „another Moscou", stellte also eine symbolische Verbindung zur fehlgeschlagenen Moskauer Konferenz der Außenminister her. [71]

Auf der anderen Seite kann nicht übersehen werden, daß das Verhalten der westdeutschen Ministerpräsidenten, insbesondere auch des Konferenzvorsitzenden Ehard, wenig flexibel war. Mit einer beweglicheren Haltung in der Tagesordnungsfrage hätte man den Auszug aus der Konferenz weniger leicht machen, deutlicher die Frage klären können, ob gesamtdeutsche Zusammenarbeit überhaupt vorgesehen war. Denkbar wäre gewesen, den Ostzonenvertretern zu Beginn der Konferenz eine begrenzte Zeit zur Abgabe einer politischen Erklärung einzuräumen, ohne daß daraus ein Tagesordnungspunkt gemacht worden wäre. In der mangelnden taktischen Beweglichkeit war das tiefe Mißtrauen gegen die Machthaber in der SBZ, Sowjets und SED, unübersehbar. Die sozialdemokratischen Ministerpräsidenten hatten das Schicksal derjenigen Sozialdemokraten vor Augen, die sich der Ausschaltung der SPD entgegengesetzt hatten – in den Worten des Hamburger Bürgermeisters Brauer: „Unsere Leute in der SBZ sitzen in Zuchthäusern und Gefängnissen und Lagern."[63]

Nur zwei Jahre, nachdem sich die Tore der Zuchthäuser und KZs für die verfolgten Sozialdemokraten geöffnet hatten, mußte die neuerliche Verfolgung zutiefst verbittern. Gemessen daran haben sich die sozialdemokratischen Ministerpräsidenten in München in der Diskussion mit dem Ministerpräsidenten der sowjetischen Besatzungszone erstaunlich konziliant verhalten.

Die doppelte Staatsgründung

Kurt Schumacher als Vorsitzender der westdeutschen Sozialdemokratie, durch die Ausschaltung der SPD in der sowjetischen Besatzungszone besonders betroffen, hat – außerhalb der Konferenz stehend – viel härter formuliert:

„Die Zonengrenzen scheiden heute nach Form und Inhalt mehr, als es früher die Staatsgrenzen auf der europäischen Landkarte taten. …
Die Sozialdemokratie wird nicht aufhören, für die Einheit Deutschlands zu kämpfen. Sie bejaht grundsätzlich den Gedanken einer nationalen Repräsentation durch die politischen Parteien. Aber diese politischen Parteien sind im Reichsrahmen noch nicht vorhanden. … Wir erklären die Unverzichtbarkeit der Forderung, in allen vier Zonen unter den gleichen Bedingungen der politischen Meinungs- und Aktionsfreiheit, der Rechtssicherheit und der staatsbürgerlichen Gleichberechtigung sich mit jedem politischen Gegner messen zu können."[64]
(In einer Rede in Kassel hatte er zuvor von den „KZ-Lagern" in der SBZ gesprochen.)

Wie wenig Hoffnung er zu diesem Zeitpunkt noch hatte, über eine gesamtdeutsche Ministerpräsidentenkonferenz die Einheit

Lest They Forget

[72]

New York
Herald Tribune,
30. 9. 1949

Die Bundesrepublik Deutschland als hoffnungsvoller Neubeginn am Ende eines verhängnisvollen Weges.

Deutschlands zu retten, lassen seine am gleichen Tage gesprochenen Worte im Spitzengremium der SPD erkennen:

„Man muß soziale und ökonomische Tatsachen schaffen, die das Übergewicht der drei Westzonen über die Ostzone deklarieren ... Die Prosperität der Westzonen, die sich auf der Grundlage der Konzentrierung der bizonalen Wirtschaftspolitik erreichen läßt, kann den Westen zum ökonomischen Magneten machen. Es ist realpolitisch vom deutschen Gesichtspunkt aus kein anderer Weg zur Erringung der deutschen Einheit möglich als diese ökonomische Magnetisierung des Westens, die ihre Anziehungskraft auf den Osten so stark ausüben muß, daß auf die Dauer die bloße Innehabung des Machtapparates dagegen kein sicheres Mittel ist. Es ist gewiß ein schwerer und vermutlich langer Weg."[65]

Nach der Münchener Ministerpräsidentenkonferenz war die Hoffnung auf die Bewahrung der deutschen Einheit durch gesamtdeutsche Solidarität und Aktion stark geschrumpft. Hermann Brill, der ehemalige sozialdemokratische Häftling des Konzentrationslagers Buchenwald und Verfasser des „Buchenwalder Manifestes für Frieden, Freiheit, Sozialismus", erster Ministerpräsident von Thüringen nach dem Kriege und nach seiner durch die SMAD bewirkten Absetzung Staatssekretär in Hessen, legte am 4. November 1947 dem Länderrat der US-Zone ein von diesem einstimmig angenommenes Memorandum vor, in dem es hieß: „Wenn, wie vorauszusehen ist, die Durchsetzung einer gesamtdeutschen Politik nicht erreicht werden kann, sollten die Regierungschefs darauf hinweisen, daß für die deutschen Weststaaten ein neues staatsrechtliches Provisorium geschaffen werden muß."[66] Dieses waren deutschlandpolitische Aktivitäten, die sich Lösungen der deutschen Frage nur noch teilstaatlich vorstellen konnten. Die nach dem Scheitern der Londoner Außenministerkonferenz umorientierte westliche Deutschlandpolitik fand also in der westdeutschen Politik eine prinzipielle Bereitschaft vor, die Initiative zu einem Weststaat positiv aufzunehmen. **[72, 73, 74, 75]** Zur Überwindung des letzten Zögerns trug nicht unerheblich bei, daß auch der 1947 zum Oberbürgermeister von Berlin gewählte Ernst Reuter in der „politischen und ökonomischen Konsolidie-

[73]

(c) Solo/Bulls Pressedienst
New York Herald Tribune, 3. 2. 1949

Die Gründung eines westdeutschen Staates ist nicht nur hoffnungsvoller Neubeginn. Das Bestehen eines deutschen Staates weckt auch Erinnerungen an Vergangenheit: an den Untergang der Weimarer Republik, an einen aggressiven Nationalismus, an eine antikommunistische Ideologie als Mittel expansiver Politik.
Wird die Einbeziehung der Bundesrepublik in das westliche, der Sowjetunion entgegenstehende Lager den Nationalismus neu entfachen, vielleicht gar den Nationalsozialismus neu beleben? „Was ist das da für eine komische Vogelscheuche mit der Fahne?" fragt verwundert jemand im Demonstrationszug und hat Hitler vor Augen.

[74]

New York
Herald Tribune,
3. 12. 1949

'Who's the Odd-Looking Guy Carrying The Banner?'

A STRONG GERMANY IS A GREAT BULWARK AGAINST COMMUNISM

[75]

New York
Herald Tribune,
27. 3. 1949

... „getragen" vom Willen des Volkes!
Zeichnung: Mussil

[76]   Hannoversche Presse, 8. 10. 1949

Die DDR in der Sicht der Bundesrepublik.
Die „Ostzonen-Regierung" als Kreatur
und als willfährige Marionette in den
Händen Sowjetrußlands.

[77]   Die Zeit, 7. 10. 1948

Schneewittchens Spiegel bringt die
Wahrheit an den Tag: Stalins Herrschaft
in der Sowjetunion – nachfolgend dann
die von Stalin ausgehende Herrschaft
der SED in der DDR – ist der nationalsozialistischen Herrschaft strukturell we-
sensgleich.

rung des Westens eine elementare Voraussetzung für die Gesundung auch unserer Verhältnisse und für die Rückkehr des Ostens zum gemeinsamen Mutterland"[67] sah. Das Votum Reuters hatte nicht nur das Schicksal der SPD in der sowjetischen Besatzungszone vor Augen, sondern stand auch unter der Wirkung der Blockade Berlins. Grotewohls Worte vom 11. November 1945 bringen sich in Erinnerung:

„Eine zonenmäßige Vereinigung von KPD und SPD würde vermutlich die Vereinigung im Reichsmaßstab nicht fördern, sondern nur erschweren und vielleicht das Reich zerbrechen." (Vgl. oben S. 37)

Die deutschen Staaten und die deutsche Nation

Im Herbst 1949 traten zwei deutsche Staaten ins Leben, die – tiefgründig voneinander geschieden und aus gegeneinander gerichte-

ten Staatsbildungsprozessen hervorgehend – doch eine Reihe von Gemeinsamkeiten aufwiesen:

– Beide Staaten proklamieren das deutsche Volk in seiner Gesamtheit zum ideellen Verfassunggeber der jeweiligen Grundordnung.

– Beide Staaten legitimieren die Rechtmäßigkeit ihrer Existenz durch demokratische Entscheidungsprozesse: die Bundesrepublik durch die Verfassungsarbeit des Parlamentarischen Rates und die Ratifikation des Grundgesetzes durch die Länderparlamente; die DDR durch die Verfassungsarbeit des „Deutschen Volkskongresses für Einheit und gerechten Frieden" und die Ratifikation der DDR-Verfassung durch die Wahlen zum 3. Volkskongreß, aus dem nachfolgend die Volkskammer hervorging.

– Beide Staaten sehen sich als Kern der fortbestehenden deutschen Nation, einzig befugt, in deren Namen zu sprechen.

– Beide Staaten empfinden sich als beauftragt, die staatliche Einheit der deutschen Nation

[78] Nationalzeitung, Berlin (Ost), 1. 10. 1949

Das Gegenbild für die Bundesrepublik: Bundeskanzler Adenauer als Gnomen oder machtlose Kreatur unter dem Tisch, an dem Entscheidungen getroffen werden, und zwischen den Füßen derer, die die Entscheidungen treffen.

Clay: „Nun schnell noch das letzte Stück durchgeschnitten, bevor die geplanten Einigungsverhandlungen in Gang kommen."

[79] Neues Deutschland, 29. 4. 1949

Die Teilung Deutschlands in der Sicht der SED:
Adenauer und Schumacher als Führer der beiden größten Parteien zerstören gemeinsam als Handlanger der USA die Einheit Deutschlands.

zurückzugewinnen, und dokumentieren diese Selbstverpflichtung durch ihre Nationalfarben, ihre Nationalhymnen, durch die Fixierung der einen deutschen Staatsbürgerschaft und die ideelle Unteilbarkeit der deutschen Nation.

– Beide Staaten bewerten den jeweils anderen als denjenigen, dem die Schuld an der Spaltung Deutschlands zukommt, der die deutsche Nation verraten hat und der als kapitalistisch-imperialistisch bzw. totalitär organisiert illegitime, im Kern faschistische Herrschaft ausübt. **[76, 77, 78, 79, 80]**

– Beide beanspruchen die Menschen des jeweils anderen Staates ebenso als Brüder und Schwestern der einen Nation, wie sie deren staatliche und gesellschaftliche Organisationsform aus der Nation ausgrenzen.

– Beide Staaten treten ihren Weg mit stark eingeschränkten Souveränitätsrechten an (Außenpolitik, Abrüstung und Entmilitarisierung, Reparationen, Abschluß des Friedensvertrages verbleiben als Rechte bei den ehemaligen Besatzungsmächten) und sind im rivalisierenden Kampf um Deutschland auf deren Unterstützung angewiesen.

– Beide Staaten streben mit ihrer Gründung die Integration in die jeweilig in Bildung befindlichen

Der Bonner Staat ...

[80] Neues Deutschland, 13. 11. 1949

... und seine Plattform.

Dollar und Hakenkreuz, fest miteinander verschnürt, bilden die Plattform, auf der die Bundesrepublik steht. Im Solde des amerikanischen Monopolkapitals setzt die Bundesrepublik die nationalsozialistische Herrschaft fort – auch wenn versucht wird, die Plattform verborgen zu halten.

politischen Lager an und halten gleichwohl an der nationalen Einheit Deutschlands und an der Vereinbarkeit von nationaler Einheit und West- bzw. Ostorientierung fest.

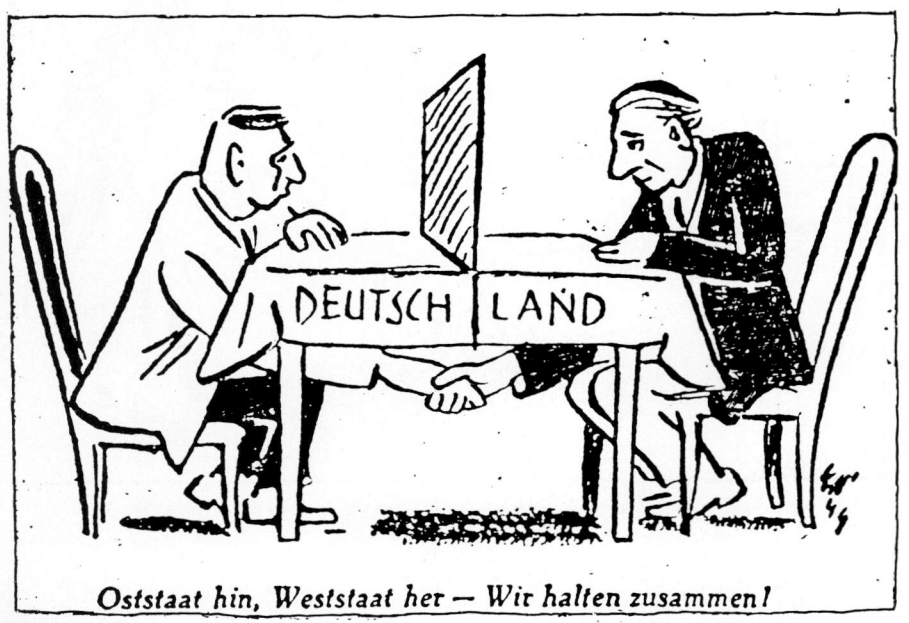

Oststaat hin, Weststaat her — Wir halten zusammen!

[81]

Hamburger Abendblatt, 10. 10. 1949

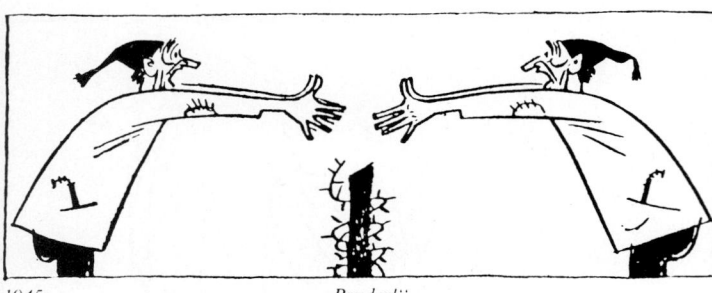

1945: „Bruder!"

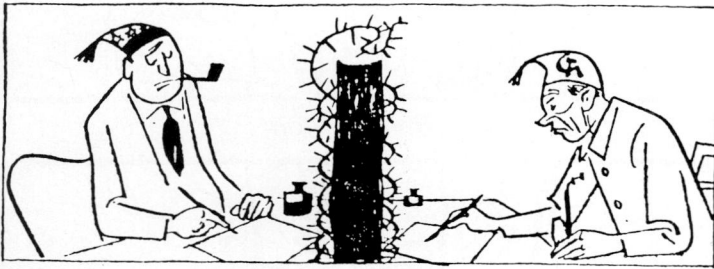

1955: „Mein lieber Vetter!"

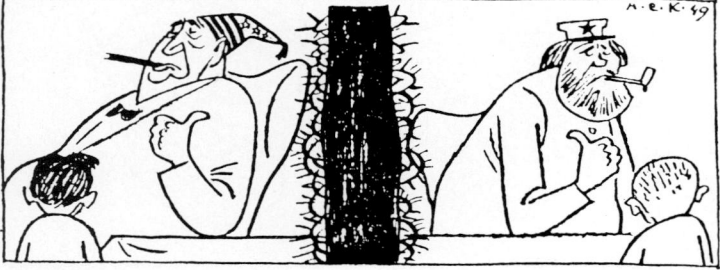

[82]

1965: „Ach ja, — wir haben irgendeinen entfernten Verwandten im Ausland..."

H. E. Köhler/W. E. Süskind: Wer hätte das von uns gedacht. 10 Jahre Bundesrepublik Deutschland. Boppard 1959, S. 9

Wie wird sich die Teilung Deutschlands auf das nationale Bewußtsein auswirken? Wird es sich trotz staatlicher Trennung als Klammer der Nation erweisen oder wird es auf die Dauer der Teilung nicht standhalten?

– Beide Staaten gehen davon aus, daß die Zeit ihnen zuarbeitet: daß die politische und ökonomische Stabilisierung Westeuropas und Westdeutschlands einen unwiderstehlichen Zwang zur Wiederherstellung der staatlichen Einheit Deutschlands ausüben werde (Magnettheorie, vgl. oben S. 53) bzw. daß der zwangsläufige ökonomische und gesellschaftliche Verfall des kapitalistischen Herrschaftssystems und die aufstrebende Macht des Weltfriedenslagers die „nationale Front des demokratischen Deutschland"[68] stärken und die Wiedervereinigung hervorbringen werde.

– Beide Staaten stehen vor der Frage, wie weit der territoriale Anspruch des künftigen Deutschland reichen sollte, und sind als deutsche Teilstaaten mit den spezifischen Problemen der Oder-Neiße-Gebiete und des Saarlandes befaßt, die außerhalb des jeweiligen Staatsgebietes verblieben.

Würde es trotz der Teilung der Welt und der Einbeziehung in den Teilungsprozeß gelingen, die nationale Einheit Deutschlands zurückzugewinnen? Welche Einheitskonzeption würde sich im rivalisierenden Kampf um Deutschland durchsetzen? Waren Zwischenlösungen denkbar, die auf einem Ausgleich divergierender Interessen beruhten? Würde das nationale Zusammengehörigkeitsbewußtsein als politische Kraft von elementarer Bedeutung eine längere Zeit staatlicher Trennung überdauern? **[81, 82]**

Der deutsche Adler

News Chronicle (Der Spiegel, 20. 10. 1949)

Einigkeit und Recht und Freiheit
Für das deutsche Vaterland!
Danach laßt uns alle streben
Brüderlich mit Herz und Hand!
Einigkeit und Recht und Freiheit
Sind des Glückes Unterpfand.
Blüh' im Glanze dieses Glückes,
Blühe, deutsches Vaterland!

Auferstanden aus Ruinen
Und der Zukunft zugewandt,
Laß uns dir zum Guten dienen,
Deutschland, einig Vaterland.
Alte Not gilt es zu zwingen,
Und wir zwingen sie vereint,
Denn es muß uns doch gelingen,
Daß die Sonne, schön wie nie,
Über Deutschland scheint.

Anmerkungen

1 Die Konferenzen von Malta und Jalta. Hrsg. vom Department of State der USA. Dt. Ausgabe Düsseldorf 1957, S. 901. Ähnlich hoffnungsvoll hatte schon die Abschlußerklärung der drei Mächte nach der Teheran-Konferenz im November 1943 geklungen: „Wir sehen vertrauensvoll dem Tage entgegen, an dem alle Völker der Welt ein freies Leben führen können, unbedrängt von Tyrannei, ihren unterschiedlichen Wünschen und ihrem eigenen Gewissen gemäß. Wir kamen zusammen mit Hoffnung und Entschlossenheit. Wir gehen auseinander als Freunde im Handeln, im Geist und in den Zielen." Foreign Relations of the United States. Diplomatic Papers. Hrsg. vom Department of State. The Conferences at Cairo and Tehran 1943. Washington 1961, S. 641.

2 W. Churchill: Der Zweite Weltkrieg. 6 Bde. Stuttgart 1949 ff. Bd. VI, 2, S. 26 f. Die Konferenzen von Malta und Jalta (Anm. 1), S. 742 f.

3 Die Konferenzen von Malta und Jalta (Anm. 1), S. 903.

4 Roosevelt spricht. Die Kriegsreden des Präsidenten. Stockholm 1945, S. 349 ff.

5 R. E. Sherwood: Roosevelt und Hopkins. Hamburg 1950, S. 712 f.

6 J. W. Stalin: Über den großen vaterländischen Krieg der Sowjetunion. Moskau 1946, S. 218 f.

7 Rede Molotows am 31. 10. 1939. J. Degras (Hrsg.): Soviet Documents on Foreign Policy III. London/New York/Toronto 1953, S. 388 ff; Zitat S. 388.

8 G. Rhode/W. Wagner (Hrsg.): Quellen zur Entstehung der Oder-Neiße-Linie. Stuttgart 1956, S. 132 f. (Erklärung des polnischen Ministerpräsidenten, des Sozialdemokraten Arciszewski, in einem Zeitungsinterview am 17. 12. 1944).

9 W. A. Harriman/E. Abel: In geheimer Mission. Als Sonderbeauftragter Roosevelts bei Churchill und Stalin 1941–1946. Stuttgart 1979, S. 273.

10 Unterhauserklärung Churchills am 27. 2. 1945. W. Churchill: Der Zweite Weltkrieg (Anm. 2), Bd. VI, 2, S. 68 ff.

11 W. A. Harriman/E. Abel: In geheimer Mission (Anm. 9), S. 252.

12 Literatur zum polnischen Problem. Allg. Literatur: W. Diepenthal: Drei Volksdemokratien. Ein Konzept kommunistischer Machtstabilisierung und seine Verwirklichung in Polen, der Tschechoslowakei und der SBZ Deutschlands 1944–1948. Köln 1974. J. K. Hoensch/G. Nasarski: Polen. 30 Jahre Volksdemokratie. Hannover 1975. J. K. Hoensch: Sowjetische Osteuropapolitik 1945–1975. Düsseldorf 1977. H. Roos: Geschichte der polnischen Nation 1918–1978. 3. A. Stuttgart 1979. V. Vierheller: Polen und die Deutschland-Frage. Köln 1970.

Memoirenliteratur: J. Ciechanowski: Vergeblicher Sieg. Zürich 1948. St. Mikolajczyk: The Pattern of Soviet Domination. London 1948. W. A. Harriman (Anm. 9). Zur deutsch-sowjetischen Kooperation 1939–41: B. Pietrow: Stalinismus, Sicherheit, Offensive. Das Dritte Reich in der Konzeption der sowjetischen Außenpolitik 1933 bis 1941. Melsungen 1983. Zu den Morden von Katyn: J. Mackiewicz: Katyn – ungesühntes Verbrechen. Zürich 1949. H. Thieme: Katyn – ein Geheimnis? In: Vierteljahreshefte für Zeitgeschichte, 3. Jg. 1955, S. 409 ff. J. L. Zawodny: Zum Beispiel Katyn – Klärung eines Kriegsverbrechens. München 1971. Die Ermordung der kriegsgefangenen polnischen Offiziere in Sowjetrußland hat ihre Entsprechung in Stalins Vorschlag von Teheran, bei Kriegsende 50 000 deutsche Offiziere zu liquidieren, um Deutschlands militärische Schlagkraft für immer zu zerbrechen. Vgl. The Conferences at Cairo and Tehran (Anm. 1), S. 553 f.

13 Die Konferenzen von Malta und Jalta (Anm. 1), S. 900.

14 W. A. Harriman/E. Abel: In geheimer Mission (Anm. 9), S. 316 f.

15 W. Churchill: Der Zweite Weltkrieg (Anm. 2) Bd. VI, 2, S. 111 ff.

16 Grundlegend für die Haltung des State Department das große Deutschlandgutachten des „Advisory Committee on Post-War Foreign Policy" vom September 1943: „The Political Reorganization of Germany". In: Postwar Foreign Policy Preparation. Hrsg. vom Department of State. Washington 1949, S. 558 ff. Deutscher Text in: W. Marienfeld: Das Deutschlandproblem in seiner geschichtlichen Entwicklung. Hrsg. v. d. Niedersächs. Landeszentrale f. polit. Bildung. Hannover 2. A. 1985, S. 80 ff.

17 M. Djilas: Gespräche mit Stalin. Frankfurt 1962. S. 99.

18 Wortlaut der Rede Stalins vom 9. 2. 1946 in: Neue Welt. Halbmonatsschrift. 1. Jg. 1946, H. 1, S. 3–12, Zitate S. 3 u. S. 11.

19 Aus dem Kadermaterial der illegalen KPD 1943. Dokumentation der Vierteljahreshefte für Zeitgeschichte. 20. Jg. 1972, S. 422 ff. Zitate S. 431–33.

20 M. Djilas: Gespräche mit Stalin (Anm. 17), S. 146.

21 B. Meißner: Rußland, die Westmächte und Deutschland. Die sowjetische Deutschlandpolitik 1943–1953. Hamburg 1953, S. 137.

22 Das amtliche Kommuniqué der drei Mächte über die Konferenz von Potsdam – das sog. Potsdamer Abkommen – findet sich entsprechend seiner Wichtigkeit in vielen Publikationen. Vollständiger Wortlaut in: E. Deuerlein (Hrsg.): Potsdam 1945. Quellen zur Konferenz der „Großen Drei". Dtv-dokumente 152/53, 1963, S. 350 ff; die Deutschland betreffenden Teile in: R. Steininger: Deutsche Geschichte 1945–1961. Darstellg. und Dokumente in 2 Bd'n. Fischer-Tb 4315/16, 1983, Bd. I, S. 74 ff.

23 Die Auseinandersetzung um die deutsch-polnische Grenze durchzieht die gesamte Konferenz. Vgl. die Sitzungsprotokolle bei E. Deuerlein: Potsdam 1945 (Anm. 22), S. 212 ff.

24 Wortlaut in: W. Marienfeld: Das Deutschlandproblem in seiner geschichtlichen Entwicklung (Anm. 16), S. 83 f.

25 Wortlaut im Europa-Archiv, 9. Jg. 1954, S. 6751 f; ebenso in E. Deuerlein: Die Einheit Deutschlands. Die Erörtergg. u. Entscheidgg. der Kriegs- und Nachkriegskonferenzen 1941–1949. Darst. u. Dokumente. Frankfurt 2. A. 1961, S. 377 ff.

26 Dokumente zur Deutschlandpolitik der Sowjetunion. Bd. I. Hrsg. v. Deutschen Institut für Zeitgeschichte, Berlin (Ost) 1957, S. 97 f; W. M. Molotow: Fragen der Außenpolitik. Moskau 1949, S. 460 f.

27 Wortlaut in: Europa-Archiv, 1. Jg. 1946/47, S. 622 ff.

28 Zur französischen Deutschlandpolitik insgesamt: C. Scharf/H.-J. Schröder (Hrsg.): Die Deutschlandpolitik Frankreichs und die französische Zone 1945–1949. Wiesbaden 1983; G. Ziebura: Die deutsch-französischen Beziehungen seit 1945. Mythen und Realitäten. Pfullingen 1970; E. Weisenfeld: Welches Deutschland soll es sein? Frankreich und die deutsche Einheit seit 1945. München 1986.

29 Wortlaut in: W. Marienfeld: Das Deutschlandproblem in seiner geschichtlichen Entwicklung (Anm. 16), S. 87 ff.

30 Foreign Relations of the United States. Diplomatic Papers. Hrsg. v. Department of State. The Conference of Berlin 1945. 2 Bde. Washington 1960, Bd. I, S. 450.

31 Wortlaut in: W. Marienfeld: Das Deutschlandproblem in seiner geschichtlichen Entwicklung (Anm. 16), S. 90 ff.

32 Text bei R. Steininger: Deutsche Geschichte 1945–1961 (Anm. 22), Bd. I, S. 188 ff.

33 Wortlaut bei E. Deuerlein: Die Einheit Deutschlands (Anm. 25), S. 411 ff. Bevins Deutschlandplan sah einen entmilitarisierten, föderativ gegliederten demokratischen Rechtsstaat vor und enthielt Vorschläge für die Schritte zu seiner Verwirklichung.

34 Wie Anm. 32.

35 Bericht des Botschafters vom 7. 1. 1947. Wortlaut in: Foreign Relations of the United States. 1947. Bd. 2: Council of Foreign Ministers; Germany and Austria. Washington 1972, S. 139 ff.

36 Wie Anm. 32.

37 Einer der schärfsten und ganz sicher einer der einflußreichsten Kritiker der auf Kooperation mit Sowjetrußland ausgerichteten amerikanischen Außenpolitik war George F. Kennan, 1944–46 Botschaftsrat an der amerikanischen Botschaft in Moskau, 1947–49 Chef des Planungsstabes im State Department, 1952 amerikanischer Botschafter in Moskau. Er hielt eine gemeinsam mit der Sowjetunion betriebene Deutschlandpolitik für undurchführbar, ja utopisch, da die Sowjetunion von ihrer Ideologie her auf ein

wirklichkeitsfernes Zerrbild der kapitalistischen Welt und der in ihr ablaufenden gesellschaftlichen und politischen Prozesse festgelegt und damit zu einer auf gegenseitigem Verständnis beruhenden Politik unfähig sei. Permanente Konflikte seien von daher – nicht aus dem Wesen sachlicher Probleme, sondern aus der ideologischen Wahrnehmung dieser Probleme heraus unabwendbar und unauflösbar. In seinem berühmten langen Telegramm an das State Department vom 22. 2. 1946 spricht er von einer geradezu „neurotischen Betrachtungsweise der Welthändel":

„Die Erfordernisse ihrer eigenen vergangenen und gegenwärtigen Position sind es, die die sowjetische Führung dazu zwingen, ein Dogma zu verkünden, nach dem die Außenwelt böse, feindselig und drohend, aber zugleich von einer schleichenden Krankheit befallen und dazu verurteilt ist, von immer stärker werdenden inneren Krämpfen zerrissen zu werden, bis sie schließlich von der erstarkenden Macht des Sozialismus den Gnadenstoß erhält und einer neuen und besseren Welt weicht… Wir haben es mit einer politischen Kraft zu tun, die sich fanatisch zu dem Glauben bekennt, daß es mit Amerika keinen dauernden Modus vivendi geben kann, daß es wünschenswert und notwendig ist, die innere Harmonie unserer Gesellschaft, unsere traditionellen Lebensgewohnheiten und das internationale Ansehen unseres Staates zu zerstören, um der Sowjetmacht Sicherheit zu verschaffen … Sie ist im Kern realistischer Erwägung offenbar unzugänglich. Für sie ist der reiche Schatz objektiver Erkenntnisse über die menschliche Gesellschaft nicht wie bei uns ein Maßstab, um daran die eigenen Anschauungen ständig zu überprüfen, sondern eine Wundertüte, aus der man nach Belieben das eine oder andere herausfischen kann, um damit eine bereits gefaßte Meinung zu belegen."
G. F. Kennan: Memoiren eines Diplomaten. 2 Bde. Dtv 732/33, 1971, Bd. II, S. 552–68.

Von besonderem Gewicht waren die Folgerungen, die er aus seiner Beurteilung der gegebenen Lage zog. Schon vor der Potsdamer Konferenz beurteile er die Situation in Deutschland wie folgt:
„Die Idee, Deutschland gemeinsam mit den Russen regieren zu wollen, ist ein Wahn. Ein ebensolcher Wahn ist es, zu glauben, die Russen und wir könnten uns eines schönen Tages höflich zurückziehen, und aus dem Vakuum werde ein gesundes und friedliches, stabiles und freundliches Deutschland steigen. Wir haben keine andere Wahl, als unseren Teil von Deutschland – den Teil, für den wir und die Briten die Verantwortung übernommen haben – zu einer Form von Unabhängigkeit zu führen, die so befriedigend, so gesichert, so überlegen ist, daß der Osten sie nicht gefährden kann. Das ist eine gewaltige Aufgabe für Amerikaner. Aber sie läßt sich nicht umgehen; und hierüber, nicht

über undurchführbare Pläne für eine gemeinsame Militärregierung, sollten wir uns Gedanken machen.
Zugegeben, daß das Zerstückelung bedeutet. Aber die Zerstückelung ist bereits Tatsache wegen der Oder-Neiße-Linie. Ob das Stück Sowjetzone wieder mit Deutschland verbunden wird oder nicht, ist jetzt nicht wichtig. Besser ein zerstückeltes Deutschland, von dem wenigstens der westliche Teil als Prellbock für die Kräfte des Totalitarismus wirkt, als ein geeintes Deutschland, das diese Kräfte wieder bis an die Nordsee vorläßt…
Wenn wir auch unsere bereits übernommenen Verpflichtungen bei der Kontrollkommission loyal erfüllen sollten, so dürfen wir uns doch über die Möglichkeiten einer Dreimächtekontrolle (Frankreich als Besatzungsmacht wird von Kennan in die Überlegungen noch nicht einbezogen) keine Illusionen machen… Im Grunde sind wir in Deutschland Konkurrenten der Russen. Wo es in unserer Zone um wirklich wichtige Dinge geht, sollten wir in der Kontrollkommission keinerlei Zugeständnisse machen." Bd. I, S. 264 f.

Die amerikanische Politik steuerte jedoch sowohl in Potsdam als auch danach einen anderen Kurs. Kennan hat – in seinen eigenen Worten – „die Arbeit der Konferenz von Potsdam mit Skepsis und Entsetzen verfolgt. Ich kann mich an kein politisches Dokument erinnern, das mich je so deprimiert hätte wie das von Truman unterzeichnete Kommuniqué." Bd. I, S. 265.

38 Erklärung Marshalls auf der Londoner Außenministerkonferenz. W. Cornides/H. Volle: Um den Frieden mit Deutschland. Oberursel 1948, S. 28 f.

39 Erwiderung Molotows in: Dokumente zur Deutschlandpolitik der Sowjetunion (Anm. 26), S. 77 ff; W.M. Molotow: Fragen der Außenpolitik (Anm. 26), S. 432 ff; Zitat S. 79 bzw. S. 433.

40 Wortlaut des Aufrufes in: W. Treue (Hrsg.): Deutsche Parteiprogramme seit 1861. Göttingen 4. A. 1968, S. 168 ff. Der Aufruf der KPD ist in engem Zusammenhang mit dem „Aktionsprogramm des Blockes der kämpferischen Demokratie" zu sehen, das im Herbst 1944 in der Sowjetunion von der kommunistischen Emigration zur Vorbereitung des politischen und gesellschaftlichen Neuaufbaus in Deutschland entwickelt worden ist. Von den 16 Unterzeichnern des Gründungsaufrufes waren 13 aus der Sowjetunion zurückgekehrte Emigranten. Ein Vergleich des Aktionsprogramms mit dem Gründungsaufruf macht den engen inhaltlichen Zusammenhang, aber auch wesentliche Unterschiede deutlich. So wird im Gründungsaufruf die simple Faschismustheorie (Hitler als bloßes Werkzeug des Monopolkapitals) vermieden und die Verantwortlichkeit für die NS-Herrschaft viel differenzierter gesehen. Sogar die eigene Partei wird einbezogen („Wir deutschen Kommunisten erklären, daß auch wir uns schuldig fühlen …"), andererseits „die Schuld der Sozialdemokratie" an den „Grundfehlern

von 1918" (so im Aktionsprogramm) nicht ausdrücklich erwähnt. Auch die gesellschaftlichen und politischen Zielprojektionen („Entmachtung des Rüstungs- und Monopolkapitals mit seinem junkerlichen, militärischen und bürokratischen Anhang") werden wesentlich abgemildert, u.a. durch Personalisierung, das Bekenntnis zur parlamentarischen Demokratie tritt viel deutlicher hervor.
Vgl. zum Aktionsprogramm H. Laschitza: Kämpferische Demokratie. Die programmatische Vorbereitung auf die antifaschistisch-demokratische Umwälzung in Deutschland durch die Parteiführung der KPD. Berlin (Ost) 1969, S. 193 ff.

41 Text in E. Deuerlein: DDR 1945–1970. Geschichte und Bestandsaufnahme. Dtv-dokumente Bd. 34. 4. A. 1972, S. 47 f.

42 Aufruf der Sozialdemokratischen Partei in W. Treue (Hrsg.): Deutsche Parteiprogramme (Anm. 40), S. 174 ff; Aufruf der CDU ebenda S. 188 ff.

43 Text der Beratungsgrundlage für den Zentralausschuß bei M. Overesch: Deutschland 1945–1949. Vorgeschichte und Gründung der Bundesrepublik. Ein Leitfaden in Darstellung und Dokumenten. Königstein 1979, S. 198 f.

44 Zitiert bei A. Kaden: Einheit oder Freiheit. Die Wiedergründung der SPD 1945/46. Hannover 1964, S. 189.

45 Anton Ackermann: Gibt es einen besonderen deutschen Weg zum Sozialismus? Ein Aufsatz in der Zeitschrift „Einheit", 1946. Auszugsweise Wiedergabe bei E. Deuerlein: DDR 1945–1970 (Anm. 41), S. 58 f. – Ackermann gehörte zu den prominentesten Führern der KPD. Er kehrte bei Kriegsende aus der Moskauer Emigration nach Deutschland zurück und leitete die für Sachsen zuständige Initiativgruppe – so wie Ulbricht in Berlin. 1946 wurde er Mitglied des Zentralsekretariats der SED und galt als der Chefideologe der Partei.

46 Entschließung der 1. Parteikonferenz der SED vom 28. 1. 1949 in D. Staritz: Die Gründung der DDR. Von der sowjetischen Besatzungsherrschaft zum sozialistischen Staat. Dtv-Tb 4524, 1984, S. 212 ff.

47 Wortlaut in E. Treue: Deutsche Parteiprogramme (Anm. 40), S. 177 ff.

48 Bericht von Chr. Steel, dem Leiter der politischen Abteilung der britischen Militärregierung, an das Foreign Office. Text in R. Steininger: Deutsche Geschichte 1945–1961 (Anm. 22), Bd. I., S. 164.

49 Europa-Archiv, 2. Jg. 1947, S. 751.

50 W.B. Smith: Meine drei Jahre in Moskau. Hamburg 1950, S. 353.

51 Rede in Herne am 30. 11. 1947. Textauszug bei M. Overesch: Die Deutschen und die Deutsche Frage 1945–1955. Hannover 1985, S. 112.

52 Rede auf der Parteitagung der CDUD in Berlin am 16. 6. 1946. Textauszug bei M. Overesch: Die Deutschen und die Deutsche Frage (Anm. 51), S. 84.

53 R. Steininger: Deutsche Geschichte 1945–1961 (Anm. 22), Bd. II, S. 289.

54 Tagebuchaufzeichnung vom 9. Mai 1945. M. Overesch: Die Deutschen und die Deutsche Frage (Anm. 51), S. 58.

55 W. Overesch: Die Deutschen und die Deutsche Frage (Anm. 51), S. 16.

56 Welche Antworten in der historischen und politischen Didaktik auf das deutsche Identitätsproblem gefunden worden sind, ist Gegenstand einer umfassenden Untersuchung der Lehrbücher und Richtlinien für den Unterricht in beiden deutschen Staaten:
W. Jacobmeyer (Hrsg.): Deutschlandbild und Deutsche Frage in den historischen, geographischen und sozialwissenschaftlichen Unterrichtswerken der Bundesrepublik Deutschland und der Deutschen Demokratischen Republik von 1949 bis in die 80er Jahre. Braunschweig 1986 (Studien zur internationalen Schulbuchforschung, Schriftenreihe des Georg-Eckert-Instituts Bd. 43).
Ein Lehrbuchtitel wie „Erbe des Abendlandes" (1954) läßt beispielhaft die Suche nach neuen geistigen und moralischen Orientierungspunkten erkennen und signalisiert damit zugleich die Abkehr von einem Geschichtsbild, das in der nationalen Machtgeschichte sein Zentrum hatte. Wenn im zeitgleichen DDR-Buch ein 16 Seiten langes Kapitel unter die Überschrift gestellt wird „Der Kampf um die Einheit Deutschlands", dann wird allein hieran ein grundlegender Unterschied in der Wahrnehmungsperspektive für die nationale Frage erkennbar.

57 Zeitungsaufsatz zum 100. Jahrestag der Revolution von 1848. Textauszug bei M. Overesch: Die Deutschen und die Deutsche Frage (Anm. 51), S. 119.

58 Die neue Zeitung, 1. 12. 47.

59 Rede auf der Parteitagung der CDUD in Berlin am 16. 6. 1946. Textauszug bei M. Overesch: Die Deutschen und die Deutsche Frage (Anm. 51), S. 84 f.

60 Neues Deutschland vom 11. 10. 1946. Textauszug bei M. Overesch: Die Deutschen und die Deutsche Frage (Anm. 51), S. 94.

61 Vgl. R. Steininger: Zur Geschichte der Münchener Ministerpräsidenten-Konferenz 1947. Vierteljahreshefte für Zeitgeschichte, 23. Jg. 1975, S. 375 ff; von besonderer Wichtigkeit ist das Protokoll über die Vorbesprechung der Ministerpräsidenten über die Tagesordnung, S. 420–441; aus diesem wird nachfolgend zitiert.

62 R. Steininger: Zur Geschichte der Münchener Ministerpräsidentenkonferenz (Anm. 61), S. 413, S. 407.

63 R. Steininger: Zur Geschichte der Münchener Ministerpräsidentenkonferenz (Anm. 61), S. 417.
In dem offenen Brief eines Sozialdemokraten aus der SBZ vom 15. 4. 1946 hieß es:
„Wir deutschen Arbeiter im abgetrennten Osten und in der Mitte des Reiches dürfen unsere Stimme nicht erheben wegen der Nähe der GPU. (Früher war es die Gestapo!) Wir rufen Euch, Brüder im Westen, werdet die Sprecher für uns! Werdet alle ein Dr. Schumacher und Kämpfer für die Beendigung der geistigen und seelischen Unterdrückung Eurer Genossen im Osten! Kommt in unsere Heimat, in unsere Familien, in die Betriebe und Geschäfte und überzeugt Euch von der wahren Meinung des deutschen Arbeiters und von den ihm verbliebenen freien demokratischen Rechten." Text des Briefes in M. Overesch: Die Deutschen und die Deutsche Frage (Anm. 51), S. 74 f.

64 Ansprache Schumachers über den Frankfurter Rundfunk am 31. 5. 1947. Textauszug bei M. Overesch: Die Deutschen und die Deutsche Frage (Anm. 51), S. 102 f. In ganz ähnlichen Gedankenbahnen bewegte sich Hans Schlange-Schöningen, Leiter des Zentralamtes für Ernährung und Landwirtschaft in der britischen Zone. Vgl. seinen an die britische Militärregierung gerichteten Bericht über einen Staatsbesuch in Thüringen im Mai 1946 bei W. Abelshausen: Zur Entstehung der „Magnet-Theorie" in der Deutschlandpolitik. Vierteljahreshefte für Zeitgeschichte, 27. Jg. 1979, S. 661 ff.
Zu entgegengesetzten Folgerungen aus der Wahrnehmung derselben Wirklichkeit gelangte der hessische Wirtschaftsminister Müller: „Nach dem Scheitern der wirtschaftlichen Einheit Deutschlands beginnen die vier Zonen sich einzugraben, d. h. das tun die Besatzungsmächte, um die letzte Ordnung im eigenen Bereich zu retten. Diese ganz kurzsichtige Politik dürfen wir nicht mitmachen. Wir müssen das Letzte preisgeben, um das Ganze zu retten." Vgl. seinen Bericht über seine Reise nach Thüringen und Sachsen im Mai 1946 bei M. Overesch: Die Deutschen und die Deutsche Frage (Anm. 51), S. 80 ff.

65 Schumacher vor den Spitzengremien der SPD am 31. 5. 1947. Textauszug bei M. Overesch: Die Deutschen und die Deutsche Frage (Anm. 51), S. 103.

66 M. Overesch: Zeitenwende. Umbruch und Aufbruch in Deutschland nach dem Zweiten Weltkrieg. Hannover 1986, S. 27.

67 M. Overesch: Einheit oder Teilung? Westdeutsche Entscheidungsträger vor der gesamtdeutschen Frage 1945–1947. In: J. Foschepoth (Hrsg.): Kalter Krieg und Deutsche Frage. Göttingen 1985, S. 269 ff; Zitat S. 272.
Ernst Reuter hat sein Amt aufgrund eines sowjetischen Vetos nicht antreten können; nach der Spaltung der Berliner Stadtverwaltung war er von 1948 bis 1951 Oberbürgermeister, von 1951 bis 1953 Regierender Bürgermeister von West-Berlin.

68 Gleichzeitig mit der Gründung der DDR wurde die „Nationale Front des demokratischen Deutschland" ins Leben gerufen. Sie sollte als nationale Massenbewegung die Tradition des Volkskongresses für Einheit und gerechten Frieden fortsetzen. Die ihr gestellte Aufgabe der Rettung der deutschen Nation kommt in dem 10-Punkte-Programm vom 15. 2. 1950 besonders deutlich zum Ausdruck. Punkt 1 lautet: „Schaffung eines einheitlichen, demokratischen, friedliebenden und unabhängigen Deutschlands und Wiederherstellung der politischen und wirtschaftlichen Einheit Berlins als der Hauptstadt Deutschlands." Vollständiger Text bei M. Overesch: Die Deutschen und die Deutsche Frage (Anm. 51), S. 132 f.

II

DAS GETEILTE DEUTSCHLAND

Von den Staatsgründungen bis zum Mauerbau

1949–1961

1945

1955

Hannoversche Allgemeine Zeitung, 7. 5. 1955

Außenpolitische Grundorientierungen

Die im Herbst 1949 ins Leben getretene Bundesrepublik war kein souveräner Staat, sondern nach wie vor ein besetztes Land, das einem Besatzungsstatut unterworfen war.[1] Die oberste Gewalt verblieb bei den Besatzungsmächten. Zwar sollte das deutsche Volk „das größtmögliche Maß an Selbstregierung genießen", aber die Besatzungsmächte behielten sich ausdrücklich das Recht vor, „die Ausübung der vollen Gewalt ... wieder zu übernehmen, wenn sie dies als wesentlich erachten für ihre Sicherheit oder zur Aufrechterhaltung der demokratischen Regierungsform in Deutschland oder in Verfolg der internationalen Verpflichtungen ihrer Regierungen". Eine ganze Reihe von politischen Handlungsfeldern verblieb in der Kompetenz der Besatzungsmächte, so z.B. Abrüstung und Entmilitarisierung, Reparationen, Kontrolle der Ruhr-Industrie, Außenhandel und Devisenverkehr, auswärtige Angelegenheiten. **[84, 85]** Diesen Vorbehaltsrechten entsprechend gab es zunächst kein deutsches Außenministerium, und die drei Westmächte wurden in Bonn nicht durch ein Botschaftergremium, sondern durch die „Alliierte Hohe Kommission" vertreten. Die Rechtsgrundlage für das politische Leben in der Bundesrepublik – entsprechendes gilt auch für die DDR – bestand also in einem Gemisch von Siegerrecht und demokratischem Verfassungsrecht, wobei dem Siegerrecht der höhere Rang zukam. Jeder Bundesregierung war von daher als Aufgabe vorgezeichnet, den Anteil des demokratischen Verfassungsrechts zu vergrößern, damit den eigenen Handlungsspielraum zu erweitern, den Besatzungszustand schließlich zu überwinden und die politische Selbstbestimmung, die Souveränität, zu erreichen. Inhaltlich galt es, die rechtsstaatliche Demokratie zu verankern, Freiheit und Sicherheit der Bundesrepublik zu verbürgen, damit zugleich auch den Frieden zu erhalten und die Einheit der Nation zurückzugewinnen – als Voraussetzung von allem: erträgliche Lebensverhält-

Zweimal Sprengung — natürlich beide zur Stärkung Europas ...

[84]   Europa-Kurier, 25. 8. 1950

Abbau und Zerstörung von Industrieanlagen durch die Besatzungsmächte erfolgen, um Reparationen zu gewinnen oder um Deutschlands industrielles Kriegspotential zu schwächen. Ungeachtet der Tatsache, daß mit dem Marshall-Plan die drei Westzonen in das europäische Wiederaufbauprogramm einbezogen werden, geht die Demontagepolitik – nur graduell vermindert – bis 1951 weiter. Zu den demontierten bzw. zerstörten Industrieanlagen gehören auch die Reichswerke Hermann Göring in Salzgitter, für die die Namensverbindung mit einem der Machtträger des Dritten Reiches verhängnisvoll gewesen ist. Hier werden noch 1950 nicht transportfähige Werksanlagen gesprengt. Es kommt zu Unruhen und zu Ausschreitungen gegen die britischen Sprengkommandos. Demontage und Zerstörung der Reichswerke haben beträchtliche Arbeitslosigkeit in dieser Region zur Folge.

„Schnapp' nicht zu! Dies ist das größte deutsche Frachtschiff."

[85]   Hannoversche Presse, 25. 11. 1949

Von der restriktiven Wirtschaftspolitik der Besatzungsmächte ist der Schiffbau besonders betroffen. Der gesamtalliierte Industrieplan vom März 1946 hat – um Deutschlands Kriegspotential auszuschalten – den Bau von Hochseeschiffen aller Art verboten. Im Petersberger Abkommen zwischen der Bundesregierung und der Alliierten Hohen Kommission wird der Bau von Hochseeschiffen bis zu 7200 t und 12 sm Geschwindigkeit erlaubt.

Tausendjährige Bilanz

„*Erschrick nicht — ich will dir nur genau ausrechnen, was du auf dem Buckel tragen mußt*"

[86]

Rheinische Zeitung, 7. 1. 1950

Die Bundesrepublik erlebt nach ihrer Gründung einen höchst bemerkenswerten Wirtschaftsaufschwung, der als „Wirtschaftswunder" ins allgemeine Bewußtsein eingeht. Dieser Prozeß muß in der Tat als Wunder empfunden werden, wenn man die Ausgangssituation vor Augen hat: die Bilanz des Dritten Reiches und die in der Besatzungszeit hinzukommenden wirtschaftlichen und politischen Belastungen.

Das Kamel und das Nadelöhr

[87]

Westfälische Rundschau, 18. 11. 1952

Eine wichtige Voraussetzung des politischen Aufstieges der Bundesrepublik mit Einschluß ihrer Westintegration besteht darin, daß sie die moralischen und rechtlichen Schuldverpflichtungen anerkennt, die aus der Politik des Dritten Reiches erwachsen sind. Ausdruck dafür ist: u. a. die Unterzeichnung eines Wiedergutmachungsabkommens mit Israel am 10. 9. 1952, das sogenannte Luxemburger Abkommen.
Die arabischen Staaten haben versucht, den Abschluß dieses Abkommens zu verhindern, und haben Gegenmaßnahmen angedroht. Das Wiedergutmachungsabkommen mit Israel und die proisraelische Haltung der Bundesrepublik bieten der DDR den Ansatzpunkt, mit einer demonstrativ proarabischen Politik ihre weltpolitische Isolierung zu durchbrechen. Damit wird im Nahen Osten ein wichtiger Nebenschauplatz für die Austragung des Deutschlandproblems eröffnet.

nisse zu schaffen. **[86]** Der nationale Einheitsbegriff bezog sich geographisch in der damaligen Situation auf Deutschlands Grenzen von 1937; doch bestand weitgehend Klarheit darüber, daß das Vorkriegsdeutschland nicht wiederherstellbar war. Die Forderung nach Wiedervereinigung wurde daher politisch nur auf die DDR bezogen.

Die politische Konzeption, mit der Adenauer als Bundeskanzler die Führung der Bundesrepublik übernahm, war in ihren wesentlichen Elementen schon 1945 ausgebildet. In einer Notiz vom 31. 10. 1945 – „Meine Einstellung zur außenpolitischen Lage" – ging Adenauer von der quer durch Deutschland verlaufenden Teilung Europas in ein sowjetisch beherrschtes Osteuropa und in ein freies Westeuropa als einem vorerst nicht veränderbaren Tatbestand aus. Er fährt dann fort:

„In Westeuropa sind die führenden Großmächte England und Frankreich. Der nicht von Rußland besetzte Teil Deutschlands ist ein integrierender Teil Westeuropas. Wenn er krank bleibt, wird das von schwersten Folgen für ganz Westeuropa, auch für England und Frankreich sein. Es liegt im eigensten Interesse nicht nur des nicht von Rußland besetzten Teiles Deutschlands, sondern auch von England und Frankreich, Westeuropa unter ihrer Führung zusammenzuschließen, den nicht russisch besetzten Teil Deutschlands politisch und wirtschaftlich zu beruhigen und wieder gesund zu machen...

Dem Verlangen Frankreichs und Belgiens nach Sicherheit kann auf die Dauer nur durch wirtschaftliche Verflechtung von Westdeutschland, Frankreich, Belgien, Luxemburg, Holland wirklich Genüge geschehen. Wenn England sich entschließen würde, auch an dieser wirtschaftlichen Verflechtung teilzunehmen, so würde man dem doch so wünschenswerten Endziele ‚Union der westeuropäischen Staaten' ein sehr großes Stück näherkommen.

Zum staatsrechtlichen Gefüge des nicht von Rußland besetzten Teiles Deutschlands:... Die Schaffung eines zentralisierten Einheitsstaates wird nicht möglich, auch nicht wünschenswert sein, der staatsrechtliche Zusammenhang kann lockerer sein als früher, etwa in der Form eines bundesstaatlichen Verhältnisses."[2]

Ein höchst aufschlußreiches Wort! Der Weg zur Bundesrepublik Deutschland ist in ihm ebenso vorgezeichnet wie deren spätere Westintegration. Das gegenüber Deutschland bestehende Sicherheitsbedürfnis soll durch wirtschaftliche Verflechtung gelöst werden; die politische „Union der westeuropäischen Staaten" erscheint als Zukunftsvision. Der wirtschaftliche und politische Zusammenschluß der westeuropäischen Staaten sichert den Frieden zwischen ihnen, trägt dazu bei, den Nationalismus als friedensgefährdende Kraft zu überwinden, und verhilft Westeuropa nicht nur zur Sicherheit gegenüber Sowjetrußland, sondern auch zu eigenständiger politischer Bedeutung zwischen den Weltmächten. In der Regierungserklärung vom 20. 10. 1953 formuliert Adenauer:

„Die Politik der Bundesregierung bleibt weiter ausgerichtet auf die Integration Deutschlands in die größere europäische Gemeinschaft. Die schmerzlichen Erfahrungen, die wir aus der Geschichte Europas in den letzten Jahrhunderten gesammelt haben, haben uns die Gewißheit gebracht, daß der Nationalismus, der die Ursache so vieler Katastrophen gewesen ist, überwunden werden muß. Wir müssen das Leben der europäischen Völker auf wahrhaft neue Grundlagen der Zusammenarbeit an großen praktischen Aufgaben stellen, um den Frieden zu sichern, um Europa wieder zu einem Faktor in Politik und Wirtschaft zu machen."[3]

Ein wirtschaftlich-sozial ebenso wie politisch-geistig konsolidiertes Westeuropa würde auch in der Lage sein, die großen politischen Fragen in den Ost-West-Beziehungen mit Aussicht auf Erfolg in Angriff zu nehmen und damit im Zusammenhang die Teilung Deutschlands zu überwinden, ohne andere Ziele – wie z.B. die europäische Integration – zu gefährden. In einer Rede Adenauers in Offenbach heißt es am 24. 9. 1954:

„Ich bin fest überzeugt, daß, wenn Sowjetrußland sieht, daß es im Wege des kalten Krieges keinen Sieg mehr erringen kann, und wenn Sowjetrußland sieht, daß der Westen stark, aber verhandlungsbereit ist – dann wird auch Sowjetrußland mit uns verhandeln, und das wird der Anfang einer allgemeinen Entspannung sein … Das Ziel ist Frieden und Freiheit für ein geeintes, starkes Europa, für eine Wiedervereinigung Deutschlands."[4]

Der Erfolg dieser politischen Konzeption hing zunächst davon ab, daß es gelang, eine Verknüpfung deutscher und gesamtwestlicher Interessen herbeizuführen. **[87]** Adenauer war davon überzeugt, daß hierfür ein uneingeschränktes Bekenntnis zur Westintegration erforderlich wäre und daß gegebenenfalls auch deutsche Vorleistungen zu erbringen bzw. vorläufige Benachteiligungen der Bundesrepublik hinzunehmen wären, um antideutsche Vorbehalte abzubauen, Vertrauen zurückzugewinnen und hierüber dann auch die westliche Außenpolitik auf die Berücksichtigung deutscher Interessen zu verpflichten. Dieses würde nach der leidvollen Erfahrung nationalsozialistischer Herrschaft über Europa kein kurzer und ebener Weg sein können. Welche Hindernisse und Gefällstrecken auf ihm zu überwinden waren, wird besonders am Saarproblem deutlich (vgl. weiter unten). **[88, 89, 90]**

Der Erfolg dieser Konzeption hing zum anderen davon ab, daß sich die Sowjetunion einem gefestigten Westen gegenüber zu größeren Zugeständnissen genötigt sehen würde, als sie im Augenblick zu gewähren bereit war, und daß hierzu die politische, wirtschaftliche und militärische Macht des Westens ebenso drängen würde wie ihre eigene wirtschaftliche Hilfsbedürftigkeit und die für die Zukunft erwartete Machtrivalität zu Rotchina.

„Träumerei" von Robert Schuman

Am 9. 5. 1950 schlägt der französische Außenminister Robert Schuman – deutsche Anregungen aufnehmend – vor, „die Gesamtheit der französisch-deutschen Produktion von Kohle und Stahl unter eine gemeinsame oberste Autorität innerhalb einer Organisation zu stellen, die der Mitwirkung anderer Staaten Europas offensteht". Die vorgeschlagene Montan-Union wird als „erste Etappe der europäischen Föderation" bezeichnet. Sie wird im April 1951 zwischen Frankreich, der Bundesrepublik, Italien und den Beneluxstaaten vertraglich vereinbart und tritt im Juli 1952 in Kraft.

[89]   **Der Weg in die Freiheit**   Hannoversche Presse, 8. 3. 1951

Am 6. 3. 1951 gesteht die Alliierte Hohe Kommission eine Revision des Besatzungsstatutes zu: Alliierte Rechte bzgl. Außenhandel und Devisenwirtschaft werden eingeschränkt; Gesetzesvorlagen können ohne vorausgehende Prüfung eingebracht, allerdings nachträglich durch die Hohe Kommission wieder aufgehoben werden; die Errichtung eines Auswärtigen Amtes wird erlaubt, ebenso die Aufnahme diplomatischer Beziehungen zu dritten Staaten. Die oberste Befugnis für auswärtige Angelegenheiten verbleibt aber bei den Westmächten, entsprechend darf der amtliche Verkehr mit ihnen nur über die Alliierte Hohe Kommission abgewickelt werden. Abkommen der Bundesrepublik mit dritten Staaten bedürfen der Genehmigung.

Deutsche Himmelsleiter

Dean Acheson: — Und nimm nicht mehrere Stufen auf einmal — sie mögen das nicht gerne...

SZ-Zeichnung: E. M. Lang

[90] Süddeutsche Zeitung 16. 11. 1949

Der Weg zu Gleichberechtigung und Souveränität als Himmelsleiter, auf der die USA (Außenminister Acheson) als Mäzen der Bundesrepublik (Bundeskanzler Adenauer) einen stufenweisen Aufstieg empfehlen. Außenminister Bevin und Außenminister Bidault markieren den Abstand zu den deutschen Aufstiegswünschen.

Eine der möglichen politischen Grundorientierungen nach 1945 hatte sich mit der Gründung der beiden deutschen Staaten als vorläufig nicht gangbar erwiesen: die Vorstellung, mit einer „Synthese zwischen östlichen und westlichen Ideen" für Deutschland eine Brückenfunktion zwischen Ost und West gewinnen zu können. Niemand hat so entschieden im Sinne der Brückentheorie gedacht und gehandelt wie Jakob Kaiser, christlicher Gewerkschafter in Weimarer Zeit, Widerstandskämpfer im Dritten Reich, 1945 Mitbegründer der CDU in der sowjetischen Besatzungszone, 1946/47 deren Vorsitzender (vgl. oben S. 49). In einer großen programmatischen Rede formulierte er im Februar 1946:

„Mir scheint für Deutschland die große Aufgabe gegeben, im Ring der europäischen Nationen die Synthese zwischen östlichen und westlichen Ideen zu finden. Wir haben Brücke zu sein zwischen West und Ost; zugleich aber suchen wir unseren eigenen Weg zu gehen zu neuer sozialer Gestaltung... Ich sehe den Sinn des für uns so schmerzlichen Geschehens in der gegenseitigen Befruchtung der Nationen, in der

gegenseitigen Abstimmung auf eine europäische Gemeinschaft, die ganz Europa zu sozialen Formen kommen läßt, die eine neue und dauernde Verständigung möglich machen."[5]

Kaisers Hoffnung, mit einer Synthese gegensätzlicher Ideen und darauf beruhender politisch-sozialer Systeme – einer zugleich sozialistischen wie freiheitlich-rechtsstaatlichen Gesellschaftsordnung – alliierte Zusammenarbeit in Deutschland sichern, damit Deutschland als Einheit erhalten und ihm zugleich eine große Zukunftsaufgabe in der Vermittlung zwischen Ost und West sichern zu können, ist durch den Vollzug der Teilung Deutschlands zerstört worden. **[91]** Seine und Lemmers durch die sowjetische Militäradministration verfügte Absetzung als Vorsitzende der Ost-CDU im Dezember 1947 machte ebenso wie der Umsturz in der Tschechoslowakei im Februar 1948 (vgl. oben S. 45) deutlich, daß in der Ost-West-Konfrontation nicht Brückenbau, sondern Blockbildung gefragt war. Weshalb die Sowjets mit Kaiser und Lemmer ausgerechnet diejenigen bürgerlichen Parteiführer aus dem Amte entfernten, die eine deutsche Politik ohne Bindung an die Blöcke zu führen und in vielfältiger Weise sowjetische Bedürfnisse aufzunehmen bereit waren, erscheint vor dem Hintergrund der natürlichen sowjetischen Interessenlage in Deutschland schwer verständlich. Kaiser trug als Mitglied des Parlamentarischen Rates den Erfordernissen Rechnung, indem er sich aktiv an der Gründung der Bundesrepublik als einer von den Umständen erzwungenen Notlösung beteiligte; andererseits setzte er als Minister für gesamtdeutsche Fragen alle Kräfte dafür ein, daß sich die Bundesrepublik nicht als „Weststaat", sondern als deutscher „Kernstaat" begriff und ihre Politik auf die Wiedergewinnung der nationalen Einheit ausrichtete.

Von daher stand er der Adenauerschen Politik entschiedener Westintegration höchst skeptisch gegenüber, weil sich ihm diese aus der Nation zu entfernen und die Ostintegration der DDR zu begünstigen schien. Diese Haltung wurde besonders in dem Augen-

Mittler zwischen Ost und West

Zeichnung: Fricke

[91] Nürnberger Nachrichten, 4. 12. 1948

Deutschland als Mittler zwischen Ost und West?
Kann das am Boden liegende und dem Willen der Besatzungsmächte ausgelieferte Deutschland eine Mittlerfunktion zwischen Ost und West wahrnehmen, damit deren Zusammenprall abfedern und zugleich seine nationale Einheit bewahren?

blick herausgefordert, als mit der durch den Koreakrieg ausgelösten militärischen Westintegration der Bundesrepublik die Möglichkeit aufzutauchen schien, die nationale Einheit Deutschlands zurückzugewinnen und zugleich eine ausgleichende Brückenfunktion im Ost-West-Verhältnis wahrzunehmen (vgl. hierzu unten S. 79ff.).

Die außenpolitische Konzeption der westdeutschen Sozialdemokraten unter der Führung Schumachers stand der Adenauerschen Politik der Westintegration deutlich näher als innerhalb der CDU die Jakob Kaisers. Schumacher beschwor mit starken Worten, „daß Deutschland und sein Volk Bestandteile der Kultur und der gesellschaftlichen und demokratischen Auffassungen des Westens sind"; er wehrte sich gegen Kritik an der „Entschiedenheit dieser Stellungnahme" und hielt den Kritikern entgegen: „Man sollte die Torheit unterlassen, in den Bünden, Verbänden und Kreisen so zu diskutieren, als ob der Unfug von der Neutralisierung ein Realpolitikum wäre und als ob die Deutschen die Möglichkeit einer Wahl hätten."[6] An sich hätte der sozialdemokratischen Politik entsprechen müssen, mit der Konzeption einer sozialistischen Demokratie Brückenbau zwischen Ost und West zu versuchen, also die Linie Jakob Kaisers zu verfolgen. Schumacher hat diese Konzeption jedoch vor den Hintergrund der Machtpotentiale als ganz unrealistisch abgelehnt. Das eindeutige Bekenntnis zum Westen hängt ursächlich auch damit zusammen, daß die sozialdemokratische Partei in der SBZ als unabhängige politische Kraft 1946 beseitigt worden war, wodurch der Weimarer Gegensatz zwischen KPD und SPD neu belebt wurde. Die sozialdemokratische Politik in den Westzonen konnte sich nach dieser folgenschweren Entscheidung nur antisowjetisch ausrichten; und die sowjetische Politik – entsprechend auch die der SED – mußte notwendigerweise weit stärker als totalitär und hegemonistisch denn als sozialistisch erscheinen (vgl. oben S. 52). Vor dem Hintergrund der ideologischen und machtpoliti-

Schumacher: „Das dürfen wir aber auch nicht vergessen!"

[92]

Hamburger Abendblatt, 19.9.1951

Die nationale Komponente in der Politik der SPD: die Politik der Westintegration darf nicht auf Kosten der Wiedervereinigung Deutschlands vollzogen werden.

schen Gegebenheiten hielt Schumacher die Teilung Deutschlands zunächst für unvermeidbar, andererseits auf die Länge der Zeit auch wieder für überwindbar, wenn es gelang, „den Westen zum ökonomischen Magneten (zu) machen" und damit eine solche „Anziehungskraft auf den Osten" auszuüben, „daß auf die Dauer die bloße Innehabung des Machtapparates dagegen kein sicheres Mittel ist". **[92]** Auch dieses war eine Form von Politik der Stärke, nur daß hier das Gewicht stärker auf den wirtschaftlichen und sozialen Faktoren lag. Als Idealziel hatte Schumacher eine Föderation west- und mitteleuropäischer Demokratien mit sozialistischer Gesellschaftsform vor Augen, die nicht nur eine Wiederkehr faschistischer Herrschaft ausschließen, sondern Europa auch in die Lage versetzen sollte, als dritte Kraft neben der Sowjetunion und den USA zu bestehen. Richteten sich im Regierungslager die mit der Westintegration verbundenen Hoffnungen vornehmlich auf Frankreich, so die der sozialdemokratischen Opposition hauptsächlich auf Großbritannien, wo seit Juli 1945 eine Labour-Regierung amtierte. Der heftige Widerstand der Opposition gegen die von der Regierung betriebene Integrationspolitik erwuchs jedoch weniger aus dem unterschiedlichen Adressatenbezug als vielmehr daraus,

[93]

Der Mittag, 13.5.1950

Der Vorschlag einer deutsch-französischen Gemeinschaft für Kohle und Stahl in der hoffnungsvollen Perspektive von Schuman und Adenauer.

[94] *Der Schumanplan in dreierlei Sicht* — Hamburger Abendblatt, 11.1.1952

Der Schuman-Plan in unterschiedlicher Wahrnehmungsperspektive: als Fessel für Deutschland bei Schumacher, als Aufbruch nach Europa bei Adenauer und als Vorbereitung des Krieges bei Grotewohl.

daß der sozialpolitische Inhalt der von der Regierung Adenauer betriebenen Integrationspolitik als bürgerlich-konservativ oder kapitalistisch angesprochen wurde und damit in Schumachers Augen der „ökonomischen Magnetisierung des Westens" entbehrte und daß zum anderen die Bundesrepublik Deutschland anfänglich nicht als gleichberechtigter Partner behandelt wurde. **[93, 94]** Im Bewußtsein ihrer von der NS-Herrschaft unbelasteten Geschichte beanspruchte die SPD, vor allem der von der KZ-Haft schwer gezeichnete Parteiführer, ungeschmälerte Gleichberechtigung Deutschlands. In einer überaus scharfen Kritik am Schuman-Plan sagte Oppositionsführer Schumacher:

„Der Schuman-Plan ist, da er nur sechs Länder umfaßt, nicht ein europäischer Plan, sondern ein regionaler Spezialpakt innerhalb Europas. Er umfaßt die Länder eines gewissen kulturellen, politischen und wirtschaftlichen Typs. Dieser Typ ist konservativ und klerikal, er ist kapitalistisch und kartellistisch. Er ist bei der großen Auseinandersetzung der Prinzipien restaurativ und liegt nicht im Sinne der modernen Arbeiterbewegung...

Mit dem Schuman-Plan wird eine Marktordnung geschaffen, die Frankreich und den anderen Ländern die Konkurrenz der deutschen Stahlindustrie vom Halse schafft, aber den Zugriff auf die deutsche Kohle aus bevorzugter Position heraus ermöglicht...

Im Rat der Außenminister stellt die deutsche Bundesrepublik von sechs Vertretern einen. Das sind 16 Prozent. In der ‚Hohen Behörde' stellen wir zwei von neun Vertretern, das sind 22 Prozent. In der gemeinsamen Versammlung sollen wir 18 von 78 Delegierten, gleich 23 Prozent, haben. Das vergleiche man mit den 45 Prozent, die wir im Produktions- und Umsatzwert stellen...

Die Zusammenfassung der ‚Hohen Behörde' ist nicht nur national-politisch zu sehen, sie hat auch eine klassenpolitische Bedeutung. Acht Kapitalmanager sollen einem Gewerkschaftler gegenüberstehen. Das ist das ‚paritätische Mitbestimmungsrecht' für Kohle und Eisen im europäischen Rahmen. ... Es gibt im Plan nicht nur privilegierte Völker, es gibt auch privilegierte Klassen. ...

Um den Weg nach Europa freizuhalten, müssen wir den Schuman-Plan ablehnen ... Wir lehnen ihn gleicherweise ab als internationale Sozialisten wie als deutsche Patrioten. Wir lehnen ihn ab als Europäer! Wir wollen die Zusammenarbeit der Freien und Gleichen!"[7]

Auch dem Petersberger Abkommen – dem ersten Vertrag zwischen der Bundesregierung und der Alliierten Hohen Kommission, bei dem es unter anderem um den Beitritt zur Internationalen Ruhrbehörde ging **[95]** – und dem Beitritt zum Europa-Rat verweigerte die SPD die Zustimmung. Im Europa-Rat wurde die Bundesrepublik 1950 nur als assoziiertes Mitglied aufgenommen – zugleich mit ihr das Saarland, das damit als selbständige politische Einheit, der Bundesrepublik vergleichbar, behandelt wurde, wobei in der Gleichzeitigkeit des Eintritts eine indirekte Anerkennung des Status der Saar gesehen werden konnte. **[96]**

„Robert, wohin führst Du mich?"
[95]
Zeichnung: Leger.
Hannoversche Presse, 23.6.1950

Das Ruhrstatut als Fessel für Deutschland, weil die wirtschaftliche Verfügungsgewalt der deutschen Regierung entzogen und einer internationalen Behörde (die drei westlichen Besatzungsmächte und die Beneluxstaaten) übertragen wird. Der Beitritt der Bundesrepublik zur Ruhrbehörde ist politisch heftig umkämpft, weil er eine Form der Anerkennung dieses Zustandes darstellt. Die Ablösung des Ruhrstatuts erfolgt mit der Verwirklichung der Montan-Union.

Die Opposition verkannte unzweifelhaft die deutschen Möglichkeiten des Augenblicks und unterschätzte die Schubkraft, die für die deutsche Gleichberechtigung aus

[96] Hamburger Echo, 5. 8. 1950

Die Bundesrepublik und das Saarland werden 1950 als assoziierte Mitglieder in den Europa-Rat aufgenommen. Die Gleichzeitigkeit der Aufnahme signalisiert zum einen ein Programm der französischen Politik und stellt zum anderen eine Form von dessen Anerkennung dar.

Michele: „. . . aber doch bitte den kürzesten, meine Herren!!"

[97] Fränkischer Tag, 3. 4. 1952

In welchem Verhältnis stehen nationale und europäische Politik zueinander? Kann mit der europäischen Politik erst begonnen werden, wenn die Einheit Deutschlands erreicht ist? Oder wird die Politik europäischer Integration die Rückgewinnung der Einheit Deutschlands begünstigen?

der Integration selbst hervorgehen mußte. Andererseits ist evident, daß die scharfe, sich zugleich nationaler wie wirtschaftlich-sozialer Argumente bedienende Kritik der Bundesregierung in ihrer Revisionspolitik bei den alliierten Mächten außerordentlich förderlich war. Die Kritik an der entschiedenen Westintegration der Bundesrepublik speiste sich zunehmend auch aus der Sorge, daß dieser Prozeß der nationalen Einheit Deutschlands abträglich sei und daß aus dem nationalen Provisorium Bundesrepublik ein Definitivum werden konnte. Die nationale Aufgabe sollte gegenüber der europäischen jedoch nicht in den Hintergrund treten, sie habe sogar Vorrang zu beanspruchen. **[97]**

Die Saar zwischen Deutschland und Frankreich

Die erste Wirklichkeitsüberprüfung der deutschlandpolitischen Konzeptionen vollzog sich in der Bewältigung des zwischen Frankreich und Deutschland stehenden Saarproblems (vgl. hierzu oben S. 25f.). **[98]** Das sehr umfangreiche territoriale Sicherheitsprogramm, das Frankreich 1945 gegenüber Deutschland geltend

machte, hatte aufgrund des Widerstandes der übrigen Kontrollmächte nur im Saarland zu weitreichenden Entscheidungen geführt. Das Saarland war im Dezember 1946 erst wirtschaftlich, dann ein Jahr später auch politisch aus dem Besatzungsgebiet herausgelöst worden und unterstand damit nicht mehr der Kompetenz des Alliierten Kontrollrates.

Im April 1947 wurde es in das französische Wirtschafts-, Währungs- und Zollgebiet eingegliedert. Im Dezember 1947 wurde eine Saarverfassung verabschiedet, deren Präambel „den wirtschaftlichen Anschluß des Saarlandes an die französische Republik und die Währungs- und Zolleinheit mit ihr" bestätigte und „die politische Unabhängigkeit des Saarlandes vom

Es waren zwei Königskinder . . .

[98] Stuttgarter Zeitung, 4. 11. 1953

Die Saar als Hindernis für die deutsch-französische Verständigung.

[99]　　La pomme de discorde　　Revue de l'Europe, 1952, Nr. 22

Die Saar auch als Zankapfel Europas – von Hitler auf die Tafel der westeuropäischen Staaten gelegt! Wird damit die französische Saarpolitik kritisiert oder der nationale Selbstbehauptungswille auf deutscher Seite?

nicht sonderlich hoch. CVP und SPS bildeten eine Regierung unter Johannes Hoffmann. Diese konnte davon ausgehen, daß die weit überwiegende Mehrheit der Bevölkerung ihrem politischen Kurs zustimmte. In dieser Haltung kommt die Enttäuschung der Saarländer über die Folgen ihrer Rückkehr zu Deutschland 1935 ebenso zum Ausdruck wie der Wunsch, die deutsche Nachkriegsmisere von sich abzuwenden und durch den wirtschaftlichen Anschluß an Frankreich für sich eine bessere Zukunft zu gewinnen. Frankreich hat diese Haltung durch wirtschaftlichen Wiederaufbau, Verzicht auf Demontagen, Abweisung von Ostflüchtlingen, deutlich bessere Lebensmittelversorgung u. ä. m. nachhaltig unterstützt. Es konnte sich in seiner Saarpolitik der erst stillschweigenden Duldung, dann der förmlichen Zustimmung durch die angloamerikanischen Mächte sicher sein, die dafür die französische Unterstützung der generellen angloamerikanischen Deutschlandpolitik einhandelten, unter anderem den Verzicht auf die weitreichenden Rhein-Ruhr-Pläne. Ergebnis dieser ersten Phase in der Geschichte des Saarproblems

Deutschen Reich, die Landesverteidigung und die Vertretung der saarländischen Interessen im Ausland durch die französische Republik" festlegte[8]. Ein Staatsangehörigkeitsgesetz vom Juli 1948 fixierte für die saarländische Bevölkerung eine eigene saarländische Staatsangehörigkeit und setzte gleichzeitig die bisherige deutsche Staatsangehörigkeit außer Kraft. Ein überparteilicher „mouvement pour le rattachement (Wiedervereinigung) de la Sarre à la France" machte die äußersten Zielsetzungen der französischen Saarpolitik sichtbar. Auf jeden Fall galt – wenn dieses Ziel nicht zu verwirklichen war – neben der wirtschaftlichen Vereinigung mit Frankreich die politische Verselbständigung des Saarlandes im Sinne eines zweiten Luxemburg als politisches Leitziel. Die Aussichten für die französische Saarpolitik waren nicht so ungünstig, wie sie im nachhinein erscheinen mögen. Von den vier im Januar 1946 zugelassenen Parteien sprachen sich drei (die Christliche Volkspartei, die Sozialdemokratische Partei Saar und die Demokratische Partei Saar) für den wirtschaftlichen Anschluß des Saargebietes an Frankreich aus. Nur die Kommunistische Partei trat – wie auch die Sowjetunion im Außenministerrat und im Alliierten Kontrollrat – gegen jede Form von Separation im Westen Deutsch-

lands auf. Bei den Landtagswahlen im Oktober 1947 erreichten die drei genannten Parteien eine politische Gefolgschaft von rund 92 Prozent der gültigen Stimmen.

Zwar waren gesamtdeutsch orientierte Parteien nicht zugelassen; aber die Zahl der ungültigen Stimmen, in denen sich Ablehnung des profranzösischen politischen Kurses ausdrückte, war mit 9,8%

Die Entführung der Saar

[100]　„Du kriegst sie nach 50 Jahren wohlerhalten wieder."　　Rheinische Zeitung, 7.3.1950

In den Saarkonventionen werden die Saargruben auf 50 Jahre Frankreich übertragen. ____

war, daß das Saarland 1949 außerhalb der Bundesrepublik Deutschland verblieb – in einem völkerrechtlichen Schwebezustand: nicht Teil der Bundesrepublik, auch nicht Teil von Frankreich, als selbständiger Staat von niemandem anerkannt. Mit der Gründung der Bundesrepublik Deutschland wurde das Schicksal des Saarlandes zu einem außenpolitischen Problem zwischen Deutschland und Frankreich. Die Epoche alleiniger saarländisch-französischer Entscheidungen war zu Ende. **[99]**

Die gleichbleibenden Zielsetzungen der französischen Saarpolitik werden deutlich in einer Vielzahl von Konventionen, die von 1948 bis 1953 mit der Saarregierung abgeschlossen werden und durch die das Saarland politisch, wirtschaftlich, gesellschaftlich und kulturell eng mit Frankreich verknüpft wird (in einer der Konventionen geht es um die Gründung der Saaruniversität, um deren Finanzierung und Verwaltung, um deren Studienabschlüsse; Französisch wird in allen Volksschulen vom 2. Schuljahr an Pflichtsprache). **[100]** Frankreich setzt durch, daß das Saarland 1950 zugleich mit der Bundesrepublik als assoziiertes Mitglied in den Europa-Rat aufgenommen wird. Im Oktober 1950 wird ein eigenes Nationales Olympisches Komitee für das Saarland gegründet. Es findet mit französischer Hilfe Anerkennung beim IOC, und entsprechend ist das Saarland bei den Olympischen Spielen 1952 als eigene Nation vertreten. 1952 werden zwischen Paris und Saarbrücken diplomatische Beziehungen aufgenommen. Grandval, 1945 Gouverneur, 1948 Hoher Kommissar, wird am 25. 1. 1952 zum französischen Botschafter ernannt. **[101, 102]** Bei den Landtagswahlen im November 1952 sind wiederum die „deutschen Parteien" nicht zugelassen. Zu ihnen gehört jetzt auch die DPS, die 1951 wegen Verfassungsfeindlichkeit das Verbot ereilt hatte. Ein Zeichen für den allmählichen politischen Meinungswandel im Saarland ist nicht nur die Umorientierung der DPS, sondern auch der deutlich höhere Anteil ungültiger Stimmen (rund 23 %).

[101] Unmittelbar nach der Trauung. „Wirklich, ein reizendes Paar." Freie Presse Bielefeld, 2. 2. 1952

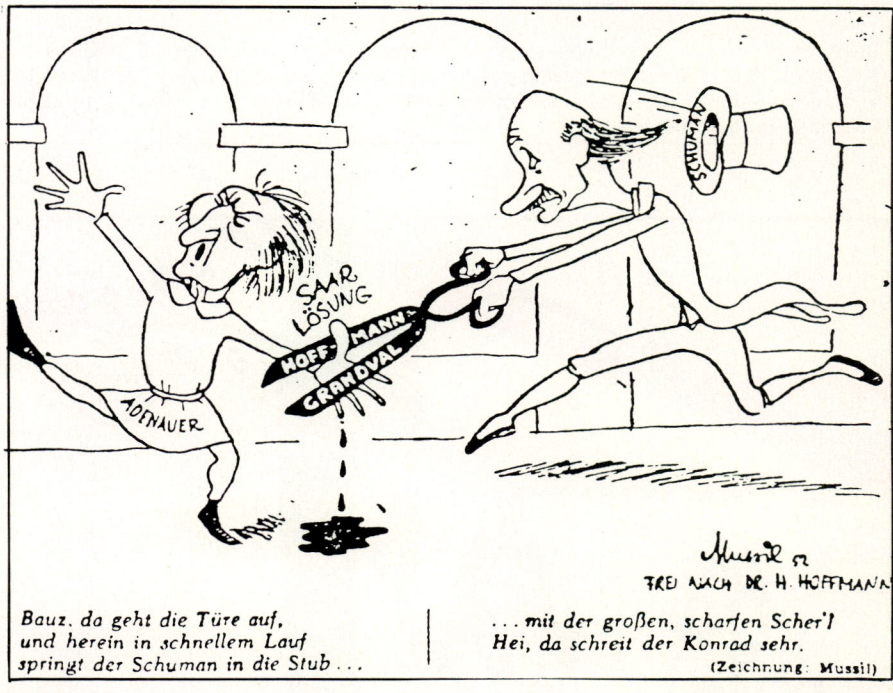

Bauz, da geht die Türe auf,
und herein in schnellem Lauf
springt der Schuman in die Stub ...

... mit der großen, scharfen Scher'l
Hei, da schreit der Konrad sehr.
(Zeichnung: Mussil)

[102] Frankfurter Rundschau, 28. 10. 1952

Die französische Saarpolitik läßt sich von der Ratifikation des Schuman-Planes in Paris (Dezember 1951) und Bonn (Januar 1952) nicht beirren. Die Aufnahme diplomatischer Beziehungen zum Saarland läßt die französische Zielsetzung erkennen, dem Saarland den Status eines selbständigen Staates zu verleihen.

Die „deutschen Parteien" wie auch Bundesregierung und Bundestag hatten zur Abgabe ungültiger Stimmzettel aufgefordert.

Hieran wird erkennbar, daß Bundesregierung und Bundestag darin einig waren, der französischen Saarpolitik entgegenzutreten. Einigkeit bestand auch in dem Friedensvertragvorbehalt: an der Saar dürfe keine Entscheidung getroffen werden, die durch den Friedensvertrag nicht mehr geändert werden könnte. **[103]** Einigkeit bestand weiter in dem Verlangen,

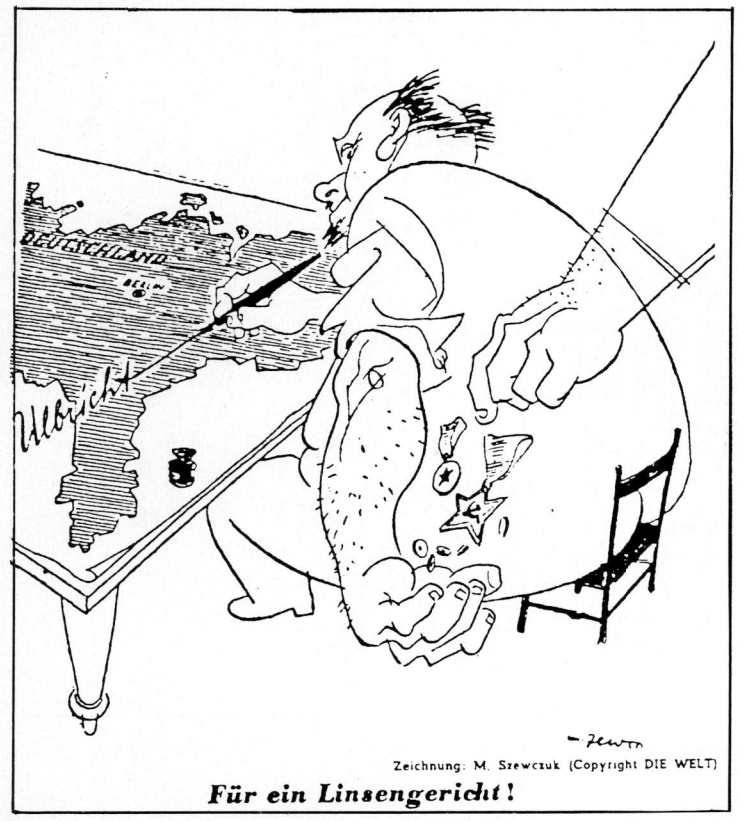

Zeichnung: M. Szewczuk (Copyright DIE WELT)

Für ein Linsengericht!

[103]

Die Welt,
9. 6. 1950

Die Anerkennung der Oder-Neiße-Linie als „Friedensgrenze" durch die DDR im Görlitzer Vertrag vom 6. 6. 1950. Der Bundestag legt am 13. 6. Rechtsverwahrung gegen den Görlitzer Vertrag ein. Alle Deutschland betreffenden Territorialentscheidungen stehen unter dem Friedensvertragsvorbehalt.

UNSERE KARIKATUR: MICHEL UND MARIANNE IM PARADIESE

[104]

Essener Allgemeine, 29. 3. 1954

Die Europäisierung der Saar als politische Versuchung für die Bundesrepublik (Johannes Hoffmann als Schlange).

die demokratischen Freiheiten im Saarland zu wahren, und in der Forderung nach deutscher Mitsprache in allen Saarangelegenheiten, schließlich auch im Angebot, eine einvernehmliche Saarlösung zu suchen, die deutschen wie auch berechtigten französischen Interessen gerecht würde. Anders als die Opposition wollte die Regierung jedoch nicht auf die Gründung der Montanunion und den Beitritt zum Europa-Rat verzichten; sie glaubte im Gegenteil, sich beteiligen zu müssen, um zum einen die europäische Integration und in ihr den deutsch-französischen Ausgleich nicht zu gefährden, zum anderen aber auch um der französischen Saarpolitik gleichsam von Europa her entgegentreten zu können. Von daher war sie an der Saar durchaus zu Opfern bereit, wenn hierdurch die europäische Integration gefördert würde, nicht jedoch, wenn es lediglich um antiquierte französische Nationalinteressen ging. Die Hoffnung bestand, daß sich mit fortschreitender europäischer Integration das Bedeutungsgewicht des Saarproblems verringern würde.[9]

Wie wichtig die Entscheidung zugunsten des Europa-Rates war, wird daran ablesbar, daß sich dieser aufgrund einer Klage der Bundesregierung der Saarfrage annahm und im April 1954 einen Plan zur Regelung der Saarfrage vorlegte:

„Das Saarland wird europäisches Territorium, sobald die Europäische Politische Gemeinschaft besteht, unter Vorbehalt der Bestimmungen des Friedensvertrages oder einer ähnlichen Regelung. Während der Übergangsperiode wird die Wahrnehmung der Interessen des Saarlandes in Fragen der Außenpolitik und der Verteidigung einem Europäischen Kommissar anvertraut."[10]

Die Europäisierung des Saarlandes **[104]** wird an die Errichtung der europäischen politischen Gemeinschaft gebunden und gleichzeitig unter Friedensvertragsvorbehalt gestellt. In der Zwischenzeit wird das Saargebiet in wesentlichen Fragen einem europäischen Kommissar unterstellt, der „vom Ministerkomitee des Europa-Rates ernannt wird und diesem gegenüber verantwortlich ist. Er darf weder Franzose noch Deutscher noch Saarländer sein". Der Plan des Europa-Rates nimmt das von Frankreich verhängte Junktim zwischen einem Saarstatut und dem Abschluß des EVG- und Deutschlandvertrages (dazu weiter unten) positiv auf: Die Saar sollte zum Kernland der künftigen europäischen Föderation werden.

Mit dem Scheitern der EVG in der französischen Nationalversammlung (30. 8. 1954) wurde der Plan des Europa-Rates jedoch von Frankreich selbst aus den Angeln gehoben. Es mußten neue Kompromißlösungen gesucht werden – nach dem Entwicklungsstand des Problems eine „Europäisierung" ohne europäische politische Gemeinschaft. Auch diese Lösung wurde von Frankreich mit den Nachfolgeverträgen der EVG zu einem Junktim verknüpft, so daß die Bundesregierung mit einer sehr gebundenen Marschroute in die Verhandlungen gehen mußte. Der durch das französische Junktim errichtete Abhängigkeitszusammenhang wird äußerlich daran ablesbar, daß die Pariser Verträge, die der Bundesrepublik mit der Festlegung eines Verteidigungsbeitrages zugleich die Souveränität zuerkannten, und das deutsch-französische Saarstatut am selben Tage, dem 23. 10. 1954, ja im Abstand weniger Minuten, unterzeichnet wurden. **[105]**

Im deutsch-französischen Saarstatut[11] wird das Saargebiet einem europäischen Kommissar unterstellt, der vom Ministerrat der Westeuropäischen Union ernannt wird und weder Franzose, noch Deutscher oder Saarländer sein darf. Die Saar ist in allen europäischen Organisationen – im Europa-Rat, der Montanunion und der Westeuropäischen Union – vertreten, ohne jedoch staatlichen Rang zu besitzen oder europäisches Territorium zu werden. Die Wirtschaftsunion mit Frankreich bleibt bestehen, jedoch sollen gleichartige Wirtschaftsbeziehungen zur Bundesrepublik angestrebt werden. Die Regelung gilt nur bis zum Friedensvertrag, der inhaltlich durch das Saarstatut nicht präjudiziert wird. Das Statut soll durch Volksabstimmung im

[105]   „Gold gab ich für Eisen"   Frankfurter Abendpost, 25. 10. 1954

[106]   *Schweres Geschütz an der Saar*   Rhein-Zeitung, 13. 8. 1955

Johannes Hoffmann kann im Abstimmungskampf an der Saar Bundeskanzler Adenauer für sich und gegen die „deutschen Parteien" ins Feld führen: Adenauer hat der Saarbevölkerung die Zustimmung zum Saarstatut empfohlen.

Saarland ratifiziert werden, wobei die Bildung politischer Parteien keiner Genehmigung mehr bedarf. Ist das Statut angenommen, kann es bis zum Abschluß eines Friedensvertrages mit Deutschland nicht mehr in Frage gestellt werden.

Genau ein Jahr nach Abschluß des Saarstatutes kam es zur Abstimmung, bei der sich eine große Mehrheit für die Ablehnung entschied (67,7 % zu 32,3 %). **[106]**

Die Wählerentscheidung führte zum sofortigen Rücktritt der Regierung Hoffmann, zur Bildung ei-

ner Interimsregierung, dann – nach Landtagsneuwahlen – im Dezember 1955 zur Bildung einer endgültigen Regierung durch die im Heimatbund zusammengeschlossenen deutschen Parteien CDU, DPS und DSP (Deutsche Sozialdemokratische Partei Saar), schließlich und vor allem auch zu neuen deutsch-französischen Verhandlungen. Frankreich stellte sich nach der Abstimmungsentscheidung an der Saar einschränkungslos auf die neue Situation ein und vereinbarte im deutsch-französischen Saarabkommen vom 27. 10. 1956 die Rückkehr der

Im Westen was Neues

Zeichnung: Szewczuk (Copyright DIE WELT.

[107]   Frankfurter Neue Presse 3. 10. 1956

Wird sich die Rückkehr der Saar beispielgebend auf die sowjetische Deutschlandpolitik auswirken? Wird es auch im Osten was Neues geben? Ist sie der erste Abschnitt der deutschen Wiedervereinigung?

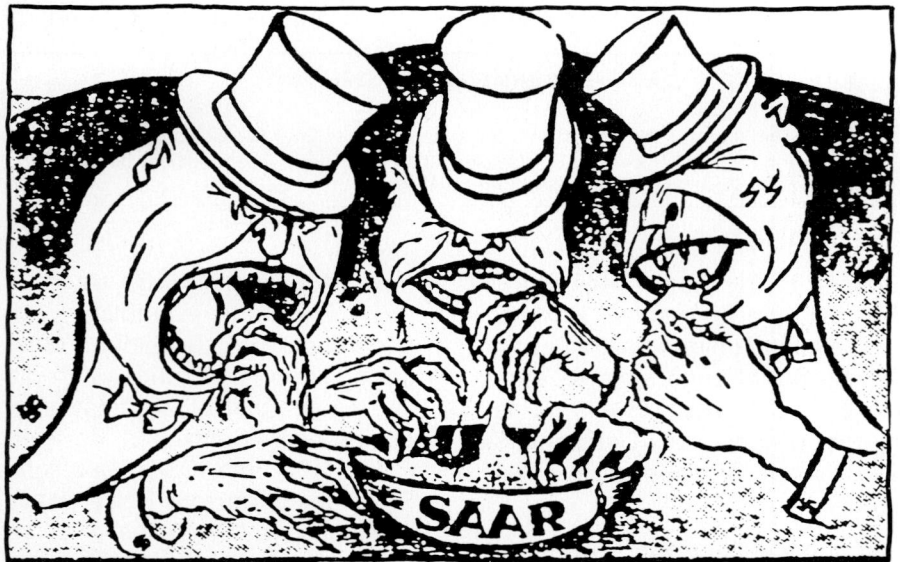

[108]   *Die Hyänen sind wieder da*   Neues Deutschland, 28. 12. 1956

Die SED feiert das Ergebnis der Saarabstimmung als Niederlage Adenauers. In merkwürdigem Gegensatz zu ihrer Oder-Neiße-Politik kämpft sie – entsprechend an der Saar die KPD – entschlossen um den Verbleib der Saar bei Deutschland, um dann sogleich nach der Feier des Abstimmungssieges die sozialpolitische Form der Rückgliederung erbittert zu bekämpfen. Die Sprache, die zeichnerische Ausdrucksform und die Symbole (Hakenkreuze und SS-Runen) machen die ideologische Wahrnehmungsperspektive sichtbar.

Saar zu Deutschland. Verschiedene Bestimmungen dieses Abkommens dienten der Wahrung französischer Wirtschaftsinteressen (Kohlelieferungen, Moselkanalisierung ...) Am 1. 1. 1957 trat das Saarland als elftes Land in die Bundesrepublik Deutschland ein. Außenminister von Brentano feierte „die Rückkehr der Saar ... (als) ersten Abschnitt der deutschen Wiedervereinigung".[12] **[107, 108]**

Zu diesem Zeitpunkt freilich hatten sich die Aussichten, daß es so bald einen zweiten Abschnitt der Wiedervereinigung geben würde, deutlich vermindert: Bundesrepublik und DDR waren unmittelbar zuvor in gegeneinander gerichtete Militärbündnisse aufgenommen worden und hatten von ihren Schutzmächten die Souveränität verliehen bekommen. Die Teilung Deutschlands hatte eine weitere und höchst gewichtige Dimension gewonnen. Diese Entwicklung nahm ihren Ausgang von einem Krieg im Fernen Osten.

Koreakrieg und europäische Verteidigungsgemeinschaft

Am 25. Juni 1950 begann mit dem Einmarsch nordkoreanischer Truppen in Südkorea jener Krieg, der drei Jahre lang die Welt in Atem hielt und der die politische Szenerie in Europa vollkommen veränderte. **[109, 110]** Im Petersburger Abkommen mit der Alliierten Hohen Kommission am 22. 11. 1949 war die Bundesrepublik darauf verpflichtet worden, „die Entmilitarisierung des Bundesgebietes aufrechtzuerhalten und mit allen ihr zur Verfügung stehenden Mitteln die Neubildung irgendwelcher Streitkräfte zu verhindern". Zwei Gesetze der Alliierten Hohen Kommission vom 16. 12. 1949 und vom 8. 5. 1950 hatten die Entmilitarisierung erneut bekräftigt und die Verletzung der Gesetze unter Strafandrohung gestellt.[13] Der Koreakrieg schuf eine neue Situation und ließ Europa in ähnlicher Weise bedroht erscheinen wie Südkorea. Nur wenige Wochen nach Beginn des Koreakrieges sprach sich die Beratende Versammlung des Europa-Rates auf Initiative Churchills für die Bildung einer europäischen Armee unter Einbeziehung deutscher Kontingente aus: [111] Das Problem der Wiederbewaffnung Deutschlands – der Bundesrepublik wie aber ebenso der DDR – stand auf der Tagesordnung der Geschichte, mit ihm zugleich aber auch das Problem der Einheit Deutschlands. Bundeskanzler Adenauer nahm die Resolution des Europa-Rates zum Anlaß, in einem Memorandum vom 29. 8. 1950 an die Westmächte die Sicherheitsfrage zu erörtern. Unter Verweis auf den Krieg in Korea und auch auf die militärischen Machtmittel der Sowjetunion in Deutschland sowie auf den Stand der Remilitarisierung der DDR (vgl. hierzu weiter unten) forderte er die Verstärkung der alliierten Truppen in der Bundesrepublik und bot einen deutschen Wehrbeitrag im Rahmen einer westeuropäischen Armee an. [112] Ausdrücklich wurde versichert, „daß der Bundeskanzler eine Remilitarisierung Deutschlands durch Aufstellung einer eigenen nationalen militärischen Macht ablehnt". Der deutsche Verteidigungsbeitrag sollte zur Förderung der europäischen Integration beitragen – aber nicht nur dazu: In einem zweiten Memorandum forderte Adenauer die formelle Beendigung des Kriegszustandes und die Ablösung des Besatzungsstatutes. Die militärische Integration sollte die Bundesrepublik in eine partnerschaftliche Stellung den Westmächten gegenüber bringen, den Handlungsspielraum ihrer Regierung entscheidend vergrößern, möglichst die Souveränität einbringen.[14] Die Westmächte – besonders die USA – nahmen die Vorschläge Adenauers insgesamt positiv auf: Die eigenen Truppen sollten verstärkt, das Besatzungsstatut revidiert (geschehen im März 1951) und der Kriegszustand mit Deutschland formell beendet werden. [113] Um die innere Sicherheit der Bundesrepublik zu gewährleisten, wurde die Aufstellung einer 30 000 Mann starken Polizeitruppe, des späteren Grenzschutzes, genehmigt.

Die deutsche Wiederbewaffnung war verständlicherweise das größte Problem. Frankreich, das sich anfangs strikt einer deut-

[109]

New York Times, 20. 8. 1950

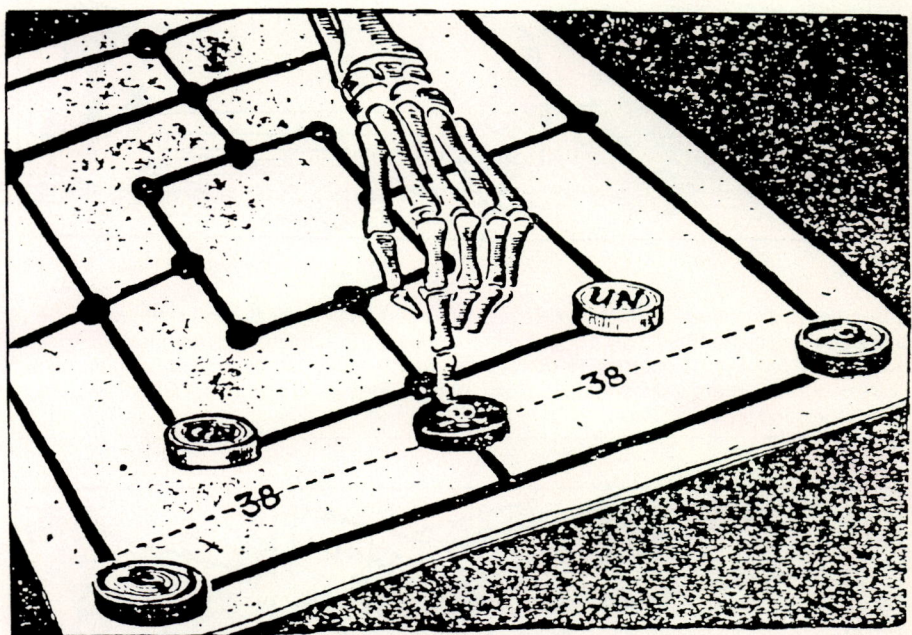

Das tödliche Mühle-Spiel am 38. Breitengrad

[110]

Welt der Arbeit, 11. 5. 1951

Der Krieg in Korea wird nicht als ein regionales Ereignis verstanden, sondern als Teilglied einer Welteroberungsstrategie des kommunistischen Lagers. Die Karikatur der New York Times läßt diese Wahrnehmungsperspektive gut erkennen: die abgeschlagenen Äste kennzeichnen diejenigen Staaten, die in den zurückliegenden Jahren der kommunistischen Ordnung unterworfen worden sind; die noch lebenden Äste des Baumes bezeichnen die wahrscheinlichen nächsten Ziele, darunter auch Westdeutschland. Somit steht in Korea die Zukunft der Welt auf dem Spiel. Die USA, die im Juni 1949 Korea geräumt hatten, greifen am 27. 6. mit Luft- und Seestreitkräften, später auch mit Bodentruppen zugunsten Südkoreas in den Kampf ein. Der UN-Sicherheitsrat verurteilt in Abwesenheit des sowjetischen Delegierten Nordkorea als Angreifer und fordert die Mitgliedstaaten zur Waffenhilfe für Südkorea auf. In Korea kämpfen Kontingente aus 15 Nationen. Dennoch geht zunächst bis auf den Brückenkopf Pusan das gesamte südkoreanische Territorium verloren. Die Gegenoffensive ab September 1950 führt zur Rückeroberung und im Dezember zur Überschreitung des 38. Breitengrades, der Demarkationslinie zwischen Nord- und Südkorea. Darauf greifen starke chinesische Verbände in den Kampf ein. Die Front stabilisiert sich 1951 um den 38. Breitengrad. Ihr Verlauf markiert die Waffenstillstandslinie vom Juli 1953.

[111]   **Etwas mehr Salz könnte nicht schaden**   Stockholm Tidningen (Der Spiegel, 4. 5. 1950)

[112]   News Chronicle (Der Spiegel, 8. 11. 1950)

Bundeskanzler Adenauer bietet in einem Memorandum vom 29. 8. 1950 einen deutschen Wehrbeitrag im Rahmen einer europäischen Armee an. Er sieht in der europäischen Armee ein Mittel, nicht nur Sicherheit zu gewährleisten, sondern auch die politische Integration Westeuropas voranzutreiben und zugleich den Handlungsspielraum der Bundesrepublik entscheidend zu vergrößern.

[113]   Michel: „Ist das nun der Frieden?"   Zeichnung: Leger
Hannoversche Presse, 11. 7. 1951

Die formelle Beendigung des Krieges mit Deutschland erfolgt im Juli 1951, während über die Aufstellung einer Europa-Armee mit deutscher Beteiligung verhandelt wird.

schen Wiederbewaffnung entgegengestellt hatte, ergriff schließlich die Initiative, um die unvermeidbar erscheinende deutsche Wiederbewaffnung in Bahnen zu lenken, die mit den eigenen Sicherheitsvorbehalten vereinbar schienen. Am 24. Oktober 1950 schlug Ministerpräsident Pleven die Aufstellung einer europäischen Armee vor, in die deutsche Kontingente einbezogen werden sollten (sog. Pleven-Plan). Der deutsche Beitrag im Rahmen der gedachten europäischen Armee sollte vielfältigen Beschränkungen unterliegen: kein deutscher Verteidigungsminister, kein deutscher Generalstab, kein Beitritt der Bundesrepublik zur NATO, die deutschen Truppen ohne schwere Waffen und allenfalls bis Regimentsstärke unter deutschem Kommando. **[114, 115]** Die Bundesregierung nahm das Prinzip des Pleven-Planes an, bestand aber auf der politischen und militärischen Gleichberechtigung der Bundesrepublik im Rahmen der EVG. Daß es bis Mai 1952 dauerte, ehe der EVG-Vertrag und der Deutschlandvertrag unterzeichnet werden konnten, und daß dann noch einmal mehr als zwei Jahre vergingen, ehe der Ratifikationsvorgang in allen beteiligten Staaten abgeschlossen war, läßt erkennen, wie problembeladen die deutsche Wiederbewaffnung war. Bis Ende 1954 hatte die Aufstellung der EVG-Streitkräfte schon beendet sein sollen.

Der zwischen Frankreich, der Bundesrepublik, Italien und den Beneluxländern abgeschlossene EVG-Vertrag vom 27. 5. 1952 sah die Bildung einer Europaarmee in Stärke von 43 Divisionen vor, darunter zwölf deutschen, die den übrigen in Ausrüstung und Bewaffnung gleichgestellt waren. Der EVG-Vertrag verstand sich nicht nur als militärischer Vertrag, der den Vertragspartnern im Zusammenwirken mit der NATO die militärische Sicherheit verbürgen sollte. Da die EVG – ähnlich wie die Montanunion – als eine mit eigenen Hoheitsbefugnissen ausgestattete überstaatliche Gemeinschaft konzipiert war, sollte sie „die politische Föderation Europas in die Wege leiten".[15] Der mit

Nachbarn – deutsche Divisionen – Eure Fläschchen –
Eine Garantie und noch eine

[114]   Deutsche Zeitung, 17. 5. 1952

Frankreichs Sorge vor deutschen Divisionen äußert sich u. a. in der an die USA und an Großbritannien gerichteten Forderung, den Verbleib ihrer Truppen auf dem Kontinent zu garantieren.

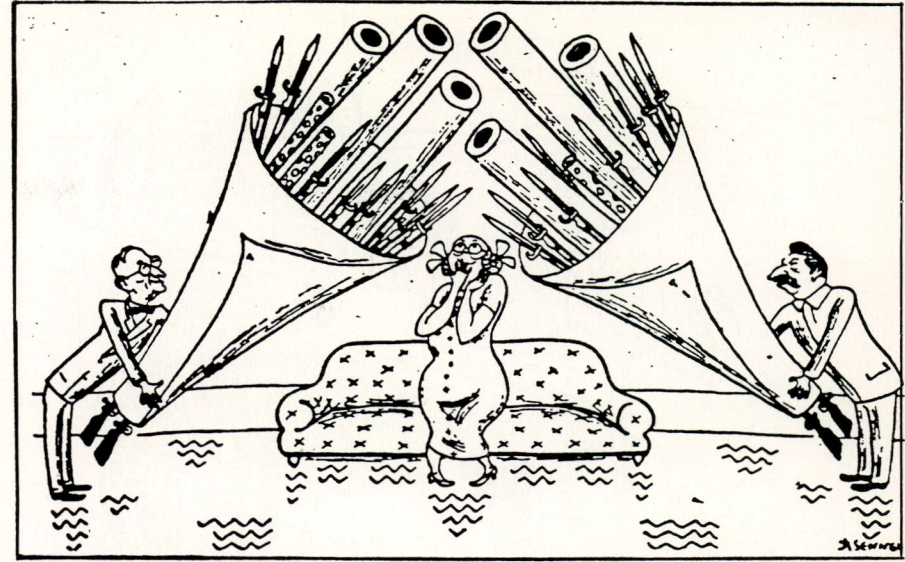

[115]   Gretchen: „Oh, die schönen Blumen..."   Figaro/Paris (Der Spiegel, 1. 11. 1950)

Wiederbewaffnung der Bundesrepublik und Wiederbewaffnung der DDR. Im traditionellen französischen Deutschlandbild ist das deutsche Gretchen entzückt über die Reichhaltigkeit der Angebote.

dem EVG-Vertrag zu einem Junktim verknüpfte Deutschlandvertrag vom 26. Mai 1952 zwischen der Bundesrepublik und den drei Besatzungsmächten sprach der Bundesrepublik „volle Macht über ihre inneren und äußeren Angelegenheiten" zu. Entsprechend wurde das Besatzungsstatut aufgehoben, und an die Stelle der Hohen Kommissare traten Botschafter. Souveränitätseinschränkungen blieben bestehen für die Stationierung der Streitkräfte, für Berlin, Deutschland als Ganzes einschließlich der Wiedervereinigung und des Friedensvertrages. Die Vertragspartner legten sich darauf fest, „daß die Wiederherstellung eines völlig freien und vereinigten Deutschlands auf friedlichem Wege und die Herbeiführung einer frei vereinbarten friedensvertraglichen Regelung ... ein grundlegendes und gemeinsames Ziel der Unterzeichnerstaaten bleibt".[16] **[116, 117]**

Am Tage der Unterzeichnung des Deutschlandvertrages wurde von der DDR an der innerdeutschen Demarkationslinie eine besondere Sperrzone errichtet, die aus einem zehn Meter breiten „Kontrollstreifen", einem etwa fünfhundert Meter breiten „Schutzstreifen" und schließlich der eigentlichen, etwa fünf Kilometer breiten „Sperrzone" bestand. Kurze Zeit später wurde angeordnet, die Bewachung der Grenze zu verstärken, „um ein weiteres Eindringen von Diversan-

ten, Spionen, Terroristen und Schädlingen ... zu verhindern".[17] Sind dieses Maßnahmen gewesen, die durch die Westverträge der Bundesrepublik hervorgerufen wurden, oder haben die West-

verträge einen willkommenen Anlaß geboten, längst geplante Maßnahmen durchzuführen und diese der eigenen Bevölkerung gegenüber plausibel zu begründen?
[118]

Im Hotel „Europa": „Hallo, junger Mann, Ihr Weg führt über die Treppe!"

[116]   Weser-Kurier, 5. 2. 1950

Im EVG-Vertrag vom 27. 5. 1952 sind die im ursprünglichen Pleven-Plan enthaltenen militärischen Benachteiligungen der Bundesrepublik zwar beseitigt; aber die politischen sind geblieben: die Bundesrepublik ist nicht wie die Westmächte Mitglied der Nato, sondern leistet ihren Verteidigungsbeitrag im Rahmen eines der Nato untergeordneten Paktes, der Westeuropäischen Union.

Weit ist der Weg ... Hamburger Abendblatt, 16.2.1951

Wiederbewaffnung und Souveränitätsgewinn stehen in einem Verhältnis wechselseitiger Abhängigkeit. Zu den Voraussetzungen des Souveränitätsgewinns gehört auch die Anerkennung von Schulden, die vor Gründung der Bundesrepublik durch westliche Hilfeleistungen entstanden oder vom Deutschen Reich überkommen sind. Die Bundesrepublik hat sich nicht nur aus moralischen Erwägungen oder um ihre Kreditwürdigkeit unter Beweis zu stellen, sondern auch aus völkerrechtlichen Erwägungen im Londoner Schuldenabkommen zur Rückzahlung der deutschen Schulden verpflichtet: nur so läßt sich der völkerrechtliche Anspruch aufrechterhalten, daß die Bundesrepublik Kernstaat des fortbestehenden Deutschen Reiches sei.

Hitlers Todesatem in den Segeln

[118] Trubuna Ludu. (Neues Deutschland, 10.6.1952)

Der Deutschlandvertrag (auch Generalvertrag genannt) durch die Brille der kommunistischen Ideologie gesehen: Hitlers Todesatem treibt ihn als „Generalkriegsvertrag" voran; Stahlhelm, Hakenkreuz und Dollar symbolisieren seinen politischen Gehalt als faschistisch-kapitalistische Kriegsvorbereitung.

Initiativen zur Wiedervereinigung Deutschlands 1950/51

Die Frage verweist auf die Diskussion um die Wiedervereinigung Deutschlands, die mit der Diskussion um den Wehrbeitrag parallel ging, ja durch die letztere an Dringlichkeit gewann. Im Sinne des Verfassungsauftrages forderte die Bundesregierung am 22. März 1950 von den vier Besatzungsmächten die Durchführung gesamtdeutscher Wahlen zu einer verfassunggebenden deutschen Nationalversammlung. Sie erneuerte ihren Vorstoß im Herbst 1950.

Der Bundestag faßte einen entsprechenden Beschluß (14. 9. 1950), und die Alliierte Hohe Kommission forderte den Vorsitzenden der sowjetischen Kontrollkommission wiederholt dazu auf, gemeinsam eine Wahlordnung für die Wahlen zur deutschen Nationalversammlung auszuarbeiten (26. 5. und 9. 10. 1950). **[119]** Der Wiedervereinigungsinitiative des Westens wurde im Herbst 1950 eine Wiedervereinigungsinitiative des Ostens entgegengesetzt. Sie fand ihren Ausdruck in einer Deklaration der Außenminister der Ostblockstaaten vom 21. 10. 1950 und in einem hierauf bezogenen Brief Grotewohls an Adenauer vom 30. 11. 1950, in dem die Bildung eines „gesamtdeutschen konstituierenden Rates unter paritätischer Zusammensetzung" gefordert wurde. Ihm sollte „die Vorbereitung der Bedingungen zur Durchführung freier gesamtdeutscher Wahlen für eine Nationalversammlung" obliegen.[18] **[120]**

An den westlichen Vorstößen war auffallend, daß sie den Wiedervereinigungsvorgang, d. h. freie Wahlen, in den Vordergrund stellten: Im März 1951 legte die Bundesregierung einen entsprechenden Stufenplan vor, der von einem durch die vier Besatzungsmächte zu erlassenen Wahlgesetz ausging, also die DDR-Regierung überspielte; im September 1951 wurde über die Westmächte die Bildung einer UNO-Kommission erwirkt, deren Aufgabe es sein sollte, im Gebiet der vier Besatzungsmächte zu untersuchen, „inwieweit die bestehenden Verhältnisse die Abhaltung freier Wahlen ... gestatten".[19] Die mit der Wiedervereinigung Deutschlands verbundenen völkerrechtlichen Probleme blieben dagegen unerwähnt oder wurden nur formal angesprochen.

Die östlichen Initiativen dagegen wollten im vorgeschlagenen Wiedervereinigungsprozeß so lange wie möglich die DDR-Regierung im Spiele halten und sie nicht durch freie Wahlen als erster Stufe des Wiedervereinigungsprozesses preisgeben. Mit der Parole „Deutsche an einen Tisch!" sollten umfängliche Regierungsverhandlungen in Gang gesetzt werden. Daß der UNO-Kommission mit dem Argument, es handle sich um eine „Einmischung in die inneren Angelegenheiten des deutschen Volkes", die Einreise in die DDR verweigert wurde, verstand sich von selbst; denn das Untersuchungsergebnis konnte nie zweifelhaft sein. **[121, 122]** Gegenüber dem Vorgang der Wiedervereinigung Deutschlands stand bei den östlichen Initiativen viel stärker der Friedensvertrag und damit das Problem der künftigen völkerrechtlichen Stellung des wiedervereinigten Deutschlands im Vordergrund.

McCloy pocht an die „Einheits"-Tür.

Zeichnung: Leger

[119]

Hannoversche Presse, 2.3.1950

Der amerikanische Hochkommissar McCloy fordert in einer Erklärung vom 28. 2. 1950 die Abhaltung freier Wahlen zur Wiedervereinigung Deutschlands. Die von der SED ins Leben gerufene Massenbewegung der „Nationalen Front", die „alle aufrechten Deutschen zum Kampf um die Einheit Deutschlands und für den Abschluß eines Friedensvertrages" sammeln soll, wird als betrügerisches Mittel angesehen, da gleichzeitig freie und für alle Parteien chancengleiche Wahlen abgelehnt werden.

Auch wenn sowohl Volkskammer wie Bundestag Anfang 1952 Wahlgesetze für die Durchführung gesamtdeutscher Wahlen verabschiedeten, war man von deren Anwendung weit entfernt. Eine neue Qualität gewann die Diskussion um die Wiedervereinigung Deutschlands mit der Stalin-Note vom 10. März 1952.

Wiederbewaffnung oder Wiedervereinigung? Die Stalin-Note vom 10. 3. 1952

Stalin schlug in seiner inzwischen legendär gewordenen Note den Abschluß eines Friedensvertrages mit einem wiedervereinigten Deutschland vor. Er band dieses Angebot an zwei zentrale Bedingungen:

– „Das Territorium Deutschlands ist durch die Grenzen bestimmt, die durch die Beschlüsse der Potsdamer Konferenz der Großmächte festgelegt wurden" (das hieß nach dem sowjetischen Verständnis der Potsdamer Beschlüsse die Endgültigkeit der Oder-Neiße-Linie, aber auch der Verbleib des Saargebietes bei Deutschland).

– „Deutschland verpflichtet sich, keinerlei Koalitionen oder Militärbündnisse einzugehen, die sich gegen irgendeinen Staat

Grotewohl: „Na, wie wär's mit 'ner ehrlichen Verständigung, Konrad?"

Zeichnung: Leger

[120]

Hannoversche Presse, 5.12.1950

Der Grotewohl-Brief vom 30. 11. 1950, der einen paritätisch zusammengesetzten gesamtdeutschen Ausschuß anregt, der die „Vorbereitung der Bedingungen zur Durchführung freier gesamtdeutscher Wahlen für eine Nationalversammlung" übernehmen soll, findet in der Bundesrepublik keinen Anklang.

Zeichnung: Party (Copyright „Rheinischer Merkur")

[121]

Rheinischer Merkur, 7. 3. 1952

– Wie kann der fundamentale Widerspruch aufgelöst werden, daß einerseits durch den Friedensvertrag „ein Wiederaufleben des deutschen Militarismus und einer deutschen Aggression unmöglich" gemacht und die Potsdamer Entmilitarisierungsbeschlüsse durchgeführt werden sollen, daß andererseits aber eine deutsche Nationalarmee und eine deutsche Rüstungsindustrie ins Leben gerufen werden sollen? Der Widerspruch gewinnt dadurch noch eine besondere Schärfe, daß ausdrücklich „allen ehemaligen Angehörigen der deutschen Armee, einschließlich der Offiziere und Generäle, allen ehemaligen Nazis, mit Ausnahme derer, die nach Gerichtsurteil eine Strafe für von ihnen begangene Verbrechen verbüßen, ... die gleichen bürgerlichen und politischen Rechte wie allen anderen deutschen Bürgern zur Teilnahme am Aufbau eines friedliebenden, demokratischen Deutschlands" zugesichert werden. **[123, 124, 125]**

richten, der mit seinen Streitkräften am Krieg gegen Deutschland teilgenommen hat" (das hieß Verzicht auf EVG oder andere Formen militärischer Integration und Neutralisierung Deutschlands).

Die Stalin-Note warf eine Reihe von Fragen auf:

– Wie sind die dem einheitlichen Deutschland beigegebenen Bestimmungsmerkmale „unabhängig, demokratisch, friedliebend" zu verstehen? Gilt hier das kommunistische Selbstverständnis, wonach diese Begriffe die kommunistische Ordnung, nicht aber die bürgerlich-kapitalistische Ordnung charakterisieren?

– Wie ist – in engem Zusammenhang hiermit – das Verbot von Organisationen zu verstehen, „die der Demokratie und der Sache der Erhaltung des Friedens feindlich sind"? Wer bestimmt, was feindlich ist, und wer trifft die Entscheidung über das Verbot? Wird hier ein Interventionsrecht beansprucht? In einer Regierungserklärung vom 14. 3. 1952 bezeichnete Grotewohl die Politik Adenauers als antidemokratisch, verfassungsfeindlich, militaristisch und kriegerisch. Da er sich anschließend unter wörtlichem Bezug

auf die Stalin-Note für die Ausschaltung demokratie- und friedensfeindlicher Organisationen aussprach, kann man weitreichende Folgerungen ziehen.[20]

– Wie soll die Einheit Deutschlands zustande kommen? Die sowjetische Note sagt nichts über das Verfahren der Wiedervereinigung aus.

Die Antwort der Westmächte vom 25. 3. 1952 hob zum einen auf das Verfahren zur Wiedervereinigung Deutschlands ab und machte

HALLO, HERR DOKTOR, BITTE UNTERSUCHEN SIE AUCH DIE KLEINE DA AUF „DEMOKRATISCHE FREIHEITEN"

[122]

Die Rheinpfalz, 6. 3. 1952

Der UNO-Kommission wird empfohlen, statt auf die Einreiseerlaubnis in die DDR zu warten, doch die zur Verfügung stehende Zeit zu nutzen, um die demokratischen Freiheiten im Saarland zu untersuchen.

freie, in der Freiheit durch die bestehende UNO-Kommission überwachte Wahlen in Deutschland zur unabdingbaren Voraussetzung seiner Wiedervereinigung. „Ins einzelne gehende Diskussionen über einen Friedensvertrag" wurden abgelehnt, „bis die Voraussetzungen für freie Wahlen geschaffen sind und eine freie gesamtdeutsche Regierung gebildet worden ist". Ungeachtet dieser Aussage wurden dennoch drei grundsätzliche friedensvertrags-relevante Feststellungen getroffen:

– „Der gesamtdeutschen Regierung sollte es sowohl vor wie nach Abschluß eines Friedensvertrages freistehen, Bündnisse einzugehen, die mit den Grundsätzen und Zielen der Vereinten Nationen im Einklang stehen." [126]

– Die Aufstellung nationaler deutscher Streitkräfte wurde als Gefährdung des „Anbruch(s) einer neuen Epoche in Europa", nämlich „der Politik der europäischen Einheit" bezeichnet und abgelehnt, die europäische Einigung als „wahrer Weg zum Frieden" hervorgehoben.

– In der Grenzfrage wurde festgestellt, daß in Potsdam „keine

[123]

Der deutsche
Eisenbahner,
20. 5. 1952

Der Westen und besonders die Deutschen vor dem Rätsel der Stalin-Note vom 10. März 1952: ein verführerisches Angebot oder eine verhängnisvolle Verlockung?

[124]

Ganze Abteilung — kehrt!

Stuttgarter Nachrichten, 15. 3. 1952

Die Stalin-Note als Wendemarke der sowjetischen Deutschlandpolitik: die Forderung nach vollständiger Entmilitarisierung Deutschlands wird fallengelassen, eine nationale Armee und eine nationale Rüstungsindustrie werden angeboten. Der Wechsel der politischen Programme wird in den Parolen von Ulbricht, Pieck und Grotewohl besonders augenfällig.

[125]   **Was Stalin zu bieten hat ...**   Düsseldorfer Nachrichten, 22. 3. 1952

Die Stalin-Note enthält einen unüberhörbaren Appell an den deutschen Nationalismus und sucht diesen gegen die europäische Bewegung anzufachen.

endgültigen deutschen Grenzen ... festgelegt wurden" und daß „die endgültige Entscheidung territorialer Fragen einer Friedensregelung vorbehalten bleiben muß".[21] **[127]**

Wie immer man die sowjetische Deutschlandinitiative vom 10. 3. 1952 bewertet – ob als strategische Wende in der sowjetischen Deutschlandpolitik oder nur als taktisches Manöver –, eines ist ganz unzweifelhaft: Die Forderungen der Westmächte in der Deutschlandfrage waren für die Sowjetunion unannehmbar, weil der weitere politische Weg Deutschlands mit Sicherheit vorausbestimmbar war: freie gesamtdeutsche Wahlen würden nicht nur den SED-Staat beseitigen, sondern auch die SED im wiedervereinigten Deutschland bedeutungslos machen; sie würde wieder zur KPD zurückschrumpfen (in der Bundesrepublik kam die KPD bei den Bundestagswahlen 1953 nicht mehr über die 5%-Hürde, und in West-Berlin erreichte die SED 1954 2,7%). Mit der unbezweifelbaren Sicherheit der schweren Niederlage im politischen Kampf um Deutschland verband sich die ebenso unbezweifelbare Gewißheit, daß das wiedervereinigte Deutschland – wenn es ein freies Bündnisrecht besäße – die Politik der Westintegration, einschließlich der militärischen, fortsetzen würde. Mit anderen Worten: Die Sowjetunion konnte erwarten, daß als Ergebnis ihrer Deutschlandinitiative nicht nur ihr Faustpfand in Deutschland verloren gehen, sondern daß der als feindlich angesehene Westblock um das wiedervereinigte Deutschland verstärkt nach Osten vorrücken würde. Auf diese Weise würde die mit der Friedensvertragsinitiative verfolgte Zielsetzung, Deutschland durch Neutralisierung aus dem weltpolitischen Machtkampf auszuklammern, in das genaue Gegenteil verkehrt werden. Nur in der Grenzfrage konnte die Sowjetunion erwarten, daß sie – da im Besitze der strittigen Gebiete – ihren Standpunkt durchsetzen würde. Die westlichen Gegenvorschläge setzten die politische Kapitulation der Sowjetunion in Deutschland voraus. Daß die Sowjetunion dazu bereit sein würde, war wenig wahrscheinlich. Hätten die Westmächte selbst darauf eingehen können, wenn freie Wahlen einen kommunistischen Wahlsieg und außenpolitische Bündnisfreiheit des wiedervereinigten Deutschlands den Vormarsch des Ostblocks bis zum Rhein zur Folge gehabt hätten? Das Bekenntnis der Westmächte zu freien Wahlen und außenpolitischer Entscheidungsfreiheit ließ sich für sie leicht formulieren, weil die zu erwartenden Entscheidungen eindeutig und zugleich im Sinne ihrer eigenen Wertvorstellungen und Ziele voraussagbar waren. **[128, 129]**

Die faktische Ablehnung von Verhandlungen über Deutschland auf der Grundlage der Stalin-Note begründete sich einmal damit, daß mit dem deutschen Wehrbeitrag die militärische Verteidigungsfähigkeit Westeuropas sichergestellt werden sollte, die durch den als Modellfall kommunistischer Expansion angesehe-

[126]   Westdeutsche Rundschau, 28. 6. 1952

Die in der Antwort der Westmächte erhobenen Forderungen sind Hürden für die sowjetische Politik, die von dieser kaum zu nehmen sind. Das gilt besonders für die uneingeschränkte Bündnisfreiheit der aus freien Wahlen zustandegekommenen gesamtdeutschen Regierung.

nen Koreakrieg zum Problem geworden war. Die in konventioneller Bewaffnung weit überlegene, demnächst auch über Atomwaffen verfügende Sowjetunion (erster Atombombenversuch 1949, erster Wasserstoffbombenversuch 1953) machte Verteidigungsanstrengungen unumgänglich.

Die deutsche Beteiligung in einer integrierten Europaarmee sollte aber nicht nur Westeuropas Sicherheit vor der Sowjetunion, sondern zugleich auch vor Deutschland gewährleisten. [130] Die europäische Einbindung Deutschlands auf wirtschaftlicher, politischer und nun auch auf militärischer Ebene löste das nach zwei Weltkriegen gegenüber Deutschland bestehende Sicherheitsproblem in positiver und zukunftsweisender Form. Wenn man vor Augen hat, wie sehr schon das französische Sicherheitsdenken durch den ins Auge gefaßten EVG-Beitrag wachgerufen wurde, ist

[127]   **Offene Türen in Bonn**   (c) Solo/Bulls Pressedienst
Daily Herald (Der Spiegel, 28. 5. 1952)

Das vordringliche westliche Interesse besteht darin, den Abschluß des EVG- und des Deutschlandvertrages nicht zu gefährden, also nicht vor der Vertragsunterzeichnung in Verhandlungen mit der Sowjetunion einzutreten, die sich bei der Kompliziertheit des Problems dilatorisch führen lassen.

Adenauer: „In meine Arme, Marianne!"

[128]

(Der Spiegel, 16. 12. 1953)

Die sowjetische Politik sucht nicht nur den deutschen Nationalismus gegen die europäische Integration wachzurufen; sie appelliert auch an die französischen Sicherheitsvorbehalte gegen Deutschland, indem die für Frankreich drohenden Gefahren bei einer deutschen Wiederbewaffnung beschworen werden. Man sucht auch den französischen Selbstbehauptungswillen gegenüber den angloamerikanischen Mächten anzusprechen, die Frankreich auf Deutschland zudrängen.

Das Dach zuerst, das Fundament zum Schluß!

[129]   Der Tag, 26. 8. 1952

Freie Wahlen sind für jedes demokratische Bewußtsein der Ausgang aller Politik. Das gilt auch für die Wiedervereinigung Deutschlands. Aber bei der großen strategischen Bedeutung von Deutschland in der Ost-West-Auseinandersetzung kann das Ergebnis freier Wahlen und die dabei immer mitgedachte Entscheidungsfreiheit der aus den Wahlen hervorgehenden Regierung für keine der beteiligten Mächte gleichgültig sein.

THE INEVITABLE GHOST

[130]

(c) Solo/Bulls
Pressedienst

Manchester
Guardian,
23. 6. 1954

Die Europäische Verteidigungsgemeinschaft soll nicht nur Sicherheit gegenüber Sowjetrußland verbürgen, sondern auch Deutschlands Macht in kontrollierten Bahnen halten.
Das Schreckgespenst einer unkontrollierten Wiederbewaffnung ist allgegenwärtig.

unschwer vorstellbar, wie sehr es durch eine Herauslösung Deutschlands aus der europäischen Bindung und dessen Freisetzung zu einer unabhängigen, auf eigene Armee und eigene Rüstungsindustrie gestützten Machtstellung zwischen den großen Lagern herausgefordert werden mußte. Die in der DDR abrollende Propagandawelle zugunsten der sowjetischen Deutschlandinitiative, die die deutsch-sowjetische Zusammenarbeit im Rahmen des Rapallo-Vertrages von 1922 feierte und diesen Vertrag positiv gegenüber dem Locarno-Vertrag als Symbol der Westorientierung hervorhob, war nicht geeignet, die Besorgnisse im Westen zu vermindern, ganz im Gegenteil: Die äußersten und zugleich schreckeinflößenden Möglichkeiten deutsch-sowjetischer Zusammenarbeit oder antiwestlicher Verschwörung rückten vor Augen. Die mit der Stalin-Note verbundene Wiederbelebung des nationalstaatlichen Mächtespiels in Europa stellte die als historische Antwort auf zwei Weltkriege gefundene europäische Integration grundsätzlich in Frage. Damit aber war eine Frage von großer, ja epochaler Tragweite aufgeworfen, und sie lautete nicht nur „Wiederbewaffnung oder Wiedervereinigung?" sondern auch „Deutschland oder Europa?" bzw. „europäische Staatengesellschaft oder europäische Staatengemeinschaft?" **[131, 132]**

Diese Alternative stellte sich in der damaligen Situation nicht jedem in der Klarheit, die – wenigstens für absehbare Zeit – in der Sache vorlag. Die überraschende Konzessionsbereitschaft der Sowjetunion am Beginn des westeuropäischen Integrations- und Machtbildungsprozesses nährte die Hoffnung, daß mit dessen Fortgang das Gespräch über Deutschland ergiebiger sein würde: daß die Alternative Wiedervereinigung Deutschlands und Neutralisierung oder aber europäische Integration vermieden werden könnte. Bundeskanzler Adenauer gab dieser Hoffnung wie folgt Ausdruck:

„Wir wollen, daß der Westen so stark wird, daß er mit der Sowjetunion in ein vernünftiges Gespräch kommen kann, und ich bin fest davon überzeugt, daß diese letzte sowjetrussische Note ein Beweis hierfür ist. Wenn wir so fortfahren, wenn der Westen unter Einbeziehung der Vereinigten Staaten so stark ist, wie er stark sein muß, wenn er stärker ist als die Sowjetregierung, dann ist der Zeitpunkt gekommen, an dem die Sowjetregierung ihre Ohren öffnen wird.

Das Ziel eines vernünftigen Gesprächs zwischen Westen und Osten aber wird sein: Sicherung des Friedens in Europa, Aufhören von unsinnigen Rüstungen, Wiedervereinigung Deutschlands in Freiheit und eine Neuordnung im Osten. Dann endlich wird der Welt nach all den vergangenen Jahrzehnten das werden, was sie dringend braucht: ein langer und sicherer Frieden!"[23]

Ein „vernünftiges Gespräch mit der Sowjetunion" war ein solches, das Deutschland die Wiedervereinigung einbrachte und dem wiedervereinigten Deutschland zugleich die Westintegration ermöglichte. Als im Oktober 1954 mit den Pariser Verträgen die militärische Westintegration der Bundesrepublik vollzogen war, sprach Adenauer die Überzeugung aus: „Wir sitzen nun im stärksten Bündnis der Geschichte. Es wird uns die Wiedervereinigung bringen."[24] **[133]**

Wir sind bisher davon ausgegangen, daß die Stalin-Note vom 10. März 1952 so etwas wie eine strategische Wende der sowjetischen Deutschlandpolitik darstellt, die Sowjetunion das, was sie anbot und forderte, wirklich ernst meinte und ihren Vorstoß nicht als taktisches Manöver verstand, der eine ganz anders ausgerichtete Zielorientierung verdecken oder deren Verwirklichung legitimieren sollte. Für die Ernsthaftigkeit der sowjetischen Deutschlandinitiative spricht, daß die Verhinderung der militärischen Westintegration der Bundesrepublik ein natürliches Ziel der sowjetischen Politik sein mußte, das ohne substantielle Konzessionen – die Wiedervereinigung Deutschlands – nicht erreichbar war. Die Verhinderung oder Eingrenzung militärischer Machtbildung auf der Gegenseite wird um der eigenen Sicherheit und Bewegungsfreiheit willen immer Ziel rivalisierender Mächte sein. Für die Sowjetunion mußte dieses Ziel gesteigerte Dringlichkeit gewinnen, weil sie – ideologisch auf ein Zerrbild der Wirklichkeit festgelegt – sich permanent einer kapitalistischen Weltverschwörung ausgesetzt zu sehen glaubt und sich 1952 in dieser Vorstellung bestätigt fühlen konnte, setzte doch die neue amerikanische Regierung unter Eisenhower die Konzeption des „roll back" (der Befreiung der ostmitteleuropäischen Völker aus der sowjetischen Herrschaft) an die Stelle der bisherigen Konzeption des „containment" (der Eindämmung des sowjetischen Herrschaftsraumes). Die Verknüpfung von Roll-back-Theorie und militärischer Integration der Bundesrepublik mußte von daher als bedrohlich angesehen werden. Daß die Sowjetunion die zentrale westliche Gegenforderung aufnahm und sich in ihrer zweiten Note vom 9. 4. 1952 bereit erklärte, „ohne Verzug die Frage der Durchführung freier gesamtdeutscher Wahlen (zu) erörtern" und „diese Wahlen in kürzester Frist durchzuführen", spricht dafür, daß sie mit Wiedervereinigung und Neutralisierung jene Gefahren von sich abwenden wollte.

Eine Publikation Stalins im Jahre 1952 über „Ökonomische Probleme des Sozialismus in der UdSSR" läßt vermuten, daß der Deutschlandvorstoß in eine umfassendere Strategie eingebettet war. In Stalins Aufsatz heißt es:

„Die Frage der Unvermeidbarkeit von Kriegen zwischen den kapitalistischen Ländern.

Manche Genossen behaupten, daß infolge der Entwicklung der neuen internationalen Bedingungen nach dem Zweiten Weltkriege Kriege zwischen den kapitalistischen Ländern nicht mehr unvermeidlich sind. Sie meinen, daß die Gegensätze zwischen dem Lager des Sozialismus und dem Lager des Kapitalismus stärker sind als die Gegensätze zwischen den kapitalistischen Ländern, daß die Vereinigten Staaten von Amerika sich die anderen kapitalistischen Länder so weit untergeordnet haben, um ihnen nicht zu gestatten, untereinander Krieg zu führen und sich gegenseitig zu schwächen, daß die tonangebenden Leute des Kapitalismus aus der Erfahrung zweier Weltkriege, die der ganzen kapitalistischen Welt schweren Schaden zufügten, genügend gelernt haben, um sich nicht noch einmal zu erlauben, die kapitalistischen Länder gegeneinander in einen Krieg zu ziehen...

Diese Genossen irren sich. Sie sehen die äußeren Erscheinungen, die an der Oberfläche hin und wieder auftauchen, aber sie sehen nicht die in der Tiefe wirksamen Kräfte ... Äußerlich scheint alles ‚in bester Ordnung' zu sein; ... (West-)Deutschland, England, Frankreich, Italien, Japan, die in die Klauen der Vereinigten Staaten geraten sind, erfüllen gehorsam die Befehle der Vereinigten Staaten. Es wäre aber falsch, zu glauben, daß diese ‚beste Ordnung' ‚in alle Ewigkeit' erhalten bleiben kann, daß diese Länder die Herrschaft und das Joch der Vereinigten Staaten von Amerika endlos dulden werden..."

[131]   „Die Liebe der vier Colonels"   News Chronicle (Rhein-Neckar-Zeitung, 6. 5. 1952)

[132]

New York
Herald Tribune,
31. 3. 1952

Die Bundesrepublik zwischen Deutschland (Wyschinski: Einheit u. nationale Armee) und Europa (Schuman, Eden, Acheson). Hat die Sowjetunion im Werben um Deutschland die größeren Möglichkeiten? Der amerikanische Kolumnist Walter Lippmann vermutet, daß die Sowjetunion auch noch eine Grenzrevision anbieten werde, um Deutschland auf ihre Seite zu ziehen: „Es kann wenig Zweifel bestehen, daß wir am Anfang einer groß angelegten diplomatischen Kampagne stehen ... Ihr letztes Ziel dürfte die Erneuerung des historischen Bündnisses zwischen Deutschland und Rußland sein."[22]

Gehen wir zu den hauptsächlichsten besiegten Ländern über, zu (West-) Deutschland und Japan. Diese Länder fristen jetzt unter dem Stiefel des amerikanischen Imperialismus ein elendes Dasein. Ihre Industrie und Landwirtschaft, ihr Handel, ihre Außen- und Innenpolitik, ihre ganze Lebensweise ist durch das amerikanische Besatzungs-‚Regime‘ gefesselt. Zu glauben, daß diese Länder nicht versuchen werden, wieder auf die Beine zu kommen, das ‚Regime‘ der Vereinigten Staaten zu brechen und auf den Weg einer selbständigen Entwicklung vorzudringen – das heißt an Wunder glauben…

Nach dem Ersten Weltkrieg hat man auch angenommen, daß Deutschland endgültig ausgeschaltet sei… Doch hat Deutschland trotzdem in etwa 15 bis 20 Jahren nach seiner Niederlage sich wieder aufgerichtet und ist als Großmacht auf die Beine gekommen, nachdem es sich von der Knechtschaft losgerissen und den Weg einer selbständigen Entwicklung beschritten hatte…

Es fragt sich, welche Garantien gibt es, daß Deutschland und Japan nicht wieder auf die Beine kommen, daß sie nicht versuchen werden, sich von der amerikanischen Knechtschaft frei zu machen und ihr selbständiges Leben zu führen? Ich denke, solche Garantien gibt es nicht.

Daraus folgt aber, daß die Unvermeidlichkeit der Kriege zwischen den kapitalistischen Ländern bestehenbleibt.‘‘[25]

Im ideologischen Zugriff konnte sich der Deutschlandvorstoß des Jahres 1952 so verstehen, daß durch Wiedervereinigung und Verselbständigung Deutschlands eine Desintegration des kapitalistischen Lagers insgesamt in Gang gesetzt und durch die damit verbundene Belebung der ideologisch vorausgesetzten innerkapitalistischen Gegensätze und Konflikte sowohl eine Aktionseinheit unmöglich gemacht wie auch der innerkapitalistische Zerfallsprozeß vorangetrieben werden sollte (Stalin spricht in seiner Schrift allerdings immer nur von Westdeutschland!). In diesem Zusammenhang versteht sich auch der in der Stalin-Note auffällige Appell an den deutschen Nationalismus (vgl. oben S. 80). [134]

Für die Prüfung der Ernsthaftigkeit des sowjetischen Angebotes ist auch ein historischer Rückblick hilfreich. Als 1946 von den USA im sogenannten Byrnes-Plan die Neutralisierung und Räumung Deutschlands angeboten wurde, hat die Sowjetunion mit einem ganzen Bündel von Gegenforderungen geantwortet, deren Bedeutungsgewicht jede Einigung ausschloß (vgl. hierzu S. 28 ff.). In der Stalin-Note vom 10. März 1952 wurden Reparationsverpflichtungen Deutschlands nicht mehr erwähnt, wurde auch die Begrenzung der industriellen Kapazität im Sinne industrieller Entwaffnung nicht mehr verlangt; ganz im Gegenteil sollten der deutschen Friedenswirtschaft, auch dem Außenhandel, der Seeschiffahrt und dem Zutritt zu den Weltmärkten „keinerlei Beschränkung auferlegt‘‘ werden. Die Sowjetunion verzichtete auf die nur wenige Jahre zuvor mit so ungewöhnlicher Heftigkeit vorgetragene Forderung nach Mitbeteiligung an der Ruhrkontrolle. Sie verzichtete auf die langfristige und an höchst dehnbare Formulierungen gebundene Besetzung Deutschlands und sprach sich für dessen Räumung binnen eines Jahres aus. Ein nachfolgendes Interventionsrecht wurde direkt nicht beansprucht. Auch die ursprüngliche Forderung nach sozialistischer Umgestaltung von Wirtschaft und Gesellschaft fand keine Erwähnung mehr. Die Sowjetunion verzichtete schließlich auf die Entmilitarisierung gemäß Potsdamer Abkommen und plädierte für eine deutsche Armee und eine ihr zugehörige nationale Rüstungsindustrie.

Es ist natürlich denkbar, daß bei Verhandlungen über einen deutschen Friedensvertrag Forderungen aufgetaucht wären, die in der Stalin-Note nicht aufgeführt waren. Und Ansatzpunkte gab es dafür, wie oben deutlich geworden ist. Aber für die Bewertung der sowjetischen Deutschlandinitiative kann man zunächst nur davon

[133] **Pfleiderer an der Weichen Stelle** Die Welt, 19. 5. 1954

Der FDP-Abgeordnete Pfleiderer ist überzeugt, daß mit dem EVG- und dem Deutschlandvertrag nur der Status quo gesichert werden kann. „Aber Deutschland in Freiheit wiedervereinigen, wie es der Vorspruch des Generalvertrages (= Deutschlandvertrages) verlangt, kann man damit nicht.‘‘ Pfleiderer hält eine Wiedervereinigung Deutschlands ohne Berücksichtigung sowjetischer Sicherheitsinteressen für nicht möglich. Könnte ein unbesetztes, mit nationalen Streitkräften ausgestattetes Deutschland zwischen einem besetzten Teil im Osten (die Oder-Neiße-Gebiete) und einem besetzten Teil im Westen (vielleicht die linksrheinischen Gebiete?) eine Lösung sein, die die Wiedervereinigung einbrächte und mit den Sicherheitsinteressen aller Mächte vereinbar wäre?

ausgehen, was im Text der Note tatsächlich ausgesprochen worden ist. Danach ist die Veränderung der sowjetischen Position gegenüber 1947 höchst bemerkenswert. Das spricht für die Ernsthaftigkeit der sowjetischen Initiative von 1952. Andererseits ist aber auch der Rückschluß zulässig, daß es der Sowjetunion 1947 in ihrer Deutschlandpolitik nicht um Sicherheit gegangen war, wenn man vor Augen hat, was ihr 1952 als zureichend für ihre Sicherheit erschien.

Den vorgetragenen Argumenten lassen sich freilich Tatbestände entgegenstellen, die die bündig erscheinende Beweisführung für die Ernsthaftigkeit der sowjetischen Deutschlandinitiative zu erschüttern vermögen. Zum ersten läßt sich der Termin des sowjetischen Vorstoßes anführen. Dieser wurde erst unmittelbar vor Abschluß des EVG- und des Deutschlandvertrages vorgetragen, obwohl seit anderthalb Jahren über eine integrierte Europaarmee mit deutscher Beteiligung verhandelt wurde. Im Jahre 1951 waren die vier stellvertretenden Außenminister mehr als drei Monate in Paris versammelt, ohne daß die Sowjetunion hier einen Vorstoß im Sinne der Stalin-Note unternommen hätte. War – von daher gesehen – die Stalin-Note nur ein Störmanöver für die Endphase der EVG-Verhandlungen? Konnte die Sowjetunion ferner annehmen, daß ihr Vorstoß Erfolg haben würde, wenn sie sich die schwerwiegenden Sicherheitsbedenken namentlich in Frankreich vor Augen führte, die schon in den EVG-Verhandlungen wirksam waren, und wenn sie dann ein ungebundenes Deutschland mit eigener Armee und eigener Rüstungsindustrie, dazu mit einem deutlichen Appell an den deutschen Nationalismus vorschlug? Mußte sie nicht vielmehr erwarten, daß eine derartige Initiative die Integrationsbemühungen eher vorantrieb als abstoppte? **[135]**

Nicht unwichtig erscheint auch ein Blick in das Nachbarland Österreich. Auch Österreich war besetzt und in vier Zonen, Wien wie Berlin in vier Sektoren geteilt, hatte aber seit 1945 eine eigene Regierung

und war der Teilung entgangen. Sein künftiges Schicksal war zwischen den Besatzungsmächten strittig. Erstaunlicherweise ist nun im März 1952 ein gleiches Angebot für die Lösung der österreichischen Frage nicht erfolgt. Eigentlich hätte es doch nahegelegen, die Ernsthaftigkeit der sowjetischen Deutschlandinitiative am Beispiel des machtpolitisch viel weniger gewichtigen Österreich eindrucksvoll unter Beweis zu stellen, zumal damit eine ungeheure Wirkung in der innerdeutschen Diskussion um die Stalin-Note hätte erzielt werden können! **[136]** Eben dieses ist nicht geschehen.

Der österreichische Staatsvertrag von 1955 nahm seinen Ausgang von einer österreichischen Initiative im Jahre 1953, und es bedurfte noch zweijähriger mühsamer Verhandlungen, um ihn im Mai 1955 zum Abschluß zu bringen. Nicht einmal das Scheitern der EVG im August 1954 und damit die Entstehung einer offenen, politisch nutzbaren Entscheidungssituation führte zum sofortigen Vertragsabschluß. Hat die Sowjetunion Österreich als beweiskräftiges Demonstrationsobjekt ihrer Deutschland-

„Großmutter, was machst du für verlockende Angebote?"
„... Damit ich dich besser fressen kann."

[134] Welt der Arbeit, 10. 5. 1952

In der Wahrnehmung der Stalin-Note überwiegen die Gefahrenmomente – weniger politische als militärische.

Das kleinere Übel

Wird sie wenigstens den schlucken?
Zeichnung: Valentin

[135] Bremer Nachrichten, 20. 11. 1953

Frankreich und die deutsche Wiederbewaffnung: Deutschland mit nationaler Armee und nationaler Rüstungsindustrie in ungebundener Machtstellung zwischen den weltpolitischen Lagern ist vor dem Hintergrund historischer Erfahrung keine Alternative in der Ost-West-Auseinandersetzung um Deutschland.

„Der Geist aus der Flasche"

[136]   Hannoversche Allgemeine Zeitung, 28. 5. 1955

lands zu widerrufen? Oder ging man davon aus, daß sie in das wiedervereinigte Deutschland eingebracht werden könnten, also etwa die KVP den Rumpf der deutschen Nationalarmee bilden würde? Aber dieses wäre bei einem demokratischen Wiedervereinigungsprozeß ganz unrealistisch gewesen. [137] Auch der Ausbau der Grenze mit der Einrichtung einer besonderen Sperrzone (vgl. oben S. 77) und die Schließung zahlreicher Übergänge zwischen West- und Ost-Berlin erfolgten, während der Notenwechsel zwischen den Besatzungsmächten noch im Gange war.

Im Rahmen dieser Politik vollendeter Tatsachen ist schließlich auch die zweite Parteikonferenz der SED vom 9.–12. Juli 1952 von besonderer Wichtigkeit. Sie proklamierte den planmäßigen Aufbau des Sozialismus und im Zusammenhang hiermit die Verschärfung des Klassenkampfes. [138] Gleichzeitig wurde die DDR in einen zentralistischen Staat umgewandelt: Die fünf Länder wur-

politik „vergessen", oder ist ihre Deutschlandpolitik anders zu sehen, als sie die Sowjetunion gesehen haben möchte?[26]

Diese Frage stellt sich auch, wenn man die DDR in den Blick nimmt. Ihre Ostintegration war schon weit vorangeschritten. In den „Rat für gegenseitige Wirtschaftshilfe" (RGW bzw. COMECON) erst im September 1950 aufgenommen, war ihr Außenhandel schon 1952 zu drei Vierteln RGW-Handel. Auch die militärische Integration war angebahnt. Die aus der allgemeinen Polizei seit 1948 herausgelöste kasernierte Volkspolizei, die auch mit schweren Waffen ausgerüstet und als Kadertruppe für die Offiziere und Unteroffiziere einer künftigen Armee konzipiert war, hatte 1952 eine Stärke von etwa 80000 Mann. 1955/56 wurde sie als Nationale Volksarmee – nunmehr 100000 Mann stark – dem Warschauer Pakt unterstellt, bevor es Einheiten der Bundeswehr gab! Während der Notenwechsel des Jahres 1952 zwischen den Besatzungsmächten noch anhielt, ist Anfang August 1952 die „Gesellschaft für Sport und Technik" als staatliches Instrument der vormilitärischen Ausbildung der vierzehn- bis achtzehnjährigen

Jungen und Mädchen gegründet worden. Sind alle diese Aktivitäten unternommen worden, um sie mit einer Wiedervereinigung Deutsch-

Hasenvater: „Keine Angst, die FdJler tun uns nichts! Die sollen bloß auf Menschen schießen . . ."

[137]   Welt der Arbeit, 27. 6. 1952

Während die Diskussion um den westdeutschen Wehrbeitrag erfolgt, ist die Remilitarisierung der DDR in vollem Gange – nicht nur durch den Aufbau der Kasernierten Volkspolizei als Kadertruppe der späteren Nationalen Volksarmee, sondern auch durch die vormilitärische Ausbildung in der FDJ und in der 1952 neu geschaffenen Gesellschaft für Sport und Technik, die die 14–18jährigen Jugendlichen in einer zweijährigen vormilitärischen Grundausbildung und in einer zweijährigen vormilitärischen Spezialausbildung auf den Dienst in der NVA vorbereitet.

den aufgelöst, an ihre Stelle traten vierzehn Verwaltungsbezirke. Es fällt schwer, die Entscheidungen der zweiten Parteikonferenz als spontane Reaktion auf den Abschluß des EVG- und Deutschlandvertrages (26. 5.) zu sehen. Es waren Entscheidungen von großer Tragweite, die umfänglicher Vorbereitungen bedurften und die – wie noch deutlich werden wird – von erheblicher Wirkung für Wirtschaft und Gesellschaft in der DDR sein sollten. Es fällt schwer, sie als Kurzschluß auf den EVG-Vertrag anzusehen.

Von daher stellt sich die Frage um so dringlicher, von welchen Zielsetzungen sich die sowjetische Deutschlandpolitik in dieser Zeit leiten ließ. Suchte sie wirklich eine Lösung der deutschen Frage im Sinne ihrer Note vom 10. März 1952 – eine Lösung, die unvermeidlicherweise die Preisgabe des DDR-Regimes zur Folge gehabt hätte – oder betrieb sie ein taktisches Spiel, um mit dem voraussehbaren, ja beabsichtigten Scheitern der „alliierten" Deutschlanddiskussion dem Westen die Schuld an der Teilung zuweisen und die Ostintegration der DDR auf allen politischen Handlungsfeldern einschließlich des Aufbaus einer „nationalen" Volksarmee legitimieren zu können? Für beide Sichtweisen lassen sich plausible Begründungen liefern. Eine wissenschaftlich zuverlässige Aussage kann so lange nicht getroffen werden, wie die sowjetischen Archive geschlossen bleiben.[27]

Der 17. Juni 1953

Die Frage nach den Inhalten und Zielen der Deutschlandpolitik von Sowjetunion und DDR begleitet uns, wenn wir den Aufstand des 17. Juni und seine parteiinterne Deutung ansprechen. Im Ursachenzusammenhang des 17. Juni erhält die zweite Parteikonferenz vom Juli 1952 mit ihrem Beschluß zum planmäßigen Aufbau des Sozialismus und zum verstärkten Klassenkampf besondere Wichtigkeit. Die Verstaatlichung der verbliebenen Privatindustrie, des Handels und auch des Handwerks und die Kollektivierung der Landwirtschaft führten im Verlaufe des

Im stalinistisch-leninistischen Operationssaal: Der nächste bitte ...

[138]

Hannoversche Presse, 4. 7. 1952

Der planmäßige Aufbau des Sozialismus nach dem Vorbild der Sowjetunion als Gleichschaltungs- oder Stalinisierungsvorgang in westlicher Perspektive.

Jahres 1952 bei Lebensmitteln und Konsumgütern zu einer schweren Versorgungskrise, die sich dadurch noch vertiefte, daß Preise für Lebensmittel heraufgesetzt und soziale Leistungen vermindert wurden (Zahlungen der Sozialversicherung, Bahntarife für den Berufsverkehr ...). Dem Vergesellschaftsprozeß parallel ging ein verstärkter Kampf gegen die Kirche und gegen unabhängiges geistiges Leben. **[139]** Unmittelbare Folge dieser Politik war

Kirchenverfolgung in der Ostzone

[139]   Schattenspieler Ulbricht

Deutsche Stimmen, 10. 5. 1953

Die Kirchenpolitik der DDR in den 50er Jahren ist vornehmlich darauf ausgerichtet, den Einfluß der Kirche auf die Gesellschaft möglichst weit zurückzudrängen: durch antireligiöse und antikirchliche Propaganda, durch die Verbannung des Religionsunterrichtes aus der Schule, durch die Ersetzung kirchlicher Feiern und Weihen durch staatliche (ab 1955 die Jugendweihe anstelle der Konfirmation), durch die Verhinderung des Aufstieges von Christen in staatliche oder gesellschaftliche Führungspositionen. Besonders Gewicht hat die Bekämpfung der Jungen Gemeinde. Ihren Mitgliedern wird die Möglichkeit höherer und akademischer Bildung erschwert oder verwehrt.

[140] **Der Rückzug von Moskau** Bremer Nachrichten, 13. 6. 1953

Der Neue Kurs der SED als Rückzug der Großen Armee von Moskau. ─────

ein starker Anstieg der Fluchtbewegung, durch den die Krisensituation weiter verschärft wurde.

Durch die Flucht zahlreicher Bauern ergab sich auf dem Lande so etwas wie eine Fluchtbrache. Waren es im ersten Halbjahr 1952 mehr als 72000 Menschen, die aus

... alles verziehen!

Kehre zurück, — kriegst auch wieder Lebensmittelkarten!

[141] Aachener Nachrichten, 17. 6. 1953

Der Versuch, die Republikflüchtigen zurückzuholen, vor dem Hintergrund der Lebensmittelversorgung in der DDR. Lebensmittelkarten für eine Anzahl rationierter Güter (Fett, Fleisch, Zucker, Milch) gibt es bis 1958.
Im März 1953 fliehen mehr als 58000 Menschen – der Höhepunkt der Fluchtbewegung.

der DDR in den Westen flüchteten, so im zweiten Halbjahr 110000 und im ersten Halbjahr 1953 sogar 225000. Unter den Flüchtlingen war der Anteil derjenigen Bevölkerungsgruppen sehr hoch, die von den Verstaatlichungs- und Kollektivierungsmaßnahmen und dem geistigen Zwang besonders betroffen waren. Zu den staatlichen Maßnahmen, um der Krise Herr zu werden, gehörte nun eine generelle Erhöhung der Arbeitsnormen, die das ZK der SED und nachfolgend der Ministerrat im Mai 1953 für die volkseigenen Betriebe beschlossen. Unruhen und Streiks breiteten sich aus. Die SED warf daraufhin auf Anraten der Sowjetunion das Steuer herum und verkündete am 9. 6. 1953 den sogenannten „Neuen Kurs". Das Politbüro der SED gestand in einem offiziellen Kommuniqué zu, „eine Reihe von Fehlern begangen" zu haben:

„... Die Interessen solcher Bevölkerungsteile wie der Einzelbauern, der Einzelhändler, der Handwerker, der Intelligenz wurden vernachlässigt... Eine Folge war, daß zahlreiche Personen die Republik verlassen haben. ...

Aus diesen Gründen hält das Politbüro des ZK der SED für nötig, daß in nächster Zeit... eine Reihe von Maßnahmen durchgeführt wird, die die begangenen Fehler korrigieren und die Lebenshaltung der Arbeiter, Bauern, der Intelligenz, der Handwerker und der übrigen Schichten des Mittelstandes verbessern. ...

Um die Erzeugung von Waren des Massenbedarfs zu vergrößern, die von kleinen und mittleren Privatbetrieben hergestellt werden, und um das Handelsnetz zu erweitern, wird vorgeschlagen, den Handwerkern,

Einzel- und Großhändlern, privaten Industrie-, Bau- und Verkehrsbetrieben in ausreichendem Umfange kurzfristig Kredite zu gewähren. ...

Wenn Geschäftseigentümer, die in letzter Zeit ihre Geschäfte geschlossen oder abgegeben haben, den Wunsch äußern, diese wiederzueröffnen, so ist diesem Wunsche unverzüglich Rechnung zu tragen. ...

Die Bauern, die im Zusammenhang mit Schwierigkeiten in der Weiterführung ihrer Wirtschaft ihre Höfe verlassen haben und nach West-Berlin oder nach Westdeutschland geflüchtet sind..., sollen die Möglichkeit erhalten, auf ihre Bauernhöfe zurückzukehren. ...

Das Politbüro schlägt weiter vor, daß alle republikflüchtigen Personen... das auf Grund der Verordnung vom 17. Juli 1952 zur Sicherung von Vermögenswerten beschlagnahmte Eigentum zurückerhalten... Zurückkehrenden Republikflüchtlingen darf aus der Tatsache der Republikflucht keine Benachteiligung entstehen. ...

Das Politbüro schlägt ferner vor, daß alle im Zusammenhang mit der Überprüfung der Oberschüler und der Diskussion über die Tätigkeit der Jungen Gemeinde aus den Oberschulen entfernten Schüler sofort wieder zum Unterricht zuzulassen sind und daß ihnen die Möglichkeit gegeben wird, die versäumten Prüfungen nachzuholen. Ebenso sollen die im Zusammenhang mit der Überprüfung der Oberschulen ausgesprochenen Kündigungen und Versetzungen von Lehrern rückgängig gemacht werden. Die in den letzten Monaten ausgesprochenen Exmatrikulationen an Hochschulen und Universitäten sollen sofort überprüft und bis zum 20. Juni 1953 entschieden werden. Bei Immatrikulationen an den Hochschulen und Universitäten dürfen befähigte Jugendliche aus den Mittelschichten nicht benachteiligt werden. ...

Es wird weiter vorgeschlagen, die im April 1953 durchgeführten Preiserhöhungen... rückgängig zu machen, die Fahrpreisermäßigungen... in Höhe von 50 Prozent ab 1. Juli 1953 bei Arbeiterrückfahrkarten auf alle berechtigten Personen ohne Rücksicht auf die Höhe ihres Einkommens auszudehnen, die Fahrpreisermäßigungen für Schüler und Lehrlinge und auch bestimmte Schichten der Arbeiter wiederherzustellen und auch die Fahrpreisermäßigungen für Schwerbeschädigte, Kleingärtner usw. sowie die Erstattung von Fahrgeld durch die Sozialversicherung beim Besuch bei Fachärzten wiedereinzuführen."[28] **[140, 141, 142]**

Der Maßnahmenkatalog läßt nicht nur die innere Entwicklung der DDR seit der zweiten Parteikonferenz sehr deutlich erkennen, sondern spiegelt auch das Krisenbewußtsein der SED-Führung: Wenn sie ihre Herrschaftsgrundlagen nicht ernsthaft bedroht gesehen hätte, hätte sie sich nicht zu dieser, einem Offenbarungseid gleichenden Revision ihrer Politik bereitgefunden. Für den Aufstand des 17. Juni ist nun entscheidend, daß die Normenerhöhung in den volkseigenen Betrieben nicht rückgängig gemacht wurde. Die Arbeiter blieben gleichsam die einzigen, die durch den „Neuen Kurs" nicht bedacht wurden. Dieser Tatbestand, am 16. Juni durch einen Artikel in der Gewerkschaftszeitung „Tribüne" erhärtet, löste am 16. Juni Demonstrationen Ostberliner Bauarbeiter und am 17. Juni an mehr als 270 Orten der DDR Streiks und Massenkundgebungen aus, die fast ausschließlich von Arbeitern getragen wurden und die vermutlich das SED-Regime aus dem Sattel gehoben hätten, wenn der spontane Aufstand Führung und Organisation gewonnen und nicht auch noch die sowjetische Besatzungsmacht gegen sich gehabt hätte. Zwar hatte sich der Aufstand an den Arbeitsnormen entzündet, er gelangte aber schnell zu politischen Forderungen: Rücktritt der Regierung, freie Wahlen, Einheit Deutschlands. **[143, 144]**

Am 21. Juni 1953 hat das Zentralkomitee der SED in einem Beschluß „Über die Lage und die unmittelbaren Aufgaben der Partei" die parteiamtliche Deutung der Vorgänge gegeben. Ausgehend von der Feststellung, daß überall auf der Welt infolge von Initiativen des sozialistischen Friedenslagers eine „weltumspannende Bewegung ... für die Lösung aller strittigen Fragen auf dem Wege friedlicher Verhandlungen" in Gang gesetzt sei, wird gefolgert, daß sich eben hierdurch die imperialistischen Kriegstreiber in die Enge getrieben sahen:

„Sie sehen ihre Pläne scheitern. Der dritte Weltkrieg, den sie möglichst rasch entfesseln wollen, rückt in die Ferne.

In ihrer Beunruhigung greifen sie zu abenteuerlichen Maßnahmen. Eine von ihnen ist die Ansetzung des Tages X, an dem sie von Berlin aus die Deutsche Demokratische Republik aufrollen wollten, auf den 17. Juni 1953. Das ist der Versuch, den Kriegsbrand, den die Völker der Welt in Korea eben austreten, mit Hilfe des Brückenkopfes West-Berlin nach Deutschland hinüberzuwerfen. Er wird mißlingen. Warum entschlossen sich die Kriegstreiber gerade in diesen Tagen zu ihrer faschistischen Provokation gegen die Deutsche Demokratische Republik? ...

Die Wirkung der Beschlüsse des Politbüros und der Regierung in allen Teilen Deutsch-

'NONE OF THAT IKE—IT MAY HARM HER FIGURE'

[142] New York Times, 19. 7. 1953

Das amerikanische Angebot einer Lebensmittelhilfe für die Bevölkerung der DDR wird natürlich abgelehnt (Malenkow ist gegenüber Eisenhower um die Figur besorgt).

Triumvirat des Schreckens

„Spitzbart, Bauch und Brille sind nicht des Volkes Wille"
[143] Hamburger Echo, 2. 7. 1953

Text eines Spruchbandes am 17. Juni vor den Leuna-Werken in Merseburg. ——————

Das Gegenargument

[144]

Hamburger
Echo,
18.6.1953

lands... veranlaßte sie, den von langer Hand vorbereiteten Tag X kurzfristig zu provozieren..., um die eingeleitete Wendung zur Verbesserung der Lebenslage in der Deutschen Demokratischen Republik zu durchkreuzen. ...

In Westdeutschland saßen und sitzen die amerikanischen Agenturen, die auf Anweisung von Washington die Pläne für Krieg und Bürgerkrieg ausarbeiten. In Westdeutschland und West-Berlin organisierten die Adenauer, Ollenhauer, Kaiser und Reuter die unmittelbare Vorbereitung des Tages X. ...

In West-Berlin wurden von den Kaiser und Reuter systematisch Kriegsverbrecher, Militaristen und kriminelle Elemente in Terrororganisationen vorbereitet und ausgerüstet. Zu den alten faschistischen Morderfahrungen kamen noch zusätzlich die Methoden der amerikanischen Gangster. So wurde der faschistische Auswurf wieder großgezogen...

Der Gegner benutzte zur Auslösung seiner Provokation die Mißstimmung einiger Teile

① Die Unruhen entstanden spontan

④ Arbeiter

② An ihnen beteiligte sich die Bevölkerung der DDR

⑤ Die Intelligenz

③ Bauern

⑥ Die Bonner Regierung sprach den Opfern des 17. Juni ihre Anteilnahme aus

Krokodil/Moskau,
Jg. 1953, Nr. 22

[145]

Der 17. Juni als von außen gesteuerter faschistischer Putsch.
Der Interpretationsbeschluß für den Arbeiteraufstand durch das Zentralkomitee der SED in graphischer Form.

der Bevölkerung, die durch Folgen unserer Politik im letzten Jahr entstanden waren. . . .

Er warf . . . seine mit Schwefel-, Phosphor- und Benzinflaschen sowie mit Waffen ausgerüsteten Banditenkolonnen über die Sektorengrenzen mit der Aufgabe, die Arbeitsniederlegung ehrlicher Bauarbeiter durch Hetzlosungen in eine Demonstration gegen die Regierung umzufälschen und dieser Demonstration durch Brandstiftungen, Plünderungen und Schießereien den Charakter eines Aufruhrs zu geben. . . .

So sollte in der Deutschen Demokratischen Republik eine faschistische Macht errichtet und Deutschland der Weg zu Einheit und Frieden verlegt werden. . . .

Die gegenwärtige Lage.
In der Republik herrscht Ruhe. Es wird normal gearbeitet. . . Aber die Ruhe ist noch keineswegs endgültig gesichert. Der Feind setzt seine Wühlarbeit fort. Ausländische Flugzeuge setzen, wie bereits in den vergangenen Tagen, über Thüringen, Sachsen-Anhalt usw. durch Fallschirme Gruppen von Banditen mit Waffen und Geheimsendern ab. Lastwagen mit Waffen für noch nicht entdeckte Gruppen wurden an der Autobahn Leipzig–Berlin abgefangen. Der Gegner geht zu großen Sabotageakten über. Unter Beteiligung von Adenauer, Ollenhauer, Kaiser und Reuter, welche die Banditenkolonnen persönlich anleiten, arbeitet der Hetzsender RIAS auf vollen Touren, um dem gescheiterten Abenteuer neues Leben einzublasen. . . .''[29] **[145]**

Diese Deutung der Vorgänge ist sehr weit von der Wirklichkeit entfernt, Ausfluß eines naiven Weltbildes, das sich Geschichte als Helden- und Schurkenstück oder als Märchen vom Rotkäppchen und dem bösen Wolf vorstellt. Über das Problem der Deutung des 17. Juni hinaus aber stellt sich die grundsätzliche Frage – und damit greifen wir den zuvor angesprochenen Sachzusammenhang wieder auf: Kann ernstgemeinte Wiedervereinigungspolitik betrieben werden, wenn diejenigen, mit denen man im wiedervereinigten Deutschland zusammenleben will, so gesehen werden, wie sie hier gesehen worden sind? Kann ich wirklich die Wiedervereinigung Deutschlands wollen, wenn ich die führenden Repräsentanten der westdeutschen Politik – der CDU ebenso wie der SPD – als skrupellose Kriegsbrandstifter und als Faschisten sehe? Wie ist von daher die Deutschlandpolitik des Jahres 1952 zu bewerten? Bestand tatsächlich eine echte Chance?

Unzweifelhaft hat der Arbeiteraufstand des 17. Juni wider Willen systemstabilisierend gewirkt, und zwar in der Weise, daß die Ablösung des Stalinisten Ulbrich im Rahmen des „Neuen Kurses" in der Sowjetunion nach Stalins Tod unterblieb, ja dessen Widersacher aus der Parteiführung der SED ausgeschlossen wurden, daß sich zum anderen der sowjetische Zugriff auf die DDR verstärkte, um nicht im Ostblock Kettenreaktionen auszulösen. Die außerordentlich labile Situation zeigte sich nur wenig später in Polen und in Ungarn. Daß der DDR schon am 25. 3. 1954 von der Sowjetunion die Souveränität zuerkannt wurde – mehr als ein Jahr vor dem Souveränitätsgewinn der Bundesrepublik – und damit „die Freiheit, nach eigenem Ermessen über ihre inneren und äußeren Angelegenheiten einschließlich der Frage der Beziehungen zu Westdeutschland zu entscheiden", ist hierfür ein deutliches Zeichen.[30] **[146, 147, 148]**

War es denkbar, daß die Regierung der DDR – im Besitz der Souveränität! – einer demokratischen Wiedervereinigung zustimmen würde, die – selbst wenn alle Bewohner der DDR bei den Wahlen zur deutschen Nationalversammlung die SED wählen würden – für sie selbst das Ende ihrer Herrschaft brächte! Daß aber die Deutschen in der DDR auch nur mehrheitlich die SED wählen würden, war nach den Erfahrungen des 17. Juni und der anhaltenden Fluchtbewegung ganz ausgeschlossen. Die Sowjetunion gewann mit der Souveränitätsverleihung an die DDR den großen taktischen Vorteil, daß sie sich verbal auch künftig immer zur Wiedervereinigung Deutschlands bekennen und sie als Angelegenheit der Deutschen hinstellen konnte, ohne ihr als Besatzungsmacht verpflichtet zu sein und ohne befürchten zu müssen, daß eine demokratische Wiedervereinigung tatsächlich zu-

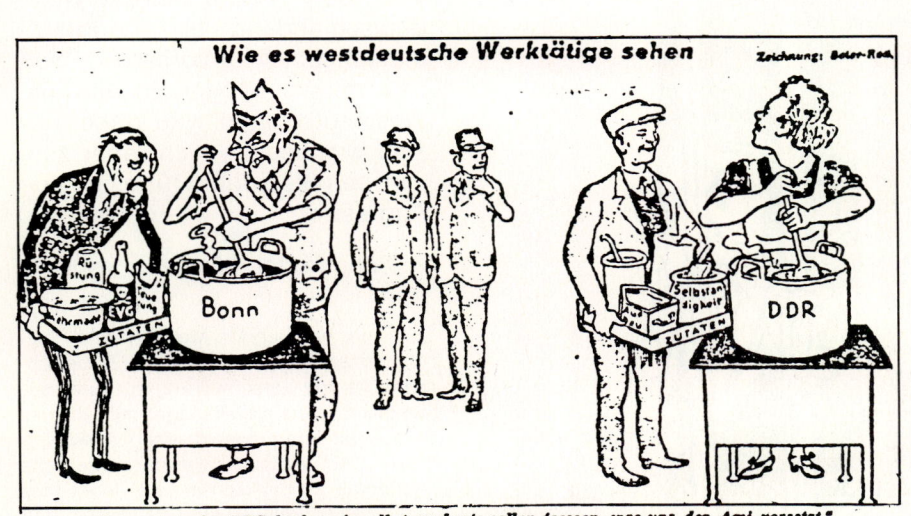

„Sieh mal, in der DDR kochen sie selbst, und wir sollen fressen, was uns der Ami vorsetzt."

Wie es westdeutsche Werktätige sehen   Zeichnung: Bolor-Roa

[146]   Neues Deutschland, 16. 4. 1954

„. . . But we'll continue to keep in touch, Comrade."

[147]   New York Times, 4. 4. 1954

Die Verleihung der Souveränität an die DDR in östlicher und in westlicher Sicht (Adenauer als Handlanger des amerikanischen Außenministers Dulles; Stalins Nachfolger Malenkow als neuer Herr im Kreml).

[148]

Schockbehandlung

Zeichnung: Hartung

Hamburger Anzeiger, 7. 4. 1954

Die Souveränitätsverleihung an die DDR macht aus der innerdeutschen Demarkationslinie eine Staatsgrenze. Die Teilung hat eine weitere Dimension gewonnen (Pieck und Ulbricht).

stande käme. Selbst der sowjetische Friedensvertragsentwurf von 1959, der ein dreigeteiltes Deutschland völkerrechtlich festschreiben wollte, anerkannte verbal „das Recht des deutschen Volkes auf Wiederherstellung der Einheit Deutschlands" und versprach „jegliche Unterstützung zur Erreichung dieses Zieles" (s. unten). In der politischen Propaganda konnte sogar die Bundesrepublik als an der Fortdauer der Teilung Deutschlands schuldig hingestellt werden, weil sich die Bundesregierung weigerte, mit der DDR-Regierung über die Wiedervereinigung zu verhandeln. So gewann auch die Regierung der DDR einen großen taktischen Vorteil im Sinne ihrer Legitimation vor der eigenen Bevölkerung, nämlich ununterbrochen die gesamtdeutsche Trommel rühren zu können, ohne befürchten zu müssen, daß tatsächlich marschiert wurde. Als

dann später – 1969/70 mit der neuen deutschen Ostpolitik der sozial-liberalen Koalition – „marschiert" werden sollte, antwortete die DDR-Regierung sofort mit der Politik der Abgrenzung und der „Zwei-Nationen-Theorie" (s. unten). **[149]**

Die Berliner Außenministerkonferenz 1954

Der Entwicklung ist damit etwas vorgegriffen. Im Januar und Februar 1954 kam es noch einmal zu einer großen Vier-Mächte-Außenministerkonferenz, die seit Juli 1953 von den Westmächten für die Lösung der deutschen Frage gefordert und von der Sowjetunion erst akzeptiert worden war, als die Tagesordnung auf andere weltpolitische Probleme ausgeweitet wurde (der Sowjetunion kam es insbesondere auf die Einbeziehung Rotchinas in das System der Weltmächte und auf die Lösung des Indochinakonfliktes an: Hier wurde – von der Berliner Konferenz ausgehend – im Juli 1954 eine Teilung Vietnams in einen Nord- und einen Südstaat vereinbart).

Die Konferenzatmosphäre in Berlin war sehr gespannt; die Verhandlungspartner standen sich voller Mißtrauen gegenüber. **[150, 151]** Außenminister Molotow bezeichnete den EVG- und den Deutschlandvertrag als „Teil eines großen amerikanischen Militärplanes… Die Bonner und Pariser Verträge verwandeln Westdeutschland in ein Hauptaufmarschgebiet zur Vorbereitung eines neuen Krieges in Europa. Westdeutschland wird dabei nur zum wichtigsten, nicht aber zum einzigen Stützpunkt für eine neue Aggression."

Außenminister Dulles konterte hart:

„Gestern hat sich Mr. Molotow eine Polemik ersten Ranges geleistet… Er bezichtigte uns der Verschwörung zur Entfesselung eines neuen Weltkrieges mit Hilfe des wiederauferstandenen deutschen Militarismus. … Ich weiß nicht, was der sowjetische Außenminister wirklich von uns denkt. Was immer sein Urteil ist, er sollte wissen, daß er nicht unfehlbar ist. Er hat schon manchmal unrecht gehabt… Ich erinnere mich, wie unrecht Mr. Molotow im Oktober 1939 hatte, als er Frankreich und Großbritannien als Aggressoren geißelte und Hitler-

[149]

Hamburger Echo, 25. 6. 1953

Nichts kann uns trennen!

Der 17. Juni und die Solidarität der Deutschen – trotz allem eine hoffnungsvolle Perspektive. _

deutschland als ein friedliebendes Land lobte. Ich habe vor mir eine Rede, die der sowjetische Außenminister am 31. Oktober 1939 in Moskau gehalten hat. (Dulles zitierte ausführlich aus Molotows Rede und beschloß die historische Erinnerung mit Molotows Worten vom Oktober 1939) 'Es ist nicht nur sinnlos, sondern verbrecherisch, einen solchen Krieg zu führen – einen Krieg zur Zerstörung des Hitlerismus, der als Kampf für die Demokratie getarnt ist'." (vgl. oben S. 16)

Dulles ging dann auf die demokratische Legitimation der Regierung in Bonn und in Ost-Berlin ein und stellte heraus, daß die Regierung in Bonn „ihre Vollmachten vom deutschen Volk als Ergebnis freier, einem heftigen Wahlkampf folgenden Wahlen erhalten hat"; er hob dann die Aussage Molotows aus den Angeln, die Regierung der DDR sei „von der überwältigenden Mehrheit der Bevölkerung Ostdeutschlands an die Macht berufen worden":

„Es stimmt, daß 98 % der Wahlberechtigten an den Wahlurnen erschienen. Sie kamen, weil man ihnen gesagt hatte, wenn sie nicht kämen, würden sie als ‚Feinde des Friedens' behandelt werden und als solche strengen Strafen unterliegen. ... Es stimmt weiter, daß von 99,7 % der Wähler protokollarisch berichtet wurde, daß sie die Regierung der DDR ‚gewählt' hätten. Die wahre Erklärung hierfür liegt in dem, was die Wähler vorfanden, als sie in die Wahllokale kamen... Ich habe hier einen... Stimmzettel. Er führt einfach eine Reihe von Namen auf. Für den Ausdruck der Zustimmung oder Ablehnung ist auf diesem Stimmzettel kein Platz. ‚Nein' konnte man nicht stimmen. Es gab sogar nicht einmal die Möglichkeit, sein ‚Ja' in den Stimmzettel einzutragen, ein Privileg, das, wenn ich mich recht erinnere, sogar Hitler seinen Untertanen einräumte. Den Wählern wurde lediglich befohlen, den Stimmzettel in die Wahlurne zu werfen."

Dulles charakterisierte den Vorwurf Molotows, die USA bereiteten mit der Wiedererweckung des deutschen Militarismus den Krieg vor, als „dummes Geschwätz" und drängte den sowjetischen Außenminister, zuzustimmen, „durch freie gesamtdeutsche Wahlen rasch eine deutsche Regierung zu schaffen, die wirklich für ganz Deutschland sprechen und dadurch die unerläßliche Grundlage für einen dauerhaften Frieden legen kann".

Allerdings war diese für jede demokratische Legitimation unabdingbare Forderung für die Sowjetunion wenig attraktiv, sollte doch – wie der zur Lösung des

[150] *Brandenburger Tor-heiten* Rhein-Neckar-Zeitung, 12. 1. 1954

Zum Streit um das Tagungsgebäude für die Berliner Konferenz

Ob nicht dies die Lösung wär'?   Einmal hin und einmal her,
Jeder käm' auf seine Kosten: bald im Westen, bald im Osten...

[151]   Stuttgarter Zeitung, 16. 1. 1954

Die Verhandlungsatmosphäre auf der Berliner Außenministerkonferenz ist nicht auf Kompromißlösungen, sondern auf Konfrontation und propagandistische Außenwirkung ausgerichtet. Dieses äußert sich schon darin, daß selbst das Tagungsgebäude in Berlin zu einem schwierigen Problem wird. Man wechselt schließlich zwischen dem amerikanischen und dem sowjetischen Sektor hin und her.

Deutschlandproblems vorgelegte Eden-Plan zu erkennen gibt – dem wiedervereinigten Deutschland die uneingeschränkte Bündnisfreiheit zustehen. Die westliche Politik verließ damit die außenpolitische Denkebene nicht, die sich schon 1952 als unannehmbar für die Sowjetunion erwiesen hatte, und Bidaults Frage an Molotow: „Warum akzeptiert er nicht, dasselbe Risiko auf sich zu nehmen, das wir... für unser Teil annehmen... Ist er denn nicht imstande,

mit derselben Ruhe wie wir das Urteil der Wähler abzuwarten?" – war eine Scheinfrage, denn die politische Orientierung eines wiedervereinigten Deutschlands war 1954 ebenso klar vorherbestimmbar wie 1952, vielleicht sogar noch klarer. [152]

Auch der dem Eden-Plan entgegengestellte Molotow-Plan bewegte sich im Denkrahmen der Stalin-Note von 1952, verknüpfte also Einheit und Neutralisierung

DIE UMGEKEHRTE REIHE
Molotow sieht sich den Eden-Plan an

[152]

Kölnische
Rundschau,
4. 2. 1954

In der Sachfrage bleiben die Standpunkte unverändert. Das Problem der Abfolge der Schritte von Wiedervereinigung und Friedensvertrag ist im Kern das Problem der Handlungsfreiheit der gesamtdeutschen Regierung.

Deutschlands, ließ aber in den politischen Leitsätzen deutlich erkennen, daß die Bundesrepublik nicht nur an der militärischen Westintegration gehindert werden sollte:

„Deutschland werden keinerlei Verpflichtungen politischen oder militärischen Charakters auferlegt, die sich aus Verträgen oder Abkommen ergeben, die von den Regierungen der Bundesregierung Deutschland und der Deutschen Demokratischen Republik vor dem Abschluß des Friedensvertrages mit Deutschland und der Wiedervereinigung Deutschlands zu einem einheitlichen Staat abgeschlossen wurden."

Auch das von Molotow vorgeschlagene Verfahren zur Regierungsbildung in Deutschland war mit so vielen Vorbehalten belastet – starke Stellung der DDR-Regierung im Wiedervereinigungspro-

1 KAUM HAT DIES DER HAHN GESEHEN. FÄNGT ER AUCH SCHON AN ZU KRÄHEN.

2 HAHN UND HÜHNER SCHLUCKEN MUNTER JEDES EIN STÜCK BROT HINUNTER,

3 ABER ALS SIE SICH BESINNEN, KONNTE KEINES RECHT VON HINNEN.

4 IN DIE KREUZ UND IN DIE QUER REISSEN SIE SICH HIN UND HER,

5 ACH, SIE BLEIBEN AN DEM LANGEN DÜRREN AST DES MISSTRAUNS HANGEN. – UND IHR HALS WIRD LANG UND LÄNGER. IHR GESANG WIRD BANG UND BANGER.

6 JEDES LEGT NOCH SCHNELL EIN EI DANN IST DIE KONFERENZ VORBEI.

[153] Bilanz unseres in Berlin weilenden Konferenz-Karikaturisten Wilhelm Busch

Mainpost, 17. 2. 1954

zeß und beim Abschluß des Friedensvertrages, keine Kontrolle der Freiheit der Wahlen, weit auslegbare Formulierungen wie: „Es muß auch die Möglichkeit ausgeschlossen werden, daß die großen Monopole versuchen, auf die Vorbereitung und Durchführung der Wahlen einen Druck auszuüben" und ähnliches mehr –, daß es für die tatsächliche Wiedervereinigung Deutschlands nicht anwendbar und damit nicht annehmbar war. So endete die Berliner Außenministerkonferenz ebenso ergebnislos wie die Diskussion der Stalin-Note im Jahre 1952.[31] [153] Wenige Wochen nach dem Scheitern der Berliner Außenministerkonferenz wurde die DDR – wie schon erwähnt – von der Sowjetunion für souverän erklärt.

Die Pariser Verträge 1955

Vier Jahre lang, seit 1950, war um die EVG gerungen worden. Das Vertragswerk hatte alle Parlamente passiert, nur noch nicht das französische. Mit immer neuen Abänderungsanträgen schob die französische Regierung aus Furcht vor einer Abstimmungsniederlage die Ratifikation hinaus. [154, 155] Am 30. August 1954 stand das Vertragswerk endlich in der französischen Nationalversammlung zur Entscheidung und fand keine Mehrheit. In der deutlichen Abstimmungsniederlage artikulierte sich jedoch weniger grundsätzlicher Widerstand gegen den deutschen Wehrbeitrag als vielmehr politischer Unmut über die Einschränkung nationaler Souveränität, die mit dem EVG-Vertrag verbunden war. Dieser Verlust wurde in Frankreich um so stärker empfunden, als Großbritannien außerhalb der EVG geblieben war und damit über uneingeschränkte Souveränität verfügte.

Daß das Scheitern der EVG [156] nicht so sehr auf eine antideutsche, sondern gleichsam auf eine profranzösische Motivation zurückging, ist daran ablesbar, daß man überraschend schnell eine Ersatzlösung fand. Nach einer vorbereitenden Neun-Mächte-

[154] „Comédie française" Hamburger Echo, 19.5.1954

Zu Frankreichs neuem Einspruch gegen den EVG-Vertrag:
„Ehe der Hahn dreimal kräht, hat er seinen eigenen Plan viermal verleugnet."

[155] Stuttgarter Zeitung, 21.2.1953

Konferenz in London wurden am 23.10.1954 die Pariser Verträge abgeschlossen: Die Bundesrepublik wurde zusammen mit Italien in den Brüsseler Pakt von 1948 aufgenommen, an dem auch Großbritannien beteiligt war, und trat der NATO bei. [157] Die Beteiligung Großbritanniens hat die französische Zustimmung sehr begünstigt wie ebenso die britische und die amerikanische Garantie, auch künftig mit Truppen auf dem europäischen Kontinent präsent zu sein, und schließlich die freiwillige Selbstbeschränkung der deutschen Militärhoheit durch die Bundesregierung (keine ABC-Waffen, Fernraketen, strategischen Bomber; Baubeschränkungen für Kriegsschiffe ...). Auch das Saarstatut vom 23.10.1954 gehört in den Bedingungszusammenhang der Pariser Verträge. Der Deutschlandvertrag beendete das Besatzungsregime und sprach der Bundesrepublik die Souveränität zu. An die Stelle der Alliierten Hohen Kommissare traten Botschafter. Alliierte Souveränitätsrechte blieben in Deutschland bestehen für Berlin, für Deutschland als

Strandgut

[156]

Die Welt,
26. 8. 1954

Bundeskanzler Adenauer vor den Trümmern eines Werkes, der EVG, das er zutiefst auch als das seine betrachtet hat.

[157] **Schneewittchen und die sieben Zwerge** Westdeutsches Tageblatt, 30. 9. 1954

„... Gegenwärtig gibt es noch ungenützte Möglichkeiten zur Erreichung eines Abkommens in der Frage der Wiedervereinigung Deutschlands unter gebührender Berücksichtigung der rechtmäßigen Interessen des deutschen Volkes und über die Durchführung von gesamtdeutschen freien Wahlen zu diesem Zweck im Jahre 1955. Solche Möglichkeiten sind vorhanden, wenn das Haupthindernis, das jetzt auf dem Wege der Wiedervereinigung Deutschlands steht – die Pläne der Remilitarisierung Westdeutschlands und seiner Einbeziehung in militärische Gruppierungen – beseitigt sein wird. ...

Um ein Übereinkommen über die Durchführung dieser Wahlen zu erleichtern, hält es die Sowjetregierung für möglich, ... sich über die Einrichtung einer entsprechenden internationalen Aufsicht über die Durchführung der gesamtdeutschen Wahlen zu einigen. Hierbei darf kein Teil Deutschlands durch irgendwelche Bedingungen von Separatabkommen über seine Teilnahme an militärischen Gruppierungen gebunden sein. ...

Die Durchführung gesamtdeutscher freier Wahlen und die Wiederherstellung der Einheit Deutschlands würden auch die notwendigen Voraussetzungen für den Abschluß eines Friedensvertrages mit Deutschland schaffen, der die Unabhängigkeit, Souveränität und Gleichberechtigung eines einheitlichen Deutschlands endgültig verankern würde. Der Friedensvertrag würde einem einheitlichen Deutschland auch das Recht geben, über eigene nationale Streitkräfte zu verfügen, die für die Gewährleistung der Sicherheit Deutschlands und seiner Grenzen notwendig sind. ..."[32] [158]

Die Sowjetunion hob das Gewicht der zu treffenden Entscheidung dadurch hervor, daß sie erklärte, „die Ratifizierung der Pariser Abkommen (sei) mit der Wiederherstellung Deutschlands als einheitlicher, friedliebender Staat nicht zu vereinbaren" und der Bundestag übernehme „im Falle der Ratifizierung der Pariser Abkommen ... die schwere Verantwortung für das Fortbestehen der Spaltung Deutschlands". Sie entwertete jedoch ihren Vorstoß dadurch, daß sie Westeuropäische Union und NATO als „aggressive militärische Gruppierungen" bezeichnete und in ihnen „abenteuerliche Pläne der Vorbereitung eines neuen Krieges" wirksam sah. [159] Auch das Angebot nationaler Streitkräfte und der Einbeziehung des wiedervereinigten Deutschlands in ein „System der kollektiven Sicherheit in Europa" erschien sowohl unter allgemeinpolitischen wie auch unter sicherheitspolitischen Gesichtspunkten wenig verlockend. Die Bereitschaft schließ-

Ganzes einschließlich seiner Wiedervereinigung, für den Abschluß eines Friedensvertrages. Die Alliierten blieben damit auch in der Verantwortung für Deutschland und identifizierten sich vertraglich mit dem politischen Ziel der Bundesrepublik, auf friedlichem Wege die Wiedervereinigung Deutschlands herbeizuführen. Eine Vorausbindung des wiedervereinigten Deutschlands in die Westintegration war nicht mehr Vertragsbestandteil.

Mit dem Tag der Unterzeichnung der Pariser Verträge setzte das Ringen um die Ratifizierung ein. Die Sowjetunion versuchte mit einer ganzen Reihe von Aktionen auf diesen Prozeß Einfluß zu nehmen, indem sie erneut Wiedervereinigung und Friedensvertrag als Gegenleistung für einen Verzicht auf die Remilitarisierung anbot. Ihren Höhepunkt fanden die Gegeninitiativen der Sowjetunion in der Erklärung zur Deutschlandfrage vom 15. Januar 1955:

lich, neben den „guten Beziehungen der Sowjetunion zur DDR ... auch die Beziehungen zwischen der UdSSR und der Deutschen Bundesrepublik zu normalisieren", also diplomatische Beziehungen aufzunehmen, machte die sowjetische Wiedervereinigungsinitiative vollends unglaubwürdig. [160]

Bundeskanzler Adenauer nahm wenige Tage später in einer Rundfunkansprache zur sowjetischen Deutschlanderklärung Stellung. Er hob dabei besonders den inneren Widerspruch zwischen dem sowjetischen Angebot einer Wiedervereinigung Deutschlands und einer Normalisierung der Beziehungen zur Bundesrepublik hervor und bezeichnete es als realitätsfremd zu glauben, „die Bundesrepublik könne in diesem Stadium, in dem sie sich jetzt befindet, d. h. besetzt, unfrei und machtlos, mit Sowjetrußland erfolgreiche Verhandlungen über die Wiedervereinigung Deutschlands in Frieden und Freiheit führen". Er bekräftigte seine Überzeugung, daß erst nach dem „Zusammenschluß der freien Völker des Westens, einschließlich Deutschlands ... aussichtsreiche und vernünftige Verhandlungen gepflegt werden können".[33] [161]

Eben diese Zukunftshoffnungen vermochten die Gegner der Pariser Verträge, die sich in der Paulskirchenbewegung zusammengefunden hatten, nicht zu teilen. Im „Deutschen Manifest" vom 29. 1. 1955 riefen sie „aus ernster Sorge um die Wiedervereinigung Deutschlands ... zu entschlossenem Widerstand gegen die sich immer stärker abzeichnenden Tendenzen einer endgültigen Zerreißung unseres Volkes" auf:

„... Die Aufstellung deutscher Streitkräfte in der Bundesrepublik und in der Sowjetzone muß die Chancen der Wiedervereinigung für unabsehbare Zeit auslöschen und die Spannung zwischen Ost und West verstärken. Eine solche Maßnahme würde die Gewissensnot großer Teile unseres Volkes unerträglich steigern. Das furchtbare Schicksal, daß sich die Geschwister einer Familie in verschiedenen Armeen mit der Waffe in der Hand gegenüberstehen, würde Wirklichkeit werden.

In dieser Stunde muß jede Stimme, die sich frei erheben darf, zu einem unüberhörbaren Warnruf vor dieser Entwicklung werden ...

[158]   »Es hat wirklich niemand geklopft – Liebling!«   Frankfurter Rundschau, 18. 1. 1955

[159]

Tägliche Rundschau (Berlin-Ost), 10. 5. 1955

Die Pariser Verträge als Grundlage der Aggression: Adenauer auf dem reichlich maroden Reichsadler im Begriff, gen Osten aufzubrechen – versehen mit den für die Kennzeichnung des Monopolkapitalismus üblichen Symbolen: Stahlhelm, Schwert, Hakenkreuz, Dollar- und Pfundzeichen.

Die Verständigung über eine Viermächtevereinigung zur Wiedervereinigung muß vor der militärischen Blockbildung den Vorrang haben. Es können und müssen die Bedingungen gefunden werden, die für Deutschland und seine Nachbarn annehmbar sind, um durch Deutschlands Wiedervereinigung das friedliche Zusammenleben der Nationen Europas zu sichern.

Der Wolf zu Rotkäppchen: „Sieh nur, die schönen Blumen."

[160]

Hamburger Anzeiger, 17. 1. 1955

Nach der Souveränitätsverleihung an die DDR zielt die Sowjetunion darauf ab, diplomatische Beziehungen zur Bundesrepublik herzustellen. Die Theorie vom völkerrechtlichen Ende des Deutschen Reiches und von der Existenz zweier Nachfolgestaaten ohne völkerrechtliche Verbindung zum Deutschen Reich wird aufgebaut.

An dem Tisch läßt sich's endlich mit Aussicht auf Erfolg verhandeln!

[161]

Die Rheinpfalz, 30. 3. 1955

Wird das mit den Pariser Verträgen erreichte Machtgewicht des Westens die westliche Verhandlungsposition verbessern? Werden jetzt „aussichtsreiche und vernünftige Verhandlungen gepflegt werden können"? Oder wird „durch die Ratifizierung der Pariser Verträge die Tür zu Viermächteverhandlungen über die Wiederherstellung der Einheit Deutschlands in Freiheit zugeschlagen"?

[162]

Prophete links, Prophete rechts – der Michel in der Mitten.

Badisches Tageblatt, 4. 2. 1955

Das deutsche Volk hat ein Recht auf seine Wiedervereinigung!"[34] **[162]**

Ungeachtet dieses eindringlichen Aufrufes fanden die Pariser Verträge im Bundestag am 27. 2. 1955 eine große Mehrheit – nachfolgend in den Bundestagswahlen von 1957 eine eindrucksvolle Bestätigung: Die CDU/CSU gewann die absolute Mehrheit – und traten am 5. 5. 1955 in Kraft. Die Bundesrepublik gewann ihre Souveränität und wurde Mitglied der Westeuropäischen Union und der NATO. Würde sich Adenauers Hoffnung erfüllen, würde „das stärkste Bündnis der Geschichte … uns die Wiedervereinigung bringen"? (vgl. oben S. 84) **[163]**

Die Genfer Gipfelkonferenz 1955: Genfer Direktive

Ungeachtet der sowjetischen Androhung, daß „eine Ratifizierung der Pariser Abkommen… Verhandlungen zwischen den vier Mächten über die Vereinigung Deutschlands gegenstandslos machen" werde[35], kam es im Juli 1955 auf der Genfer Konferenz der vier Regierungschefs zu Verhandlungen über die Deutschlandfrage und dabei zur Verabschiedung einer an die vier Außenminister gerichteten Direktive, die kurzzeitig noch einmal große Hoffnungen erweckte, weil hier die Wiedervereinigung Deutschlands in einem realistischen Denkzusammenhang angesprochen wurde. **[164]** Die vier Regierungschefs anerkannten „das unveräußerliche Recht aller Nationen", also auch der deutschen, „auf individuelle und kollektive Verteidigung". Ein Sicherheitspakt für Europa wurde ins Auge gefaßt und, mit ihm verbunden, auch die Wiedervereinigung Deutschlands angesprochen:

„Die Regierungschefs sind in Erkenntnis ihrer gemeinsamen Verantwortung für die Regelung des deutschen Problems und der Wiedervereinigung Deutschlands mittels freier Wahlen übereingekommen, daß die Lösung der deutschen Frage und die Wiedervereinigung Deutschlands im Einklang mit den nationalen Interessen des deutschen Volkes und den Interessen der europäischen Sicherheit herbeigeführt werden soll."[36]

Die Genfer Direktive klang außerordentlich hoffnungsvoll: Die vier

Regierungschefs bekannten sich darin zu ihrer gemeinsamen Verpflichtung, die Einheit Deutschlands wiederherzustellen; sie legten sich auf das Wiedervereinigungsverfahren fest: freie Wahlen; sie verknüpften die Wiedervereinigungsfrage mit der Sicherheitsfrage und sprachen allen Staaten das individuelle und kollektive Verteidigungsrecht zu. Die politisch sterile Linie der Westmächte, Wiedervereinigung von Sicherheit zu trennen, war verlassen worden; aus der Abfolge – erst Wiedervereinigung Deutschlands, dann Vereinbarungen über Sicherheit – war ein Junktim geworden: Beide Fragen sollten gleichzeitig gelöst werden. Für die Lösung des Sicherheitsproblems gab es eine ganze Reihe sinnvoller Anregungen: Gewaltverzichtsabkommen, Begrenzung und Kontrolle der Streitkräfte und der Rüstungen, Einrichtung einer militärisch verdünnten Zone zwischen Ost und West u.ä.m. Mit der Genfer Direktive schien eine realistische Grundlage für aussichtsreiche Verhandlungen gelegt. [165]

Die von der Genfer Konferenz der Regierungschefs erweckten Hoffnungen bestanden allerdings nur kurze Zeit: Schon auf der Rückreise der sowjetischen Delegation

[163]

New York Times, 23. 1. 1955

Der sowjetische Protest gegen die Bewaffnung der Bundesrepublik im Widerspruch zu sich selbst: Seit 1948 besteht eine Kasernierte Volkspolizei, die auch über schwere Waffen – Panzer und Artillerie – verfügt. Seit 1950/51 werden See- und Luftstreitkräfte aufgebaut. Ende 1952 umfaßt die KVP mehr als 100 000 Mann. Ihre Umbenennung in Nationale Volksarmee erfolgt im Januar 1956. Dieser Prozeß vollzieht sich, bevor es einen einzigen Bundeswehrsoldaten gibt.

wurde in Reden und Erklärungen in Ost-Berlin und vollends dann in Moskau deutlich, daß die sowjetischen Politiker der Genfer Direktive eine Auslegung gaben, die nur sehr eingeschränkt mit deren Wortlaut vereinbar war.

Für die Lösung des Sicherheitsproblemes wurde nicht von den bestehenden Bündnissen – der Westeuropäischen Union und der NATO einerseits und dem seit Mai 1955 bestehenden Warschauer Pakt andererseits – ausgegangen, sondern von „der Liquidierung der bestehenden militärischen Gruppierungen der Staaten und der Schaffung eines wirksamen Systems der kollektiven Sicherheit". Alle europäischen Staaten, aber auch die USA, sollten sich in einem einzigen Sicherheitspakt miteinander verbünden und für den Konfliktfall vereinbaren, dem angegriffenen Staat mit allen zur Verfügung stehenden Mitteln gemeinsam zu Hilfe zu kommen. An der geschlossenen Front aller Vertragspartner müßte jeder Überfall eines einzelnen binnen kurzem zerbrechen. Die kollektive Aggressionsabwehr würde aber nicht nur den schließlichen Sieg über den Angreifer verbürgen, sondern den Angriff selbst verhindern, weil sein Scheitern unabwendbar war. Dieses Sicherheitsprogramm war in

[164] **TURNING A NEW PAGE ?**

(c) Solo/Bulls Pressedienst
The Manchester Guardian, 29. 7. 1955

Die Genfer Konferenz der vier Regierungschefs im Juni 1955 ist als Konferenz des Lächelns in die Geschichte eingegangen. Sie hat ein anderes Verhandlungsklima als die Berliner Außenministerkonferenz gut ein Jahr zuvor. Weitere Begegnungen der Staatsmänner werden in Aussicht genommen. Beginnt tatsächlich eine neue Ära in den Ost-West-Beziehungen? Und wird davon das Deutschlandproblem positiv beeinflußt?

Straßenräuber

Zeichnung: StN-Munz

[165]

Weser-Kurier, 5. 4. 1955

In Deutschland selbst geht der Teilungsprozeß weiter. Zu seinen Merkmalen gehören auch die Straßenbenutzungsgebühren, die der westdeutsche Besucher in der DDR zu entrichten hat. Sie bestehen seit 1951 und werden im Juni 1955 erhöht.

gen um Sicherheit unterlaufen, gleichsam positiv unterlaufen wollte. Stillstand in der Sicherheitsfrage gewährleistete ja auch, daß in der Deutschlandfrage keine Veränderung im Sinne der Genfer Direktive eintrat.

Die Sowjetunion rückte aber nicht nur indirekt von der in Genf festgestellten „Verantwortung für die Wiedervereinigung Deutschlands" ab; sie tat es auch direkt, indem an die Stelle der Verantwortung der vier Mächte die Verantwortung der Deutschen selbst gesetzt wurde. In einer Erklärung vor dem Obersten Sowjet verwies Ministerpräsident Bulganin am 4. 8. 1955 darauf, daß hinsichtlich der Wiedervereinigung Deutschlands neben den äußeren „auch innere Bedingungen in Deutschland selbst bestehen, die ebenfalls große Bedeutung bei der Lösung der Frage seiner Zukunft haben":

„In den vergangenen zehn Jahren sind auf dem Territorium Deutschlands zwei selbständige deutsche Staaten entstanden, ... und diese beiden Republiken sind von anderen Ländern als souveräne Staaten anerkannt worden..."

der Theorie ebenso überzeugend wie in der Praxis völlig wirkungslos. Der Einmarsch der Roten Armee in Ungarn 1956 hätte beim Bestehen eines kollektiven Sicherheitsvertrages dessen völlige Wirkungslosigkeit oder aber auch Gefährlichkeit unmittelbar einsichtig gemacht. **[166, 167]** Da nach sowjetideologischer Überzeugung ein sozialistischer Staat nur Verteidigungskriege führt – auch wenn er dem Augenschein nach angreift, hätten alle europäischen Mitglieder des kollektiven Sicherheitsvertrages auf seiten der Sowjetunion gegen Ungarn eingreifen müssen – auch die Westmächte, die doch als imperialistisch-aggressiv gleichzeitig für die ungarische Erhebung ebenso verantwortlich gemacht wurden wie zuvor für den Aufstand des 17. Juni. Würden die Westmächte aber im Sinne der offenbaren Wirklichkeit und getreu ihren Verpflichtungen zugunsten Ungarns intervenieren, dann würde ein neuer Weltkrieg ausgelöst werden. So mußte der kollektive Sicherheitspakt vor jedem denkbaren Konflikt in Europa entweder schmählich versagen oder aber eine weltpolitische Katastrophe auslösen. Es ist schwer vorstellbar, daß die Sowjetunion vor dem Hintergrund ihres ideologischen Weltbildes – Weltgeschichte als Helden- und Schurkenstück mit fester

Rollenverteilung zu sehen – die Idee des kollektiven Sicherheitspaktes selbst ernst nahm. Viel wahrscheinlicher ist, daß sie auf diese Weise die von der Genfer Direktive ausgehenden Bemühun-

Chruschtschow: Ich werde Ihnen zeigen, wie der Weg zum Sozialismus aussieht

[166]

Hamburger Echo, 25. 10. 1956

Im Oktober 1955 kommt es in Ungarn zu einem Aufstand gegen die stalinistische Herrschaftsordnung, der sich über das ganze Land ausbreitet und alle Bevölkerungsgruppen erfaßt. Die neue Regierung unter dem Reformkommunisten Imre Nagy schafft das Einparteiensystem ab, läßt die Gründung konkurrierender Parteien zu, erklärt den Austritt aus dem Warschauer Pakt und erklärt Ungarn für neutral. Die ungarische Erhebung wird durch die Rote Armee gewaltsam unterdrückt. Etwa 200000 Ungarn fliehen in den Westen.

Schluß mit dem Gewürm!   *Zeichnung: Arndt*

Die ungarische Erhebung im Spiegel des Neuen Deutschland:
Mit der Verwirklichung kommunistischer Herrschaft ist der Wille und der Sinn der Geschichte erfüllt. Die kommunistische Ordnung liegt im Interesse und im (vielleicht noch nicht
erkannten) Willen aller Werktätigen; sie ist die Menschheitsmission des Proletariats. Eine
Erhebung gegen diese Herrschaft ist ideologisch nicht mehr vorgesehen und kann von
daher nur als faschistische Konterrevolution gedeutet werden. Diese niederzuschlagen, ist
historisch notwendig und moralisch gerechtfertigt.

Man muß berücksichtigen, daß sich in diesen beiden Staaten ihrem Wesen nach verschiedene gesellschaftliche und wirtschaftliche Systeme herausgebildet haben.
In der Deutschen Demokratischen Republik sind die Arbeiter und ihre Verbündeten,
die werktätigen Bauern und die Intelligenz
an der Macht, die den Weg des wirtschaftlichen Aufbaus beschritten haben und von
der Richtigkeit des von ihnen gewählten
Weges völlig überzeugt sind. Es ist ganz
verständlich, wenn die Werktätigen der
Deutschen Demokratischen Republik erklären, daß sie ihre Errungenschaften, die
im erwähnten Zeitraum erreicht wurden,
nicht in Gefahr bringen wollen.

Bei der Lösung der Frage der Wiedervereinigung Deutschlands muß man die Ansicht der Deutschen Demokratischen Republik sowie die Ansicht der Deutschen
Bundesrepublik in Betracht ziehen. Mit anderen Worten, man kann diese Frage nicht
ohne Beteiligung der Deutschen selbst lösen."[37]

Mit der „Beteiligung der Deutschen selbst" war natürlich die
Beteiligung der DDR-Regierung
gemeint; denn eine Wiedervereinigung Deutschlands mittels freier
Wahlen, also durch die Deutschen
selbst, lehnte die Sowjetunion als
„eine mechanische Verbindung
seiner beiden Teile" ab. In der Antwort auf ein Memorandum der
Bundesregierung hieß es lapidar:
„Das Gerede über eine Vereinigung Deutschlands durch gesamtdeutsche Wahlen hat keine
realen Grundlagen mehr."[38] **[168,
169]**

Chruschtschow: „Die Annäherung ist eine Angelegenheit der Deutschen selbst!"

[168]   Welt der Arbeit, 7. 10. 1955

'TALKING WITH PIECK AND GROTEWOHL'

„No thanks!"

[169]   New York Times, 25. 9. 1955

Die Wiedervereinigung ist nach Chruschtschow Sache der Deutschen; aber freie gesamtdeutsche Wahlen werden nicht als Sache der
Deutschen angesehen, sondern als „mechanische Verbindung" der beiden Staaten. Wie sollen die Deutschen zu einem gemeinsamen Staat
kommen, wenn nicht durch eine gemeinsame Willensbekundung in freien Wahlen? Ist die DDR-Regierung sowohl handlungsfähig wie auch
handlungswillig, den Weg zur Wiedervereinigung Deutschlands freizugeben?

Zum 110000. Flüchtling in diesem Jahr

[170] *‹Das ganze Volk steht hinter der Regierung der DDR.›* Nationalzeitung/Basel, 8. 10. 1955

Die Fluchtbewegung aus der DDR: jedes Jahr eine Großstadt.

Mit der Formulierung der Zwei-Staaten-Theorie sollte die DDR ins politische Spiel gebracht werden und den Rückzug der Sowjetunion aus der „Verantwortung für die Wiedervereinigung Deutschlands" verdecken. Daß damit auch die Wiedervereinigung selbst abgeschrieben wurde, kann man an den Bedingungen für eine Wiedervereinigung Deutschlands ablesen, die die DDR-Regierung in ei-

DIE REISE SEINES LEBENS

[171]

Nürnberger Nachrichten, 9.9.1955

Adenauers Reise nach Moskau im September 1955 wird vor dem Hintergrund des zurückliegenden Krieges und im Angesicht der bedrückenden Situation in Deutschland als schicksalhaft empfunden.

ner Erklärung vor der Volkskammer aufrichtete: Erst müßten „in Westdeutschland die Herrschaft der Monopolkapitalisten und Großgrundbesitzer gebrochen" und „Sicherungen gegen eine neue Aggression der deutschen Imperialisten und gegen die Ausnutzung von Wahlen zu Agressionszwecken geschaffen" werden, bevor „wirklich freie, demokratische Wahlen in ganz Deutschland möglich" seien[39]. Die von Bulganin beschworene Überzeugung der Werktätigen „von der Richtigkeit des von ihnen gewählten Weges" und der ihnen von der DDR-Regierung unterstellte Wille, „niemals die Errungenschaften preiszugeben, die sie in zehn Jahren harter Arbeit erworben haben", können nicht so ausgeprägt gewesen sein, wenn man vor Augen hat, daß allein 1953 mehr als 331000 Menschen die DDR verlassen haben und daß ihnen in den beiden folgenden Jahren weitere 437000 gefolgt sind. **[170]**

Adenauers Moskaureise im September 1955

Zu den zentralen Aktionen der Sowjetunion im Sinne der Zwei-Staaten-Theorie gehörte die schon Anfang Juni 1955 an Bundeskanzler Adenauer ergangene Einladung zu einem Besuch der sowjetischen Hauptstadt: Die Normalisierung der Beziehungen, die Aufnahme diplomatischer Beziehungen wurde vorgeschlagen. Mit der sowjetischen Einladung waren schwerwiegende Fragen verbunden. **[171]** Man konnte die Einladung nicht ausschlagen; das wäre einem Verzicht auf Politik gleichgekommen. Es mußte das natürliche Interesse sein, in der Sowjetunion als einer der über Deutschland bestimmenden Mächte deutsche Interessen selbst und nicht nur über den Umweg der Westmächte geltend zu machen. Es war aber zu befürchten, daß die Sowjetunion mit der Existenz von zwei deutschen Botschaften die Zwei-Staaten-Theorie demonstrativ zur Schau stellen wollte und nach deren Einrichtung alles versuchen würde, diese Theorie zur allgemeinen Anerkennung zu bringen, d. h. die weltpolitische Iso-

104

lierung der DDR zu durchbrechen und damit die Teilung Deutschlands zu verfestigen. Wenn es bei den Verhandlungen in Moskau nicht gelang, mit der Anbahnung diplomatischer Beziehungen wesentliche Fortschritte in der Wiedervereinigungsfrage zu erreichen, wäre es dann möglicherweise besser, auf diplomatische Beziehungen zu verzichten, um die Deutschlandfrage als weltpolitisches Problem im allgemeinen Bewußtsein zu halten? Die deutsche Politik war jedoch in ihrer Bewegungsfreiheit erheblich eingeengt durch das ungewisse Schicksal von rund 10000 Kriegsgefangenen und von etwa 20000 Zivilinternierten, die in Rußland zurückgehalten wurden und deren Freilassung die Öffentlichkeit als Ergebnis der Moskaureise erwartete. Konnten von daher die Verhandlungen unter deutschlandpolitischen Gesichtspunkten geführt, ggf. auch abgebrochen oder auch nur vertagt werden? Konnte Adenauer ohne die Kriegsgefangenen zurückkehren? Der nordrhein-westfälische Ministerpräsident hatte Adenauer mit auf den Weg gegeben: „Herr Bundeskanzler, auf keinen Fall können Sie ohne die Kriegsgefangenen nach Hause kommen. Das hält das deutsche Volk nicht aus." Adenauer selbst bezeichnete „die Befreiung der in der Sowjetunion noch zurückgehaltenen Deutschen … (als) einen der stärksten Beweggründe, die Reise anzutreten". **[172]**

Der Besuch in Moskau machte deutlich, daß die moralische Bindung des Bundeskanzlers an die deutschen Kriegsgefangenen einen großen taktischen Vorteil für die sowjetische Verhandlungsführung bedeutete. Zwar war es bei der inhaltlichen Vorbereitung des Moskaubesuches gelungen, die Frage der nationalen Einheit Deutschlands in der Tagesordnung zu verankern; aber im tatsächlichen Verlauf der Konferenz trat die Kriegsgefangenenfrage deutlich in den Vordergrund, und Adenauers eindringlicher Appell an die Sowjetunion in seiner Eröffnungserklärung, im Sinne der Genfer Direktive eine Wiedervereinigung Deutschlands zu ermögli-

chen, blieb ohne jede Wirkung. Die Kriegsgefangenenfrage bekam dadurch, daß die Sowjetunion sie als Kriegsverbrecherfrage behandelte, eine so große Bedeutung, entsprechend ihr schließlich Zugeständnis, die Kriegsgefangenen freizugeben, ein so hohes Gewicht, daß dahinter das Problem der Wiedervereinigung Deutschlands fast verborgen werden konnte. Die Art und Weise, wie der mit der moralischen Bindung des Bundeskanzlers verbundene taktische Vorteil in der sowjetischen Verhandlungsführung ausgeschöpft wurde, war eindrucksvoll. Das Ausbleiben jeglichen Fortschritts in der Wiedervereinigungsfrage (die von der Sowjetunion gemäß ihrer neuen taktischen Linie zu einer Sache der Deutschen selbst erklärt wurde) wurde Adenauer dadurch versüßt – auch dieses ein geschickter Schachzug, der auf Adenauers politische Vorstellungswelt abzielte –, daß Chruschtschow China ins Spiel brachte:

„Rotchina hat jetzt schon über 600 Millionen Menschen. Jährlich kommen noch 12 Millionen dazu. Alles Leute, die von einer Handvoll Reis leben. Was soll daraus werden? … Wir können diese Aufgabe nicht lösen. Aber es ist sehr schwer. Darum bitte ich Sie, helfen Sie uns, mit Rotchina fertig zu werden."

Wie sehr Chruschtschow damit Adenauers Vorstellungswelt ge-

troffen hatte, wird aus dessen Worten deutlich: „Ich dachte mir: Lieber Freund, du wirst eines Tages ganz zufrieden sein, wenn du im Westen keine Truppen mehr zu unterhalten brauchst!" Eine durchaus hoffnungsvolle Zukunftsperspektive, die sich nutzbringend für die Wiedervereinigung Deutschlands auswirken würde, ließ die Gegenwart weniger düster erscheinen. Bundeskanzler Adenauer suchte die Position der Bundesrepublik dadurch zu sichern, daß er die Aufnahme diplomatischer Beziehungen zur Sowjetunion unter den doppelten Vorbehalt stellte, weder den derzeitigen territorialen Besitzstand anzuerkennen (die Festlegung der Grenzen Deutschlands sei Sache des Friedensvertrages) noch den Rechtsstandpunkt in der Frage der politischen Vertretung des ganzen deutschen Volkes in den internationalen Angelegenheiten aufzugeben.[40] **[173, 174]**

Die Hallstein-Doktrin

Die düstere Gegenwart ließ sich wenige Tage nach Abschluß von Adenauers Moskaureise daran erkennen, daß eine Regierungsdelegation der DDR in Moskau empfangen wurde. Der hier vereinbarte Vertrag über die gegenseitigen Beziehungen sprach der DDR

[172] *Heißes Duell mit frostigem Lächeln*   Die Rheinpfalz, 12.9.1955

Die Verhandlungspartner von Moskau und ihre gegensätzlichen Interessen. ————

„Hast du mir etwas Schönes mifgebracht?"

[173]   Rhein-Neckar-Zeitung, 12. 9. 1955

ung. Zwei deutsche Botschaften in Moskau hielten diesen Eindruck auch fernerhin wach. Die Bundesregierung suchte der möglichen negativen Wirkung auf das Verhalten dritter Staaten in der deutschen Frage dadurch zu begegnen, daß sie die Hallstein-Doktrin aufbaute: Die Aufnahme diplomatischer Beziehungen zur demokratisch nicht legitimierten DDR-Regierung wurde als unfreundlicher Akt gegen die nationalen Interessen des deutschen Volkes bezeichnet und unter Sanktionsandrohung gestellt. Auf diese Weise sollte die politische Isolierung der DDR aufrechterhalten und eine allgemeine völkerrechtliche Verankerung der Teilung Deutschlands verhindert werden. Als Jugoslawien 1957 die DDR diplomatisch anerkannte, antwortete die Bundesregierung mit dem Abbruch der diplomatischen Beziehungen. **[176]**

[174]   „Just another of these retreata from Moscow."   New York Times, 18. 9. 1955

Die Bewertung der Verhandlungsergebnisse von Moskau ist zwiespältig. In der Bundesrepublik wird die Befreiung der Kriegsgefangenen und die Aufnahme diplomatischer Beziehungen eher als Erfolg gewertet. Im westlichen Ausland wird dieses Ergebnis eher als dürftig angesehen: außer einem Versprechen für die Kriegsgefangenen habe Adenauer nichts mitgebracht, während die Sowjetunion mit der Aufnahme diplomatischer Beziehungen im Sinne der Zweistaatentheorie in Westdeutschland Fuß gefaßt habe.

erneut die Souveränität zu und damit (unbeschadet der fortbestehenden Viermächte-Kompetenz für Deutschland) das Recht, sowohl in der Innen- wie in der Außen- und in der Deutschlandpolitik nach eigenem Ermessen frei zu entscheiden. **[175]** Durch den unmittelbar aufeinanderfolgenden Empfang von zwei deutschen Regierungsdelegationen brachte Moskau die Zwei-Staaten-Theorie der Weltöffentlichkeit gegenüber unmißverständlich zur Anschau-

Die Genfer Direktive in der westlichen Politik

Die Genfer Direktive der vier Regierungschefs vom 23. 7. 1955 verstand sich als Anweisung an die vier Außenminister, auf der Grundlage der in ihr formulierten Prinzipien Problemlösungen zur Wiedervereinigung Deutschlands und zur europäischen Sicherheit zu suchen. **[177]** Auf der nachfolgenden Genfer Außenministerkonferenz legten die drei Westmächte einen revidierten Eden-Plan vor: Der im Januar 1954 der Berliner Konferenz unterbreitete Plan zur Wiederherstellung der Einheit Deutschlands (vgl. oben S. 95) blieb substantiell unverändert; ihm wurde aber entsprechend der Genfer Direktive ein Zusicherungsvertrag an die Seite gestellt, der Vorschläge für die Lösung des Sicherheitsproblems enthielt. Zu diesen Vorschlägen zählten neben einem Gewaltverzichtsvertrag insbesondere die Einrichtung einer militärisch verdünnten Zone, die an der Ostgrenze des wiedervereinigten Deutschlands ihre Achse haben sollte. Die militärisch verdünnte Zone sollte beiderseits der Achse „Gebiete von vergleichbarer Größe, Tiefe und Bedeutung umfassen". Für sie sollten Beschränkungen der Streitkräfte und der Rüstungsgüter, zugleich auch ein Überwachungssystem vereinbart werden. Zusätzlich wurde die Einrichtung eines Radar-Warnsystems gegen Überraschungsangriffe vorgeschlagen, wobei die östlichen bzw. westlichen Radaranlagen im jeweils anderen Teil der militärisch verdünnten Zone aufgestellt werden sollten.[41] [178]

Die Sowjetunion hat sich auf eine Diskussion des revidierten Eden-Planes nicht eingelassen, also auch nicht versucht, ihn den eigenen Interessen entsprechend in Einzelheiten zu verbessern. Daran wird deutlich, daß sie das Genfer Junktim von Wiedervereinigung und Sicherheit als Prinzip der Problemlösung nicht mehr akzeptierte. Eine Wiedervereinigung Deutschlands durch – wie Molotow sich ausdrückte – „sogenannte freie Wahlen" wurde als „mechanische Verschmelzung der beiden Teile Deutschlands" abgelehnt und der Weg zur Wiedervereinigung an Vereinbarungen zwischen den beiden deutschen Staaten gebunden. [179] Auch die im Zusicherungsvertrag unterbrei-

[175] Ferngesteuert. Ulbricht: „Paß auf, Otto, er läßt uns bestimmt bald auch Karambolage machen!"

Rheinische Post, 24. 9. 1955

Der Zeichner erwartet aus der sowjetischen Zweistaatentheorie und der damit verbundenen politischen Erhöhung der DDR eine Verschlechterung der Problemlage in Deutschland, besonders eine Verschlechterung der Situation für Berlin.

teten Vorschläge zur Lösung des Sicherheitsproblems wurden zurückgewiesen und ihnen erneut ein kollektiver Sicherheitspakt als Modell entgegengestellt, an dem bis zu einer Wiedervereinigung beide deutsche Staaten beteiligt sein sollten. Damit war deutlich

geworden, daß sich die Politik der Sowjetunion auf gänzlich anderen Bahnen als denen der Genfer Direktive bewegte.

Ungeachtet dieses Tatbestandes operierte die westliche Deutschland- und Sicherheitspolitik in den folgenden Jahren auf der Genfer Linie und suchte die Sowjetunion an die von ihr selbst mitverabschiedete Direktive zu binden. In der „Berliner Erklärung" der drei Westmächte und der Bundesrepublik Deutschland vom 29. 7. 1957 erinnerten diese die Sowjetunion an die „gemeinsame Verantwortlichkeit" der vier ehemaligen Alliierten für die Wiedervereinigung Deutschlands. Um die Sowjetunion auf das Genfer Junktim zurückzuführen, boten sie an, „daß sie im Falle des Beitritts eines wiedervereinigten Deutschlands zur NATO keine militärischen Vorteile aus dem Abzug der sowjetischen Streitkräfte ziehen werden", und kündigten gleichzeitig an, daß sie „keinem Abrüstungsabkommen beitreten werden, das der Wiedervereinigung Deutschlands im Wege stehen würde".[42] Sie unterstrichen diese Haltung 1958 durch die Ablehnung des sogenannten Rapacky-Planes, der in Mitteleuropa eine militärisch verdünnte und zugleich kernwaffenfreie Zone aufbauen wollte, dabei aber

[176] Bombe mit Zeitzünder

Frankfurter Rundschau, 16. 10. 1957

Kann der von Jugoslawien verursachte Einbruch in die deutschlandpolitische Stellung der Bundesrepublik mit Hilfe der Hallstein-Doktrin abgeriegelt werden oder wird Jugoslawiens Verhalten beispielgebend auf dritte Staaten wirken? 1963 folgt Cuba dem jugoslawischen Vorbild und nimmt den Abbruch der diplomatischen Beziehungen durch die Bundesrepublik in Kauf.

'GOODNESS . . . THERE SHE IS AGAIN!'

[177]   New York Times, 6. 11. 1955

Die deutsche Frage als (lästiges) Dauerproblem für die Politik der Großmächte, das deren Außenminister fast verzweifeln läßt (Pinay, Molotow, Dulles, McMillan).

Einrichtung einer militärisch verdünnten Zone mit wechselseitiger Bodenkontrolle, zugleich die Einrichtung einer Inspektionszone gegen Überraschungsangriffe (durch Luftüberwachung oder Radarstationen zu realisieren).

Der westliche Friedensplan kam den sowjetischen Interessen weit entgegen. In der Sicherheitsfrage war die Achse der militärisch verdünnten Zone, zugleich der Inspektionszone gegen Überraschungsangriffe, nicht mehr auf die Ostgrenze des wiedervereinigten Deutschlands festgelegt, vermutlich also mit der innerdeutschen Demarkationslinie identisch. In der Wiedervereinigungsfrage wurde die DDR-Regierung als Verhandlungspartner anerkannt. Der „Gemischte Deutsche Ausschuß", der ein Wahlgesetz ausarbeiten sollte, war zwar nicht paritätisch zusammengesetzt (25:10), aber auch nicht der Bewohnerzahl entsprechend. Zudem konnten die zehn DDR-Vertreter im Ausschuß nicht überstimmt werden: Beschlüsse bedurften einer Dreiviertelmehrheit. Kam es nicht zur Verabschiedung eines gemeinsamen Wahlgesetzes, sollte über alternative Wahlgesetze der beiden Mitgliedergruppen des Gemischten Deutschen Ausschusses abgestimmt werden.

von der Teilung Deutschlands ausging und mit den Sicherheitsvorkehrungen keine Schritte zur Überwindung der Teilung Deutschlands verband.[43] [180]

Ihren Höhepunkt fand die westliche Politik der Genfer Linie im Jahre 1959. Auf einer erneuten Genfer Außenministerkonferenz (die im Gefolge einer neuen sowjetischen Deutschlandinitiative stand, vgl. hierzu weiter unten) legten die drei Westmächte einen Plan vor, der Wiedervereinigung Deutschlands, europäische Sicherheit und Friedensregelung miteinander verknüpfte. Dieser „westliche Friedensplan", nach dem damaligen amerikanischen Außenminister auch „Herter-Plan" genannt, war eine Weiterentwicklung des revidierten Eden-Planes. Es handelte sich um einen auf einen mehrjährigen Vollzug angesetzten Stufenplan, der vier Schritte zur Wiederherstellung der Einheit Deutschlands einschließlich eines Friedensvertrages mit vier Schritten zur Gewährleistung von Sicherheit durch Abrüstungs- und Kontrollmaßnahmen miteinander verband. Die

Sicherheitsmaßnahmen waren weitreichend. Sie sahen eine auf die Gesamtrüstung bezogene, territorial umfassende, also die USA und die Sowjetunion einschließende und gegenseitig kontrollierte Abrüstung vor, in Europa die

[178]   Gelingt das Kunststück?   Main-Post, 27. 10. 1955

Der revidierte Eden-Plan verknüpft im Sinne der Genfer Direktive die Wiedervereinigung Deutschlands mit der europäischen Sicherheit. Wird die Sowjetunion darauf eingehen?

Hierbei mußten die beiden Teile des deutschen Volkes jeder für sich mehrheitlich dem Wahlgesetzentwurf zustimmen. Es gab also keine Überstimmung der DDR durch die große Zahl der Westdeutschen – weder im Gemischten Deutschen Ausschuß noch in der nachfolgenden Abstimmung über alternative Wahlgesetze. Die Wahlen zur Wiedervereinigung Deutschlands standen zudem am Ende des Prozesses; die Sowjetunion konnte also sicher sein, daß die Sicherheitsmaßnahmen der vorangegangenen Stufen bereits verwirklicht waren, ihr also die DDR als Faustpfand in Deutschland nicht ohne Gegenleistung aus der Hand gewunden wurde. Wenn es der Sowjetunion wirklich um Sicherheit ging und wenn es der Sowjet- und der DDR-Regierung mit ihrer Versicherung ernst war, daß die Staats- und Gesellschaftsordnung der DDR auf dem einhelligen Willen der Bevölkerung beruhe, dann konnte der Herter-Plan nicht eigentlich abgelehnt werden. Er ermöglichte nichts Geringeres als das jede Wiedervereinigungsproblematik

Sturmwolken...

[179]

Die Welt, 12. 11. 1955

Eine demokratische Wiedervereinigung ohne die „Mechanik" freier Wahlen ist nicht möglich.

Entspannungsbaustelle Bonn

„Daran hochsteigen? – nee, Erich, dat Experiment is mir denn doch zu riskant!"

Bundeskanzler Adenauer widersetzt sich dem Rapacky-Plan, weil dieser die Sicherheitsfrage von der Deutschlandfrage abtrennt und damit die Teilung Deutschlands verfestigt. SPD und FDP sehen den Rapacky-Plan wesentlich positiver.

[180]

Deutsche Zeitung und Wirtschaftszeitung, 25. 1. 1958

abschließende Bekenntnis der Deutschen in der DDR zu einem eigenen Wahlgesetz und damit zu einem eigenen Staat. Die Tatsache, daß die Sowjetunion den Herter-Plan grundsätzlich verwarf und sich nicht um Detailverbesserung bemühte, ist ein deutliches Zeichen dafür, daß sie sich in ihrer Sicherheit nicht mehr ernsthaft bedroht sah und von daher auch nicht mehr bereit war, zusätzliche Sicherheit um den Preis des bei freien Wahlen zu erwartenden Verlustes der DDR aus der eigenen Machtsphäre zu gewinnen.[44] [181, 182]

Eine deutsche Konföderation

Die nunmehr ebenso eindeutig wie entschlossen auf die Teilung Deutschlands ausgerichtete Politik von Sowjetunion und DDR wurde in nationale Bekenntnisse und Vorschläge eingehüllt. Ulbricht trug am 30. 1. 1957 in einer Rede vor dem Zentralkomitee der SED sogar einen Wiedervereini-

[181]

Die Welt,
12.5.1959

Siehst du den Hut dort auf der Stange?

Wilhelm Tell (Außenminister Herter) und Sohn Walter (Außenminister v. Brentano) auf dem Weg nach Genf. Frießhardt (Außenminister Gromyko) besteht darauf, daß dem Geßlerhut (Ulbricht) Reverenz (Anerkennung der DDR) zu erweisen ist.

Mal „Hott" rechts, dann „Hü" links – aber „Hü-Hott" gemeinsam?

[183]   Frankfurter Allgemeine Zeitung, 12.3.1958

Enthält Ulbrichts Konföderationsvorschlag reale Chancen für eine Wiedervereinigung Deutschlands? Ist eine Konföderation der beiden deutschen Staaten denkbar?
1970 wird der Vorsitzende des DDR-Ministerrates, Willi Stoph, zu Bundeskanzler Brandt sagen: „Bei der DDR und der BRD handelt es sich … um Staaten mit unterschiedlicher, ja gegensätzlicher gesellschaftlicher Ordnung. Zwischen der DDR, wo das werktätige Volk Eigentümer der Produktionsmittel ist und alle Macht in den Händen hat, und der BRD, wo das Rüstungs- und Bankkapital herrscht, wo die großen Monopole über alle Reichtümer der Gesellschaft verfügen und den entscheidenden Einfluß auf die Politik ausüben, kann es kein „inneres" Verhältnis geben. Zwischen Sozialismus und Kapitalismus ist – welches Gebiet des gesellschaftlichen Lebens man auch immer betrachten mag – eine Mischung nicht möglich." Und Erich Honecker wird bei seinem Bonn-Besuch im September 1987 sagen, Kapitalismus und Sozialismus verhielten sich zueinander wie Feuer und Wasser. – Eine Konföderation ist ohne Fundamentalverwandlung der Herrschaftsorganisation in einem der beiden Staaten nicht möglich. Entsprechend enthält Ulbrichts Konföderationsvorschlag eine Fülle von für die Bundesrepublik unannehmbaren Bedingungen.

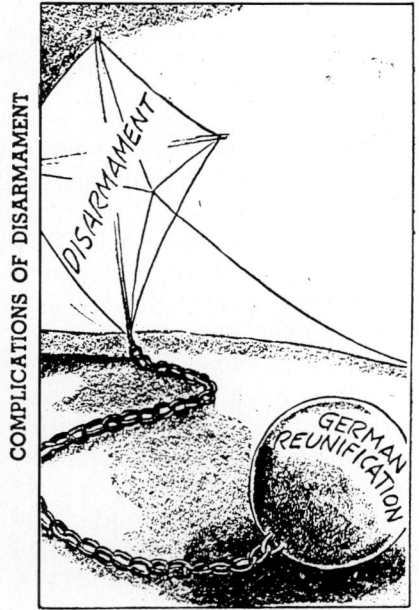

COMPLICATIONS OF DISARMAMENT

DISARMAMENT

GERMAN REUNIFICATION

"Air lift."

[182]   New York Times, 7.7.1957

Kann die taktische Linie, Sicherheits- und Abrüstungsvereinbarungen an die Wiedervereinigung Deutschlands zu binden, auf die Länge der Zeit aufrechterhalten werden? Werden die Westmächte auf Dauer gewillt sein, mögliche Sicherheitsvereinbarungen oder Abrüstungsmaßnahmen auszuschlagen, wenn nicht zugleich das Deutschlandproblem im Sinne der Wiedervereinigung gelöst wird? Können sich die Deutschen selbst an dieses Junktim binden?

gungsvorschlag vor und sprach hierbei von der „nationalen Sehnsucht unseres Volkes nach Wiedervereinigung". Eine Konföderation der beiden deutschen Staaten sollte als vorläufige Zwischenstufe zur Wiedervereinigung Deutschlands ins Leben gerufen werden. Gleichzeitig aber wurden Bedingungen aufgelistet, die schon die Verwirklichung der Konföderation, also der Zwischenstufe, ausschlossen. Zu diesen gehörten ebenso außenpolitische – wie z.B. Austritt der Bundesrepublik aus der NATO und Abschluß eines kollektiven europäischen Sicherheitspaktes – wie sozialpolitische – z.B. „Aufhebung des Betriebsverfassungsgesetzes" und „Herstellung der vollen Rechte der Arbeiter einschließlich der Arbeiterkontrolle in den Großbetrieben". Einer demokratisch gewählten Volksvertretung von außen die Inhalte der Gesetzestätigkeit vorzuschreiben, markierte einen ungewöhnlichen Anspruch. Die Unbestimmtheit und damit willkürliche Auslegbarkeit der sich anschließenden Forderungen – „Herstellung der vollen Rechte der Arbeiter" wie auch „Herstellung der vol-

len demokratischen Rechte der werktätigen Bauern" oder auch „Aufhebung aller Maßnahmen des Finanzkapitals, die den Mittelstand benachteiligen" – machen deutlich, daß dem Konföderationsvorschlag keinerlei Realitätswert zukam. **[183]** Wenn Ulbricht in ihm die Überzeugung vertritt, daß „nur das Proletariat … die Wiedervereinigung des Landes im Einklang mit den wahren Interessen der Nation durchsetzen kann", dann ist das gleichbedeutend damit, daß ein wiedervereinigtes Deutschland nur als Parteiherrschaft der SED gedacht wird, denn nur sie verkörpert die „wahren Interessen der Nation". „Wahre Interessen" sind ideologisch definierbar und ergeben sich aus dem vermeintlichen Willen der Geschichte; realer Legitimation in offenen demokratischen Entscheidungsprozessen bedürfen sie nicht.[45] [184] Hermann Matern, Politbüromitglied der SED, drückte im Neuen Deutschland den Sachverhalt viel unverhüllter aus:

„Die Staatsmacht in den Händen zu haben, das ist eine große Sache … Wir denken nie daran, die Arbeiter- und Bauernmacht wieder aufzugeben … und wenn wir einmal die Macht in ganz Deutschland erobert haben, sollen wir dann vielleicht erlauben, daß uns die Bourgeoisie und ihre Parteien mit dem Stimmzettel die Macht wieder wegnehmen könnten? Dann wären wir doch Trottel!"[46] [185, 186]

Das Berlin-Ultimatum vom 27. 11. 1958

Auch die Sowjetunion wollte nicht zu den „Trotteln" gehören, die dazu beitrugen, die „wahren Interessen des Volkes" in der DDR zu

[184] Frühjahrsbestellung beendet Die Welt, 22. 4. 1960

Zu den ideologisch definierten Interessen des Volkes gehört auch eine kollektivierte Landwirtschaft: 1952 auf der 2. Parteikonferenz beschlossen und begonnen, nach schweren Rückschlägen 1953 zeitweilig zurückgestellt, wird sie im Frühjahr 1960 innerhalb weniger Monate gegen den teilweise erbitterten Widerstand der bäuerlichen Bevölkerung durchgesetzt.

Nach den Wahlen in der Sowjetzone

Führer, wir folgen dir Zeichn.: Peter Klipp

[185] Ruhr-Nachrichten, 20. 10. 1954

Wahlen in
der Sowjetzone Westberlin!

[186] Neue Zeitung, 7. 12. 1954

Wahlen haben in der DDR eine andere Funktion als in der Bundesrepublik. Es geht nicht um die Entscheidung zwischen miteinander konkurrierenden politischen Programmen für eine begrenzte Zeitspanne staatlichen Handelns, sondern um die plebiszitäre Bestätigung der mit dem Sieg der Arbeitsklasse ein für allemal getroffenen politischen Fundamentalentscheidung, damit um die vertrauensvolle Zustimmung zur Politik der Arbeiterklasse und ihrer Avantgarde, der proletarischen Partei. Da diese sich als Sachwalter der wahren Interessen des Volkes versteht, historisch legitimiert ist, entsteht ein unabweisbarer ideologischer Zwang zu 99 %-Wahlen. Bei den Volkskammerwahlen im Oktober 1954 erreicht die Einheitsliste eine Zustimmung von 99,9 %; bei den Wahlen zum West-Berliner Abgeordnetenhaus im Dezember 1954 erreicht die SED 2,7 %.

E.M. LANG — Berlin 1958

[187]   Süddeutsche Zeitung, 16.6.1958

Die exponierte Lage (West-)Berlins: im Machtbereich der Sowjetunion gelegen, militärisch von den Westmächten nicht zu verteidigen, nur mühsam von der Bundesrepublik aus zu versorgen – in seiner Existenz eine permanente Anfechtung der SED-Herrschaft, zugleich ein Mahnmal für die deutsche Frage und eine Sperre gegen einseitige Lösungen dieser Frage, Seismograph für Veränderungen in der Deutschlandpolitik.

gefährden. 1958 setzte sie zu einer großen Offensive in der deutschen Frage an. Sie schlug vor, West-Berlin in eine freie, entmilitarisierte – also von den westlichen Besatzungstruppen zu räumende – Stadt zu verwandeln. **[187]** Für die Verhandlungen über den Abzug der westlichen Truppen, über die Einrichtung des neuen politischen Status von West-Berlin und über Vereinbarungen mit der DDR-Regierung für den Zugang nach West-Berlin wurde eine Frist von sechs Monaten gesetzt. Andernfalls würden nach Ablauf der Frist der DDR-Regierung in einseitigem Rechtsakt alle der Sowjetunion

aus den interalliierten Verträgen zustehenden Befugnisse übertragen. **[188]** Das Berlin-Ultimatum, das in eine umfängliche Beweisführung eingebettet war (wonach die Westmächte den Ost-West-Konflikt verursacht, das Potsdamer Abkommen gebrochen, die Spaltung Deutschlands herbeigeführt und damit ihre Anwesenheitsrechte in West-Berlin sowohl politisch und moralisch wie auch rechtlich verwirkt hätten), schloß drohend:

„Nur Wahnsinnige können so weit gehen, daß sie wegen der Aufrechterhaltung der Privilegien der Okkupation in West-Berlin einen neuen Weltkrieg auslösen. Sollten solche Wahnsinnigen tatsächlich auftauchen, so braucht nicht daran gezweifelt zu werden, daß sich für sie Zwangsjacken finden würden." **[189]**

Der nachfolgende Verweis auf die Solidarität des Warschauer Paktes – „jedwede aggressive Aktion gegen irgendeinen Mitgliedsstaat des Warschauer Paktes wird von allen seinen Mitgliedern als ein Überfall auf sie alle betrachtet werden und sofort die entsprechenden Gegenmaßnahmen auslösen" – unterstrich die Drohung, für die Lösung des Berlin-Problems im sowjetischen Sinne sogar das Risiko eines europäischen Krieges einzugehen.

Die Verdrängung der Westmächte aus Berlin sollte die Einverleibung Gesamt-Berlins in die DDR vorbereiten. Zwar hob die sowjetische Note die Unabhängigkeit und Freiheit West-Berlins mit starken Worten hervor; aber die Formulierung:

„West-Berlin würde seinerseits die Verpflichtung übernehmen, auf seinem Gebiet keine feindliche Wühltätigkeit zu dulden, die gegen die DDR oder irgendeinen anderen Staat gerichtet ist"

bot den Ansatz, die Unabhängigkeit West-Berlins zu beseitigen, lag doch die „feindliche Wühltätigkeit" in der Existenz West-Berlins selbst beschlossen: Jede unabhängige Nachrichtensendung des Berliner Rundfunks galt den Herrschaftsträgern der DDR als „feindliche Wühltätigkeit" und konnte damit den Vorwand liefern, den Berlin-Vertrag für hinfällig zu erklären und handstreichartig die nach Chruschtschow „richtigste und natürlichste Lösung dieser Frage" durchzusetzen, nämlich

[188]   „Auf Wiedersehen, auf Wiedersehen"   Die Welt, 12.11.1958

Im Berlin-Ultimatum wird angedroht, nach Ablauf einer 6-Monate-Frist die sowjetischen Kompetenzen für den Zugang nach Berlin an die DDR abzutreten. Wenn die Westmächte trotz des ultimativen Druckes auf ihren Anwesenheitsrechten beharren, werden sie nicht umhin können, mit der DDR über die Regelung des Zugangs zu verhandeln und damit die DDR anzuerkennen. Tun sie das nicht, droht eine neue Berlinblockade.

„die Wiedervereinigung des westlichen Teils Berlins ... mit dem östlichen Teil, wodurch Berlin zu einer vereinigten Stadt im Bestande des Staates würde, auf dessen Gebiet sie sich befindet." Die Lebenserwartung eines von den Westmächten geräumten „Freien Berlins" konnte nur als äußerst bescheiden angesehen werden.[47] **[190]**

Der sowjetische Friedensvertragsvorschlag vom 10. 1. 1959

Der mit dem Berlin-Ultimatum unternommene Versuch, die Westmächte aus Berlin zu verdrängen, das Herrschaftsgebiet der SED abzurunden, die DDR als sozialistischen Staat zu konsolidieren und in das allgemeine Völkerrecht einzubringen, wurde wenige Wochen später durch einen sowjetischen Friedensvertragsvorschlag ergänzt und verstärkt. **[191]** Obwohl dieser die Dreiteilung Deutschlands völkerrechtlich festschreiben wollte – West-Berlin sollte im Sinne des Berlin-Ultimatums neben Bundesrepublik und DDR eigenständiger Vertragspartner sein –, gab er sich einen nationalen Anstrich, indem er sich selbst als „notwendigen und wichtigen Schritt zur Wiederherstellung der nationalen Einheit Deutsch-

[189]

Die Welt, 3. 4. 1959

„Hier sollt ihr fliegen ...!"

Die Entschlossenheit der sowjetischen Berlin-Politik wird durch Störungen des Berlin-Verkehrs nachdrücklich unterstrichen. Im Februar wird eine amerikanische Lastwagenkolonne mehrere Tage in Marienborn festgehalten; im April ereignet sich ein Luftzwischenfall: drei sowjetische Düsenjäger suchen durch gewagte Manöver eine amerikanische Transportmaschine auf die übliche, aber vertraglich nicht festgelegte Flughöhe herunterzudrücken. Größere Flughöhen waren bisher in der Viermächte-Flugsicherheitszentrale angekündigt und akzeptiert worden. Jetzt wird die rechtliche Unzulässigkeit behauptet. Die Offenhaltung der Flughöhen ist für eine evtl. notwendig werdende Luftbrücke von großer Wichtigkeit.

lands" bezeichnete; ja im Teil II gab es sogar „Bestimmungen, die sich auf die Wiederherstellung der Einheit Deutschlands beziehen". Im Art. 22 hieß es:

„Die Verbündeten und Vereinten Mächte erkennen das Recht des deutschen Volkes auf Wiederherstellung der Einheit Deutschlands an und bringen ihre Bereitschaft zum

Ausdruck, den beiden deutschen Staaten jegliche Unterstützung zur Erreichung dieses Zieles auf der Grundlage der Annäherung und Verständigung zwischen der DDR und der BRD zu gewähren. Beide deutschen Staaten wie auch die Verbündeten und Vereinten Mächte betrachten den vorliegenden Vertrag als einen wichtigen Beitrag zur Vereinigung Deutschlands entsprechend den nationalen Hoffnungen des deutschen Volkes sowie den Interessen

E. M. LANG

Chruschtschows Salami-Panzer vor Westberlin

Befreier Nikita: „Brüderchen, ihr sollt leben wie Gott in Rußland ..."

[190]

Süddeutsche Zeitung, 29. 11. 1958

Berlin als „Entmilitarisierte Freie Stadt", die sich nach eigenem Ermessen ihre Lebensform wählen kann. Trotz der Zusicherung Chruschtschows, die Entscheidung der West-Berliner zu respektieren, würde ein Abzug der Westmächte aus Berlin auch der Anfang vom Ende der Freien Stadt sein.

[191]   *Je größer die Spannung, desto höher die Sprünge*   Hannoversche Presse, 21.5.1960

Mit Berlin-Ultimatum und Friedensvertragsvorschlag sind die Mächtebeziehungen in der Deutschlandfrage außerordentlich spannungsvoll geworden. Die Spannung bleibt auch nach Ablauf des Ultimatums bestehen, weil die Sowjetunion für den Fall, daß die Westmächte die sowjetische Deutschlandinitiative nicht aufnehmen, einen Separatfrieden mit der DDR androht. Die Krise um Berlin würde damit in das entscheidende Stadium treten.

der Gewährleistung der Sicherheit Europas und der ganzen Welt."

Damit war ein Schutzschild aufgebaut worden, vor dem man nationale Fanfaren blasen und hinter dem man eine völlig gegenläufige Politik betreiben konnte – ein nationaler Wiedervereinigungsverbalismus ohne jede Substanz. **[192]**

Der Vertragsentwurf fixierte erwartungsgemäß die Oder-Neiße-Linie als deutsche Ostgrenze, billigte den beiden deutschen Staaten nationale Streitkräfte zu (die entmilitarisierte freie Stadt West-Berlin blieb hiervon natürlich ausgeschlossen) und erlegte ihnen den Austritt aus den Militärbündnissen wie aber auch aus den wirtschaftlichen und politischen Zusammenschlüssen auf. Der sowjetische Vertragsentwurf fixierte damit nicht nur die Teilung Deutschlands, sondern schloß auch seine europäische Integration aus. Verschiedene Artikel boten vielfältige Möglichkeiten der Intervention in die inneren Angelegenheiten, so das vorgesehene Verbot von Organisationen, „die eine feindliche Tätigkeit gegen irgendeine der Verbündeten oder Vereinten Mächte betreiben" (Art. 18), oder das vorgesehene Verbot einer „wie auch immer gearteten Propaganda…, die das Ziel verfolgt oder geeignet ist, eine Bedrohung des Friedens, eine Verletzung des Friedens oder einen Akt der Aggression zu schaffen oder zu verstärken" (Art. 20)[48].

Berlin-Ultimatum und Friedensvertragsvorschlag waren unannehmbar – für die Bundesrepublik ebenso wie für die Westmächte. Aber mit der bloßen Ablehnung war es nicht getan. Was würde passieren, wenn die Sowjetunion am Ende der Sechsmonate-Frist des Berlin-Ultimatums ihre Berlinkompetenzen der DDR übertrug? Würde dann, wenn die Westmächte dieses nicht hinnahmen, eine neue Blockade Berlins ausgelöst werden, die nach den Erfahrungen von 1948/49 möglicherweise auch die Luftwege einschlösse? Würde, wenn man sich hiergegen zur Wehr setzte, ein Krieg die Folge sein, der bei dem Stande der Rüstungstechnik eine unvorstellbare Katastrophe sein mußte? Konnte oder mußte man Teilzugeständnisse machen, um die Substanz zu retten und den Frieden zu bewahren? Welcher Art konnten diese sein? Außenminister Dulles erwog die Hinnahme von Kontrollen der Zufahrtswege nach Berlin durch Organe der DDR als Beauftragte (agents) des sowjetischen Vertragspartners in den Berlin-Verträgen (die sogenannte Agententheorie). Wo blieb im Angesicht der politischen und militärischen Realitäten die Roll-back-Theorie? Nicht einmal die Bewahrung des Status quo schien noch erreichbar, geschweige denn ein Roll-back! **[193, 194, 195]**

Das sowjetische Berlin-Ultimatum und der nachfolgende Friedens-

[192]   ***Der Zirkel ist zum Pieken da…***   Zeichnung: Hartung
Die Welt, 9.10.1959

Der neuen politischen Linie in der Deutschlandfrage entspricht, daß die Volkskammer am 1.10.1959 der DDR eine eigene Staatsflagge gibt: schwarz-rot-gold mit Hammer, Zirkel und Ährenkranz. In der Bundesrepublik wird das Aufziehen dieser Flagge verboten. Das führt zu vielen Komplikationen, z.B. im Sportverkehr, weil die DDR-Sportler – auch wenn sie nur als Vereinssportler kommen – mit dem Staatswappen antreten müssen.

NACH **BERLIN** NACH **LEIPZIG**

Herzlich willkommen auf der Muster-Messe

Das Gesicht

[193]

Die Welt
3. 9. 1960

So sehr die Verbindung zwischen der Bundesrepublik und Berlin eingeschränkt werden soll, so sehr sind – aus der wirtschaftlichen Interessenlage heraus – die Deutschen aus der Bundesrepublik in Leipzig auf der Messe willkommen. Die innerdeutschen Handelsbeziehungen werden von der sich verschlechternden politischen Gesamtsituation nicht berührt: von 1955 bis 1960 steigt der innerdeutsche Handel kontinuierlich an, fast auf das Doppelte.

den regierungsamtlichen Konzeptionen zu einer neuen Einheit verband: In Mitteleuropa sollte eine Entspannungszone eingerichtet werden, für die erhebliche Rüstungsbeschränkungen und Sicherheitskontrollen galten – unter anderem „Abzug der Fremdtruppen". Die in sie einbezogenen Staaten (Deutschland, Polen, die Tschechoslowakei und Ungarn) sollten die NATO bzw. den Warschauer Pakt verlassen und durch ein die USA und die Sowjetunion einbeziehendes kollektives Sicherheitsabkommen in ihrer Unverletzbarkeit geschützt werden. Die Wiedervereinigung Deutschlands

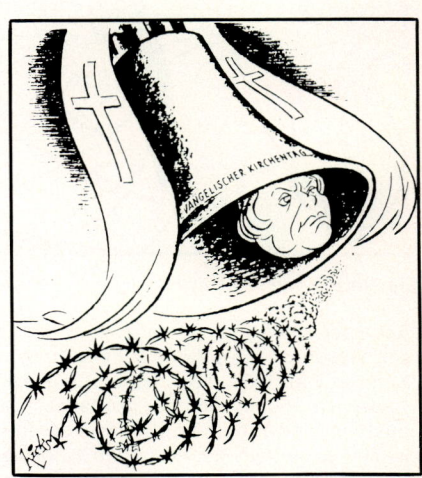

[194]   Die Welt, 13. 8. 1959

Zu den Klammern der Nation gehören die Kirchen. Die evangelischen Landeskirchen haben sich 1948 zur Evangelischen Kirche in Deutschland (EKD) zusammengeschlossen – ohne Rücksicht auf die Zonengrenzen. Die evangelische Kirche in der DDR ist also organisatorisch mit der evangelischen Kirche in der Bundesrepublik verbunden. In der katholischen Kirche sind bis auf die Diözese Meißen alle kirchlichen Verwaltungsbezirke Teil westdeutscher Diözesen. In der zweiten Hälfte der 50er Jahre beginnt der Kampf gegen diese gesamtdeutsche Kirchenorganisation, entsprechend tritt der prinzipielle Kampf gegen Kirche und Christentum zurück. Ulbricht erklärt 1960, Christentum und Sozialismus seien keine Gegensätze. In der evangelischen Kirche sind die Deutschen Kirchentage Ausdruck gesamtdeutscher Verbundenheit. Nach München (1959) findet der letzte gemeinsame, aber schon getrennt tagende Kirchentag 1961 in Berlin statt. Anfang der 70er Jahre wird die Herauslösung der evangelischen Landeskirchen der DDR aus der EKD mit der Gründung eines „Bundes der Evangelischen Kirchen in der DDR" zum Abschluß gebracht.

vertragsvorschlag wurden als rechtlich unhaltbar und politisch unannehmbar zurückgewiesen, zugleich aber die Bereitschaft erklärt, „die Frage Berlins in dem weiten Rahmen von Verhandlungen zur Lösung des deutschen Problems wie auch der Probleme der europäischen Sicherheit zu erörtern"[49] [196] Die daraufhin angesetzte Genfer Außenministerkonferenz erbrachte keine Lösung. Nach dem, was mit der sowjetischen Deutschlandinitiative 1958/59 über die sowjetischen Zielsetzungen deutlich geworden ist, konnte es nicht verwundern, daß der von den Westmächten vorgelegte Herter-Plan (s.o. S. 108) diskussionslos vom Tisch gewischt wurde. Als Erfolg der mit Unterbrechung dreimonatigen Konferenz konnte lediglich verbucht werden, daß die Sowjetunion die Androhungen ihres Ultimatums nicht wahrmachte. Aber damit war zunächst nur Zeit gewonnen.

Der Deutschlandplan der SPD vom 18. 3. 1959

Das weite Auseinanderklaffen der sich für die Lösung der Deutschland- und der Sicherheitsfrage gegenüberstehenden Konzeptionen von West und Ost und der mit Berlin-Ultimatum und Friedensvertragsvorschlag verbundene Entscheidungszwang schufen eine höchst brisante Situation, die dazu drängte, nach vermittelnden Lösungen zu suchen. [197] In dieser Situation entstand der Deutschlandplan der SPD. Er kennzeichnet einleitend die bestehenden Gefahren:

„Das deutsche Volk steht vor einer furchtbaren Gefahr. Wenn sich die vier Großmächte nicht über Berlin verständigen, droht Krieg. Wenn sie sich nur über Berlin verständigen, droht die Teilung Deutschlands endgültig zu werden."

Beiden Gefahren suchte der SPD-Plan zu begegnen, indem er für die Lösung des Deutschland- und des Sicherheitsproblems einzelne Elemente der sich gegenüberstehen-

Deutsche in Cortina

Sie tanzen nur elf Tage...

WAZ-Zeichnung: Otto Berenbri

[195]

Westdeutsche
Allgemeine,
26. 1. 1956

Auch der Sport bringt in der zweiten Hälfte der 50er Jahre noch deutsche Gemeinsamkeit zum Ausdruck – allerdings unfreiwillig von seiten der DDR. Das Internationale Olympische Komitee hat 1951 die Anerkennung des nationalen Olympischen Komitees der DDR verweigert und es 1955 nur provisorisch anerkannt. Die Bildung einer gesamtdeutschen, aus Ausscheidungskämpfen hervorgehenden Olympiamannschaft wird auferlegt. So kommt es zu dem merkwürdigen Tatbestand, daß ausgerechnet in dem Augenblick eine gesamtdeutsche Olympiamannschaft antritt, wo die politische Entwicklung auf Trennung ausgerichtet ist. 1956, 1960, 1964, eingeschränkt auch 1968 treten gesamtdeutsche Mannschaften zu den Olympischen Spielen an.

lands, starke Einbeziehung der DDR-Regierung im Wiedervereinigungsprozeß –, vermochte sich die Sowjetunion für ihn nicht zu erwärmen. Als Carlo Schmid und Fritz Erler im März 1959 nach Moskau reisten, um für den Deutschlandplan zu werben, zeigte sich Chruschtschow gänzlich uninteressiert und war nicht bereit, ein Junktim von Wiedervereinigung Deutschlands und deutschem Friedensvertrag bzw. von Wiedervereinigung Deutschlands und europäischem Sicherheitsvertrag zu akzeptieren – auch nicht im gedanklichen Rahmen des sozialdemokratischen Deutschlandsplanes. Mit dem Deutschlandplan der SPD wurde auch der der FDP hinfällig, der ebenfalls die Wiedervereinigung Deutschlands über dessen Bündnisfreiheit erreichen wollte.[51] Die mit der Moskaureise eingebrachte Erfahrung, daß die Sowjetunion ihre eigene Konzeption – Wiedervereinigung und Neutralisierung Deutschlands – nicht mehr honorierte, hat in der SPD einen Denkprozeß in Gang gesetzt, der nach Carlo Schmid „dazu führte, das Schwergewicht außenpolitischer Bestrebungen auf die Stellung der Bundesrepublik innerhalb des westeuropäisch-atlantischen Systems zu legen"[52]. Es gab keine prinzipiellen außenpolitischen Alternativen mehr. **[199]**

sollte in der Hauptverantwortung der beiden deutschen Staaten liegen und über die Stationen einer paritätisch besetzten Gesamtdeutschen Konferenz, eines ebenfalls paritätisch besetzten Parlamentarischen Rates, einer Verfassunggebenden Nationalversammlung und eines deutschen Parlamentes erfolgen. Der Wiedervereinigungsprozeß setzte die Anerkennung der Menschenrechte und Grundfreiheiten voraus und wurde in seinem Vollzuge an die Verwirklichung des Sicherheitsabkommens gebunden.[50] **[198]**

Obwohl der Deutschlandplan der SPD der Sowjetunion stark entgegenkam – kollektiver Sicherheitspakt für Mitteleuropa, Paktfreiheit des wiedervereinigten Deutsch-

[196]

Hannoversche
Presse, 20. 2. 1959

*Von Herzen, mit Schmerzen, mit Pankow, ohne Pankow,
mit Gewalt, ohne Gewalt, ein wenig oder gar nicht?*

Wie soll der Westen der sowjetischen Berlin- und Deutschlandpolitik begegnen? Der amerikanische Präsident (bis 1960 Eisenhower, ab 1961 Kennedy) steht vor schweren Entscheidungen, die große Risiken einschließen.

Eine Österreich-Lösung für die DDR?

Nicht nur die Opposition suchte nach Alternativen zur amtlichen Politik. Auch die Regierung tat es. Bereits im März 1958 nahm Bundeskanzler Adenauer die Gelegenheit eines Gespräches mit dem sowjetischen Botschafter wahr, um ihm ein andersartiges Lösungsmodell der deutschen Frage vorzustellen. Adenauer bot an, vorläufig auf eine Politik der Wiedervereinigung Deutschlands zu verzichten, wenn „die Sowjetunion bereit sei, der ‚DDR' den Status Österreichs zu geben. Österreich habe in seinem Friedensvertrag bestimmte Verpflichtungen über seine militärische Neutralität übernehmen müssen, dafür aber die Möglichkeit erhalten, seine Geschicke selbst zu gestalten." Mit dem Angebot einer Österreich-Lösung sollte nicht die Wiedervereinigung Deutschlands abgeschrieben, vielmehr als im Augenblick nicht erreichbar vorerst hintan gestellt, aber für die Zukunft offengehalten werden. Für die Zwischenzeit bestand die Hoffnung, mit einem vorläufigen Verzicht auf eine aktive Wiedervereinigungspolitik „den dort (in der DDR) lebenden Menschen die Möglichkeit zu einer freien Willensentscheidung bei der Wahl ihrer Regierung zu verschaffen". Adenauer erhielt auf sein Angebot keine Antwort.[53] [200]

Der sogenannte Globke-Plan 1959/60

In ähnlichen Denkbahnen bewegte sich der sogenannte Globke-Plan, der 1959/60 im Bundeskanzleramt entwickelt, allerdings nicht in einen politischen Vorstoß umgesetzt wurde. Ins Auge gefaßt wurde ein Deutschlandvertrag zwischen den vier Großmächten und den beiden deutschen Staaten. [201] Fünf Jahre nach Abschluß des Vertrages sollte in beiden deutschen Staaten eine Volksabstimmung über die Wiedervereinigung Deutschlands stattfinden. Letztere sollte nur erfolgen, wenn sich die Mehrheit der Abstimmenden in beiden Teilen Deutschlands für

[197]

Die Zeit, 27. 2. 1959

Lauter Patentlösungen

Durch die sowjetische Berlin- und Deutschlandpolitik ist eine höchst gefährliche Situation entstanden, deren Lösungsmöglichkeiten von Kapitulation bis Krieg reichen. Diese Situation bildet den Ausgangspunkt vieler Überlegungen und Pläne für die Lösung des Deutschlandproblems.

[198]

Hannoversche Presse, 13. 3. 1959

Frühlingsboten

Die SPD-Politiker Erler und Schmid auf dem Wege nach Moskau: Wird sich die Sowjetunion für den Deutschlandplan der SPD gewinnen lassen?

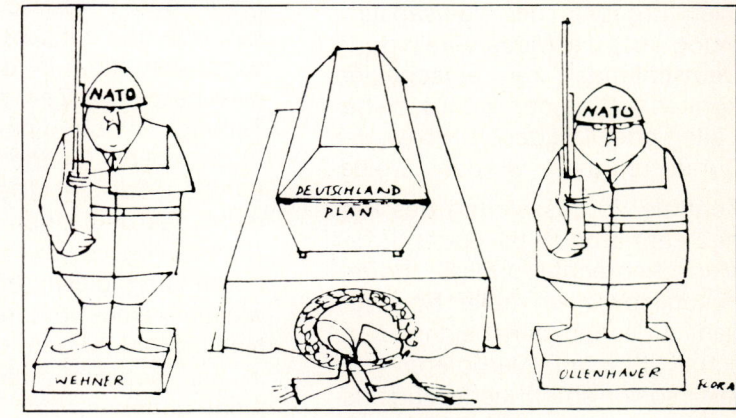

[199]

Die Zeit, 8. 7. 1960

Mit militärischen Ehren

Die herbe Enttäuschung von Moskau führt zu einer politischen Umorientierung der SPD. In der Bundestagsdebatte vom 30. 6. 1960 formulieren Wehner und Erler die Grundzüge der neuen Politik der Gemeinsamkeit. Einer der zentralen Sätze in Wehners Rede lautet: „Die SPD geht davon aus, daß das europäische und das atlantische Vertragssystem, dem die Bundesrepublik angehört, Grundlage und Rahmen für alle Bemühungen der deutschen Außen- und Wiedervereinigungspolitik ist." Der Deutschland-Plan der SPD hat keine politische Bedeutung mehr. Der Fraktionsvorsitzende der CDU/CSU kennzeichnet Wehners Bundestagsrede als „Sensation" und nennt sie gleichzeitig eine „Meisterleistung".

ZUR GIPFELKONFERENZ

Verkehrs-Kontrolle

[200]

(c) Solo/Bulls
Pressedienst

Manchester
Guardian,
11. 3. 1958

(Der Spiegel,
19. 3. 1958)

Die deutsche Frage erweist sich angesichts der Interessendivergenz der beteiligten Mächte als ein Sperriegel der Gipfeldiplomatie. Wird ihre Lösung zur Voraussetzung von Entscheidungen in anderen Fragen gemacht, blockiert sie die Politik. Ungewöhnliche Überlegungen werden angestellt, die Politik in Bewegung und dabei gleichzeitig den Weg zur Wiedervereinigung Deutschlands offen zu halten.

dessen Wiedervereinigung aussprächte. In der Zwischenzeit sollten die beiden deutschen Staaten in amtliche Beziehungen zueinander treten, Gesamt-Berlin den Status einer freien Stadt unter UNO-Garantie eingeräumt bekommen und nachfolgend bei einem negativen Ergebnis der Volksabstimmung über die Wiedervereinigung Deutschlands frei entscheiden können, ob es den Status beibehalten oder Teil der DDR bzw. der Bundesrepublik werden wollte.

Zentrale Voraussetzung des Planes war natürlich die Garantie der Menschenrechte und Grundfreiheiten sowie ein freier Reiseverkehr zwischen den beiden deutschen Staaten. Verbotene Parteien sollten sofort wieder zugelassen werden, also die SPD in der DDR und die KPD in der Bundesrepublik. Auf dieser Basis sollten für die fünfjährige Zwischenzeit Bundestag und Volkskammer neu gewählt werden. Das wiedervereinigte Deutschland sollte Entscheidungsfreiheit zwischen Warschauer Pakt und Nato genießen.

Das unterlegene Bündnissystem sollte sicherheitspolitisch dadurch entschädigt werden, daß der von ihm zu räumende Teil Deutschlands entmilitarisiert würde.[54]

Dem Österreich-Plan und dem Globke-Plan war gemeinsam, daß unter der Voraussetzung einer Veränderung der politischen Herrschaftssituation in der DDR für eine begrenzte Zeit die deutsche Teilung hingenommen wurde, ohne freilich für die weitere Zukunft auf das Selbstbestimmungsrecht des deutschen Volkes Verzicht zu leisten. Die zentrale Voraussetzung dieser Pläne aber – wie auch eines späteren von 1962: eines zehnjährigen Moratoriums in der Deutschlandfrage – war nicht gegeben, daß nämlich die Sowjetunion, unter welchen Angeboten auch immer, zu einer Veränderung der Herrschaftsordnung in der DDR bereit war.

Die damalige deutsche Öffentlichkeit kannte die genannten Pläne und Überlegungen nicht. Ihr gegenüber hat sich Adenauer nur

sehr allgemein, aber doch sachlich auf den Kern zielend in seinen Überlegungen zu erkennen gegeben:

„Solange die Sowjetunion auf der Teilung Deutschlands besteht, West-Berlin unterjochen und die Bundesrepublik neutralisieren will, solange haben die meisten Initiativen, zu denen man getrieben werden soll, keinen Sinn... Die kommunistische Berlin- und Deutschlandpolitik basiert auf der Hoffnung, daß die Deutschen infolge der ständigen Bedrohungen eines Tages resignieren. Wir haben dafür zu sorgen, daß sich diese Hoffnung nicht erfüllt... Lassen Sie mich... zum Abschluß noch ein Wort an die Sowjetunion richten. Die Bundesregierung bemüht sich, die Beziehungen zur Sowjetunion zu verbessern. Sie kann es aber nur, wenn die Sowjetunion von den eben aufgeführten Zielen abgeht und zu einer wirklich friedlichen Regelung bereit ist. Ich erkläre erneut, daß die Bundesregierung bereit ist, über vieles mit sich reden zu lassen, wenn unsere Brüder in der Zone ihr Leben so einrichten können, wie sie es wollen. Menschliche Überlegungen spielen hier für uns eine noch größere Rolle als nationale."[55]

Sowjetunion und DDR

Fragt man nach den Gründen für die in der Deutschlandfrage völlig unzugängliche und in der Sicherheitsfrage erstaunlich desinteressierte Haltung der Sowjetunion, so ist anzuführen, daß sich in den Jahren zuvor ein militärtechnischer Prozeß von umwälzender Bedeutung vollzogen hatte: Der Sowjetunion war mit dem Besitz von Wasserstoffbombe (1953) und Fernrakete (1957) ein militärisches Potential zugewachsen, das sie bei gleichbleibend hoher konventioneller Überlegenheit faktisch unangreifbar machte und auch weiterhin macht, weil ein Krieg, der das atomare Vernichtungspotential der Weltmächte zum Einsatz brächte, nicht mehr gewonnen, sondern nur noch gemeinsam verloren, also nicht mehr geführt werden kann. [202] Angesichts dieser weltgeschichtlich völlig neuartigen Situation würde eine Neutralisierung Deutschlands der Sowjetunion keinen zusätzlichen Gewinn an Sicherheit einbringen, da ihre Sicherheit faktisch nicht mehr bedroht ist. Die Neutralisierung Deutschlands ist damit für die Sowjetunion, anders als 1952, sicherheitspolitisch ganz uninteressant geworden, stellt jedenfalls dann kein erstrebenswertes Ziel mehr dar, wenn dafür die Preisgabe der

SED-Herrschaft zugestanden werden muß. Dieses wurde schlagartig deutlich beim Besuch der SPD-Delegation in Moskau. Nach der Rückkehr Schmids und Erlers hieß es auf der Pressekonferenz der SPD-Politiker:

„Sehr uninteressiert habe sich Chruschtschow an einem Ausscheiden der Bundesrepublik aus der Nato gezeigt. Denn es ändere nichts an den Machtverhältnissen, ob die Bundesrepublik in der Nato sei oder nicht".[56]

Die Preisgabe der DDR würde unter diesen Bedingungen nicht nur keinen nennenswerten Gewinn an Sicherheit erbringen, sondern im Gegenteil politische Gefahren für den Bestand des Sowjetimperiums heraufbeschwören, nachdem mit den Aufständen in Polen und Ungarn 1956 deutlich geworden war, daß das gewaltsam auferlegte Sowjetsystem bei den betroffenen Völkern nicht als Erfüllung ihrer nationalen Geschichte angesehen wurde. Als westliche Klammer des Sowjetimperiums gewann die DDR damit große Bedeutung, und zwar nicht nur im passiven Sinne als Basis sowjetischer Militärmacht im äußersten Westen des Imperiums, sondern durchaus auch im aktiven Sinne als Mitträger aller sowjetischen, auf die

[201]

Frankfurter Rundschau, 16. 6. 1956

Auf dem 20. Parteitag der KPdSU proklamiert Chruschtschow – als Anpassung der Theorie an die neue Wirklichkeit des Atomzeitalters – den Grundsatz der friedlichen Koexistenz: bei Fortdauer der ideologischen Unversöhnlichkeit zwischen proletarischer und bürgerlicher Ideologie und damit auch des internationalen Klassenkampfes zwischen Sozialismus und Kapitalismus auf das Mittel des Krieges für die Lösung strittiger Fragen zwischen Staaten unterschiedlicher Gesellschaftsordnung zu verzichten.
Werden die Westmächte nicht von der Faszination dieser Formel ergriffen werden und Kooperation suchen – auch wenn hierbei deutsche Interessen zurückstehen? Droht nicht bei einer reinen Beharrungspolitik eine Isolierung der Bundesrepublik?

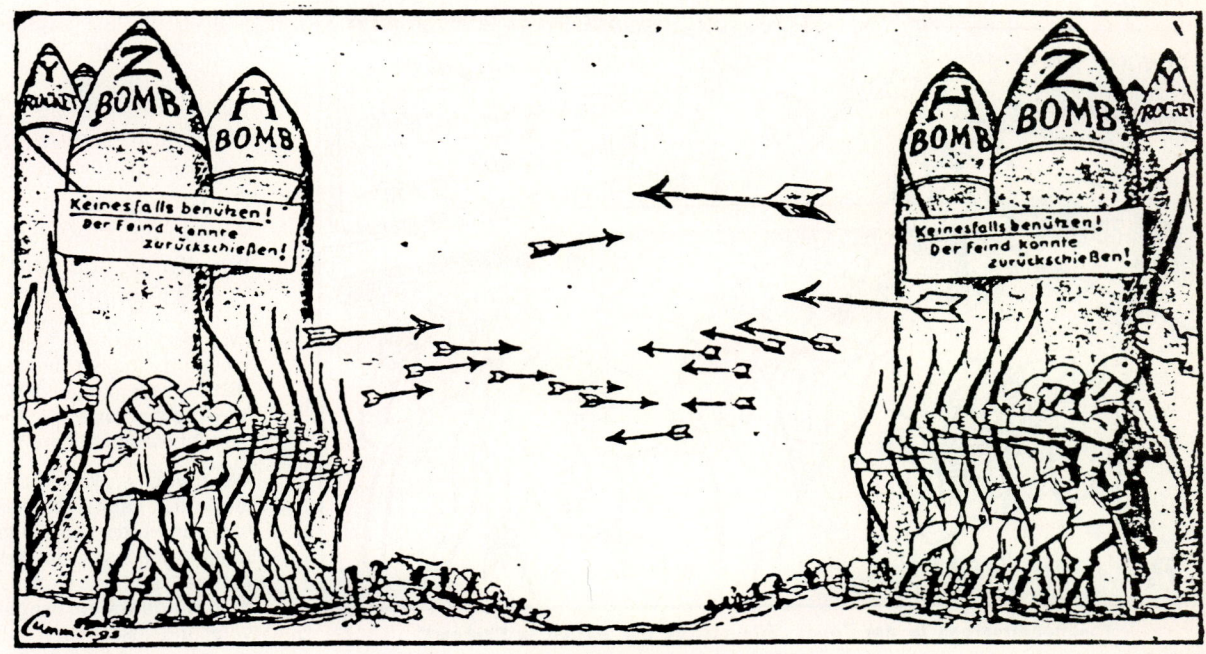

[202]

Daily Express

(Nürnberger Nachrichten, 3. 9. 1953)

So sieht es der „Daily Express": Der letzte Schluß aller Atomweisheit . . . zurück zu Pfeil und Bogen

Die Entwicklung der Atomwaffen hat die Weltgeschichte grundlegend verändert: zwischen den Atommächten kann ein Krieg mit Aussicht auf Erfolg nicht mehr geführt werden, da der atomare Gegenschlag aus unterirdischen oder untermeerischen Abschußrampen nicht verhindert werden kann. Der Angreifer, der sein Potential zum Einsatz bringt, überlebt den Tod des Gegners nur um wenige Minuten. Der Krieg ist damit zwischen den Atommächten kein anwendbares Mittel der Politik mehr.

Die Wiedervereinigungssymphonie mit dem Paukenschlag. Michel: Sein
Orchester ist jetzt so schwach besetzt da kann er auf die Pankower Pauke nicht verzichten.

[203]

Rheinische Post, 26.10.1956

Blocksolidarität ausgerichteten Bemühungen – ideologischer, politischer, vor allem auch wirtschaftlicher im Rahmen des Comecon. Als Teilstaat einer gespaltenen Nation kann die DDR um ihrer Legitimation willen viel weniger als alle übrigen Ostblockstaaten an das nationale Bewußtsein appellieren, sondern bleibt vital an dem interessiert, was die osteuropäischen Staaten als sozialistisches Lager zusammenhält. **[203, 204]**

Die DDR ist damit ein zuverlässiger Verbündeter der Sowjetunion im Kampf gegen nationale wie auch gegen liberale Reformtendenzen, gegen Polyzentrismus und ideologische Aufweichung. Als einziger Staat des gesamten Ostblocks hat die DDR 1974 ihre Blockbindung sogar in der Verfassung verankert (vgl. hierzu weiter unten). An keiner Stelle im Ostblock, außer in Moskau, ist 1968 der Prager Reformkommunismus so erbittert bekämpft worden wie in Ost-Berlin – aus der richtigen Einsicht heraus, daß ein Sieg dieser Bewegung die eigene Herrschaftsgrundlage fundamental gefährdete. Schließlich darf als Motiv nicht verkannt werden, daß nach ideologischem Selbstverständnis die kommunistische Herrschaftsordnung die Erfüllung eines welthistorischen Heilsplanes darstellt. Wenn sie aber die von der historischen Gesetzlichkeit vorgesehene Endzeit ist, also eschatologischen Charakter hat, dann kann sie nicht ohne zwingende Not preisgegeben werden, wenn die Preisgabe zur Wiedererrichtung eines bürgerlichen und damit – ideologisch gesehen – historisch überholten Staats führen würde. Es wäre ein Handeln wider die Gesetze der Geschichte, gleichsam ein Rückfall in die Vorgeschichte der Menschheit. Der Herrscher des Sowjetimperiums, Chruschtschow, bekannte sich „stolz" dazu, „als Mitglied der kommunistischen Partei und der mächtigen Arbeiterklasse... zu den Totengräbern des Kapitalismus" zu gehören[57], und er sah die Wiedervereinigung Deutschlands in ideologischer Welterlösungsperspektive. Auf einer Kundgebung in Leipzig am 7.3.1959 sagte er hierzu:

„Wir sind nicht für irgendeine Wiedervereinigung. Und Sie stimmen, wie ich denke, dem zu, daß man an die Frage der Wiedervereinigung vor allem vom Klassenstandpunkt herangehen muß.

Wenn wir einer Wiedervereinigung Deutschlands auf kapitalistischer Grundlage zustimmen würden, so würde ein solches Verhalten, Genossen, uns Arbeiter in den Augen der künftigen Generationen entehren. Man würde von uns sagen: ,Unsere Großväter und unsere Väter haben also, geblendet durch nationalistische Anschauungen, jedes Klassengefühl verloren; sie haben aufgehört, die Interessen ihrer Klasse zu verteidigen, und haben sich mit der Liquidierung der sozialistischen Errungenschaften abgefunden.' Können wir etwa so handeln? Natürlich nicht!"[58] **[205, 206]**

[204]

Funktionärssorgen in der Zone: „Wie stehen die Aktien in Pankow?"

Industrie-Kurier, 27.2.1958

Das Bemühen der Sowjetunion um die Stabilisierung der DDR führt auch zu einer Stabilisierung der Herrschaft Ulbrichts – trotz des von Chruschtschow ausgelösten Entstalinisierungsprozesses. Eine Oppositionsgruppe gegen Ulbricht um Schirdewan, Wollweber und Oelssner wird ihrer Funktionen in Politbüro bzw. Zentralkomitee der SED enthoben.

Die Berliner Mauer

Der Verzicht der Sowjetunion auf die Realisierung des auf sechs Monate befristeten Berlin-Ultimatums bedeutete nur eine Änderung der Vollzugsstrategie, aber keine Änderung in der Sache. Mit dem sowjetischen Deutschland-Memorandum vom 17.2.1961 wurden die Dinge auf die Entscheidung zugetrieben. Die Sowjetunion verlangte den Abschluß eines Friedensvertrages mit zwei bzw. drei deutschen Staaten (West-Berlin als entmilitarisierte freie Stadt); sie drohte im Weigerungsfall einen Separatfriedensvertrag mit der DDR an, durch den ihrer Meinung nach die Berlin-Rechte der Westmächte aufgehoben würden. Mit einem Memorandum, das Chruschtschow Anfang Juni 1961 dem amerikanischen Präsidenten Kennedy bei einem Treffen in Wien übergab, wurde die sowjetische Forderung in noch dringlicherer Form erneuert und das Jahr 1961 als Entscheidungsjahr bezeichnet. Unabhägig von der eigenen Terminplanung erzwang auch die Fluchtbewegung eine Entscheidung – entweder im Sinne einer Veränderung der Herrschaftsorganisation, um den Motiven der Flucht entgegenzuwirken, oder im Sinne einer Abschnürung der Fluchtwege, wenn die Herrschaftsordnung unverändert bleiben sollte. 1956 waren unter der Wirkung der Unruhen in Polen und der Niederwerfung des ungarischen Aufstandes 279000 Menschen aus der DDR geflüchtet, in den Jahren danach ging die Fluchtbewegung deutlich zurück:

1957: 262000
1958: 204000
1959: 144000

Ab 1960 stieg die Flüchtlingszahl im Zusammenhang mit der sowjetischen Deutschlandinitiative und der Zwangskollektivierung in der DDR wieder deutlich an:

1960: 199000
1961: 207000

Im Juli 1961 flohen 30415 Menschen, im August gar 47433. **[207, 208]**

Die Bundesregierung stellte in ihrer Antwort auf das sowjetische Deutschland-Memorandum der sowjetischen Friedensvertragsforderung für drei deutsche Staaten das Selbstbestimmungsrecht des deutschen Volkes entgegen und verwies auf die Genfer Direktive und den Westlichen Friedensplan von 1959 als Weg zu ihrer Realisierung[59].

Die amerikanische Antwort bewegte sich in gleichen Denkbahnen, hob aber – darüber hinausgehend – hervor, daß sich die Westmächte in Berlin kraft eigenen Siegerrechtes befänden und daß ein Sonderfriedensvertrag der Sowjetunion mit der DDR diese Rechtsbasis nicht verändere. Das Gewicht der zu treffenden Entscheidungen wurde mit den Worten hervorgehoben:

„Sollte die Sowjetunion im Widerspruch zu bindenden völkerrechtlichen Vereinbarungen einseitige Schritte in ihrer Deutschlandpolitik unternehmen, so könnten die NATO-Länder derartige Schritte nur als planmäßige Bedrohung ihrer nationalen Interessen auffassen."[60] **[209]**

1953...

1956!

[205] Der zwiefache Tod Rheinland-Pfalz Staatszeitung, 15.4.1956

[206] „Schrecklich, Genossen! Uns sind einige Fehler unterlaufen!"
Daily Mirror (Der Spiegel, 2.1.1957)

Das ideologische Auftragsbewußtsein Chruschtschows wird durch die grausige Pervertierung der kommunistischen Welterlösungsidee im stalinistischen Herrschaftssystem nicht in Frage gestellt. In der berühmten Geheimrede auf dem 20. Parteitag der KPdSU im Februar 1956 enthüllt Chruschtschow die von Stalin begangenen Verbrechen. Zahlreiche Stalin-Opfer aus der Partei werden posthum rehabilitiert. Von einer Rehabilitation der weit zahlreicheren Opfer außerhalb der Partei ist keine Rede.

Der hierin zum Ausdruck gebrachte Wille, die westlichen Berlinrechte gegen jeden Versuch einer Beeinträchtigung zu behaupten, wurde in Kennedys berühmter Fensehansprache vom 25.7. erneuert und mit einer ganzen Anzahl von militärischen Maßnahmen in seiner Ernsthaftigkeit untermauert. Gleichzeitig wurde mittelbar aber auch eine politische Lösung des Konfliktes angeboten;

denn die von Kennedy verkündeten drei „essentials"
– Anwesenheitsrecht der Westmächte in Berlin,
– Wahrnehmung des Rechtes auf freien Zugang durch die DDR,
– freie Wahl der Lebensform der West-Berliner Bevölkerung
schlossen die Freiheit des Zuganges nach West-Berlin für die ostdeutsche Bevölkerung nicht in sich ein. Die Begrenzung der „es-

sentials" auf West-Berlin konkretisierte Kennedys Zusicherung bei dem Wiener Treffen mit Chruschtschow, daß sich die USA nicht in Entscheidungen einmischen werden, die die Sowjetunion in ihrer Interessenssphäre fällen würde.

Wenige Tage nach Kennedys Fernsehrede gab Senator Fulbright in einem Fernsehinterview seiner Verwunderung darüber Ausdruck, daß Sowjetunion und DDR die Sektorengrenze in Berlin nicht schon geschlossen hätten, um der Fluchtbewegung Herr zu werden; sie hätten sowohl die Macht als auch das Recht hierzu. Fulbright war kein beliebiger Senator, sondern Vorsitzender des Senatsausschusses für auswärtige Angelegenheiten. Seiner Stimme kam daher große Bedeutung zu für die Einschätzung der mutmaßlichen amerikanischen Haltung bei einer Absperrung Ost-Berlins. Die Wirkung kann man daran ablesen, daß Anfang August auf einer Konferenz in Moskau die KP-Führer der osteuropäischen Staaten sowie deren Regierungschefs und Verteidigungsminister den Plan eines Mauerbaus in Berlin einhellig billigten, wobei sie sich in ihrer Erwartungshaltung bezüglich der amerikanischen Reaktion auf Kennedys Fernsehrede und Fulbrights Fernsehinterview beriefen. Vier Monate zuvor hatten sie den entsprechenden Antrag Ulbrichts wegen des schweren Verlustes an Ansehen und wegen der Konfliktgefahr noch abgelehnt. Und entsprechend hatte Ulbricht am 15.6. in einem Presseinterview erklärt: „Niemand hat die Absicht, eine Mauer zu errichten"[61]. (Dieser deutliche Hinweis auf die Form der geplanten Absperrung ist seinerzeit nicht genügend beachtet worden; sonst wäre die Überraschung nicht erklärbar, die der Mauerbau am 13.8. auslöste.) Die Erwartung, daß eine Beeinträchtigung der westlichen Zugangsrechte einen schweren Konflikt auslösen würde, nicht aber die Absperrung Ost-Berlins, geht auch aus einem Gespräch des deutschen Botschafters in Moskau, Hans Kroll, mit Chruschtschow hervor. Kroll gibt Chruschtschows Worte wie folgt wieder:

[207]   **Das deutsche Problem**   Zeichnung: Emmwood (Daily Mail, London) Daily Mail (Die Welt, 20.4.1960)

[208]   Intelligenzschwund   Die Welt, 20.8.1958

Die Zuspitzung der politischen Lage in Deutschland, besonders in Berlin, aber auch die Zwangskollektivierung der Landwirtschaft im Frühjahr 1960 und die verstärkt betriebene Sozialisierungspolitik gegenüber Industrie, Handwerk und Handel lassen ab 1960 den Flüchtlingsstrom aus der DDR spürbar anschwellen. Die rückläufige Bewegung in den Jahren zuvor hängt wohl mit der starken Reduzierung der Westreisen, dem Ausbau der Grenzsperren und den strafrechtlichen Maßnahmen gegen Republikflucht zusammen. Der Ausbau der Grenzsperren rückt Berlin in das Zentrum der Fluchtbewegung.
Die DDR verliert durch die Abwanderung ein großes Potential der erwerbstätigen Bevölkerung; besonders ins Gewicht fällt der hohe Anteil junger Menschen (etwa die Hälfte der Flüchtlinge sind unter 25 Jahr alt) und der hohe Anteil akademisch Gebildeter, besonders Lehrer und Ärzte.

„Ich weiß, die Mauer ist eine häßliche Sache. Sie wird auch eines Tages wieder verschwinden. Allerdings erst dann, wenn die Gründe fortgefallen sind, die zu ihrer Errichtung geführt haben. Was sollte ich denn tun? Mehr als 30 000 Menschen, und zwar mit die besten und tüchtigsten Menschen aus der DDR, verließen im Monat Juli das Land. Man kann sich unschwer ausrechnen, wann die ostdeutsche Wirtschaft zusammengebrochen wäre, wenn wir nicht alsbald etwas gegen die Massenflucht unternommen hätten. Es gab aber nur zwei Arten von Gegenmaßnahmen: die Lufttransportsperre oder die Mauer. Die erstgenannte hätte uns in einen ernsten Konflikt mit den Vereinigten Staaten gebracht, der möglicherweise zum Krieg geführt hätte. Das konnte und wollte ich nicht riskieren. Also blieb nur die Mauer übrig. Ich möchte Ihnen auch nicht verhehlen, daß ich es gewesen bin, der letzten Endes den Befehl dazu gegeben hat."[62] [210]

Bei der Einschätzung der westlichen Reaktion auf den Mauerbau konnte man freilich nur mit Wahrscheinlichkeiten rechnen, nicht mit Gewißheiten. So war für den Fall einer westlichen Störung des Mauerbaus ein dreimaliges Zurückweichen um jeweils hundert Meter vorgesehen, bevor dann die Rote Armee die Abschirmung des Mauerbaus vornehmen würde.[63] Dieser taktische Verhaltenskatalog brauchte jedoch nicht abgeschritten zu werden, weil die Westmächte gar nicht willens waren, den Mauerbau zu unterbinden. Daß die Protestnoten der westlichen Stadtkommandanten gegen den Mauerbau erst am 16. 8. und die der westlichen Regierungen erst am 17. 8. überreicht wurden, ist ein deutlicher Hinweis. Die Verstärkung der amerikanischen Truppen in Berlin um 1500 Mann und der Berlin-Besuch von Vizepräsident Johnson und General Clay vom 19. bis 21. August sind als Demonstrationen zugunsten West-Berlins zu sehen und sollten dem schweren Vertrauensverlust in der West-Berliner und westdeutschen Bevölkerung gegenüber den USA entgegenwirken, nicht aber die Mauer in Frage stellen.

Die Haltung der USA in der Mauerkrise hat damals tief enttäuscht und – besonders in West-Berlin – zu deutlichen Unmutsäußerungen gegen Amerika geführt. Aber man muß fragen, ob es den Westmächten nur an gutem Willen fehlte. Hatten sie auch die Macht, den Mauerbau zu verhindern? Man wird diese Frage nur im ersten Zu-

[209]

Washington
Post

(Die Welt,
10. 7. 1961)

Kennedys Fernsehrede vom 25. 7. 1961 macht deutlich, daß die Westmächte entschlossen sind, sich nicht aus Berlin verdrängen zu lassen. Die westlichen Berlin-Rechte anzutasten, schließt das Risiko eines Krieges ein.

[210]

Hannoversche
Presse,
20. 7. 1961

Flüchtlings-Strömung höhlt den Stein

Der Flüchtlingsstrom des Jahres 1961 läßt – auf die Zukunft hin hochgerechnet – den Tag am Horizont auftauchen, an dem die DDR-Wirtschaft und mit ihr die SED-Herrschaft zusammenbrechen wird.

123

Wenn der deutsche Dackel die Führung übernimmt

[211]

Daily Mirror (Der Spiegel, 6. 12. 1961)

Die westliche Politik in der Berlin-Krise ist darauf bedacht, sich zwar in Berlin zu behaupten, aber auch nicht über Berlin als einem neuen Serajewo oder Danzig in einen Krieg mit der Sowjetunion zu geraten. So ist sie zwar auf der einen Seite unnachgiebig, läßt aber auf der anderen Seite Freiraum zur Interessenwahrnehmung durch den politischen Gegner. Die Entwicklung würde auf die Katastrophe zutreiben – so meint der Karikaturist, wenn man sich von der deutschen Politik das Leitseil überwerfen ließe, d. h. auf der vollen Wahrung des Status quo beharren würde.

griff bejahen und dabei auf den östlichen Verhaltenskatalog für den Fall einer Störung des Mauerbaus verweisen können. Aber was sollte man tun, wenn nach dreimaligem Zurückweichen die Rote Armee den Mauerbau abschirmte? Sollte dann mit Gewalt

gegen die sowjetischen Streitkräfte vorgegangen werden? Würde damit nicht eine Eskalation der Krise ausgelöst werden, deren Fortschreiten nicht mehr kontrollierbar war? **[211]** Wenn man vor Augen hat, mit welchen Zielsetzungen die Sowjetunion 1958/59

in ihrer neuen Deutschlandinitiative angetreten war – Verdrängung der Westmächte aus Berlin, Umwandlung West-Berlins in eine entmilitarisierte freie Stadt als Vorbereitung ihrer endgültigen Vereinnahmung, Friedensvertrag mit drei deutschen Staaten und damit völkerrechtliche Festschreibung der deutschen Teilung –, dann war der Mauerbau bei realistischer Einschätzung der Möglichkeiten gleichsam das kleinste der denkbaren Übel – leidvoll zwar für die von ihm betroffenen Menschen und ernüchternd für die bisherige Wiedervereinigungspolitik, demaskierend natürlich für die kommunistische Welterlösungsideologie, aber zugleich auch alternativlos für die möglichen Reaktionen in der großen Politik. Die hier vorherrschende Stimmung lief auf ein „Gott sei Dank, daß nicht mehr passiert ist!" hinaus, und die Vorstellung, der starke Flüchtlingsstrom sei möglicherweise wie 1953 Vorbote eines zweiten 17. Juni, bereitete ernste Sorgen: Wie sollte man sich dann verhalten, und welche Konsquenzen konnten für Berlin ausgelöst werden? So bildete der Mauerbau das fast erleichtert hingenommene Schlußglied einer Krise, die ganz andere Dimensionen hätte annehmen können. Für die Bewertung des Verhaltens der Westmächte ist auch darauf zu verweisen, daß Bundeskanzler Adenauer von einem sofortigen Berlin-Besuch absah, weil er meinte, daß dieser eskalierend wirken würde.

Die Mauer in Berlin ist seit 1961 das Menetekel der deutschen Teilung – nicht nur in ihrer Existenz selbst, sondern auch in der Art ihrer Wahrnehmung. Die DDR sucht sie als „antifaschistischen Schutzwall" im historisch-politischen Bewußtsein zu verankern. **[212]** Besonders deutlich wird dieses im Geschichtsbuch für die Schule. Sie bedient sich eines Deutungsmusters, das dem des 17. Juni gleicht: Interne Vorgänge werden auf äußere Bedrohung zurückgeführt (worin gleichzeitig die Unfähigkeit zur Selbstwahrnehmung zum Ausdruck kommt). In einer umfänglichen „Beweisführung" wird aufgelistet,

DDR

Die Karre ist kaputt gefahren. Jetzt liegen sie sich in den Haaren

[212]

Neues Deutschland, 17. 8. 1961

Die erfolgreiche Durchsetzung des Mauerbaus, seine untätige Hinnahme durch die Westmächte, wird im Neuen Deutschland triumphierend verkündet: Adenauer und Brandt in den Trümmern ihrer Politik.

„wie die aggressiven Kreise des Imperialismus die Spannungen immer mehr verschärften … Im Frühjahr 1961 gingen diese Kräfte verstärkt zur Kriegsvorbereitung gegen die DDR über … Im Sommer 1961 wurden erneut Nato-Manöver an der Grenze der DDR durchgeführt, bei denen ein begrenzter Krieg gegen die DDR und andere sozialistische Staaten geprobt wurde. In den ersten Augusttagen 1961 leiteten die Militaristen der BRD die letzten militärischen Aggressionsvorbereitungen gegen die DDR ein."

Eine angeblich von Bundeswehrgenerälen stammende operative Karte kennzeichnet die Stoßrichtungen und -ziele, wie auch die

zeitlichen Erwartungsperspektiven des geplanten Überfalles: Einen Tag nach Auslösung der Aggression sollte Berlin fallen (in der Karte wurde das mit einem x + 1 zum Ausdruck gebracht), einen Tag später Stettin (x + 2), wiederum einen Tag später Warschau (x + 3). Ganz offenbar waren also die aggressiven Kreise des Imperialismus darauf aus, in dem Eroberungszug gen Osten historische Weltbestleistungen aufzustellen, die die militärischen Verläufe des Zweiten Weltkrieges

glatt in den Schatten stellten. Die Unfähigkeit zur Selbstwahrnehmung ordnet sogar die Flucht von Hunderttausenden aus der DDR in den Katalog der Kriegsvorbereitungen gegen die DDR ein:

„Agenten und Geheimdienste forcierten ihre feindliche Tätigkeit. Sabotageakte häuften sich (das Bild eines ausgebrannten Schlachthofes in Ost-Berlin ‚belegt' einen Sabotageanschlag westlicher Agenten). Die Abwerbung von Fachkräften aus der DDR durch kriminelle Menschenhändler erreichte neue Ausmaße. Dadurch sollte vor allem die medizinische Betreuung der Bevölkerung zum Erliegen gebracht werden."

Und nun passiert das Unglaubliche: Der Bau der Mauer in Berlin bringt die gesamte Kriegsvorbereitung der aggressiven Kreise des Imperialismus so durcheinander, daß nicht nur „der Kriegsbrandherd West-Berlin unter zuverlässige Kontrolle gebracht" wird, sondern die Aggression überhaupt unterbleibt, also der Weltfrieden gerettet wird:

„Die Absicht der aggressiven Nato-Kräfte, die DDR zu überrollen, wurde durchkreuzt. Das war für den Imperialismus der BRD die schwerste Niederlage seit Gründung der DDR." **[213, 214, 215]**

Ulbricht: „Ein Schlag gegen Faschisten und Kriegshetzer …"

[213]

Hannoversche Presse, 25. 8. 1961

[214]

An der Sektorengrenze in Ost-Berlin. „Du bist wohl noch neu hier …?"

Zeichnung: Herblock

Washington Post
(Die Welt, 18. 9. 1961)

War schon der vermeintlichen operativen Karte der Bundeswehrgeneräle die Hoffnung auf historische Weltbestleistungen zu eigen, so muß dieses Prädikat nunmehr auch dem Mauerbau zugesprochen werden, weil hier mit einer einfachen fortifikatorischen Maßnahme nach antikem Limes-Modell Panzerarmeen und Atomraketen des 20. Jahrhunderts unwirksam gemacht wurden und so der Weltfrieden gerettet werden konnte.[64]

[215] Die Vertreibung ins Paradies   Die Zeit, 18. 8. 1961

Ideologie und Wirklichkeit des Mauerbaus in Berlin.

[216]

Wechselwirkung.

Hannoversche Presse,
2. 12. 1960

Im DDR-Schulbuch wird auch die am 30. 9. 1960 erfolgte Kündigung des Handelsabkommens zu den vorbereitenden Kriegsmaßnahmen der Bundesrepublik gegen die DDR gezählt, aber natürlich nicht erwähnt, daß diese Kündigung die Antwrot auf drei DDR-Maßnahmen ist:
- die Verfügung eines 5tägigen Aufenthaltsverbotes für Westdeutsche in Ost-Berlin aus Anlaß eines Vertriebenentreffens in West-Berlin am 29. 8.
- die Verordnung vom 8. 9., daß Bundesbürger für einen Besuch Ost-Berlins eine Aufenthaltsgenehmigung benötigen
- die Ungültigkeitserklärung der von der Bundesrepublik ausgestellten Pässe für die West-Berliner Bevölkerung am 13. 9.
Ein Handelsboykott ist ein zweischneidiges Schwert: man wird selbst mitbetroffen, im konkreten Fall auch die DDR-Bevölkerung und nicht nur die Regierung; schließlich provoziert man Gegenmaßnahmen im leicht verletzlichen Berlin. Am 29. 12. 1960 wird die Kündigung des Handelsabkommens mit der DDR zurückgenommen. Natürlich wird dieser Tatbestand im DDR-Schulbuch nicht erwähnt.

„My boy, was birgst du so bang' dein Gesicht?
,De facto' ist das Schlimmste noch nicht... !"

[217]

Die Welt, 26. 9. 1961

Die Politik der Westmächte in der Mauerkrise, die untätige Hinnahme des Mauerbaus, hat das Vertrauen auf die westliche Solidargemeinschaft erschüttert – nicht nur in der breiten Bevölkerung, sondern auch bei den politischen Führungskräften. In den Bekundungen des Regierenden Bürgermeisters von Berlin ist dieses unverkennbar. Wird der de facto-Hinnahme der DDR-Souveränität über Ost-Berlin bald die de jure-Hinnahme folgen? Werden deutsche Nationalinteressen in der Politik der Westmächte noch Berücksichtigung finden?

Das Bild, das im gegenwärtigen Schulbuch der DDR vom Mauerbau gezeichnet wird, ist schlimm – fast schlimmer als die Mauer selbst, weil es entweder eine unglaubliche ideologische Borniertheit oder aber einen völlig bedenkenlosen Umgang mit der historischen Wahrheit zum Ausdruck bringt. Es ist hoffnungsarm für alle Formen von Verständigung und hoffnungslos für alle Formen des Zusammenlebens. Es macht mit seinem geistigen Hintergrund im Kern die deutsche Misere aus. [216]

Die politische Bedeutung des Mauerbaus für den Westen wird in den Bekundungen des Regierenden Bürgermeisters von Berlin deutlicher als anderswo. Die ungeheure Erregung jener Tage, die moralische Empörung wird spürbar, wenn Willy Brandt am 16. August auf einer großen Kundgebung in Berlin den „ungeheuerlichen Rechtsbruch" und mit ihm die „Urheber jener Unmenschlichkeit" anklagt, wenn er davon spricht, daß „die Sowjetunion ihrem Kettenhund Ulbricht ein Stück Leine gelassen" habe, wenn er die DDR-Regierung nur als „Zonenregime" oder als „Regime des Unrechts" bezeichnet, wenn von den „Kerkermeistern unseres Volkes" die Rede ist. Über die emotionale Betroffenheit hinaus weist die Frage:

„Was können wir noch tun, um die Entwicklung beeinflussen zu helfen? Was können wir tun, damit trotz dieses tiefen Einschnittes das Buch nicht zugeschlagen wird, jenes Buch nämlich, das von der Wiederherstellung der deutschen Einheit handelt und vom Selbstbestimmungsrecht für Deutschland und für Europa? (Brandt ruft dazu auf, gegen das Unrecht zu protestieren, Solidarität zu bekunden, nationalen Selbstbehauptungswillen zum Ausdruck zu bringen)... Wir haben unsere Landsleute zur Solidarität aufgerufen. Zu solcher Solidarität gehört, daß keiner aus der Bundesrepublik und aus West-Berlin an kulturellen, an sportlichen oder anderen Veranstaltungen des Zonenregimes teilnimmt. Das sollte auch für die Leipziger Messe gelten. Wer mit den Kerkermeistern unseres Volkes in dieser Situation auf der Messe noch Geschäfte machen will, der soll gleich dort bleiben. Wir wollen ihn nicht mehr sehen."

Auch in einem Brief an Präsident Kennedy vom gleichen Tage wird beklagt, daß beim Mauerbau „die illegale Souveränität der Ost-

[218]

Die Welt, 14. 8. 1961

[219]

Neues Deutschland, 23. 8. 1961

Der Mauerbau aus West- und aus Ostperspektive.

Berliner Regierung durch Hinnahme anerkannt" worden sei, und wird vor „Untätigkeit und reiner Defensive" gewarnt. Dieses könne „eine Vertrauenskrise zu den Westmächten hervorrufen... und zu einem übersteigerten Selbstbewußtsein des Ost-Berliner Regimes führen, das heute bereits in seinen Zeitungen mit dem Erfolg seiner militärischen Machtdemonstration prahlt". Brandt sieht durch Untätigkeit und reine Defensive auf die Länge der Zeit auch West-Berlin gefährdet und beschwört als Zukunftsgefahr „den Beginn einer Flucht aus Berlin" **[217]**. Brandt fordert, daß „die Westmächte die Wiederherstellung der Viermächteverantwortung verlangen, gleichzeitig aber einen Drei-Mächte-Status West-

Berlins proklamieren" (Garantie ihrer Anwesenheit bis zur Wiedervereinigung Deutschlands) und von einer Volksabstimmung in West-Berlin und in der Bundesrepublik unterstützen lassen. Auch sollte das Berlin-Thema vor die UNO gebracht werden. Hatte Brandt auf der Kundgebung unter dem Beifall seiner Zuhörer ausgerufen: „Berlin erwartet mehr als Worte, Berlin erwartet politische Aktionen!", so gab sich seine Erwartungshaltung in dem Brief an Kennedy wesentlich bescheidener: „Ich verspreche mir von derartigen Schritten keine wesentliche materielle Änderung der augenblicklichen Situation." Er war überzeugt, daß mit dem Mauerbau „ein neuer Abschnitt der deutschen Nachkriegsgeschichte be-

gonnen" hatte und daß kurzfristige Lösungen der deutschen Frage nicht mehr möglich seien:

„Unser Volk tritt in eine Bewährungsprobe ein, in die eigentliche Bewährungsprobe, vor der alles, was bisher in diesen vergangenen Jahren geschehen ist, zu einem Nichts wird! Unser Volk wird jetzt von der Geschichte gewogen, und wehe uns, wenn wir durch Gleichgültigkeit, durch Bequemlichkeit, durch Trägheit oder durch moralische Schwäche diese Probe nicht bestehen!...

Wir haben uns alle so zu verhalten, daß nicht die Feinde sich freuen und die Landsleute verzweifeln, wir haben mehr denn je zusammenzurücken und zusammenzustehen. Wir haben uns würdig zu erweisen den Idealen, die in der Freiheitsglocke über unseren Häuptern symbolisiert sind.

Wir haben in Ruhe, aber auch in Entschlossenheit und mit festem Willen für das ganze Deutschland, für Einigkeit und Recht auf Freiheit."[65] **[218, 219]**

Anmerkungen

1 Europa-Archiv, 3. Jg. 1949, S. 2074 f., auszugsweise bei Chr. Kleßmann: Die doppelte Staatsgründung. Göttingen 1982, S. 459 f.

2 M. Overesch: Die Deutschen und die Deutsche Frage 1945–1955. Hannover 1985, S. 65.

3 J. Hohlfeld (Hrsg.): Dokumente zur deutschen Politik und Geschichte von 1848 bis zur Gegenwart. Bd. VIII, Berlin o. J. S. 260–74, Zitat S. 271.

4 Adenauers Rede in Offenbach am 24. 9. 1954. Mitteilungen an die Presse. Veröff. durch das Presse- u. Informationsamt der Bundesregierung vom 25. 9. 1954, Nr. 1063/54, S. 11, 13.

5 W. Conze: Jakob Kaiser. Politiker zwischen Ost und West 1945–1949. Stuttgart 1969, S. 68; E. Kosthorst: Jakob Kaiser. Bundesminister für gesamtdeutsche Fragen 1949–1957. Stuttgart 1972; vgl. zu J. Kaiser auch: H.-P. Schwarz: Vom Reich zur Bundesrepublik. 2. A. Neuwied 1980, S. 299 ff.

6 Schumachers Bundestagsrede vom 13. 6. 1950 auszugsweise in: F. P. Habel/H. Kistler: Entscheidungen in Deutschland 1949–1955. Hrsg. v. d. Bundeszentrale f. polit. Bildung, Reihe „Kontrovers", Bonn 1977, S. 39 f.

7 Schumachers Rede vom 24. 5. 1951 in: J. Hohlfeld (Hrsg.): Dokumente zur deutschen Politik und Geschichte von 1848 bis zur Gegenwart. Bd. VII, Berlin o. J. S. 81–88.

8 Text der Saar-Verfassung vom 15. 12. 1947 in: R. H. Schmidt: Saarpolitik 1945–1957. 3 Bde., Berlin 1959–62, Bd. II, S. 671.

9 Adenauer auf einer Pressekonferenz am 16. 1. 1950: „Meines Erachtens ist die Saarfrage noch nicht für eine Regelung reif. Ich würde es lieber sehen, wenn die Regelung der Saarfrage erst in Angriff genommen wird, wenn das Verhältnis zwischen Frankreich und Deutschland noch normaler und der europäische Gedanke noch stärker geworden ist." Zitiert nach H. Buchheim: Deutschlandpolitik 1949–1972. Stuttgart 1984, S. 24.

10 Text bei P. Fischer: Die Saar zwischen Deutschland und Frankreich. Frankfurt 1959, S. 293 ff., Zitat S. 293.

11 Text bei R. H. Schmidt, vgl. Anm. 8, Bd. III, S. 685 ff.; ebenso in: Die Auswärtige Politik der Bundesrepublik Deutschland. Hrsg. v. Auswärtigen Amt. Köln 1972, S. 268 ff.; Darstellung der Verhandlungen bei Adenauer: Erinnerungen 1953–1955, S. 370 ff.

12 Zitiert nach P. Fischer; vgl. Anm. 10, S. 240.

13 Das Petersberger Abkommen in: Die Auswärtige Politik der Bundesrepublik Deutschland, vgl. Anm. 11, S. 158–61; die Gesetze der Alliierten Hohen Kommission im Amtsblatt der Alliierten Hohen Kommission in Deutschland, Nr. 7, S. 72 ff., 251 ff.

14 Wortlaut des Memorandums in: K. v. Schubert: Sicherheitspolitik der Bundesrepublik Deutschland, Dokumentation 1945–1977. Teil 1, Köln 1978, S. 79–83.

15 Vertragstext in: K. v. Schubert, vgl. Anm. 14, S. 129 ff.; das Zitat aus der Begründung der Bundesregierung vor dem Bundestag: Die Auswärtige Politik der Bundesrepublik Deutschland, vgl. Anm. 11, S. 213–19.

16 Text des Deutschland-Vertrages in: Die Auswärtige Politik der Bundesrepublik Deutschland, vgl. Anm. 11, S. 208–13; ebenso bei K. v. Schubert, vgl. Anm. 14, S. 142–47.

17 Text der Verordnung bei R. Steininger: Deutsche Geschichte 1945–1961. Bd. II, Frankfurt 1983, S. 404–06.

18 Texte der verschiedenen Initiativen in: Die Bemühungen der Bundesrepublik um Wiederherstellung der Einheit Deutschlands durch gesamtdeutsche Wahlen. Dokumente und Akten. 1. Teil: Oktober 1949 – Oktober 1953. Hrsg. vom Bundesmin. f. Gesamtdeutsche Fragen. Bonn 4. A. 1959, S. 9 ff.

19 Texte in: Die Bemühungen…, vgl. Anm. 18, S. 51 ff.

20 J. Weber: Das sowjetische Wiedervereinigungsangebot vom 10. 3. 1952. Versäumte Chance oder trügerische Hoffnung? Beilage zur Wochenzeitung Das Parlament, B 50/69, S. 22 f.

21 Der Notenwechsel des Jahres 1952 in: Die Bemühungen…, vgl. Anm. 18, S. 85 ff.

22 So der bedeutende amerikanische Kolumnist Walter Lippmann, zitiert nach B. Meißner: Rußland, die Westmächte und Deutschland. Die sowjetische Deutschlandpolitik 1943–1953. Hamburg 1953, S. 294.

23 Rede in Siegen am 16. 3. 1952, zitiert nach: H.-P. Schwarz: Die Ära Adenauer: Gründerjahre der Republik 1949–1957. Stuttgart 1981 (Geschichte der Bundesrepublik Deutschland, Bd. II), S. 155 f.

24 Zitiert nach A. Hillgruber: Europa in der Weltpolitik der Nachkriegszeit 1945–1963. München/Wien 2. A. 1981, S. 70.

25 J. W. Stalin: Ökonomische Probleme des Sozialismus in der UdSSR. In: Europa-Archiv, 7. Jg. 1952, S. 5303–5317.

26 Vgl. zum Österreich-Problem G. Stourzh: Kleine Geschichte des österreichischen Staatsvertrages. Graz/Wien/Köln 1975.

27 Die wissenschaftliche Literatur zur Interpretation der Stalin-Note vom März 1952 ist sehr umfangreich und verständlicherweise höchst kontrovers. Die sich gegenüberstehenden Grundpositionen werden in der jüngeren Literatur besonders deutlich in den Arbeiten von R. Steininger: Eine vertane Chance. Die Stalin-Note vom 10. März 1952 und die Wiedervereinigung. Berlin/Bonn 2. A. 1986; H. Graml: Die Legende von der verpaßten Gelegenheit. Zur sowjetischen Notenkampagne des Jahres 1952. Vierteljahreshefte zur Zeitgeschichte. 29. Jg. 1981, S. 307–41. Die Schwierigkeiten der Urteilsbildung werden besonders daran ablesbar, daß sich Steininger und Graml weitgehend auf dasselbe angloamerikanische Quellenmaterial berufen. Die Diskussion nach den zwei sich gegenüberstehenden Grundthesen systematisierend, im eigenen Urteil Graml zuneigend: G. Wettig: Die sowjetische Deutschland-Note vom 10. März 1952. Wiedervereinigungsangebot oder Propagandaaktion? In: Deutschland-Archiv, 15. Jg. 1982, S. 130–48. Die Schwierigkeiten angemessener Urteilsbildung werden auch daran ablesbar, daß einzelne Forscher eine echte Chance für die Lösung des Deutschlandproblems überhaupt erst 1953, nämlich in den wenigen Monaten zwischen Stalins Tod am 5. 3. und dem 17. Juni sehen. Vgl. hierzu: R. Löwenthal: Vom kalten Krieg zur Ostpolitik. Stuttgart 1974, S. 17 f.

28 Vgl. zum 17. Juni: A. Bust-Bartels: Der Arbeiteraufstand am 17. Juni 1953. Beilage zur Wochenzeitung Das Parlament, B. 25/80, S. 24–54 I. Spittmann/W. Fricke (Hrsg.): 17. Juni 1953. Arbeiteraufstand in der DDR. Köln 1982. A. Baring: Der 17. Juni 1953. Stuttgart 2. A. 1983. Text des Politbüro-Kommuniqués vom 9. 6. 1953 S. 152–155. In der Einleitung zu Barings Besuch erneuert Löwenthal die These, daß eine Chance zur Wiedervereinigung Deutschlands nur in der kurzen Zeitspanne zwischen Stalins Tod und dem 17. Juni gelegen habe, in der unter Stalins Nachfolger Malenkow ein „neuer Kurs" der sowjetischen Politik verkündet wurde. Diese These findet u. a. darin eine Stütze, daß sich in dem oben genannten Politbüro-Beschluß zum „neuen Kurs" in der DDR der Satz findet: „Das Politbüro hat bei seinen Beschlüssen das große Ziel der Herstellung der Einheit Deutschlands im Auge, welches von beiden Seiten Maßnahmen erfordert, die die Annäherung der beiden Teile Deutschlands konkret erleichtern." Damit wird indirekt auch zum Ausdruck gebracht, daß der Beschluß der 2. Parteikonferenz zum planmäßigen Aufbau des Sozialismus eine Aktion gegen die Einheit Deutschlands war.

29 Text des ZK-Beschlusses bei A. Baring, vgl. Anm. 28, S. 182–92. Der „Kriegstreiber" Jakob Kaiser, einer von denen, „welche die Banditenkolonnen persönlich anleiten", rief am Abend des 16. Juni über den Rundfunk zur „Besonnenheit" auf, „sich weder durch Not

noch durch Provokationen zu unbedachten Handlungen hinreißen zu lassen. Niemand soll sich selbst und seine Umgebung in Gefahr bringen." Text der Rundfunkerklärung Kaisers bei Baring, S. 176. Im gleichen Tenor war die Regierungserklärung des Bundeskanzlers am 17. Juni gehalten (ebenda S. 178 f.). Im „Hetzsender Rias" wurden aufständische Ost-Berliner Arbeiter, die zum Generalstreik aufrufen wollten, nicht ans Mikrophon gelassen, in den Nachrichtensendungen des Rias das Wort Generalstreik bewußt vermieden. Nur der Berliner Gewerkschaftsvorsitzende Ernst Scharnowski rief über Rias zur Solidarität mit den Ost-Berliner Bauarbeitern auf (ebenda S. 177 f.). Von einer Ausnutzung, geschweige denn Vorbereitung des Aufstandes für eine aktive Politik des Roll-back konnte keine Rede sein.

Mit dem ZK-Beschluß wurde die ideologische Parteilinie für die Deutung des 17. Juni festgelegt. Sie ist bis heute gültig und findet sich in der Wissenschaft ebenso wie im Schulbuch. Vgl. hierzu: Geschichte. Lehrbuch für Klasse 10. Ost-Berlin 4. A. 1983, Ausgabe von 1986, S. 129–31.

30 Vgl. zur Souveränitätsverleihung an die DDR am 25. 3. 1954: Dokumente zur deutschen Politik und Geschichte, vgl. Anm. 3, Bd. VIII, S. 357.

31 Vgl. zur Berliner Außenministerkonferenz: Die Viererkonferenz in Berlin 1954. Reden und Dokumente. Hrsg. v. Presse- und Informationsamt der Bundesregierung. Berlin o. J. Die Rede Molotows am 1. 2. 1954 S. 82–96, das Zitat S. 89; die Erwiderung von Dulles am 2. 2. S. 100–106, das Zitate S. 100–103; der Eden-Plan S. 58–61; die Rede Bidaults S. 126–31; der Molotow-Plan S. 97–99; Molotows Vorschlag zur Bildung einer gesamtdeutschen Regierung S. 133–43, das Zitat S. 140.

32 Die Erklärung der sowjetischen Regierung zur Deutschlandfrage in: Die Bemühungen der Bundesrepublik um Wiederherstellung der Einheit Deutschlands durch gesamtdeutsche Wahlen. Dokumente und Akten. II. Teil: November 1953 – Dezember 1955. Hrsg. v. Bundesministerium für gesamtdeutsche Fragen. Erw. Neuauflage Bonn 1958, S. 185–88; auch bei R. Steininger, vgl. Anm. 17, S. 478–82.

33 Adenauers Rundfunkerklärung vom 22. 1. 1955 bei Steininger, vgl. Anm. 17, S. 482–84.

34 Text des Deutschen Manifestes bei Chr. Kleßmann, vgl. Anm. 1, S. 484 f.

35 Note der sowjetischen Regierung vom 9. 12. 1954, in: Die Bemühungen der Bundesrepublik um Wiederherstellung der Einheit Deutschlands…, vgl. Anm. 32, S. 178–81; Zitat S. 180.

36 Text der Genfer Direktive in: Die Bemühungen…, vgl. Anm. 32, S. 207–09.

37 Die Rede Bulganins vor dem Obersten Sowjet am 4. 8. 1955 in: Die Bemühungen…, vgl. Anm. 32, S. 213–15.

38 Note der sowjetischen Regierung vom 22. 10. 1956 in: Dokument zur Deutschlandpolitik der Sowjetunion. Hrsg. vom Deutschen Institut für Zeitgeschichte in Berlin (Ost), Bd. II, 1963, S. 329 ff., Zitat S. 334.

39 Erklärung der DDR-Regierung vor der Volkskammer am 12. 8. 1955 in: Die Bemühungen…, vgl. Anm. 32, S. 216–18.

40 Adenauer ist in seinen Erinnerungen sehr ausführlich auf den Moskaubesuch eingegangen: Bd. II (1953–1955), S. 487–556; die Zitate S. 492 und S. 528; Außenminister v. Brentano und Staatssekretär Hallstein haben sich in Moskau gegen die sofortige Aufnahme diplomatischer Beziehungen ausgesprochen, da in der Wiedervereinigungsfrage kein Fortschritt erzielt worden war und bzgl. der Kriegsgefangenenfreilassung nur das Ehrenwort des sowjetischen Ministerpräsidenten vorlag, nicht aber eine vertragliche Vereinbarung. Adenauer sagt dazu (S. 546): „Ich ließ mich nicht beirren. Ich war nicht gewillt, die armen Menschen, die sich in russischem Gewahrsam befanden, völkerrechtlichen Erwägungen zu opfern." – Vgl. auch den von Carlo Schmid gegebenen Bericht über die Moskaureise: Erinnerungen. Bern/München 1979, S. 564–82; das Zitat des nordrheinwestfälischen Ministerpräsidenten K. Arnold auf S. 571.

Beim Besuch des stellvertretenden sowjetischen Ministerpräsidenten Mikojan in Bonn im April 1958 suchte Adenauer mit einem Hinweis auf China als Machtfaktor die sowjetische Westpolitik zu beeinflussen: „Ich fragte… Mikojan auch, ob Sowjetrußland sich nicht Gedanken mache über Rotchina… (über) die Entwicklung der Dinge in den nächsten zehn bis zwanzig Jahren, und darüber müsse sich ein Staatsmann doch auch Gedanken machen. Rotchina habe einen jährlichen Geburtenüberschuß von zwölf Millionen, es werde also in zehn bis fünfzehn Jahren fast an eine Milliarde herankommen. Es habe nicht genügend Land, während Sowjetrußland dann vielleicht 250 Millionen Einwohner habe. Ich möchte, wenn ich Russe sei, nicht einen solch großen Nachbarn haben. Vielleicht sei das doch ein Gesichtspunkt von Bedeutung für Sowjetrußland, auch für seine Haltung gegenüber dem Westen." Erinnerungen. Bd. III (1955–1959), 2. A. Stuttgart 1978, S. 394 f.

41 Text des revidierten Eden-Planes bei H. v. Siegler: Wiedervereinigung und Sicherheit Deutschlands. Bd. I: 1944–1963. 6. A. Bonn/Wien/Zürich 1967, S. 69–71 (Wiedervereinigungsplan), S. 362 f. (Zusicherungsvertrag). Molotows Ablehnung des revidierten Eden-Plans in: Die Bemühungen…, vgl. Anm. 32, S. 254–61; der sowjetische Entwurf eines Sicherheitsvertrages bei H. v. Siegler, S. 364 f.

42 Die Berliner Erklärung der drei Westmächte und der Bundesrepublik in: Die Bemühungen der deutschen Regierung und ihrer Verbündeten um die Einheit Deutschlands 1955–1966. Hrsg. vom Auswärtigen Amt. Bonn 1966, S. 221 f.

43 Der Plan des polnischen Außenministers Rapacky bei K. v. Schubert, vgl. Anm. 14, S. 199–205.

44 Wortlaut des westlichen Friedensplanes vom 14. 5. 1959 in: Die Bemühungen der deutschen Regierung…, vgl. Anm. 42, S. 302–06.

45 Ulbrichts Rede vom 30. 1. 1957 vor dem 30. Plenum des ZK der SED in: Dokumente zur Deutschlandpolitik. Hrsg. vom Bundesmin. für Gesamtdeutsche Fragen. III. Reihe Bd. 3/1, Bonn/Berlin 1967, S. 80–94, Zitat S. 91, 93.

46 Hermann Matern am 16. 3. 1958 im Neuen Deutschland; zitiert nach K. P. Tudyka: Das geteilte Deutschland. Eine Dokumentation der Meinungen. Stuttgart 1965, S. 123.

47 Text des sowjetischen Berlin-Ultimatums bei H. v. Siegler: Wiedervereinigung und Sicherheit, vgl. Anm. 41, S. 117–25.

48 Der sowjetische Entwurf eines Friedensvertrages mit Deutschland vom 10. 1. 1959 bei H. v. Siegler: Wiedervereinigung und Sicherheit, vgl. Anm. 41, S. 146–54. Die europäische Integration wird durch die folgenden Artikel ausgeschlossen:
Art. 39: „Deutschland ist bereit, mit jeder Verbündeten und Vereinten Macht in Verhandlungen zu treten und Verträge oder Abkommen über den Handel und die Seeschiffahrt abzuschließen, wobei jeder Verbündeten und Vereinten Macht auf der Grundlage der Gegenseitigkeit die Stellung der meistbegünstigten Nation eingeräumt wird.
Deutschland wird in allem, was seinen Handel mit den Verbündeten und Vereinten Mächten betrifft, keine Diskriminierung und künstliche Beschränkung zulassen. Die Verbündeten und Vereinten Mächte werden sich ihrerseits im Handel mit Deutschland an den gleichen Grundsatz halten…"
Art. 43: „Vom Inkrafttreten des vorliegenden Friedensvertrages an wird Deutschland von allen Verpflichtungen aus internationalen Verträgen und Abkommen entbunden, die von der Regierung der DDR und der Regierung der BRD vor Inkrafttreten des vorliegenden Vertrages abgeschlossen wurden und im Widerspruch zu den Bestimmungen des Friedensvertrages stehen."

49 Die westlichen Antwortnoten auf das Berlin-Ultimatum vom 27. 11. 1958 und auf den Friedensvertragsvorschlag vom 10. 1. 1959 in: Die Bemühungen der deutschen Regierung…, vgl. Anm. 42, S. 288–91 und S. 298–300.

50 Der Deutschland-Plan der SPD in: H. v. Siegler: Wiedervereinigung und Sicherheit…, vgl. Anm. 41, S. 322–25; zur Moskaureise der SPD-Politiker vgl. C. Schmid: Erinnerungen. Bern/München 1979, S. 647–56.

51 Der Deutschland-Plan der FDP vom 20. 3. 1959 in H. v. Siegler: Wiedervereinigung und Sicherheit… vgl. Anm. 41, S. 325–28.

52 Die außenpolitische Kurskorrektur der SPD fand ihren Ausdruck in Wehners großer Bundestagsrede vom 30. 6. 1960 wie auch in einem Aufsatz von W. Brandt in der Zeitschrift Außenpolitik

(XI. Jg. 1960, S. 717 ff.): Außenpolitische Kontinuität mit neuen Akzenten. Vgl. auch C. Schmid: Erinnerungen, S. 655. Wehners Rede in: Dokumente zur Deutschlandpolitik..., vgl. Anm. 45, IV. Reihe, Bd. 4/2, S. 1278–92.

53 K. Adenauer: Erinnerungen 1955–1959. Stuttgart 2. A. 1978, S. 376 ff., Zitat S. 378 f.

54 Adenauer-Studien III, Mainz 1974, S. 202 ff.

55 Bundestagserklärung von Adenauer am 9. 10. 1962. In: Die Bemühungen der deutschen Regierung..., vgl. Anm. 42, S. 433 ff., Zitat S. 435 f.

56 Archiv der Gegenwart. XXIX. Jg. 1959, S. 7612.

57 Chruschtschow in einer Rede in Bukarest im Juni 1959. In: Die Bemühungen der deutschen Regierung..., vgl. Anm. 42, S. 345.

58 Chruschtschow am 7. 3. 1959 in Leipzig. In: Dokumente zur Deutschlandpolitik..., vgl. Anm. 45, IV. Reihe, Bd. 1/2, S. 1068–1086, Zitat S. 1077 f.

59 Die sowjetische Note vom 17. 2. 1961 in: Dokumente zur Deutschlandpolitik..., vgl. Anm. 45, IV. Reihe, Bd. 6/1, S. 345–50. Die Antwort der Bundesregierung vom 12. 7. 1961 in: Die Bemühungen der deutschen Regierung..., vgl. Anm. 42, S. 368–71.

60 Die amerikanische Note vom 17. 7. 1961 in: Die Bemühungen..., vgl. Anm. 42, S. 372–78.

61 Zur amerikanischen Politik in der Berlin-Krise vgl. die Arbeit von H. M. Catudal: Kennedy in der Mauer-Krise. Berlin 1981. Die Wiener Zusicherung Kennedys S. 126; das Fulbright-Fernsehinterview S. 216 ff.; das Moskauer Treffen der Warschauer-Pakt-Staaten vom 3.–5. 8. S. 224 ff. Kennedys Fernsehrede vom 25. 7. 1961 mit der Verkündung der drei „essentials" in: Die Bemühungen der

deutschen Regierung..., vgl. Anm. 42, S. 378–85. Ulbrichts Presse-Interview bei J. Rühle/G. Holzweißig: 13. August 1961. Die Mauer von Berlin. Köln 1981, S. 69–73.

62 H. Kroll: Botschafter in Belgrad, Tokio und Moskau 1953–1962. dtv-Tb. 547, 1969, S. 348. Kroll hat das Gespräch mit Chruschtschow nicht datiert. Dem Darstellungszusammenhang folgend, muß es wenige Wochen nach dem Mauerbau geführt worden sein.

63 Nach Catudal: Kennedy in der Mauer-Krise, vgl. Anm. 61, S. 228.

64 Geschichte. Lehrbuch für Klasse 10. Ost-Berlin 4. A. 1983, Ausgabe von 1986, S. 160–63.

65 Rede W. Brandts am 16. 8. in Berlin und Brief an Präsident Kennedy vom gleichen Tage in: Dokumente zur Deutschlandpolitik..., vgl. Anm. 45, Reihe IV, Bd. 7/1, S. 48 f.; S. 52–58.

III

Das geteilte Deutschland

Im Schatten der Mauer
1961–1989

Die Unterschrift des Jahres   Frankfurter Allgemeine Zeitung, 8. 12. 1970

1. Die Deutschlandpolitik der 60er Jahre

Die Lage nach dem Mauerbau

Am Ende des Jahres 1961 schrieb der Vorsitzende der CDU/CSU-Bundestagsfraktion, Heinrich Krone, in sein Tagebuch:

„Der 13. August ist in der Bevölkerung der Tag der großen Ernüchterung und Enttäuschung. Bis dahin glaubte und vertraute man den Amerikanern blindlings... Der 13. August ist ein Schicksalstag des deutschen Volkes. Wie ein Blitzstrahl das Dunkel erleuchtet, daß es taghell vor uns liegt, so hat dieser August-Tag das Dunkel der Stunde erhellt und uns für alle sichtbar den Blick in die deutsche Zukunft ermöglicht."

Fast beschwörend hatte Krone am 13. August seinem Tagebuch anvertraut:

„Jetzt muß der Westen handeln. An einer entscheidenden Stelle packt Moskau an. Zweitausend Menschen fliehen täglich aus der Zone. Für alles, was in der nächsten Zeit verhandelt wird, ist entscheidend, daß wenigstens dieses schmale Tor in die Freiheit offen bleibt. Diese Türe darf nicht zugehen. Wenn der Westen diese Stunde verspielt, hat Moskau schon vor dem Beginn einer Verhandlung das Spiel... gewonnen."[1]

Die Erfahrung des 13. August sagte aus, daß – ebensosehr wie Sowjetunion und DDR entschlossen waren, den eigenen Herrschaftsraum und die in ihm aufgerichtete Herrschaftsordnung durch nichts in Frage stellen zu lassen, auch nicht durch eine Massenflucht – ebensowenig die Westmächte willens waren, sie daran zu hindern, ungeachtet der Tatsache, daß die mit dem Mauerbau vorgenommene Stabilisierung der Systemgrenzen gegen bestehendes Vertragsrecht verstieß.[220] Umgekehrt hatte auch die Sowjetunion in ihrer Berlinpolitik die Systemgrenze respektiert und war deutlich hinter den Ausgangspositionen des Berlin-Ultimatums und des Friedensvertragsvorschlages zurückgeblieben. Diese wechselseitige Respektierung der jeweiligen Interessensphäre hatte einen konfliktfreien – wenn auch nur vorläufigen – Aus-

gang der Berlinkrise ermöglicht, besagte aber auf der anderen Seite, daß die Teilung Deutschlands auf lange Zeit fortbestehen würde.[221, 222] Jede Deutschlandpolitik nach dem Mauerbau mußte sich jedoch nicht nur auf lange Fristen einstellen, sie mußte auch konzeptionell neu überdacht werden. Die Wiedervereinigung Deutschlands hatte sich nicht als Bedingung und Voraussetzung und damit als erster Schritt einer Ost-West-Entspannung gegen die

Sowjetunion durchsetzen lassen, und auch das 1955 in Genf vereinbarte Junktim von Wiedervereinigung und Sicherheit hatte nicht zum Erfolg geführt. Der militärtechnische Prozeß in den 50er Jahren – die rasante Entwicklung der Atom- und Trägerwaffen bis zum Gleichgewicht des Schreckens – hatte jeden militärischen Druckansatz im Sinne einer Politik der Stärke unwirksam gemacht und zugleich auch die Interessenlage der Sowjetunion nachhaltig

[220]

Nürnberger Nachrichten, 1. 9. 1961

VORKRISE – HAUPTKRISE: „Mein Gott, siehst du denn nicht ein, daß wir nicht jetzt schon unsere ganze Munition verschießen können?"

Der Mauerbau wird als schicksalhafte Wende in der Deutschlandpolitik empfunden. In der Empörung über seine tatenlose Hinnahme durch die Westmächte (auf dem Bild Präsident Kennedy und Premierminister Mac Millan) wird zumeist übersehen, daß auch die Politik in der Bundesrepublik schnell zur Tagesordnung übergeht. Das Angebot des Regierenden Bürgermeisters von Berlin, dem Ernst der Stunde entsprechend ein Allparteienkabinett zu bilden, wird von Adenauer abgelehnt. Der Bundestagswahlkampf geht unverändert weiter. Am 16. August 1961 wird nach einem Gespräch Adenauers mit dem sowjetischen Botschafter ein gemeinsames Kommuniqué veröffentlicht, in dem u. a. heißt: „Die Bundesregierung unternimmt keine Schritte, welche die Beziehungen zwischen der Bundesrepublik und der UdSSR erschweren und die internationale Lage verschlechtern."
Nach dem Mauerbau als einer erheblichen Erschwerung der Beziehungen und Belastung der internationalen Lage ist diese Formulierung erstaunlich.

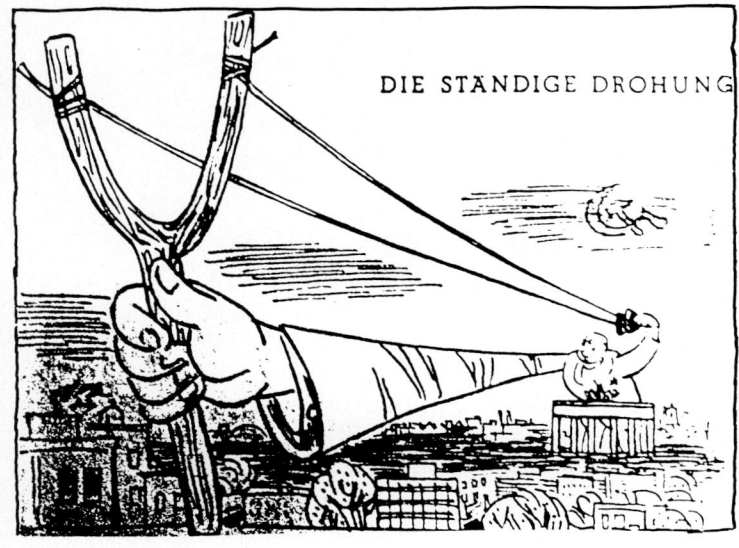

DIE STÄNDIGE DROHUNG

[221]

Nürnberger
Nachrichten,
18. 10. 1962

Der Mauerbau bedeutet nicht das Ende der Krise um Berlin. Er vermindert die Gefahr von unkontrollierten Entwicklungen und von Zwischenfällen, etwa auf den Zugangswegen nach Berlin oder auf den Fluchtwegen in die Westsektoren; und er schafft gleichzeitig die Voraussetzungen für neue Zwischenfälle an der Mauer selbst. Berlin bleibt weiterhin möglicher Ansatzpunkt einer offensiven sowjetischen Deutschlandpolitik und ist damit in seiner Existenz gefährdet.

verändert: Keine Drohung konnte so schrecklich sein, daß die Sowjetunion in der Deutschlandfrage zurückweichen mußte, und kein Angebot konnte so verlockend sein, daß sie als Gegenleistung eine demokratische Wiedervereinigung Deutschlands freigeben würde. Ein auf lange Zeit geteiltes Deutschland und die Abbindung der Massenflucht ließen erwarten, daß sich die Herrschaft der SED politisch wie wirtschaftlich stabilisieren würde – ein Aus-

MODESALON
Kennedy

DEFACTO-
ANERKENNUNG
DER DDR

INTERNATIONALE
KONTROLLE
DER
ZUFAHRT
NACH
BERLIN

[222]

Frankfurter Rundschau, 14. 4. 1962

Der Mauerbau hat die Gefahr eines Separatvertrages der Sowjetunion mit der DDR nicht beseitigt. Mit der Übertragung der Souveränität über die Zugangswege kann die Berlinkrise jederzeit neu entfacht werden. Die USA suchen dem vorzubeugen, indem sie die Einrichtung einer „Internationalen Kontrollbehörde für die Zugangswege" erwägen. An ihr sollen neben den vier ehemaligen Besatzungsmächten, zwei weiteren Ostblockstaaten und drei neutralen Staaten auch die Bundesrepublik sowie West-Berlin und die DDR sowie Ost-Berlin beteiligt werden. Die Einrichtung dieser Behörde hätte nicht nur die faktische Anerkennung der DDR bedeutet, sondern wäre auch mit dem eigenständigen Mandat West-Berlins der sowjetischen Berlinpolitik weit entgegengekommen. Die amerikanisch-sowjetischen Sondierungsgespräche führen jedoch zu keinem Ergebnis.

druck dafür war schon die Einführung der allgemeinen Wehrpflicht in der DDR im Januar 1962 – und daß sich damit für die DDR auch die Möglichkeiten vergrößerten, die weltpolitische Isolierung zu durchbrechen und auch außerhalb des Ostblocks die diplomatische Anerkennung zu erreichen. Die DDR konnte in diesem Prozeß der machtvollen Unterstützung der Sowjetunion sicher sein.

Die Notwendigkeit, in der Deutschlandpolitik nur noch in langfristigen Perspektiven denken und handeln zu können, machte unabwendbar, daß sich die Abrüstungs- und Sicherheitsfrage aus ihrer bisherigen Verklammerung mit dem Deutschlandproblem löste. Im Angesicht des in Ost und West aufgehäuften Vernichtungspotentials und damit der Möglichkeit eines atomaren Weltunterganges war es ganz undenkbar, daß erreichbare Vereinbarungen über Sicherheit an Fortschritte in der Deutschlandfrage im Sinne seiner Wiedervereinigung gebunden werden könnten. Das durch den militärtechnischen Prozeß hervorgebrachte Gleichgewicht des Schreckens führte zu einer Dominanz der Sicherheitsfrage. Es erzwang die Kooperation zwischen den Atommächten und stabilisierte damit gleichzeitig den Status quo, jedenfalls überall dort, wo die Weltmächte mit ihren Machtmitteln unmittelbar präsent waren. [223, 224, 225]

Welch große Risiken mit der Austragung außenpolitischer Konflikte verbunden waren, hatte die Berlinkrise deutlich gemacht. Noch deutlicher wurden sie in der Cubakrise 1962, als die Sowjetunion auf der Zuckerinsel Atomraketen stationierte und die USA deren sofortigen Abbau verlangten und ihren Willen, diese unmittelbare atomare Bedrohung Amerikas zu beseitigen, mit einer Seeblockade Cubas unterstrichen. Bei konsequenter Fortsetzung der eingeleiteten Politik drohte nichts Geringeres als ein Atomkrieg zwischen den Supermächten. Diese Gefahr konnte durch den Abbau der Raketen und durch den Verzicht auf eine Landung amerikanischer Truppen (die auch die Herrschaft Castros beseitigt hätte) abgewendet werden. Der Blick in den Abgrund weckte auf beiden Seiten den Willen, die atomare Risikoschwelle zu erhöhen. **[226]** 1963 wurde eine direkte Fernschreibverbindung zwischen Weißem Haus und Kreml hergestellt, der sogenannte Heiße Draht, um jeder unverhofft auftretenden gefährlichen Situation mit sofortiger direkter Kontaktaufnahme begegnen zu können. **[227]** Noch im selben Jahre folgte ein Abkommen über die Einstellung von Kernwaffenversuchen in der Atmosphäre, im Weltraum und unter Wasser, das sogenannte Teststop-Abkommen. 1969 schließlich kam es zur Unterzeichnung eines Vertrags, der die Vertragsparteien – die USA, die Sowjetunion und Großbritannien – dazu verpflichtete, keine Kernwaffen an dritte Länder weiterzugeben. Weitere Verträge und Verhandlungen zur Gewährleistung internationaler Sicherheit folgten. **[228]** Die genannten Verträge ließen das Deutschlandproblem im Sinne einer Förderung der Wiedervereinigung gänzlich unbeachtet; sie waren im Gegenteil dazu angetan, die Teilung Deutschlands zu verfestigen, weil das natürliche Interesse darauf ausgerichtet war, möglichst viele Staaten, also auch die DDR, an die Verträge zu binden. Die DDR als Vertragspartner zu akzeptieren, bedeutete eine Form der indirekten diplomatischen Anerkennung. Dieses aber lief der damaligen Deutschlandpolitik der Bundesrepublik zuwider. Entsprechend kam es zu heftigen Kontroversen mit den USA.

Adenauer erwog 1963 sogar einen demonstrativen, gleichsam antiamerikanischen Rücktritt, und der spätere Bundeskanzler Kiesinger sprach im Zusammenhang mit dem Kernwaffensperrvertrag sogar von einer „atomaren Komplizenschaft" der Weltmächte. Die Bundesrepublik war erst bereit, dem Teststop-Abkommen beizutreten, als der amerikanische Außenminister Rusk im Senat eine von der Bundesregierung verlangte Erklärung abgegeben hatte, nach der die Vertragsteilnahme der DDR keine diplomatische Anerkennung bedeute. **[229]** Als Bonn 1965 gegenüber dem

[223]   Nürnberger Nachrichten, 2.9.1961

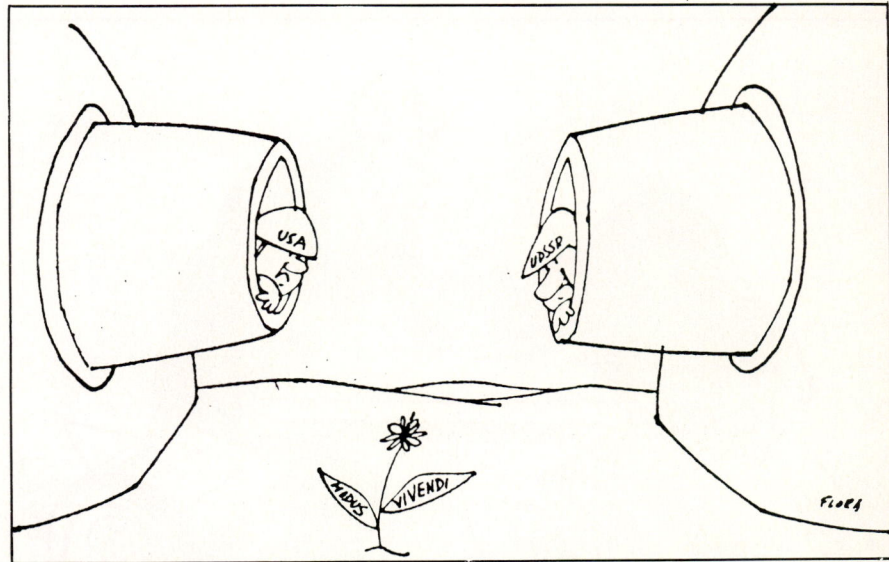

[224]   **Was blüht denn da?**   Die Zeit, 16.2.1962

Mit dem atomaren Patt ist die Politik der Stärke in der Deutschlandfrage an das Ende ihrer politischen Möglichkeiten gekommen: die Wiedervereinigung Deutschlands ist durch militärischen Druckansatz nicht erzwingbar; nicht einmal der Status quo hat sich in der Berlinkrise behaupten lassen. Positive Lösungen der Deutschlandfrage setzen langfristige Wandlungen des Bewußtseins und damit verbundene Veränderungen der Interessenlage voraus.
Das atomare Patt nötigt die Westmächte, in ihrer Machtrivalität einen Modus vivendi zu suchen.

[225] *Salami-Taktik*

Zeichnung: Hartung
Die Welt, 25. 8. 1962

Berlin bleibt der empfindlichste Punkt für die Ost-West-Beziehungen in Deutschland. Wegen der hohen Risiken ist die Wiederholung einer brachialen Politik nach dem Muster von 1948/49 oder 1958/61 wenig wahrscheinlich. Eher ist damit zu rechnen, daß versucht wird, den Berlin-Status in kleinen Schritten zuungunsten der westlichen Position zu verändern. Eine der ersten Aktionen dieser Salamitaktik nach dem Mauerbau ist die Auflösung der sowjetischen Kommandantura in Ost-Berlin und der damit bezeugte demonstrative Abbau der Viermächte-Verantwortlichkeit für Berlin.

[226] „O. K., Mr. Präsident, wir reden miteinander."

Daily Mail (Der Spiegel, 7. 11. 1962)

Der drohende atomare Konflikt in der Cuba-Krise nötigt zu Schritten, die Risiken atomarer Außenpolitik zu vermindern.

amerikanischen Sonderbotschafter Harriman versuchte, in die Verhandlung des Atomsperrvertrages auch die deutsche Frage einzubringen, und damit gleichsam das Genfer Junktim wiederherzustellen, sagte dieser lakonisch: „That is not the American aspect."[2] **[230]** Zwar hielten die Westmächte an der Auffassung fest, „daß die Regierung der Bundesrepublik Deutschland die einzige frei und rechtmäßig gebildete deutsche Regierung und daher berechtigt ist, für das deutsche Volk in internationalen Angelegenheiten zu sprechen", zwar bekannten sie sich dazu, „daß ohne eine wirkliche Lösung des deutschen Problems, die auf der Ausübung des Selbstbestimmungsrechtes in den beiden Teilen Deutschlands beruht, die Lage in Europa… ungewiß bleiben und infolgedessen der Friede auf diesem Kontinent nicht in vollem Maße gesichert sein wird"[3]; dennoch wurde die deutsche Frage nicht als konstitutives Element des europäischen Sicherheitsproblems angesprochen. Die Genfer Außenministerkonferenz von 1959 war die (bisher) letzte, auf der über Wiedervereinigung Deutschlands und Sicherheit in Europa verhandelt wurde.

Die Sowjetunion in neuer Perspektive

Die auf Sicherheitsvereinbarungen und damit auf Entspannung ausgerichtete westliche Politik war nicht nur vom atomaren Patt erzwungen, sondern hing für die USA in besonderem Maße auch damit zusammen, daß sich das Schwergewicht ihres politischen Engagements von Europa nach Außereuropa, über den Vietnamkonflikt vor allem nach Südostasien verlagerte. Das Deutschlandproblem, in den 50er Jahren ein zentrales Problem der Weltpolitik, rückte damit an deren Peripherie. Von zusätzlicher Bedeutung war dabei, daß sich die USA in Vietnam viel stärker der Gegnerschaft Chinas als der Sowjetrußlands ausgesetzt glaubten und von daher daran interessiert waren, die Beziehungen zu Rußland nicht durch europäische Probleme zu belasten. Sowjetrußland gewann dabei im politischen Bewußtsein zugleich eine andere Qualität als nur die eines zu berücksichtigenden Machtfaktors. Es rückte in eine positive und vor allem hoffnungsvolle Perspektive, nicht nur durch den Bruch mit China Anfang der 60er Jahre (durch die militärischen Grenzkonflikte am Ussuri nachhaltig akzentuiert) **[231, 232]**, sondern auch durch den Prozeß der Entstalinisierung nach Chruschtschows legendärer Rede auf dem 20. Parteitag von 1956 (vgl. oben S. 121). Zahlreiche Opfer des Stalinismus wurden damals posthum rehabilitiert. Als für die künftige Entwicklung noch bedeutsamer erschien, daß im Zuge der Entstalinisierung dem geistigen Leben ein deutlich größerer Freiraum gewährt wurde. Wissenschaftliche Theorien, die in der Stalinzeit ideologisch geächtet worden waren – wie z.B. die Relativitätstheorie, die Kybernetik oder die Genetik –, wurden wie die Menschenopfer des Stalinterrors rehabilitiert. Ideologische Scharlatanerien wie z.B. Lyssenkos Vererbungslehre verschwanden in der Versenkung. Die Werke kritischer Schriftsteller wie die von Wladimir Kornilow oder Alexander Solschenizyn fanden Aufnahme in sowjetischen Zeitschriften. 1962 erschien Solschenizyns „Ein Tag im Leben des Iwan Denissowitsch" – der Tagesablauf eines Häftlings in einem sowjetischen Zwangsarbeitslager – in der Zeitschrift Nowy Mir. Dem Wandel im Innern der Sowjetunion schien die Koexistenztheorie für das Verhalten nach außen zu entsprechen.[4] **[233]**

Die durchaus hoffnungsvolle Perspektive im Blick auf den geistigen und gesellschaftlichen Entwicklungsprozeß in der Sowjetunion fand ihre Abstützung in der sogenannten Konvergenztheorie. Nach ihr sind die bisher antagonistischen Gesellschaftssysteme unter dem Zwang industriewirtschaftlicher Produktion und wissenschaftlicher Weltbemächtigung und damit unabhängig vom Willen ihrer Träger und unabhängig von ideologischen Herrschaftsmaximen in einem Prozeß wechselseitiger Annäherung begriffen – im

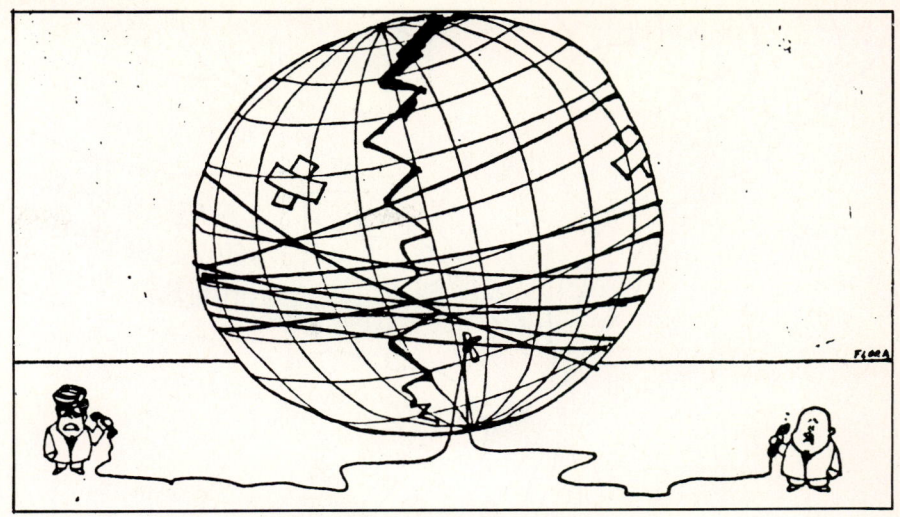

[227] **Die Welt ist gerettet!** Die Zeit, 14. 6. 1963

Der „heiße Draht" zwischen Washington und Moskau in einer politisch gespaltenen Welt. Ist damit die Welt gerettet?

Am Draht – direkt zwischen Washington und Moskau

[228] Frankfurter Allgemeine Zeitung, 26. 6. 1963

Der Kennedy-Besuch in Berlin im Juni 1963.
Dem „heißen Draht" zwischen Washington und Moskau als einem Mittel der Friedenssicherung steht der Stacheldraht in Berlin als Ausdruck der Unvereinbarkeit der Systeme entgegen.

[229]   **Sicher ist sicher**   Frankfurter Rundschau, 2.8.1963

Die zwischen den Atommächten abgeschlossenen Sicherheitsverträge haben Rückwirkungen auf die Deutschlandfrage. Sie drängen dazu, die DDR in die vertraglichen Verpflichtungen einzubeziehen. Die Bundesregierung sucht der damit verbundenen Aufwertung der DDR entgegenzuwirken und verlangt von den Westmächten immer wieder Erklärungen, wonach die Deutschlandpolitik dieser Mächte in Zielen und Methoden unverändert sei.

[230]   **„ . . . und was ist mit der Kleinen hier?"**   Frankfurter Rundschau, 10.6.1964

Der Versuch mißlingt, das Ost und West verbindende Interesse an Sicherheitsvereinbarungen für Fortschritte in der deutschen Frage nutzbar zu machen (Bundeskanzler Erhard und Präsident Johnson).

Sinne eine Liberalisierung des Sozialismus und einer Sozialisierung des Liberalismus.[5]

Politik der Entspannung

Aus den genannten Gründen schien es geboten, die der Sowjetunion gegenüber zu befolgende Politik auf Entspannung hin auszurichten, um damit den militärstrategischen und machtpolitischen Gegebenheiten ebenso Rechnung zu tragen wie den geistigen und gesellschaftspolitischen Entwicklungstendenzen in der Systemauseinandersetzung. **[234]** Besonders aufschlußreich für die neue politische Strategie ist die Rede des amerikanischen Präsidenten Johnson vom 1.10.1966:

„Europa hatte seit 1945 Frieden. Aber es ist ein unsteter Friede – überschattet von der Drohung der Gewalt. Europa ist geteilt. Mitten durch das Herz einer großen und stolzen Nation läuft eine unnatürliche Linie. ... In einem wiederhergestellten Europa kann und wird Deutschland vereinigt sein. Das bleibt weiterhin ein lebenswichtiges Ziel der amerikanischen Politik. Es kann nur durch eine wachsende Wiederaussöhnung erreicht werden. Einen schnellen und kurzen Weg gibt es nicht. ... Ein großes Ziel eines geeinten Westens ist es, den Schnitt durch Europa zu heilen, der heute den Osten vom Westen und Bruder von Bruder trennt. Diese Spaltung muß auf friedlichem Wege geheilt werden. Sie muß mit der Zustimmung der osteuropäischen Länder und der Sowjetunion geheilt werden. Das kann nur geschehen, wenn es Ost und West gelingt, eine sichere Basis für ein gegenseitiges Vertrauen zu schaffen. Nichts ist wichtiger für den Frieden. Wir müssen das Ost-West-Klima verbessern, um die Vereinigung Deutschlands im Rahmen eines größeren, friedlichen und blühenden Europas zu erreichen. Unsere Aufgabe ist es, eine Aussöhnung mit dem Osten zu erreichen – einen Übergang von der engen Konzeption der Koexistenz zu der größeren Vision des friedlichen Engagements."[6]

Entspannung, Aussöhnung, Verständigung, Vertrauen, gemeinsames Wohl sind als Schlüsselbegriffe der neuen Politik erkennbar; sie verdrängen die traditionellen Begriffe des containment und des roll back. Die Deutschlandfrage ist – wie Johnsons Rede deutlich macht – in der neuen politischen Linie mit bedacht. Die Wiedervereinigung Deutschlands wird als Aufgabe nicht preisgegeben, aber sie rückt an das Ende eines auf die Überwindung der Spaltung Europas ausgerichteten Entspannungsprozesses. **[235]** Das war eine Umkehrung der früher angestrebten Abfolge: Nicht mehr wie nach 1949 die Wiedervereinigung Deutschlands als erster Schritt in einem auf eine friedliche Weltordnung ausgerichteten Prozeß, also Voraussetzung für Entspannung; auch nicht mehr wie nach 1955 Wiedervereinigung Deutschlands und Entspannung als parallele, zu einem Junktim verknüpfte Vorgänge; vielmehr Wiedervereinigung Deutschlands als Schlußglied eines Prozesses von Entspannung, Aussöhnung und Verständigung. Die neue politische Strategie konnte für sich anführen, daß die Teilung Deutschlands unzweifelhaft nicht Ursache, sondern vielmehr Folge eines zugleich ideologischen und machtpolitischen Konfliktes war (auch wenn sie später Eigendynamik gewann), die Überwindung dieses Konfliktes also auch Voraussetzung für die Überwindung der Teilung Deutschlands sein mußte. Diese politische Generallinie war nach 1961 weitgehend unstrittig; aber es konnten aus ihr doch sehr unterschiedliche Konsequenzen für die praktische Politik gezogen werden.

Begrenzte Öffnung nach Osteuropa

Die nach der Regierungsbildung von 1961 unter der Führung von Gerhard Schröder stehende Außenpolitik der Bundesrepublik war bemüht, sich der politischen Strategie der USA einzugliedern und dabei die in Osteuropa erkennbaren Wandlungen für die Deutschlandpolitik fruchtbar zu machen. **[236]**

An die Sowjetunion gerichtet war das „Burgfriedensangebot" vom 6.6.1962: Ein zehnjähriges Moratorium in der Deutschlandfrage, also eine zeitlich begrenzte Anerkennung des territorialen Status quo in Deutschland, sollte vereinbart werden. Die Bundesregierung hoffte, mit dem Angebot eines vorläufigen Verzichtes auf eine aktive Wiedervereinigungspolitik die Sowjetunion veranlassen zu können, ebenfalls den Status quo anzuerkennen, also auf eine Fortsetzung der offensiven Berlin- und Frie-

[231] **Auf kleiner Flamme** Die Zeit, 26.6.1964

Für beide Weltmächte vermindert sich in den 60er Jahren das Bedeutungsgewicht der deutschen Frage, für die USA (Präsident L. B. Johnson) durch den Vietnamkonflikt, für die Sowjetunion (Chruschtschow) durch den Konflikt mit China. Die beiden deutschen Staaten (Erhard und Ulbricht) werden auf kleiner Flamme gehalten.

[232] **Hauskonzert** Zeichnung: Hartung Die Welt, 5.7.1963

Der Vertrauensschwund gegenüber den USA rückt in der Bundesrepublik zunehmend Frankreich in das Zentrum des politischen Bewußtseins. Unter der Führung de Gaulles strebt die französische Außenpolitik danach, ein von Frankreich geführtes Westeuropa als eigenständige politische Kraft zwischen dem Ostblock und den angloamerikanischen Mächten aufzubauen. Diese Politik, die durch eine französische Atommacht abgestützt werden soll, ist nur durchführbar, wenn sich die wirtschaftlich so machtvolle Bundesrepublik der französischen Politik zu- und gleichzeitig der französischen Führung unterordnet. Dieses aber bedingt auf seiten Frankreichs eine demonstrative Aufnahme und Unterstützung deutscher Interessen. Das sich Frankreich zuwendende politische Bewußtsein äußert sich in dem triumphalen Deutschlandbesuch de Gaulles im September 1962; es findet vor allem im Abschluß des deutsch-französischen Freundschaftsvertrages vom 22.1.1963 seinen Ausdruck, dessen politische Bedeutung in den Vorstellungen Adenauers und de Gaulles über die deutsch-französische Aussöhnung weit hinausgeht. Die deutsche Politik wird für einige Zeit durch die Auseinandersetzung zwischen den „Gaullisten", die die politische Umorientierung auf Frankreich anstreben, und den „Atlantikern" bestimmt, die an der Orientierung auf die angloamerikanischen Mächte, insbesondere die USA, festhalten wollen.

[233]

A. Paul Weber,
1971

Das graphische
Werk.

München 1978,
S. 145

(c) VGBild-Kunst,
Bonn, 1989

Dem Prozeß der Entideologisierung in der Sowjetunion der 60er Jahre folgt in nur kurzem Abstand ein erneuter Prozeß der Re-Ideologisierung, dem unabhängige Denker wie Alexander Solschenizyn zum Opfer fallen. Sein großes Werk über das sowjetische Zwangsarbeitslagersystem, „Der Archipel Gulag", darf in der Sowjetunion nicht erscheinen; er selbst wird durch seine Ausbürgerung 1974 für die sowjetische Bevölkerung zum Schweigen gebracht.

densvertragspolitik zu verzichten und der Bevölkerung in der DDR größere Freiheiten zu gewähren. Vor dem Bundestag erklärte Adenauer, die Bundesrepublik sei bereit, nationale Überlegungen gegenüber humanitären zurücktreten zu lassen (vgl. oben S. 118). Nach Ablauf des zehnjährigen Moratoriums sollte eine Volksabstimmung über die Wiedervereinigung Deutschlands entscheiden.

Die neuorientierte deutsche Ostpolitik wandte sich in besonderem Maße an die ostmitteleuropäischen Staaten, die sich in den vergangenen Jahren wieder stärker als „Subjekte der internationalen Politik" (Schröder) zur Geltung gebracht hatten und nicht mehr als bloße Satelliten der Sowjetunion anzusprechen waren. Eine Politik wurde konzipiert, die auf Wiederannäherung und Rückgewinnung des Vertrauens ausgerichtet war und die sich mit dem Aufbau und der Pflege wirtschaftlicher, kultureller, möglicherweise auch diplomatischer Beziehungen versprach, das von der Sowjetunion um der Blocksolidarität willen aufgerichtete „Schreckbild eines militaristischen und revanchistischen Deutschland" zu beseitigen und damit Vorbehalte gegenüber einer Wiedervereinigung Deutschlands abzubauen. [237] Diese Politik versprach sich nicht, über die ostmitteleuropäischen Staaten die sowjetische Deutschlandpolitik umorientieren zu können; sie konnte nur hoffen, durch den Abbau von Mißtrauen und Furcht in diesen Staaten zusätzlich bestehende Hindernisse einer deutschen Wiedervereinigung zu beseitigen, und hatte immer zur Voraussetzung, daß Annäherung und Vertrauensbildung auch gegenüber der Sowjetunion gelangen. Wohl aber blieb die DDR aus diesem Prozeß ausgespart, weil sie als „weder bereit noch fähig" angesehen wurde, den von „geschichtlich gewachsenem Nationalbewußtsein" vorangetriebenen Wandlungsprozeß in Osteuropa mitzuvollziehen.[7]

Sehr viel drastischer als Außenminister Schröder hat der Leiter des Planungsstabes im State Department die um die DDR herum-

„Setz dich doch, Brüderchen — Michel bezahlt!"
[234]

Zeichnung: Hartung

Die Welt, 7. 1. 1964

Entspannung zwischen Ost (Chruschtschow) und West (Johnson) als gemeinsam gesehene Aufgabe – aber zu welchen Bedingungen? Das sowjetische Interesse ist darauf gerichtet, über die Entspannungspolitik den Status quo (Dreiteilung Deutschlands und Anerkennung der Oder-Neiße-Linie) zu stabilisieren.

führende und gegen sie gerichtete Entspannungspolitik beschrieben:

„Die Osteuropäer, besonders die Tschechen und die Polen, müssen davon überzeugt werden, daß die Existenz Ostdeutschlands ihre Freiheit einschränkt, ohne ihre Sicherheit zu stärken. Sonst werden die Tschechen und Polen auch weiterhin die sowjetische Präsenz in Ostdeutschland unterstützen, die einen bequemen und beruhigenden Puffer zwischen ihnen und Westdeutschland darstellt... Gegenüber Ostdeutschland ist eine Politik der Isolierung geboten; gegenüber Osteuropa eine Politik des friedlichen Engagements – in wirtschaftlicher, kultureller und schließlich auch politischer Hinsicht (z. B. durch Anerkennung der bestehenden Grenzen, d. Verf.). Nur so wird Ostdeutschland auf der Landkarte Europas zu einem politischen Anachronismus werden – eine Quelle stetiger Peinlichkeiten für Moskau und nicht länger ein Sicherheitsfaktor für die Osteuropäer."[8]

Die Politik Schröders versprach sich keine schnellen Erfolge. [238] Der für ausschlaggebend gehaltene Umdenkungsprozeß würde längere Zeit in Anspruch nehmen. Die deutsche Politik dürfe sich auch nicht selbst verleugnen und nicht für „kurzfristige Erfolge in der Annäherung an Osteuropa langfristige Ziele aufs Spiel setzen". Hierzu gehöre auch, den Alleinvertretungsanspruch der Bundesrepublik für ganz Deutschland nicht zu gefährden und eine Vorab-Anerkennung der Oder-Neiße-Linie zu vermeiden, die Grenzfrage vielmehr als politisches Kompensationsmittel einer Wiedervereinigungspolitik in der Hand zu behalten.

Im Vollzuge der neuen politischen Konzeption gelang es in der Tat, Beziehungen zu den ostmitteleuropäischen Staaten herzustellen. Ganz offenbar bestand auch hier ein starkes Interesse an der Aufnahme von Kontakten zur Bundesrepublik. Schon 1963 wurden Handelsverträge mit Polen, Rumänien und Ungarn abgeschlossen; Bulgarien und Jugoslawien folgten im Jahre 1964, die Tschechoslowakei erst 1967. Die Handelsverträge schlossen Berlin-West – ohne es direkt zu benennen – ein, insofern als der Warenaustausch auf das „Währungsgebiet DM-West" bezogen wurde. Gleichzeitig mit dem Abschluß der Handelsverträge vereinbarte man die Errichtung von Handelsvertretun-

[235] Was will Bonn eigentlich, den Ast absägen oder ihn stützen? Nürnberger Nachrichten, 12. 5. 1962

Wie soll sich die deutsche Politik zur Entspannungspolitik zwischen den Weltmächten (Kennedy) verhalten? Sie fördern – in der Hoffnung auf positive Fernwirkungen (Außenminister Schröder) oder sie blockieren, weil die Gefahr besteht, daß der Status quo festgeschrieben wird (Bundeskanzler Adenauer)?

[236]

Frankfurter Allgemeine Zeitung, 1. 7. 1964

Emanzipation

„Rumänia!!!"

Der Emanzipationsprozeß in den ostmitteleuropäischen Staaten: Rumänien als erster Staat, der sich einen nationalen Handlungsfreiraum schafft. Die rumänische Politik löst erwartungsvolles Interesse bei anderen aus (Polen, Ungarn, Tschechoslowakei), neugieriges Erstaunen bei Bulgarien und lähmendes Entsetzen bei den Protagonisten ideologischer Einheit und Blocksolidarität (Sowjetunion und DDR).

„Blödes Federvieh! Fürchten sollt Ihr Euch, hab' ich gesagt!"

[237] Deutsches Allgemeines Sonntagsblatt, 28.1.1968

> Die Politik der (begrenzten) Öffnung nach Osten trifft auf Bereitschaft bei mehreren ostmitteleuropäischen Staaten – ungeachtet des von der Sowjetunion und der DDR gezeichneten Schreckbildes eines militaristischen und revanchistischen, im politischen Kern nazistischen Deutschland. Sowjetunion und DDR, aber auch Polen (wegen der von der Bundesregierung nicht ins Auge gefaßten Anerkennung der Oder-Neiße-Grenze) sehen den wechselseitigen Annäherungsprozeß mit Sorge.

gen in den jeweiligen Hauptstädten, die sehr schnell eine über die wirtschaftlichen Belange hinausgehende politisch-diplomatische Bedeutung gewannen. **[239]**

Die deutsche Politik der Öffnung nach Osteuropa wurde abgestützt durch die deutsche Friedensnote vom 25.3.1966: Die Bundesrepublik erklärte ihre Bereitschaft, mit allen osteuropäischen Staaten

(ausgespart blieb auch hier die DDR) Gewaltverzichtsabkommen sowie Verträge zur Rüstungsbegrenzung und zur wechselseitigen Rüstungskontrolle abzuschließen. **[240]** Zwar wurde die Überwindung der Teilung Deutschlands als „größte nationale Aufgabe" des deutschen Volkes bezeichnet und auch der Hoffnung Ausdruck gegeben, daß mit den Gewaltverzichtsabkommen „entscheidende

Fortschritte bei der Lösung der politischen Probleme in Mitteleuropa verbunden werden könnten"; aber ein formelles Junktim wurde zwischen der Deutschlandfrage und der Sicherheitsfrage nicht hergestellt. Dieses konnte vor dem Hintergrund der gegebenen politischen Rahmenbedingungen der deutschen Initiative förderlich sein; abträglich war ihr ganz sicher, daß eine Anerkennung der Oder-Neiße-Linie nicht in Aussicht gestellt, die Grenzfrage vielmehr der Friedenskonferenz vorbehalten wurde.[9]

Die Handelsmissionen waren als Katalysatoren künftiger diplomatischer Vertretungen gedacht. In der Tat wurden am 30. Januar 1967 die diplomatischen Beziehungen zu Rumänien eröffnet, ein Jahr später auch die zu Jugoslawien wiederaufgenommen.

Sowjetische Gegeninitiativen

Die Tatsache, daß die deutsche Friedensnote ohne Resonanz blieb und daß die Verhandlungen mit anderen osteuropäischen Staaten um die Aufnahme diplomatischer Beziehungen nicht zum Erfolg führten (Hoffnungen bestanden vor allem für Ungarn und Bulgarien), macht deutlich, daß die deutsche Politik der begrenzten Öffnung nach Osten Widerstände wachgerufen hatte. Diese gingen von der Sowjetunion und der DDR, aber auch von Polen aus. Sowjetunion und DDR mußten sich durch die Politik der Bundesrepublik um so stärker herausgefordert fühlen, als diese Politik ihrer eigenen Berlin- und Deutschlandpolitik direkt zuwiderlief und in den ostmitteleuropäischen Staaten ganz offenbar Bereitschaft bestand, der Politik der Bundesrepublik entgegenzukommen: Die Handelsverträge schlossen West-Berlin ein und negierten damit die sowjetische Berlinpolitik, und bei der Aufnahme diplomatischer Beziehungen zu Rumänien wurde die DDR in der deutsch-rumänischen Erklärung gar nicht erwähnt, was dem Ziel entgegenstand, die DDR völkerrechtlich zu etablieren. Die Bemühungen von Sowjetunion und DDR, einen an

[238] Frankfurter Rundschau, 28.9.1962

> Außenminister Schröders Politik der – wenn auch nur begrenzten – Öffnung nach Osteuropa ist mit der Hallstein-Doktrin nur schwer zu vereinbaren, besonders dann nicht, wenn auch diplomatische Beziehungen ins Auge gefaßt werden. Die vom Auswärtigen Amt konzipierte „Geburtsfehlertheorie" ist anderen Staaten nur schwer verständlich zu machen: diplomatische Beziehungen zu ostmitteleuropäischen Staaten seien trotz Hallstein-Doktrin zulässig, weil diese Staaten aufgrund ihrer Existenzbedingungen als Volksdemokratien im Rahmen des Sowjetimperiums mit dem unverschuldeten Geburtsfehler diplomatischer Beziehungen zur DDR behaftet seien. Diese Theorie versagt vollends, wenn auch die Wiederaufnahme diplomatischer Beziehungen zu Jugoslawien ins Auge gefaßt wird; denn Jugoslawien hatte 1957 ohne „Geburtsfehler" den diplomatischen Verkehr mit der DDR eröffnet.

der letzteren vorbeigehenden und sie isolierenden Normalisierungsprozeß zu verhindern, waren vielgestaltig. **[241]** Ungeachtet des fortbestehenden Warschauer Paktes wurde die DDR erneut in ein vielmaschiges Ostpaktsystem eingebunden: Im Juni 1964 schlossen Sowjetunion und DDR einen Vertrag über Freundschaft, gegenseitigen Beistand und Zusammenarbeit ab **[242]**; 1967 folgten entsprechende Verträge der DDR mit Polen, Ungarn, Bulgarien und der ČSSR. Eine Reihe von Konferenzen der Sowjetunion mit allen osteuropäischen Staaten 1966/67 diente der Einschwörung der letzteren auf eine gemeinsame Linie den politischen Bemühungen der Bundesrepublik gegenüber. Die Aufnahme diplomatischer Beziehungen zur Bundesrepublik wurde an Bedingungen geknüpft:

Anerkennung der DDR und damit Preisgabe des Alleinvertretungsanspruches, Anerkennung der bestehenden Grenzen, Verzicht der Bundesrepublik auf Teilhabe an Atomwaffen (dieses richtete sich gegen das damals diskutierte Projekt einer multilateralen Atomstreitmacht der Natostaaten). **[243]** Die Einschwörungsformel hatte den Charakter einer Hallstein-Doktrin mit umgekehrter Frontstellung.[10] **[244]** Die erneute Einbindung der DDR in ein System von Pakten, der Aufbau einer geschlossenen Abwehrfront der osteuropäischen Staaten gegenüber den politischen Initiativen der Bundesrepublik, nicht zuletzt auch die mit militärischer Gewalt vollzogene Unterdrückung des Prager Reformkommunismus im August 1968 machten deutlich, daß die Sowjetunion nicht willens war, eine wie immer geartete Beeinträchtigung ihres Herrschaftsraumes und ihrer Herrschaftsordnung hinzunehmen, daß sie vielmehr alle Kräfte darauf konzentrierte, diese Herrschaft sowohl territorial wie politisch zu stabilisieren. **[245, 246, 247]** Die nach dem militärischen Einmarsch in die ČSSR verkündete Breschnjew-Doktrin ließ den uneingeschränkten Herrschaftsanspruch besonders deutlich erkennen: Die sozialistischen Staaten hätten keinen Anspruch auf Souveränität, es

[239]

Der „kleine" Grenzverkehr.

Frankfurter Rundschau, 15. 11. 1963

Wirtschaftliche und kulturelle Beziehungen im Rahmen der Politik der (begrenzten) Öffnung nach Osten werden als Katalysatoren des „großen" Grenzverkehrs, nämlich offizieller diplomatischer Beziehungen, gesehen und als Durchbrechung der Blocksolidarität und -mentalität von Ulbricht mißtrauisch beobachtet.

[240]

Tauben en gros

Die Zeit, 1. 4. 1966

[241]

Wehner: „Ich nehme mein Mundstück, ich hab' ja auch meinen Stolz!"

Neues Deutschland, 3. 9. 1966

Die propagandistische Gegenoffensive von Sowjetunion und DDR ist auf die plakative Kennzeichnung der Bundespolitik als „Revanchepolitik" gestimmt. In dieses Bild wird auch die SPD einbezogen, nachdem sie 1960 eine außenpolitische Kurskorrektur vorgenommen hat (vgl. oben S. 117). Besonderer „Beliebtheit" erfreut sich Herbert Wehner, hier neben Bundeskanzler Erhard stehend, den das Neue Deutschland zum Revanchepolitiker par excellence stilisiert.

Die Trauben sind mir ja viel zu sauer!   Zeichnung: Hartung
Die Welt, 25.6.1964

Die Sowjetunion bekundet mit dem Vertragsabschluß ihren Willen, die Existenz und die Blockbindung der DDR zu sichern; aber sie ist dennoch nicht bereit, der seit der Berlinkrise mit steigendem Nachdruck vorgetragenen Forderung der DDR-Regierung nach Abschluß eines separaten Friedensvertrages zu entsprechen und damit ihre Rechte bezüglich Deutschlands als Ganzem aufzugeben.

[243]   *Herzlich willkommen!*   Zeichnung: Hartung
Die Welt, 17.1.1967

Der Aufbau einer osteuropäischen Abwehrfront gegen die Politik der Bundesrepublik. ————

gebe nur eine gesamtsozialistische. Es artikulierte sich damit erneut – hier nunmehr auf außenpolitischem Felde – jener Satz im Parteiprogramm der KPdSU von 1961, dem für die Herrschaftsorganisation in einem leninistischen Staat zentrale Bedeutung zukommt: „Die Partei (auf außenpolitischem Felde die Sowjetunion, d. Verf.) ist das Hirn, die Ehre und das Gewissen unserer Epoche" (vgl. oben Anm. 4).[11] [248] Der auf Macht- und Systemstabilisierung ausgerichteten sowjetischen Politik stand die Forderung der Bundesrepublik auf Verwirklichung des Selbstbestimmungsrechtes in Deutschland deutlich entgegen.

Die Sowjetunion wurde von daher nicht müde – ungeachtet der deutschen Friedensnote –, die von der Bundesrepublik ausgehende vermeintliche Kriegsgefahr zu beschwören[12]. Die von der Sowjetunion aufgerichtete politische Gegenfront stellte die Bundesrepublik vor weitreichende und schwerwiegende Fragen. Die politischen Parteien hatten für sie höchst unterschiedliche Antworten bereit.

Die Ost- und Deutschlandpolitik der Großen Koalition

Die Aufnahme diplomatischer Beziehungen zu Rumänien am 31.1.1967 war eine der ersten und besonders spektakulären Aktionen der Großen Koalition, die seit Dezember 1966 bestand. [249] Die nunmehr vom Parteivorsitzenden der SPD, Willy Brandt, geführte Außenpolitik ging in der Ost- und Deutschlandpolitik über die bisherige Linie der begrenzten Öffnung nach Osteuropa hinaus – nicht nur, indem sie entschlossen auf diplomatische Beziehungen zu den osteuropäischen Staaten hinsteuerte, sondern auch, indem sie die DDR in den wiederaufgenommenen Vorschlag von Gewaltverzichtsverträgen einbezog.

Andererseits hielt sie ebenso am Friedensvertragsvorbehalt für die deutsche Ostgrenze wie am Alleinvertretungsanspruch der Bundesrepublik fest. In der Regierungserklärung von Bundeskanzler Kiesinger hieß es:

„Auch diese Bundesregierung betrachtet sich als die einzige deutsche Regierung, die frei, rechtmäßig und demokratisch gewählt und daher berechtigt ist, für das ganze deutsche Volk zu sprechen. Das bedeutet nicht, daß wir unsere Landsleute im anderen Teil Deutschlands, die sich nicht frei entscheiden können, bevormunden wollen. Wir wollen, soviel an uns liegt, verhindern, daß die beiden Teile unseres Volkes sich während der Trennung auseinanderleben. Wir wollen entkrampfen und nicht verhärten, Gräben überwinden und nicht vertiefen. Deshalb wollen wir die menschlichen, wirtschaftlichen und geistigen Beziehungen mit unseren Landsleuten im anderen Teil Deutschlands mit allen Kräften fördern. Wo dazu die Aufnahme von Kontakten zwischen Behörden der Bundesrepublik und solchen im anderen Teil Deutschlands notwendig ist, bedeutet dies keine Anerkennung eines zweiten deutschen Staates. Wir werden diese Kontakte von Fall zu Fall so handhaben, daß in der Weltmeinung nicht der Eindruck erweckt werden kann, als rückten wir von unserem Rechtsstandpunkt ab.“[13]

Die ungeachtet dieser Grundposition deutlich veränderte Haltung gegenüber der DDR ermöglichte 1967 einen Briefwechsel zwischen den beiden deutschen Regierungschefs, der von Stoph eröffnet und später von ihm auch abgebrochen wurde, weil sich der Anspruch der DDR-Regierung auf die Herstellung normaler diplomatischer Beziehungen zwischen den beiden deutschen Staaten, also die uneingeschränkte Anerkennung der Teilung Deutschlands in zwei bzw. drei Staaten (West-Berlin als „selbständige politische Einheit“) nicht durchsetzen ließ und die von Kiesinger vorgeschlagenen Verhandlungen von Regierungsbevollmächtigten über „praktische Fragen des Zusammenlebens der Deutschen“ den eigenen Zielsetzungen zuwiderliefen.[14] [250, 251, 252] Aus sowjetischer Perspektive bedeutete die Ost- und Deutschlandpolitik der Großen Koalition eine nur geringfügig modifizierte, im Kern unveränderte „Fortsetzung der alten Politik der ,Nichtanerkennung‘ der DDR, bedeutet(e) faktisch weiterhin das Bestreben, diesen sozialistischen Staat zu verschlingen“. Breschnjew nannte „die vorbehaltlose Anerkennung der DDR als souveränen, unabhängigen Staat eine der grundlegenden Voraussetzungen für eine wirkliche Normalisierung der Lage in Europa“ und hob mit starken Worten die sowjetische Solidarität zur DDR her-

[244] Wachablösung Vorwärts, 12. 1. 1967

vor.[15] Die Sowjetunion ließ sich in ihrer entschlossenen Frontstellung gegen die Ost- und Deutschlandpolitik der Großen Koalition auch dadurch nicht beirren, daß im September 1968 mit Billigung der Bundesregierung die 1956 als verfassungswidrig verbotene KPD als DKP neu ins Leben treten konnte. [253, 254]

Fortgang der Teilung

Während Bonns Politik der begrenzten Öffnung nach Osteuropa versuchte, den politischen

[245]

„Kannst du nicht den Westen hören wie jeder anständige DDR-Bürger? Muß es denn unbedingt das reaktionäre Prag sein?“
Deutsches Allgemeines Sonntagsblatt/Wolter, 14. 4. 1968

Der Prager Frühling erweckt 1968 große Hoffnungen auf grundlegende Veränderungen des kommunistischen Herrschaftssystems.

... marschier'n im Geist in uns'ren Reihen mit!

Het Parool, Amsterdam
(Der Spiegel, 26. 8. 1968)

[247]

Iswestija/Moskau
(Nürnberger Nachrichten, 30. 8. 1968)

[248]

Auf dem Tugendpfad

Die Zeit, 11. 4. 1969

[249]

Trotz starken Sperrfeuers

Zeichnung Hartung
Die Welt, 30. 1. 1967

Nach dem Sturz Nowotnys und dem Amtsantritt Alexander Dubčeks als Erstem Sekretär der Kommunistischen Partei setzen sich in der Tschechoslowakei Reformkräfte durch, die einen Sozialismus mit menschlichem Antlitz verwirklichen wollen: der Prager Frühling!
Ungeachtet der Tatsache, daß die neue Parteiführung weder den Sozialismus als Gesellschaftsordnung noch die außenpolitische Bindung an den Ostblock aufgeben will, wird der Verzicht auf das Wahrheitsmonopol der kommunistischen Partei (dieser Verzicht ist die geistige Voraussetzung vielfältiger Reformen von Staat und Gesellschaft) als Fundamentalgefährdung kommunistischer Herrschaft angesehen und findet in der Sowjetunion und in der DDR seine schärfsten Widersacher.

Die Zerschlagung des Prager Reformkommunismus durch die militärische Intervention der Ostblockarmeen (ausgenommen Rumänien) ruft Erinnerungen an den Einmarsch deutscher Truppen im März 1939 wach, durch den die Unabhängigkeit der Tschechoslowakei beseitigt wurde.
Der Einmarsch wird propagandistisch dadurch gerechtfertigt, daß nur so der Zugriff der imperialistisch-faschistischen Bundesrepublik auf die ČSSR verhindert werden könne (Hitler und Hakenkreuz)

Mit dem Sturz Dubčeks und der Verkündung der Breschnjew-Doktrin, nach der es im Sozialismus keine einzelstaatliche Souveränität gibt, wird die ČSSR auf den „Tugendpfad" zurückgeführt.

Rumänien (Außenminister Manescu) läßt sich auch durch massive Intervention der Sowjetunion nicht daran hindern, mit der Bundesrepublik (Außenminister Brandt) diplomatische Beziehungen zu vereinbaren.

Folgen des Mauerbaus entgegenzuwirken, ging der Teilungsprozeß im Schatten der Mauer verstärkt weiter. Am wenigsten davon berührt war der innerdeutsche Handel. Dieser ging zwar nach dem Mauerbau gegenüber 1960 zunächst um 15 % zurück, übertraf aber schon 1964 den Spitzenwert von 1960 und steigerte sich bis 1969 auf 188 % des Wertes von 1960. **[255]**

Stark rückläufig entwickelte sich dagegen der Reiseverkehr. Waren 1957 noch 1,6 Mio. Besucher aus dem Bundesgebiet in die DDR gereist, so 1962 nur noch rund 600000; danach stieg die Zahl wieder an und erreichte 1969 1,1 Mio., blieb aber damit immer noch um 31 % unter dem Wert von 1957. Dem innerdeutschen Reiseverkehr war auch abträglich, daß im November 1964 den westdeutschen und West-Berliner Besuchern ein Zwangsumtausch von Zahlungsmitteln auferlegt wurde. **[256]** Der Verbindung zwischen der Bundesrepublik und Berlin-West sollte auch dadurch entgegengewirkt werden, daß ab April 1968 Mitgliedern und leitenden Beamten der Bundesregierung die Durchreise durch die DDR verboten wurde.

West-Berlinern war schon in den 50er Jahren das Reisen in die DDR verwehrt worden; ab August 1961 konnten sie auch nicht mehr in den Ostteil ihrer Stadt. Von Weihnachten 1963 bis Pfingsten 1966 waren auf der Grundlage von Passierscheinabkommen um die Feiertage herum tageweise Besuche von Verwandten in Ost-Berlin möglich. Danach blieb die Mauer – von besonderen Härtefällen abgesehen – für volle sechs Jahre undurchlässig. Die Tatsache, daß

Die Große Koalition bezieht die DDR in die Politik der Öffnung nach Osten ein und bietet ihr wie den übrigen Ostblockstaaten einen Gewaltverzichtsvertrag an. Die Regierung der DDR konzentriert nahezu ihre gesamte Deutschlandpolitik auf die Forderung nach voller diplomatischer Anerkennung. Die Politik der Öffnung auch gegenüber der DDR bringt für die politische Sprache der Bundesrepublik erhebliche „Orientierungsschwierigkeiten". Der Briefwechsel zwischen Bundeskanzler Kiesinger und Ministerpräsident Stoph zwingt zu terminologischen Entscheidungen.

[250]

Angebot und Nachfrage

Handelsblatt-Zeichnung: Bernd Bruns
15. 3. 1968

Orientierungsschwierigkeiten

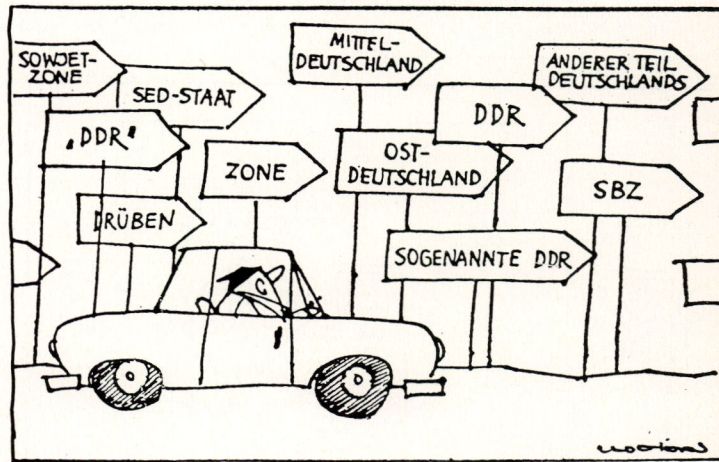

[251]

Allgemeine Zeitung,
Mainz, 31. 1. 1968

Aller Anfang ist schwer!

[252]

Nürnberger Nachrichten, 3. 6. 1967

"Man muß den alten Hut bloß ordentlich aufmöbeln!"   Zeichnung: Prof. Beier-Red

[253]   Neues Deutschland, 21.12.1966

WAS IMMER WIR TUN – „Bitte schön, wäre Ihnen das recht?" „Njet! Unter-
steh dich! – Das wäre ein Angriff zur Vereitelung meiner Politik gegen dich!"

[254]   Nürnberger Nachrichten, 27.9.1968

Die Ost- und Deutschlandpolitik der Großen Koalition wird fast noch härter angegriffen als die Politik der früheren Bundesregierung, weil sie deutlich mehr Aktivitäten entfaltet, aber an überkommenen Grundpositionen festhält. Das Neue Deutschland charakterisiert sie als Revanchepolitik der in der Großen Koalition zusammengeschlossenen Parteien (Bundeskanzler Kiesinger und Herbert Wehner als Minister für gesamtdeutsche Fragen).

[255]

Der Freiheit
eine Kasse...
Zeichnung: Wolter

Sonntagsblatt,
25.10.1964

Zu den innerdeutschen „Handelsgütern" gehören seit 1964 auch politische Gefangene der DDR, die von der Bundesregierung aus der Haft zur Entlassung in die Bundesrepublik freigekauft werden.

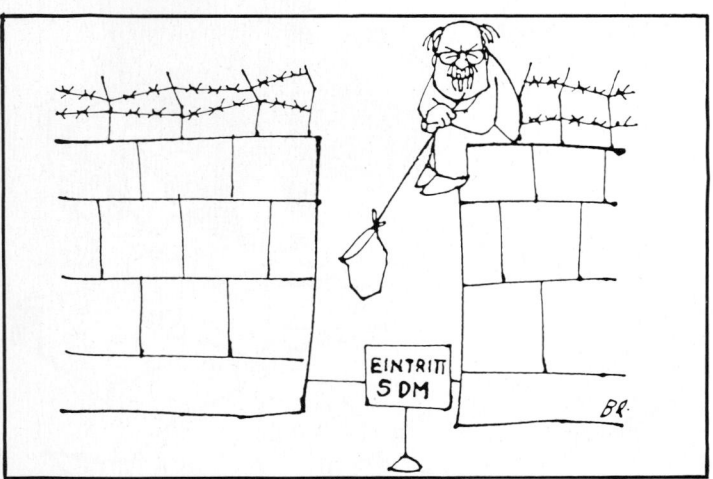

[256]

Auf der Mauer –
auf der Lauer

Handelsblatt-
Zeichnung:
Bernd Bruns,
4.12.1964

Eine Einkommensquelle von zunehmend größerer Bedeutung erschließt sich die DDR-Regierung ebenfalls 1964, indem sie westdeutschen Besuchern einen Zwangsumtausch von DM auferlegt: 5 DM pro Tag und Besucher, ab 1968 10 DM, gegenwärtig 25 DM.

die vier Passierscheinabkommen mit West-Berlin auf der DDR-Seite von einem Staatssekretär der DDR-Regierung und nicht von einem Beamten der Ost-Berliner Stadtverwaltung abgeschlossen wurden, macht deutlich, daß die DDR darum bemüht war, den Passierscheinabkommen im Sinne ihrer politischen Strategie den Rang von völkerrechtlichen Verträgen zwischen Staaten und nicht von Verwaltungsvereinbarungen zu geben. Sie hatte es daher auch abgelehnt, mit der Passierscheinregelung das Rote Kreuz zu beauftragen. Die politische Empfindlichkeit der Passierscheinabkommen zeigt sich auch darin, daß von den Verhandlungspartnern eine Einigung über die Orts-, Behörden- und Amtsbezeichnungen nicht zu erreichen war. 1966 konnte kein neues Passierscheinabkommen abgeschlossen werden, weil die DDR von West-Berlin „ordnungsgemäße Vereinbarungen" auf der Grundlage „normaler staatlicher Beziehungen" verlangte.[16] **[257]**

Der Reiseverkehr aus der DDR in die Bundesrepublik umfaßte Mitte der 50er Jahre etwa 2,5 Mio. Menschen jährlich. Ab Sommer 1957 verbot Ost-Berlin bestimmten Personengruppen Westreisen. **[258]** Der allgemeine Besucherverkehr wurde ab 1958 auf etwa ein Viertel des oben genannten Wertes gedrosselt und kam mit dem Mauerbau ganz zum Erliegen. Ab 1964 erhielten Rentner die Möglichkeit zu Verwandtenbesuchen in der Bundesrepublik. Die Zahl der Rentnerreisen stieg in den folgenden Jahren auf etwa 1 Mio. Besucher pro Jahr an.

Besonders hart sah sich der innerdeutsche Sportverkehr durch den Mauerbau betroffen. Aus Protest gegen den Mauerbau brach der Deutsche Sportbund mit den Düsseldorfer Beschlüssen vom 16. 8. 1961 die Sportbeziehungen zum DTSB ab (vergl. oben S. 126). Der Sportverkehr kam dadurch fast vollständig zum Erliegen. Daß er nicht ganz aufhörte, hing damit zusammen, daß auf Weisung des IOC auch 1964 bei den Olympischen Spielen in Innsbruck und Tokio gesamtdeutsche Mannschaften an den Start gehen mußten. Hatten 1957 noch 1530 sportliche Wettkämpfe mit mehr als 35 000 Teilnehmern stattgefunden, selbst 1961 bis zum Mauerbau noch 738 mit mehr als 14 000 Teilnehmern, so waren es 1966 nach der Wiederaufnahme der Sportbeziehungen nur noch 82 Begegnungen mit 1450 Teilnehmern, 1968 46 Begegnungen mit 800 Teilnehmern und 1970 gar nur 19 Begegnungen mit 284 Teilnehmern.

Der Fortgang der Teilung Deutschlands fand seinen Ausdruck auch im Gesetz über die Staatsbürgerschaft der DDR vom 20. 2. 1967. War die DDR-Verfassung von 1949 von einer einheitlichen deutschen Staatsangehörigkeit ausgegangen, so zog man jetzt die verfassungsrechtlichen Konsequenzen aus der Zwei-Staaten-Theorie. Der Proklamation einer eigenen Staatsbürgerschaft entsprach, daß ebenfalls im Februar 1967 das „Staatssekretariat für gesamtdeutsche Fragen" in ein „Staatssekretariat für westdeutsche Fragen" umbenannt und daß ab 11. 6. 1968 die Paß- und Visumpflicht für den Reise- und Transitverkehr zwischen der Bundesrepublik und West-Berlin eingeführt wurde. **[259, 260, 261]** Am 26. 3. 1968 verabschiedete die Volkskammer eine neue Verfassung, die sich mit der Feststellung

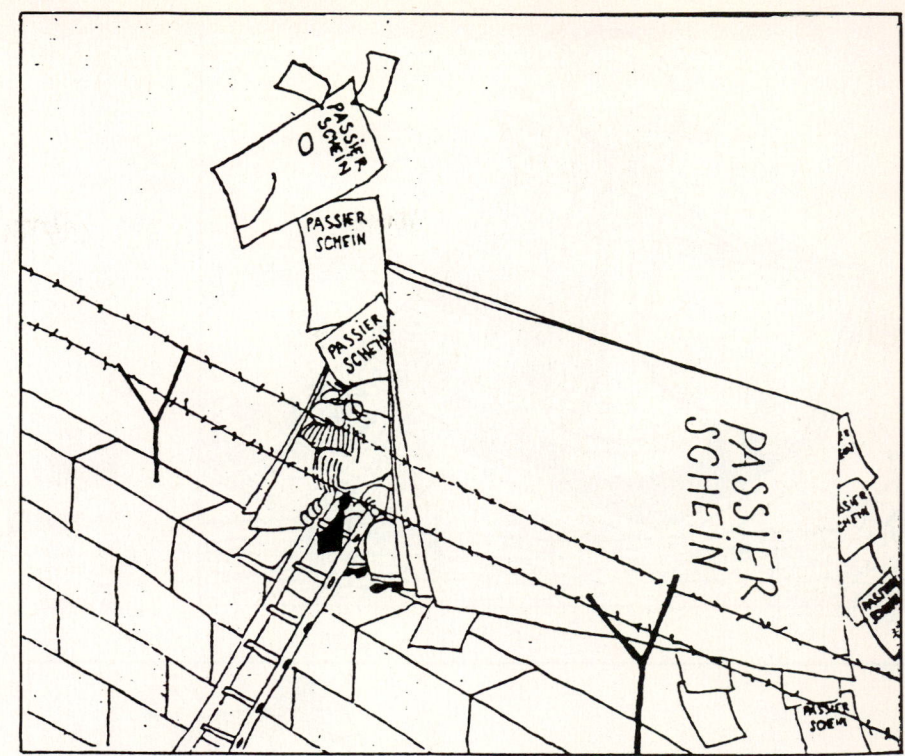

[257] Das trojanische Pferd Süddeutsche Zeitung, 14. 2. 1964

In den sieben vereinbarten Besuchszeiträumen um die Festtage herum kommen knapp 4,3 Mio. Besucher. Die Passierscheinabkommen sind in der politischen Öffentlichkeit umstritten: die menschliche Seite steht der politischen entgegen; denn die DDR-Regierung bemüht sich darum, mit Hilfe der Passierscheinabkommen sowohl der eigenen völkerrechtlichen Anerkennung aufzuhelfen, wie auch dem Ziel näher zu kommen, West-Berlin in eine selbständige politische Einheit zu verwandeln. Der Besuch Ost-Berlins wird den West-Berlinern – abgesehen von Härtefällen – erst 1971 mit dem Viermächte-Abkommen über Berlin wieder möglich.

[258] Kein Licht mehr durch Westfenster Welt der Arbeit, 5. 7. 1957

Im Sommer 1957 wird Schülern, Studenten und FDJ-Angehörigen ein Westreise-Verbot auferlegt.

[259]

Souveränitit

Frankfurter Allgemeine Zeitung, 29. 6. 1968

[260]　　　　　Ein Unwort.　　　　　Die Zeit, 10. 2. 1967

Die Entschlossenheit, die DDR aus gesamtdeutschen Bezügen zu lösen und als souveränen Staat zu konstituieren, kommt besonders darin zum Ausdruck, daß im Februar 1967 eine eigene DDR-Staatsbürgerschaft proklamiert wird und daß entsprechend westdeutsche Besucher nur noch mit einem internationalen Reisepaß und einem Visum die DDR besuchen dürfen. Die Visum-Antragsformulare enthalten die Angaben: „Bürger der westdeutschen Bundesrepublik" bzw. „Bürger der selbständigen politischen Einheit Westberlin". Die Visumvergabe wird gleichzeitig zu einer Einnahmequelle gemacht: das Transitvisum kostet für Hin- und Rückfahrt 10 DM, das Ein- und Ausreisevisum für die DDR 20 DM.
„Gesamtdeutsch" wird zu einem „Unwort". Behörden und Einrichtungen werden umbenannt.

[261]　　　　　　　　　　Frankfurter Rundschau, 13. 6. 1968

Die gegenüber West-Berlin befolgte Politik der DDR-Regierung (Passierscheinabkommen, Staatszugehörigkeit, Paß- und Visumpflicht, Durchreiseverbot für Minister und leitende Beamte der Bundesregierung) ist Ausdruck des Bemühens, mit der Trennung West-Berlins von der Bundesrepublik die rechtliche Verklammerung der Teile Deutschlands aufzulösen und eine uneingeschränkte DDR-Souveränität aufzurichten.

des Artikels 1: „Die DDR ist ein sozialistischer Staat deutscher Nation" zwar noch zur Einheit der deutschen Nation bekannte, aber in der Präambel ein eigenes Staatsvolk der DDR konstituierte. In Artikel 8 wird „die Herstellung und Pflege normaler Beziehungen und die Zusammenarbeit der beiden deutschen Staaten auf der Grundlage der Gleichberechtigung" als „nationales Anliegen der DDR" bezeichnet. Ungeachtet dieser aus der deutschen Nation hinausdrängenden Formulierungen spricht die DDR-Verfassung in der Präambel von der „Verantwortung, der ganzen deutschen Nation den Weg in eine Zukunft des Friedens und des Sozialismus zu weisen", und formuliert als Aufgabe:

„Die DDR und ihre Bürger erstreben darüber hinaus die Überwindung der vom Imperialismus der deutschen Nation aufgezwungenen Spaltung Deutschlands, die schrittweise Annäherung der beiden deutschen Staaten bis zu ihrer Vereinigung auf der Grundlage der Demokratie und des Sozialismus."[17] **[262, 263]**

Der Verfassungstext nahm damit als politische Zielvorstellung der DDR auf, was Ulbricht auf dem 7. Parteitag der SED am 17. 4. 1967 mit ungleich lebendigeren Worten als Verpflichtung der Arbeiterklasse verkündet hatte:

„Die SED, wir deutschen Marxisten und Leninisten haben niemals den einheitlichen, friedlichen und fortschrittlichen, den demokratischen und antiimperialistischen deutschen Staat abgeschrieben und werden das auch niemals tun. Und unsere größten Vorkämpfer, Marx, Engels und Karl Liebknecht, waren die größten deutschen Patrioten. Aber ich möchte erklären: Was der Imperialismus gesprengt hat, wird die Arbeiterklasse in beiden deutschen Staaten in engstem Bündnis untereinander wieder einen. Die Imperialisten haben Deutschland gespalten. Die Arbeiterklasse der beiden deutschen Staaten wird es wieder zusammenfügen. Doch bevor das geschehen kann und damit das geschehen kann, müssen sich die Arbeiterklasse der DDR und die Arbeiterklasse Westdeutschlands zum gemeinsamen Handeln vereinigen."[18] **[264]**

Mit der allgemeinen politischen Aktionsrichtung der DDR-Regierung nur schwer in Einklang zu bringen ist eine mit der SPD im März 1966 getroffene Vereinbarung, in Karl-Marx-Stadt und in Hannover gemeinsame Veranstaltungen der beiden Parteien abzuhalten und dabei dem jeweiligen Gast das Recht zu öffentlicher

Rede einzuräumen. Der sogenannte Redneraustausch kam jedoch nicht zustande. Als im Bundestag ein „Gesetz über befristete Freistellung von der deutschen Gerichtsbarkeit" verabschiedet wurde, nahm die SED dieses Gesetz, das ihren Delegierten in der Bundesrepublik freies Geleit sichern sollte, zum Anlaß, vom Redneraustausch wieder zurückzutreten. Was die SED zum Gedanken eines Redneraustausches veranlaßt hat, ist nicht klar ersichtlich. Er entsprach überhaupt nicht der politischen Generallinie. Ob sie die Kooperation mit der SPD im Sinne der oben gekennzeichneten nationalen Verpflichtung des Proletariats suchte oder mit dem Redneraustausch ihre Anerkennungspolitik zu fördern hoffte, ob sie sich ein nationales Alibi verschaffen wollte, weil sie damit rechnete, daß die SPD auf das Angebot nicht eingehen würde? **[265]** Vom sogenannten „Handschellengesetz" jedenfalls konnte sie angesichts der bestehenden Rechtsauffassung in der Bundesrepublik nicht eigentlich überrascht sein, so daß die Berufung hierauf wohl nicht als (an sich durchaus verständliches) Motiv der Absage anzusehen ist.

Die Durchbrechung der außenpolitischen Isolation der DDR

Eine Verfestigung der Teilung Deutschlands ging auch von der Außenpolitik aus. Hier spielte der Nahostkonflikt eine besonders wichtige Rolle (vergl. oben S. 64). Der Abschluß des Luxemburger Wiedergutmachungsabkommens mit Israel hatte das Verhältnis der Bundesrepublik zu den arabischen Ländern vorübergehend belastet, aber nicht nachhaltig gestört, wozu neben den traditionell guten Beziehungen Deutschlands zu den arabischen Ländern in der aktuellen Politik beitrug, daß zwischen der Bundesrepublik und Israel keine diplomatischen Beziehungen bestanden und daß die Bundesrepublik den arabischen Staaten umfangreiche Wirtschaftshilfe zukommen ließ. **[266]** Diplomatische Beziehungen zu Deutschland lagen für Israel vor dem Hintergrund der nationalsozialistischen Judenverfolgung anfangs außerhalb des Denkbaren. In der Bundesrepublik hielt man sich in dieser Frage auch deshalb zurück, weil Rückwirkungen auf die Deutschlandpolitik zu befürchten waren: die Aufnahme diplomatischer Beziehungen zu Israel konnte der DDR die Chance zuspielen, in der arabischen Welt ihre politische Isolierung zu durchbrechen. Die DDR war auch eifrig

[262]   **Fauler Zauber**

(Zeichnung: Reke)
Bremer Nachrichten, 9. 4. 1968

[263]

Der Tagesspiegel, Berlin, 20. 12. 1967

Die neue DDR-Verfassung wird durch einen Volksentscheid legitimiert und am 8. 4. 1968 verkündet. Der „Nationalrat der Nationalen Front des demokratischen Deutschland" als Herausgeber des Verfassungstextes verkündete stolz, daß 94,49 % aller stimmberechtigten Bürger dem Verfassungsentwurf zugestimmt hätten und daß in den Entwurf „über 12 000 formulierte Vorschläge und Hinweise der Bevölkerung" Eingang gefunden, die Bürger der DDR also „ihre Verfassung wirklich selbst geschrieben" hätten. In der Bundesrepublik bestehen gegenüber allen derartigen Abstimmungsergebnissen erhebliche Zweifel.
Trotz ihres Bekenntnisses zur „Überwindung der Spaltung Deutschlands" bedeutet die Verfassung von 1968 einen Schritt aus der Nation heraus. Der nächste Schritt wird nur sechs Jahre später erfolgen.

[264]

Frankfurter
Rundschau,
28. 2. 1969

„Noch ein bißchen mehr ...!"

Im Rahmen ihrer allgemeinen Berlinpolitik, die auf Trennung West-Berlins von der Bundesrepublik abzielt, protestiert die DDR-Regierung gegen die Einberufung der Bundesversammlung in Berlin zum 5. 3. 1969 (auf ihr wird Gustav Heinemann zum neuen Bundespräsidenten gewählt). Sie versucht vergeblich, die Bundesversammlung durch das Angebot eines neuen Passierscheinabkommens zu verhindern (Kiesinger und Ulbricht).

[265]

SZ-Zeichnung:
P. Leger

Süddeutsche
Zeitung,
1. 7. 1966

Kneift dialektisch ...

Das Projekt eines Redneraustausches zwischen SED und SPD ist in den Motiven der SED-Führung nicht klar erkennbar. Ein Redneraustausch muß gesamtdeutsche Bezüge stärken, statt sie – der Generallinie entsprechend – abzubauen.

[266] *Mit dem Hute in der Hand kommt man gut durchs deutsche Land* Die Zeit, 22. 9. 1961

bemüht, durch eine demonstrativ proarabische Politik den Boden hierfür zu bereiten. Aber sie kam über die Einrichtung von Handelsvertretungen und Konsulaten nicht hinaus. In dem Maße nun, wie in Israel und in der Bundesrepublik die Kräfte wieder stärker wurden, die zur Aufnahme diplomatischer Beziehungen drängten, und wie sich die Sowjetunion im Nahostkonflikt zugunsten der arabischen Länder, besonders Ägyptens, engagierte, wurde die politische Situation für die Bundesrepublik immer schwieriger, zumal sich die arabischen Staaten infolge der wachsenden Abhängigkeit von der Sowjetunion immer stärker gedrängt sahen, die DDR diplomatisch anzuerkennen. Das Problem kam zum offenen Ausbruch, als im Herbst 1964 bekannt wurde, daß aus der Bundesrepublik geheime Waffenlieferungen nach Israel gingen (die Bundesrepublik war hierzu von den USA gedrängt worden, um das durch die sowjetischen Waffenlieferungen an die arabischen Staaten gestörte militärische Gleichgewicht im Nahostraum aufrechtzuerhalten). Die deutschen Waffenlieferungen an Israel führten in der arabischen Welt zu einem Sturm der Entrüstung. Präsident Nasser antwortete mit der Einladung des Staatsratsvorsitzenden der DDR, Walter Ulbricht, zu einem offiziellen Besuch Ägyptens – ungeachtet der nichtbestehenden diplomatischen Beziehungen. Die Bundesregierung suchte diesen Besuch mit allen Kräften zu verhindern – unter anderem durch

Bis Ende der 60er Jahre gelingt es auf der Grundlage der Hallsteindoktrin und umfangreicher Wirtschaftshilfe, die DDR in weltpolitischer Isolierung zu halten: nur Staaten des Ostblocks sowie die ihm mehr oder weniger verbundenen Staaten Jugoslawien und Cuba haben sie diplomatisch anerkannt. Diese Politik wird jedoch immer schwieriger und erfordert zunehmend größeren Einsatz: die Bundesrepublik kann durch demonstrative Gesten von Staaten der Dritten Welt der DDR gegenüber zu finanziellen Leistungen gezwungen werden.

die Androhung, ihre Wirtschaftshilfe einzustellen –, um einen Einbruch ihrer deutschlandpolitischen Position zu verhindern.
[267, 268] Dieses gelang ihr jedoch nicht – auch nicht dadurch,
daß sie die Waffenlieferungen an
Israel einstellte und diesem nicht-
militärische Ersatzlieferungen anbot, was nun wiederum zu einer
erheblichen Belastung der
deutsch-israelischen Beziehungen führte. In dieser, zu einer
grundlegenden und zukunftswei-
senden Entscheidung drängenden Situation entschloß sich die
Bundesregierung, Israel die Aufnahme diplomatischer Beziehungen anzubieten. Hierüber wurde
im Februar 1965 in Jerusalem verhandelt, während gleichzeitig der
Ägyptenbesuch Ulbrichts mit großem Aufwand über die Bühne
ging, allerdings nicht zur diplomatischen Anerkennung der DDR
führte. Die Aufnahme diplomatischer Beziehungen zwischen Israel und der Bundesrepublik im
Mai 1965 wurde dann von zehn
arabischen Staaten mit dem Abbruch ihrer Beziehungen zur Bundesrepublik beantwortet (nur Ma-
rokko, Tunesien und Libyen sahen
hiervon ab), ohne daß jedoch
gleichzeitig diplomatische Beziehungen zur DDR aufgenommen
wurden. **[269]** Hielt sich somit der
Schaden durchaus in Grenzen
(1967 war Jordanien sogar zur
Wiederaufnahme der Beziehungen bereit), so war doch die drohende Entwicklung nur kurzfristig
angehalten worden. Der Sechs-
Tage-Krieg in Nahost vom Juni
1967 vergrößerte das Abhängigkeitsverhältnis namentlich der
arabischen Frontstaaten zur Sowjetunion und damit deren politische Einwirkungsmöglichkeiten.
Nachdem im Mai 1969 Kambodscha als erster nichtsozialisti-
scher Staat die DDR anerkannt
hatte, folgten ihm bis Juli fünf
arabische Staaten (Irak, Sudan,
Syrien, Südjemen, Ägypten). **[270]**

Der Versuch, mit Hilfe der Hallstein-Doktrin die DDR weltpoli-
tisch zu isolieren und auf diese
Weise Druck auf die Sowjetunion
zugunsten einer demokratischen
Wiedervereinigung Deutschlands
auszuüben, war – was die Isolierung der DDR anbetrifft – erstaun-

[267]   *Der Schwarze Peter*   Zeichnung: Hartung
Die Welt, 10. 2. 1965

DIE SCHENKENDEN, Hallsteinrelief mit verlorenem Gesicht (späte Nasserzeit).

[268]   SZ-Zeichnung: P. Leger
Süddeutsche Zeitung, 29. 1. 1965

Einbruch in die deutschlandpolitische Stellung der Bundesrepublik auf dem nahöstlichen
Konfliktfeld.

lich lange erfolgreich gewesen. In
der zweiten Hälfte der 60er Jahre
kam er aber an die Grenze seiner
Möglichkeiten. **[271]** Für die Zukunft mußte befürchtet werden,
daß der DDR auch an anderen
Stellen Einbrüche in die Mauer der
Isolierung gelingen würden, zumal
ja auch die Bundesrepublik selbst
mit der erstrebten, bzw. schon vollzogenen Aufnahme diplomatischer Beziehungen zu den ostmit-

teleuropäischen Staaten die Hallstein-Doktrin preisgab.
Als ein deutliches Zeichen für den
politischen Gezeitenwechsel ist
der Tatbestand anzusehen, daß
im internationalen Sport das IOC
im Oktober 1965 das Nationale
Olympische Komitee der DDR uneingeschränkt anerkannte, so daß
die DDR 1968 bei den Olympischen Spielen in Grenoble und
Mexiko zum erstenmal mit einer

WAT DEM EEN SIN UHL...

[269]

Zeichnung: Herbert Heyne
Abendpost, 12. 3. 1965

Die Israel-Politik der Bundesrepublik (Bundeskanzler Erhard) und die DDR-Politik Ägyptens (Präsident Nasser und Ulbricht) und anderer arabischer Staaten stehen in enger Wechselbeziehung.

eigenen Olympiamannschaft auftreten konnte und nur noch geringfügige protokollarische Auflagen zu beachten hatte. Die 1966 vom IOC getroffene Entscheidung, München mit der Austragung der Olympischen Sommerspiele von 1972 zu beauftragen, wurde mit der Auflage verbunden, der DDR-Mannschaft volle Gleichberechtigung zu gewähren. Diese ging hier erstmalig als eigenständige Nationalmannschaft, also auch mit eigener Flagge und eigener Hymne an den Start. **[272]**

Eine neue Ost- und Deutschlandpolitik?

Konnten angesichts der sich schnell verändernden politischen Handlungsbedingungen Inhalte und Verfahrensweisen der Deutschlandpolitik unverändert beibehalten werden? Genügte eine geringfügige Modifikation der politischen Strategie, oder bedurfte es einer grundlegenden Reform? Am entschiedensten wurde hierüber in der FDP nachgedacht.

Neue Beziehungen ...

[270]

Zeichnung: Bernd Gutzeit

Westfälische Rundschau, 10. 7. 1969

[271]

Horst M.

Saarbrücker Zeitung, 13. 9. 1969

154

Dazu trug nicht nur das überkommene deutschlandpolitische Engagement dieser Partei bei, sondern auch die Notwendigkeit, sich in der Zeit der großen Koalition als Oppositionspartei zu profilieren. Die deutschlandpolitische Diskussion in der FDP begann mit einer Studie Wolfgang Schollwers aus dem Jahre 1962. Schollwer ging davon aus, daß „die Wiedervereinigung auf absehbare Zeit nicht in einem Zug oder in genau festgelegten kurzfristigen Phasen zu bewerkstelligen ist, sondern vielmehr nur in zahlreichen, sich über lange Zeitspannen erstreckenden Etappen mit dem konkreten und kurzfristigen Ziel einer Wiederannäherung der beiden deutschen Teile erreicht werden kann". Dieser Annäherungsprozeß setze „unabdingbar eine Normalisierung der politischen Verhältnisse in der DDR" voraus, d. h. eine den übrigen Staaten des Ostblocks vergleichbare Entstalinisierung. Diese aber könne nur erreicht werden, „wenn die Sowjetunion nicht befürchten muß, daß eine Liberalisierung Mitteldeutschlands zu einem neuen 17. Juni, zum Ausscheren der Zone aus dem Ostblock und damit zum Zusammenbruch des sowjetischen Imperiums führt". Aus diesen Überlegungen zog Schollwer die Folgerung:

„Will man die Zone entstalinisieren, so muß man also vom Westen aus zunächst einmal bestimmte Verpflichtungen eingehen, die eine Fortexistenz der DDR im Ostblock bis zur endgültigen Lösung der deutschen Frage möglich macht; das aber bedeutet: der Westen muß die Zweistaatlichkeit Deutschlands anerkennen und die Souveränität der DDR bis zur Wiedervereinigung respektieren." [273]

Schollwer forderte die Preisgabe der Hallstein-Doktrin und die Anerkennung der Oder-Neiße-Linie und erhoffte sich von „solch weitgehenden westlichen Zugeständnissen entsprechende östliche Gegenleistungen" wie Absetzung der Ulbricht-Gruppe, Entstalinisierung, Entlassung der politischen Häftlinge, Beseitigung der Mauer, freier Reiseverkehr zwischen beiden Teilen Deutschlands. Er schloß seine Überlegungen mit den Worten ab:

„Das Ziel aller dieser Maßnahmen wäre eine rasche und wirksame Entspannung der politischen und militärischen Lage in

[272]　　　**Olympia-Sieger**　　　Handelsblatt, 15. 10. 1968

[273]　　　... ein einig Volk von Brüdern ...　　　Handelsblatt, 7. 3. 1967

In der FDP – einzige Oppositionspartei in der Zeit der großen Koalition – finden Überlegungen zunehmenden Anklang, die davon ausgehen, daß die bisherige Ost- und Deutschlandpolitik der Bundesrepublik vor dem Ende ihrer Möglichkeiten steht und daß das Ziel der Einheit Deutschlands nur mit einer grundlegenden Neuorientierung der politischen Strategie erreicht werden kann. Bundeskanzler Kiesinger und Außenminister Brandt sind offenbar entsetzt (wie auch der Karikaturist) über die Preisgabe überkommener Positionen.

[274]

Die Welt, 5. 4. 1967

Meuterei auf der „Mendy"   Zeichnung: Hartung

Die Überlegungen liberaler Politiker zur Reform der Ost- und Deutschlandpolitik stellen die FDP vor die Zerreißprobe. Als der „Stern" den Richtungskampf in der FDP in die Öffentlichkeit trägt, wird die Denkschrift des FDP-Politikers Schollwer zum deutschlandpolitischen Katalysator bei den Liberalen. Um sie sammeln sich diejenigen Politiker, die auf eine grundlegende Reform drängen. Auf dem Parteitag in Hannover kommt es zu so heftigen Auseinandersetzungen, daß ein Auseinanderbrechen des Parteitages droht. In Hannover kann noch ein die großen Gegensätze überbrückender Kompromiß gefunden werden. Im Januar 1968 setzen sich die Reformer mit der Wahl Walter Scheels zum Parteivorsitzenden anstelle von Erich Mende durch.

Eigenartiges Zusammenspiel — „Ein bißchen Hausmusik, Kurt Georg — sonst gar nichts!"

[275]

BAYERN-KURIER / Kolfhaus, 2. 3. 1968

In der SPD werden ähnliche Überlegungen wie in der FDP angestellt und finden ihren Sprecher in Egon Bahr. Auch der Parteivorsitzende und amtierende Außenminister, Willy Brandt, ist ihnen aufgeschlossen. Es ergeben sich damit in der Ost- und Deutschlandpolitik deutliche Gemeinsamkeiten zwischen der SPD als Regierungspartei und der FDP als Oppositionspartei (Brandt und Scheel am Flügel), und der deutschlandpolitische Zusammenhalt der großen Koalition geht verloren (Bundeskanzler Kiesinger), so daß der Regierung eine gemeinsame Ostpolitik nicht mehr möglich ist.

Die Deutschlandfrage wird 1969 von der FDP hoffnungsvoll in den Mittelpunkt des Bundestagswahlkampfes gestellt. Die revolutionären Thesen der FDP finden bei den Parteien der großen Koalition ein sehr unterschiedliches Echo: freundliche Zuwendung bei Willy Brandt, deutliche Skepsis bei Bundeskanzler Kiesinger und eindeutige Ablehnung bei Franz Josef Strauß.

Mitteleuropa und zugleich eine Verklammerung der beiden deutschen Teilstaaten für die vielleicht noch lange währende Übergangsperiode bis zu dem Zeitpunkt, an dem eine staatliche Zusammenführung der beiden Deutschland möglich wird."[19]

Schollwer hat, angetrieben vom deutschlandpolitischen Erfahrungsprozeß, seine Überlegungen in den folgenden Jahren weiterentwickelt und 1967 eine zweite Studie vorgelegt, an der sich eine Grundsatzdiskussion in der FDP entzündete und um die sich alle diejenigen FDP-Politiker sammelten, die in den folgenden Jahren in den Vordergrund traten. Die zweite Studie beruhte wie die erste auf der Denkvoraussetzung, daß durch Anerkennung des Bestehenden und damit durch Annäherung ein fundamentaler Wandel herbeigeführt werden könne und daß eine eventuelle Wiedervereinigung Deutschlands nur durch einen solchen Prozeß erreichbar sei[20]. [274]

„Wandel durch Annäherung" war auch der zentrale Begriff in den deutschlandpolitischen Überlegungen Egon Bahrs, die dieser 1963 anstellte und die für die SPD bestimmend wurden (vergl. unten S. 160 f.), so daß sich nun der überraschende Tatbestand ergab, daß die FDP als Oppositionspartei und eine der drei Regierungsparteien in der Deutschlandpolitik mehr Gemeinsamkeiten aufwiesen als die Regierungsparteien. Denn die CDU/CSU wurde durch jene die deutsche Politik der Öffnung nach Osteuropa blockierende sowjetische Gegenoffensive, die mit der umgekehrten Hallstein-Doktrin den Preis für eine weitere Normalisierung sehr hochgeschraubt hatte, eher zurückgeschreckt als vorangetrieben (auch die durch die Zerschlagung des Prager Reformkommunismus wachgerufenen Emotionen wirkten in der gleichen Richtung), während bei SPD und FDP die Überzeugung wuchs, daß nur eine grundlegende Revision der überkommenen Deutschlandpolitik Zukunftschancen eröffnete. So stand der Bundestagswahlkampf des Jahres 1969 im Zeichen sehr klarer außen- und deutschlandpolitischer Alternativen. [275, 276, 277] Daß bereits einen Monat nach der Bundestagswahl die neue Regierung der sozial-liberalen Koalition gebildet war und ihre Regierungserklärung abgeben konnte, war ein Zeichen für den offenbar hohen Grad an Übereinstimmung für die politische Ansprache der bestehenden Probleme. Die Ost- und Deutschlandpolitik gehörte zu den Problembereichen, in denen sich die Regierungsparteien am stärksten verbunden wußten. Die Deutschlandpolitik der Bundesrepublik stand vor einer entscheidenden Wende.

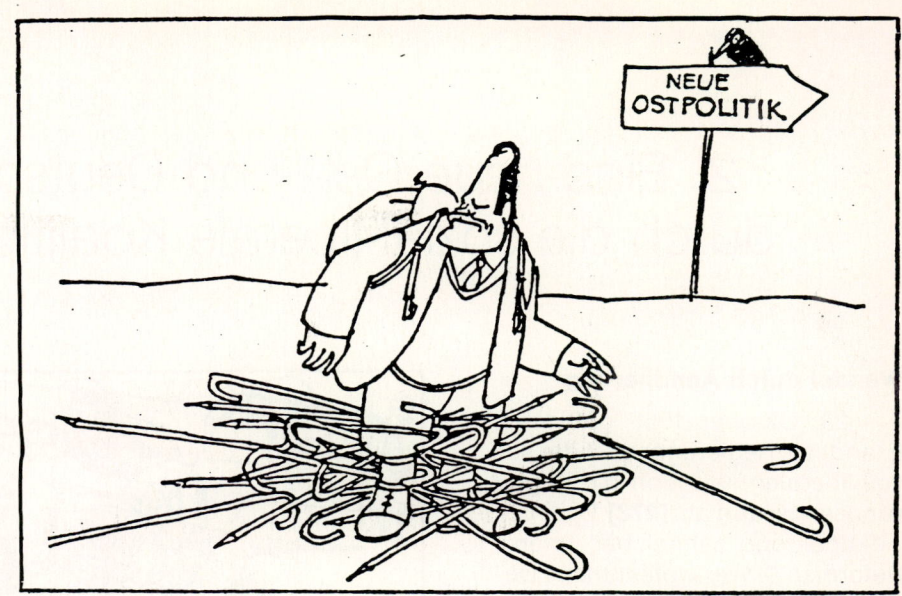

Wanderstäbe vom Koalitionspartner

[276]   Zeichnung: DEUTSCHES ALLGEMEINES SONNTAGSBLATT/Wolter, 3. 3. 1968

Seltsames Kräutlein

Scheel: „Ihr werdet noch froh sein, von mir Setzlinge zu bekommen!"

[277]   Wiesbadener Kurier, 27. 3. 1969

2. Eine neue Ost- und Deutschlandpolitik durch die sozial-liberale Koalition, 1969–1974

Wandel durch Annäherung

Am 28. Oktober 1969 gab Willy Brandt als Regierungschef der sozial-liberalen Koalition die Regierungserklärung ab. **[278]** Trotz der Ankündigung zahlreicher innerer Reformen – „wir wollen mehr Demokratie wagen" – lag der Schwerpunkt der Regierungserklärung in ihrem deutschlandpolitischen Teil. „Kontinuität und Erneuerung" wurden als Zeichen gesetzt. Kontinuität besagte, daß an Grundpositionen bisheriger Deutschlandpolitik festgehalten wurde: am Bekenntnis zur Einheit der deutschen Nation und zum Selbstbestimmungsrecht des deutschen Volkes, an der Forderung nach einem Friedensvertrag für Deutschland, an der Weigerung, die DDR völkerrechtlich, das heißt als einen souveränen Staat außerhalb Deutschlands anzuerkennen. Ließ diese Bewahrung überkommener Grundpositionen noch Spielraum für „Erneuerung"? **[279]** Brandt fuhr fort:

„Aufgabe der praktischen Politik in den jetzt vor uns liegenden Jahren ist es, die Einheit der Nation dadurch zu wahren, daß das Verhältnis zwischen den Teilen Deutschlands aus der gegenwärtigen Verkrampfung gelöst wird. Die Deutschen sind nicht nur durch ihre Sprache und ihre Geschichte – mit ihrem Glanz und Elend – verbunden; wir sind alle in Deutschland zu Haus. Wir haben auch noch gemeinsame Aufgaben und gemeinsame Verantwortung: für den Frieden unter uns und in Europa. 20 Jahre nach Gründung der Bundesrepublik Deutschland und der DDR müssen wir ein weiteres Auseinanderleben der deutschen Nation verhindern, also versuchen, über ein geregeltes Nebeneinander zu einem Miteinander zu kommen. Dies ist nicht nur ein deutsches Interesse, denn es hat seine Bedeutung auch für den Frieden in Europa und für das Ost-West-Verhältnis. Unsere und unserer Freunde Einstellung zu den internationalen Beziehungen der DDR hängt nicht zuletzt von der Haltung Ost-Berlins selbst ab…

Die Bundesregierung setzt die im Dezember 1966 durch Bundeskanzler Kiesinger und seine Regierung eingeleitete Politik

[278]   Die Lotsen gehen von und an Bord   Süddeutsche Zeitung, 18. 10. 1969

Regierungswechsel in Bonn: An die Stelle der großen Koalition unter Bundeskanzler Kiesinger tritt die sozial-liberale Koalition unter Bundeskanzler Brandt. Der Zeichner nimmt die berühmte Karikatur des „Punch" zur Vorlage seines Bildes: Brandt, Scheel, Schmidt drängen das Fallreep hinauf; die Mitglieder der bisherigen Regierung aus CDU/CSU mit Kiesinger in der Mitte steigen herab oder suchen sogar (F. J. Strauß) den neuen Lotsen den Weg nach oben zu versperren. Bundespräsident Heinemann in distanzierter Beobachtung an Oberdeck der Germania.

[279]   Zeichnung: Bruns
Rhein-Zeitung, Koblenz, 26. 11. 1969

Das Programm der sozial-liberalen Koalition: eine neue Ost- und Deutschlandpolitik, mit der eine neue Ära in den West-Ost-Beziehungen und damit auch eine Lösung des Deutschlandproblems erreicht werden soll.

fort und bietet dem Ministerrat der DDR erneut Verhandlungen beiderseits ohne Diskriminierung auf der Ebene der Regierungen an, die zu vertraglich vereinbarter Zusammenarbeit führen sollen. Eine völkerrechtliche Anerkennung der DDR durch die Bundesregierung kann nicht in Betracht kommen. Auch wenn zwei Staaten in Deutschland existieren, sind sie doch füreinander nicht Ausland; ihre Beziehungen zueinander können nur von besonderer Art sein.

Anknüpfend an die Politik ihrer Vorgängerin erklärt die Bundesregierung, daß die Bereitschaft zu verbindlichen Abkommen über den gegenseitigen Verzicht auf Anwendung oder Androhung von Gewalt auch gegenüber der DDR gilt."[21]

Der politische Neuansatz wird deutlich: die DDR wird als Staat in Deutschland offiziell zur Kenntnis genommen und nicht mehr mit ausweichenden oder pejorativen Ausdrücken – „Mitteldeutschland", „SBZ", „Ostzone" oder „Phänomen" – belegt. Ihr werden Verhandlungen auf Regierungsebene angeboten, die zu „vertraglich vereinbarter Zusammenarbeit", zu „einem Miteinander" führen sollen. **[280]** Abhängig vom Maß des politischen Entgegenkommens stellt Brandt bezüglich der internationalen Beziehungen der DDR eine Preisgabe des Alleinvertretungsanspruchs der Bundesregierung und damit den Verzicht auf die Hallstein-Doktrin in Aussicht. Als grundlegende Überzeugung wird zum Ausdruck gebracht, daß es nach zwei Jahrzehnten der Teilung darum gehe, „ein weiteres Auseinanderleben der deutschen Nation (zu) verhindern". Der veränderten Wahrnehmungsperspektive für die DDR entspricht, daß von der neuen Regierung das „Ministerium für gesamtdeutsche Fragen" in „Ministerium für innerdeutsche Beziehungen" umbenannt wurde.

Überzeugt von der Notwendigkeit einer Reform der Ost- und Deutschlandpolitik, ging die Bundesregierung entschlossen daran, die von ihr entwickelte Konzeption in die Wirklichkeit umzusetzen: Anfang Dezember 1969 begannen Verhandlungen mit der Sowjetunion, die am 12. 8. 1970 zu einem deutsch-sowjetischen Vertrag führten. Die Entschlossenheit zu einer neuen Ostpolitik spiegelt sich auch in einer deutlichen Intensivierung der Wirtschaftsbezie-

[280] „Was nu, Genossen? Die Revanchist'n gomm'n wahrhaftsch!" Zeichnung: Wolter
Hannoversche Allgemeine Zeitung, 7. 3. 1970

Wie wird die SED die neue Deutschlandpolitik aufnehmen? Wird sie sich ihrer Parole aus den 50er Jahren „Deutsche an einen Tisch!" erinnern und eine auf die nationale Einheit zielende Politik gegenseitiger Annäherung begünstigen? Oder wird sie – wie hier der Zeichner befürchtet – eine Abwehrposition einnehmen?

Zweispurig

[281] Handelsblatt, Düsseldorf. Peter Bensch, 10. 12. 1969

Die Politik der „Öffnung nach Osten" sucht auch auf der wirtschaftlichen Ebene eine Intensivierung der Beziehungen zu erreichen. Anfang 1970 kommt es zu Vereinbarungen über die Lieferung von Großröhren an die Sowjetunion und von Erdgas an die Bundesrepublik. Die Einbeziehung der Sowjetunion in die Energieversorgung der Bundesrepublik läßt eine hoffnungsvolle Perspektive für die Entwicklung der deutsch-sowjetischen Beziehungen erkennen.

hungen: am 1. 2. 1970 wurden mehrere Wirtschaftsvereinbarungen abgeschlossen. **[281]** Das Angebot zu deutsch-polnischen Gesprächen über alle anstehenden Fragen führte ab Anfang Februar 1970 zu Verhandlungen in Warschau, die am 7. 12. 1970 mit der Unterzeichnung eines deutsch-polnischen Vertrages endeten und wie die deutsch-sowjetischen ihre Ergänzung durch den Abschluß eines Wirtschaftsabkommens fanden. Auch die Verhandlungen mit

[282]

Frankfurter
Allgemeine
Zeitung,
25. 3. 1970

Auslandsbesorgnis

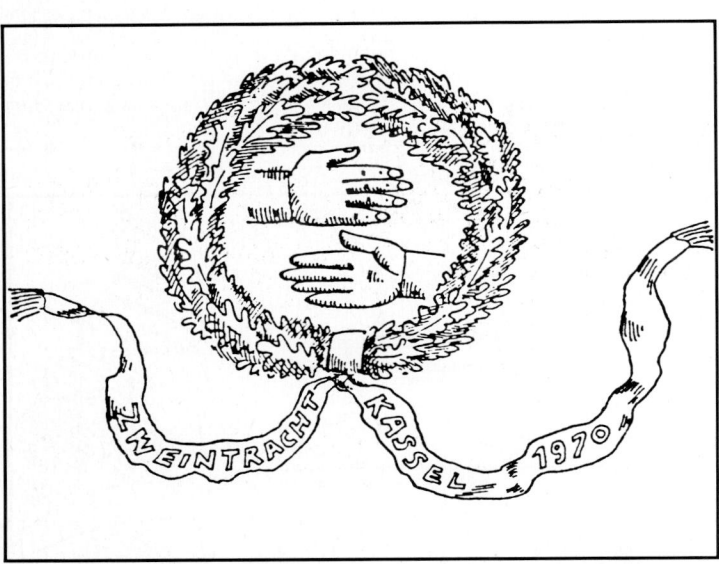

[283]

Marie Marcks

Süddeutsche
Zeitung,
21. 5. 1970

Erstmalig seit Bestehen der beiden deutschen Staaten treffen deren Regierungschefs im Frühjahr 1970 zusammen. Diese Zusammenkünfte erregen großes Aufsehen in der Welt-öffentlichkeit, galt doch bisher der Gegensatz zwischen Bundesrepublik und DDR als unüberbrückbar und damit als Axiom der europäischen Politik. Im Ausland werden Stimmen laut, die als Gefahr für Europa ein „Viertes Reich" am Horizont auftauchen sehen (vgl. auch S. 183).
Ein Blick in die Positionspapiere der beiden Regierungschefs macht indessen deutlich, daß die politischen Zielsetzungen der beiden deutschen Staaten weit auseinandergehen, nicht Eintracht, sondern „Zweintracht" besteht.

der DDR kamen sehr schnell in Gang. Am Anfang standen Initiativen Ulbrichts vom 18. 12. 1969 und Brandts vom 22. 1. 1970. Weltweites Aufsehen erregte das Zusammentreffen der beiden deutschen Regierungschefs, Brandt und Stoph, in Erfurt (19. 3. 1970) und in Kassel (21. 5. 1970). **[282, 283]** 1971/72 wurden ein Post- und ein Fernmeldeabkommen (30. 9. 1971), ein Abkommen über den Transitverkehr nach West-Berlin

(17. 12. 1971), ein Verkehrsvertrag (26. 4. 1972) und – als krönender Abschluß – der Grundlagenvertrag (21. 12. 1972) abgeschlossen. Die seit März 1970 parallel verlaufenden Viermächte-Verhandlungen führten am 3. 9. 1971 zu einem Abkommen über Berlin. Auch wenn sich der Grundlagenvertrag mit der DDR bis Dezember 1972 und der deutsch-tschechische Vertrag gar bis Dezember 1973 hinausschoben, hat sich doch die

Umsetzung der neuen Ost- und Deutschlandpolitik in ein vielgestaltiges Vertragssystem in einem rasanten Prozeß vollzogen, der in deutlichem Gegensatz zu den herkömmlichen Handlungsabläufen in der Deutschlandpolitik steht. Der deutsche Botschafter in Moskau sprach von einem „husarenrittähnlichem Tempo", meinte dieses aber nicht etwa bewundernd, sondern durchaus kritisch.[22] **[284]**

Die neuorientierte Ost- und Deutschlandpolitik hat in dem von Egon Bahr geprägten Begriff „Wandel durch Annäherung" ihr gedankliches Zentrum. Bahrs politische Überlegungen haben „das absolut negative Ergebnis der (bisherigen) Wiedervereinigungspolitik" zur Voraussetzung. Die Genfer Außenministerkonferenz von 1959, auf der zum letztenmal zwischen den vier Mächten die Wiedervereinigung Deutschlands verhandelt worden war, war und ist ein Erinnerungsposten für die Vergeblichkeit ihrer Anläufe und die Mauer in Berlin gleichsam ihr historisches Denkmal. Bahr bezeichnet es als „unsere Pflicht, sie (die Deutschlandpolitik) möglichst unvoreingenommen neu zu durchdenken". Er folgert aus dem Scheitern der bisherigen Politik, daß eine Lösung des Deutschlandproblems als einmaligem Rechtsakt der vier Mächte, eine Wiedervereinigung Deutschlands „durch einen historischen Beschluß an einem historischen Tag auf einer historischen Konferenz" nicht mehr zu erwarten sei, ebensowenig aber auch eine Wiedervereinigung Deutschlands als Kraftakt einer westlichen Politik der Stärke, die auf „Verschärfung der Situation" und auf „direkten Sturz des Regimes" ausgerichtet und damit von der Hoffnung auf eine Kapitulation getragen sei. Veränderungen der derzeit hoffnungsarmen, wenn nicht gar hoffnungslosen Situation seien nur mit der Zustimmung der kommunistischen Regime und diese wiederum nur dadurch erreichbar, daß die kommunistische Herrschaft nicht permanent in Frage gestellt werde. Die Anerkennung des Status quo werde aber gleichzeitig seiner Überwindung dienen, indem eine Politik vielfältiger Kon-

takte unterhalb der Schwelle völ-
kerrechtlicher Anerkennung der
DDR die Lebenssituation der Menschen im anderen Teil Deutschlands verbessere, die Unzufrie-
denheit mindere, dem Regime die
Existenzangst nehme und ihm damit „die Auflockerung der Grenzen und der Mauer" erlaube. Die
Wiedervereinigung Deutschlands
wird so aus einem einmaligen
Rechtsakt der vier Mächte zu einem historischen Prozeß „mit vielen Schritten und vielen Stationen", der allerdings gefährdet erscheint durch „unkontrollierbare
Entwicklungen" und der nur dann
progressive Stetigkeit verspricht,
wenn die Veränderungen „in so
homöopathischen Dosen" erfolgen, „daß sich daraus nicht die
Gefahr eines revolutionären Um-
schlages ergibt." [285, 286] Ungeachtet dieser letzten, eher skeptischen Bemerkungen sind die
Überlegungen Bahrs von großem
Optimismus getragen, wird doch
immerhin ein durch Annäherung
bewirkter Regimewandel für möglich gehalten, der die Wiedervereinigung Deutschlands zu demokratischen und rechtsstaatlichen
Bedingungen in Aussicht stellt.[23]
[287, 288]

Egon Bahrs Überlegungen zu einer als notwendig erkannten Neuorientierung der Ost- und
Deutschlandpolitik fanden in den
60er Jahren in dem Maße Anhang,
wie sich die Erkenntnis durch-
setzte, daß der gegebenen Macht-
und Interessenlage mit den Mitteln
bisheriger Politik nicht beizukommen war. Die geistige Nähe der
Bahrschen Überlegungen zu denen Schollwers (vgl. oben S. 155f.)
ist auffällig. Auch Willy Brandts
politische Vorstellungen bewegten
sich in gleicher Richtung. Schon
als Außenminister der großen Koalition hatte er formuliert:

„Ein Abbau der Spannungen zwischen Ost
und West ist nützlich und wünschenswert,
unsere Politik zielt aber weiter. Sie sieht ihre
Aufgabe darin, in einer Phase der détente
die Spannungsursachen zu beseitigen und
eine Situation zu schaffen, die nach
menschlicher Voraussicht keinen Grund zu
neuen gefährlichen Spannungen bietet.
Die Periode der Entspannung, auf die wir
hinarbeiten, soll dazu benutzt werden, die
europäische Sicherheit solide zu begründen und eine dauerhafte Friedensordnung
in Europa herzustellen, das heißt auch: die
Deutschlandfrage zu lösen … Wir wissen
also, daß sich die deutschen Fragen nur im

Neu im Antiquariat . Ironimus
[284]
Süddeutsche Zeitung, 19. 1. 1970

Die neuorientierte Ost- und Deutschlandpolitik der sozial-liberalen Koalition führt innerhalb
weniger Jahre zu einem umfangreichen Vertragssystem. Die Rasanz dieses Prozesses ist
besonders dann auffällig, wenn man sie vor dem Hintergrund der bisherigen Ostpolitik
sieht.

Zusammenhang mit einer gesamteuropäischen Friedensregelung lösen lassen und
nur in einem Zustand des Ausgleichs zwischen Ost und West gefördert werden können. Wir machen unsere Politik der Entspannung nicht von Fortschritten in der
Deutschlandfrage abhängig."[24]

Die angestrebte und für möglich
gehaltene Beseitigung der Span-

nungsursachen und die Herbeiführung einer Situation in Europa,
„die nach menschlicher Voraussicht keinen Grund zu neuen gefährlichen Spannungen bietet",
setzt eine bis in die Fundamente
hinabreichende Verwandlung der
politischen Szenerie voraus. [289]

[285]   Die Überwindung der deutschen Spaltung   Neue Osnabrücker Zeitung, 6. 12. 1969

Bundeskanzler Brandt – mit der neuen Deutschlandpolitik darum bemüht, Gräben zu
überwinden und Verständigungsbrücken zwischen den beiden deutschen Staaten zu
bauen – und Walter Ulbricht – als Parteiführer der SED und als Staatsratsvorsitzender der
DDR darum bemüht, die nationalen Zielsetzungen der sozial-liberalen Deutschlandpolitik
nicht zur Wirkung kommen zu lassen.

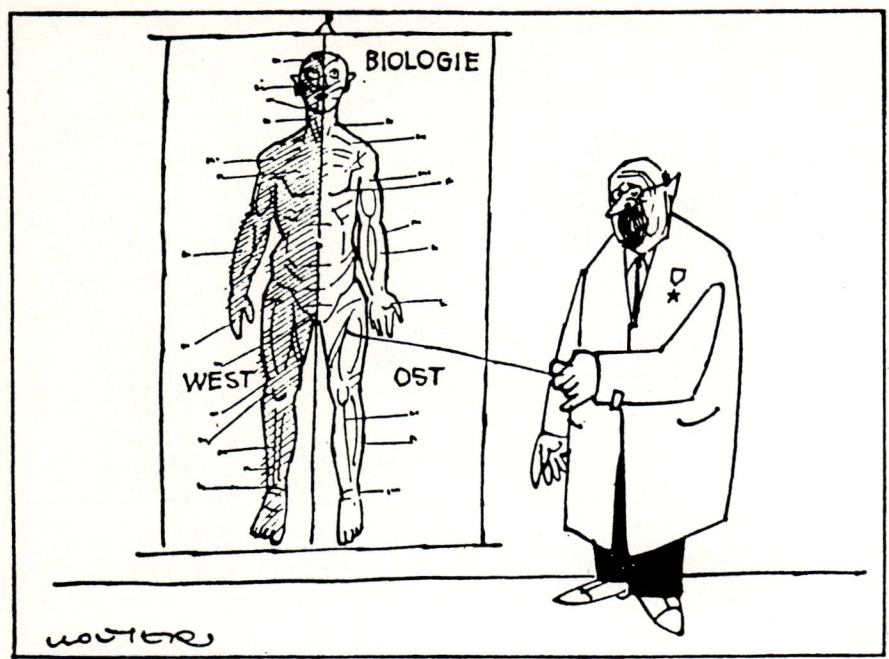

„Uff dieser Seite sehn mr also een'n normalen Berliner Bürcher; uff der annern Seite hingäächn erkenn mr so een besondersch bolitisches Gebilde ! Ja?"

Zeichnung: Wolter

[286]

Hannoversche Allgemeine Zeitung, 21.2.1970

Die Wahrnehmungsperspektive für die DDR in der bisherigen Deutschlandpolitik der Bundesrepublik findet ihre Fortsetzung in der Wahrnehmungsperspektive der DDR für West-Berlin: dieses nicht in seiner Bindung an die Bundesrepublik und als Teil Deutschlands, sondern als ein „besonderes politisches Gebilde" zu sehen.

Auffällig erscheint, daß für den erwarteten Wandlungsvorgang der deutschen Politik eine zentrale Bedeutung zugemessen wird. **[290]** Diese kühne, weit ausschauende und zugleich außerordentlich hoffnungsvolle Konzeption, die auf sehr viel mehr abzielte als auf einen bloßen Modus vivendi zwischen gegensätzlichen ideologischen Grundpositionen und entsprechenden politischen Mächtegruppen, ist nicht oder nicht nur als Ergebnis nüchterner, historische Erfahrung einbeziehender Analyse der gegebenen politischen Lage zu verstehen. In die Zukunftsvision für die Ost-West-Beziehungen flossen auch jene hoffnungsvollen Erwartungen ein,

[288]

Saarbrückener Zeitung (Der Spiegel, 22.12.1969)

Während die Politik der Annäherung konzipiert und realisiert wird, geht der Prozeß der Teilung unaufhörlich weiter. Eine wichtige Station ist die Gründung des Evangelischen Kirchenbundes in der DDR im Jahre 1969. Seit Ende der 50er Jahre zielt die Kirchenpolitik der DDR darauf ab, die evangelischen Kirchen in ihrem Staatsgebiet aus der EKD herauszulösen und im Rahmen des DDR-Staatsgebietes zu verselbständigen. Die Gegenleistung des Staates besteht in einer deutlichen Verminderung der antireligiösen und antikirchlichen Propaganda, in der Erklärung Ulbrichts, daß die humanistischen und sozialen Ziele von Christentum und Sozialismus sich nicht gegenseitig ausschlössen, schließlich in der Verfassungsaussage von 1968 (Artikel 39), nach der „jeder Bürger der DDR das Recht hat, sich zu einem religiösen Glauben zu bekennen und religiöse Handlungen auszuüben". 1976 werden erstmalig Kirchenbauten in Neubaugebieten erlaubt. Die acht evangelischen Landeskirchen in der DDR können nicht umhin, sich auf den gegebenen politischen und auch verfassungsrechtlichen Handlungsrahmen einzustellen, weil der Handlungsrahmen der EKD von ihnen nicht mehr wahrgenommen werden kann.

die in den 60er Jahren unter dem Stichwort „Konvergenz der Systeme" aufgekommen waren (vgl. oben S. 137f.). Bundeskanzler Brandt sprach davon und nannte es „objektiv betrachtet ermutigend", daß „die Notwendigkeiten der modernen Industriegesellschaft in West und Ost zu Maßnahmen, Entwicklungen, auch Reformen zwingen, unabhängig davon, welche politischen und gesellschaftlichen Bedingungen gegeben sind"[25]. Von den Erwartungen der Konvergenztheorie her schien es geboten, diesen großen historischen Entwicklungstrend

[287]

Entschärfung

Zeichnung: Wolf
Kölner Stadt-Anzeiger, 18.3.1970

Die Deutschlandpolitik der sozial-liberalen Koalition unter Willy Brandt kann auf Anhieb nicht die innerdeutsche Grenze beseitigen, wohl aber versuchen, sie zu entschärfen.

durch eine Politik kooperativer Zuwendung zu verstärken – in der Zuversicht, daß sich die Investitionen in der Gegenwart zukünftig für den Aufbau einer europäischen Friedensordnung und zugleich für die Lösung des Deutschlandproblems politisch auszahlen würden. Die in der Gegenwart und im Sinne der (begrenzten und vorläufigen) Anerkennung des Status quo zu treffenden Entscheidungen verloren damit etwas von dem Schwergewicht, das sie für eine vornehmlich skeptisch gestimmte und pragmatisch operierende Politik haben mußten. Nur die Zukunft konnte die entscheidenden Fragen beantworten: würde die angenommene Konvergenz der Systeme tatsächlich zur Dominanten im politischen Kräftespiel werden? Würde sie nicht nur wirtschaftliche

[289]

Frankfurter
Allgemeine Zeitung,
31. 1. 1974

Wie wird die Sowjetunion der neuen Ost- und Deutschlandpolitik begegnen? Wird eine Politik der Annäherung zu einem Systemwandel führen? Wird die Sowjetunion als Voraussetzung hierzu ihre Herrschaftsordnung der Kritik öffnen und sich ihrer eigenen Geschichte stellen?
Alexander Solschenizyn hält mit dem „Archipel Gulag" dem Führer der Sowjetunion, Generalsekretär Breschnjew, den Spiegel (Stalin) vor. Solschenizyns Werk über die sowjetischen Zwangsarbeitslager darf in der Sowjetunion nicht erscheinen. Er selbst wird 1974 ausgebürgert.

E. M. LANG   Nachkur auf der Krim

Nach Abschluß des Moskauer und des Warschauer Vertrages sowie des Viermächte-Abkommens über Berlin treffen Bundeskanzler Brandt und Staatssekretär Bahr im September 1971 mit Generalsekretär Breschnjew auf der Krim zusammen. Im Mai 1973 kommt Breschnjew zu einem offiziellen Besuch in die Bundeshauptstadt. Die Bilder und Berichte, die die Weltöffentlichkeit von der Krim erreichen, vermitteln den Eindruck, als sei zwischen Brandt und Breschnjew ein auf persönlicher Sympathie beruhendes politisches Vertrauensverhältnis entstanden, das den deutsch-sowjetischen Beziehungen eine lichtvolle, von den Schatten der Vergangenheit freigeräumte Zukunft verspricht.

[290]   Süddeutsche Zeitung, 18. 9. 1971

und soziale Reformen erzwingen, sondern auch Demokratie und Rechtsstaatlichkeit hervorbringen? Würde sie die ideologische Blockbildung und die außenpolitische Machtkonkurrenz überwinden? Würde sie damit zugleich der Einheit Deutschlands zuarbeiten?

Würde also eine von ihr inspirierte Politik der Annäherung einen grundlegenden Wandel der kommunistischen Herrschaftssysteme bewirken, und zwar sowohl in ihrem Innen- wie in ihrem Außenverhalten? [291, 292]

[291]

Gespenster
am Wege.

Frankfurter
Allgemeine Zeitung,
7. 11. 1973

Sollte das wirklich der Schlüssel zum Frieden sein?

[292]

Wiesbadener Kurier, 6.12.1969

Die sehr persönlich gestimmten Zusammenkünfte zwischen Brandt und Breschnjew erscheinen Kritikern als eine Form von Verbrüderung mit dem Diktator des Ostblocks, der 1968 mit militärischer Gewalt den so hoffnungsvollen Prager Frühling unterdrückt und dessen Führungsgestalt, Alexander Dubceck, in die politische Verbannung geschickt hat. Historische Erinnerungen an den britischen Premierminister Neville Chamberlain werden wach, der 1938 im Münchener Abkommen die Tschechoslowakei opferte in der Hoffnung, damit den Frieden in Europa gerettet und die Voraussetzungen für eine friedliche Zukunft geschaffen zu haben. Ist die Appeasement-Politik der Westmächte Hitlerdeutschland gegenüber der gegenwärtigen westlichen Politik (Präsident Pompidou, Premierminister Heath, Bundeskanzler Brandt) gegenüber der Sowjetunion vergleichbar, also gefährlich oder sogar verhängnisvoll? Oder ist die bislang verweigerte Anerkennung des Bestehenden, auch des Herrschaftssystems in der DDR, die Voraussetzung für eine friedliche und hoffnungsvolle Zukunft?

[293] **Moskaus Staatsschatz** Die Zeit, 10.4.1970

Die vertragliche Anerkennung des Status quo ist das zentrale Verhandlungsziel der Sowjetunion und wird von ihr als Voraussetzung jeder Annäherung und Entspannung betrachtet.

Der deutsch-sowjetische Vertrag

Die Bundesregierung glaubte der gegebenen Machtlage dadurch Rechnung tragen zu müssen, daß sie den deutsch-sowjetischen Vertrag zum Fundament des gesamten Vertragssystems machte: er wurde als erster verhandelt und als erster abgeschlossen. Nicht nur dieses: das gesamte Vertragssystem – also die Einzelverträge mit Polen, der Tschechoslowakei und der DDR – wurde mit der Sowjetunion vorverhandelt und in seinen wesentlichen Inhalten festgelegt. Dieses wird deutlich in dem sogenannten „Bahr-Papier" vom 22.5.1970, das die Ergebnisse der Vorverhandlungen zwischen dem Staatssekretär im Bundeskanzleramt, Egon Bahr, und dem sowjetischen Außenminister Gromyko festhielt. Nur fünf Punkte dieses zehn Punkte umfassenden Papieres betrafen den deutsch-sowjetischen Vertrag und sind später mit nur geringfügigen Änderungen in diesen eingegangen. Die übrigen fünf betrafen die Einzelverträge und die mit der Vertragspolitik im Zusammenhang stehende Konferenz für Sicherheit und Zusammenarbeit in Europa (KSZE). **[293, 294]** Damit wurde der Sowjetunion zugestanden, gleichsam als Oberlehensherr für die Staaten ihres Machtbereiches sprechen und für sie Abmachungen mit dritten Staaten treffen zu dürfen. Das bedeutete eine indirekte Anerkennung der nach dem Einmarsch in Prag verkündeten Breschnjew-Doktrin von der begrenzten Souveränität sozialistischer Staaten (vgl. oben S. 143f.). Sie war als politische Aussage über die bestehenden Abhängigkeitsverhältnisse den später einsetzenden deutsch-polnischen Verhandlungen keineswegs förderlich; denn sie verletzte nicht nur den polnischen Nationalstolz, sondern schwächte auch die deutsche Verhandlungsposition, weil die entscheidende deutsche Konzession kein Verhandlungsgegenstand mehr war. Das Bahr-Papier ist im Juni 1970 durch eine gezielte Indiskretion öffentlich bekannt geworden und hat – da es eine deutliche Veränderung der überkommenen Ostpolitik in ihren Inhalten und Prinzipien zum Ausdruck brachte – nicht unwesentlich zu der scharfen Auseinandersetzung über die Ostverträge beigetragen.²⁶ [295]

Im deutsch-sowjetischen Vertrag, der nach den offiziellen Verhandlungen zwischen den Außenministern am 12. 8. 1970 in Moskau unterzeichnet wurde, bekennen sich beide Staaten zur Aufrechterhaltung des Friedens, zur Entspannung, zum Verzicht auf die Anwendung oder Androhung von Gewalt und zur friedlichen Streitschlichtung. Die in Europa bestehende „wirkliche Lage" wird als Grundlage für die Regelung und Verbesserung der internationalen Beziehungen anerkannt. Artikel 3 präzisiert die sich hieraus ergebenden Folgerungen: uneingeschränkte Achtung der territorialen Integrität aller Staaten in Europa; grundsätzlicher Verzicht auf Gebietsan-

[294] „Hallo Freunde – der Lenz ist da!!!"

Zeichnung: F. Behrendt
Hannoversche Allgemeine Zeitung, 16. 4. 1970

Die deutsche und die amerikanische Politik der Entspannung (Präsident Nixon, Bundeskanzler Brandt) haben zunächst die unzugängliche, dem Frost des kalten Krieges entsprechende Haltung des Ostens (Ulbricht, Breschnjew) aufzuweichen.

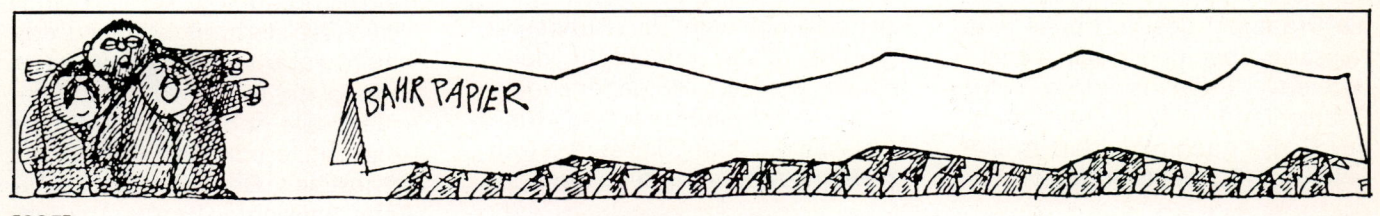

[295]

26 Pferdefüße, genau gezählt!

Die Zeit, 31. 7. 1970

sprüche gegen andere Staaten für jetzt und für die Zukunft; Anerkennung der Unverletzlichkeit der „Grenzen aller Staaten in Europa… einschließlich der Oder-Neiße-Linie, die die Westgrenze der Volksrepublik Polen bildet, und der Grenze zwischen der Bundesrepublik Deutschland und der DDR." [296]

Die Sowjetunion hatte die Vertragsaussage zu den Grenzen in Europa unter den Rechtstitel der „Unantastbarkeit stellen wollen – was jedwede, auch gemeinsam vereinbarte Veränderung, damit auch eine Wiedervereinigung Deutschlands ausgeschlossen hätte –, war damit aber nicht durchgedrungen, zumal eine solche Festlegung auch in schroffem Wiederspruch zu den Viermächterechten über Deutschland als Ganzes gestanden hätte. Anderer-

„Einen ganzen Anzug, Herr Gromyko – keinen Sakko!"
[296]

Zeichnung: Wolter
Hannoversche Allgemeine Zeitung, 30. 7. 1970

Ohne eine befriedigende Regelung des Berlin-Problems ist der deutsch-sowjetische Vertrag nicht annehmbar. Die Bundesregierung verknüpft beide Verträge zu einem Junktim.

Kein Vertrauen zu Auto, Mitreisenden, Fahrziel und Chauffeur Zeichnung: Hartung

[297] Die Welt, 20. 7. 1970

Die offiziellen Verhandlungen über den deutsch-sowjetischen Vertrag finden in der Zeit vom 26. 7. bis 7. 8. 1970 in Moskau statt. Die CDU/CSU-Opposition lehnt das Angebot der Regierung ab, der deutschen Verhandlungsdelegation beizutreten (wie es umgekehrt 1955 bei Adenauers Moskaureise der Fall gewesen war): sie hält den Verhandlungsspielraum nach den ohne ihre Mitwirkung vollzogenen Vorverhandlungen zwischen Bahr und Gromyko für zu eng und will nicht am Abschluß eines Vertrages beteiligt sein, den sie überwiegend negativ beurteilt.

seits hatte die Sowjetunion einen deutschen Vorstoß abgewehrt, in die Präambel des Vertrages eine Aussage über den noch ausstehenden Friedensvertrag für Deutschland einzubringen, wodurch die nachfolgenden Artikel unter den Friedensvertragsvorbe-

halt gestellt worden wären. Die Sowjetunion war nur bereit, ohne Widerspruch von der Bundesregierung einen „Brief zur deutschen Einheit" entgegenzunehmen, in dem die Bundesregierung feststellte, „daß dieser Vertrag nicht im Widerspruch zu dem po-

„Sie können es mir wirklich glauben! Es gibt hier keine Brücke, nur diesen alten Kahn!"

[298] Hannoversche Allgemeine Zeitung, 2. 4. 1970

Die Aussöhnung des deutschen mit dem polnischen Volk und die Normalisierung der Beziehungen von Staat zu Staat haben aus polnischer Sicht die Anerkennung der Oder-Neiße-Grenze zur Voraussetzung.

litischen Ziel der Bundesrepublik steht, auf einen Zustand des Friedens in Europa hinzuwirken, in dem das deutsche Volk in freier Selbstbestimmung seine Einheit wiedererlangt".[27] **[297]**

Der deutsch-polnische Vertrag

Nach dem Moskauer Vertrag waren die nachfolgenden Verträge mit den Einzelstaaten inhaltlich weitgehend vorgezeichnet. Der deutsch-polnische Vertrag „über die Grundlagen der Normalisierung ihrer gegenseitigen Beziehungen" vom 7. 12. 1970 stellte die Unverletzlichkeit der Oder-Neiße-Linie und den gegenseitigen Verzicht auf Gebietsansprüche fest, sprach einen beiderseitigen Gewaltverzicht aus und faßte die volle Normalisierung der gegenseitigen Beziehungen sowie die Erweiterung der Zusammenarbeit ins Auge. **[298]** Der Versuch der deutschen Seite, das Auswanderungsrecht für die in den Oder-Neiße-Gebieten verbliebenen Deutschen zum Vertragsgegenstand zu machen, wurde von der polnischen Seite abgewiesen und eine Regelung durch das Rote Kreuz vorgesehen. Der vertragslose Zustand hat später für die Aussiedlung große Schwierigkeiten zur Folge gehabt, die bis in die Gegenwart andauern und erhebliche Folgekosten nach sich gezogen haben, weil Ausreiseerlaubnisse gegen umfassende Finanzhilfe verrechnet wurden. Eine Anerkennung der in Polen verbleibenden Deutschen als Volksgruppe mit entsprechender Zuerkennung von Volksgruppenrechten wurde nicht einmal ins Auge gefaßt und steht bis heute aus. **[299]** In einer Note an die drei Westmächte hat die Bundesregierung diesen den Warschauer Vertrag zur Kenntnis gebracht und darauf verwiesen, daß durch ihn die Rechte und Verantwortlichkeiten der vier Mächte für Deutschland nicht berührt würden und die Bundesregierung auch nur für die Bundesrepublik habe sprechen können. Hierdurch wurde zum Ausdruck gebracht, daß völkerrechtlich die Grenzfrage nach wie vor als offen anzusehen ist, weil die vier Mächte laut Potsdamer Abkommen befugt

sind, die Grenzen Deutschlands festzulegen, und weil andererseits ein Vertrag der Bundesrepublik das wiedervereinigte Deutschland nicht festlegt. In der völkerrechtlichen Offenheit der Grenzfrage liegt aber – nachdem beide deutsche Staaten die Oder-Neiße-Linie anerkannt haben – kein realer politischer Handlungsspielraum mehr, und andererseits dürfte das polnische Interesse an einem Friedensvertrag für ein wiedervereinigtes Deutschland gering sein, wenn sich dadurch die Grenzfrage erneut stellt. Die Bundesregierung befand sich in dieser Frage in einer ausweglosen Situation, nämlich einerseits die Grenzfrage offenhalten zu sollen, um mit der Anerkennung der Oder-Neiße-Linie ein Kompensationsobjekt für die Zustimmung zur Einheit Deutschlands in der Hand zu behalten, andererseits aber das polnische Bedürfnis nach einer sicheren und anerkannten Grenze zu befriedigen, um eine Aussöhnung von Polen und Deutschen zu ermöglichen, damit aber in Kauf zu nehmen, daß die Grenzfrage ihren politischen Handelswert verlor.[28]
[300]

Der deutsch-tschechoslowakische Vertrag

Die Verhandlung des Vertrages mit der ČSSR hat längere Zeit erfordert, weil einem zügigen Vertragsabschluß die Prager Forderung entgegenstand, das Münchener Abkommen von 1938, das die Zerstörung des tschechoslowakischen Staates eingeleitet hatte, als „von Anfang an ungültig" zu erklären. Diese Forderung war aus vielen Gründen, grundsätzlichen völkerrechtlichen und politischen, unannehmbar, nicht zuletzt auch wegen der möglichen Rechtsfolgen für die Sudetendeutschen. Nach dem Einmarsch der Roten Armee 1968 und der gewaltsamen Unterdrückung des Prager Frühlings erschien die Forderung in besonderem Maße als pikant und realitätsblind. Der am 11. Dezember 1973 in Prag unterzeichnete Vertrag sprach nur die aktuelle Nichtigkeit des Münchener Abkommens aus und bewegte sich im übrigen in den vom Mos-

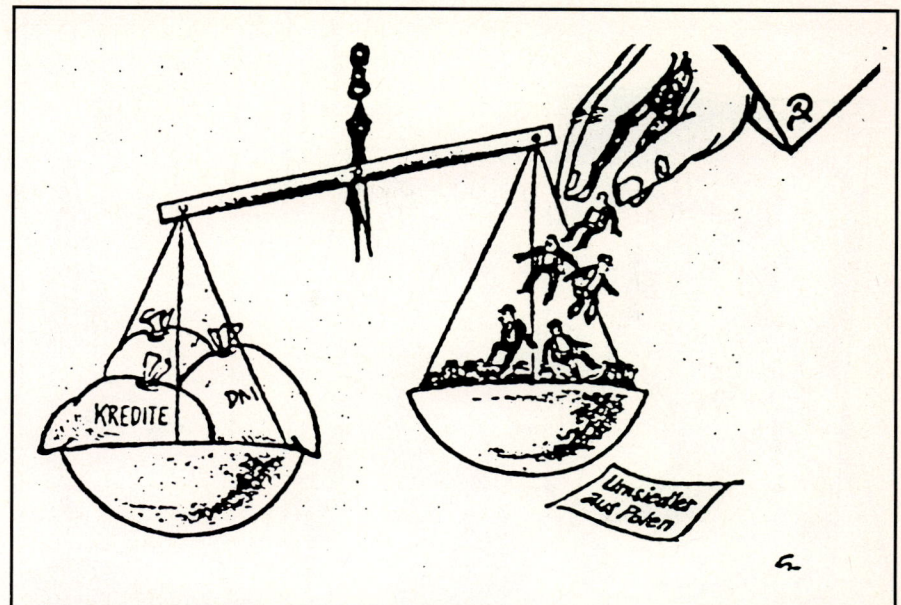

[299]   Verrechnungseinheiten.

Zeichnung: Gerboth
Kölnische Rundschau, 29. 1. 1974

Die Umsiedlung von Deutschen aus Polen in die Bundesrepublik und die Rechte der in Polen verbleibenden Deutschen sind kein Vertragsgegenstand. Die polnische Regierung ist bereit, in einer einseitigen Erklärung ihren guten Willen zu bekunden, die Familienzusammenführung über das Rote Kreuz „in jeder erforderlichen Weise zu erleichtern". Aber in der Frage, wieviel Personen für die Familienzusammenführung in Frage kommen, bestehen große Meinungsverschiedenheiten. Von der Gewährung eines Volksgruppenrechts für die in Polen verbleibenden Deutschen ist keine Rede. Das Umsiedlungsproblem wird in den folgenden Jahren zu einem Dauerbrenner in den deutsch-polnischen Beziehungen. Der deutschen Forderung nach einem spürbaren Entgegenkommen in der Umsiedlungsfrage wird die polnische Forderung nach Abgeltung von kriegsbedingten Rentenansprüchen polnischer Staatsbürger und die Erwartung nach einem umfangreichen und zinsgünstigen Kredit durch die Bundesrepublik entgegengestellt. So entsteht ein faktisches Junktim zwischen Umsiedlung und Geldzahlungen. Auf dieser Basis wird im Oktober 1975 eine Einigung erzielt, durch die mehr als 100 000 Deutsche in den folgenden Jahren die Ausreise in die Bundesrepublik erreichen.

[300]   *Zwei Striche — ein Anfang ...*

Zeichnung: Peter Leger
Hannoversche Presse, 19. 11. 1970

Am 18. 11. 1970 wird der deutsch-polnische Vertrag in Warschau paraphiert, am 7. 12. unterzeichnet. Ungeachtet der fortbestehenden Probleme bildet er den Ausgangspunkt und die Grundlage für ein neues Verhältnis zwischen Deutschen und Polen. Als in den frühen 80er Jahren Polen in eine schwere Versorgungskrise gerät, ergießt sich ein Strom von Millionen von „Polenpaketen" aus der Bundesrepublik nach Polen. Das Propagandabild von der revanchistischen Bundesrepublik findet im polnischen Volk nur noch wenige Anhänger, und jeder Besuch in Polen macht die freundliche Zuwendung der Menschen gegenüber den westdeutschen Besuchern sichtbar.

[301]　　Ein neues Bild – auch für Ostberlin?　　Frankfurter Allgemeine Zeitung, 23.5.1973

Nach dem Abschluß der Ostverträge und der Verleihung des Friedensnobelpreises an Bundeskanzler Brandt kann das bisher gezeichnete Propagandabild einer imperialistischen, militaristischen und revanchistischen Bundesrepublik nicht mehr aufrechterhalten werden, ohne die Zeichner dieses Bildes propagandistisch selbst zu gefährden.

[302]　　Ulbrichts Berlin-Stück: 114. Akt　　Murschetz
Süddeutsche Zeitung, 1.12.1970

Behinderung im Berlinverkehr durch die DDR-Behörden im November und Dezember 1970 machen die Konstante ihrer Berlinpolitik sichtbar: West-Berlin soll von der Bundesrepublik abgelöst werden. Zum Anlaß für die Behinderungen auf den Zugangswegen nach Berlin werden eine Sitzung der CDU/CSU-Bundestagsfraktion und eine Tagung der Vorsitzenden der sozialdemokratischen Bundestags- und Landtagsfraktionen in West-Berlin genommen. Auch gegen den Berlinbesuch von Bundespräsident Heinemann wird protestiert. Die Sowjetunion unterstützt das Vorgehen der DDR durch eigene Protestnoten.

kauer Vertrag vorgezeichneten Bahnen (Gewaltverzicht, friedliche Streitschlichtung, Anerkennung der territorialen Integrität und der Grenzen).[29] **[301]**

Das Viermächte-Abkommen über Berlin

Das von der Bundesregierung angestrebte Vertragssystem wurde ergänzt bzw. fundiert durch das Berlin-Abkommen der vier Mächte, das nach anderthalbjähriger Verhandlungsdauer am 3.9.1971 abgeschlossen werden konnte. **[302]** Der enge Abhängigkeitszusammenhang wird darin besonders deutlich, daß die Bundesregierung die Ratifikation des Moskauer Vertrages vom Abschluß des Berlin-Abkommens, umgekehrt die Sowjetunion das Berlin-Abkommen von der Ratifikation des Moskauer Vertrages durch die Bundesrepublik abhängig machte. Die beiden Verträge waren also wechselseitig zu einem Junktim verknüpft. **[303]** Der Austausch der Ratifikationsurkunden des Moskauer Vertrages und die Unterzeichnung des Schlußprotokolls des Berlin-Abkommens fanden entsprechend am gleichen Tage statt (3.6.1972). Die Westmächte machten zusätzlich ihre Teilnahme an der Konferenz für Sicherheit und Zusammenarbeit in Helsinki (KSZE) von dem Abschluß des Berlin-Abkommens abhängig. Die große Bedeutung des Berlin-Abkommens zeigt sich ferner darin, daß auch die deutsch-deutschen Verhandlungen nach längerer Unterbrechung erst nach dem Abschluß des Berlin-Abkommens wieder in Gang kamen, waren doch nunmehr im Auftrage der vier Mächte Folgeverträge auszuhandeln. Die besonderen Schwierigkeiten, die in den Berlin-Verhandlungen der vier Mächte überwunden werden mußten, werden äußerlich daran ablesbar, daß der Vertrag keine Überschrift trägt, weil man sich über das Vertragsobjekt nicht einigen konnte und eine Formel suchen mußte („das betreffende Gebiet"), die es der Sowjetunion ermöglichte, von einem West-Berlin-Abkommen, und die es den Westmächten erlaubte, von einem Berlin-Abkommen zu sprechen. Die terminologischen Schwierigkeiten sind Ausdruck höchst unterschiedlicher politischer Interessen und Zielvorstellungen. **[304]** War die Sowjetunion bestrebt, die Funktion Ost-Berlins als Hauptstadt der DDR nicht mehr durch eine gemeinsame Viermächte-Verantwortlichkeit für Gesamt-Berlin in Frage stellen zu lassen, die eigene Kompetenz für West-Berlin dagegen zu wahren und im Sinne der Drei-Staaten-Theorie die Bindung West-Berlins an die Bundesrepublik abzubauen, so waren die Westmächte darum bemüht, ihre Rechte für Gesamt-Berlin vertraglich zu fixieren, damit einer möglichen Berlinkrise vorzubeugen und endlich die Bindung West-Berlins an die Bundesrepublik nicht abschneiden zu lassen. Nach Lage der Dinge war nur eine Kompromißlösung möglich, die beiden Seiten die Wahrung zentraler Interessen zugestand und die ihnen zugleich Abstriche von den jeweiligen Maximalzielen aufnötigte.

Ausgehend von der in der Präambel getroffenen Feststellung, daß die Vertragspartner „auf der Grundlage ihrer Viermächte-Rechte und -Verantwortlichkeiten" handeln, wird in Teil I des Vertrages („Allgemeine Bestimmungen") vereinbart, daß die vier Regierungen um „die Beseitigung von Spannungen… in dem betreffenden Gebiet" bemüht sein wollen, sich der „Anwendung oder Androhung von Gewalt" enthalten, ihre „individuellen und ge-

„Die oder keine! Eine andere Luft haben wir nicht!"

[303]

Deutsches Allgemeines Sonntagsblatt, 13.12.1970

Die Ostverträge – die schon abgeschlossenen und die noch in Verhandlung befindlichen – stehen in einem engen Abhängigkeitsverhältnis zu den Viermächte-Verhandlungen über Berlin – nicht nur inhaltlich, sondern auch formal: die Bundesregierung macht die Ratifikation des Moskauer Vertrages als des Schlüsselvertrages für alle anderen Ostverträge vom Abschluß eines befriedigenden Berlin-Abkommens abhängig.

meinsamen Rechte und Verantwortlichkeiten… gegenseitig achten" und „ungeachtet der Unterschiede in den Rechtsauffassungen die Lage, die sich in diesem Gebiet entwickelt hat…, nicht einseitig verändern" werden. Mit diesen Bestimmungen war juristisch einer künftigen Berlinkrise ebenso vorgebeugt wie einem separaten Friedensvertrag zwischen der Sowjetunion und der DDR. Im II. Teil des Abkommens („Bestimmungen, die die Westsektoren Berlins betreffen") wird zugesichert, daß der Transitverkehr nach West-Berlin „ohne Behinderungen sein" und „erleichtert werden wird" und daß West-Berliner sowohl den Ostsektor Berlins als auch die

DDR unter vergleichbaren Bedingungen wie andere besuchen dürfen. Die „Bindungen zwischen den Westsektoren Berlins und der Bundesrepublik Deutschland (sollen) aufrechterhalten und entwickelt werden", wobei festgehalten wird, daß die Westsektoren „kein konstitutiver Teil der Bundesrepublik Deutschland sind und auch weiterhin nicht von ihr regiert werden". Die Konkretisierung der in Teil II getroffenen Vereinbarungen wurde entweder deutschen Behörden übertragen (Transitverkehr, Besuche von West-Berlinern im Ostsektor Berlins und in der DDR) oder in Anlagen zum Viermächte-Vertrag vorgenommen. **[305, 306]** In diesen insgesamt vier

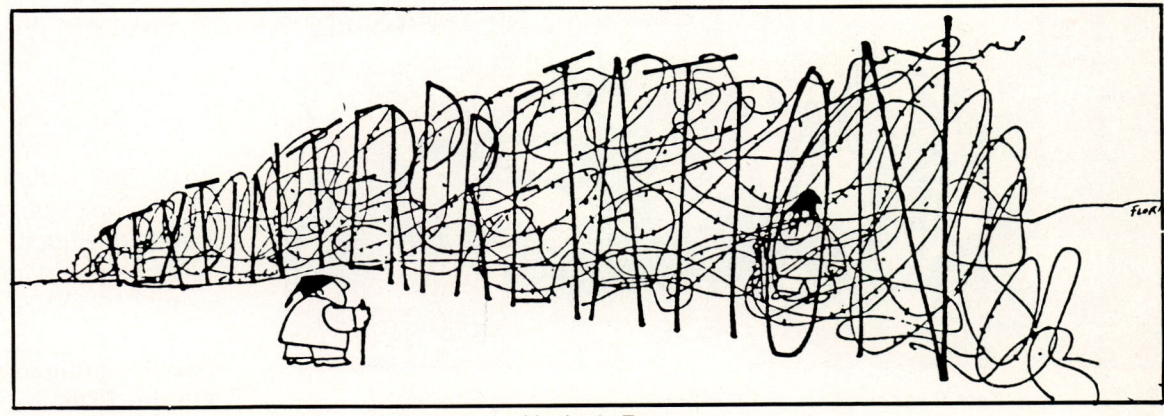

Noch ein Zaun

[304]

Die Zeit, 17.9.1971

Am 3.9.1971 unterzeichnen die Botschafter der vier Mächte das Abkommen über Berlin. Die besonderen Schwierigkeiten gerade dieses Abkommens werden daran ablesbar, daß das Vertragsobjekt nicht definiert werden konnte. Die unterschiedliche Interessenlage und Rechtsauffassung führt zu einer unterschiedlichen Textinterpretation und naturgemäß damit verbunden auch zu einer unterschiedlichen Politik.

[305]

Stuttgarter
Nachrichten,
15. 9. 1971, und
Der Spiegel,
15. 10. 1973

Man lernt nie aus

Der authentische Text des Berlinabkommens liegt nur in Englisch, Russisch und Französisch vor. Als Grundlage für die Folgeverträge (z. B. über den Transitverkehr nach Berlin, den Besuch von West-Berlinern in Ost-Berlin u.a.m.) bedarf es einer verbindlichen deutschen Übersetzung. Unvermeidlicherweise entstehen dabei sofort Komplikationen, weil strittig ist, wie die angemessene Übersetzung ins Deutsche lauten muß. Ist das englische Wort „tie" mit „Bindung" oder mit „Verbindung" zu übersetzen? Es liegt auf der Hand, daß die beiden alternativen deutschen Ausdrücke einen unterschiedlichen politischen Gehalt haben.

[306]   **Kein Gegenverkehr aus Ost-Berlin**   Herald Tribune (Die Welt, 2. 9. 1971)

Die im Viermächte-Abkommen vereinbarte Berlinlösung macht Besuche von West-Berlinern in Ost-Berlin und in der DDR möglich, trifft jedoch keine Aussagen zu Besuchen von Ost-Berlinern in West-Berlin. Für die Ost-Berliner bleibt die Situation unverändert: die Mauer versperrt ihnen auch weiterhin den Zugang nach West-Berlin.

Anlagen erhielt die Sowjetunion ein Generalkonsulat in West-Berlin zugestanden, und die Westmächte übertrugen die Außenvertretung West-Berlins an die Bundesrepublik. Dieses war ein Zugeständnis von nur begrenzter politischer Reichweite; denn Anlage II legte fest, daß die Bundesrepublik in West-Berlin „keine Verfassungs- oder Amtsakte" vornehmen dürfe. Damit wurden Sitzungen des Bundeskabinettes, des Bundestages, des Bundesrates oder der Bundesversammlung in West-Berlin ebenso abgebunden wie natürlich noch mehr die mögliche staatsrechtliche Eingliederung West-Berlins in die Bundesrepublik Deutschland als vollgültiges elftes Land. Einzelne Ausschuß- oder Fraktionssitzungen dagegen bleiben als Ausdruck für die Bindungen zwischen den Westsektoren und der Bundesrepublik auch weiterhin erlaubt. Umgekehrt stellte der Viermächte-Vertrag die Eingliederung Ost-Berlins in die DDR nicht in Frage; ganz im Gegenteil: da schon 1970 in den Moskauer Verhandlungen durch die Bundesregierung die Preisgabe des Alleinvertretungsanspruches und die völkerrechtliche Gleichbehandlung der DDR zugestanden worden war und auch der Berlinvertrag selbst die DDR als Partner für dessen Ausführung einbezog, stand die Anerkennung der DDR durch die Westmächte und die Errichtung diplomatischer Vertretungen in Ost-Berlin als der Hauptstadt der DDR ins Haus. **[307, 308, 309]** Der deutliche und völkerrechtlich wirksame Abbau der Bundespräsenz in Berlin war der Preis für die Sicherung der Position der Westmächte in West-Berlin und für die Beendigung der seit über einem Jahrzehnt schwelenden Berlinkrise. Das Berlinproblem blieb in der Sache bestehen, aber der Vertrag enthielt doch die Grundlagen für einen vorläufigen Modus vivendi.[30]

Der Grundlagenvertrag mit der DDR

Die Verhandlungen der beiden deutschen Staaten über die Grundlagen ihrer Beziehungen nahmen ihren Ausgang von einem

Vertragsentwurf, den der SED-Chef und Staatsratsvorsitzende Walter Ulbricht am 17. 12. 1969 an Bundespräsident Heinemann geschickt hatte. In dem Vertragsentwurf tauchen Begriffe wie deutsches Volk und gar deutsche Nation nicht auf. Zwei Staaten nehmen zueinander Beziehungen auf, die gleichsam zufälligerweise durch ihren Namen verbunden sind. Sie anerkennen sich wechselseitig als uneingeschränkt souveräne Staaten mit je einem eigenen Staatsvolk, verhandeln den Vertrag durch ihre Außenminister (nicht etwa durch den Minister für innerdeutsche Beziehungen), nehmen entsprechend volle diplomatische Beziehungen zueinander auf.**[310, 311]** Sie versichern sich wechselseitig nicht nur der territorialen Integrität und der Unverletzlichkeit der bestehenden Grenzen (auch der Oder-Neiße-

[307]

Neues
Deutschland,
10. 2. 1973

Berlin, Ministerium für Auswärtige Angelegenheiten, den 10. Februar 1973.

Zeichnung: Kretzschmar

Mit dem Grundlagenvertrag wird der Alleinvertretungsanspruch der Bundesregierung für das gesamte deutsche Volk, der aus ihrer demokratischen Legitimation abgeleitet wurde, und wird die mit dem Alleinvertretungsanspruch verknüpfte Hallsteindoktrin aufgegeben. Damit wird das Feld freigeräumt für die diplomatische Anerkennung der DDR durch dritte Staaten: waren es in den Jahren 1970 und 1971 nur zehn Staaten, so sind es 1972 schon 24 und 1973 gar 46, 1974 noch einmal elf Staaten, die diplomatische Beziehungen zur DDR aufnehmen.
In Ost-Berlin wird die weltpolitische Anerkennungswelle triumphierend registriert. Der Zeichner läßt am Ministerium für Auswärtige Angelegenheiten eine Strichliste führen, die gerade durch die Striche für Frankreich und Großbritannien vervollständigt wird: am Vortage haben die beiden Westmächte als 70. und 71. Staat die diplomatischen Beziehungen zur DDR aufgenommen.
Im September 1973 werden die DDR und die Bundesrepublik als 133. und 134. Staat auch in die UNO aufgenommen. Auch der Vatikan stellt sich auf die neue Situation ein. Zwar kommt es nicht zur Aufnahme diplomatischer Beziehungen und auch nicht zur Neuordnung der Bistumsgrenzen auf der Grundlage der Staatsgrenzen; aber Anfang 1973 werden päpstliche Administratoren – in der Rechtsform von Weihbischöfen – für die auf dem Gebiet der DDR liegenden Teile der Bistümer Hildesheim, Fulda, Osnabrück, Paderborn und Würzburg ernannt. 1976 wird für die Bischöfe von Berlin und Dresden-Meißen und für die genannten Administratoren eine selbständige „Berliner Bischofskonferenz" eingerichtet.

[308]

Frankfurter
Allgemeine
Zeitung,
21. 9. 1973

[309]

Frankfurter
Allgemeine
Zeitung,
10. 1. 1973

Die schönste Anerkennung
„Aber wir haben ja nie geleugnet, daß es Sie gibt"

171

Der rote Engel: Ich bin von Kopf bis Fuß auf Anerkennung eingestellt

[310]

Die Welt, 17. 3. 1970

Die uneingeschränkte völkerrechtliche Anerkennung der DDR durch die Bundesrepublik ist die alles beherrschende Forderung bei den Begegnungen in Erfurt und Kassel und bei den Verhandlungen um den Grundvertrag.
Der Zeichner der Karikatur nimmt einen berühmten Schlager aus dem Film „Der blaue Engel" (1930) zur Vorlage („Ich bin von Kopf bis Fuß auf Liebe eingestellt") und rückt Ministerpräsident Stoph an die Stelle von Marlene Dietrich.

[311]

Stuttgarter Nachrichten, 5. 5. 1971

„Der Golläge Honegger mauert noch schneller!"

Am 3. 5. 1971 tritt der 78jährige Walter Ulbricht vom Amt des Ersten Sekretärs des Zentralkomitees der SED zurück. Erich Honecker, der für den Bau der Berliner Mauer Verantwortliche, wird sein Nachfolger.
Der Karikaturist erwartet angesichts der Vergangenheit Honeckers als Architekt der Mauer keine positiven Wirkungen für die innerdeutschen Beziehungen.

Linie); diese werden sogar unter den jede Veränderung ausschließenden Rechtstitel der Unantastbarkeit gestellt. West-Berlin wird als selbständige politische Einheit fixiert, also zu einem dritten deutschen Staat gemacht; und die

Rechte der vier Mächte für Berlin und für Deutschland als Ganzes werden überhaupt nicht erwähnt. Von daher haben beide Staaten volle äußere und innere Hoheitsgewalt; sie verpflichten sich, alle dem entgegenstehenden Gesetze

und Normativakte, auf ihnen beruhende Gerichtsentscheidungen außer Kraft zu setzen (hiernach wären z.B. fundamentale Grundgesetzänderungen nötig, Bundesverfassungsgerichtsurteile und zahlreiche Gesetze müßten aufgehoben werden und anderes mehr). Bemerkenswert erscheint auch, daß außerhalb des Sicherheitsbereiches (Gewaltverzicht, friedliche Streitschlichtung, Verzicht auf ABC-Waffen) alle anderen Beziehungen (z.B. wirtschaftliche, kulturelle, Besucherverkehr…) gesonderten Verträgen vorbehalten blieben. Von Erhaltung oder gar Ausbau dieser Beziehungen ist keine Rede.[31] **[312, 313]**

Die Vorstellungen, die die Bundesregierung leiteten, werden auf dem Kasseler Treffen zwischen Brandt und Stoph am 21. 5. 1970 deutlich, bei dem Brandt ein Zwanzig-Punkte-Programm vorlegte: Die Bundesregierung geht darin von der fortbestehenden Einheit der deutschen Nation aus, die ein tragendes Element des historischen und politischen Bewußtseins des deutschen Volkes sei, die sich auch im Auftrag der Verfassungen beider deutscher Staaten niedergeschlagen habe, die ferner mit den Rechten der vier Mächte für Berlin und Deutschland als Ganzes Bestandteil des Völkerrechtes sei. Innerhalb dieses verbindenden Rahmens soll ein Beziehungsgeflecht aufgebaut werden, das zum einen dem Tatbestand der Teilung Rechnung trägt und zugleich den Frieden sichert (Austausch bevollmächtigter Vertreter – aber nicht Botschafter, Achtung der territorialen Integrität und der Unverletzlichkeit der Grenzen – aber nicht Unantastbarkeit, Gewaltverzicht und friedliche Streitschlichtung, wechselseitige Anerkennung der inneren Hoheitsgewalt), das zum anderen den Zusammenhalt der Nation bewahrt und fördert (Ausbau der menschlichen, kulturellen, wirtschaftlichen, wissenschaftlichen… Verbindungen; Bindung West-Berlins an die Bundesrepublik). Wie schon in der Regierungserklärung wird zum Ausdruck gebracht, daß die Preisgabe der Hallstein-Doktrin und damit die unbehinderte Freisetzung internationaler Anerkennung der DDR von der Entwicklung der Beziehungen zwischen beiden deutschen Staaten abhängig sei.[32]

Der Vergleich der beiden Papiere macht deutlich, wie groß die Spannweite zwischen den Zielvorstellungen der beiden Seiten war. Diese schlossen sich in ihren Grundintentionen gegenseitig aus und wiesen nur im Vordergrund des Aktionsfeldes verbindende Elemente auf. Würde es angesichts der Disparität der grundlegenden Zielsetzungen überhaupt möglich sein, einen gemeinsamen Vertrag über die Grundlagen der Beziehungen zu vereinbaren?

Dieses ist in der Tat gelungen: am 21. 12. 1972 wurde der „Vertrag über die Grundlagen der Beziehungen zwischen der Bundesrepublik Deutschland und der Deutschen Demokratischen Republik" unterzeichnet. Der vollkommene Dissenz in den Grundsatzfragen schloß aus, daß für diese eine Kompromißformel gefunden werden konnte. Entsprechend stellt die Präambel die „unterschiedlichen Auffassungen... zu grundsätzlichen Fragen, darunter zur nationalen Frage", ausdrücklich fest.[314] Aber jenseits dieser unübersteigbaren Barriere war es doch möglich gewesen, zu Vereinbarungen zu gelangen. Diese bewegen sich zum einen in jenem Rahmen, der im Zusammenhang mit dem Moskauer Vertrag bereits angesprochen worden ist (Sicherheit, Entspannung, Gewaltverzicht, friedliche Streitschlichtung, territoriale Integrität, Unverletzlichkeit der Grenzen...). Zum anderen wird in den Artikeln 4 und 6 die Respektierung der inneren und der äußeren Hoheitsgewalt der Vertragspartner ausdrücklich anerkannt und in Artikel 8 der Austausch von ständigen Vertretern (nicht Botschaftern!) vereinbart. Von besonderem Bedeutungsgewicht ist Artikel 7, in dem die Vertragspartner ihre Bereitschaft bekunden, mit Hilfe zusätzlicher Verträge die Zusammenarbeit auf vielen Gebieten zu entwickeln und zu fördern. Ein Zusatzprotokoll zu Artikel 7 listet diese im einzelnen auf. Die Feststellung des Artikels 9 besagt unter anderem, daß die Rechte und Verantwortlichkeiten

[312] Sperrgut Deutsches Allgemeines Sonntagsblatt, 17. 5. 1970

Die von der DDR gegenüber der Bundesrepublik erhobenen Forderungen sind umfangreich und in der Substanz politisch und verfassungsrechtlich unannehmbar; sie schließen eine vertragliche Regelung der gegenseitigen Beziehungen aus. Wenn es zu einem Grundlagenvertrag mit der Bundesrepublik kommen soll, müssen die Zielsetzungen erheblich reduziert werden.

[313]

Der doppelte Willi

Meinten jene,
die so schrie'n
Unsern Willi
oder „ihn"?
Löschen wir
vom Tonfilmband
Kurzerhand
die Silbe „Brandt"

Stuttgarter Zeitung,
21. 3. 1970

In Erfurt wird Willy Brandt von einer großen Menschenmenge stürmisch gefeiert: das nationale Zusammengehörigkeitsbewußtsein bekundet sich eindrucksvoll – sehr zum Mißfallen der DDR-Regierung, die dann schnell Betriebsgruppen aufbietet, in Sprechchören nach Willi Stoph rufen und die Anerkennung der DDR fordern läßt.
Die Karikatur spielt darauf an, daß beide Regierungschefs den gleichen Vornamen tragen. Konnte bei den Sprechchören anfangs strittig sein, welcher Willy/i nun gemeint war, so entfiel diese Möglichkeit in dem Augenblick, als die Menge nach Willy Brandt rief (vgl. auch Anm. 32).

der vier Mächte in bezug auf Berlin und auf Deutschland als Ganzes nicht berührt werden.

Wenn man auf die Ausgangspositionen zurückblickt, scheint sich in den Verhandlungen die Position der Bundesrepublik stärker durchgesetzt zu haben als die der DDR-Regierung. Der Vorvertrag mit der Sowjetunion (Bahr-Papier)

erwies sich hier als ein Mittel, mit dem die weitergreifenden Forderungen der DDR abgewehrt werden konnten.[315] Besonders das Zusatzprotokoll konnte mit seinen weitreichenden Absichtserklärungen zur Zusammenarbeit auf vielen Gebieten des öffentlichen Lebens (Wirtschaft, Wissenschaft und Technik, Verkehr, Recht, Post- und Fernmeldewesen, Gesund-

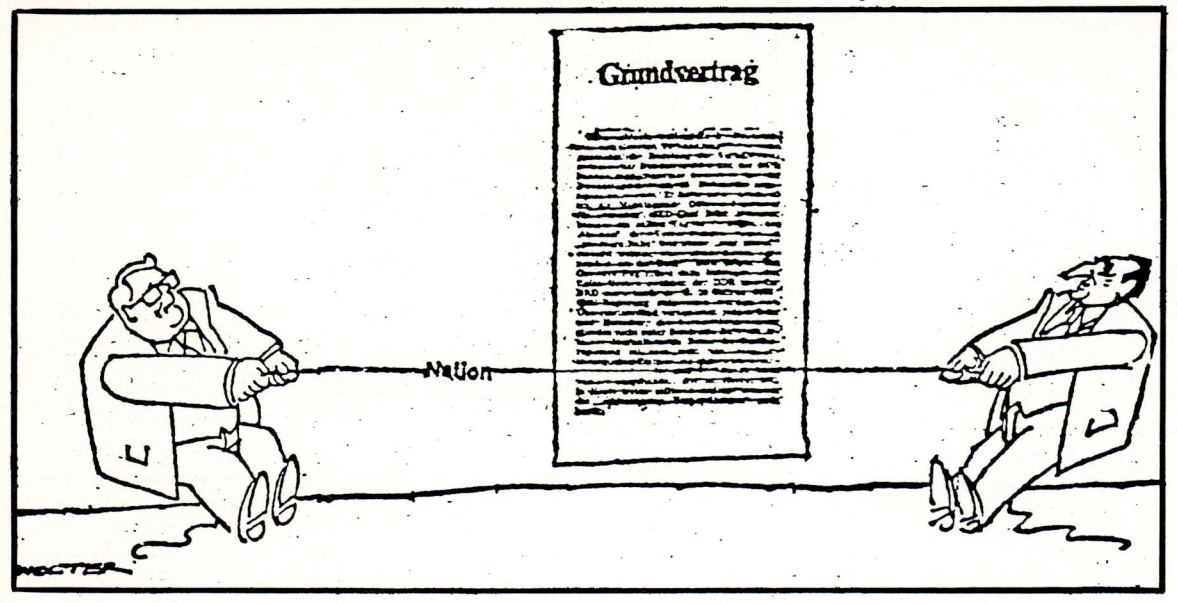

[314]

Welt der Arbeit,
3. 11. 1972

Bis auf ein Wörtchen ist alles fertig . . .

Die lange Auseinandersetzung um den Grundlagenvertrag hat im Nationsbegriff ihren Knotenpunkt. Alle Einzelprobleme sind vom nationalen Selbstverständnis abhängig und erhalten von hier ihren Stellenwert. Während die Bundesregierung in den Verhandlungen von einer fortbestehenden deutschen Nation ausgeht und ihre Politik auf deren Erhaltung ausrichtet, operiert die Gegenseite mit einem Nationsbegriff, der auf die DDR reduziert ist: gesamtdeutsche oder innerdeutsche Bezüge kann es da nicht mehr geben, wo sich eine eigenständige sozialistische Nation DDR herausgebildet hat.

heitswesen, Kultur, Sport, Umweltschutz...) zu Optimismus Anlaß geben. Allerdings waren es zunächst einmal nur Absichtserklärungen.

Zu den in der Präambel erwähnten grundsätzlichen Fragen, über die sich eine Einigung nicht erzielen ließ, gehörte naturgemäß auch die Frage der Staatsangehörigkeit. Die DDR hatte die einschränkungslose Anerkennung der DDR-Staatsangehörigkeit verlangt. Für die Bundesrepublik war diese Forderung unannehmbar. Sie wäre dem Eingeständnis der

endgültigen Teilung Deutschlands gleichgekommen und war von daher auch mit dem Grundgesetz unvereinbar. Die Bundesregierung brachte in einem dem Vertrag beigefügten Schreiben wie schon gegenüber der Sowjetunion zum Ausdruck, daß der Grundlagenvertrag nicht im Widerspruch stehe zu dem Ziel einer in friedlicher Selbstbestimmung wiederzugewinnenden nationalen Einheit. Terminologisch suggeriert der Grundlagenvertrag, daß er wirkliche Grundlagen des Miteinander der beiden deutschen Staaten gelegt habe. Die entscheiden-

den Fragen blieben aber ungelöst und konnten angesichts der Interessendivergenz auch nicht gelöst werden. So reguliert er nur einen vorläufigen Modus vivendi zwischen gegensätzlichen Positionen.[33] [316, 317, 318]

Die Ost- und Deutschlandpolitik der sozial-liberalen Koalition in der Kritik

Daß in der Bundesrepublik die Entscheidungssituation Anfang der 70er Jahre von allen politischen Kräften in gleichen Konturen wahrgenommen würde und daß man von daher zu gleichen politischen Antworten kommen könnte, war wenig wahrscheinlich. [319] Im Gegenteil! Die amtierende Regierung hatte bisher gemeinsam vertretene Grundpositionen der Deutschlandpolitik preisgegeben: sie hatte die DDR als zweiten Staat in Deutschland anerkannt, hatte auf den demokratisch legitimierten Alleinvertretungsanspruch der Bundesregierung für ganz Deutschland verzichtet, hatte die Oder-Neiße-Linie in einer Art Vorfriedensvertrag anerkannt und der allgemeinen völkerrechtlichen Anerkennung der DDR und damit auch ihrer Auf-

[315]

„Ironimus"

Süddeutsche
Zeitung,
24. 8. 1970

nahme in die UNO die Bahn freigegeben. Das waren schwerwiegende Entscheidungen, die nach dem ganzen Hergang der Deutschlandpolitik heftige Kritik auslösen mußten.[320, 321] Der Bundestag wurde zum Schauplatz erbitterter Diskussionen, die sich nur mühsam in den vom früheren Außenminister Schröder aufgestellten Normen hielten:

„Die harte und langwierige Auseinandersetzung um die deutsche Ostpolitik und um die Ostverträge ist ein Vorgang, der für ein demokratisches System normal ist. Die Debatte verlangt von uns allen große Klarheit. Sie braucht sachliche und nicht persönliche Härte. Sie muß der anderen Seite den guten Willen zubilligen, und ‚andere Seite' heißt natürlich: vice versa. Wir sollten unter der Voraussetzung sprechen, daß auf beiden Seiten Patrioten stehen, die unter den gegebenen Bedingungen das Beste für unser Land und Volk wollen. Niemand sollte in dieser Situation verteufelt werden. Diese Kontroverse darf nicht in einen Glaubenskrieg ausarten."

Schröder unterstrich auch die „Einigkeit im Ziel", sah in den Ostverträgen durchaus auch Chancen, hielt aber der Regierung entgegen, daß „dieser Einigung im Ziel weder eine Einigkeit über den Weg noch über die Gangart auf diesem Weg" entspreche, und sah „die Risiken… bei weitem größer als die Chancen":

„Unsere Kritik an den Verträgen beruht… auf der Befürchtung, daß die Teilung Deutschlands vertieft, die Verwirklichung des Selbstbestimmungsrechts für alle Deutschen erschwert wird; daß das im Deutschlandvertrag niedergelegte Engagement unserer drei großen westlichen

[316]

Stuttgarter
Nachrichten,
11. 11. 1972

„Gewiß nicht komfortabel, aber statt des Seils doch immerhin schon ein Brett!"
Gezeichnet von Eckart Munz

Der Vertrag zwischen Bundesrepublik und DDR schafft seinem Namen nach Grundlagen für die innerdeutschen Beziehungen – keine sehr stabilen, auf Dauer berechnete und haltbare, weil er aus dem Widerstreit sehr unterschiedlicher Interessen hervorgegangen ist und weil die Vertragspartner ihn entsprechend in höchst unterschiedlichen Richtungen weiterentwickeln wollen. Aber er schafft immerhin eine Rechtsgrundlage für Beziehungen, und das ist deutlich mehr, als vordem bestanden hat.

Verbündeten, zu einer freiheitlichen Lösung der deutschen Frage beizutragen, mit Sicherheit durch diese Verträge nicht gestärkt, sondern vermindert wird."

Dem von der Regierung vorgetragenen Argument zugunsten der Ostverträge, sie habe die Maximalforderungen der Gegenseite – z. B. die formelle völkerrechtliche Anerkennung der DDR, die Umwandlung West-Berlins in eine selbständige politische Einheit, den

Rechtstitel der Unantastbarkeit der Grenzen – abgewehrt, hielt er entgegen, diese „Abwehr sowjetischer Forderungen" sei „kein Erfolg der Verhandlungsführung", sondern habe sich „zwingend aus der Rechtslage" ergeben: sowohl der verfassungsrechtlichen nach dem Bonner Grundgesetz als auch der völkerrechtlichen nach den alliierten Rechten für Deutschland als Ganzes.[34] [322]

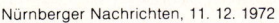

[317]   Nürnberger Nachrichten, 11. 12. 1972

[318]   „Waren das noch Zeiten"   Nürnberger Nachrichten
                                          (Der Spiegel 10. 5. 1971)

Der Abschluß des Grundlagenvertrages schafft die Voraussetzungen für die DDR, ihre weltpolitische Isolierung zu durchbrechen und sich als Staat zur allgemeinen Anerkennung zu bringen. Sie muß um dieses Vertragserfolges willen mit innerdeutschen Zugeständnissen bezahlen – mit der Öffnung der Grenze –, und gleichzeitig ist sie bemüht, im Sinne der angestrebten Etablierung der souveränen sozialistischen Nation DDR eine Erhaltung oder gar Belebung des gesamtnationalen Bewußtseins zu verhindern. So wird die Deutschlandpolitik unzweifelhaft komplizierter, als sie in Zeiten eindeutiger Konfrontation gewesen ist: man kann sich der Entspannungsoffensive nicht entziehen und muß doch gleichzeitig ihren möglichen destabilisierenden Wirkungen entgegenarbeiten: Ulbricht trauert der Vergangenheit nach.

[319]

Hannoversche
Allgemeine Zeitung,
26. 2. 1972

Licht- und Schattenseiten . . .   Zeichnung: Peter Leger

Die Deutschlandpolitik der sozial-libera-len Koalition knüpft an die von den Vor-gänger-Regierungen verfolgte Politik der Öffnung nach Osten an. Trotzdem mar-kiert sie – auch in der Entschlossenheit ihrer Durchführung – eine deutliche Zäsur in der Geschichte der Deutschlandpolitik. Viele bisher vertretenen Grundpositionen werden preisgegeben als Antwort auf ver-änderte Handlungsbedingungen und in der Hoffnung, deutschen Interessen da-mit besser dienen zu können, als vordem möglich gewesen ist.
Sie ist naturgemäß als Wurf in die unge-wisse Zukunft ein Wagnis wie jede Politik. Sie ist es im besonderen Maße, weil es in ihr um wirkliche Lebensfragen der Nation geht. Jenseits der Tagespolemik mischen sich Hoffnungen und Befürchtungen. Re-gierung (Brandt, Scheel) und Opposition (Barzel, Strauß) machen sich zu ihren Sprechern.

E. M. LANG   Eine Quadriga für Berlin

[320]   Süddeutsche Zeitung, 28. 8. 1971

[321]   Zeichnung: Mussil Frankfurter Rundschau, 30. 1. 1971

Die Haltung der Bundestagsparteien zur neuen Ost- und Deutschlandpolitik in beschrei-bender und in bewertender Darstellung:
Die vier Parteien als Quadriga auf dem Brandenburger Tor: FDP (Scheel) und SPD (Brandt) in starker Bewegung nach vorn; CDU (Barzel) auf der Stelle verharrend und auf die CSU (Strauß) ausgerichtet, die mit Blick zurück aus dem Geschirr gegangen ist und ihrem abfälligen Urteil über die neue Politik massiven Ausdruck verleiht.
Die Lage der deutschen Nation zwischen einer zukunftszugewandten Politik der Regierung (Brandt, Scheel) und einer nicht nur beharrenden, sondern zu den 50er Jahren zurück-strebenden Politik der Opposition (Barzel, Strauß).

Wie um zu zeigen, was bei anderer Verhandlungsführung möglich gewesen wäre, hielt die Opposi-tion der Regierung einen Alterna-tiventwurf für einen Vertrag mit der Sowjetunion vor Augen, der sich auf Gewaltverzicht und friedliche Streitschlichtung zwischen den beiden Staaten begrenzte, der die Vertragspartner auf „die Grund-sätze des Völkerrechtes...., des Selbstbestimmungsrechtes der Völker...., der Achtung der Men-schenrechte und Grundfreihei-ten...., insbesondere des Rechtes auf Freizügigkeit für Menschen und Ideen" verpflichtete und der in Artikel 4 formulierte

„Eine endgültige Regelung der deutschen Frage einschließlich der deutschen Gren-zen bleibt einem Friedensvertrag mit ganz Deutschland vorbehalten."[35] [323]

Dieser Vertrag war zweifelsfrei deutlich günstiger für die Wah-rung der deutschen Interessen; aber er stand als Entwurf auf dem Papier, und der Wahrheitsbeweis, daß die Sowjetunion ihn bei an-gemessener Verhandlungsfüh-rung auch unterzeichnet hätte, konnte und brauchte nicht ange-treten zu werden. Daß die Sowj-union sich auf seine Bestimmun-gen hätte verpflichten lassen, muß als höchst unwahrscheinlich, ja als ausgeschlossen betrachtet werden, wenn man die reale Politik der 60er Jahre vor Augen hat, bei-spielsweise das mit der deutschen Friedensnote eingeleitete, aber vergebliche Bemühen um den Ab-schluß von Gewaltverzichtsverträ-gen. Die Opposition mußte sich auch vor Augen halten lassen, daß die von der Großen Koalition angebotene Einbeziehung der DDR in die Entspannungspolitik und damit in ein System von Gewaltverzichtsverträgen ohne eine Form von rechtlicher Anerkennung der DDR nicht praktizierbar war.**[324]** Die Politik der Isolierung der DDR als Instrument für die Durchsetzung des nationalen Selbstbestimmungsrechtes des deutschen Volkes war, wie oben schon deutlich geworden ist (vgl. S. 151 ff.), an die Grenze ihrer Möglichkeiten gekommen. Auf die Länge der Zeit war diese Politik nicht durchzuhalten, weitere Einbrüche waren zu befürchten. Auch eine anders zusammengesetzte Regierung hätte vor der Notwendigkeit einer strategischen Neuorientierung gestanden**[325]** (Die bruchlose Fortsetzung der neuorientierten Ost- und Deutschlandpolitik nach dem Regierungswechsel von 1982 macht deutlich, daß zu ihr keine prinzipiellen Alternativen mehr gesehen werden).

Ebenso ließ sich das Argument der Regierung nur schwer entkräften, daß mit der zunehmenden Abschottung der DDR das nationale Zusammengehörigkeitsbewußtsein dahinschwinden würde, es also darum ging, „ein weiteres Auseinanderleben der deutschen Nation (zu) verhindern" (Willy Brandt in der Regierungserklärung) und damit die Substanz jeder Deutschlandpolitik zu erhalten. Dieses aber war ohne politische Neuorientierung, ohne Vertragspolitik und die damit verbundene Öffnung der DDR nicht erreichbar.

Daß die Regierung der sozial-liberalen Koalition ihre Politik mit „husarenrittähnlichem Tempo" durchführte und sich – besonders deutlich im Grundlagenvertrag – bei den Gegenleistungen mit allgemeinen Absichtserklärungen begnügte, statt auf präzisen vertraglichen Verpflichtungen zu insistieren, steht auf einem anderen Blatt. Auf diesem ist auch die mittelbare Anerkennung der Breschnjew-Doktrin vermerkt, die dem Bahr-Papier zu eigen ist und die in deutlichem Gegensatz steht zur moralischen Empörung und zum politischen Protest gegen den

E. M. LANG   Der große Fang

[322]   Süddeutsche Zeitung, 8. 8. 1970

Die Regierung der sozial-liberalen Koalition in ihrer Selbstdarstellung des Verhandlungsergebnisses von Moskau.

[323]   F. J. Tell: „Durch diese hohle Gasse muß er kommen..."   E. M. Lang
Süddeutsche Zeitung, 2. 2. 1972

Die Opposition in der Selbstdarstellung ihrer Politik: ein alternativer Vertragsentwurf als das bei angemessener Verhandlungsführung mögliche Ergebnis von Verhandlungen mit der Sowjetunion.

Einmarsch der Roten Armee in die Tschechoslowakei und gegen die Unterdrückung des Prager Frühlings. Die nachfolgende Breschnjew-Doktrin brachte nur noch in theoretische Form, was 1968 praktiziert worden war. Daß die historische Erfahrung des Jahres 1968 so schnell in Vergessenheit geriet und nicht mehr als Menetekel jeder Ostpolitik wahrgenommen wurde, ist ein auffälliger Tatbestand des politischen Aufbruchs zu neuen Ufern Anfang der 70er Jahre – ein Zeichen dafür, daß die neue Ost- und Deutschlandpolitik nicht nur pragmatische Antwort auf eine gegebene Macht- und Interessenlage war, sondern sich auch von einer Entspannungseuphorie tragen und vorantreiben ließ. **[326, 327, 328]** Egon Bahr sprach 1973 die Überzeugung aus:

Odysseus Barzel läßt sich binden, um dem Gesang der Sirenen zu widerstehen.

Peter Leger

[324]   Hannoversche Allgemeine Zeitung, 26. 1. 1972

Oppositionsführer Barzel – an sich um eine vermittelnde Lösung bemüht – als Odysseus, der sich am Mast ananketten läßt, um dem „Vertragsgesang" der Sirenen (Brandt, Scheel) zu widerstehen, während Strauß am Ruder das Oppositionsschiff entschlossen an der Gefahrenstelle vorbeisteuert.

[326]   **Der Versöhner**   Ekstra Bladet. Kopenhagen
(Der Spiegel, 25. 10. 1971)

[325]   Vorsicht! Unüberbrückbarer Abgrund!   Zeichn. Wolter
Hannoversche Allgemeine Zeitung, 28. 1. 1970

Der parlamentarische Kampf um die Ostverträge läßt die Gegensätze zwischen Regierung und Opposition um die Inhalte und Prinzipien einer nach allgemeiner Überzeugung neu zu orientierenden Ost- und Deutschlandpolitik viel größer erscheinen, als sie in Wirklichkeit sind.

Schnöde, ungerechte Welt
„Verstehste das? Wir – für unsere unentwegte Friedenspolitik – wir kriegen keinen Preis."

[327]   Frankfurter Allgemeine Zeitung, 28. 10. 1971

Friedenspolitik und Friedensideologie in Deutschland: Bundeskanzler Brandt wird für seine Verdienste um Völkerverständigung und Friedenserhaltung im Herbst 1971 der Friedensnobelpreis verliehen.
Stehen die Grenztruppen an der innerdeutschen Grenze und an der Berliner Mauer auf „Friedenswacht"? Sichern sie die DDR vor einer Bedrohung von außen oder von innen?

„Die Frage, die wir uns früher gestellt haben, wann und unter welchen Bedingungen das Gleichgewicht des Schreckens allmählich ergänzt oder ersetzt werden kann durch ein Gleichgewicht der Interessen und des Vertrauens, ist heute zu beantworten... Wir sind in den vergangenen letzten Jahren Zeugen eines erregenden neuen Abschnittes der Weltpolitik geworden. Es ist die feste Absicht beider Seiten, daß der kalte Krieg zu Ende ist. Die Strukturen der neuen Phase werden sichtbar, sie bleiben auszufüllen, und wir sind auch Zeugen der Anpassungsschwierigkeiten, die sich dabei natürlich an vielen Stellen und in vielerlei Form ergeben... Die beiden stärksten Mächte der Welt haben erkannt, daß sie zu stark sind. Sie können ihr Potential gegeneinander nur noch um den Preis der Selbstvernichtung einsetzen. Die Ära der vereinbarten Selbstbeschränkung hat begonnen. Sie verlangt unausweichlich auch die Einsicht in die Interessen des anderen und die Rücksicht auf den anderen. Man muß

[328]   Süddeutsche Zeitung, 10. 8. 1971

Die Süddeutsche Zeitung nimmt das zehnjährige Bestehen der Berliner Mauer zum Anlaß, für die DDR eine philatelistische Besonderheit in Vorschlag zu bringen.

[329]   Frankfurter Allgemeine Zeitung, 18. 11. 1972

[330]   *Die Freundschaftshand gen Polenland*   Zeichnung: Peter Leger
Hannoversche Presse, 5. 12. 1970

Die Diskussion um die Ostverträge in Parlament und Öffentlichkeit übersteigert die tatsächlichen Gegensätze und verleitet dazu, die Position des politischen Gegners zu verketzern, ihm sowohl Realitätssinn als auch guten Willen abzusprechen.
Ist die Regierungspolitik darauf reduzierbar, daß sie die traurige Wirklichkeit nicht verändert, sondern nur illusionistisch verklärt? Sind die Führer der Opposition wegen ihrer Kritik am Warschauer Vertrag als Kreuzritter zu identifizieren, die gepanzert gen Osten reiten und die scharfe Lanzenspitze in einem Freundschaftshandschuh verbergen?

sich anpassen, sich annähern, Zurückhaltung üben, ja, man hat sogar beschlossen, nicht mehr gegen die Interessen des anderen zu konspirieren.''[36]

Die hoffnungsvolle Perspektive ist auffällig: das Gleichgewicht des Schreckens wird ersetzt werden durch ein Gleichgewicht des Vertrauens, die aktuellen politischen Probleme sind viel weniger Ausdruck fortbestehender Systemdivergenzen als vielmehr von Anpassungsschwierigkeiten an die neue Ära, gleichsam fossiler Sand im Getriebe einer neuen Welt, der herausfallen wird in dem Maße, wie sich die Strukturen der neuen Ära herausbilden; der Beschluß der Weltmächte, nicht mehr gegen die Interessen des anderen zu konspirieren, ist deren adäquater Ausdruck. Die Frage drängt sich auf: wird es jemals einen politischen Zustand dieser Art geben? Während Bahr seine hoffnungsvolle Vision von einem neuen Abschnitt in der Weltpolitik verkündete, arbeitete der DDR-Spion Guillaume im Kanzleramt: war dieser Spion im Kanzleramt Ausdruck für die Anpassungsschwierigkeiten an die neue Ära oder für die fortbestehenden Divergenzen der Herrschaftssysteme? Wenige Jahre später marschierte die Sowjetunion mit über hunderttausend Mann in Afghanistan ein, und sie führte dort bis an den Rand unserer Tage Krieg gegen das Selbstbestimmungsrecht des afghanischen Volkes. Sind dieses alles Anpassungsschwierigkeiten an die neue Ära? (Vgl. auch Anm. 37)

In der politischen Sprache in der Öffentlichkeit und auch in der Wissenschaft fand der Einstieg in die neue Ära einen bemerkenswerten Ausdruck darin, daß der Totalitarismusbegriff nicht etwa relativiert, sondern geächtet wurde: er sei ein politischer Kampfbegriff und damit als Ausdruck des kalten Krieges ungeeignet, politische Herrschaftsformen begrifflich zu erfassen. Nun ist ganz unbestreitbar, daß der Totalitarismusbegriff in den 50er und 60er Jahren – indem er nationalsozialistische und kommunistische Herrschaft unter einen verknüpfenden Oberbegriff stellte – Kampfcharakter hatte. Aber reduzierte er sich hierauf sowohl in seiner Entstehung wie auch in seinem Gebrauch? War er damit als politikwissenschaftlicher Ordnungsbegriff völlig ungeeignet? Daß er in seiner Aussagekraft nicht relativiert, sondern tabuisiert wurde, macht meines Erachtens deutlich, daß die kommunistischen Herrschaftssysteme nicht mehr als Diktaturen wahrgenommen wurden, die sich fundamental von rechtsstaatlichen Demokra-

179

Wer reitet so spät durch Nacht und Regen? Es ist der Vater mit den Verträgen!

[331]

Zeichnung: Peter Leger
Hannoversche Allgemeine Zeitung, 11. 3. 1972

Der Bundeskanzler auf dem Weg zur Ratifikation der Ostverträge auf den Spuren des Erlkönigs, die Führer der Opposition (Strauß und Barzel) als Geister am Wegesrand.

tien unterscheiden, sondern als Herrschaftsformen der Moderne gesehen wurden, die auf dem Wege zur Demokratie sind.[37] **[329, 330]**

Die Abstimmung der Ostverträge im Bundestag

Wie sehr die Ost- und Deutschlandpolitik der sozial-liberalen Koalition das politische Bewußtsein aufwühlte, wird nicht nur am Widerstand der Opposition **[331]**, sondern auch daran ablesbar, daß selbst Abgeordnete der Koalition die Politik der Regierung nicht mehr glaubten mittragen zu können und zur Opposition überwechselten. Besonders spektakulär war der Fraktionswechsel des ehemaligen FDP-Parteiführers Mende im Oktober 1970. Die Koalition, die ihre Amtsgeschäfte im Oktober 1969 mit der knappen Mehrheit von nur 12 Sitzen aufgenommen hatte, verlor dadurch ihre Mehrheit im Bundestag. **[332]** Auch die Landtagswahlen verliefen für die Regierung überaus ungünstig und schienen einen allgemeinen Stimmungsumschwung zugunsten der Opposition zu signalisieren. Besonders auffällig waren deren Gewinne bei den Landtagswahlen in Baden-Württemberg im April 1972: die CDU kam von 44,2 auf 52,9 % der Stimmen. Die Antwort der Opposition auf diese Machtverschiebung im Bundestag und auch in den Landtagen bestand in dem Versuch, durch ein konstruktives Mißtrauensvotum die amtierende Regierung zu stürzen und eine neue Regierung unter Rainer Barzel zu bilden. Dieser Versuch schlug jedoch am 27. 4. 1972 fehl: Rainer Barzel verfehlte die Mehrheit um zwei Stimmen. **[333]** Die Regierung der sozial-liberalen Koalition blieb damit zwar im Amt; aber auch die Pattsituation blieb bestehen, und somit war das politische Schicksal der Ostverträge höchst ungewiß.

Regierung und Opposition waren unter dem Druck dieser Situation in viel stärkerem Maße aufeinander angewiesen als vordem und gezwungen, eine gemeinsame Lösung zu finden. **[334]** Diese bestand in einer gemeinsamen Erklärung des Bundestages zu den Ostverträgen, die eine interfraktionelle Kommission vorbereitet hatte und durch die die Ostverträge in die überkommenen außen- und deutschlandpolitischen Leitlinien der Bundesrepublik eingeordnet wurden **[335]**: Die Ostverträge nehmen einen Friedensvertrag für Deutschland nicht vorweg und stellen den Anspruch auf das nationale Selbstbestimmungsrecht für das deutsche Volk ebensowenig in Frage wie die Rechte der vier Mächte in bezug auf Deutschland als Ganzes und auf Berlin; der Deutschlandvertrag mit den Westmächten von 1954 und ebenso das Moskauer Abkommen von 1955 bleiben in Geltung (in dem

[332] „... ein Loch ist im Eimer, oh Willy, oh Willy ..."

Zeichnung: Haitzinger
Südwestpresse, 4. 3. 1972

beim Adenauer-Besuch abgeschlossenen Abkommen war im positiven Sinne von der „Lösung des nationalen Hauptproblems des gesamten deutschen Volkes, der Wiederherstellung eines deutschen demokratischen Staates" die Rede); das Bekenntnis zum atlantischen Bündnis und zur europäischen Einigung wird erneuert und der Wille ausgesprochen, die Bindungen zwischen West-Berlin und der Bundesrepublik aufrechtzuerhalten und fortzuentwickeln; die Normalisierung des Verhältnisses zur DDR wird befürwortet und mit der Maßgabe versehen, „daß die Prinzipien der Entspannung und der guten Nachbarschaft in vollem Maße auf das Verhältnis zwischen den Menschen und Institutionen der beiden Teile Deutschlands Anwendung finden werden".[38]

Damit war den Verträgen eine Interpretation gegeben worden, die sie vor Mißdeutungen und Fehlentwicklungen bewahren sollte und die zugleich ihre Annahme im Bundestag sicherte. Von besonderem Gewicht dabei war, daß der sowjetische Botschafter während der Arbeit an der Bundestagsresolution von der Regierung laufend konsultiert wurde und sich die Sowjetunion ungeachtet abweichender Interpretation der Verträge bereit erklärte, die Bundestagsresolution als offizielles Dokument der Bundesrepublik Deutschland zum Vertragswerk entgegenzunehmen. So konnten am 17. 5. 1972 gemeinsam mit der Bundestagsresolution (491 Stimmen bei 5 Enthaltungen) auch die Verträge von Moskau (248 gegen 10 Stimmen bei 238 Enthaltungen) und Warschau (248 gegen 17 Stimmen bei 231 Enthaltungen) die parlamentarische Hürde nehmen. Wenige Tage später passierten die Ostverträge auch den Bundesrat. Am 3. 6. 1972 traten die Ostverträge und das Berlin-Abkommen der vier Mächte in Kraft. Eine Art plebiszitärer Bestätigung erfuhren die Ostverträge in den vorgezogenen Bundestagswahlen vom 19. 11. 1972: die Regierungsparteien errangen einen klaren Wahlsieg und konnten die neue Ost- und Deutschlandpolitik nunmehr mit gesicherter Mehrheit fortsetzen.

[333]

HANDELSBLATT:
Bruns, 27. 4. 1972

Der Elfmeter des Jahres

[334]

Neue
Hannoversche
Presse,
16. 5. 1972

„Unter den gegebenen Umständen will ich mal darauf
verzichten, von der Waffe Gebrauch zu machen!"

Trotz des abgewiesenen Mißtrauensvotums bleibt die Patt-Situation im Bundestag bestehen: jeweils 249 Abgeordnete stehen hinter der Regierung und hinter der Opposition. Ist die Bundesrepublik unter diesen Umständen regierbar?

[335]

Marie Marcks

Süddeutsche
Zeitung,
18. 5. 1972

Mit der von allen Fraktionen getragenen Bundestagsresolution wird erreicht, daß das Kamel durchs Nadelöhr geht: die Ostverträge im Bundestag trotz der Patt-Situation eine Mehrheit finden.

HANDELSBLATT:
Bruns, 9. 11. 1972

Die Ernte – der Grundlagenvertrag – wird von den Verhandlungspartnern Bahr und Kohl gerade noch rechtzeitig in die Scheune gebracht und damit vor dem Unwetter bewahrt.

tz, München,
23. 5. 1973

„Vorsicht, erst noch eine kleine Belastungsprobe!"

Zeichnung:
Peter Leger

Hannoversche
Allgemeine
Zeitung,
5. 8. 1972

Nachbarliche Beziehungen voneinander völlig unabhängiger deutscher Staaten.

Die „Lage der deutschen Nation" im Angesicht der staatlichen Teilung und einer auf Abgrenzung und uneingeschränkte Souveränität ausgerichteten Politik der DDR.

Zu dem Wahlsieg dürfte nicht unerheblich beigetragen haben, daß gut eine Woche vor dem Wahltag der Grundlagenvertrag paraphiert worden war: der Mehrheit der Wähler erschien die Regierung der sozial-liberalen Koalition auf dem richtigen Wege befindlich und zugleich im Erfolg zu sein. [336] Ganz sicher entsprach sie mit ihrer neuorientierten Politik einem Grundbedürfnis des deutschen Volkes, nach dem Ausgleich mit dem Westen, vor allem mit Frankreich, nunmehr auch einen Ausgleich mit dem Osten, vor allem mit Polen, zu suchen und nach Jahren der Erstarrung die Deutschlandpolitik mit neuem Leben zu erfüllen. Da die Regierung im Bundestag nunmehr über eine sichere Mehrheit verfügte, bereitete die Ratifikation des Grundlagenvertrages am 11. 5. 1973 keine ernsthaften Schwierigkeiten, obwohl der größte Teil der CDU/CSU-Opposition dem Vertrag die Zustimmung verweigerte. Schwierigkeiten konnten ihm aus dem von Bayern vor dem Bundesverfassungsgericht angestrengten Normenkontrollverfahren erwachsen. [337] Das Bundesverfassungsgericht entschied aber in seinem Urteil vom 31. 7. 1973, daß der Grundlagenvertrag nicht im Widerspruch zum Wiedervereinigungsgebot des Grundgesetzes stehe, also nicht als „Teilungsvertrag" anzusehen sei. In der sehr ausführlichen Begründung wird die verfassungsrechtliche Situation Deutschlands beschrieben und der vom Wiedervereinigungsgebot für ein völkerrechtlich fortbestehendes Deutschland ausgehende enge Handlungsrahmen jeder Deutschlandpolitik abgesteckt. [338]

Mit den Verträgen von Moskau und Warschau, dem Vier-Mächte-Abkommen über Berlin, dem Grundlagenvertrag und dem erst im Juli 1974 ratifizierten deutsch-tschechoslowakischen Vertrag war eine Politik in Formen gesetzt worden, die sich als schöpferische Antwort auf veränderte Bedingungen des politischen Aktionsfeldes verstand. So sehr die Verträge in sich selbst schon Politik darstellten, wollten sie doch – von den Fernzielen der sie inspirierenden Konzeption her gesehen – in vieler

Hinsicht Politik erst ermöglichen. Seit den Vertragsabschlüssen sind fast 20 Jahre ins Land gegangen. Es ist deutlich geworden, wie weit die neue Konzeption getragen hat und was ihr versagt geblieben ist, was an Hoffnungen fortleben kann und was an Befürchtungen bestehen bleibt. [339, 340, 341]

Durch die Politik der sozial-liberalen Koalition wird die DDR auch bei den Westmächten salonfähig. Der äußere Ausdruck dafür ist die Aufnahme diplomatischer Beziehungen: 1972 Belgien, 1973 Luxemburg, die Niederlande, Italien, Frankreich und Großbritannien, 1974 die USA.
Der Zeichner sieht diesen Vorgang so: Am Arm des Bundeskanzlers, der den Grundlagenvertrag gleichsam als Einladung in der Hand hält, betritt Honecker den Salon des Westens, ohne an der Garderobe seine militärische Montur einschließlich des Mauer-Stahlhelms abgelegt zu haben. Er wird von den Regierungschefs der westlichen Welt zugleich interessiert wie auch mißtrauisch angeschaut. Bundeskanzler Brandt gibt der Hoffnung Ausdruck, daß Honecker später einmal zivile Kleidung anlegen wird.

Salonfähig: »Mein Stiefbruder – vielleicht legt er später einmal ab«

[339]

Frankfurter Allgemeine Zeitung, 13. 12. 1972

[340]

„Ach! Everybody loves Germany NOW"
Daily Express (Der Spiegel, 17. 8. 1970)

[341]

Epoca/Mailand (Der Spiegel, 15. 10. 1973)

Die trotz westlicher Rückkoppelung doch betont selbständige Ostpolitik der Bundesregierung, die offenbar zwischen Brandt und Breschnjew bestehende politische Intimität, das Zusammentreffen der beiden deutschen Regierungschefs finden nicht nur wohlwollende Beurteilung (die sich etwa in der Verleihung des Friedensnobelpreises an Bundeskanzler Brandt niedergeschlagen hat), sondern erwecken auch Mißtrauen: Brandt als deutsches Gretchen, mit entsprechenden Symbolträgern ausgestattet: Eisernes Kreuz und Pickelhaube, wird nach den westlichen Regierungschefs (Nixon, de Gaulle, Pompidou, Heath) nun auch von Breschnjew hofiert. Die Mailänder Illustrierte sieht ein „Viertes Reich" am Horizont aufsteigen und fragt: Sind die beiden Deutschland noch getrennt? Brandt und Honecker erscheinen vereint in der Montur von 1870 und signalisieren deutliche Vorbehalte.

3. Ergebnisse der sozial-liberalen Vertragspolitik und Fortsetzung der Vertragspolitik durch die christlich-liberale Koalition 1974–1989

Eine neue Ära in der Menschheitsgeschichte?

Unzweifelhaft ist Willy Brandts hochgespannte Zukunftsvision von einer neuen Ära in der Menschheitsgeschichte – einer friedlichen Welt, in der die bestehenden Spannungsursachen beseitigt sind und „kein Grund zu neuen gefährlichen Spannungen" vorliegt (vergl. oben S. 161) – nicht zur Wirklichkeit geworden. Die der neuorientierten deutschen Ostpolitik innewohnenden Zukunftsperspektiven von Frieden und Harmonie konnten sich zunächst noch bestätigt fühlen durch den erfolgreichen Abschluß der zweijährigen „Konferenz über Sicherheit und Zusammenarbeit in Europa" (KSZE). **[342, 343]** Fünfunddreißig Staaten Europas und Amerikas hatten sich mit der Unterzeichnung der Schlußakte am 1. 8. 1975 darauf verpflichtet, ihr Verhalten an bestimmte politisch-moralische Regeln zu binden, nämlich die souveräne Gleichheit, die territoriale Integrität und die Unverletzlichkeit der Grenzen aller Staaten zu achten, sich der Anwendung oder Androhung von Gewalt zu enthalten, Streitfälle friedlich zu regeln, sich nicht in die inneren Angelegenheiten anderer Staaten einzumischen, die Menschenrechte und Grundfreiheiten wie auch die Gleichberechtigung und das Selbstbestimmungsrecht der Völker anzuerkennen. Die Unterzeichnerstaaten verpflichteten sich zur Zusammenarbeit auf einer Vielzahl von Handlungsfeldern, nicht nur dem der Sicherheit, sondern auch dem der Wirtschaft, der Wissenschaft, der Technik, des Umweltschutzes. Selbst der humanitäre Bereich wurde detailliert angesprochen, indem die Förderung menschlicher Kontakte,

[342]   **Helsinki und die Folgen**   Deutsches Allgemeines Sonntagsblatt, 19. 10. 1975

[343]

Frankfurter
Allgemeine
Zeitung,
30. 7. 1975

Helsinki — der Gipfel der Unverbindlichkeiten

Welche Wirkungen werden von der „Konferenz für Sicherheit und Zusammenarbeit in Europa" (KSZE) ausgehen?
Wird die von den Vertragspartnern übernommene Verpflichtung, die Grundfreiheiten und Menschenrechte zu achten und die sozialen Kontakte über die Grenzen hinweg zu fördern, dazu führen, daß die Grenze zwischen Ost und West geöffnet und die Mauer in Berlin durchlässig gemacht wird? Oder werden sich die Vereinbarungen als bloße Deklamationen erweisen, denen kein Realitätswert innewohnt, weil sie völkerrechtlich unverbindlich sind? Die einen nehmen die KSZE als Beginn einer neuen Ära hoffnungsvoll auf; die anderen sind eher skeptisch (die Repräsentanten Frankreichs, der Bundesrepublik, der Sowjetunion, der USA und Großbritanniens auf dem Kartenhaus der Schlußakte von Helsinki).

die Verbesserung wechselseitiger Information, die Zusammenarbeit und der Austausch im Bereich der Kultur und der Bildung vereinbart wurden. Die Bundesregierung erklärte – durchaus hochgestimmt:

„Die Ergebnisse von Helsinki haben hohen moralisch-politischen Rang. Sie setzen Maßstäbe für den weiteren Entspannungsprozeß, an dem sich alle Konferenzteilnehmer werden messen lassen müssen. Die KSZE ist der erste multilaterale Versuch, einen thematisch weit gespannten Verhaltenskodex für West und Ost in Europa zu schaffen. Sie hatte zum Ziel, eine neue Dimension der Zusammenarbeit über die Systemgrenzen hinweg zu finden."[39]

Das waren außerordentlich hoffnungsvolle Worte: eine neue Ära schien im Entstehen begriffen. Das Bild der Wirklichkeit nur wenige Jahre später sah jedoch erheblich anders aus: im Dezember 1979 marschierten sowjetische Truppen in Afghanistan ein – angeblich aufgrund eines Hilferufes der afghanischen Regierung und gemäß der im sowjetisch-afghanischen Freundschaftsvertrag vom Dezember 1978 vereinbarten Beistandspflicht gegen ausländische (in diesem Fall amerikanische) Intervention. [344, 345] Der afghanische Ministerpräsident Amin überlebte seinen „Hilferuf" allerdings nur kurze Zeit: er wurde umgebracht und durch den aus der Sowjetunion mitgebrachten Karmal ersetzt. Mit der sowjetischen Invasion wurde der gegen das 1978 durch einen Putsch an die Macht gekommene Regime in Kabul gerichtete Widerstand der Mudjahedin nationalisiert. Die Sowjetunion hat diesen Widerstand trotz starkem Kräfteeinsatz und rücksichtsloser Kriegführung in mehr als neun Kriegsjahren nicht niederzuwerfen vermocht. Die amerikanische Politik antwortete auf die vollkommene Mißachtung der in

[344]   **Der Bär ist los**   The Daily Telegraph, London (Der Spiegel, 7. 1. 1980)

[345]   **„Jetzt erst recht! Hau — ruck!"**   Zeichnung: Wolter Augsburger Allgemeine, 12. 1. 1980

Der „Ausbruch des russischen Bären" stellt die Westmächte (Margret Thatcher, Giscard d'Estaing, Helmut Schmidt, Jimmy Carter) vor die Frage, wie sie auf die schwere Verletzung der Schlußakte von Helsinki reagieren sollen. Kann im Angesicht der weltpolitischen Spannungen an eine Fortsetzung der Entspannungspolitik gedacht werden (was offenbar Schmidt, Brandt und Wehner beabsichtigen)?

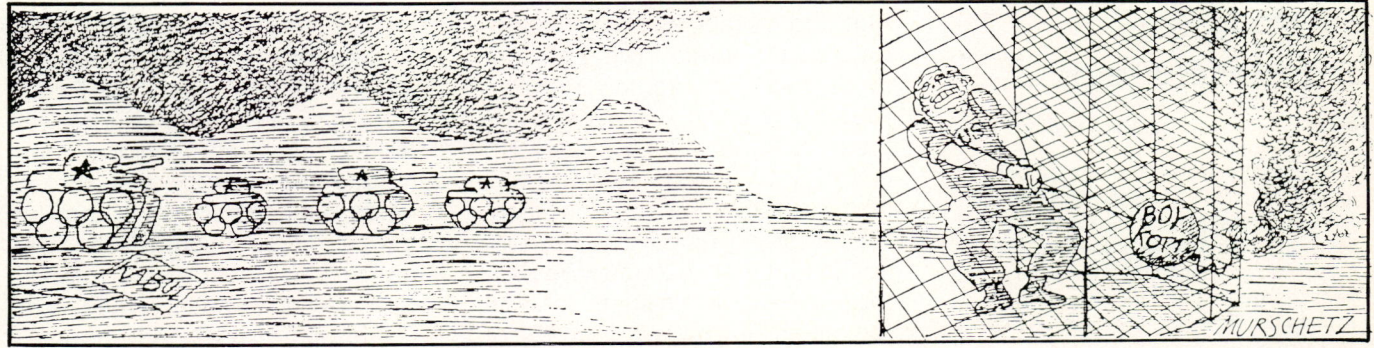

[346]   Olympioniken   Die Zeit, 25. 1. 1980

[347]　　　　　**Die Breschnew-Orgel**　　　　　Gezeichnet von Eckart Munz
Stuttgarter Nachrichten, 2. 3. 1981

Friedenspropaganda und Installierung eines neuen Waffensystems. Sind die sowjetischen Rüstungsmaßnahmen angesichts des Gesamtarsenals an Atomraketen militärisch und politisch unerheblich oder wird mit ihnen eine qualitativ neue Situation herbeigeführt?

Helsinki kurz zuvor verabschiedeten KSZE-Schlußakte mit einem umfassenden Rüstungsprogramm, einem Wirtschaftsembargo, der vorläufigen Nichtratifikation des Salt II-Vertrages zur Begrenzung strategischer Nuklearwaffen und

der Proklamation der sogenannten Carter-Doktrin, in der der Persische Golf zu einer Zone lebenswichtiger amerikanischer Interessen erklärt wurde. Die für die Öffentlichkeit spektakulärste Antwort bestand in dem Boykott der Olympischen Spiele 1980 in Moskau.[40] **[346]**

Als der Afghanistankrieg begann, befand sich ein anderer Prozeß, der die Ost-West-Beziehungen belastete und die Entspannungspolitik grundsätzlich in Frage stellte, bereits in vollem Gange. Die Sowjetunion installierte seit 1977 mit den SS 20-Raketen ein hochmodernes Waffensystem, das geeignet war, die militärstrategische Situation in Europa, aber auch in Asien wesentlich zu verändern. Es handelte sich bei der SS20 um eine Mittelstreckenrakete, die mit drei atomaren Gefechtsköpfen ausgerüstet werden kann, über eine Reichweite von 5000 km verfügt und dabei eine hohe Treffgenauigkeit aufweist. Die Zahl der in Stellung gebrachten Raketen wuchs schnell an: waren es im Oktober 1977 nur 10, so Ende 1979 bereits 140, im März 1983 gar 350 mit über 1000 Atomsprengköpfen. Hiermit stand eine Vernichtungskapazität bereit, die ganz Westeuropa mit einem einzigen Schlage (bei einer Flugzeit von nur 10 bis 15 Minuten) in Schutt und Asche

zu legen vermochte und die zugleich als wirksames politisches Pressionsmittel zu benutzen war.**[347]** Bundeskanzler Schmidt machte bereits im Oktober 1977 in einem Vortrag vor dem Internationalen Institut für Strategische Studien in London auf das wachsende militärische Ungleichgewicht aufmerksam und hob die Notwendigkeit hervor, die unerträgliche Bedrohungssituation entweder durch Nachrüstung zur Herbeiführung eines Gleichgewichtes bei den Mittelstreckenraketen oder durch Vereinbarungen über Rüstungsbegrenzung zu beseitigen. Damit wurde im westlichen Bündnis eine Diskussion in Gang gesetzt, die im Dezember 1979 zu dem sogenannten Nato-Doppelbeschluß führte: nämlich ab Ende 1983 ein Gegensystem aufzubauen (108 Pershing-II-Raketen und 464 Marschflugkörper), sofern sich nicht in Abrüstungsverhandlungen ein niedrigeres Niveau oder gar ein beiderseitiger Totalverzicht auf Mittelstreckenraketen erreichen ließ.[41] Im November 1981 begannen in Genf entsprechende Verhandlungen, von deren Ergebnis das Ausmaß der westlichen Nachrüstung, aber auch die mögliche Null-Lösung, also der Verzicht auf Nachrüstung als Gegenleistung für den Abbau der SS 20 abhing. Der außerordentlich heftige, auch mit großem politischen Aufwand geführte Kampf um die Mittelstreckenraketen macht deutlich, wie schnell und wie weit sich in kurzer Zeit der „Geist von Helsinki" verflüchtigt hatte.

Eine weitere Zuspitzung erfuhren die Ost-West-Beziehungen durch die Ereignisse in Polen. Die permanente wirtschaftliche und politische Krise dieses Landes erreichte in den Jahren 1980/81 einen neuen Höhepunkt. **[348]** Schwierigkeiten in der Lebensmittelversorgung, denen die Regierung mit Preiserhöhungen, im weiteren Verlauf mit Rationierungsmaßnahmen zu begegnen suchte, riefen eine Streikbewegung ins Leben, die sich schnell über das ganze Land ausbreitete und die sich ebenso schnell von sozialen Forderungen, wie Lohnerhöhung, zu politischen Forderungen er-

Ein Gespenst geht um: das Proletariat

[348]　　　L'Express
(Der Spiegel, 3. 11. 1980)

Die Eingangsworte des Kommunistischen Manifestes als Bildunterschrift kennzeichnen den erstaunlichen Tatbestand, daß die Arbeiterbewegung in Polen nicht marxistisch orientiert, sondern kirchlich gebunden ist (Marx und Breschnjew wenden sich entsetzt von diesem Proletariat ab).

hob. Die Regierung wurde durch diese Massenbewegung in ihrer Handlungsfähigkeit so sehr eingeschränkt, daß sie die Bildung einer freien Gewerkschaft – der Solidarność – zugestand. Freie Gewerkschaften in einer diktatorischen Herrschaftsordnung, die sich selbst als Verwirklichung des Arbeiterwillens und der historischen Gesetzmäßigkeit verstand, waren ein Widerspruch in sich selbst, der nicht nur in Polen zu permanenten Auseinandersetzungen und zur Entscheidung über die wirtschaftliche und politische Herrschaftsordnung drängte, sondern naturgemäß auch die sozialistischen Nachbarstaaten auf den Plan rief. Moskau, Ost-Berlin und Prag waren die Zentren des politischen Kampfes gegen die als antisozialistisch und konterrevolutionär gebrandmarkte polnische Solidarność (die binnen weniger Monate zu einer Massenbewegung anwuchs!). **[349]** Nicht nur die ideologische Verketzerung, auch Truppenzusammenziehungen an der Grenze und Manöver, schließlich der deutliche Hinweis Breschnjews auf das Jahr 1968 ließen erkennen, daß die Verwandlung des Herrschaftssystems in Polen nicht hingenommen werden würde. Anderthalb Jahre lang stand Polen im Zentrum des Weltinteresses **[350]**: würde es der Solidarność gelingen, Polen von Grund auf zu verändern? Oder würde die Sowjetunion wie 1968 in Prag mit dem Einmarsch der Roten Armee intervenieren, um die Flamme der Solidarność auszutreten? Die Brisanz der Situation in und um Polen war so groß, daß Bundeskanzler Schmidt einen für Ende August 1980 geplanten Besuch in der DDR absagte.

Der Einmarsch der Roten Armee fand nicht statt, weil die Krise des polnischen Herrschaftssystems intern gebändigt werden konnte. Nach der Konzentration aller Macht in der Hand von General Jaruselski (Generalsekretär der Vereinigten Arbeiterpartei, Ministerpräsident und Verteidigungsminister) wurde im Dezember 1981 das Kriegsrecht verhängt und die Solidarność verboten; ihre leitenden Funktionäre wurden verhaftet und in Internierungslager ver-

[349]   Die Flut steigt.   Zeichnung: Prof. Beier-Red
Neues Deutschland, 21. 2. 1976

Die Vorgänge in Polen verhelfen dieser Karikatur des Neuen Deutschland aus dem Jahre 1976 zu unbeabsichtigter Aktualität: sie will die Situation in Chile – die Solidaritätsbewegung gegen General Pinochet – kennzeichnen und liefert zugleich eine Vorausschau der Situation in Polen wenige Jahre später: General Jaruselski und die Solidarność.

[350]   Hilfe für Polen: a) kapitalistische, b) brüderliche.   Zeichnung: Gerboth
Bonner Rundschau, 3. 12. 1980

Die Polenkrise löst höchst unterschiedliche Reaktionen aus. Auf der einen Seite ergießt sich aus den westlichen Ländern ein Strom von Lebensmittelpaketen nach Polen hinein; auf der anderen Seite droht wie 1968 in der Tschechoslowakei der Einmarsch der Roten Armee und der Armeen anderer Ostblockstaaten, wenn die kommunistische Herrschaftsordnung unterzugehen bzw. – in sowjetideologischer Lesart – wenn die Konterrevolution zu siegen droht. Die Polenhilfe aus den Ländern des Westens entwickelt sich zu einer wahren Volksbewegung, an der die Westdeutschen führend beteiligt sind. Niemals zuvor haben Westdeutsche für Menschen in Not so viel gespendet wie in den Jahren 1980–1982 für die Polen. Der finanzielle Aufwand für die Polenhilfe wird auf über 200 Millionen Mark geschätzt. In der DDR dagegen wird jemand zu einem Jahr und zehn Monaten Haft verurteilt, weil er mit einer Polenflagge und der Aufschrift „Solidarität mit dem polnischen Volk" durch Jena geradelt ist.

[351] Die letzte Brücke. Basler Zeitung, 6. 1. 1982

Die Verhängung wirtschaftlicher Sanktionen gegen die UdSSR als Antwort auf den Einmarsch in Afghanistan und auf die Verhängung des Kriegsrechtes in Polen findet bei den europäischen Mächten keinen ungeteilten Beifall. Soll man auf die schroffe Verletzung der Schlußakte von Helsinki ebenso schroff reagieren – auf die Gefahr hin, die letzte Brücke zwischen Ost und West zu zerstören, oder soll man behutsam reagieren – auf die Gefahr hin, daß sich die Aggression gleichsam bestätigt und vielleicht gar noch ermuntert fühlt?

[352] Abbruchunternehmen Handelsblatt: Bensch, 12. 1. 1978

In Ergänzungspapieren des Grundlagenvertrages wird westdeutschen Journalisten das Recht zur Ausübung ihrer beruflichen Tätigkeit und der „freien Information und Berichterstattung" von der DDR zugesichert. In klarem Widerspruch zu dieser Rechtsverpflichtung steht die Ausweisung von Journalisten. Besonderes Aufsehen erregt die Ausweisung des ARD-Korrespondenten Lothar Loewe im Dezember 1976 und die Schließung des Spiegel-Büros im Januar 1978. Die DDR versucht auf diese Weise, eine kritische Berichterstattung zu unterbinden und eine ihr genehme zu erzwingen.

bracht. Der Westen protestierte gegen die Unterdrückung der freien polnischen Gewerkschaften, forderte die Aufhebung des Kriegsrechtes, die Freilassung der Gefangenen und die Wiederherstellung der bürgerlichen und gewerkschaftlichen Freiheiten. Die USA unterstrichen ihren Protest – so sehr sie zu privater Hilfe für die polnische Bevölkerung aufriefen – durch Wirtschaftssanktionen gegen Polen wie auch gegen die Sowjetunion.[42] **[351]**

Die deutsch-deutschen Beziehungen im Schatten der weltpolitischen Entfremdung

Die deutsch-deutschen Beziehungen konnten naturgemäß keinen von den weltpolitischen Vorgängen unabhängigen Verlauf nehmen, wie schon an der Absage des DDR-Besuches durch Bundeskanzler Schmidt deutlich geworden ist. In der zweiten Hälfte der 70er Jahre häuften sich Vorgänge, die die innerdeutschen Beziehungen schwer belasteten. Eine Reihe westdeutscher Korrespondenten wurde ausgewiesen oder gar nicht erst zugelassen; im Januar 1978 wurde das Spiegel-Büro in Ost-Berlin geschlossen, weil die Zeitschrift das Manifest einer oppositionellen Gruppe in der SED veröffentlicht hatte. **[352, 353]** Es kam immer wieder zu Behinderungen auf den Transitstrecken nach Berlin; so wurde unter anderem eine Sternfahrt der Jungen Union nach Berlin unterbunden, die im August 1976 aus Anlaß des 15. Jahrestages des Mauerbaus stattfinden sollte. Im Januar 1978 verwehrte Ost-Berlin dem damaligen Oppositionsführer im Bundestag, Helmut Kohl, den privaten Besuch Ost-Berlins. Regimekritische Schriftsteller wurden in die Bundesrepublik ausgewiesen. Besonders spektakulär war die Ausbürgerung des Liedermachers Wolf Biermann im November 1976. **[354]** Der Zugang zur Ständigen Vertretung der Bundesrepublik in Ost-Berlin wurde unter Polizeikontrolle genommen, im Januar 1977 zeitweilig sogar völlig abgeriegelt. **[355]** Die DDR brach die 1973 begonnenen Verhandlungen über ein deutsch-deutsches Kulturabkommen 1976 ab und nahm sie erst volle acht Jahre später wieder auf. Im Oktober 1980 erfolgte eine drastische Erhöhung der Mindestumtauschsätze für Reisen in die DDR auf 25 DM pro Person und Tag, nachdem eine erste Erhöhung vom November 1973 von 10 DM auf 20 DM im Oktober 1974 auf 13 DM reduziert worden war. Hatte sich die DDR 1974 den scharfen Protesten der Bundesregierung schließlich gebeugt, so zeigte sie sich 1980 von den erneuten Protesten völlig unberührt. Am Tage des Inkrafttretens der neuen Umtauschsätze – also wohl nicht zufällig – hielt Erich Honecker in Gera eine Rede, der dadurch besondere Bedeutung zukam, daß nichts Geringeres als eine grundlegende Veränderung der Rechtsbasis für die deutsch-deutschen Beziehungen gefordert wurde. Unter den vier Geraer Forderungen (Anerkennung der Staatsbürgerschaft der DDR durch die Bundesrepublik, Umwandlung der Ständigen Vertretungen der Bundesrepublik und der DDR in Botschaften, Regelung des Grenzverlaufes auf der Elbe im Sinne der DDR, **[356]** Beseitigung der „Zentralen Erfassungsstelle der Landesjustizverwaltungen" in Salzgitter, die 1961 von den Bundesländern zur Erfassung politisch motivierter Unrechtshandlungen in der DDR eingerichtet worden war) sind die beiden zuerst genannten von besonderer Wichtigkeit, weil sie der These von den besonderen, sich aus der Offenheit der deutschen Frage ergebenden Beziehungen zwischen Bundesrepublik und DDR entgegenstehen. **[357, 358]**

An sich handelte es sich dabei um bekannte Positionen der DDR, die schon bei den Verhandlungen über den Grundlagenvertrag erhoben worden waren. Daß sie aber jetzt erneut geltend gemacht wurden – im vollen Wissen, daß sie politisch und verfassungsrechtlich für die Bundesregierung unannehmbar waren –, ließ erkennen: die DDR wollte, der weltpolitischen Wetterlage entsprechend, die Temperatur im deutsch-deutschen Mikroklima merklich herabsetzen und die Distanz vergrößern, zumal gleichzeitig hervorgehoben wurde, in den gegensei-

[353]

Zeichnung: Arndt

Neues Deutschland,
17. 1. 1976

Im Westen nichts Neues: Journaille greift in die Mottenkiste

Der Ausweisung westdeutscher Journalisten entspricht ihre ideologische Verunglimpfung: sie mischten sich in die inneren Angelegenheiten der DDR ein, hielten DDR-Bürger zu staatsfeindlichen Handlungen an und versuchten in ihrer Berichterstattung den Kalten Krieg fortzusetzen.

[354]   **Zweifrontenkrieg**   tz, München, 18. 11. 976

Im November 1976 wird dem Liedermacher Wolf Biermann nach einem Konzert in Köln die Wiedereinreise in die DDR verwehrt; er wird damit zwangsweise ausgebürgert. Seit Mitte der 60er Jahre hatte er in der DDR weder publizieren noch öffentlich auftreten dürfen. Biermann, Sohn eines von den Nationalsozialisten umgebrachten kommunistischen Arbeiters und Widerstandskämpfers, war 1953 aus Hamburg in die DDR übergesiedelt, weil er in der sozialistischen Gesellschaftsordnung das zukunftsweisende Modell sah. Seine spätere Kritik richtet sich nicht prinzipiell gegen das sozialistische Gesellschaftssystem, sondern nur gegen dessen Auswüchse und Entartungen. Da er diese durch innersozialistische Kritik für eliminierbar hält, strebt er auch keineswegs die Rückkehr in die Bundesrepublik an. Die DDR, die ihn anfangs willkommen geheißen hat, versucht ihm dann jede öffentliche Wirkung zu nehmen, ohne ihn jedoch gerichtlich zu belangen und durch Haft mundtot zu machen. Biermann spricht in einem Spiegel-Interview davon, er habe den „Status eines staatlich anerkannten Staatsfeindes". Seine große Popularität und die Rückwirkungen seiner von westlichen Sendern ausgestrahlten Auslandskonzerte veranlassen jedoch dazu, ihn auszuweisen. Diese Maßnahme hat schwerwiegende Konsequenzen: 13 prominente Künstler der DDR (darunter Sarah Kirsch, Christa Wolf, Günter Kunert, Stefan Heym, Jurek Becker) veröffentlichen in westlichen Medien eine Protestresolution, der sich zahlreiche weitere Künstler anschließen. Viele Künstler verlassen nachfolgend die DDR oder werden vom Staat veranlaßt, dieses zu tun.

[355]   1961 in Mini-Ausgabe.   Hans Geisen. 1977. Copyright by National-Zeitung Nationalzeitung, Basel, 13.1.1977

DDR-Bewohner müssen sich der Volkspolizei gegenüber ausweisen und werden z.T. am Betreten des Gebäudes gehindert. Scharfe Proteste der Bundesregierung führen dazu, daß die groben Behinderungen schließlich eingestellt werden; aber die Überwachung des Zuganges bleibt bestehen.

[356]   „Mehr zur Mitte, Genosse!"   Die Welt, 28.3.1985

Die durch den Grundlagenvertrag ins Leben gerufene deutsch-deutsche Grenzkommission zur Überprüfung und Markierung des Grenzverlaufs hat von 1973 bis 1978 gearbeitet und ihre Arbeit zur beiderseitigen Zufriedenheit für 1300 km Grenze abgeschlossen. Nur für die 93,7 km lange Elbgrenze zwischen Schnackenburg und Lauenburg ist keine Lösung gefunden worden. Die DDR beansprucht die Strommitte als Grenze, die Bundesrepublik das nordöstliche Ufer. Die verwickelte Rechtslage kann hier nicht ausgebreitet werden. Sie hat ihr Zentrum in der Frage, ob eine dem alliierten Abkommen über die Besatzungszonen in Deutschland von 1944 beigegebene Karte zum Vertragswerk gehört oder nicht (in ihr ist die Grenze eindeutig auf dem nordöstlichen Ufer eingezeichnet). Die Rechtslage wird noch verwickelter durch eine im Ablauf der Jahrzehnte unterschiedliche Praxis, die man wahlweise für beide Rechtsauffassungen anführen kann. – Die Karikatur spielt auf ein Rechtsgutachten des Berliner Professors Dieter Schröder an (seinerzeit Justitiar der SPD-Fraktion des Berliner Abgeordnetenhauses), in dem die in der Bundesrepublik herrschende und von mehreren Völkerrechtsinstituten gestützte Rechtsauffassung in Zweifel gezogen wird.

gen Beziehungen würde sich „nur dann etwas vorwärtsbewegen, wenn ohne jeden Vorbehalt von der Existenz zweier souveräner, voneinander unabhängiger Staaten mit unterschiedlicher Gesellschaftsordnung ausgegangen wird". Daß die Bundesregierung als „Erfinder und Einpeitscher des Brüsseler Raketenbeschlusses" gebrandmarkt wurde, wirft ein zusätzliches Licht auf die Situation zehn Jahre nach Ingangsetzung der neuen Ost- und Deutschlandpolitik und ist ein Indiz dafür, daß in der Frage der Mittelstreckenraketen der politische Hebel bei der Bundesrepublik angesetzt wurde, indem alle Fortschritte in den Ost-West-Beziehungen und in den innerdeutschen Beziehungen daran gebunden wurden, daß sich die Bundesrepublik vom Nato-Doppelbeschluß distanzierte und die Nachrüstung auf ihrem Territorium verweigerte.[43]

Ist nach dem Gesagten auf der einen Seite deutlich geworden, wie wenig die politische Wirklichkeit der Vision einer neuen Welt entsprach und wie weit der Geist von Helsinki entrückt war, so auf der anderen Seite nicht minder, daß die deutsche Politik vor schwierigen Entscheidungen stand. Konnte im Angesicht der konfliktträchtigen weltpolitischen Prozesse eine Fortsetzung der Entspannungspolitik überhaupt ins Auge gefaßt werden? Oder war man gezwungen, in eine Politik der Konfrontation zurückzufallen und alle mit der neuen Ostpolitik verbundenen Hoffnungen aufzugeben? **[359]**

Fortsetzung der Entspannungspolitik

Die sozial-liberale Koalition stand seit dem 16.5.1974 unter der Führung von Helmut Schmidt. Willy Brandt hatte seinen Rücktritt erklärt, als in seiner engsten Umgebung durch den Verfassungsschutz ein DDR-Spion enttarnt werden konnte. Der Kanzler des Ausgleichs mit dem Osten, der Kanzler einer neuen Politik gegenüber der DDR, die dieser zum weltpolitischen Durchbruch verhalf, wurde ausgerechnet durch einen DDR-Spion zu Fall gebracht. **[360, 361]**

[357]

Frankfurter Rundschau, 1. 2. 1985

"Bitte, nehmen Sie Platz, meine Damen — alle beide!"

[358]

Karikatur: Wolter

Hessische Allgemeine, 8. 1. 1980

Die DDR drängt mit Honeckers Geraer Rede über den Grundlagenvertrag hinaus und will ihre uneingeschränkte völkerrechtliche Anerkennung durch die Bundesrepublik durchsetzen. Ihre Bewohner sollen für letztere zu Ausländern werden und ihren Rechtsanspruch auf die deutsche Staatsangehörigkeit verlieren.

Daß die Guillaume-Krise sich nicht auswuchs, sondern schnell bewältigt werden konnte, lag in besonderem Maße an der Person des neuen Bundeskanzlers, der zwar an den Prämissen und Zielen der neuorientierten Ost- und Deutschlandpolitik festhielt, sie aber mit ungleich größerer Nüchternheit betrieb. An die Stelle der Entspannungseuphorie trat eine nüchterne Entspannungspragmatik, zu der sich auch der neue Außenminister Genscher bekannte. Schon die Regierungserklärung enthielt sich visionärer Höhenflüge, faßte die bestehenden Aufgaben präzise ins Auge, ohne jedoch einer bloß reaktiven Tagespolitik zu verfallen:

„Das Gleichgewicht in der Welt und die Sicherheit Westeuropas bleiben auf absehbare Zeit in der Zukunft von der militärischen und von der politischen Präsenz der USA in Europa abhängig. Übereinstimmende sicherheitspolitische Interessen bestimmen das europäisch-amerikanische Verhältnis.

Die Bundesregierung ist entschlossen, zusammen mit ihren Verbündeten eine Politik der Rüstungskontrolle und Rüstungsverminderung fortzusetzen und zu unterstützen, um die Gefahr machtpolitischer und militärpolitischer Pressionen einzuschränken.

In diesem Zusammenhang betrachtet sie nicht ohne Sorge die wachsenden Rüstungsanstrengungen im Warschauer Pakt.

Die Bundesregierung wünscht deshalb auch den Erfolg der amerikanisch-sowje-

[359]

tz München,
17. 1. 1978

Die deutsch-deutschen Beziehungen Ende der 70er Jahre im Bilde des Märchens von Frau Holle: dem hoffnungsvollen Beginn mit Abschluß des Grundlagenvertrages folgt eine Periode der Abkühlung, die auch daran ablesbar ist, daß volle neun Jahre vergehen, ehe es nach Abschluß des Grundlagenvertrages zu einem Treffen der beiden deutschen Regierungschefs kommt.

191

Auf dem Weg zur „Normalisierung"   Zeichnung: Hanel

[360]

Deutsche
Zeitung Christ
und Welt,
3. 5. 1974

„Ich sagte: Wir haben einen wichtigen Posten
in der Spionageabwehr für Sie!"

[361]

Neue
Hannoversche
Presse,
14. 3. 1974

Die Guillaume-Affäre
Die Eheleute Guillaume sind 1956 als (angebliche) DDR-Flüchtlinge nach West-Berlin
gekommen; sie sind 1957 in die SPD eingetreten und haben sich in der Partei allmählich
hochgedient. 1970 wird Günter Guillaume Referent im Bundeskanzleramt und 1972 sogar
in das Persönliche Büro des Bundeskanzlers aufgenommen. Die nachfolgende Untersuchung ergibt, daß die mit der persönlichen Karriere verbundenen Sicherheitsüberprüfun-
gen außerordentlich schlampig vorgenommen worden sind. Erst im Frühjahr 1973 tauchen
im Bundesamt für Verfassungsschutz erhebliche Verdachtsmomente auf. Der Bundeskanzler wird informiert, nimmt Guillaume aber trotzdem auf seine Sommerreise nach Norwegen
mit, wo dieser Einblick auch in geheime Regierungsunterlagen gewinnt. Die Guillaume-
Affäre vermittelt den Eindruck, daß die Spionageabwehr der Bundesrepublik unangemes-
sen lässig gehandhabt wird und daß erhebliche Koordinierungsprobleme zwischen den
beteiligten Institutionen bestehen. Dieser Eindruck setzt sich um in eine Vielzahl von
Karikaturen, die die mangelnde Effektivität des Verfassungsschutzes aufs Korn nehmen.
Das Thema ist fast unerschöpflich, erweisen sich doch in den folgenden Jahren eine ganze
Reihe von Mitarbeitern und Mitarbeiterinnen in Bundesämtern als DDR-Agenten. Viele von
ihnen können sich der Verhaftung durch Flucht entziehen.
Das Ehepaar Guillaume wird 1975 wegen Landesverrats verurteilt und 1981 in die DDR
entlassen.

tischen Bemühungen um die Begrenzung
nuklear-strategischer Waffensysteme, mei-
stens SALT genannt. Sie wünscht den Erfolg dieser Begrenzungsverhandlungen,
und sie setzt ihre eigenen Anstrengungen
für eine ausgewogene, beiderseitige Verminderung von Truppen und von Rüstungen in Europa (MBFR) mit dem ernsten
Willen zum Erfolg fort.

Auf dem festen Fundament unseres Bündnisses im Nordatlantikpakt pflegen wir ein
gutes Verhältnis zur Sowjetunion und zu
den Staaten des Warschauer Paktes.

Die Bundesregierung mißt hier der Konferenz über Sicherheit und Zusammenarbeit
in Europa (KSZE)... eine vertrauensbil-
dende Bedeutung zu...

Unser Ziel ist, über Entschließungen hinaus zu praktischen Ergebnissen zu gelangen, um der Entspannungspolitik in Europa zusätzlich und mehr Substanz zu geben."[44]

Das Bild einer neuen Ära taucht
nicht auf, wohl aber das eines vertraglich vereinbarten Rüstungs-
gleichgewichtes auf möglichst
niedrigem Niveau, das nicht nur
Sicherheit verbürgt, sondern auch
die Gefahr der politischen Pres-
sion einschränkt. Je stabiler dieses Gleichgewicht ausgebildet ist,
desto größer erscheinen die Möglichkeiten der Kooperation und
damit die Chancen einer die Ei-
genständigkeit und Souveränität
bewahrenden Entspannungspolitik. Schmidts (auch Genschers)
Grundüberzeugung sprach in
klassischer Kürze und Prägnanz
aus seinen Worten: „Entspannungspolitik ohne Gleichgewicht
ist Unterwerfung."[45] **[362, 363]**

Von dieser Grundüberzeugung
her sah Bundeskanzler Schmidt
Gleichgewicht und Entspannung
ernsthaft bedroht durch das sowjetische Rüstungsprogramm der
SS 20; und es stand für ihn ganz
außer Frage, daß der Nato-Doppelbeschluß gefaßt und durchge-
halten werden mußte, um das
Gleichgewicht wieder herzustellen
und die Möglichkeiten der Entspannungspolitik zu erhalten, damit auch das in Deutschland Erreichte zu bewahren. Das Durch-
halten des Nato-Doppelbeschlusses bezog sich nicht nur auf die ins
Auge gefaßte Nachrüstung, sondern in gleicher Weise auf das Angebot einer vertraglichen Begrenzung der jeweiligen Mittelstrecken-
arsenale bzw. des gänzlichen Verzichtes auf Nachrüstung bei
gleichzeitigem Abbau der SS 20,

also auf die Null-Lösung. Um diese Möglichkeit zu erhalten, hat sich die deutsche Politik den amerikanischen Sanktionen nach dem Afghanistan-Einmarsch und der Verhängung des Kriegsrechtes in Polen nicht angeschlossen und auch den Olympiaboykott 1980 nur nach deutlichem Zögern mitvollzogen. Die deutsche Politik ging davon aus, daß auf die politischen Konflikte eher mit positiven Angeboten als mit Pressionsmaßnahmen geantwortet werden sollte. Sie hat alle Anstrengungen darauf konzentriert, trotz der deutlichen Klimaverschlechterung das Gespräch nicht abreißen zu lassen und nicht in bloße Konfrontation zurückzufallen. **[364, 365, 366]** Diesem Ziel dienten vielfältige Initiativen in die Ostblockstaaten hinein, so im Dezember 1981 das schon zweimal verschobene Zusammentreffen Schmidts mit Honecker am Werbellinsee. Der Kanzler suchte hier auch Honecker für gleichgerichtete Anstrengungen zu gewinnen:

„Wir müssen von uns aus aktiv zur Entschärfung der Lage beitragen. Wir spielen unsere Rolle, unsere Bedeutung immer herunter, wir tun das, und Sie tun das. Wir wollen ja gar nicht dick aussehen. In Wirklichkeit aber haben wir beide, beide deutsche Staaten, großes Gewicht. Ich meine, Herr Honecker, wir haben einen Anspruch darauf, dieses Gewicht in die Waagschale zu werfen…"

„Ich bin sicher, niemand im Osten und niemand im Westen spielt mit dem Gedanken an Krieg. Niemand will Krieg. Doch in manche Kriege schlittert man einfach rein. Das können wir auch im 20. und 21. Jahrhundert nicht ausschließen."

Daß Helmut Schmidt nicht einmal die während des Besuches bekannt werdende Verhängung des Kriegsrechts in Polen zum Anlaß nahm, spontan und demonstrativ abzureisen (zumal die DDR-Führung mit der Verketzerung der Solidarność-Bewegung und der Bereitschaft zur militärischen Intervention hohen Anteil an der Verhängung des Kriegsrechtes in Polen hatte), macht deutlich, daß der Versuch, dem Trend zur Konfrontation entgegenzusteuern, bis an die Grenze der politischen Selbstachtung ging. Das Zusammentreffen der beiden deutschen Regierungschefs am Werbellinsee hat nichts positiv bewegt, und die abschließende Fahrt durch die Kreis-

[362] Frankfurter Neue Presse, 18. 4. 1980

Die Bundesrepublik im Widerstreit unterschiedlicher Interessen: soll sie sich in Solidarität mit den USA an deren Sanktionspolitik gegen Sowjetrußland beteiligen, dadurch feindselige Reaktionen Sowjetrußlands gegen sich auslösen und ihre wirtschaftlichen Interessen gefährden, oder soll sie versuchen, trotz der Verschlechterung der Ost-West-Beziehungen an der Entspannungspolitik festzuhalten?

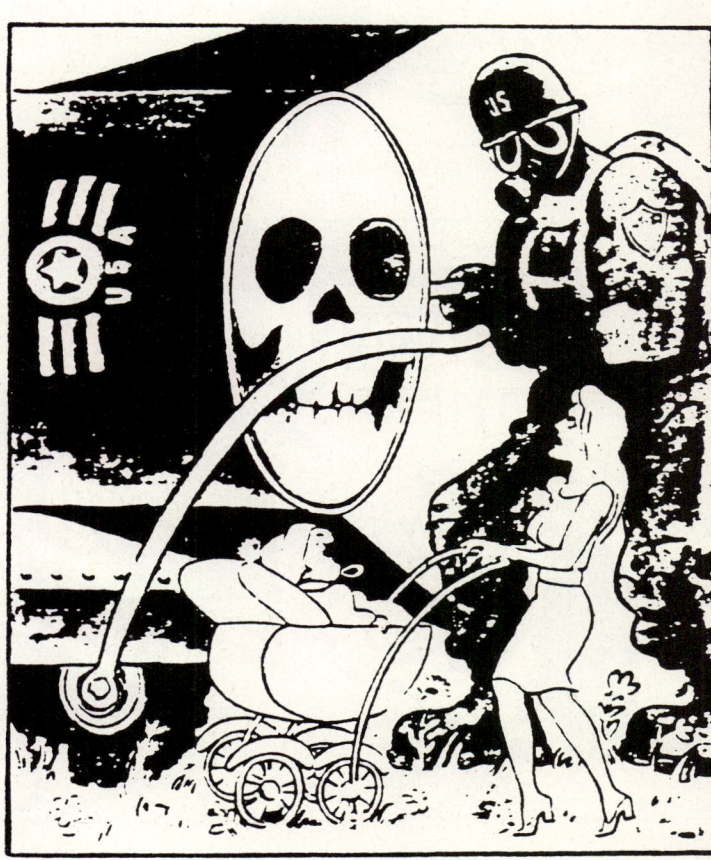

[363]

(Der Spiegel, 24. 10. 1983)

„Westeuropas gefährlicher Weggenosse"   Krokodil. Moskau

Die Politik, die zum Nato-Doppelbeschluß führt und dessen Realisierung in Angriff nimmt, löst im Osten eine politische Gegenoffensive aus, die die Nachrüstung zu verhindern sucht. Dabei wird die Sicherheitsfrage als irrelevant hingestellt, die Nachrüstung mit der Profitgier des Monopolkapitals erklärt und auf die von den USA für Westeuropa ausgehende Gefahr abgestellt.

[364]

Allgemeine Zeitung,
Mainz,
30. 1. 1980

„Aber nur ein winziges Schlückchen — ich muß noch fahren!"

[365]

Neue Hannoversche
Presse,
24. 4. 1980

Deutsche Olympia-Karikatur: Die Opferung

The Times, London, 23. 11. 1981

[366]

Die Politik der Bundesregierung ist darum bemüht, trotz der Verschlechterung der Ost-West-Beziehungen an der Entspannungspolitik festzuhalten. Sie beteiligt sich nicht an den Wirtschaftssanktionen; der einzige demonstrative Akt ist die Nichtteilnahme an den Olympischen Spielen in Moskau. Die deutsche Politik ruft damit Kritik gegen sich wach. In der Times wird Bundeskanzler Schmidt als Wachhund vor dem Haus der Nato dargestellt, der sich von dem Einbrecher Breschnjew durch einen Knochen ködern läßt und so seine Aufgabe mißachtet, die Einheit der Nato zu sichern.

stadt Güstrow, wo die Bevölkerung die Häuser nicht verlassen durfte (um einer Wiederholung von „Erfurt" vorzubeugen) und nur die Absperrketten von Volkspolizei und Staatssicherheitsdienst die Straßen säumten, hat dieses symbolträchtig zum Ausdruck gebracht. Daß volle neun Jahre zwischen dem Abschluß des Grundlagenvertrages und einem Treffen der beiden deutschen Regierungschefs vergangen waren, ist ein deutliches Zeichen für die Verschlechterung der politischen Situation im Ablauf der 70er Jahre.[46]

Der Versuch von Kanzler und Außenminister, eine pragmatische Außenpolitik zu betreiben, hatte es nicht nur auf außenpolitischem Felde schwer; auch auf dem innenpolitischen häuften sich die Widerstände. Diese kamen viel weniger von der Opposition als vielmehr aus dem eigenen Lager. Große Teile der Sozialdemokratie gingen auf zunehmende Distanz zur Politik ihres Kanzlers. Der Nato-Doppelbeschluß stellte die Partei vor die Zerreißprobe. Die sich gegen den Bundeskanzler formierenden Kräfte hielten die Politik der Regierung für friedensgefährdend und damit für verhängnisvoll, sahen die Entspannung nicht etwa durch die Aufstellung der SS-20-Atomraketen, den militärischen Einmarsch in Afghanistan und die Verhängung des Kriegsrechtes in Polen gefährdet, sondern vielmehr durch den Nato-Doppelbeschluß und damit durch die Politik des Westens, insonderheit die der USA und die der Bundesrepublik. Der Kanzler kämpfte verzweifelt um seine politische Gefolgschaft; er band sein politisches Schicksal an die Verwirklichung des Nato-Doppelbeschlusses und hatte es gleichwohl immer schwerer, sich die Zustimmung seiner Partei zu erhalten. [367, 368] Daß Präsidiumsmitglieder der SPD an Kundgebungen gegen die Regierungspolitik teilnahmen, daß Parteigremien Resolutionen gegen den Nato-Doppelbeschluß faßten, daß sich Schmidt im Februar 1982, nur anderthalb Jahre nach den Wahlen, genötigt sah, im Bundestag die Vertrauensfrage zu stellen, sind Symptome dafür, daß sich große Teile der SPD nicht mehr als Regierungspartei, sondern als Teil der Protestbewegung gegen die Regierungspolitik verstanden. **[369]**

Seitdem sind mehrere Jahre verflossen, und inzwischen ist eingetreten, was die damalige Politik als optimales Ziel vor Augen hatte: im Dezember 1987 wurde zwischen Reagan und Gorbatschow für die Mittelstreckenraketen die Null-Lösung vereinbart **[370]**, und 1988 wurde mit dem wechselseitig kontrollierten Abbau des gesamten Mittelstreckenarsenals begonnen – eine klare und eindeutige Bestätigung für die Richtigkeit der damaligen westlichen, in besonderem Maße auch der deutschen Politik. Helmut Schmidt, der 1982 gestürzte Bundeskanzler, hat dieses mit Genugtuung zur Kenntnis genommen und damit – hoffentlich – auch bei denjenigen nachträglich Glaubwürdigkeit gefunden, die damals den Schritt von der Entspannungseuphorik in die Entspannungspragmatik nicht mitzuvollziehen vermochten.[47]

Positive Wirkungen der neuen Deutschlandpolitik

Die Entscheidung der Bundesregierung, trotz der deutlichen Verschlechterung der Ost-West-Beziehungen prinzipiell an der Entspannungspolitik festzuhalten, wurde auch durch das Ziel mitbestimmt, das durch die neue Deutschlandpolitik im innerdeutschen Verhältnis Erreichte nicht zu gefährden, d.h. mit der eigenen Politik der Regierung in Ost-Berlin keine Handhabe zu bieten, Erreichtes wieder rückgängig zu machen. Weiter oben (S. 188f.) ist eine Fülle enttäuschender Vorgänge im innerdeutschen Verhältnis aufgelistet worden. Aber es gab auch viele Dinge, die positiv zu verbuchen waren. Hierzu zählten ohne Frage die wirtschaftlichen Beziehungen. Die Umsatzzahlen im innerdeutschen Handel (Warenverkehr und Dienstleistungen zwischen den beiden Währungsgebieten, also unter Einbeziehung Berlins) haben sich von 2,9 Mrd. DM (1968) über 5,6 Mrd. (1973), 8,8 Mrd. (1978), 15,2 Mrd. (1983) auf 16,7 Mrd. (1985) erhöht,

also einen fast sechsfachen Betrag erreicht. **[371, 372]** Auch wenn diese Zahlenbewegung zum Teil mit Preissteigerungen zu erklären ist und der Umsatz 1986 auf 15,2, 1987 auf 14,5, 1988 sogar auf 14,2 Mrd. DM zurückging, bleibt der Anstieg des innerdeutschen Handels eindrucksvoll. Er besitzt dabei zugleich repräsentativen Aussagewert für die Entwicklung des Handels mit der Sowjetunion und mit den übrigen Ostblockstaaten.[48] Gesamtvolkswirtschaft-

[367] „Willst du den kippen? Überleg dir das gründlich"

Neue Hannoversche Presse, 19. 5. 1981

Bundeskanzler Schmidt hält den Nato-Doppelbeschluß für politisch geboten und kettet sein eigenes politisches Schicksal an dessen Verwirklichung: verweigert die eigene Partei die Zustimmung, wird dieses auch das Ende seiner Kanzlerschaft sein. Kann die SPD einen selbst verursachten Kanzlersturz als Regierungspartei überleben?

[368] „Ami go home, Ami go home, Ami go home . . ."

Zeichnung: Haitzinger
Augsburger Allgemeine, 14. 9. 1981

Der Kampf gegen den Nato-Doppelbeschluß und die gleichzeitige Negierung des sowjetischen Atomraketenarsenals haben eine antiamerikanische Grundstimmung und eine erstaunliche Vertrauensseligkeit gegenüber der Sowjetunion zur Voraussetzung – ungeachtet des Afghanistankrieges und der Verhängung des Kriegsrechtes in Polen. Der Zeichner nimmt antiamerikanische Parolen in Berlin zum Anlaß, die reale Situation dieser Stadt darzustellen.

[369] Die (ständige) Versuchung des heiligen Hans-Dietrich.   Neue Presse, Hannover, 29.5.1982

Zunehmende Disharmonien in der sozial-liberalen Koalition über die Grundzüge der Regierungspolitik auf mehreren Entscheidungsfeldern, vor allem dem der Sicherheitspolitik, führen zu einer permanenten Regierungskrise, die zugleich eine permanente Versuchung für die FDP (Genscher) darstellt, mit der CDU/CSU (Kohl und Strauß) eine neue Koalition einzugehen.

lich gesehen, spielt der deutsch-deutsche Wirtschaftsverkehr für den Außenhandel der Bundesrepublik eine wesentlich geringere Rolle als für den der DDR: sein relativer Anteil liegt bei 2%, während die DDR ihren Handel mit der Bundesrepublik auf etwa 8,5% beziffert (Wirtschaftsexperten setzen ihn mit 12% wesentlich höher an und sehen in der DDR-Angabe ein bewußtes Herunterspielen seiner Bedeutung).

Der politische Wert von Wirtschaftsbeziehungen ist nicht eindeutig bestimmbar. Signalisieren die Umsatzzahlen innerdeutschen

Zusammenhalt oder gar gesamtdeutsche Zielsetzungen? Gegen eine politisch allzu hoffnungsvolle Interpretation der Zahlenbewegung ist anzuführen, daß sich auch in den 60er Jahren der Handel positiv entwickelt hat, also von der mit dem Mauerbau verbundenen politischen Konfrontation weitgehend unberührt blieb (vgl. oben S. 147). Daß er als innerdeutscher Handel und damit als Binnenhandel der Bundesrepublik firmiert und daß West-Berlin in ihn einbezogen ist, sind keine Tatbestände, denen politische Aussagen im Sinne einer gesamtdeutschen Verbundenheit abzugewinnen sind. **[373, 374]**

Die DDR nützt den damit verbundenen Vorteil, nämlich über einen durch Zölle unbehinderten Zugang zum EG-Markt zu verfügen, also über die „besonderen Beziehungen" zur Bundesrepublik gleichsam indirektes Mitglied der EG zu sein, ohne sich in ihrer übrigen Deutschlandpolitik hiervon beeindrucken zu lassen. Wo sich wirtschaftlicher Nutzen einbringen läßt, ist die Hemmschwelle für das, was in ihrer Sicht ein Zugeständnis darstellt, wesentlich niedriger. So ist auch ihre Bereitschaft, die Autobahn Marienborn–Berlin sowie Hirschberg–Berlin von Grund auf zu erneuern, den Berliner Ring auszubauen, eine neue Autobahn von Berlin nach Hamburg zu bauen, die Wasserstraßen nach Berlin auszubessern, in Berlin den Teltowkanal zu reparieren und für den westlichen Schiffsverkehr freizugeben, nicht positiv auf die Bindung West-Berlins an die Bundesrepublik bezogen, sondern von dem wohlverstandenen Interesse geleitet, die Verbesserung der eigenen Infrastruktur durch die Bundesrepublik in DM West finanzieren zu lassen (die finanziellen Leistungen der Bundesrepublik für die Baumaßnahmen beliefen sich auf 1,8 Mrd. DM; hinzu kommen die jährlichen Transitpauschalen in Höhe von 235 Mio. DM (ab 1972), von 400 Mio. (ab 1976), von 525 Mio. (ab 1980), von 860 Mio. (ab 1990), zuzüglich von 55 Mio. DM Straßenbenutzungsgebühren für das übrige DDR-Gebiet.[49] **[375, 376, 377]**

[370]   Die Zeit, 11.12.1987

Der Vertrag über den Abbau der Mittelstreckenraketen in Europa. Seit Sommer 1988 wird seine Verwirklichung betrieben. Das Arsenal an Interkontinental- und Kurzstreckenraketen tastet der Vertrag nicht an. Wird es weitere Null-Lösungen oder paritätische Reduktionen geben und werden auch die konventionellen Waffen einbezogen?

[371]   Innerdeutscher Swing.   Zeichnung: Gottscheber
Süddeutsche Zeitung, 14. 12. 1974

[372]   Zweierlei Maß.   Kölner Stadtanzeiger, 21. 3. 1977

Im Rahmen der neuen Deutschlandpolitik entwickelt sich der innerdeutsche Handel außerordentlich positiv. Die Bundesregierung fördert ihn mit dem sog. Swing, einem zinslosen Überziehungskredit, der es der DDR erlaubt, das Angebot des westdeutschen Marktes auch ohne sofortige Gegenleistungen für Einkäufe zu nutzen. Die Höchstgrenze des Swing beträgt derzeit 850 Mio. DM/Jahr. Der innerdeutsche Handel gilt nicht als Außenhandel, sondern als deutscher Binnenhandel. Hieraus zieht die DDR den großen Vorteil, die Chancen des EG-Marktes für sich zu nutzen, ohne Belastungen (EG-Außenzölle und Abschöpfungen auf landwirtschaftliche Produkte) auf sich nehmen zu müssen. Hinzu kommen die Zinsgewinne aus der Gewährung des Swing-Überziehungskredites und die Begünstigung der DDR-Warenlieferungen durch eine niedrigere Mehrwertsteuer. Es sind also erhebliche finanzielle Gewinne, die die DDR aus dem innerdeutschen Handel zieht. Von daher kann nicht verwundern, daß das Tor für den Handel viel weiter geöffnet ist als das Tor für Besucher.

In diesem Zusammenhang sei auch die 1976 abgeschlossene Vereinbarung über den „Abbau des grenzüberschreitenden Braunkohlevorkommens im Raum Helmstedt-Harbke" angeführt, ermöglicht diese doch sogar, „zum Zwecke des Abbaus kleine, im jeweils anderen Staat liegende Geländeteile zu nutzen". Die Helmstedt-Harbke-Vereinbarung ist in den folgenden Jahren zum Modell für analoge Vereinbarungen über den Kaliabbau an der thüringischen Grenze und über die Erdgasgewinnung im Raum Wustrow-Salzwedel geworden.[50] Zu den Positiva der Wirtschaftsbeziehungen zählt auch der 1984 abgeschlossene Vertrag zwischen der DDR und der Volkswagen-AG, der es der DDR erlaubt, jährlich 300 000 VW-Motoren auf Lizenzbasis zu produzieren.[378]

[373]   Berliner Streichquartett.   Zeichnung: Haitzinger
Nebelspalter, 24. 5. 1977

[374]   Diplomatenpässe, Volkskammer-Wahl auch in Ost-Berlin, steter Tropfen…
Bonner Rundschau, 6. 6. 1986

In einer Würdigung des Viermächteabkommens über Berlin spricht Egon Bahr in einem Spiegel-Interview die Zuversicht aus, es seien Verpflichtungen eingegangen worden, „die nach menschlichem Ermessen eine Berlinkrise für die Zukunft unmöglich machen". In der Tat hat es eine spektakuläre Berlinkrise – vergleichbar der von 1948/49 oder 1958/61 nicht mehr gegeben. Dennoch ist die Situation in Berlin in permanenter Veränderung begriffen. Der Bundestagsbeschluß vom 19. 6. 1974 zur Errichtung eines Bundesamtes für Umweltschutz in West-Berlin wird mit Behinderungen des Transitverkehrs beantwortet. Im Juni 1979 beschließt die Volkskammer eine Änderung des Wahlgesetzes. Danach werden künftig die Volkskammerabgeordneten von Ost-Berlin nicht mehr durch die Stadtverordnetenversammlung entsandt (wie analog die Bundestagsabgeordneten), sondern direkt gewählt. Im Juni 1986 wird für alle ausländischen Diplomaten der Paßzwang für das Betreten Ost-Berlins verfügt. Die DDR sieht sich hierbei jedoch entschlossenem Widerstand der Westmächte ausgesetzt, die verhindern wollen, daß durch den Paßzwang aus den Sektorengrenzen in Berlin internationale Grenzen gemacht werden. Die DDR muß diesen ihren Vorstoß zur Veränderung des Berlin-Status wieder rückgängig machen, ohne daß dadurch jedoch ihre generelle Leitlinie, den Berlin-Status schrittweise im Sinne ihrer Zielsetzungen zu verändern, abgebunden würde.

„Macht drei Milliarden. Es war schon immer etwas teurer, einen besonderen Geschmack zu haben!"

[375]

Der Spiegel,
4.8.1975

„Wasser!"   Gezeichnet von Jupp Wolter

[376]

Stuttgarter
Nachrichten,
14.6.1978

„Jeder übernimmt einfach eine Hälfte: Sie bezahlen die Straßen, und ich bezahle die Leute, die
hinterher die Straßengebühren bei Ihnen kassieren!"   Welt der Arbeit, 8.12.1977

[377]

Anläßlich der Konferenz über Sicherheit und Zusammenarbeit in Europa (KSZE) in Helsinki
kommt es zu längeren Gesprächen zwischen Schmidt und Honecker. Dabei wird auch über
den Ausbau der Verkehrswege nach Berlin und die Intensivierung des innerdeutschen
Besucherverkehrs gesprochen, entsprechend über DM-Zahlungen der Bundesrepublik als
Kredit oder als Bezahlung für die Baumaßnahmen. Die DDR ist auf westliche Devisen als
Blutzufuhr für ihre Wirtschaft dringend angewiesen und steht von daher unter einem Zwang
zur Zusammenarbeit. Der Spiegel spricht von einem „Deal von Mark gegen Menschlich-
keit". Die finanziellen Pressionen der DDR gegenüber der Bundesrepublik sind Gegenstand
vieler Karikaturen.

Mag der Wirtschaftsverkehr als Indikator für den Zusammenhalt der
Nation von durchaus zweifelhaf-
tem Wert sein, so gilt dieses kei-
neswgs für den innerdeutschen
Besucherverkehr. Ihm kommt im
Sinne der grundlegenden Inten-
tion der neuen Deutschlandpolitik
– „die Tragik der Teilung zu mindern… und das Gefühl, zusam-
menzugehören, zu erhalten und
zu fördern" (Willy Brandt) – eine
besondere Bedeutung zu. Als Aus-
wirkung des Grundlagenvertrages
und des Berliner Vier-Mächte-
Abkommens schnellten die Besucherzahlen von West nach Ost zunächst steil nach oben (die nachfolgenden Zahlen zum Besucherverkehr sind nur Annäherungswerte; exakte Zahlen liegen nicht
vor). Wurden 1970 1,25 Mio. Reisen
von Westdeutschen in die DDR
und zu mehrtägigen Aufenthalten
in Ost-Berlin registriert, so waren
es in den Jahren 1975 bis 1979
jeweils etwa 3 Mio. (höchster Wert
1978 mit 3,2 Mio.). Noch eindrucksvoller ist der Anstieg der
Besucherzahlen aus West-Berlin.

West-Berlinern war seit 1952 eine
Reise in die DDR verwehrt worden.
Mit dem Mauerbau wurde auch
der Besucherverkehr innerhalb
Berlins unterbunden und von 1963
bis 1966 nur kurzzeitig im Rahmen
der Passierscheinabkommen freigegeben. Von 1966 bis 1970 konnten jeweils nur etwa 90000 West-
Berliner wegen dringender Fami-
lienangelegenheiten in den Ostteil
ihrer Stadt gelangen. Ab 1972 waren Besuche in Ost-Berlin und Reisen in die DDR wieder möglich. In
diesem Jahr registrierte man 3,3
Mio. Ost-Berlinbesuche und
DDR-Reisen, 1973 sogar 3,8 Mio.
und in der zweiten Hälfte der 70er
Jahre durchschnittlich jeweils 3,3
Mio. Seit 1980 sind die Besucherzahlen von West nach Ost – bedingt durch die Verdoppelung der
Zwangsumtauschsätze im Oktober 1980 – stark rückläufig. Die
Besuche von Westdeutschen ver-
ringerten sich von 2,75 Mio. (1980)
auf 2,1 Mio. (1981); danach ist
wieder ein Anstieg zu verzeichnen
(1982 und 1983: jeweils 2,2 Mio.,
1984: 2,5 Mio., 1985: 2,6 Mio., 1986:
3,8 Mio., 1987: 3,6 Mio.). Die Zah-
lenkurve für die Reisen und Besuche von West-Berlinern ist in der

Tendenz ähnlich: 2,6 Mio. (1980), 1,8 Mio. (1981), 1,6 Mio. (1984), 1,8 Mio. (1986), 1,9 Mio. (1987).

Die Zahl der Besuche von DDR-Bewohnern in der Bundesrepublik und in West-Berlin steht nach Lage der Dinge deutlich hinter den genannten Zahlen für die umgekehrte Richtung zurück. Wenn man sich jedoch vor Augen hält, daß sie auf eine wesentlich niedrigere Bevölkerungszahl zu beziehen sind, daß die Regierung der DDR gegenüber Westreisen eine höchst restriktive Politik betreibt und daß mehr als 1 Mio. Menschen der DDR durch Kontaktverbot von Westreisen grundsätzlich ausgeschlossen sind, gewinnen die Werte eine andere Aussagekraft. [379] Die Zahl der Besuchsreisen von Rentnern lag im Durchschnitt der 70er Jahre (1973 bis 1979) bei gut 1,3 Mio.; im gleichen Zeitraum wurden jeweils nur etwa 40000 Menschen außerhalb des Rentenalters Westreisen zugestanden. In den 80er Jahren haben sich die Zahlen positiv weiterentwickelt: im Durchschnitt der Jahre 1981 bis 1986 wurden gut 1,5 Mio. Rentnerreisen registriert, 1987 sogar 3,8 Mio. Die Zahl der Reisen unterhalb des Rentenalters ist von etwa 40000 in den späten 70er Jahren bis Mitte der 80er Jahre auf jährlich über 60000 angestiegen.

In den beiden folgenden Jahren führte eine weniger restriktive Genehmigungspolitik zu einem gewaltigen Anstieg: 244000 im Jahre 1986 und 1,2 Mio. (!) im Jahre 1987 (auch diese Zahlen stellen nur Annäherungswerte dar, die u.a. auf Ost-Berliner Angaben beruhen und von daher im Verdacht stehen, „geschönt" zu sein: nach Ost-Berliner Angaben lautet die Zahl für 1986 550000; der für 1987 genannte Wert beruht ebenfalls auf DDR-Angaben). In den 80er Jahren ist auch der Jugendaustausch in Gang gekommen und hat eine erfreuliche Entwicklung genommen. Waren es im Jahre 1982 nur etwa 4000 Jugendliche, die im Rahmen von Klassenfahrten oder des Jugendtourismus die DDR besuchten, so haben sich die Zahlen in den folgenden Jahren deutlich nach oben entwickelt: 22000 (1983), 42000 (1984), 60000 (1985), 68000 (1986), 77000

[378]   **Golfstrom nach drüben.**   Süddeutsche Zeitung, 3. 12. 1977

Im Dezember 1977 wird zwischen der DDR-Regierung und dem Volkswagenwerk in Wolfsburg die Lieferung von 10000 Pkw in die DDR vereinbart.
Der Zeichner schlägt eine besondere, an den Mauerbau erinnernde Ausführung für den Staatsratsvorsitzenden Honecker vor.

„Hier Lagerleiter Honecker, ich brauch' wieder neue Ware!"   Zeichnung: Haitzinger

[379]   Neue Presse, Hannover, 29. 9. 1981

Ost-West-Reisende ohne Rückkehr sind die politischen Gefangenen, die von der Bundesregierung aus den DDR-Gefängnissen freigekauft werden. Um 1000 Menschen sind es jährlich, gelegentlich auch mehr, die auf diese Weise in den Westen gelangen (1983 ist unter ihnen einer, der 7½ Jahre Gefängnis dafür bekommen hat, daß er westdeutsche Journalisten über schwere Zusammenstöße zwischen der Bevölkerung und der Polizei in Wittenberge informiert hat). 1984 werden sogar mehr als 2600 politische Häftlinge freigekauft. Dem Gefangenenfreikauf liegt ein verbindendes Interesse zugrunde: Die Bundesregierung möchte die politischen Gefangenen aus ihren menschenunwürdigen Haftbedingungen befreien, und die DDR möchte – um politische Ansteckung zu vermeiden – Systemkritiker abschieben und dafür gleichzeitig Westgeld eintreiben. Die „Verkaufspreise" richten sich insbesondere nach der Höhe der Strafe (auch der noch zu verbüßenden) und nach dem sozial-ökonomischen Wert des Gefangenen (Ausbildung, berufliche Stellung): Ein Arbeiter wird für etwa 30000 DM verhandelt; ein Akademiker geht nicht unter 120000 DM weg. Die tatsächlichen Preise für den einzelnen Gefangenen ergeben sich aus den Kaufvorschlägen der Bundesregierung und den Verkaufsangeboten der DDR. Sie können in Einzelfällen deutlich über den genannten Summen liegen.

[380] Nach dreißig Jahren DDR ... Frankfurter Allgemeine Zeitung, 27. 9. 1979

Ehrenwort, Genosse Hauptmann. Es soll eine Überraschung für meine Frau werden, ein neues Kleid.

[381] Zeichnung: Mac/Daily Mail (Die Welt, 19. 9. 1979)

Unverändert hält die Fluchtbewegung aus der DDR an – trotz des Ausbaus der Grenzen gegenüber der Bundesrepublik und gegenüber West-Berlin zu einem immer schwierigeren und gefährlicheren Hindernis. Aus der Entschlossenheit zur Flucht und den Schwierigkeiten zu ihrer Verwirklichung erwachsen ungewöhnliche und waghalsige Unternehmungen. Besonderes Aufsehen erregt im September 1979 die Flucht einer Familie mit einem selbstgebastelten Heißluftballon. Dem Bemühen um Abschottung wirkt die auch die DDR einschließende Reisewelle entgegen. Viele Wege von Flüchtlingen führen über die „sozialistischen Bruderländer". Seit dem Mauerbau sind mehr als 210000 Bewohner der DDR als Flüchtlinge und Sperrbrecher in die Bundesrepublik gekommen. Das Potential an Flüchtlingen ist auch weiterhin groß; denn viele Menschen (die genaue Zahl ist nicht bekannt) haben einen Aussiedlungsantrag gestellt.

(1987), 80000 (1988). In umgekehrter Richtung kamen im Jahre 1983 nur 1250, 1987 dagegen 3800 und 1988 sogar 5000 Jugendliche aus der DDR in die Bundesrepublik (ausschließlich im Rahmen des zwischen FDJ und Deutschem Bundesjugendring vereinbarten touristischen Jugendaustausches, aus der DDR also nur FDJ-Gruppen). **[380, 381, 382, 383]**

Der innerdeutsche Besucherverkehr hat sich trotz vielfältiger Hemmnisse (Mindestumtauschsätze, Hotelkapazität und -preise, Kontaktverbot, Genehmigungsverfahren für Westreisen ...) aufs Ganze gesehen positiv entwickelt. Aber er ist von einer Reise-Normalität noch weit entfernt. Auf die Länge der Zeit wird die Regierung der DDR nicht umhin können, die Bevormundung ihrer Bürger hinsichtlich der Westreisen abzubauen. Die Reiseverordnung vom 14. 12. 1988 kann hierfür nicht als zureichendes Mittel angesehen werden, obwohl das bisher von den Betroffenen als Lotteriespiel empfundene Antragsverfahren rechtlich formalisiert und zugleich die Zahl der Reiseanlässe wie der Kreis der Verwandten, die besucht werden dürfen, erweitert worden ist. Dieser deutlichen Verbesserung steht jedoch entgegen, daß die Verordnung keinen Rechtsanspruch auf Westreisen begründet, sondern nur mögliche Antragsanlässe nennt, die zu einer Genehmigung führen können, und daß die Liste der möglichen Versagungsgründe sehr lang und höchst biegsam formuliert ist. So kann die Genehmigung eines Antrages versagt werden, „wenn das zum Schutz der öffentlichen Ordnung oder anderer staatlicher Interessen der DDR notwendig ist". Daß dem Antragsteller in festgelegter Frist die Versagungsgründe mitgeteilt werden müssen und er ein Beschwerderecht eingeräumt bekommt, stellt keine grundlegende Verbesserung seiner Rechtsstellung dar. Die Reiseverordnung läßt das staatliche Machtmonopol vollkommen unangetastet, so daß für die künftige Entwicklung der Westreisen weniger der Wortlaut als vielmehr die Praxis ihrer Handhabung entscheidend sein wird.[51] **[384]**

Seit im Zuge der neuen Ost- und Deutsch-landpolitik in den Hauptstädten der ost-mitteleuropäischen Staaten Botschaften und in Ost-Berlin eine Ständige Vertre-tung der Bundesrepublik eingerichtet sind – werden diese – wie gelegentlich auch die Botschaften anderer westlicher Staaten – als Ansatzpunkt für die Flucht aus der DDR benutzt. Dieser Fluchtweg bleibt so lange offen, wie die Zahl der Asylsuchenden relativ klein ist und öffent-liche Aufmerksamkeit vermieden werden kann. Die Lösung sieht so aus, daß die Asylsuchenden kurzfristig in die DDR zu-rückkehren und über die formelle Ausbür-gerung legal das Land verlassen. Im Jahre 1984 jedoch erzwingen DDR-Flüchtlinge in der amerikanischen Bot-schaft in Ost-Berlin ihre sofortige Frei-gabe durch die Einschaltung der Presse. Dieser Schritt in die Öffentlichkeit löst eine Lawine aus: die Ständige Vertretung der Bundesrepublik in Ost-Berlin, vor allem aber die Botschaft in Prag werden im weiteren Verlauf des Jahres 1984 von Flüchtlingen überschwemmt. Die ersten werden noch ohne viel Aufhebens in den Westen abgeschoben; aber mit der stei-genden Zahl wird dieser Weg verschlos-sen, weil eine Kettenreaktion zu befürch-ten ist. Die Ständige Vertretung muß für 5 Wochen geschlossen werden; später geschieht dieses auch mit der Prager Bot-schaft. In ihr halten sich zeitweilig 160 DDR-Flüchtlinge auf, darunter auch eine Nichte von Ministerpräsident Stoph. Auch die Botschaften in Warschau, Budapest und Bukarest werden von Flüchtlingen aufgesucht. Eine Lösung des schwierigen Problems wird in der Weise gefunden, daß die Flüchtlinge in die DDR zurückkehren – gegen Zusicherung der Straffreiheit und einer Behandlung des Ausreiseantrages, aber ohne Garantie seiner Genehmigung. Die Bundesregierung reagiert behutsam und nimmt davon Abstand, die DDR öf-fentlich anzuprangern und sie dadurch in einen Handlungszwang zu bringen, viel-leicht auch Kurzschlußreaktionen auszu-lösen. Die amtlichen Beziehungen, auch der allgemeine Besucherverkehr und die legale Ausreise (1984 wird 35000, 1988 29000 Menschen die legale Ausreise ge-stattet) sollen nicht gefährdet werden. Diesem Ziel dient auch der noch 1984 vollzogene Umbau der Ständigen Vertre-tung: der Zugang für DDR-Bewohner wird um das Gebäude herumgeleitet und führt über einen separaten Eingang nur zu ei-nem kleinen, vom übrigen Gebäude ab-getrennten Sprechzimmer. Er wird zudem von der Volkspolizei ständig kontrolliert. Im Sommer 1988 kann dennoch nicht ver-hindert werden, daß sich wiederum DDR-Bürger in der Bundesvertretung fest-setzen, um ihre Ausreise zu erzwingen – allerdings vergeblich. Im Februar 1989 durchbrechen vier Bewohner der DDR mit einem Pkw die Schranke vor der Bundes-vertretung in Ost-Berlin, um so auf deren Innenhof zu gelangen. Dabei wird ein Po-lizist der Absperrkette angefahren und verletzt. Die Flüchtlinge geben nach we-nigen Tagen auf. Der Fahrer des Wagens wird zu 5½ Jahren Freiheitsentzug „we-gen schwerer Körperverletzung" verur-teilt.

„Los, bitte flieg endlich!"   Zeichnung: Haitzinger

[382]

Neue Presse,
Hannover,
10. 10. 1984

[383]   **Ständige Vertretung**

Zeichnung: Gottscheber
Hannoversche Allgemeine Zeitung, 3. 8. 1984

[384]
Hannoversche
Allgemeine Zeitung,
20. 12. 1988

Und er bewegt sich doch   Zeichnung: Walter Hanel

Die Reiseverordnung der DDR vom 14. 12. 1988, die für alle Formen von Westreisen (Dienstreisen, Touristenreisen, Privatreisen und ständige Ausreisen) eine Rechtsgrundlage schafft, verändert die Sachlage nur unwesentlich, weil sie den DDR-Bürgern kein einklagbares Recht einräumt, sondern lediglich das Genehmigungsverfahren formalisiert, aber den staatlichen Ermessensspielraum für Genehmigung oder Ablehnung von Reiseanträgen unangetastet läßt. Die bisher eher restriktive Handhabung der Reiseverordnung hat den hochgespannten Erwartungen nicht entsprochen. Enttäuschung und Verbitterung haben sich in Demonstrationen zum Ausdruck gebracht. Eine „Durchführungsbestimmung" hat dem Rechnung getragen: ab 1. 4. 1989 dürfen auch nichtblutsverwandte Ehepartner Anträge auf Besuchsreisen zu Westverwandten stellen. Die „Nachbesserungen" verändern jedoch nicht die staatlich verordnete Klassentrennung in Antragsberechtigte und Antragsunberechtigte.

Das Bewußtsein der Zusammengehörigkeit zwischen den Menschen der gleichen Nation vermitteln nicht nur persönliche Besuche; nicht minder wichtig ist die Möglichkeit, fernmündlich schnell miteinander in Kontakt zu treten. Im Telefonverkehr hat sich eine besonders auffällige und positive Entwicklung vollzogen. Die Zahl der Telefonleitungen zwischen der Bundesrepublik und West-Berlin einerseits und der DDR andererseits ist von 34 zu Beginn der Vertragspolitik auf über 1500 Ende 1987 angewachsen, die Zahl der Telefongespräche im gleichen Zeitraum von etwa 500 000 (alle handvermittelt) auf mehr als 30 Mio., von denen nur noch etwa 6 % handvermittelt sind.

Zu den positiven Wirkungen der Vertragspolitik gehört auch, daß durch die Akkreditierung von ständigen Korrespondenten die Öffentlichkeit in der Bundesrepublik viel intensiver und viel differenzierter, d. h. auch sachlicher informiert wird als vordem: die DDR ist gegenwärtig weitaus deutlicher im Bewußtsein als in der Zeit der Konfrontation, freilich noch längst nicht so intensiv wie seit je die Bun-

[385]   Neues Deutschland, 19. 7. 1970

„... und diese Schlingpflanze gedeiht nur auf dem Boden des Kapitalismus – auf dem des Sozialismus hat sie keine Entwicklungsbedingungen."   Zeichnung: Prof. Beier-Red

[386]   Neues Deutschland, 13. 1. 1974

Im Neuen Deutschland treten im Verlauf der 70er Jahre die Karikaturen als Mittel der politischen Meinungsbildung deutlich zurück, um schließlich fast ganz zu verschwinden. Besonders auffällig ist, daß die sozial-liberale Koalition kaum attackiert wird – abgesehen von ihrem Verteidigungsminister (so wird Helmut Schmidt einmal als „Noske-Hund" dargestellt und damit an ein in der Arbeiterbewegung verbreitetes Ressentiment gegen den ehemaligen sozialdemokratischen Reichswehrminister appelliert). Die frühere Gleichsetzung der Bundesrepublik mit dem Faschismus wird auf die CDU/CSU-Opposition reduziert (Ministerpräsident Strauß als Ober, der Nazi-Gerichte serviert) und klingt damit aus. Im Vordergrund steht die allgemeine Kapitalismuskritik, die in immer neuen Variationen ein und desselben Themas (Krise und Zusammenbruch) vorgeführt und der „heilen Welt" des Sozialismus gegenübergestellt wird.

desrepublik im Bewußtsein der DDR-Bürger.

Das Gesagte gilt auch für Schulbuch und Unterricht – hier freilich nur in einer Richtung. Mit der neuen Deutschlandpolitik der sozial-liberalen Koalition hat sich das Bild der DDR in den Schulbüchern wesentlich verändert. Über die DDR wird viel umfassender informiert; pejorative Bezeichnungen („Ostzone"...) sind verschwunden; die Informationen beschränken sich auch nicht auf Sachverhalte, die den Zwangscharakter des Herrschaftssystems erkennen lassen, sondern schließen wirtschaftliche und soziale Leistungen ein. Das Bemühen um Objektivität ist unverkennbar[52]; es geht gelegentlich sogar so weit, daß Dinge nicht mehr beim Namen genannt werden. Die Lektüre ein und desselben Schulbuches in der Abfolge seiner Auflagen – etwa zum Thema des 17. Juni 1953 oder zum Mauerbau in Berlin – ist sehr aufschlußreich für den Wandel der Sichtweisen.

Als ebenso aufschlußreich erweist sich die vergleichende Lektüre von Schulbüchern der DDR und der Bundesrepublik. Das Geschichtsbuch der DDR hat sich durch die neue Phase der Deutschlandpolitik nicht veranlaßt gesehen, seine Informationen über die Bundesrepublik zu intensivieren, sondern hat ganz im Gegenteil seine Informationen erheblich eingeschränkt. Bis zum Beginn der Vertragspolitik enthielten alle DDR-Geschichtsbücher geschlossene Kapitel über die Bundesrepublik – wenngleich schon die Überschriften signalisieren, daß sie ideologisch außerordentlich stark zugerichtet waren. Das gegenwärtige Schulbuch enthält kein geschlossenes Kapitel über die Bundesrepublik mehr. Informationen über sie finden sich jetzt verstreut und zugleich immer im Zusammenhang mit der Darstellung des allgemeinen Weltimperialismus.[53] [385, 386] Die Bundesrepublik ist gleichsam mediatisiert worden.

Politik der Abgrenzung

Das zuletzt Gesagte kennzeichnet einen ganz außergewöhnlichen Tatbestand: in dem Augenblick,

[387]

Neues Deutschland, 8. 1. 1973

„Wenn sich der Schnaps nicht mehr gut absetzen läßt, muß man ihn einfach unter neuen Etiketten verkaufen."
Zeichnung Prof. Beier-Red

Die neue Deutschlandpolitik der Bundesrepublik, die der DDR den weltpolitischen Durchbruch einbringt, zugleich aber auch zu einer ebenso unerwünschten wie unvermeidbaren Intensivierung der innerdeutschen Kontakte führt, stellt in der Sicht der DDR insofern eine Gefahrenquelle ersten Ranges dar, als mit dem Eindringen der „bürgerlichen Ideologie", insbesondere des „Sozialdemokratismus", die ideologischen Fundamente des Herrschaftssystems ins Wanken geraten können. Die Politik der Abgrenzung im Objektiven und im Subjektiven soll den Gefahren entgegenwirken.

wo ein dichtes Beziehungsnetz zwischen den beiden deutschen Staaten hergestellt werden soll und auch hergestellt wird, soll die Bundesrepublik als bisher zentraler – wenngleich immer in negativen Werturteilen eingebundener – Bezugspunkt des politischen Denkens und Handelns aus dem historischen Bewußtsein verschwinden! Auf der Ebene des Schulbuches wird damit ein Prozeß erkennbar, der durch die neue Deutschlandpolitik wenn nicht ausgelöst, so doch erheblich verstärkt worden ist: die Politik der Abgrenzung. Sie bildet aus der DDR-Perspektive gleichsam das

[388] Die Sache mit dem Mundgeruch

DAS-Zeichnung: Wolter
Deutsches Allgemeines Sonntagsblatt, 26. 11. 1972

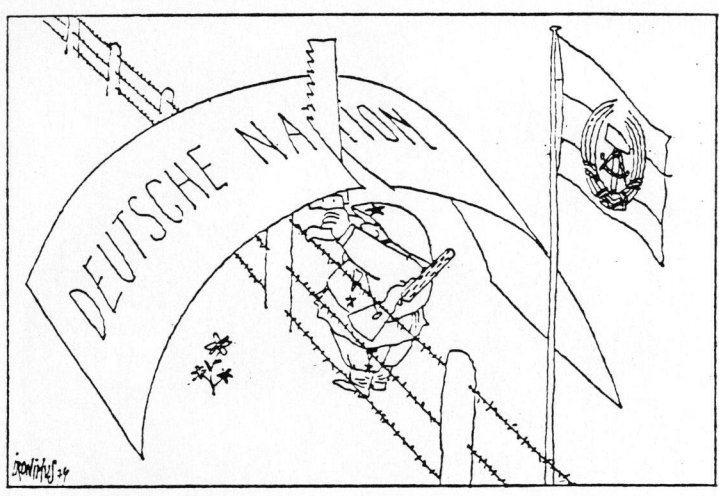

[389]

SZ-Zeichnung:
Ironimus
Süddeutsche Zeitung,
30. 2. 1974

Gegengewicht zur Vertragspolitik; sie soll verhindern, daß die Beziehungen zwischen den beiden deutschen Staaten zu „innerdeutschen" oder gar zu „gesamtdeutschen" Beziehungen werden. **[387, 388]** Die Politik der Abgrenzung hat vielfältigen Ausdruck gefunden, vorab einen emotional-ideologischen. Am 10. 2. 1971 ließ sich der renommierte DDR-Historiker Kuczynski im Neuen Deutschland wie folgt vernehmen:

„... Es gibt unter den Ganoven dieser Welt, genau wie unter den Monopolen, zwei ‚grundlegend verschiedene' Theorien des Raubes von Freiheiten, Brieftaschen, Ersparnissen usw. Die einen sind Anhänger der brutalen Angriffsstrategie: Sie schlagen ihr Opfer nieder und rauben es dann aus. Die anderen nähern sich dem Opfer plumpvertraulich, benehmen sich, wie sie es nennen, human, und rauben es dann beim Schlagen einer menschlichen Brücke zur inneren Jackentasche aus. Wer die Wahl hat, sollte sich nun doch, meinen einflußreiche Kreise in Bonn, für den ‚menschlichen' Weg des Beraubtwerdens entscheiden... Wir in unserer Deutschen Demokratischen Republik wollen uns abgrenzen, so weit abgrenzen wie nur möglich, und immer weiter abgrenzen von einer Gesellschaftsordnung, in der die Interessen des Monopolkapitals das Leben der Menschen bestimmen, ihre Gedanken manipulieren und ihre Existenz verunsichern.

Abgrenzen im doppelten Sinne: Abgrenzen im Objektiven, in der Entwicklung der sozialistischen Gesellschaft und ihrer Gesetze... Abgrenzen aber auch im Subjektiven, in unserem Verstehen dessen, was bei uns und was in der BRD vorgeht, im Erkennen des Großen und Schönen bei uns, im Begreifen all des Schlimmen, was heute in der BRD vor sich geht, und des

[390]

Die Welt, 28. 9. 1974

„Derartige revanchistische Schmiererelen sollten endlich in unserer Deutschen Demokratischen Republik verboten werden!" Zeichnung: Wolter

Mit der Verfassungsänderung vom September 1974 distanziert sich die DDR von der deutschen Nation, an der die Verfassung von 1968 trotz bestehender Teilung Deutschlands noch festgehalten hat. An die Stelle der Zweistaatentheorie, in der die fortbestehende deutsche Nation immer noch mitgedacht worden ist, tritt die Zweinationentheorie. Der Begriff „deutsch" wird ideologisch verdächtig.

Die Verfassungsänderung der DDR hat ihre Entsprechung in dem „Vertrag über Freundschaft, Zusammenarbeit und gegenseitigen Beistand" mit der Sowjetunion vom 7. 10. 1975, der an die Stelle des Vertrages von 1964 tritt. Alle auf die Einheit Deutschlands verweisenden Vertragselemente werden in dem neuen Vertrag eliminiert (die Präambel hatte z. B. 1964 als Ziel formuliert, „die Verwirklichung der Einheit Deutschlands auf friedlicher und demokratischer Grundlage zu fördern"). Der neue Vertrag hebt viel stärker auf „die Festigung der auf der Gemeinsamkeit der sozialen Ordnung und der Endziele beruhenden Geschlossenheit aller Länder der sozialistischen Gemeinschaft" ab. Auch darin ist der neue Vertrag bemerkenswert, daß er die militärische Beistandspflicht im Kriegsfall nicht auf Europa begrenzt (Art. 5 des alten Vertrages hatte das getan). Die DDR ist damit auch bei einem evtl. sowjetisch-chinesischen Konflikt zur Heeresfolge verpflichtet.

Vertragsrevision

[391]

Hannoversche
Allgemeine Zeitung,
8. 10. 1975

Zeichnung: Peter Leger

Schlimmeren, was sich dort vorbereitet, und auch im Durchschauen aller Gaunertricks des Feindes.

Ja, wir ziehen bewußt eine Grenze zwischen uns und dem Abgrund, zwischen uns und der Pest, zwischen Leben und Tod!...

Abgrenzen – gegen alles, was an Schädlichem in unser Land eingeschleust werden soll, gegen Rauschgift und ideologische Perversionen, gegen ‚Hasch' und Heroin, gegen nationalistische Reaktion und Sozialdemokratismus!..."

Die „Abgrenzung im Subjektiven... das Verstehen dessen, was bei uns und was in der BRD vorgeht" kommt zu eindeutigen Werturteilen und nennt Sozialdemokratismus in einem Atemzug mit Ganoventum, mit Gaunertricks, mit Abgrund, Pest und Tod! Geschichte als Märchenstück vom lieben Rotkäppchen und dem bösen Wolf! Daß ein renommierter Historiker in so naiven Bezügen denkt und wertet, ist zutiefst erschreckend, eigentlich bar jeder Hoffnung auf Verständigung. Wie muß sich, wenn schon ein Universitätsprofessor so denkt, einem schlichteren Gemüt im ideologischen Zugriff die Wirklichkeit darstellen?[54]

Die von Kuczynski geforderte „Abgrenzung im Objektiven" vollzog sich in einer Fülle weitreichender Entscheidungen. Besonders spektakulär war die Verfassungsänderung von 1974. Diese hat alle auf Gesamtdeutschland verweisenden Verfassungselemente beseitigt (ausgenommen die Namen von Staat und Partei). **[389, 390]** Hieß es in Artikel 1 der Verfassung von 1949: „Deutschland ist eine unteilbare demokratische Republik... Es gibt nur eine deutsche Staatsangehörigkeit" – und sogar noch 1968: „Die DDR ist ein sozialistischer Staat deutscher Nation", so lautet jetzt der Artikel 1: „Die DDR ist ein sozialistischer Staat der Arbeiter und Bauern..." Gleichzeitig wurde in Artikel 6 festgelegt, daß „die DDR für immer und unwiderruflich mit der UdSSR verbündet... (und ein) untrennbarer Bestandteil der sozialistischen Staatengemeinschaft ist". Die verfassungsmäßige Verankerung der politischen Bindung an einen anderen Staat und dessen Imperium ist ein auf der ganzen Welt einmaliger Vorgang, der selbst im Ost-

[392] „Darf ich bekanntmachen..."

Zeichnung: Schoenfeld
Der Tagesspiegel, Berlin, 9. 1. 1988

Klein Erich in der Rauschgifthöhle   Zeichnung: Haitzinger

[393]   Neue Presse, Hannover, 26. 4. 1985

Dem Bemühen, die internationale Stellung der DDR zu festigen und damit die Abgrenzungspolitik gegenüber der Bundesrepublik auch außenpolitisch abzustützen, dienen verschiedene Staatsbesuche Honeckers. Besuche in westlichen Ländern erscheinen als besonders geeignet, der Vorstellung von der fortbestehenden deutschen Nation entgegenzuwirken. Auch dem Papst stattet Honecker 1985 einen Besuch ab.

block keine Parallele hat. Auch der erneute Vertrag über Freundschaft, Zusammenarbeit und gegenseitigen Beistand zwischen der Sowjetunion und der DDR vom 7. 10. 1975 tritt dagegen zurück, wobei allerdings festzuhalten ist, daß hierin – im Widerspruch zum Moskauer Vertrag und zum Grundlagenvertrag – die Grenzen der DDR unter den Rechtstitel der „Unantastbarkeit" gestellt, also auch von einer friedlichen Veränderung etwa im Zu-

sammenhang mit einer Wiedervereinigung Deutschlands ausgeschlossen werden.[55] Diese sich bestimmter Rechtsformen bedienende Aufkündigung der deutschen Nation hat zur Denkvoraussetzung, daß sich die Deutschen in der DDR als eigene Nation verstehen. In der Präambel der Verfassung von 1974 heißt es entsprechend: „Das Volk der Deutschen Demokratischen Republik hat... sein Recht auf sozialökonomische, staatliche und nationale

    Menschlicher Erleichterer   Neue Presse, Hannover, 14. 10. 1980

[395]   „Warum ziehen wir diesem boshaften Vieh nicht endlich einmal eins über den Rücken?"
Neue Presse, Hannover, 21. 10. 1980

Die Bundesrepublik – Regierung, Opposition und Öffentlichkeit – bekunden ihre Entschlossenheit, den Bruch bestehender Verpflichtungen nicht hinnehmen zu wollen. Bundeskanzler Schmidt hält Honecker beim Treffen am Werbellinsee im Herbst 1980 vor, mit der Umtauscherhöhung seien Absprachen nicht eingehalten, sei Vertrauen enttäuscht worden. „Ich will Ihnen freimütig sagen: Eines der wichtigsten Dinge ist, daß sich die Partner in Ost und West aufeinander verlassen können, auch ohne Vertrag. Wir müssen füreinander berechenbar bleiben." Die Bundesregierung schreckt vor Gegenmaßnahmen zurück, weil sie das bisher Erreichte nicht noch mehr gefährden will und in den DDR-Bewohnern die Hauptleidtragenden von Repressalien sieht. Auch die Kündigung des zinslosen Überziehungskredites wird trotz der Erfahrung von 1974 nicht ins Auge gefaßt. Wird durch einen bloß verbalen Protest gegen eine Verletzung bestehender Verpflichtungen der Schaden begrenzt oder wird neuer Schaden vorbereitet?

Selbstbestimmung verwirklicht... und sich... diese sozialistische Verfassung gegeben."

Daß die Aufkündigung der nationalen Gemeinschaft **[391, 392, 393]** sogar Verfassungsrang bekommen hat, darf nicht dazu veranlassen, die politische Bedeutung zu hoch anzusetzen. Es handelt sich um eine zeit- oder situationsbedingte Abwehrstrategie im fortbestehenden rivalisierenden Kampf um die Einheit und Führung Deutschlands: nur 4 Monate nach seiner Rede in Gera, auf der Honecker die Anerkennung der uneingeschränkten Souveränität der DDR und einer ausschließlichen DDR-Staatsbürgerschaft gefordert hatte, richtete er auf einer Bezirksdelegiertenkonferenz in

Ost-Berlin seinen Blick in die Zukunft und sagte:

„Und wenn heute bestimmte Leute im Westen großdeutsche Sprüche klopfen und so tun, als ob ihnen die Vereinigung beider deutscher Staaten mehr am Herzen liegen würde als ihre Brieftasche, dann möchten wir ihnen sagen: Seid vorsichtig! Der Sozialismus klopft eines Tages auch an eure Tür (starker Beifall), und wenn der Tag kommt, an dem die Werktätigen der Bundesrepublik an die sozialistische Umgestaltung der Bundesrepublik Deutschland gehen, dann steht die Frage der Vereinigung beider deutscher Staaten vollkommen neu. (Starker Beifall) Wie wir uns dann entscheiden, daran dürfte wohl kein Zweifel bestehen. (Anhaltender starker Beifall)."

Und in seinem offenen Brief an Bundeskanzler Kohl vom 5. 10. 1983 hat Honecker ausdrücklich „im Namen des deutschen Volkes" vor der Aufstellung von amerikanischen Mittelstreckenraketen im Sinne des Nato-Doppelbeschlusses gewarnt – also im Namen eines politischen Willensträgers, den es angeblich gar nicht mehr gibt, da sich das Volk der DDR als eigenständige sozialistische Nation und das Volk der Bundesrepublik als kapitalistische Nation gegenüberstehen. Beide Aussagen Honeckers gehen ungeachtet der staatlichen Teilung und der Zwei-Nationen-Theorie vom Fortbestand der deutschen Nation aus, und vor ihrem Hintergrund erweist sich die demonstrative, sogar der Verfassung sich bedienende Abgrenzungspolitik als eine zeitbedingte Abwehrstrategie in der deutsch-deutschen Rivalität, weil unter den derzeitigen politischen Verhältnissen die Intensivierung der innerdeutschen Kontakte weit stärker der demokratisch-rechtsstaatlich organisierten Teilnation Bundesrepublik zuarbeitet als der volksdemokratisch organisierten Teilnation DDR. Im Augenblick klopft gleichsam noch – in Honeckers Bild zu sprechen – die bürgerliche Demokratie an die Tür der DDR. Sollte sich an dieser politischen Grundfigur etwas ändern – die kommunistische Ideologie mit ihrer Vorstellung eines gesetzmäßig verlaufenden Geschichtsprozesses läßt dieses erwarten, und der damalige Blick auf die radikale, von marxistischen Positionen ausgehende Systemkritik in und an der Bundesrepublik konnte die ideologische

Prognose scheinbar bestätigen –, würde sehr schnell in der nationalen Frage auf Gegenkurs gegangen werden. Die Verfassung wäre dabei kein Hindernis, wie der sehr instrumentale Umgang mit ihr seit 1949 zeigt.[56]

Die Abwehrstrategie gegenüber einer Belebung des nationalen Zusammenhaltes im Sinne des demokratischen Rechtsstaates veranlaßte dazu, die Kontakte von DDR-Bürgern mit Westdeutschen möglichst zu begrenzen. Von daher wurde schon im November 1973 der Versuch gemacht, durch die Verdoppelung der Umtauschsätze (von 10 DM auf 20 DM) den Besucherstrom zu drosseln, ohne dabei wertvolle DM-Einnahmen einzubüßen. Ein scharfer Protest der Bundesregierung, vor allem aber die noch ausstehende Entscheidung über die Gewährung eines zinslosen Überziehungskredites an die DDR im innerdeutschen Handel (der sogenannte Swing) nötigte dazu, die Entscheidung zurückzunehmen: Im Oktober 1974 wurde der Umtauschsatz von 20 DM auf 13 DM reduziert, 6 Jahre später jedoch wiederum, nunmehr auf 25 DM pro Tag und Person, erhöht. **[394, 395]** Die Verdoppelung der Umtauschsätze war mit dem Geist des Grundlagenvertrages zweifellos nicht vereinbar, sah dieser doch „Verbesserungen des… Reise- und Besucherverkehrs" vor; und für Berlin lag ein direkter Vertragsbruch vor, weil hier die Umtauschsätze förmlich vereinbart waren. Auf jeden Fall war es eine schwere Brüskierung der sozial-liberalen Regierung als des Vertragspartners, die nur wenige Tage zuvor durch die Bundestagswahlen im Amt bestätigt worden war. Alle Versuche der Bundesregierung, die DDR zur Zurücknahme dieser ihrer Entscheidung zu veranlassen, waren erfolglos. Auf derselben Ebene der Kontaktbegrenzung liegt die höchst rigide Politik gegenüber Westreisen von DDR-Bewohnern: Bürger unterhalb des Rentenalters müssen sich einem unwürdigen Genehmigungsverfahren unterziehen und zugleich Rückkehr-Auflagen in Kauf nehmen (nur ein Ehepartner darf reisen, die Kinder müssen zurückbleiben…). Auch

[396]

SZ-Zeichnung:
P. Leger

Süddeutsche
Zeitung,
9. 3. 1973

Muster für DDR-Berichterstattung.

Die Arbeit westdeutscher Korrespondenten in der DDR ist mit der journalistischen Arbeit in westlichen Ländern und natürlich auch mit der Arbeit von DDR-Korrespondenten in der Bundesrepublik nicht zu vergleichen. Ihre Tätigkeit unterliegt vielfältigen Beschränkungen, und sie werden – ebenso wie westliche Diplomaten – vom Staatssicherheitsdienst in all ihren dienstlichen und privaten Tätigkeiten überwacht. Wie weit diese Überwachung geht und welcher Mittel sie sich bedient, geht aus dem umfangreichen Stasi-Befehl 21/74 hervor, der durch die Flucht eines Stasi-Offiziers im Westen bekanntgeworden ist und der eine operative Anweisung für die neuartige Situation Anfang der 70er Jahre – die Vielzahl westlicher Diplomaten und Journalisten in der DDR – darstellt. Im April 1979 treten neue und verschärfte Bestimmungen für die Journalistentätigkeit in Kraft.

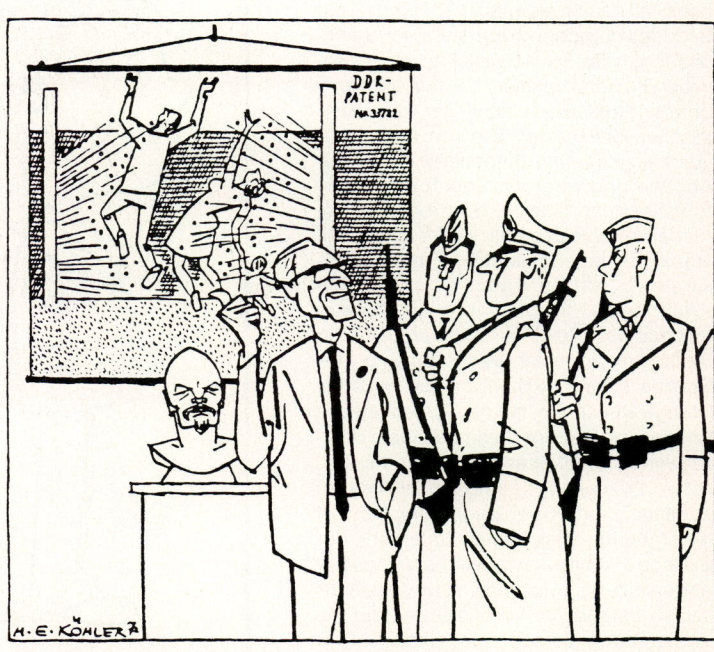

[397]

Frankfurter
Allgemeine
Zeitung,
27. 10. 1972

Menschliche Erleichterungen. „Na, Genossen – diese automatischen Schießanlagen entheben euch jetzt der eventuellen Gewissensbelastungen."

Zur Abgrenzung gehört auch der Ausbau der „Staatsgrenze West" zu einem (fast) unüberwindlichen Hindernis. In den 70er Jahren wird das Selbstschußgerät SM 70 in die Grenzsicherungsanlagen eingebaut. Es reagiert auf Berührungskontakte und entlädt sich schrappnellartig in die Kontaktzone.

die Behinderung der Journalistentätigkeit gehört in diesen Zusammenhang. Von der Ausweisung einzelner Journalisten, die nichtgenehme Berichte verfaßt hatten, war schon die Rede. Im April 1979 traten neue Bestimmungen für die

journalistische Tätigkeit in Kraft. Danach wurden Interviews und Befragungen, auch Reisen außerhalb Ost-Berlins genehmigungs- bzw. meldepflichtig. Diese Verordnung war ein förmlicher Rechtsbruch, denn im Rahmen des

[398]

„Ich hab' ja schließlich auch meinen Stolz!"

Zeichnung: Kretschmar

Neues Deutschland, 20. 8. 1974

Die Einführung des Kfz-Kennzeichens „DDR" im Jahre 1974.

Vor dem Hintergrund eines dichotomischen Weltbildes muß die sozialistische Wehrerziehung als fundamental für den Gesamtbereich von Erziehung und Unterricht angesehen werden. In einer Selbstdarstellung der DDR heißt es: „Die sozialistische Wehrerziehung durchdringt… alle Bereiche des gesellschaftlichen Lebens. Mit den ihr eigenen Erziehungs- und Bildungsmethoden trägt sie zur Herausbildung allseitig entwickelter sozialistischer Persönlichkeiten bei. Sie ist damit untrennbarer Bestandteil der kommunistischen Erziehung." Die von der sozialliberalen Koalition betriebene Politik der Annäherung vergrößert noch ihr Bedeutungsgewicht. Obwohl schon alle Schulfächer und die gesamte außerschulische staatliche Jugendbildung in ihrem Dienste stehen, wird 1978 auch noch das Fach „Wehrkunde" für die 9. und 10. Klassen eingerichtet. Beide Kirchen protestieren hiergegen. In einer Verlautbarung des Evangelischen Kirchenbundes heißt es: „Junge Menschen, die die Schrecken des Krieges nicht kennen und zu einem differenzierten Urteil über die Risiken militärischer Friedenssicherung im nuklearen Zeitalter nicht in der Lage sind, werden durch den beabsichtigten Unterricht, der die Möglichkeit einer bewaffneten Auseinandersetzung zwischen Ost und West als selbstverständlich voraussetzt und die Vorbereitung darauf zum Inhalt hat, in ihrer Friedensfähigkeit ernsthaft gefährdet. Die frühzeitige Anerziehung militärischer Denkweise, Einstellungen und Verhaltensnormen im Schulunterricht kann dazu führen, daß die Chancen friedlicher Konfliktbeilegung in späteren Jahren gar nicht mehr wahrgenommen werden." 1987 wird ein „Wehrkampfsportverband der DDR" ins Leben gerufen, der im besonderen die Reservisten der NVA zu erfassen sucht und der jährlich militärsportliche Wettkämpfe für Männer und Frauen (!) veranstaltet. 1988 werden 8 Schüler eines Ost-Berliner Gymnasiums von der Schule verwiesen, weil sie auf einem Flugblatt den Sinn von Militärparaden in der DDR in Frage gestellt haben.

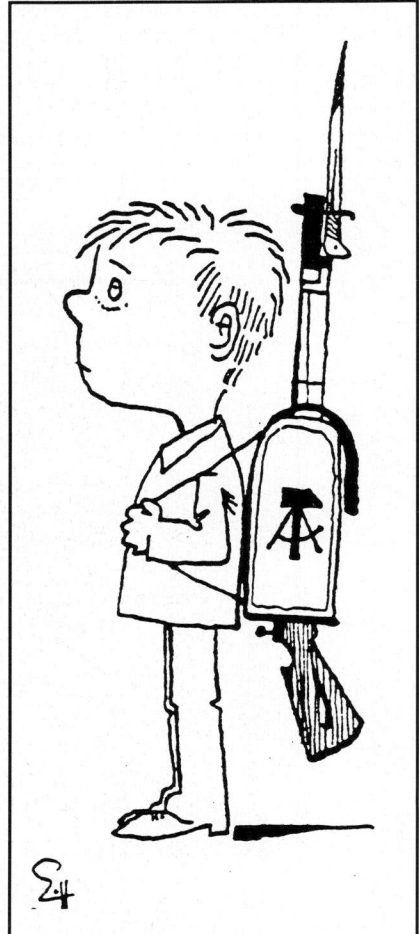

[399] **Wehrkunde**
Frankfurter Neue Presse, 27. 6. 1978

Grundlagenvertrages war den Journalisten „freie Information und Berichterstattung" zugesichert worden. **[396]**

Die Abgrenzungspolitik schloß auch den Ausbau der Grenze zu einer möglichst unüberwindlichen Barriere ein. Diesem Ziel diente

nicht nur der Befehl, Fluchtversuche mit uneingeschränktem Waffeneinsatz zu unterbinden (der sogenannte Schießbefehl), sondern auch die Installierung von Selbstschußanlagen, die politisch etwas weniger brisant erschienen als die strikte Befolgung des Schießbefehls. **[397]**

Die Abgrenzungspolitik äußerte sich ferner in einer Vielzahl von Veränderungen der Alltagswirklichkeit in der DDR. Um nur einige zu nennen: 1971 wurden der „Deutschlandsender" und die „Berliner Welle" in „Stimme der DDR" umbenannt, 1972 der „Deutsche Fernsehfunk" in „DDR-Fernsehen"; aus dem „Deutschen Schriftstellerverband" wurde der „Schriftstellerverband der DDR", 1974 wurde das Kfz-Kennzeichen „DDR" eingeführt, die „Mark der Deutschen Notenbank" in Mark der DDR" umbenannt, und die Nationalhymne (",… laß uns Dir zum Guten dienen, Deutschland, einig Vaterland!") wird nur noch gespielt, aber nicht mehr gesungen. **[398]**

Eine besonders schwerwiegende Ausprägung der Abgrenzungspolitik ist in der Militarisierung von Erziehung und Unterricht zu sehen. Seit den frühen 50er Jahren bildet die Wehrerziehung eine wesentliche Aufgabe der staatlichen Jugendorganisation (Junge Pioniere, Thälmann-Pioniere, FDJ), in der „Gesellschaft für Sport und Technik" sogar die dominierende (vgl. oben S. 88). Aber die Wehrerziehung blieb nicht auf die außerschulische Erziehung begrenzt, die schulische wurde einbezogen, und zwar vom Kindergarten bis zur Hochschule. Die Entspannungspolitik der 70er Jahre hat daran nichts geändert, im Gegenteil! Einem ideologischen Bewußtsein, das sich Geschichte als Helden- und Schurkenstück mit festliegender Rollenverteilung vorstellt, mußte diese Politik als ganz besonders verdächtig und gefährlich erscheinen, so daß noch größere Wachsamkeit gegenüber dem Schurken erforderlich wurde:

„Die Anpassung des Imperialismus an das zugunsten des Sozialismus veränderte Kräfteverhältnis ist keine Wandlung des Wesens des Imperialismus. Durch Anpassung an diese neuen Bedingungen versucht der Imperialismus seine Lage zu verbessern, seinen Spielraum zu erweitern, um günstigere Bedingungen für den Kampf gegen den Sozialismus zu erzielen. Dabei versucht der Imperialismus die Illusion zu verbreiten, daß er nicht nur Form und Methode verändert habe, nicht mehr aggressiv sei, sondern friedlich geworden wäre. Tatsache ist, daß sich das Wesen des Imperialismus nicht verändert hat und daß Aggressivität und Menschenfeindlichkeit nach wie vor zu seinem Wesen gehören."

Die Aussage über die strukturell festliegende Aggressivität **[399, 400]** des Imperialismus und über dessen taktisch bedingten Methodenwechsel findet sich in der im Auftrag des Ministeriums für Volksbildung 1974 herausgegebenen, „Handreichung zur sozialistischen Wehrerziehung". In diesem Buch werden alle Schulfächer – nicht nur die im engeren Sinne politisch relevanten Fächer Geschichte, Staatsbürgerkunde, Geographie, sondern auch die mathematisch-naturwissenschaftlichen, die sprachlich-literarischen (Deutsch und Russisch) und sogar die musischen – auf einen jeweils fachspezifischen Beitrag zur sozialistischen Wehrerziehung hin ausgerichtet.[57] 1978 wurde sogar ein eigenes Fach „Wehrkunde" ins Leben gerufen, das für Schüler, begrenzt auch für Schülerinnen, der 9. und 10. Klassen insgesamt 130 militärische Ausbildungsstunden im Schulunterricht und in Lagern vorsieht.[58]

Innerdeutscher Sportverkehr

Der Sport ist ein besonders eindrucksvoller Indikator für die in den deutsch-deutschen Beziehungen wirkenden Kräfte; er bildet eine Arena, in der es nicht nur um Zeiten, um Höhen und Weiten, um Punkte und Tore geht, sondern in der sich zugleich politische Auseinandersetzungen vollziehen. Dieses gilt für beide Seiten, wenngleich in höchst unterschiedlichem Ausmaß.

Die innerdeutschen Sportbeziehungen waren mit dem Bau der Mauer zum Erliegen gekommen: der Deutsche Sportbund brach als Ausdruck des Protestes gegen den Mauerbau die Sportbeziehungen zum Deutschen Turn- und Sportbund ab (vergl. oben S. 116, 155). Diese Entscheidung wurde

[400] *Na, ihr kapitalistischen Kriegshetzer!*

Zeichnung: Schoenfeldt
Der Tagesspiegel, Berlin, 25. 3. 1986

Sozialistische Wehrerziehung auch schon im Kindergarten! Zur Karikatur paßt gut das für den Kindergarten vorgesehene Lied:
II: „Wenn ich groß bin, gehe ich zur Volksarmee. :II
Ich fahre einen Panzer, ra-ta-ta,
ich fahre einen Panzer, ra-ta-ta-ta-ta.
II: Wenn ich groß bin, gehe ich zur Volksarmee. :II
Ich lade die Kanone, rum-bum-bum,
ich lade die Kanone, rum-bum-rum-bum-bum…"

[401]

Hannoversche Allgemeine Zeitung, 11. 7. 1973

Der Sport bildet ein Handlungsfeld, das wegen seines hohen gesellschaftlichen Ranges in starkem Maße politischen Ansprüchen ausgesetzt ist. Im Rahmen des Deutschlandproblems stellt Berlin eine besonders sensible Zone dar. Sowjetunion und DDR versuchen auch auf sportpolitischem Gebiet dem Ziel näherzukommen, West-Berlin von der Bundesrepublik zu trennen und politisch zu verselbständigen. 1971 wird bei einem Schützenländerkampf zwischen der Sowjetunion und der Bundesrepublik den zwei West-Berliner Mitgliedern der deutschen Mannschaft das Einreisevisum verweigert, was dazu führt, daß die deutsche Mannschaft wieder abreist. Ähnliches vollzieht sich 1973 bei einer Internationalen Segelregatta vor Warnemünde. Für die im Rahmen der bundesdeutschen Mannschaft teilnehmenden West-Berliner zieht der Veranstalter eine eigene „Nationalflagge" auf, was die Mannschaft der Bundesrepublik veranlaßt, zum Wettkampf nicht anzutreten.

Zeichnung: Gerboth
Bonner Rundschau, 22. 3. 1974

[402]　　　　　　　　**Geschafft!**

Der Abschluß des Sportprotokolls zwischen DSB und DTSB 1974. ──────────

[403]　　　　*ZU LEICHT BEFUNDEN*　　　SZ-Zeichnung: Gabor Benedek
Süddeutsche Zeitung, 23. 2. 1985

Das Sportprotokoll von 1974 beendet die Auseinandersetzung um Berlin keineswegs, wie die Fußball-Europameisterschaft 1988 erkennen läßt. Der Deutsche Fußballbund tritt als Bewerber um die Ausrichtung auf und verzichtet von sich aus auf West-Berlin als Austragungsort für die Meisterschaftsspiele, weil er angesichts der Zusammensetzung des Entscheidungsgremiums im Europäischen Fußballverband eine Abstimmungsniederlage befürchtet. Die Bundesregierung legt nahe, Berlin als Spielort vorzusehen und – wenn das nicht durchsetzbar ist – lieber auf die Austragung der Europameisterschaft in der Bundesrepublik zu verzichten. Aber der DFB weigert sich, der Empfehlung zu folgen: die Austragung der Europameisterschaft in der Bundesrepublik soll nicht an Berlin scheitern. Das sportliche Interesse hat höheren Rang als das sportpolitische.

Mitte der 60er Jahre aufgehoben; aber zu einem intensiven innerdeutschen Sportverkehr ist es in der zweiten Hälfte der 60er Jahre nicht gekommen. Eine neue Situation entstand mit der Vertragspolitik ab 1969/70. **[401]** In einem Zu-

satzprotokoll zum Grundlagenvertrag verpflichteten sich Bundesrepublik und DDR darauf, „die zuständigen Sportorganisationen bei den Absprachen zur Förderung der Sportbeziehungen zu unterstützen".

Trotz dieser positiven Aussage zu den Sportbeziehungen dauerte es bis Mai 1974, ehe ein „Protokoll über die Regelung der Sportbeziehungen" von den beiden Sportverbänden unterzeichnet werden konnte – anders gesagt: ehe der DTSB seinen hartnäckigen Widerstand gegen die vertragliche Einbeziehung des Landessportbundes Berlin als Teileinheit des DSB aufgab. **[402, 403]** Ein goldenes Zeitalter des innerdeutschen Sportverkehrs wurde damit gleichwohl nicht eingeleitet: denn der DTSB ist seither darum bemüht, den Sportverkehr mit der Bundesrepublik in möglichst engen Schranken zu halten. Dieses äußert sich unter anderem darin, daß er für den jährlich neu aufzustellenden deutsch-deutschen Wettkampfkalender immer ein sehr bescheidenes Programm dem viel umfangreicheren des DSB entgegenstellt (1980: 250 Vorschläge des DSB für Sportbegegnungen, aber nur 45 des DTSB, 1985 285 Vorschläge des DSB, 51 des DTSB). Die Zahl der vereinbarten Wettkämpfe liegt dann jeweils geringfügig über dem Angebot des DTSB (1980: 76, 1985: 73). Diese Zahlen schönen noch die Wirklichkeit; denn 1985 waren beispielsweise von den vereinbarten 73 Veranstaltungen nur 19 bilateral; bei allen anderen handelte es sich um internationale Sportfeste, die der DTSB auch ohne einen deutsch-deutschen Sportkalender beschickt hätte. Die sehr bescheidenen Zahlen gewinnen noch an Aussagekraft, wenn man sich vor Augen hält, daß beispielsweise 1957 1530 Sportbegegnungen mit über 35000 Teilnehmern stattgefunden hatten, selbst 1961 bis zum Mauerbau noch 738 mit mehr als 14000 Teilnehmern. 1985 dagegen waren an den 73 Begegnungen nur rund 1000 Athleten beteiligt.

Im Rahmen der Abgrenzungspolitik läßt sich der DTSB von den Prinzipien leiten: möglichst wenig Begegnungen, möglichst nur multilaterale Veranstaltungen, möglichst nur erfolgversprechende Spitzensportler, möglichst nur die staatlich geförderten Sportarten, möglichst keine Kinder und Jugendliche. Die Marschroute des

210

DSB lautet fast umgekehrt: möglichst viele und dabei auch viele bilaterale Begegnungen, möglichst viele Sportarten, möglichst nicht nur Wettkämpfe von Spitzensportlern, sondern auch von Sportlern mittlerer und unterer Leistungsklassen und aus den Bereichen des Freizeit- und Versehrtensportes, möglichst viele Kinder und Jugendliche, möglichst viele Begegnungen von Vereinen des grenznahen Raumes. Im Saldo ergibt sich ein höchst ungünstiger Befund im innerdeutschen Sportverkehr, der deutlich absticht gegenüber dem Sportverkehr des DSB mit den Verbänden anderer Ostblockstaaten. Nicht nur ist die Zahl der Sportbegegnungen mit diesen deutlich größer (1985 161 mit der Sowjetunion, 203 mit Polen, 201 mit Ungarn, 219 mit der CSSR), die Begegnungen kommen auch leichter zustande, weil sie nicht an das starre Organisationsschema des jährlich von den Verbänden neu zu verhandelnden Sportkalenders gebunden werden. Der DTSB weist die gegen ihn erhobenen Vorwürfe des mangelnden Interesses und der fehlenden Kooperationsbereitschaft dadurch zurück, daß er auf die Zahl der Sportbegegnungen mit anderen kapitalistischen Ländern verweist. In der Tat nehmen sich dann die Zahlen des innerdeutschen Sportverkehrs nicht so ungünstig aus.

Dieses aber kann man als Argument nur dann akzeptieren, wenn man auch dem ideologisch bestimmten Wertsystem der DDR für internationale sportliche Begegnungen zustimmt. In deutlicher Abstufung wird für „die internationalen Beziehungen der DDR auf dem Gebiet von Körperkultur und Sport" unterschieden zwischen der „brüderlichen Zusammenarbeit mit sozialistischen Ländern", der „freundschaftlichen Zusammenarbeit mit den nationalbefreiten Ländern" (Asien, Afrika, Lateinamerika) und den „Beziehungen zu Körperkultur und Sport kapitalistischer Länder". Für den Sportverkehr mit der Bundesrepublik als eines kapitalistischen Landes gelten daher weder die Begriffe „Zusammenarbeit" noch „freundschaftlich" und schon gar nicht „brüderlich". **[404]** Von die-

[404]   „... wie damals in Berlin"   AZ-Zeichnung: Schoenfeld
Abendzeitung, München, 4. 2. 1980

Die Olympischen Spiele in Moskau im Sommer 1980 werden vor dem Hintergrund des Afghanistankrieges ausgetragen. Sie rufen die Spiele von 1936 in Erinnerung: Soll man jetzt vor dem Diktator Breschnjew ähnlich defilieren, wie man es 1936 vor dem Diktator Hitler tat? Kann man andererseits – wenn man sich der Boykottaufforderung der USA nicht anschließt – den Sport von Politik freihalten, ohne ihn gleichzeitig einer anderen Politik auszuliefern?

[405]   Der Schluß-Stein   Zeichnung: E. M. Lang
Süddeutsche Zeitung, 21. 2. 1976

Im Februar 1976 ratifiziert der Bundestag eine Reihe von Abkommen mit Polen (u. a. ein Kreditabkommen und ein Protokoll über die Ausreise von Deutschen). Die CDU/CSU-Opposition stimmt – allerdings nicht geschlossen – gegen diese Verträge.

ser für ein normales Sportverständnis höchst ungewöhnlichen Klassifikation gehen Konflikte für deutsch-deutsche Sportbegegnungen aus. Natürlich werden Begriffe wie „innerdeutsch" oder gar „gesamtdeutsch" als vollkommen

unakzeptabel angesehen und können zum sofortigen Abbruch einer Veranstaltung führen, aber auch der Begriff „Freundschaftsspiel" ist suspekt, weil er für Sportbegegnungen mit nationalbefreiten Ländern reserviert ist; der für

Ein deutsches Familienfoto

[406]

Frankfurter
Allgemeine
Zeitung,
16.3.1984

Anläßlich der Leipziger Frühjahrsmesse 1984 kommt es fast zu einem Massenandrang westdeutscher Politiker bei Erich Honecker. Nach dem Oppositionsführer Vogel kommen auch Ministerpräsident Strauß, Ministerpräsident Zeyer (Saarland), Wirtschaftsminister Graf Lambsdorff, Saarbrückens Oberbürgermeister Lafontaine und der Regierende Bürgermeister von Berlin, Diepgen. Der Spiegel spricht von einer „deutsch-deutschen Wallfahrt".

Sportbegegnungen mit dem kapitalistischen Ausland vorgesehene Begriff lautet „internationale Begegnung", hier ist Freundschaft nicht am Platze.[59]

Fortsetzung der Vertragspolitik durch die christlich-liberale Koalition

Der Regierungswechsel in Bonn im Oktober 1982 – die Bildung der christlich-liberalen Koalition – hat sich auf die Ost- und Deutschlandpolitik nicht negativ ausgewirkt, die vielberufene „Wende" fand nicht statt, und nicht Wende, sondern Kontinuität ist der eigentlich angemessene Begriff. Zwar hatte die CDU/CSU das Vertragswerk der sozial-liberalen Koalition nicht mitgetragen und seine Verwirklichung mit herber Kritik begleitet, **[405]** zwar hatte sie noch im August 1978 ein Grundsatzpa-

pier unter dem Titel „Planvolle Deutschlandpolitik erfordert Katalog flexibler Gegenmaßnahmen" vorgelegt und darauf gedrungen, die Vertragstreue der DDR durch gezielte Sanktionsmaßnahmen zu erzwingen[60]; aber als sie an der Regierung war, sah das politische Verhalten doch deutlich anders aus. **[406]** In der Regierungserklärung vom 13.10.1982 hieß es zur Deutschlandpolitik:

„Mit dem Osten ist ein Modus vivendi vereinbart. Wir stehen zu diesen Verträgen, und wir werden sie nutzen als Instrumente aktiver Friedenspolitik...

Die Zusammenarbeit der deutschen Staaten muß im Interesse der Deutschen und ihrer Nachbarn in Europa verbessert werden. Wir werden die laufenden Verhandlungen und Gespräche fortsetzen. Wir sind an umfassenden, längerfristigen Abmachungen zum Nutzen der Menschen und auf der Grundlage der geltenden Abkommen interessiert."[61]

Bundeskanzler Kohl hob in seiner Regierungserklärung besonders auf die gegebene und jede deutsche Regierung verpflichtende Vertragslage ab: „Wir stehen zu den übernommenen Verpflichtungen." Aber die Fortsetzung der Vertragspolitik ergab sich nicht nur aus dem Zwang der gegebenen Vertragslage, sondern auch daraus, daß inzwischen die Denkvoraussetzungen in der sozial-liberalen Deutschlandpolitik geteilt wurden. **[407]** Dieses wird besonders deutlich in einer Rede, die der Bundesminister für innerdeutsche Beziehungen, H. Windelen, am 7.2.1984 in Washington hielt:

„... Wir werden also die Vertragspolitik mit der DDR fortsetzen, aufbauend auf den Verträgen, die wir vorgefunden haben...

Wir glauben nicht, daß es verantwortbar wäre, auf eine Politik des starren Antagonismus und damit der Hoffnungslosigkeit und Verzweiflung in der DDR und in den Ländern Osteuropas zu setzen. Das wäre unseres Erachtens nicht einmal nützlich. Es würde uns und alle übrigen Europäer, angesichts der Natur des Sowjetsystems, von dem Ziel entfernen, die Teilung Europas und damit auch Deutschlands zu überwinden. Dies erscheint aus heutiger Sicht allenfalls über eine allmähliche Entwicklung, in deren Verlauf sich die Formen der sowjetischen Vorherrschaft verändern, denkbar. Diese Veränderung ist übrigens längst im Gange, vergleicht man die Lage in diesen Ländern mit dem Zustand vor zwei/drei Jahrzehnten...

Wir sind nicht darauf aus, der DDR zu schaden oder sie zu destabilisieren. wir wollen vielmehr zu praktischen Lösungen kommen, und dafür braucht die DDR ebenso

[407]   «Achtung Willy – wir werden rechts überholt!»   Die Weltwoche, Zürich, 3.8.1983

Auch für das Ausland ist das Einschwenken von CDU/CSU in die Politik der sozial-liberalen Politik auffällig: Die Initiatoren der neuen Ost- und Deutschlandpolitik, Brandt und Bahr, sehen sich von Kohl und Strauß in rasanter Fahrt überholt.

Verhandlungsspielraum wie wir selber. Deswegen stellen wir uns auf den Boden der Tatsachen, und die sind machtpolitisch eindeutig. So sehen wir unsere Verantwortung als Deutsche und Europäer darin, das heute Mögliche und Verantwortbare zu tun, um den Ost-West-Konflikt in Deutschland und Europa so weit wie möglich einzugrenzen und der Zukunft die Chance der Veränderung zu sichern.

Innerdeutsche Vertragspolitik, so wie wir sie verstehen, kann also nicht von selbst zur Wiedervereinigung, zur Lösung der deutschen Frage führen. Sie ist nicht der Versuch, im Alleingang das deutsche Problem zu lösen. Eine isolierte Lösung der deutschen Frage, isoliert vom Fortgang der übrigen Entwicklung in Europa, halten wir für gefährlich und im übrigen für aussichtslos …

Aus heutiger Sicht kann es eine Wiedervereinigung der Deutschen nur auf dem Wege geben, auf dem ganz Europa seine Teilung überwindet. Deutschlandpolitik ist für uns praktisch und essentiell europäische Wiedervereinigungspolitik, oder, wie unser Außenminister sagt, europäische Friedenspolitik.«[62]

Bahrs Formel vom „Wandel durch Annäherung" drängt sich auf: die Überwindung der Teilung Deutschlands ist mit der Überwindung der Teilung Europas verknüpft; diese setzt einen Systemwandel voraus, der nicht durch Ost-West-Konfrontation, sondern nur durch Kooperation erreichbar ist.

Die nunmehr erreichte Gleichheit der Grundüberzeugung hat sich in einem Beschluß des Bundestages vom 9.2.1984 niedergeschlagen. In diesem Beschluß zur Lage der Nation im geteilten Deutschland wird auf der Grundlage des bestehenden Verfassungs- und Vertragsrechtes und vor dem Hintergrund der mit der DDR erzielten Vereinbarungen festgestellt:

„Der Deutsche Bundestag erklärt:

Unser Land ist geteilt, aber die deutsche Nation besteht fort. Aus eigener Kraft können wir Deutschen den Zustand der Teilung nicht ändern. Wir müssen ihn aber erträglicher und weniger gefährlich machen. Ändern wird er sich nur im Rahmen einer dauerhaften Friedensordnung in Europa. Es bleibt unsere Aufgabe, auf einen Zustand des Friedens in Europa hinzuwirken, in dem das deutsche Volk in freier Selbstbestimmung seine Einheit wiedererlangt …

Der Deutsche Bundestag bekräftigt seine Bereitschaft, die Beziehungen zur DDR auf der Basis von Ausgewogenheit, Vertragstreue und Berechenbarkeit und mit dem Ziel praktischer, für die Menschen unmittelbar nützlicher Ergebnisse zu vertiefen und weiterzuentwickeln. Die innerdeutsche Vertragspolitik soll die Folgen der Teilung für die Menschen in Deutschland erträglicher machen und die Einheit der Nation wahren."[63]

Die Fortsetzung der sozial-liberalen Deutschlandpolitik fand ihren Ausdruck auch darin, daß die neue Bundesregierung in den Jahren 1983/84 die auf den westdeutschen Kapitalmarkt gerichteten Kreditbemühungen der DDR in Höhe von fast 2 Mrd. DM begünstigte und entsprechende Vertragsabschlüsse durch eine Bundesbürgschaft ermöglichte. Als

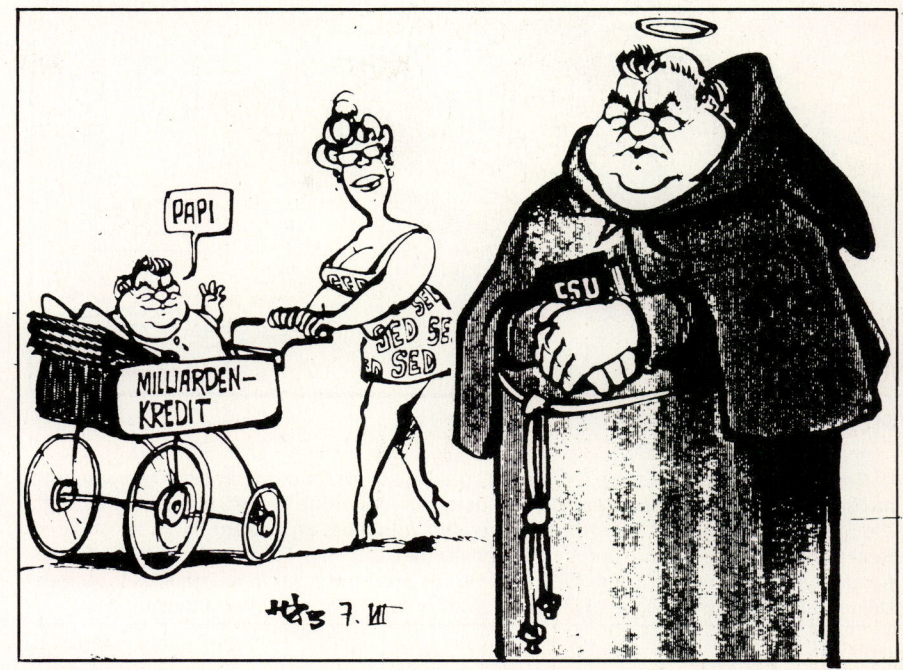

„Wer besitzt denn hier die unglaubliche Geschmacklosigkeit, zu behaupten, ich hätte etwas Unkeusches getan?"
Zeichnung Haitzinger

[408]

Neue Presse, Hannover, 8.7.1983

[409] „…die nächste Milliarde kriegen wir vielleicht schon dafür, daß wir keinen mehr rauslassen!"
Zeichnung: Haitzinger
Neue Presse, Hannover, 6.3.1984

Zusammen mit der Gewährung einer Bundesbürgschaft für einen zweiten DDR-Kredit in Höhe von 950 Mio. DM wird auch über Gegenleistungen in der Form „menschlicher Erleichterungen" (u. a. Ausreiseerlaubnis für 35000 Menschen im Jahre 1984) und über einen Besuch Honeckers in der Bundesrepublik verhandelt. Nach derzeitiger Planung soll Honecker im September 1984 in Bad Kreuznach – nicht in Bonn – empfangen werden. Man hofft, dadurch unerwünschte Nebenwirkungen des Besuches in Statusfragen einzugrenzen zu können.

Wegegeld.

Zeichnung: Mandzel

[410] Der Tagesspiegel, Berlin, 6. 10. 1988

Im September 1988 wird für die Zeit ab 1990 als Pauschale für den Transitverkehr von und nach Berlin eine jährliche Leistung der Bundesrepublik in Höhe von 860 Mio. DM vereinbart. Die Steigerungsrate gegenüber dem vorherigen Jahresbetrag beträgt 64 %. Im weiteren Rückblick auf den Beginn der Vertragspolitik hat sich die Pauschale auf 365 % des Ausgangswertes von 1972 bis 1976 erhöht. Die Intershops an den Transitautobahnen steigern deren Ergiebigkeit als Einnahmequelle für Westgeld noch beträchtlich.

Wer über Raketen frohlockt...

Das Füllhorn

Zeichnung: Kretzschmar
Neues Deutschland, 6. 8. 1981

[411]

Gegen den Nato-Doppelbeschluß wird vom Osten ununterbrochen polemisiert, wobei das ideologische Weltbild (Kapitalismus = Imperialismus und Krieg) die Grundlage bildet und das eigentliche Sicherheitsproblem völlig negiert wird. Die Polemik verschärft sich noch, als unter der christlich-liberalen Regierung die Nachrüstung tatsächlich vollzogen wird.

geradezu sensationell wurde hierbei empfunden, daß der bayerische Ministerpräsident Strauß, der als erbitterter Gegner der sozialliberalen Vertragspolitik galt, eine positive Vermittlerrolle wahrgenommen hatte und in diesem Zusammenhang im Juli 1983 sogar mit Generalsekretär Honecker zusammengetroffen war. **[408, 409]** Die vordem so beherrschende Frage nach dem Verhältnis von Leistungen und Gegenleistungen im innerdeutschen Verhältnis trat dabei ganz in den Hintergrund, denn die seit Oktober 1980 so vehement geforderte Rücknahme der Zwangsumtauschsätze wurde nicht zur unabdingbaren Voraussetzung eines westdeutschen Kredites bzw. der Bundesbürgschaft gemacht. Die DDR war nur zu einer symbolischen Geste bereit (Kinder wurden vom Zwangsumtausch befreit, für Rentner wurde der Umtauschsatz auf 15 DM ermäßigt) und ließ sich auch von einer auf die KSZE-Schlußakte bezogenen Entschließung des Europa-Parlamentes vom Juli 1983 nicht beeindrucken. Das Einschwenken auf die politische Linie der sozial-liberalen Koalition geht so weit, daß sich die innenpolitischen Fronten in der Bewertung dieser Politik geradezu umgekehrt haben. Im September 1988 sah sich die Regierung wegen der mit der DDR vereinbarten Erhöhung der Transitpauschale scharfer Kritik durch SPD und Grüne ausgesetzt: sie habe in unnötiger Hast verhandelt und angesichts der beträchtlichen Erhöhung der Leistungen nur ganz unzureichende Gegenleistungen herausgeholt. **[410]**

Fortsetzung der Vertragspolitik auch durch die Regierung der DDR / Kulturabkommen und Honecker-Besuch

Aber nicht nur die bruchlose Fortsetzung der sozial-liberalen Deutschlandpolitik war nach der „Wende" von 1982 auffällig; nicht minder bemerkenswert ist die Tatsache, daß auch die DDR dazu bereit war – trotz ihres an Drohungen reichen Propagandafeldzuges gegen die neue Bundesregierung, die mit der Raketenstationierung ab 1983 angeblich den Frieden und die Entspannung in Europa gefährdete und vor allem auch die Zusammenarbeit in Deutschland aufs Spiel setzte. **[411]** Mitten im Trommelwirbel der Propaganda wurden im Herbst 1983 die Verhandlungen über ein deutsch-deutsches Kulturabkommen wieder aufgenommen (die zuvor volle acht Jahre geruht hatten) und nach 2½jähriger Dauer erfolgreich zu Ende gebracht. Der Abschluß des Kulturabkommens am 6.5.1986 ist als ein großer Erfolg für die Bemühungen anzusprechen, das Zusammengehörigkeitsgefühl der Deutschen zu bewahren, wird dieses doch in besonderem Maße von der kulturellen Gemeinsamkeit getragen. Der Erfolg ist um so höher zu bewerten, als nicht nur die beiden Staaten zu den Trägern des Kulturaustausches gemacht wurden, sondern auch Institutionen, Verbände und Einzelpersonen (hier lagen besondere Schwierigkeiten bei den Verhandlungen) und als ein weiter Kulturbegriff zugrundegelegt wurde, der nicht nur Musik, Theater, Film, bildende Kunst und Literatur umfaßt, sondern auch Rundfunk und Fernsehen, Bildung und Wissenschaft, Archiv- und Museumswesen, Denkmalpflege, Verlags- und Bibliothekswesen, Sport und Jugendaustausch. Man verabschiedete einen umfangreichen Katalog an Vorhaben für die Jahre 1988/89. Hierbei zeigte sich die DDR sogar bereit, ein Angebot der Bundesregierung anzunehmen, jährlich bis zu 300 Studienaufenthalte für Studierende und Nachwuchswissenschaftler der DDR zu finanzieren.[64]

Den vorläufigen Höhepunkt in der Deutschlandpolitik der christlich-liberalen Koalition bildete unzweifelhaft der Staatsbesuch von Generalsekretär Honecker in der Bundesrepublik vom 7. bis 11.9.1987. Helmut Schmidt hatte bei dem Treffen am Werbellinsee im Dezember 1981 die Einladung ausgesprochen, und Bundeskanzler Kohl hatte sie nur wenige Wochen nach seiner Amtsübernahme erneuert. **[412]** Daß inzwischen sechs Jahre vergangen waren, hatte erheblichen Einfluß auf den Ort und auf die protokollari-

„...ob er aber über Oberammergau oder aber über Unterammergau oder aber überhaupt net kommt, des ist net g„wiß!"

Bild: Wolter

[412]

Augsburger Allgemeine, 4. 4. 1987

Honeckers Besuch in der Bundesrepublik zögert sich über Jahre hinaus. 1984 soll der Besuch stattfinden, dann 1986. Aber es wird 1987, ehe Honecker tatsächlich kommt. Die mehrfache Verschiebung des Besuches gibt zu vielen Spekulationen Anlaß. Im Mittelpunkt steht dabei die Vermutung, daß die Sowjetunion einem deutsch-deutschen Treffen mißtrauisch gegenübersteht.

[413]

Frankfurter Allgemeine Zeitung, 7.9.1987

Die FAZ erinnert bei Beginn des mit viel Publizität umgebenen Honecker-Besuches daran, daß es Honecker gewesen ist, der 1961 den Mauerbau in Berlin vorbereitet und durchgeführt hat. Eine große Zeitungsanzeige der „Internationalen Gesellschaft für Menschenrechte" appelliert an den Gast, in der DDR die Menschenrechte zu respektieren: „Bei Ihrem Besuch werden Sie vermutlich viel von Frieden und Abrüstung sprechen. Frieden aber beginnt bei der Respektierung der Menschenrechte. Herr Staatsratsvorsitzender, die notwendige Umgestaltung steht auch vor der Tür der DDR und klopft unüberhörbar an. Öffnen Sie Türen und Fenster, lassen Sie frische Luft herein! Lassen Sie die Menschen frei atmen und ihr Leben nach eigenen Auffassungen leben! Dazu fordern wir Sie auf!"

schen Formen des Besuches. Honecker wurde nicht irgendwo in der Bundesrepublik empfangen, sondern in der Bundeshauptstadt selbst, und das Zeremoniell des Empfangs entsprach dem für

Staatsoberhäupter vorgesehenen: Abschreiten der Ehrenformation, Nationalhymne, Spalier der Nationalflaggen, Besuch beim Bundespräsidenten – und dieses alles vor den Augen der Weltöf-

[414]   „Die ganze Woche ohne Schießbefehl – Honni soit qui mal y pense!"   Klaus Böhle
Die Welt, 8. 9. 1987

Während des Honecker-Besuches haben offenbar die Grenztruppen der DDR die Order, vom Schießbefehl keinen Gebrauch zu machen. Ein Zwischenfall an der Grenze, bei dem möglicherweise ein Flüchtling erschossen würde, könnte sich während des von der ganzen Welt aufmerksam verfolgten Honecker-Besuches verheerend auswirken.

fentlichkeit, denn mehr als 2500 Journalisten waren aus aller Welt nach Bonn geeilt, um Zeuge dieses ersten Besuches eines DDR-Staatsoberhauptes in der Bundeshauptstadt zu sein – Zeuge zu sein wofür? Für die Anerkennung der DDR als souveräner Staat und damit für die endgültige Teilung Deutschlands oder für die deutsch-deutsche Zusammenarbeit auf dem Wege zur na-

tionalen Einheit? [413, 414] Zwar wurden beim Honecker-Besuch auch drei Abkommen unterzeichnet – über Zusammenarbeit in Wissenschaft und Technik sowie im Umwelt- und im Strahlenschutz –, die symbolische Bedeutung des Besuches als Staatsbesuch stand aber im Mittelpunkt, und daher richtete sich das Interesse auch besonders auf die protokollarischen Formen und auf die Tisch-

reden Kohls und Honeckers beim großen Empfang in der Bonner Redoute. In Kohls Rede stand die Nation im Mittelpunkt – als historische und kulturelle Wirklichkeit und als politische Aufgabe:

„Dieser Besuch hat eine besondere menschliche und politische Dimension. Er unterscheidet sich von den üblichen Begegnungen in Ost und West.

Das Bewußtsein für die Einheit der Nation ist wach wie eh und je, und ungebrochen ist der Wille, sie zu bewahren. Diese Einheit findet Ausdruck in gemeinsamer Sprache, im gemeinsamen kulturellen Erbe, in einer langen, fortdauernden gemeinsamen Geschichte. So tut sich heute mancher schwer mit seinen Empfindungen und mit der Überlegung, wie sich dieses Treffen in der Kontinuität deutscher Geschichte einfüge. Unser Zusammentreffen in Bonn ist aber weder Schlußstrich noch Neubeginn. Es ist ein Schritt auf dem Weg einer schon lange währenden Entwicklung. Sie ist gekennzeichnet durch das Bemühen um ein geregeltes Miteinander…

An den unterschiedlichen Auffassungen der beiden Staaten zu grundsätzlichen Fragen, darunter zur nationalen Frage, kann und wird dieser Besuch nichts ändern. Für die Bundesregierung wiederhole ich: Die Präambel unseres Grundgesetzes steht nicht zur Disposition, weil sie unserer Überzeugung entspricht. Sie will das vereinte Europa, und sie fordert das gesamte deutsche Volk auf, in freier Selbstbestimmung die Einheit und Freiheit Deutschlands zu vollenden.

Das ist unser Ziel. Wir stehen zu diesem Verfassungsauftrag, und wir haben keinen Zweifel, daß dies dem Wunsch und Willen, ja der Sehnsucht der Menschen in Deutschland entspricht…"

Honecker ließ in seiner Erwiderung den Nationsbegriff unbeachtet; er versuchte nicht etwa, ihm die Zwei-Nationen-Theorie entgegenzustellen, sondern hob auf die gegebenen Realitäten staatlicher und sozialer Existenz, zum anderen auf die Friedensverpflichtung ab:

„Die DDR geht unverändert davon aus, daß die Unverletzlichkeit der Grenzen und die Achtung der territorialen Integrität und Souveränität aller Staaten in Europa in ihren gegenwärtigen Grenzen eine grundlegende Bedingung für den Frieden sind. Ausgangspunkt für eine konstruktive, nicht nur beiden Staaten nützliche Politik können nur die Realitäten sein, die Existenz von zwei voneinander unabhängigen, souveränen deutschen Staaten mit unterschiedlicher sozialer Ordnung und Bündniszugehörigkeit."

Die Systemunvereinbarkeit – damit an Stophs Worte beim Kasseler Treffen 1970 anknüpfend – faßte er in die Worte: „Sozialismus und Kapitalismus lassen sich ebenso-

[415]   „Übrigens, haben Sie Feuer?"   Zeichnung: Schoenfeld
Der Tagesspiegel, Berlin, 11. 2. 1987

Ideologie und Wirklichkeit im Verhältnis von Kapitalismus und Sozialismus in Deutschland. ___

216

wenig vereinigen wie Feuer und Wasser."

Ob er diese Worte noch im Ohr hatte, als er sich zwei Tage später in Köln mit über 300 führenden Vertretern der westdeutschen Wirtschaft traf, also mit leibhaftigen Kapitalisten, mit den laut Ideologie eigentlichen Machtinhabern der bürgerlichen Republik und Antreibern der imperialistischen Aggression? Die abscheuliche Fratze des Monopolkapitalismus jedenfalls wurde hier nicht gezeichnet, als er in seiner Ansprache für die Ausdehnung des deutsch-deutschen Handels eintrat, sich gegen jede Form von Wirtschaftsprotektionismus und Abschottung vor der Konkurrenz aussprach und das spezielle Wirtschaftsinteresse der DDR damit hervorhob, daß auch „modernste Technologien in den Handelsaustausch einbezogen werden müssen". [415] Eine in dieser Rede getroffene Aussage Honeckers verdient besondere Beachtung:

„Die DDR fördert die Handelsbeziehungen zu Partnern in Westeuropa und auf anderen Kontinenten aus prinzipiellen Erwägungen. Wir betrachten den Handel als ein materielles Fundament für die friedlichen Beziehungen, für die friedliche Zusammenarbeit."

Dieses Wort hat eine außerordentliche Tragweite, denn mit ihm wird substantiell die ganze leninistische Imperialismustheorie in Frage gestellt. Welches Bild von der sogenannten kapitalistischen Welt und von der Bundesrepublik in ihr müßte sich Honecker ergeben, wenn er sich die kapitalistische Wirtschafts- und Handelsverflechtung und den überaus hohen Anteil der Bundesrepublik an ihr vor Augen rückt! Welchen Realitätswert kann dann noch seine Aussage beanspruchen, Kapitalismus und Sozialismus verhielten sich zueinander wie Feuer und Wasser? (Dieses Wort bezieht sich ja nicht nur auf unterschiedliche Eigentumsverhältnisse, sondern impliziert das Gesamtfeld der Politik). Steht hinter seinen Worten eine tatsächliche Überzeugung oder war es eine verbale Konzession an seine (imperialistischen) Gastgeber? [416]

Honeckers Staatsbesuch in der Bundesrepublik fand ein sehr star-

[416]

Hannoversche Allgemeine Zeitung, 12. 5. 1987

Der Tag, an dem die Grenze verbinden wird   Zeichnung: Peter Leger

Beim Besuch in Neunkirchen äußert sich Honecker auch zur Zukunft der innerdeutschen Grenze: „... dann wird auch der Tag kommen, an dem Grenzen uns nicht mehr trennen, sondern Grenzen uns vereinen, so wie uns die Grenze zwischen der DDR und der Volksrepublik Polen vereint." Der Zeichner nimmt Honeckers Äußerungen zum Anlaß, den möglichen Funktionswandel der Grenzbefestigungen ins Auge zu fassen.

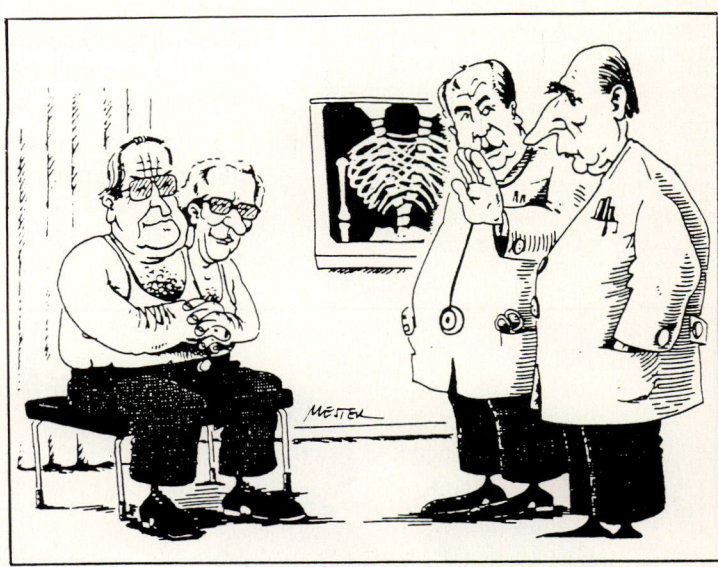

[417]

Deutsches Allgemeines Sonntagsblatt, 13. 9. 1987

»Eine eigentümliche Krankheit, diese ›Deutsche Frage‹ . . . Neuerdings scheinen sie wieder etwas zusammenzuwachsen!«   Zeichnung: DS / Gerhard Mester

Welche politischen Wirkungen werden von dem Honecker-Besuch ausgehen? Ist er eine weitere und vielleicht entscheidende Station auf dem Weg zur endgültigen Teilung Deutschlands? Oder hat er in beiden deutschen Staaten das Gefühl der Zusammengehörigkeit verstärkt. Nach Meinung des Karikaturisten scheinen Gorbatschow und Mitterrand hiervon überzeugt zu sein.

kes Echo in den Medien, in den deutschen ebenso wie in den ausländischen. Das Neue Deutschland berichtete ausführlich in Wort und Bild und druckte alle Reden und Ansprachen in vollem Wortlaut ab. Es hat auch das weltweite Echo in seine Berichterstattung einbezogen und diese auf den Te-

nor abgestimmt, daß der Besuch dem Fortschritt, nämlich der Entwicklung gutnachbarlicher Beziehungen zwischen zwei voneinander unabhängigen und souveränen Staaten gedient habe. In der Bundesrepublik und auch in den westlichen Medien war das Urteil geteilt zu der Frage, ob der Besuch

Siamesische Zwillinge.   Zeichnung: Kretzschmar

[418]

Neues
Deutschland,
18. 12. 1976

Zu den Stereotypen des ideologischen Weltbildes gehört die Vorstellung vom unvermeidlichen Zusammenbruch des Kapitalismus, die in nicht abreißender Folge und mit immer neuen Variationen durchgespielt wird – hier in der Form siamesischer Zwillinge, die als Todesengel figurieren und das künftige Schicksal anzeigen.

mehr der Einheit oder mehr der Teilung Deutschlands zugearbeitet habe. Trifft das Urteil des Schweizer Dramatikers Dürrenmatt die Sachlage, daß das deutsch-deutsche Gipfeltreffen eine „inszenierte Beerdigung der deutschen Wiedervereinigung" gewesen sei?[65] **[417]**

Gegenwarts- und Zukunftsperspektiven des Deutschlandproblems / Ambivalenz des Weltbildes

Honeckers widersprüchliche Aussagen: der weltwirtschaftliche Güteraustausch als materielles Fundament für friedliche Zusammen-

arbeit einerseits und die dem Verhältnis von Feuer und Wasser gleichende Unverträglichkeit von Kapitalismus und Sozialismus andererseits – markieren das Grundproblem, von dem die Entwicklung der Ost-West-Beziehungen und der in sie eingebundenen innerdeutschen Beziehungen abhängt. In welcher Richtung entwickelt sich das historische und politische Weltbild der kommunistischen Machtträger? Die eigentliche Barriere für eine sich nach Osteuropa öffnende westliche Politik, für eine Politik der Entspannung und der Zusammenarbeit, bildet nicht die kommunistische Wirtschaftsordnung, sondern vielmehr die mit ihr verbundene totalitäre Welterlösungsideologie, d.h. die Vorstellung eines gesetzmäßig auf diese Ordnung zulaufenden historischen Prozesses, **[418]** die eine Konkurrenz unterschiedlicher Meinungen und Zielvorstellungen, d.h. Demokratie, und die eine Anerkennung allgemeiner Menschen- und Bürgerrechte, d.h. Rechtsstaatlichkeit, ausschließt. **[419, 420]** Aus dem geistigen Anspruch der totalitären Welterlösungsideologie erwächst der Anspruch ihrer Träger sowohl auf politische Ausschließlichkeit als auch auf uneingeschränkte Macht. Die Vorstellung von Geschichte als monokausalem Prozeß auf ein vorbestimmtes Endzeitalter hin ist mit offenen politischen Strukturen und rechtsstaatlich gebundener Macht unvereinbar.[66] Der neuorientierten Ost- und Deutschlandpolitik lag bei ihrer Ingangsetzung die Vorstellung zugrunde, daß der Ost-West-Konflikt eher realer als ideologischer Natur sei und daher durch weitgehende Anerkennung der bestehenden Wirklichkeit relativ schnell abgebaut werden könnte.

Die seitherige Entwicklung hat erkennen lassen, daß die weitgespannten Hoffnungen nicht gerechtfertigt, zumindest sehr verfrüht gewesen sind und daß die ideologischen Barrieren das eigentlich Trennende ausmachen. **[421]** Wie sehr das geschlossene Weltbild mit seiner Fixierung von Auserwählten und Widersachern die Wahrnehmungsperspektive für Politik verengt, läßt Honeckers

[419]   Frankfurter Allgemeine Zeitung, 6. 2. 1988

Die Mauer ist nicht nur ein Zeichen äußerer Trennung, sondern – dieser vorausgehend und sie bedingend – eine Barriere des eigenen Bewußtseins, die den Blick in die Wirklichkeit verengt und natürliche Lebensäußerungen des Menschen in Sinnbezüge einordnet, die ihnen ganz fremd, aber ideologisch stimmig sind.

Ansprache im September 1984 vor Absolventen der Militärakademien erkennen:

„Die sozialistische Militärkoalition trägt wachsende Verantwortung angesichts des erklärten Zieles der aggressiven Interessengruppen der USA und der NATO, den Prozeß der nationalen und sozialen Befreiung in der Welt zu stoppen, den Sozialismus zurückzudrängen und zu vernichten. Wiederrichtet werden soll die imperialistische Weltherrschaft bei dominierender Stellung der USA. Man ist bereit, dafür alle Mittel bis hin zur militärischen Gewalt einzusetzen. Dieser Konfrontationskurs gefährdet die Existenz der Menschheit. Noch nie seit Beendigung des Zweiten Weltkriegs war der Frieden so bedroht wie heute.

Wohl führen auch die dafür Verantwortlichen das Wort Frieden im Munde. Wer jedoch aufmerksam ihre Taten verfolgt, erkennt sehr schnell, daß die Völker irregeleitet werden sollen. Die demagogische Losung vom „Frieden in Freiheit", wie sie Reagan und seine Gefolgschaft verstehen, ist der aussichtslose Versuch, das höchste aller Menschenrechte, das Recht auf Frieden und Leben, als Alibi für den Kreuzzug gegen den Kommunismus zu mißbrauchen, der sich inzwischen zum Kreuzzug gegen die ganze Welt ausgeweitet hat. Insbesondere die zur Zeit in den USA Herrschenden intensivieren die Vorbereitung auf einen Krieg zu Lande, zu Wasser, in der Luft und auch im Weltraum, schüren Konflikte in allen Regionen des Erdballs und gehen offen oder versteckt gegen alle vor, die sich nicht ihren gefährlichen Plänen fügen wollen. Diese Tatsachen – und nicht zuletzt auch die gegenwärtigen NATO-Manöver – zeigen, mit welcher Friedensverachtung und Brutalität das imperialistische Konzept der Kriegsbedrohung vorangetrieben wird.

Als besonders alarmierend empfinden wir, daß die Regierenden der BRD diesen Kurs bedingungslos mittragen. Keinerlei Beteuerungen können darüber hinwegtäuschen, daß mit der Stationierung amerikanischer Mittelstreckenraketen erstmals wieder seit dem Zweiten Weltkrieg die Gefahr eines Krieges von deutschem Boden, nämlich vom Boden der BRD, ausgeht."[67]

Das von Honecker gezeichnete Bild der Welt – das Bild der kapitalistischen Weltverschwörung, einer Verschwörung gegen Frieden, Freiheit und Fortschritt (das die Erinnerung an das rassenideologische Bild der jüdischen Weltverschwörung wachruft), und das ihm entsprechende Gegenbild einer sozialistischen Friedenswacht und damit Menschheitsmission ist bestechend in seiner politischen und moralischen Eindeutigkeit und in seiner gänzlichen Abstraktion von der historischen Wirklichkeit. [422, 423] Es ist politisch steril und bar jeder Hoffnung, denn mit einem so gesehenen Gegner kann es keine Zusammenarbeit im

[420] Gesinnung hoch – die Hirne dicht geschlossen, Kultur marschiert – in gleich und gleichem Tritt.
Frankfurter Allgemeine Zeitung, 25. 6. 1979

Die Ideologie als geistige Barriere, entsprechend als Zuchtrute für linientreues Verhalten: Stefan Heym und acht weitere Schriftsteller werden wegen ideologischer Abweichung aus dem Schriftstellerverband der DDR ausgeschlossen. Historische Bezüge drängen sich auf: „Die Fahne hoch, die Reihen dicht geschlossen, SA marschiert mit ruhig-festem Schritt…"

[421] Prawda, 6. 11. 1984

Zu den Stereotypen des ideologischen Weltbildes gehört auch die Vorstellung vom kriegstreiberischen Imperialismus als dem höchsten (und letzten!) Stadium des Kapitalismus und damit als Weltgefahr – hier in der Verbindung von amerikanischem Imperialismus und westdeutschem Revanchismus, die mit Dollarzeichen und Hakenkreuz stigmatisiert werden.

INTER-SHOP   DELIKAT-LADEN

WOLTER.

„Als guter Kommunist will ich den dekadenten Westen ja gerne verschlingen helfen — wenn ich nur die nötigen Devisen hätte!"

Gezeichnet von Jupp Wolter

[422]

Stuttgarter Nachrichten, 18. 5. 1978

In „Staat und Revolution" prophezeit Lenin für die Zukunftsgesellschaft, „daß die Sozialisten jedem das Recht zusichern, von der Gesellschaft ohne jegliche Kontrolle über die Arbeitsleistung... eine beliebige Menge Trüffeln, Automobile, Klaviere u.a.m. zu erhalten". Man würde mehr Vertrauen in Lenins Prophezeiung haben, wenn es wenigstens bei den Trüffeln schon einen freien, von der Arbeitsleistung unabhängigen Zugriff gäbe. Aber im Intershop muß man mit harter „Valuta" bezahlen, und im Delikatladen werden überhöhte DDR-Mark-Preise kassiert, die in der Tat, aber auf andere Weise keinen Bezug zur Arbeitsleistung haben.

„Na Süßer, nur gegen DM West"   Zeichnung: Haitzinger

[423]

Rhein-Zeitung, Koblenz, 10. 8. 1978

Karl Marx und der Intershop.

Sinne einer gemeinsamen Strategie des Friedens geben, weil ja der Frieden vom Gegner ununterbrochen bedroht wird und jederzeit die Aggression zur Errichtung der imperialistischen Weltherrschaft losbrechen kann. Ist Honecker von der Richtigkeit dieses Bildes überzeugt? Bei dem Bonn-Besuch kehrt es wieder als Bild von Feuer und Wasser.

In einer anderen Rede, zeitlich nur geringfügig verschoben, tritt uns ein anderer Honecker entgegen. Auf der 7. Tagung des Zentralkomitees der SED im November 1983 sagte er:

„Auf die Frage, wie es nun in der durch den Stationierungsbeginn der NATO veränderten Lage weitergeht und worauf es ankommt, antworten wir: Der Kampf für die Abwendung eines nuklearen Weltkrieges, für die Beendigung des Wettrüstens wird jetzt erst recht fortgesetzt. Die Verpflichtung, alles für die Sicherung des Friedens zu tun, ist um so größer, und wir werden sie erfüllen...

Von großer Bedeutung ist es, den politischen Dialog mit allen Kräften fortzusetzen, die ihre Verantwortung für die Geschicke ihrer Völker und der Menschheit wahrnehmen und zu einer Verständigung bereit sind. Wir treten dafür ein, alle Verhandlungsmöglichkeiten zur Einstellung des Wettrüstens und zum Übergang zur Abrüstung, insbesondere auf nuklearem Gebiet, zu nutzen."[68]

Welches ist „der wahre" Honecker: der des ideologischen Klischees oder der einer pragmatischen Friedenssicherungspolitik, die in einer gegebenen Konfliktlage den Schaden möglichst begrenzen soll?

Ambivalenz der Wirklichkeit

Das Bild der DDR, wie es sich uns heute darbietet, ist ähnlich ambivalent wie das Bild, das sich aus Honeckers Reden gewinnen läßt. Wir haben auf der einen Seite — den ideologischen Klischeevorstellungen entsprechend — alle jene Tatbestände vor Augen, die oben angesprochen worden sind (vgl. S. 203ff.) und von denen die Militarisierung der Erziehung besonders schwer ins Gewicht fällt. Ihnen entsprechen Vorgänge in der jüngsten Zeit: die Verfolgung von Bürgerrechtlern, von Mitgliedern der Friedensbewegung und von Ausreisewilligen und ihre Kriminalisierung mit Anklagepunkten wie „Zusammenrottung", „Rowdytum", „staatsfeindliche Hetze", „landesverräterische Tätigkeit", der massive Polizeieinsatz gegen Rockfans am Brandenburger Tor, die tätliche Behinderung der westlichen Fernsehteams, die zwangsweise Ausbürgerung unliebsamer Personen, die Überwachung der evangelischen Kirche in ihren Gottesdiensten und in ihrer Öffentlichkeitsarbeit.[69] Alles dieses sind düstere Züge des gegenwärtigen Erscheinungsbildes der DDR, die die Hoffnung auf Liberalisierung und Rechtsstaatlichkeit in weite Ferne rücken. [424, 425, 426] Selbst „Fortschritte" in der Deutschlandpolitik hellen es kaum auf: daß West-Berliner vom 1.7.1982 an ihren Tagesbesuch in Ost-Berlin oder in der DDR von 24.00 Uhr bis 2.00 Uhr nachts ausdehnen und seit dem 1.3.1988 sogar einmal übernachten dürfen, sind „Zugeständnisse" von penetranter Kleinkariertheit, nicht minder der Tatbestand, daß bei Honeckers Besuch in Bonn über das Mitführen von Fahrrädern bei DDR-Besuchen verhandelt wurde.[70] [427]

Im Gegensatz zu den bisher aufgeführten Sachverhalten gibt es jedoch auch Vorgänge, die zu Hoffnungen berechtigen. Hierzu zählt der Abschluß des Kulturabkommens im Mai 1986, dem bei Honeckers Bonn-Besuch 1987 ein Abkommen über Zusammenarbeit in Wissenschaft und Technik gefolgt ist. Die Vielzahl der vereinbarten Projekte (im Wissenschaftsabkommen allerdings nur Projekte

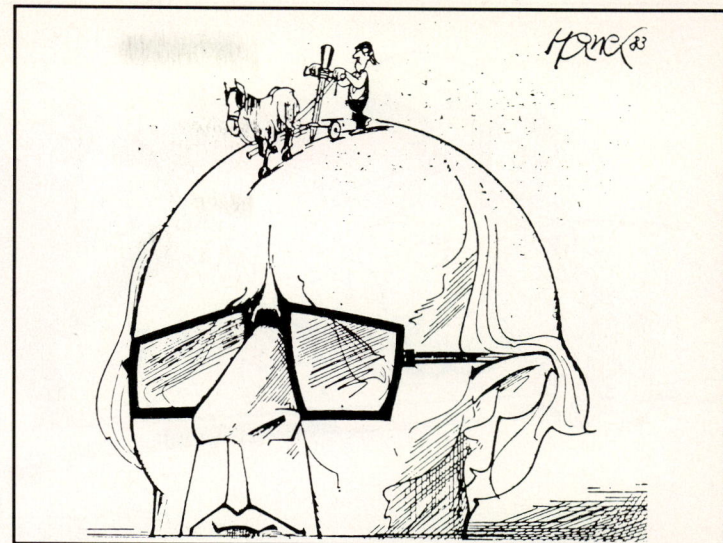

[424]

Schwerter zu Pflugscharen

Frankfurter Allgemeine Zeitung, 10.6.1983

In der DDR haben sich in vielen Städten autonome, oft kirchennahe Friedensgruppen gebildet, die sich der staatlichen Friedenspropaganda unter der Parole „Gegen Nato-Waffen Frieden schaffen!" nicht zuordnen wollen, sondern für Abrüstung in West und Ost eintreten. Eine besonders aktive Gruppe hat sich in Jena gebildet. Ihr Leitspruch ist – wie auch bei den anderen autonomen Gruppen – das alttestamentliche Prophetenwort, daß die „Schwerter zu Pflugscharen" verwandelt würden. Die unabhängige Friedensbewegung wird vom Staat mit Entschlossenheit bekämpft, das Tragen des Aufnähers mit dem Bibelwort wird verboten; viele Mitglieder werden zu Ausreiseanträgen gedrängt. Besonderes Aufsehen erregt im Mai 1983 die Abschiebung zahlreicher Mitglieder der Jenaer Gruppe in die Bundesrepublik. Mit der Massenabschiebung soll die Jenaer Gruppe zum Schweigen gebracht werden.

der Natur- und Ingenieurwissenschaften sowie der Medizin), die vereinbarten Formen der Zusammenarbeit (nicht nur staatliche Instanzen) und der vorgesehene Austausch von Wissenschaftlern und von Studenten sind besonders erfreulich. Auch der stark angestiegene innerdeutsche Besucherverkehr ist in diesem Zusammenhang anzuführen, besonders natürlich der in Ost-West-Rich-

tung und hierbei der unterhalb des Rentenalters. Daß für 1988 140 und für 1989 128 Sportbegegnungen zwischen den beiden Sportbünden vereinbart worden sind und daß seit 1986 der Sportkalender für nachträgliche Vereinbarungen offen geblieben ist, kann zwar nicht als entscheidender Durchbruch bewertet werden, stellt aber doch einen deutlichen Fortschritt dar. [428]

Alljährlich findet am 17. Januar in Ost-Berlin eine „Kampfdemonstration" zur Erinnerung an die 1919 ermordeten Rosa Luxemburg und Karl Liebknecht statt. Unabhängige Friedens- und Menschenrechtsgruppen beteiligen sich 1988 an ihr mit Transparenten, die Zitate von Rosa Luxemburg enthalten: „Freiheit ist immer die Freiheit der Andersdenkenden" oder „Wer sich nicht bewegt, spürt die Fesseln nicht". Weit über 100 Personen werden verhaftet, viele von ihnen schon in ihrer Wohnung oder auf dem Weg zum Treffpunkt (auf der Karikatur steht Rosa Luxemburg selbst für die Verhafteten). Der DDR-Historiker Kamnitzer spricht davon, daß die unabhängigen Gruppen die „Prozession" für Rosa Luxemburg „entweihen" wollten; dieses aber sei „verwerflich wie eine Gotteslästerung". Die gewählten Begriffe sind auffällig; sie markieren genau das Problem: das sakrale Verständnis von Politik als Exekutive einer unzweideutigen Heilswahrheit, damit verbunden die Verteufelung Andersdenkender. Natürlich sind die Demonstranten im Urteil der Partei von westlichen Geheimdiensten gesteuerte Kreaturen.
Im Januar 1989 wiederholt sich der Vorgang in Leipzig: Bei einer Gedenkdemonstration autonomer Friedens- und Menschenrechtsgruppen werden rund hundert Personen verhaftet.

[425]

Frankfurter Allgemeine Zeitung, 20.1.1988

„Ausreise genehmigt!"

[426] Der Tagesspiegel, Berlin, 4. 2. 1988

Zu den Verhafteten des 17. Januar 1988 gehören auch Personen, die zuvor Ausreiseanträge gestellt haben. Sie werden jetzt nach ihrer Verhaftung innerhalb weniger Tage in den Westen abgeschoben. Andere, denen es nicht um Ausreise aus der DDR, sondern um politische Reformen innerhalb der DDR geht, werden nach ihrer Verhaftung vor die Wahl gestellt, entweder sofort die Ausreise zu beantragen und tatsächlich auszureisen oder wegen „Zusammenrottung", „Rowdytum" oder „landesverräterischer Beziehungen" langjährige Freiheitsstrafen zu verbüßen. Vor dieser Alternative stehend, wählen viele die Ausreise. Zu ihnen gehören auch der Liedermacher Stephan Krawczyk und seine Frau Freya Klier. Schon in den Vortagen der Demonstration sind etwa 25 Mitglieder der Ost-Berliner Zionsgemeinde, die ein Jahr zuvor schwer bedrängt worden ist, in den Westen abgeschoben worden – in der Hoffnung, damit die erwartete Demonstration zu unterbinden.

[427]

Der Geist wächst,
wo er will.

Die Zeit, 11. 3. 1988

Die Ereignisse um den 17. Januar 1988 haben weitreichende Folgen. Nicht nur erregt die DDR mit ihrem drakonischen Vorgehen in der Weltöffentlichkeit ein Aufsehen, das sie vermeiden möchte (15 ehemalige DDR-Schriftsteller veröffentlichen einen Aufruf, in dem sie von einem „kalten Krieg der Herrschenden in der DDR gegen andersdenkende Landeskinder" sprechen); auch in der DDR selbst ruft das Vorgehen des Staatssicherheitsdienstes eine unerwartete Solidaritätsbewegung wach, die sich in vielen Kirchen des Landes in der Form von Fürbitt-Gottesdiensten äußert, auf denen die Freilassung der Inhaftierten gefordert wird. In Ost-Berlin finden nach dem 17. Januar an jedem Abend in einer anderen Kirche Fürbitt-Gottesdienste statt, an denen bis zu 3000 Menschen teilnehmen. – Am 13. Februar kommt es in Dresden im Rahmen einer Kundgebung zur Erinnerung an die Zerstörung der Stadt 1945 erneut zu einem Schweigemarsch von Menschenrechtsgruppen.

Er hängt mit einem anderen, höchst positiv zu sehenden Vorgang zusammen: dem Abschluß von Städtepartnerschaften. Ausgehend von dem Vertrag zwischen Saarlouis und Eisenhüttenstadt 1986 sind bis Frühjahr 1989 über 50 Städtepartnerschaften vereinbart worden. Auch wenn bei den Vertragspartnern unterschiedliche Intentionen bestehen – die Wahrung des nationalen Zusammenhaltes auf der einen, die Komplettierung internationaler Verbindungen auf der anderen Seite – und sehr merkwürdige Bestimmungen in die Verträge aufgenommen werden mußten – so die, daß die Gäste aus der DDR jeweils geschlossen untergebracht werden müssen oder daß die Unterbringung gesonderter Vereinbarungen bedarf –, vertiefen doch unzweifelhaft die Städtepartnerschaften den gegenseitigen Kontakt und sind von daher geeignet, den ideologischen Vorbehalten entgegenzuwirken. **[429]**

Die gemeinsame Erklärung von SPD und SED

Zu den hoffnungsvollen Tatbeständen zählt auch eine gemeinsame Erklärung von SPD und SED, die im August 1987 unter dem Titel verabschiedet wurde: „Der Streit der Ideologien und die gemeinsame Sicherheit." Die gemeinsame Erklärung geht von dem Tatbestand aus, daß im Nuklearzeitalter „die Menschheit nur noch gemeinsam überleben oder gemeinsam untergehen ..., Friede nicht mehr gegeneinander errüstet, sondern nur noch miteinander vereinbart werden kann" und daß von daher „das Gebot der Stunde eine Wende in den internationalen Beziehungen ist, eine Politik der gemeinsamen Friedenssicherung, des Dialogs und der Abrüstung, des Ausgleichs der Interessen und der Neubelebung des Entspannungsprozesses". Die Verfasser sind sich darin einig, daß militärische Abrüstungsmaßnahmen nicht genügen, sondern daß – ungeachtet fundamentaler Auffassungsunterschiede über den Aufbau von Staat und Gesellschaft – ein neues geistiges Grundverhältnis zueinander gefunden werden muß:

„Beide Systeme müssen zu verhindern versuchen, daß sie vom jeweils andern so wahrgenommen werden, als seien sie auf Expansion, ja gewaltsame Expansion angelegt.

Es gab und gibt in beiden Systemen die Befürchtung, daß das andere System angesichts seiner Interessenstruktur und der jeweils herrschenden Ideologie auf die Ausdehnung seines Einfluß- und Herrschaftsbereiches angelegt sei."

Von hieraus ergeben sich „Grundregeln einer Kultur des politischen Streits":

„... Beide Gesellschaftssysteme müssen einander Entwicklungsfähigkeit und Reformfähigkeit zugestehen.

Niemand darf für sich ein Recht der deutlichen Kritik und der polemischen Darstellung in Anspruch nehmen, ohne es dem Kritisierten in gleichem Maße zuzubilligen ...

Ausschlaggebend für eine neue Kultur des politischen Streits ist also eine realistische und differenzierte Analyse und Darstellung der anderen Seite statt Propagierung pauschaler Feindbilder und der Weckung von Bedrohungsängsten. Vermieden werden muß alles, was die andere Seite als prinzipiell unfriedlich oder zum Frieden unfähig erscheinen läßt ...

Die offene Diskussion über den Wettbewerb der Systeme, ihre Erfolge und Mißerfolge, Vorzüge und Nachteile, muß innerhalb jedes Systems möglich sein. Wirklicher Wettbewerb setzt sogar voraus, daß diese Diskussion gefördert wird und praktische Ergebnisse hat."

41 Jahre nach der Zerschlagung der SPD in der sowjetischen Besatzungszone ist das gemeinsame SPD-SED-Papier ein bemerkenswerter Versuch für einen Neubeginn. **[430]** Zwar gesteht die SPD der SED – ungeachtet ihres eigenen Schicksals in der SBZ – zu, sich wie sie selbst auf das humanistische Erbe Europas berufen zu dürfen und damit über eine ihr nicht abzusprechende Existenzberechtigung zu verfügen; aber sie tut dieses im Blick auf die oben zitierten Grundregeln, und diese sind so weitreichend, daß sie – wenn sie wirklich ernst genommen werden – sowohl für das Außenverhalten wie für die Organisation von Staat und Gesellschaft einen grundlegenden Wandel der SED-Herrschaft ins Auge fassen bzw. notwendig machen. Freilich stellen die Grundregeln zunächst einmal nur theoretische Aussagen dar. Die Spannungen zwischen Theorie und Wirklichkeit werden im Papier selbst erkennbar, so wenn unmittelbar aufeinander folgend gesagt wird:

[428] „Wie menschlich die DDR-Grenze doch gleich ist, seit die Todesautomaten weg sind!"

tz, München, 29. 9. 1983

Eine positive Wandlung von begrenzter Reichweite ist im Abbau der Selbstschußanlagen zu sehen.

„Die ideologische Auseinandersetzung ist so zu führen, daß eine Einmischung in die inneren Angelegenheiten anderer Staaten unterbleibt. Kritik, auch in scharfer Form, darf nicht als eine ‚Einmischung in die inneren Angelegenheiten' der anderen Seite zurückgewiesen werden."

Die beiden Sätze widersprechen sich grundlegend und kennzeichnen die unterschiedlichen Positionen der beiden Verhandlungspartner (der erste Satz drückt die Position der SED aus, der zweite die der SPD). Welcher Satz wird die Wirklichkeit bestimmen?[71] **[431]**

J. R. Bechers Selbstkritik

Das SPD-SED-Papier wird in seiner politischen Bedeutung noch weit übertroffen durch einen Text Johannes R. Bechers, der 1988 in der DDR-Zeitschrift „Sinn und Form" veröffentlicht worden ist.

[429] Frankfurter Allgemeine Zeitung, 21. 9. 1987

Anfang 1986 wird zwischen Saarlouis und Eisenhüttenstadt eine erste deutsch-deutsche Städtepartnerschaft abgeschlossen, der seitdem zahlreiche weitere gefolgt sind. Von Städten der DDR sind zuvor rund 200 Partnerschaften mit Städten des kapitalistischen Westens abgeschlossen worden. Entsprechende Bemühungen westdeutscher Städte sind dabei als Folge der Abgrenzungspolitik stets zurückgewiesen worden. Die neue Haltung den deutsch-deutschen Städtepartnerschaften gegenüber signalisiert keine grundsätzliche Preisgabe der Abgrenzungspolitik, ist aber doch sehr positiv zu bewerten, weil die menschlichen Kontakte intensiviert werden und weil dabei anzunehmen ist, daß sie sich auf seiten der DDR nicht auf Funktionäre eingrenzen lassen. Seit dem Bonn-Besuch Honeckers wird z. B. auch der Sport in den Partnerschaftsverkehr einbezogen. Im Sportkalender für 1989 hängen zahlreiche Begegnungen mit Städtepartnerschaften zusammen.

Suche nach Gemeinsamkeiten   Zeichnung: Walter Hanel

[430]

Hannoversche
Allgemeine
Zeitung,
1.9.1987

Das gemeinsame Papier von SPD und SED entfacht eine lebhafte Diskussion. Es erweckt ebenso große Hoffnungen wie Befürchtungen. „Ob endlich die Zukunft beginnt?" fragt „Die Zeit". „Ein schmachvolles Papier" nennt es „Die Welt". Die hoffnungsvollen Stellungnahmen heben auf zukunftsweisende Formulierungen des Papieres ab; die skeptischen beschwören gegenteilige Erfahrungen in der Vergangenheit. Das Papier beschreibt keine gegenwärtige Wirklichkeit, sondern ist Vision einer besseren Zukunft. Wird es sich als zukunftsträchtig erweisen, oder wird es von der Vergangenheit überwältigt werden? Im März 1989 wird von der Grundwertekommission der SPD als dem Verhandlungsträger für das gemeinsame Papier eine erste und wenig erfreuliche Bilanz gezogen.

J. R. Becher – von 1954 bis zu seinem Tode 1958 Kultusminister der DDR, von 1945 bis 1958 Präsident des Kulturbundes, Textautor der DDR-„Nationalhymne" – wird durch die Verurteilung Stalins auf dem 20. Parteitag der KPdSU aus seiner „Selbstzensur" (so der Titel der o. g. Veröffentlichung) befreit. Er fühlt sich gedrängt, über seine eigene Teilhabe an der Terrorherrschaft Stalins und zugleich über den Sozialismus als vorbestimmtes historisches Endzeitalter der Menschheitsgeschichte zu reflektieren:

Die vier Jahreszeiten.   Zeichnung: Haitzinger

[431]

Neue Presse, Hannover, 4.2.1988

Die Entwicklungsperspektive für das Herrschaftssystem der SED wird von dem Zeichner vor dem Hintergrund der Vorgänge um den 17. Januar 1988 nicht sehr hoffnungsvoll gesehen.

„In mir ist nun der Konflikt offen ausgebrochen, in dem ich mich, nur wenigen Menschen erkennbar, jahrelang verzehrte. Ich muß nicht mehr schweigen. Ich brauche nicht das Gefühl zu haben, weiterhin mitschuldig zu werden dadurch, daß ich schweige. Es gilt, nur noch die Sprache zu finden, um all das Ungeheuerliche beredt zu machen und wiedergutzumachen, was ich durch Schweigen mitverschuldet habe."

Becher gesteht von sich, daß er „diesen Mann (Stalin) damals verehrt habe wie keinen unter den Lebenden", zugleich aber auch „in demselben Maße ... von Grauen ergriffen worden" sei. Er versuchte das Grauen von sich abzudrängen, indem er Zwänge der historischen Situation als Erklärungsmuster bemühte, ohne doch zu einer inneren Beruhigung zu kommen: „Wie zwei Welten standen sich die Größe und das Entsetzliche entgegen." Von besonderer Bedeutung ist nun, daß Becher über die Verurteilung Stalins hinaus zu grundsätzlichen, neuen historischen Einsichten vorstößt:

„Der Grundirrtum meines Lebens bestand in der Annahme, daß der Sozialismus die menschlichen Tragödien beende und das Ende der menschlichen Tragik selber bedeute... Das Gegenteil aber, wie sich gezeigt hat, ist der Fall, und man muß diese ungeheuerliche Tatsache zur Kenntnis nehmen und bemüht sein, daraus die Folgerungen zu ziehen. Es ist so, als habe mit dem Sozialismus die menschliche Tragödie in einer neuen Form ihren Anfang genommen...

Wer vom Sozialismus träumt und schwärmt als von einem Erdenparadies und einem Glück für alle, der wird furchtbar belehrt werden in dem Sinne, daß die sozialistische Ordnung ganze Menschen hervorbringt, die aufs Ganze gehen, wenn auch nicht unter Anwendung der barbarischen Mittel der Vorzeit, aber auch diese bleiben noch eine Zeitlang in Gebrauch, wie es gerade in letzter Zeit bewiesen wurde, und dadurch, daß sich ihrer Sozialisten bedienten, übertreffen sie in ihrer Barbarei noch die vordem gebräuchlichen."

Becher hat 1956 seine kritischen Reflexionen, die dem Buch „Das poetische Prinzip" zugehörten, nicht veröffentlicht. Er ist damit in seinen eigenen Worten durch weiteres Schweigen schuldig geblieben. Daß sie dreißig Jahre nach seinem Tode in einer DDR-Zeitschrift veröffentlicht werden, ist ein unerhörter Vorgang, weil in ihnen das ideologische Weltbild mit seinen naiven Deutungsmustern und Werturteilen zerronnen ist.[72] **[432]**

Die Wiener KSZE-Entschließung vom 20. Januar 1989

Zu den hoffnungsvollen Tatbeständen für die künftige Entwicklung gehört auch und in besonderem Maße die Entschließung der Wiener KSZE-Folgekonferenz vom 20. 1. 1989. Die DDR hat ihre Unterschrift einem politisch-humanitären Programm nicht verweigern können, das – wenn seine Verpflichtungen ernstgenommen werden – einen vollständigen Umbau von Staat und Gesellschaft zur Folge haben müßte, bekennen sich doch die Unterzeichnerstaaten zum Selbstbestimmungsrecht der Völker:

„daß alle Völker … jederzeit das Recht haben, in voller Freiheit, wann und wie sie es wünschen, ihren inneren und äußeren politischen Status ohne äußere Einmischung zu bestimmen und ihre politische, wirtschaftliche, soziale und kulturelle Entwicklung nach eigenen Wünschen zu verfolgen." [433]

Die Unterzeichnerstaaten bekunden ferner ihre Entschlossenheit,

„die wirksame Ausübung der Menschenrechte und Grundfreiheiten zu garantieren … Sie werden … das Recht aller ihrer Bürger achten, einzeln oder in Gemeinschaft mit anderen aktiv zur Förderung und zum Schutz der Menschenrechte und Grundfreiheiten beizutragen; … jeder in ihrem Gebiet befindlichen und ihrer Jurisdiktion unterstehenden Person Menschenrechte und Grundfreiheiten ohne Unterschied wie insbesondere der Rasse, der Hautfarbe, des Geschlechts, der Sprache, der Religion, der politischen oder sonstigen Anschauung, der nationalen oder sozialen Herkunft, des Vermögens, der Geburt oder des sonstigen Status gewährleisten…"

Die DDR hat diesem humanitären Prinzipienkatalog ihre Unterschrift gegeben und sich sogar bereitgefunden, den Text im Neuen Deutschland zu veröffentlichen. Die Unterschrift ist ihr sicher nicht leichtgefallen, wie man an einer Auslassung und an einer sprachlichen Umformung erkennen kann. Die Wiener Resolution verpflichtete nämlich die Teilnehmerstaaten auch dazu, „das Recht eines jeden auf Freizügigkeit und freie Wahl des Aufenthaltsortes innerhalb der Grenzen eines jeden Staates und auf Ausreise aus jedem Land, darunter auch seinem eigenen, und auf Rückkehr in sein Land uneingeschränkt (zu) achten". Die Ausübung dieser Rechte dürfe „keinerlei Einschränkungen unterliegen, mit Ausnahme jener,

[432]

Hannoversche Allgemeine Zeitung, 27. 8. 1977

Der Fall Bahro, die Enthüllung einer Schwäche   Zeichnung: Peter Leger

Johannes R. Bechers Gedanken in der „Selbstzensur" gehen in ihrem Bedeutungsgewicht über das hinaus, was der Systemkritiker Rudolf Bahro in seinem Buch „Die Alternative" (Köln 1977) vorgetragen hat. Bahro, seit dem 18. Lebensjahr SED-Mitglied, kritisiert die Herrschaftsordnung seiner Partei von einer innermarxistischen Position aus. Er strebt eine Erneuerung der kommunistischen Bewegung an und bleibt der marxistischen Theorie treu, obwohl er 1978 wegen Landes- und Geheimnisverrats zu 8 Jahren Haft verurteilt wird. Er sieht das Herrschaftssystem der SED nicht als Konsequenz der marxistischen Geschichts- und Gesellschaftstheorie an, sondern als Verrat an der reinen Lehre. Der Traum vom Sozialismus als – in Bechers Worten: „einem Erdenparadies und einem Glück für alle" – bleibt ungebrochen.

Die Verurteilung Bahros spornt einen anderen an, dessen Werk fortzusetzen. Rolf Henrich – wie Bahro langjähriges Parteimitglied – gelangt in seiner Systemanalyse zu einem vernichtenden und hinsichtlich der Reformfähigkeit des Herrschaftssystems wenig hoffnungsvollen Urteil. Sein Buch: „Der vormundschaftliche Staat. Vom Versagen des real existierenden Sozialismus." Reinbek 1989 – darf in der DDR nicht erscheinen. Die Partei antwortet auf die Veröffentlichung im Westen mit Parteiausschluß und Berufsverbot, scheut aber einen Prozeß oder die zwangsweise Ausbürgerung.

[433]

Neue Presse, Hannover, 13. 10. 1988

Im Oktober 1988 stellt sich Chiles Diktator, General Pinochet, einer freien Volksabstimmung, die über Fortbestand oder Ende der Militärdiktatur zu entscheiden hat. Nach dem Ergebnis der Volksabstimmung wird Chile nach einjähriger Übergangsfrist wieder eine demokratische Ordnung bekommen. Die Regierung der DDR hat die chilenische Militärdiktatur mit großem Aufwand politisch bekämpft, ist aber selbst nicht bereit, die eigene Herrschaftsordnung einer freien Volksabstimmung auszusetzen.

[434]

Salut!

Zeichnung: Haitzinger

Neue Presse, Hannover, 14. 3. 1989

Im Februar und März 1989 kommt es an der Berliner Mauer zu mehreren Fluchtversuchen, die die Grenzsoldaten der DDR mit dem Einsatz ihrer Waffen zu unterbinden suchen. Es gibt einen Toten und mehrere Verletzte. Bundesregierung und Bundestag protestieren gegen den Waffeneinsatz und fordern die Regierung der DDR auf, sich an die selbst übernommenen Verpflichtungen der Wiener KSZE-Entschließung zu halten. Zwei Bundesminister sagen wegen der „fortgesetzten Verletzung der Menschenrechte" die für die Leipziger Messe vereinbarten Gespräche mit Honecker und einem DDR-Minister ab. Die DDR antwortet mit der Absage von zwei für April und Mai vorgesehenen Ministerbesuchen in der Bundesrepublik; ferner wird der für Ende März eingeladene Bundesumweltminister wieder ausgeladen. Zu Beginn der Leipziger Messe demonstrieren etwa 600 Menschen für ihre Ausreise in den Westen.

[435] Honecker: Die Welt mag sich drehen, wir bleiben stehen.

Zeichnung: Peter Leger
Hannoversche Allgemeine Zeitung, 21. 1. 1989

die im Gesetz verankert sind". Um dem möglichen Mißbrauch vorzubeugen, auf dem Gesetzeswege die Wahrnehmung der Grundrechte zu verhindern, wird ausdrücklich darauf verwiesen, daß die gesetzlichen Einschränkungen mit dem Internationalen Pakt über bürgerliche und politische Rechte und mit der Allgemeinen

Erklärung der Menschenrechte in Einklang stehen müssen. Es heißt dann zusätzlich:

„Diese Einschränkungen tragen den Charakter von Ausnahmen. Die Teilnehmerstaaten werden dafür sorgen, daß diese Einschränkungen nicht mißbräuchlich und willkürlich angewendet werden, sondern in einer Form, die die wirksame Ausübung dieser Rechte wahrt." [434]

Daß diese Sicherungsklausel im ND-Text fehlt, ist ganz sicher kein Zufall. Ebensowenig dürfte zufällig sein, daß der für die ins Auge gefaßte Abschaffung von zwangsweisem Geldumtausch rechtlich bedeutsame Begriff „in Erwägung ziehen" durch den weit weniger verpflichtenden Begriff „prüfen" ersetzt worden ist.

Ungeachtet dieser bezeichnenden Veränderungen des Ausgangstextes ist doch als höchst positiv hervorzuheben, daß eine so weitreichende Selbstverpflichtung eingegangen worden ist – auch wenn diese zunächst nur auf dem Papier steht. Wie schroff Postulat und Wirklichkeit auseinanderklaffen, haben im Februar und März 1989 mehrere Zwischenfälle an der Berliner Mauer, darunter mindestens einer mit tödlichem Ausgang, deutlich gemacht.

Die begrenzte Reichweite des KSZE-Abschlusses wird auch daran ablesbar, daß Honecker am 19. 1. 1989 der in Wien von verschiedenen westlichen Politikern erhobenen Forderung nach Abbau der Berliner Mauer scharf entgegengetreten ist:

„Mit dem Bau des antifaschistischen Schutzwalles im Jahre 1961 wurde die Lage in Europa stabilisiert, der Frieden gerettet … Die Mauer wird … so lange bleiben, wie die Bedingungen nicht geändert werden, die zu ihrer Errichtung geführt haben. Sie wird in 50 und auch in 100 Jahren noch bestehen bleiben, wenn die dazu vorhandenen Gründe noch nicht beseitigt sind. Das ist schon erforderlich, um unsere Republik vor Räubern zu schützen." [435]

Hier arbeitet der höchste Repräsentant der DDR zur Kennzeichnung einer Problemlage wieder mit einem ideologischen Vokabular (der „antifaschistische Schutzwall", der „den Frieden gerettet" hat, die „vor Räubern" zu schützende Republik), das weit hinter das SPD-SED-Papier zurückfällt, wird doch mit ihm die Bundesrepublik als faschistischer Staat diffamiert, der ununterbrochen auf der Lauer liegt, um die Aggression loszulassen und den Dritten Weltkrieg zu entfesseln.[73]

SED und deutsche Geschichte

Die besonders in den „Grundregeln einer Kultur des politischen Streits" und in Bechers „Selbstzensur" zum Ausdruck kommende Aufweichung ideologischer Fixierungen findet eine Entsprechung in einem neuen Verhältnis der SED zur deutschen Geschichte. Mit dem Bemühen, die DDR als eigenständige Nation zu konstituieren, verknüpft sich der Anspruch, die gesamte deutsche Geschichte als Vorgeschichte der „Nation DDR" zu verstehen. Die vorausgegangene Geschichtsschau war stark selektiv orientiert, insbesondere auf die revolutionäre Traditionslinie bezogen **[436]** (von den Bauernkriegen mit Thomas Münzer als überragender Führergestalt, über die Freiheitsbewegung im 19. Jahrhundert bis hin zur sozialistisch-revolutionären Arbeiterbewegung und zum kommunistischen Widerstand im Dritten Reich), der die großen kulturellen Leistungen, etwa die der deutschen Klassik, als humanistisches Erbe zugeordnet wurden. Ausdrucksform dieses verengten Geschichtsbildes war unter anderem der Abbruch historischer Bauwerke, die der verdammenswerten Traditionslinie herrschender Klassen zugehörten, so z.B. des Berliner Schlosses und der Potsdamer Garnisonkirche, andererseits die Wertschätzung nationaler Symbole, so z.B. der preußischen Reformer mit Einschluß ihrer Militärs. **[437]** Symbolisierte jenes Zerstörungswerk die Ächtung Preußens als eines feudalistischen Staatswesen, so nicht minder 1980 die Wiederaufstellung des Standbildes von Friedrich dem Großen an seinem alten Standort „Unter den Linden" dessen neue Bewertung. Noch deutlicheren Ausdruck fand die neue historische Sichtweise in der Umbewertung Luthers. 1980 trat ein staatliches Lutherkomitee zur Vorbereitung des Lutherjahres 1983 ins Leben, dem Honecker persönlich präsidierte und dessen geistige Ausrichtung er damit fest-

[436]　　　　　　　　　　　　　Süddeutsche Zeitung, 12.4.1967

Das der DDR-Bevölkerung in den 50er und 60er Jahren verordnete Geschichtsbild der SED ist auf die revolutionäre – im Sinne der marxistischen Theorie progressive Linie ausgerichtet. Die Epochen und Gestalten werden nicht in ihrem jeweiligen historischen Eigenwert wahrgenommen, sondern in eine vorgegebene – allerdings wechselnden Parteilinien folgende – Geschichtskonstruktion eingebaut, so daß sie das Bild tragen, das man in sie hineingibt. Mit Theodor Lessing zu sprechen: Geschichte nicht als Wissenschaft, sondern als „umdichtende Willenschaft".

Musterung für die „Volksarmee". Ulbricht: „Wenn sie tüchtig abgestaubt werden, lassen sie sich sehr gut wieder verwenden."

[437]　　　　　　　　　　　　　Rheinische Post, Düsseldorf, 24.1.1956

Der revolutionären historischen Traditionslinie werden positiv bewertete Gestalten und Bewegungen zugeordnet, die die eigene Position geistig, kulturell und moralisch abstützen sollen, so die deutsche Klassik und die preußischen Reformer – nach der Gründung der Nationalen Volksarmee mit Einschluß ihrer Militärs. Die Waffenbrüderschaft mit Rußland in den Freiheitskriegen gegen die Herrschaft Napoleons ist ein zusätzlicher Impuls für die Einvernahme gerade dieser Epoche.

[438]

Die Bunte, 10. 3. 1983

Wittenberg 1983

Erich Honeckers besondere Wertschätzung Luthers läßt den Zeichner fragen, wie Luthers Thesen an der Schloßkirche von Wittenberg vor dem Hintergrund der DDR-Realität heute lauten würden.

[439]

Frankfurter Allgemeine Zeitung, 20. 7. 1987

Erich Honeckers politische Karriere vom FDJ-Funktionär über den Baumeister der Berliner Mauer zum Staatsratsvorsitzenden und Bonn-Besucher vor dem Hintergrund des sich wandelnden Geschichtsbildes. Die Umbewertungen Luthers und Friedrichs des Großen, auch Bismarcks, sind besonders deutliche Symbole einer neuen und offenen, nicht mehr zwangsläufig ideologischen Wahrnehmung von Geschichte.

legte, daß er Luther (ehedem „Bauernfeind" und „Fürstenknecht") „einen der größten Söhne des deutschen Volkes" nannte. **[438]** Die Neubewertung Bismarcks hat sich in einer großen, in ihren Aussagen und Wertungen sehr abgewogenen, positiv gestimmten Biographie des Reichsgründers niedergeschlagen; und 1984 wurde erstmalig offiziell des nichtkommunistischen Widerstandes gegen den Nationalsozialismus gedacht. **[439]** Die Erhaltung oder der Wiederaufbau historischer Bauwerke wird inzwischen mit großem Einsatz betrieben und ist besonders in Dresden und Ost-Berlin eindrucksvoll erkennbar. Eine der neuen Sicht von Geschichte entsprechende didaktische Umorientierung des Geschichtsunterrichtes ist mit neuen Lehrplänen in Vorbereitung. In dem Maße aber, wie die DDR um ihrer historischen Legitimation als Nation willen auf die gesamte deutsche Geschichte zurückgreift, also auch auf nichtrevolutionäre Inhalte, rückt sie wieder an die Bundesrepublik als dem Mitträger dieser deutschen Geschichte heran. Und die – verglichen mit früheren ideologischen Klischeebildern – erstaunlich differenzierte Sichtweise für Epochen, gesellschaftliche Gruppen und historische Gestalten nötigt unabwendbar dazu, auch die Bundesrepublik differenzierter, nicht mehr nur als Komprimat der negativen Bestände der deutschen Geschichte zu sehen. Ist hier ein geistiger Prozeß in Gang gekommen, der der DDR wieder die Gesamtnation vor Augen rückt und der eines Tages dazu führen wird, daß auch die Nationalhymne wieder gesungen wird: ... Laß uns dir zum Guten dienen, Deutschland, einig Vaterland!"?[74]

Glasnost und Perestroyka

Die Hoffnung, daß in der DDR die progressiven Wandlungskräfte schließlich die Oberhand gewinnen, richtet sich in besonderem Maße auf die Wirkungen, die von der sowjetischen Reformpolitik unter Gorbatschow ausgehen. Unzweifelhaft befindet sich die Sowjetunion in einem tiefgreifenden

Wandlungsprozeß, der sich unter den Stichworten „Glasnost" (Öffentlichkeit, Transparenz) und „Perestroyka" (Veränderung, Erneuerung, Modernisierung) vollzieht. **[440]** Dieser Prozeß ist auf allen staatlichen und gesellschaftlichen Handlungsfeldern erkennbar. Er wird für den Außenstehenden besonders deutlich in der grundlegend veränderten sowjetischen Nationalitäten- und Religionspolitik und im Umbau des politischen Herrschaftssystems: im März 1989 standen bei den Wahlen zum Kongreß der Volksdeputierten zum erstenmal seit Bestehen der Sowjetunion mehrere Kandidaten zur Auswahl, und viele hohe Funktionäre der KPdSU sind dabei auf der Strecke geblieben. Der überwältigende Sieg des entschiedenen Reformpolitikers Jelzin in Moskau war besonders spektakulär (die Wahlen in der Sowjetunion unterschieden sich deutlich von den Gemeindewahlen in der DDR am 7. Mai 1989, die in Durchführung und Ergebnis – 98,85 % für die „Einheitsliste der Nationalen Front" – dem traditionellen Muster volksdemokratischer Wahlen entsprachen).

Die nachfolgenden Beratungen des Volkskongresses wurden in voller Länge von Rundfunk und Fernsehen übertragen, und die Bürger konnten zum erstenmal seit Bestehen der Sowjetunion eine offene und kontroverse Debatte miterleben, die schonungslos die Probleme des Landes aufriß und die Notwendigkeit einer grundlegenden Veränderung des Herrschaftssystems verdeutlichte. Gorbatschow konnte mit Recht feststellen, „daß der Kongreß selbst... und der Charakter der... Diskussionen einen überzeugenden Sieg der Umgestaltung, dem Wesen nach eine neue Seite im Schicksal unseres Staates darstellen (und) daß es für den politischen Kurs auf Erneuerung, die grundlegende Erneuerung des Sozialismus, keine Alternative gibt". Die Frage der Menschenrechte spielte in seiner Rede eine wichtige Rolle. Gorbatschow bekannte sich zu ihrer Anerkennung und betonte, „daß die im Lande geltenden Rechtsnormen den internationalen Abkommen entspre-

[440]

Neue Presse,
Hannover, 14. 2. 1987

Vorsicht, ich höre schon jemand den Warschauer Pakt um Hilfe rufen!"   Zeichnung: Haitzinger

Die unter den Stichworten „Glasnost" und „Perestroyka" stehende Reformpolitik Gorbatschows ruft die Gestalt Alexander Dubčeks und den Prager Frühling in Erinnerung – damit auch den Einmarsch der Armeen des Warschauer Paktes zu seiner Unterdrückung. Wird sich die Reformpolitik Gorbatschows gegen widerstrebende Kräfte im Ostblock – in der Sowjetunion ebenso wie in anderen osteuropäischen Staaten – durchsetzen?

chen müssen" (gemeint ist der Wiener KSZE-Abschluß, vgl. oben S. 225). **[441]** Ausführlich ging Gorbatschow auch auf die Außenpolitik ein, die in den Reformprozeß einbezogen werden müsse. Er sprach von einer „grundlegenden Veränderung des außenpolitischen Kurses", hob die Notwendigkeit einer „Entideologisierung der zwischenstaatlichen Beziehungen" hervor und verpflichtete das Außenverhalten der Sowjetunion auf die „Prioritäten der menschlichen Interessen und Werte, der allgemein gültigen Moralnormen als obligatorisches Kriterium der gesamten Politik".[75]

[441]   Ein Lichtlein brennt . . .   Zeichnung: Walter Hanel
Hannoversche Allgemeine Zeitung, 22. 12. 1986

Die gegen den bekannten sowjetischen Bürgerrechtler Andrej Sacharow ausgesprochene Verbannung aus Moskau nach Gorki wird zu Weihnachten 1986 aufgehoben – ein bemerkenswerter Tatbestand für neues Denken in der Sowjetunion. Im Juli 1989 wird Alexander Solschenizyn wieder in den sowjetischen Schriftstellerverband aufgenommen, und der Vertreter des Schriftstellerverbandes im Volkskongreß wird beauftragt, sich dafür einzusetzen, daß der Autor des Archipel Gulag die sowjetische Staatsbürgerschaft zurückerhält.

[442]   *Abzug aus Afghanistan*

Zeichnung: Behrendt
Der Tagesspiegel, Berlin, 28. 4. 1988

Im Frühjahr 1988 geht die Sowjetunion die vertragliche Verpflichtung ein, binnen Jahresfrist ihre Truppen aus Afghanistan zurückzuziehen. Seit Beginn der Invasion sind fast zehn Jahre vergangen. Handelt es sich nur um eine Truppenzurücknahme im Angesicht einer militärisch wie politisch schwierigen Situation, oder handelt es sich auch um einen Rückzug aus einer expansiven Ideologie, wie der Zeichner vermutet: diejenigen steigen mit auf – Marx, Stalin, Lenin –, in deren Namen Krieg geführt worden ist. Versteht sich hinfort die Sowjetunion nur noch als Staat unter anderen Staaten und nicht mehr als Zentrum und Exekutivorgan eines welthistorischen Heilsplanes? Signalisiert der Rückzug ein lediglich taktisches Verhalten oder eine strategische Wende?

Im Zuge der „Befreiung von dogmatischen Vorstellungen" (Gorbatschow) sind weltpolitische Probleme, denen unter den überkommenen Bedingungen gleichsam Ewigkeitswert zugeschrieben werden mußte, lösbar geworden. Die Räumung Afghanistans 1988/89 ist ein besonders spektakuläres Beispiel. **[442]** Auch andere Kon-

flikte haben sich lösen lassen (Angola – Namibia – Südafrika) oder gehen offenbar ihrer Lösung entgegen (Kambodscha). Im Nahostkonflikt ist die Sowjetunion um eine beiden Seiten gerecht werdende Lösung bemüht und hat hiermit im Zusammenhang Israel die Wiederaufnahme der diplomatischen Beziehungen angeboten. In der Sicherheitspolitik wurde nicht nur 1987 das Abkommen über den Abbau der Mittelstreckenraketen möglich; Gorbatschow kündigte im Dezember 1988 sogar die einseitige Verminderung des militärischen Kräftepotentials der Sowjetunion um 500 000 Mann samt zugehörigen Panzern und Luftstreitkräften an.

Die genannten Veränderungen haben zur Voraussetzung, daß die Rolle der Sowjetunion im weltpolitischen System anders gesehen wird als zuvor. Hiermit ist notwendigerweise auch eine kritische historische Selbstreflexion verbunden. Diese äußert sich vielgestaltig: Im Jahre 1988 z. B. in den der Parteikonferenz vorgelegten 10 Thesen zur Demokratisierung von Partei und Gesellschaft, die auch mit der bisherigen sowjetischen Außen- und Sicherheitspolitik hart ins Gericht gehen. In seiner Rede vor dem Volkskongreß nahm Gorbatschow diese Kritik auf und sprach Vergangenheit und Zukunft sowjetischer Außen- und Sicherheitspolitik an:

„In der Vergangenheit lief unsere außenpolitische Praxis in einigen Fällen den verkündeten hohen Prinzipien sozialistischer Außenpolitik zuwider. Es kam zu willkürlichen Aktionen, die dem Land ernsthaften Schaden zufügten und sich negativ auf sein internationales Ansehen auswirkten ...

Die Sicherheit eines Landes muß vor allem mit politischen Mitteln gewährleistet werden als Bestandteil der allgemeinen und gleichen Sicherheit im Prozeß der Demilitarisierung, Demokratisierung und Humanisierung der internationalen Beziehungen." **[443]**

Die kritische Reflexion reißt die gesamte sowjetische Vergangenheit auf und rückt vor allem die Stalinära in den Mittelpunkt. „Hätte es ohne Stalin Hitler gegeben?" fragt im Oktober 1988 die sowjetische Zeitschrift „Sputnik". Die Sozialfaschismustheorie und der mit ihr verbundene Kampf der KPD gegen die SPD und gegen den Wei-

[443]   *Mr. Gromykos gesammeltes Schweigen.*

Zeichnung: Bruns
Der Tagesspiegel, Berlin, 29. 7. 1988

Der Wechsel im sowjetischen Außenministerium von Gromyko auf Schewardnadse ist mehr als ein Personenaustausch.

marer Staat werden ebenso problematisiert wie der Hitler-Stalin-Pakt und die mit ihm verbundene Einschwörung der kommunistischen Weltbewegung auf die Zusammenarbeit mit dem nationalsozialistischen Deutschland. Hatte Gorbatschow noch in einer Rede zum 70. Jahrestag der Oktoberrevolution den Hitler-Stalin-Pakt in einen Rechtfertigungszusammenhang gestellt, der sich nicht im mindesten von den unhaltbaren traditionellen Positionen unterschied, so hat er jetzt dem Antrag baltischer Abgeordneter auf Bildung einer Kommission des Volkskongresses zugestimmt, die den Anschluß der baltischen Staaten an die Sowjetunion 1940 untersuchen soll. Das Auswärtige Amt der Bundesrepublik ist mit seiner Archivabteilung um Mithilfe gebeten worden. Das Ergebnis der Kommissionsarbeit wird die Wahrheit über den Hitler-Stalin-Pakt sein. Das Gewicht dieser Wahrheit kann fast erdrückend sein, denn es steht nichts Geringeres auf dem Spiel als das historische Selbstporträt der Sowjetunion: das Bild eines ununterbrochen auf Friedenswacht stehenden Staates, Hort der Freiheit und der Gerechtigkeit und Zielpunkt aller Zukunftshoffnungen der gesamten Menschheit. **[444]**

Niemals ist ein sowjetischer Generalsekretär in Osteuropa populärer gewesen als derzeit Gorbatschow. Mit seiner Person verbinden sich überall die Hoffnungen auf eine grundlegende Systemänderung – vorab bei denjenigen (wie den baltischen Staaten), die durch die militärische Expansion in der Stalin-Ära kommunistischer Herrschaft unterworfen wurden. Aber auch kommunistische Regime greifen die Thesen und Forderungen Gorbatschows auf – am deutlichsten in Ungarn. Hier vollzieht sich der gesellschaftliche und politische Reformprozeß in einem Tempo, das den Atem verschlägt. Die Legalisierung des Mehrparteiensystems und damit die Umwandlung des totalitären in ein demokratisch-pluralistisches, zugleich rechtsstaatliches Herrschaftssystem ist das auffälligste, aber keineswegs einzige Merkmal. Der politischen Reform entspricht

[444]

Frankfurter Allgemeine Zeitung, 13. 7. 1988

Zu den weißen Flecken des Geschichtsbildes, die die Politik des Glasnost beseitigen soll, gehören auch die Morde von Katyn. Die Erwartung, daß Gorbatschow bei seinem Polenbesuch 1988 die historische Wahrheit aussprechen werde, erfüllt sich nicht. Auch die zur wissenschaftlichen Klärung eingesetzte polnisch-sowjetische Historikerkommission bleibt stumm. Ist das moralische Gewicht der Wahrheit für die Politik so schwer, daß es nicht getragen werden kann? Im Februar 1989 wird in einer polnischen Zeitschrift der Bericht des früheren Generalsekretärs des Polnischen Roten Kreuzes aus dem Jahre 1943 veröffentlicht, den ein polnischer Historiker in einem britischen Archiv gefunden hat. Danach sind die 4000 polnischen Offiziere von Katyn im März/April 1940, also vor dem deutschen Einmarsch in Rußland, vom NKWD ermordet worden. Die falsche Inschrift auf dem offiziellen Katyn-Gedenkstein in Warschau, die Deutschland mit der Schuld am Tod der polnischen Offiziere belastete, ist inzwischen beseitigt worden. Die Gräber der übrigen Offiziere sind einstweilen noch unter weißen Flecken verborgen.

[445]　　　*„Ein unglaubliches Gefühl"*　　　Zeichnung: Schoenfeld
Der Tagesspiegel, Berlin, 3. 6. 1989

231

der Abbau der Grenzsperranlagen gegenüber Österreich, der bis 1991 abgeschlossen sein soll. Der neue Geist fand symbolträchtigen Ausdruck in der Übergabe eines Stückes der Sperranlage durch den (kommunistischen!) ungarischen Ministerpräsidenten an den amerikanischen Präsidenten bei dessen Besuch in Ungarn im Juli 1989. [445] Der Aufbruch in eine neue Zukunft ist ohne die Reinigung des bisher verordneten Geschichtsbildes nicht denkbar. Die revolutionäre Erhebung von 1956 ist als Volksaufstand – nicht mehr Konterrevolution! – neu bewertet worden. Imre Nagy – Ministerpräsident 1956, nach dem Scheitern des Volksaufstandes in einem Schauprozeß zum Tode verurteilt, erhängt und in einem Massengrab verscharrt – ist in einem feierlichen Staatsakt rehabilitiert und bestattet worden. Hunderttausende haben ihm das letzte Geleit gegeben, das staatliche Fernsehen hat die Gedenkfeier in voller Länge übertragen, das ganze Volk verharrte in einer Schweigeminute, während der nur die Kirchenglocken läuteten. Mit dieser wohl einmaligen Rehabilitierung eines legendären und zugleich vom Regime geächteten Politikers kehrte Ungarn in seine eigene Geschichte zurück. Es dokumentierte seine geistige Neuausrichtung durch den Beitritt zur Genfer Flüchtlingskonvention (die u. a. dazu verpflichtet, Flüchtlinge nicht auszuweisen oder in ein Land abzuschieben, wo ihr Leben oder ihre Freiheit aus politischen Gründen gefährdet sind).

Auch in Polen vollzieht sich ein Umwandlungsprozeß, der als historische Wende bezeichnet werden kann. Nach der Verhängung des Kriegsrechtes und dem Verbot der Solidarność 1981 sind verschiedene Modelle einer Reform versucht worden, die aber alle am politischen Primat der kommunistischen Staatspartei festhielten.

Die Erfolglosigkeit dieser Bemühungen hat dazu genötigt, einen historischen Kompromiß mit der verbotenen Gewerkschaftsbewegung zu suchen. Dieser ist im April 1989 nach zweimonatigen „Verhandlungen am runden Tisch" gefunden worden und hat seinen Niederschlag in einem umfassenden Protokoll gefunden, durch das die Verfassungsordnung des Landes grundlegend verändert werden wird. Im Juni 1989 haben – dem Protokoll entsprechend – Parlamentswahlen stattgefunden, bei denen die wiederzugelassene Solidarność einen überwältigenden Sieg errungen hat: sie hat 99 der 100 Sitze des Senats (der die 49 Wojwodschaften repräsentiert) gewonnen. Anders als bei den Wahlen zum Senat war die Freiheit der Wahl zum Sejm durch die im historischen Kompromiß vereinbarte Mandatsaufteilung (nur 35 % der Sitze für unabhängige Bürgergruppen) eingeschränkt – aber nur für die Sejm-Wahl in diesem Jahr. Die Wahlen zum Sejm 1993 sollen wie die Senatswahlen frei sein. Polen befindet sich damit auf dem Wege in eine parlamentarische, auf den Prinzipien des Pluralismus, der Gewaltenteilung und der Rechtsstaatlichkeit beruhende Demokratie und hat wie Ungarn ein grundlegend anderes Herrschafts-, Gesellschafts- und Wirtschaftsmodell vor Augen. Neue Verfassungen sollen in beiden Ländern der politischen Umorientierung bleibende Form geben.

Das „neue Denken" hat auch die Bewohner der DDR erfaßt. Daß 1987 Rockfans am Brandenburger Tor bei einem Konzert auf der anderen Seite der Mauer mit Gorbatschow-Sprechchören auf den massiven Polizeieinsatz antworteten, ist ein deutliches Zeichen dafür, wie sehr der sowjetische Generalsekretär inzwischen zum Hoffnungsträger, ja zur Berufungsinstanz für die Forderung nach mehr Freiheit geworden ist. [446] Damit ist eine völlig neuartige Situation heraufgezogen: die Sowjetunion ist nicht mehr der Schreck einflößende, übermächtige Riese, der alles in seinen Bann zwingt und alles Entgegenstehende niedertritt. Mit ihr verbinden sich im Gegenteil die Hoffnungen auf eine neue und bessere Welt, wie sie einmal auf den Prager Frühling bezogen waren.

Die Machtinhaber freilich sehen sich dadurch in einer unerhörten Weise herausgefordert, weil mit

[446]

Frankfurter Allgemeine Zeitung, 11. 6. 1987

Gorbatschow als Hoffnungsträger in der DDR. Zu Pfingsten 1987 wird in West-Berlin auf dem großen Freigelände vor dem Reichstag und damit dicht am Brandenburger Tor ein Rockkonzert veranstaltet. Auf der Ost-Berliner Seite der Mauer finden sich Hunderte von Rockfans ein, die aus der Ferne das Konzert mit anhören wollen. Es kommt zu Zusammenstößen mit der Volkspolizei. Die Jugendlichen antworten auf den Versuch der Polizei, sie in das Innere Ost-Berlins abzudrängen, mit Sprechchören wie: „Die Mauer muß weg!" und „Gorbatschow!" Westliche Journalisten werden vom Staatssicherheitsdienst tätlich angegriffen, um zu verhindern, daß die Vorgänge gefilmt werden. Der Karikaturist stellt Gorbatschow selbst an die Gitarre und läßt Honecker die Pauke dagegen hauen.

der sowjetischen Reformpolitik die Legitimation ihrer Herrschaft und die Inhalte ihrer Politik in Zweifel geraten und ihren Rückhalt zu verlieren drohen. Die Akzentuierung der allgemeinen Menschenrechte im „neuen Denken" anstelle der Klassenkampfparole für die nationale und internationale Politik im „alten Denken", die damit verbundene Zukunftsvision Gorbatschows von einem „gemeinsamen Haus Europa", distanzierende Äußerungen des sowjetischen Außenministers Schewardnadse auf der Wiener KSZE-Konferenz zur Berliner Mauer machen die „Gefährlichkeit" der sowjetischen Reformpolitik deutlich: ein den Menschenrechten verpflichtetes gemeinsames Haus Europa ist mit der Berliner Mauer unvereinbar; ja, in diesem Haus wohnen die Deutschen auf derselben Etage. Zwar sieht Gorbatschow im territorialen Status quo die Voraussetzung für die Neuordnung der Ost-West-Beziehungen, und entsprechend hielt er Bundeskanzler Kohl bei dessen Moskaubesuch im Oktober 1988 entgegen:

„Über die sogenannte ‚deutsche Frage' habe ich in letzter Zeit mehrmals gesprochen. Die derzeitige Situation ist ein Ergebnis der Geschichte. Die Versuche, dies umzustoßen oder eine unrealistische Politik voranzutreiben, sind ein unberechenbares und sogar gefährliches Unterfangen."[76]

Seine Äußerungen zur deutschen Frage bei seinem Bonn-Besuch im Juni 1989 waren etwas zurückhaltender formuliert. **[447]** Der Passus in der Gemeinsamen Erklärung:

„Das Recht aller Völker und Staaten, ihr Schicksal frei zu bestimmen und ihre Beziehungen zueinander auf der Grundlage des Völkerrechts souverän zu gestalten, muß sichergestellt werden"

kann nicht als Bekenntnis zum Selbstbestimmungsrecht des deutschen Volkes, sondern muß als Bekenntnis zur Souveränität der Staaten verstanden werden. An einer anderen Stelle der Gemeinsamen Erklärung wird zwar die „Achtung des Selbstbestimmungsrechts der Völker" als „Bauelement des Europas des Friedens und der Zusammenarbeit" bekundet; aber auch hier gehen Sätze voraus, die eher die Staaten als die Völker vor Augen haben:

[447] Argwöhnische Zuschauer

Zeichnung: Thomas Plaßmann
Hannoversche Allgemeine Zeitung, 15. 6. 1989

Wo immer Gorbatschow bei seinem Besuch in der Bundesrepublik auftaucht, erfährt er beim Publikum jubelnde Zustimmung, die sich erkennbar abhebt von seinem Empfang durch die amerikanische, britische oder französische Bevölkerung. Im westlichen Ausland wird das Verhalten der Deutschen als überzogen oder sogar befremdlich empfunden. Auch in der Bundesrepublik ist Gorbatschow zum Hoffnungsträger für eine bessere Zukunft geworden – mehr als anderswo, entsprechend der geographischen und politischen Stellung des geteilten Deutschland im Beziehungsfeld zwischen West und Ost. 11 Abkommen und Vereinbarungen werden unterzeichnet; sie wollen die deutsch-sowjetischen Beziehungen intensivieren. Das deutschlandpolitische Ergebnis bleibt vorerst bescheiden und abhängig von der Intensivierung der Beziehungen und vom Fortgang des Reformprozesses.

[448] Herzliches Willkommen

SZ-Zeichnung: Brigitte Schneider
Süddeutsche Zeitung, 28. 1. 1989

Zu der in Bewegung geratenen Politik in Osteuropa gehört auch, daß Polen und Sowjetrußland den Auswanderungswünschen ihrer deutschen bzw. deutschstämmigen Bevölkerung bereitwilliger als früher entgegenkommen. Anfang der 80er Jahre kommen jährlich 30 000 bis 40 000 Aussiedler in die Bundesrepublik; 1987 sind es dagegen knapp 80 000 und 1988 sogar rund 200 000. Auch der Zustrom aus Rumänien ist groß – bedingt durch das Ziel der rumänischen Innenpolitik, die nationalen Minderheiten kulturell zu entwurzeln. In der Bundesrepublik findet der Zustrom deutscher Umsiedler aus Osteuropa ein geteiltes Echo. Das amtliche Willkommen wird nicht von allen getragen. Soziale Fürsorge für die Umsiedler ruft Mißgunst hervor. Wie stark ist das Bewußtsein nationaler Zusammengehörigkeit und Solidarität?

„Ich bleibe bei meinem Muster – es ist geschlossener!"

Klaus Böhle
Die Welt, 3. 4. 1987

„Die uneingeschränkte Achtung der Integrität und der Sicherheit jedes Staates. Jeder hat das Recht, das eigene politische und soziale System frei zu wählen."

Gorbatschow vermied sorgfältig den Begriff „deutsches Volk", sprach vielmehr vom „Volk der Bundesrepublik" und orientierte sich damit an der Zweinationentheorie der DDR. Entsprechend ist auch die Berlin-Passage in der Gemeinsamen Erklärung nicht wirklich befriedigend.[77]

Aber die Logik des neuen Denkens treibt unvermeidlich zu neuen Antworten auf alte Fragen. Das auch in der Gemeinsamen Erklärung beschworene Zukunftsziel des gemeinsamen europäischen Hauses kann die Mauer in Berlin nicht als Grundmauer dieses Hauses ansehen. Im Sinne der Logik des neuen Denkens hieß es 1988 in der deutschsprachigen sowjetischen Zeitschrift „Neue Zeit" aus der Feder des Deutschlandexperten Portugalow:

„Der weitere Bau und die Fertigstellung des ‚gemeinsamen europäischen Hauses' würden neue Möglichkeiten eröffnen, die, wie ich meine, die Bundesdeutschen erfreuen sollten… Man kann sich unschwer vorstellen, daß die Bewohner der beiden – souveränen und unabhängigen – ‚deutschen Wohnungen', wenn auch jeder auf seine Art leben würden, doch miteinander sehr enge Beziehungen unterhalten könnten, um so mehr, da sie ja die gleiche Sprache sprechen. Und dann würde auch die Zeit kommen, die Wohnungen im Mittelteil des Hauses endlich von fremden Militärquartieranten zu befreien."[78] [448]

In Ost-Berlin müssen diese Worte wie auch andere im Zeichen von Glasnost und Perestroyka stehende Beiträge dieser Zeitschrift wie ein Schock gewirkt haben – so sehr, daß die Auslieferung der Zeitschrift an ihre deutschen Abonnenten eingestellt wurde. Die politische Gesamtsituation erlaubt es der DDR nicht, der Reformpolitik Gorbatschows und der ihr immanenten deutschlandpolitischen Konsequenzen offen zu widersprechen; aber das Abrücken der sowjetischen Politik von der Breschnjew-Doktrin ermöglicht es, lediglich verbale Zustimmung zu äußern und hinter diesem Schutzschild im Sinne des je eigenen Weges zum Sozialismus systemgefährdende Auswirkungen auf die DDR abzuwenden – in der Hoffnung, daß die Politik des „neuen Denkens" in absehbarer Zeit von einer Politik des „alten Denkens" wieder abgelöst wird. Muß man deshalb die eigene Wohnung tapezieren, weil der Nachbar es tut? fragt Chefideologe Kurt Hager, und Erich Honecker erklärt im Mai 1988 in einem Prawda-Artikel, es gebe im Sozialismus kein Rezept, das für alle gültig sei. [449] Früher war einmal fast inbrünstig verkündet worden: „Von der Sowjetunion lernen heißt siegen lernen!" Jetzt will man von ihr nicht lernen, weil man zu verlieren fürchtet. Unter den 49 Losungen zum 1. Mai 1989 werden zum erstenmal Ruhm und Vorbild der Sowjetunion nicht mehr be-

„Ich wollte, es würde Nacht oder die Chinesen kämen!"

Zeichnung: Haitzinger

Neue Presse, Hannover, 9. 6. 1989

Der Stoßseufzer Wellingtons in der Schlacht von Waterloo („Ich wollte, es würde Nacht oder die Preußen kämen und schlügen alles kurz und klein") in moderner Fassung: Honecker in schwerer Bedrängnis durch die (Wahlurnen-)Panzer der osteuropäischen Reformstaaten sehnt die Nacht oder die Entscheidung des ideologischen Kampfes durch die Chinesen herbei.

sungen. Und mit aufatmender Erleichterung wird Anfang Juni die Zerschlagung der Demokratiebewegung in China registriert. „Volksbefreiungsarmee Chinas schlug konterrevolutionären Aufruhr nieder" verkündete das Neue Deutschland triumphierend in einer Schlagzeile am 5. Juni [450] (die distanzlose Übernahme der offiziellen chinesischen Version des Blutbades auf dem Platz des Himmlischen Friedens in Peking steht in bemerkenswertem Gegensatz zur Haltung der osteuropäischen Reformstaaten, insbesondere Ungarns, dessen KP das Vorgehen der chinesischen Machthaber scharf verurteilt hat).

Die deutlichste Frontstellung gegen die sowjetische Reformpolitik bildet unzweifelhaft das im November 1988 verhängte Vertriebsverbot für die sowjetische Zeitschrift „Sputnik", die mit etwa 180000 Exemplaren in der DDR verhältnismäßig weit verbreitet ist. [451] Die Veranlassung hierzu bot das Oktoberheft 1988 mit seiner provozierenden Frage: „Hätte es ohne Stalin Hitler gegeben?" und seiner noch mehr provozierenden Antwort: Stalins „Theorie des Sozialfaschismus ebnete Hitler zunehmend den Weg." Das ND widmet dem Sputnik-Verbot einen langen Artikel und faßt seine Verurteilung der sowjetischen Zeitschrift in den Worten zusammen:

„Geradeheraus: In unserem antifaschistischen, sozialistischen deutschen Staat ist die ‚Entschuldigung', die Reinwaschung Hitlers, des Faschismus und seiner Verbrechen, ist deren ‚Erklärung' mit irgendwelchen Erfindungen – eben der Gleichstellung Hitlers mit Stalin – unzulässig."[79]

Die Gründung der DDR geht auf die Politik Stalins nach 1945 zurück und wird ideologisch in einen ganz unzweideutigen Zusammenhang des antifaschistischen Kampfes eingeordnet. Die Verurteilung Stalins als sowohl innen- wie außenpolitischer Wegbereiter Hitlers stellt damit die DDR ideologisch in Frage. Verständlich also, daß das ND Stalin als denjenigen feiert, „dessen Name mit dem Sieg über den Aggressor und der Befreiungstat der Antihitlerkoalition verbunden war". Verständlich auch, daß gleichwohl versucht wird, eine persönliche Brüskie-

[451]

Neue Presse,
Hannover,
23. 11. 1988

„Wo gibt's denn hier Ausreiseanträge in die DDR?"   Zeichnung: Haitzinger

Das von der DDR verhängte Vertriebsverbot für den „Sputnik" erweckt Stalin zu neuem Leben und läßt ihn eine Ausreise in die DDR ins Auge fassen.

[452]

Der Tagesspiegel,
Berlin,
29. 12. 1988

Osteuropäischer Geleitzug im Winter 1988/89.   Zeichnung: Schoenfeld

Die sowjetische Reformpolitik wird besonders entschlossen von Ungarn und Polen mitvollzogen. Bulgarien verhält sich zögernd und will offenbar abwarten, ob mit der Gorbatschowschen Politik als einem definitiven Tatbestand zu rechnen ist. Rumänien und die CSSR und die DDR haben sich zu einer Ablehnungsfront zusammengeschlossen. Der mit großem Gepränge umgebene Staatsbesuch des wegen seiner mangelnden Blocksolidarität einstmals verfemten Ceaucescu in der DDR im Jahre 1988 ist ein deutliches Zeichen für „neue Allianzen".

[453]

Frankfurter
Neue Presse,
11. 1. 1978

Ist die DDR ein Monolith im Blick auf die deutsche Nation und auf die Systemreform? _____

[454]

Neue Presse,
Hannover,
23. 6. 1987

„… auf jeden Fall wird trainiert, Kinder"   Zeichnung: Haitzinger

[455]

Der Tagesspiegel,
Berlin,
4. 1. 1987

„Trotzdem, auf die nächsten 750 Jahre!"   Zeichnung: Schoenfeldt

Präsident Reagan ruft in seiner Berliner Rede im Juni 1987 den sowjetischen Generalsekretär dazu auf, für die Ernsthaftigkeit der „neuen Politik der Reform und Offenheit" in Berlin den Beweis anzutreten: „Generalsekretär Gorbatschow, wenn Sie nach Frieden streben, wenn Sie Wohlstand für die Sowjetunion und für Osteuropa wünschen, wenn Sie die Liberalisierung wollen, dann kommen Sie hierher zu diesem Tor! Herr Gorbatschow, öffnen Sie dieses Tor! Herr Gorbatschow, reißen Sie diese Mauer nieder!… Wie könnte man besser die Offenheit dieser Stadt dokumentieren, als durch das Angebot, in naher Zukunft die Olympischen Spiele hier in Berlin, im Osten und im Westen, abzuhalten!"

In Korea ist 1988 der Versuch gescheitert, die Olympischen Spiele in beiden Teilen des gespaltenen Landes abzuhalten. Wird ein Versuch für Gesamt-Berlin vor dem Hintergrund der Gorbatschowschen Reformpolitik erfolgreicher verlaufen? Die gemeinsame 750jährige Geschichte Berlins hat jedenfalls nicht dazu geführt, daß eine gemeinsame Feier veranstaltet worden ist.

rung Gorbatschows zu vermeiden: der Sputnik sei kein Organ der KPdSU, und seine Aussagen stünden in krassem Widerspruch zu Gorbatschows Ansicht. Das überaus schroffe Verhalten gegenüber einer sowjetischen Zeitschrift, das von bisherigen Verhaltensmustern dem großen Bruder gegenüber fundamental abweicht, ist ein Zeichen dafür, wie sehr man sich in Ost-Berlin durch die Politik des „neuen Denkens" herausgefordert und in Frage gestellt sieht. Wird man sich jedoch auf Dauer dieser Politik entziehen können? – einer Politik, vor der man die eigene Bevölkerung nicht abschirmen kann (das Neue Deutschland sah sich gezwungen, Gorbatschows Rede vor dem Kongreß der Volksdeputierten im Wortlaut zu veröffentlichen: der Unterschied in der Sichtweise von Welt und der Aufgabenstellung von Politik fällt dem Leser grell ins Auge, wenn er die ebenfalls im Neuen Deutschland veröffentlichte Rede Honeckers in Magnitogorsk und die seiner Frau vor dem IX. Pädagogischen Kongreß vergleichend liest). Es erscheint denkbar, daß die DDR demnächst ihren Bürgern Reisen nach Ungarn verwehrt, weil hier die Grenzsperranlagen abgebaut werden und Ungarn nicht mehr bereit ist, sich als Häscher von DDR-Flüchtlingen mißbrauchen zu lassen (über 90 % aller bisherigen „Grenzzwischenfälle" an der ungarisch-österreichischen Grenze rühren von DDR-Flüchtlingen her, und die Öffnung dieser Grenze hat bereits den Strom von DDR-Flüchtlingen deutlich anschwellen lassen). Ist es aber denkbar, daß Reiseeinschränkungen auf andere Länder Osteuropas ausgedehnt werden – auf Polen oder sogar auf Rußland, wenn hier die KSZE-Verpflichtungen umgesetzt werden? In welche aussichtslose Situation gerät die DDR, wenn die Reformbewegung die Tschechoslowakei ergreift?
[452]

Nationales Zusammengehörigkeitsbewußtsein

Ungeachtet des derzeitigen Widerstandes ist zu hoffen, daß in der SED diejenigen Kräfte durch Gorbatschows Reformpolitik Auftrieb erhalten, die für grundlegende Reformen eintreten, und daß mit einer Reform des Herrschaftssystems auch die Deutschlandpolitik neuorientiert wird. In dem Manifest einer oppositionellen Gruppe in der SED aus dem Jahre 1978 ist der innere Zusammenhang von Reform des Herrschaftssystems und Reform der Deutschlandpolitik sehr deutlich erkennbar:

„Es ist unser Ziel, in ganz Deutschland auf eine demokratisch-kommunistische Ordnung hinzuwirken, in der alle Menschenrechte für jeden Bürger voll verwirklicht sind nach dem Marx-Wort, daß man alle Umstände vernichten muß, unter denen der Mensch ein unterdrücktes, verächtliches, geknechtetes Wesen ist… Wir sind für eine offensive, nationale Politik, für ein Konzept, das auf die Wiedervereinigung Deutschlands zielt, in dem Sozialdemokraten, Sozialisten und demokratische Kommunisten ein Übergewicht gegen die konservativen Kräfte bilden. Das wird der entscheidende Beitrag für eine europäische Friedenssicherung in Deutschland sein."[80] [453]

Sind die gegenwärtigen Parteigänger der Abgrenzungspolitik von dieser tatsächlich ganz durchdrungen? Haben sie in der Tat kein gesamtdeutsches Nationalbewußtsein mehr? Haben sie den Text der DDR-Hymne nicht im Ohr, wenn sie diese stumm anhören? Was mag Honecker innerlich bewegt haben, als er seinen Heimatort Wiebelskirchen im Saarland wiedersah? 1987 schrieb der ehemalige Bundeskanzler Helmut Schmidt in der Erwartung des Honecker-Besuches einen Zeitungsaufsatz unter dem Titel „Einer unserer Brüder":

„… Ich habe ihn (Honecker) im Laufe der letzten 12 Jahre fünfmal getroffen, insgesamt wohl 20 Stunden des Gesprächs zu zweit. Er ist im Laufe der Jahre sicherer geworden, weniger formelhaft und dafür persönlich, er ist verbindlicher geworden – und er wirkt heute sehr viel deutscher als damals 1975 in Helsinki."[81]

Unzweifelhaft ist in den vergangenen Jahren der Kontakt zwischen den Deutschen beider Staaten viel enger geworden. Wie sehr die Intensivierung der Kontakte das Zusammengehörigkeitsbewußtsein belebt, wird besonders an der Wirkung von Klassenfahrten ablesbar, handelt es sich hierbei doch um Altersgruppen, die in der Teilung Deutschlands aufgewachsen sind und für die die staatliche Ein-

[456]

Der Spiegel, 24. 9. 1984

Italienische Andreotti-Karikatur": „Die Geschichte hat mehr Phantasie"

Präsident Reagans unmißverständliches Bekenntnis zur Einheit Berlins und zur Einheit Deutschlands darf nicht darüber hinwegtäuschen, daß es – auch im Westen – starke Kräfte gibt, die die Teilung Deutschlands eher begünstigen, als daß sie in dieser ein Übel sähen. Italiens Außenminister Andreotti gibt ihnen im September 1984 Ausdruck: „Wir alle sind damit einverstanden, daß es zwischen den beiden Deutschland gute Beziehungen geben muß… Aber man darf in dieser Hinsicht nicht übertreiben… Der Pangermanismus muß überwunden werden. Es gibt zwei deutsche Staaten, und zwei sollen es bleiben."

heit historisch weit entrückt ist[82]. Auch die starke Publikationsdichte zum Deutschlandproblem signalisiert die Belebung des deutschlandpolitischen Interesses. Diese Belebung ist nicht auf den deutschen Binnenraum be-

grenzt. 1987 haben aus Anlaß der 750-Jahr-Feier sowohl Staatspräsident Mitterrand als auch Königin Elizabeth und Präsident Reagan Berlin besucht. [454, 455] Diese demonstrative Bekundung der Verbundenheit mit Berlin darf als

Der gesamtdeutsche J. S. Bach

Zeichnung: Walter Hanel

[457]

Hannoversche Allgemeine Zeitung, 26. 3. 1985

Das Gefühl nationaler Zusammengehörigkeit beruht in starkem Maße auf einem gemeinsamen Kulturbewußtsein, das nicht nur vergangenheitsorientiert ist, sondern auch – besonders deutlich in der Literatur – die Gegenwart des geteilten Deutschland umgreift. Kulturelle Gedenktage oder herausragende Ereignisse im kulturellen Gegenwartsgeschehen – wie z.B. der 300jährige Geburtstag von Johann Sebastian Bach, der 500jährige Geburtstag von Martin Luther oder die Wiedereröffnung der im Krieg zerstörten Semperoper in Dresden – sind gesamtdeutsche Ereignisse.

Das Bewußtsein nationaler Zusammengehörigkeit ist in der Kirche der DDR besonders stark ausgeprägt. Der ehemalige Bundeskanzler Helmut Schmidt wird vom regionalen Kirchentag in Rostock im Juni 1988 zur Teilnahme und zugleich zu einem Vortrag eingeladen. Seine Rede zu dem Kirchentagsthema „Brücken bauen" wird immer wieder von Beifall unterbrochen – so als er die Grundfreiheiten des Menschen als ein von Gott verliehenes Recht bezeichnet. Besonders stark ist der Beifall, als er sagt, die Deutschen müßten zwar mit der Teilung ihres Landes zu leben lernen; aber es dürfe auch „jeder von uns an seiner Hoffnung auf ein gemeinsames Dach über der deutschen Nation festhalten".

[458]   Frankfurter Allgemeine Zeitung, 20. 6. 1988

[459]   Frankfurter Allgemeine Zeitung, 9. 3. 1988

Die staatliche Politik des Dialoges mit der Kirche in der DDR seit Ende der 60er Jahre wird vornehmlich von der Zielsetzung bestimmt, die Kirche als gesamtdeutsche Kraft auszuschalten. Der Staat kann sich in seiner Politik bestätigt sehen, wenn der Evangelische Kirchenbund 1971 erklärt: „Wir wollen nicht Kirche gegen, nicht Kirche neben, sondern Kirche im Sozialismus sein." 1978 wird die positive und eigenständige Rolle der Kirche im Staat in einer offiziellen Begegnung zwischen Erich Honecker und dem Vorstand des Evangelischen Kirchenbundes demonstrativ hervorgehoben. Der positive Dialog zwischen Staat und Kirche wird freilich immer wieder harten Belastungen ausgesetzt, so z. B. durch die Einführung des Faches Wehrkunde in der Schule und die Erziehung zum Haß oder die Handhabung des Wehrpflichtgesetzes gegenüber Wehrdienstverweigerern. Aus den Bedingungen ihrer eigenen Existenz heraus kann die Kirche nicht umhin – auch wenn sie „Kirche im Sozialismus" sein will – sich als Teil der Menschenrechtsbewegung zu verstehen und eine grundlegende Reform des Herrschaftssystems zu verlangen. Sie kann sich auch den vom Staat bedrängten Ausreisewilligen nicht verschließen, auch wenn sie selbst die Ausreisebewegung nicht fördert und die Ausreisewilligen nicht kirchlich gebunden sind. Der Staat antwortet jedoch mit harten Repressivmaßnahmen: der Überwachung des Zugangs zu den Gottesdiensten (um den Zusammenschluß von Ausreisewilligen zu verhindern), der Zensur der Kirchenzeitungen (die bis zum Auslieferungs- oder gar Druckverbot geht), der Einschränkung der Berichterstattung über die regionalen Kirchentage, dem Ausschluß von westdeutschen Korrespondenten u. ä. m. Diese Politik verhindert, daß die Kirche ihre gesamtdeutsche Orientierung verliert und sich wirklich als Kirche im Sozialismus oder als Kirche der DDR versteht.

ein Zeichen dafür gewertet werden, daß auch in der Politik der großen Mächte das Deutschlandproblem präsent ist und, wie besonders die Rede Reagans in Berlin, ebenso die seines Nachfolgers Bush in Mainz, ausgewiesen haben[83], als Aufgabe gesehen wird. [456] Die Aussage von Bundeskanzler Kohl 1987 in seinem Bericht zur Lage der Nation im geteilten Deutschland: „Wir haben die Zuversicht, daß die deutsche Frage… wieder auf die Tagesordnung der Weltgeschichte kommen wird" – erscheint nicht unbegründet[84]. Trotzdem besteht Einigkeit darin, daß dieses nicht so bald geschieht und daß die Entwicklung wesentlich davon abhängt, inwieweit durch die Gorbatschowsche Reformpolitik das Grundverhältnis in den Ost-West-Beziehungen verändert wird. Wird es noch ein nationales Zusammengehörigkeitsbewußtsein in Deutschland geben, wenn die Tagesordnung der Weltgeschichte einen entsprechenden Tagesordnungspunkt enthält?

Im Blick auf die Deutschen in der DDR besteht die begründete Vermutung, daß viele Menschen (aber wie viele?) die deutsche Nation als historische Gewißheit und als politische Zukunftshoffnung nicht preisgegeben haben. Der Bau der Mauer in Berlin und ihre Aufrechterhaltung bis in die Gegenwart hinein, das totale Ausgehverbot für die Bevölkerung von

Güstrow beim Besuch von Bundeskanzler Schmidt im Jahre 1981 sind Zeichen dafür, daß die Machthaber in der DDR es genauso sehen. **[457]** In diesem Sinne ist die Mauer in Berlin ein Hoffnungszeichen und ebenso die Einsperrung der Güstrower Bevölkerung. Zusammengehörigkeitsbewußtsein äußert sich auch bei sportlichen Wettkämpfen. Bei Europacupspielen von Bundesligamannschaften im Ostblock können diese fast immer mit Zuschauern aus der DDR rechnen, die sie lautstark unterstützen; und bei dem vorolympischen Acht-Nationen-Handballturnier in der DDR im Sommer 1988 hatte die Mannschaft der Bundesrepublik immer „Heimspiele". Bei Sportbegegnungen in der Bundesrepublik ist der Wandel der Zuschauerhaltung bemerkenswert. DDR-Mannschaften werden freundlich begrüßt, für ihre Leistungen mit großem Beifall bedacht, auch angefeuert, wenn sie gegen andere Mannschaften spielen. Dieses war bei den Leichtathletik-Europameisterschaften 1987 in Stuttgart und bei den Bremer Volleyballturnieren 1988 und 1989 ganz auffällig. Die rivalisierende Mißgunst ist im Zuschauerverhalten deutlich abgebaut worden; ein positives Grundverhältnis ist an dessen Stelle getreten, in dem sich Zusammengehörigkeitsbewußtsein artikuliert. Wie weit oder wie tief reicht dieses? Ist in ihm auch politischer Zukunftswille wirksam? **[458, 459]**

Unzweifelhaft ist der Gedanke der nationalen Einheit in der Bundesrepublik einem starken Erosionsprozeß ausgesetzt. Die Diskreditierung der nationalen Idee durch die Politik des Dritten Reiches gehört ebenso zu den wirkenden Ursachen wie die über Jahrzehnte hinwegreichende Vergeblichkeit aller Anläufe, die Einheit Deutschlands zurückzugewinnen, verbunden mit der gleichzeitigen Neuausrichtung des politischen Bewußtseins auf übergreifende Wertegemeinschaften. Trotzdem blieb das Bewußtsein der nationalen Zusammengehörigkeit lebendig, und die politischen Auseinandersetzungen gingen vornehmlich um die angemessene Strategie einer deutschen Wiedervereini-

[460]   Flieg, Täubchen, flieg!   SZ-Zeichnung: P. Leger
Süddeutsche Zeitung, 22. 5. 1987

[461]   Ins Mark getroffen.   RP-Karikatur: Nik Ebert
Rheinische Post, 20. 5. 1985

Im Mai 1987 legt der CDU-Abgeordnete Friedmann seiner Fraktion ein deutschlandpolitisches Arbeitspapier vor, das in der Forderung gipfelt, die Wiedervereinigungsfrage mit der Abrüstungsfrage zu verknüpfen, ja die Wiedervereinigung der Deutschen zum zentralen Gegenstand der Sicherheitspolitik zu machen. Friedmann sagt mit Recht, die Wiedervereinigung würde den Deutschen nicht eines Tages auf silbernem Tablett angeboten; er meint, daß im Rahmen der Abrüstungspolitik die Chancen für eine Lösung der nationalen Frage noch nie so günstig gewesen seien wie jetzt. Friedmanns Überlegungen rufen die Konzepte früherer Deutschlandpolitik in Erinnerung, nämlich Wiedervereinigung und Sicherheit als Junktim zu verhandeln. Gegen Friedmanns Überlegungen lassen sich viele Einwände vortragen, und sie erscheinen von daher wenig realistisch für die aktuelle Abrüstungs-, Sicherheits- und Deutschlandpolitik. Insofern ist die massive Kritik an ihm in vieler Hinsicht berechtigt. Die Art und Weise jedoch, wie dieses geschieht, läßt erkennen, wie sehr deutschlandpolitisches Engagement an Kraft verloren hat. Als Friedmanns Konzept in der Fraktion diskutiert wird, ist nur ein kleiner Teil der Fraktion anwesend. In allen Parteien gibt es Bestrebungen, von den überkommen Inhalten der Deutschlandpolitik abzurücken, so z. B. in der Frage der deutschen Staatsbürgerschaft. Besonderes Aufsehen erregt der Vorschlag des SPD-Abgeordneten Schmude, die Wiedervereinigungspflicht aus der Bundesverfassung zu streichen und damit auf Wiedervereinigungspolitik überhaupt zu verzichten.

gungspolitik. So war 1972 nach überaus harten Auseinandersetzungen über die neue Ost- und Deutschlandpolitik eine Bundestagsresolution einstimmig verabschiedet worden, die eine neue, für Regierung und Opposition gemeinsame politische Basis formulierte. 1984 hat eine Bundestagsresolution, der die gleiche Funktion zugedacht war, nicht mehr die Zustimmung des gesamten Bundestages erhalten. Die Partei der Grünen hat sich ihr geschlossen verweigert. In dieser Ablehnung brachte sich eine politische Bewegung zum Ausdruck, die Ende der 60er Jahre unter der Parole der Systemüberwindung entstanden ist und die nicht nur auf die Veränderung der gesellschaftlichen und politischen Ordnung abzielt, sondern auch eine grundlegende Neuorientierung auf allen anderen politischen Handlungsfeldern

anstrebt. Die Preisgabe der nationalen Einheit als Ziel des politischen Handelns gehört dazu. Wenn diese Grundhaltung, die nicht nur auf die Grünen begrenzt ist, in ihnen nur am deutlichsten zum Ausdruck kommt, im politischen Bewußtsein der Bundesrepublik an Verbreitung gewinnt, wird jeder Deutschlandpolitik im Sinne des Grundgesetzes und der o.g. Bundestagsresolution der Boden entzogen, werden die Chancen der neuen Weltlage ungenutzt an uns vorbeigehen und werden die Deutschen als politische Nation im neuen Europa keine Zukunft haben. **[460, 461]** Erhard Eppler stellt dieser Haltung in seiner Bundestagsrede zum 17. Juni 1989 entgegen:

„Die Deutschen haben, wie alle Völker, ein Recht auf Selbstbestimmung. Es ist nicht verwirkt, auch nicht durch das, was Deutsche Europa angetan haben…

Wir treiben Deutschlandpolitik als Europäer, in europäischer Verantwortung. Wir wollen mit unseren Nachbarn ein Europa bauen, in dem die Deutschen wieder zusammenrücken können."[85]

Einer europäischen Deutschlandpolitik wird der Boden auch dann entzogen, wenn sie das Bild von der deutschen Frage auf der Tagesordnung der Geschichte so versteht, daß eines Tages die Weltgeschichte die deutsche Frage auf ihre Tagesordnung setzt, man gleichsam nur zu warten braucht, bis sie dieses tut. Die Geschichte als ununterbrochener Entscheidungsprozeß der in ihr agierenden Menschen und Gruppen kennt keine Tagesordnung, die sich von selbst aufstellt und von selbst vollzieht. Die deutsche Frage wird nur dann auf ihrer Tagesordnung erscheinen, wenn unser politischer Wille sie dort auch hinbringen will.

[462]   Die Deutsche Frage   Zeichnung: Fritz Wolf
Die Welt, 25. 3. 1959

240

Anmerkungen

1 Adenauer-Studien III. Hrsg. R. Morsey/ K. Repgen. Mainz 1974, S. 165, S. 161 f.

2 Aufzeichnung Krones. Adenauer-Studien, vgl. Anm. 1, S. 186.

3 Deutschland-Erklärungen der drei Westmächte vom 26. 6. 1964 und vom 12. 5. 1965. In: Die Bemühungen der deutschen Regierung und ihrer Verbündeten um die Einheit Deutschlands 1955–1966. Hrsg. vom Auswärtigen Amt, Bonn 1966, S. 495 f. und S. 533.

4 Die Liberalisierung des geistigen Lebens in der Sowjetunion der 60er Jahre wird sehr eindrucksvoll aus sowjetischen Quellen dokumentiert in dem Buch von S. Müller-Markus: Der Aufstand des Denkens. Sowjetunion zwischen Ideologie und Wirklichkeit. Düsseldorf/Wien 1967. Im Vorwort heißt es hier: „Wir sind Zeugen einer bedeutenden Verwandlung der sowjetischen Gesellschaft... Das Thema ist die Geburt der Freiheit im sowjetischen Denken." Müller-Markus gibt am Ende seines Buches der „Hoffnung auf die Evolution der Vernunft" Ausdruck, ist sich aber nicht sicher, daß dieser Entideologisierungsprozeß ungebrochen verlaufen würde, weil das gesamte sowjetische Herrschaftssystem auf einem ideologischen Dogma beruhe, eine Entideologisierung also eine Fundamentalverwandlung des Herrschafts- und Gesellschaftssystems nach sich ziehen würde. „Der Schritt von der Macht zur Wahrheit führt über einen Abgrund. Es steht zu befürchten, daß ihn die sowjetischen Führer auch in Zukunft nicht für nötig halten." (S. 396 f.) Das ideologische Fundament des sowjetischen Herrschaftssystems kommt in dem zentralen Satz des Parteiprogramms von 1961 zu deutlichem Ausdruck: „Die Partei ist das Hirn, die Ehre und das Gewissen unserer Epoche." Wie recht Müller-Markus mit seiner Befürchtung hatte, ist daran ablesbar, daß Alexander Solschenizyn 1974 ausgebürgert wurde und daß sein großes Werk „Der Archipel Gulag" nur im Westen erscheinen konnte. Nach dem Prozeß der Reideologisierung in den 70er Jahren können die gegenwärtigen Tendenzen in der Sowjetunion unter Gorbatschow wieder mit dem Titel des Buches „Aufstand des Denkens" gekennzeichnet werden. Sie sind möglicherweise hoffnungsvoller als die früheren, nicht nur weil der wichtigste Herrschaftsträger sich nachdrücklich mit ihnen identifiziert, sondern weil auch die Sachzwänge für ein realistisches Weltbild größer geworden sind.

5 Die hoffnungsvollen Vorstellungen der Konvergenztheorie kommen besonders gut zum Ausdruck in dem Buch von B. Kopp: Liberalismus und Sozialismus auf dem Weg zur Synthese. Eine Analyse des gesellschaftlichen und geistigen Wandels unserer Zeit. Meisenheim 1964, 3. A. 1977.

6 Europa-Archiv, 21. Jg. 1966, S. D 517 ff. L. B. Johnson, 1961–1963 Vizepräsident der USA, trat im November 1963 nach der Ermordung Kennedys dessen Nachfolge an. Er blieb Präsident der USA bis 1968. Die in seiner Rede vom 7. 10. 1966 zum Ausdruck kommende politische Strategie gilt auch schon für die Kennedy-Ära.

7 Die politischen Überlegungen Schröders kommen besonders gut zum Ausdruck in seinem Aufsatz „Deutschland und Osteuropa" (Zs „Foreign Affairs", Oktober 1965), zitiert nach B. Meißner (Hrsg.): Die deutsche Ostpolitik 1961–1970. Kontinuität und Wandel. Dokumentation. Köln 1970, S. 105 ff. Die Grundlinien der Schröderschen Ost- und Deutschlandpolitik sind bereits in einer Bundestagsentschließung vom 14. 6. 1961 formuliert worden: „Die Bundesregierung soll jede sich bietende Möglichkeit ergreifen, um ohne Preisgabe lebenswichtiger Interessen zu einer Normalisierung der Beziehungen zwischen der Bundesrepublik und den osteuropäischen Staaten zu gelangen, den weiteren Ausbau der bestehenden Beziehungen zu diesen Staaten auf wirtschaftlichem, humanitärem, geistigem und kulturellem Gebiet anzustreben." In: Die Bemühungen der deutschen Regierung..., vgl. Anm. 3, S. 362.

8 Z. K. Brzezinski: Deutsche Einheit durch europäische Verflechtung (1965). Zitiert nach Th. Sommer (Hrsg.): Denken an Deutschland. Hamburg 1966, S. 91 ff., Zitat S. 99.

9 Text der Friedensnote in: Die Bemühungen der Deutschen Regierung... vgl. Anm. 3, S. 559 ff.

10 Die Haltung der Sowjetunion der Politik der Bundesrepublik gegenüber wurde in einer umfangreichen Deutschland-Erklärung vom 8. 12. 1967 zum Ausdruck gebracht. Der in unserem Zusammenhang wichtigste Absatz lautet: „Wenn man in der Bundesrepublik wirklich die Absicht hegt, die Beziehungen zu der Sowjetunion und anderen sozialistischen Ländern, darunter zur DDR, zu normalisieren, mit ihnen Erklärungen über Nichtgewaltanwendung auszutauschen, so gibt es dafür keinen anderen Weg als Anerkennung der bestehenden Grenzen in Europa, Verzicht auf die Alleinvertretungsanmaßung Bonns, Absage an die nuklearen Ambitionen, Einstellung der Anschläge auf West-Berlin (mit dieser erhellenden Formulierung wird das Ziel umschrieben, West-Berlin zu einer selbständigen politischen Einheit zu machen), eindeutige Feststellung, daß das Münchner Abkommen von Anfang an rechtsungültig war."
Text der sowjetischen Erklärung in: Texte zur Deutschlandpolitik. Hrsg. v. Bundesmin. für gesamtdeutsche Fragen. Bd. II, Bonn/Berlin 1968, S. 86 ff., Zitat S. 92.

11 B. Meißner: Das Parteiprogramm der KPdSU 1903–1961. Köln 1962, S. 240.

12 Das für den 17. Juni und für den Mauerbau verwendete ideologische Deutungsmuster findet eine Neuauflage in der Interpretation des tschechischen Reformkommunismus und der militärischen Intervention der Ostblockstaaten. Der Prager Reformkommunismus wird als konterrevolutionärer Umsturzversuch gewertet, der aus dem Zusammenspiel innerer und äußerer Kräfte erwachsen ist und bei dem die Bundesrepublik als vermeintlicher Hauptgegner jeder Entspannungspolitik in Europa unter der Maske einer neuen Ostpolitik führend beteiligt war. Im DDR-Schulbuch treten die ideologischen Denkmuster besonders deutlich zutage. Es heißt hier:
„Der geplante Modellfall für die imperialistische Politik des ‚Brückenschlages' war der konterrevolutionäre Umsturzversuch in der ČSSR im Sommer 1968... Unter der Flagge der ‚Verbesserung' des Sozialismus sowie des Nationalismus und Antisowjetismus unternahmen revisionistische und konterrevolutionäre Kräfte einen gefährlichen Versuch, die ČSSR aus der Gemeinschaft sozialistischer Staaten herauszulösen und den Kapitalismus zu restaurieren. Dabei verbündeten sie sich vor allem mit dem Imperialismus der USA und der BRD, der seinerseits eine vielfältige konterrevolutionäre Aktivität gegen die sozialistische ČSSR entfaltete... Der konterrevolutionäre Umsturzversuch scheiterte an der Klassensolidarität der sozialistischen Staaten. Die internationalistische Hilfe von Staaten des Warschauer Vertrages schützte die ČSSR vor dem Bürgerkrieg und vereitelte die Bedrohung der Positionen des Sozialismus. Die Politik des ‚Brückenschlages' war gescheitert." Geschichte. Lehrbuch für Klasse 10. Ost-Berlin 4. A. 1983, Ausgabe von 1986, S. 191.

13 Text der Regierungserklärung in: B. Meißner (Hrsg.). Die deutsche Ostpolitik... vgl. Anm. 7, S. 161–63.

14 Der Briefwechsel zwischen Stoph und Kiesinger in: Texte zur Deutschlandpolitik. Hrsg. v. Bundesmin. f. gesamtdeutsche Fragen. Bd. I, Bonn/Berlin 2. Aufl. 1968, S. 65 ff., 69 f., 124 ff., 156 f. In einer Regierungserklärung vom 12. 4. 1967 hatte Kiesinger eine Fülle praktischer Fragen aufgeführt, über die verhandelt werden sollte. Er nannte als Beispiele „Maßnahmen zur Erleichterung des täglichen Lebens für die Menschen in beiden Teilen Deutschlands" (Reisemöglichkeiten, Familienzusammenführung), „Maßnahmen zu verstärkter wirtschaftlicher und verkehrspolitischer Zusammenarbeit", „Rahmenvereinbarungen für den wissenschaftlichen, technischen und kulturellen Austausch". Ebenda S. 45–47.

15 Die Erklärung Breschnjews vom 13. 1. 1967 in: H. Kistler: Die Ostpolitik der Bundesrepublik Deutschland 1966–1973. Bonn 1982, S. 23 (Reihe „Kontrovers", hrsg. von der Bundeszentrale für politische Bildung).

16 Vgl. zu den Passierschein-Abkommen: Dokumente zur Berlinfrage 1944–1966. Hrsg. v. Forschungsinstitut der Dt. Gesellsch. für Ausw. Politik e.V. Bonn 3. Aufl. 1967, S. 568–589.

17 Verfassung der Deutschen Demokratischen Republik. Hrsg. v. Nationalrat der Nationalen Front des demokratischen Deutschland. Ost-Berlin 1968.

18 Ulbrichts Rede auf dem 7. Parteitag der SED in: H. Kistler: Die Ostpolitik der Bundesrepublik... vgl. Anm. 15, S. 32 f. Die gallige Polemik gegenüber dem Bonner Alleinvertretungsanspruch paßte problemlos im Bewußtsein der SED-Führung mit dem eigenen Alleinvertretungsanspruch zusammen, nämlich für „das ganze friedliebende Deutschland (zu sprechen), für alle friedliebenden Menschen, auch für diejenigen, die heute noch jenseits unserer Staatsgrenzen in der westdeutschen Bundesrepublik oder auf dem besonderen Territorium West-Berlin leben". Neues Deutschland, 24.9.1965, zitiert nach DDR-Handbuch I, hrsg. v. Bundesmin. für innerdeutsche Beziehungen, 3. Aufl. Köln 1985, S. 288 f.

19 Wolfgang Schollwer: Verklammerung der Wiedervereinigung: In K. P. Tudyka: Das geteilte Deutschland. Eine Dokumentation der Meinungen. Stuttgart 1965, S. 176–178.

20 Schollwers zweite Studie unter dem Titel „Deutschland und Außenpolitik" bei B. Meißner (Hrsg.): Die deutsche Ostpolitik, vgl. Anm. 7, S. 191–193.
Daß es auch in der allgemeinen politischen Öffentlichkeit starke Kräfte gab, die über die Grenzen der bisherigen Ostpolitik hinausdrängten, macht die Denkschrift der EKD deutlich, die am 15.10.1965 unter dem Titel „Die Lage der Vertriebenen und das Verhältnis des deutschen Volkes zu seinen östlichen Nachbarn" veröffentlicht wurde. Auch der Briefwechsel zwischen den katholischen Bischöfen Deutschlands und Polens wirkte in der gleichen Richtung.

21 Die Regierungserklärung vom 28.10.1969 in: Texte zur Deutschlandpolitik, vgl. Anm. 14, Bd. IV, 1970, S. 9–40, Zitat S. 11 f.

22 Botschafter Allardt hat die Ost- und Deutschlandpolitik der sozial-liberalen Koalition einer harten Kritik unterzogen, die sich weniger an den Zielen als vielmehr an den Verfahrensweisen und Mitteln entzündete. Für einen schweren Fehler hielt er die in der Regierungserklärung ausgesprochene Anerkennung der DDR:
„Als die Bundesregierung in der Regierungserklärung vom 28. Oktober 1969 die Lehre von der Anerkennung der zwei deutschen Staaten verkündete, hatte sie sich mit dieser vorzeitigen Preisgabe einer Konzession, der wichtigsten, die der Kreml von uns im Laufe von Verhandlungen hätte erwarten können, von einer starken in eine schwache Ausgangslage hineinmanövriert...
Daß aber das neue Kabinett seine erste Regierungserklärung dazu benutzte, die Anerkennung der DDR als Staat auszusprechen und ohne jegliche Gegenleistung des Kreml und der DDR die Zweistaatentheorie als Geschenk zu präsentieren, war eine Maßnahme, die

nicht nur von mir als übereilt empfunden wurde.
Sie schien mir in mehr als einer Hinsicht bedenklich. Die Zweistaatentheorie war die bedeutendste Konzession, die wir in Verhandlungen mit den Sowjets überhaupt anzubieten hatten. Sie zu verschenken – dazu bestand angesichts der Bedeutung, die ihr die andere Seite beimaß, kein erkennbarer Anlaß."
Einen anderen, nicht minder schweren Fehler sah er darin, die Verhandlungen durch einen Sonderbotschafter führen zu lassen und die amtlichen Träger der Diplomatie zu übergehen:
„Die Regierung Brandt war der Meinung, solcher vertraulichen Debatten entraten zu können. Auch die Moskauer Erkenntnisse und Beobachtungen ihres Botschafters diskutierte man nicht mehr. Meine Telegramme, Analysen, Ratschläge, Empfehlungen wurden – wie ich gelegentlich erfuhr – oberhalb der Ebene der Abteilungsleiter – wenn überhaupt – dann nur mit steigender Mißbilligung gelesen und verschwanden in den Akten. Bei besonders kritischen Berichten schraubte man gelegentlich den von mir verfügten Grad der Geheimhaltung so hoch, daß sie auch selbst zuständigen Abteilungsleitern nicht mehr zugänglich gemacht wurden, wodurch die „Ansteckungsgefahr" meiner darin vertretenen Auffassungen auf ein Minimum reduziert werden konnte.
Das Thema Ostverträge durfte selbst da nicht diskutiert werden, wo es im Mittelpunkt der Erörterungen hätte stehen müssen. Aus einem Kolloquium mit 27 ausgewählten deutschen Ostexperten über Ziele und Methoden sowjetischer Außenpolitik, das im Mai 1971 in Bonn stattfand, wurde ‚um Kontroversen zu vermeiden, die eine Bewertung der sowjetischen Außenpolitik erschwert hätten', das Thema ‚Deutsche Ostpolitik' aus den Erörterungen ausgeklammert. Ähnlich wurde im Mai 1971 auf einer Konferenz der deutschen Ostblock-Missionschefs in Bonn verfahren.
Die zuständigen Gremien und Beamten, die dafür da sind, mit ihren Detailkenntnissen zu Rate gezogen zu werden, waren jedenfalls auf ausdrückliche Anweisung systematisch solange ausgeschaltet, bis ihre Prüfungsergebnisse kaum noch verwertbar waren."
Vgl. H. A. Allardt: Moskauer Tagebuch. Beobachtungen, Notizen, Erlebnisse. Düsseldorf/Wien, 3. Aufl. 1974. Zitate S. 82 f., 231, 24, 169. Zu den von Allardt kritisierten Verfahrensweisen gehört auch, daß die Bundesregierung am 28.11.1969 den Beitritt zum Atomwaffensperrvertrag aussprach, statt ihn als Verhandlungsobjekt zu benutzen, und daß das Kabinett erst im Juni 1970 Richtlinien für die Verhandlungen mit der Sowjetunion verabschiedete, nachdem die wesentlichen Verhandlungen, nämlich die Egon Bahrs, bereits gelaufen waren.

23 Egon Bahrs Überlegungen finden sich in seiner Tutzinger Rede vom 15.7.1963: Deutschland-Archiv, 6. Jg. 1973, S. 862 ff.

24 W. Brandt: Entspannungspolitik mit langem Atem (in der Zeitschrift „Außenpolitik", 11.8.1967): Außenpolitik – Deutschlandpolitik – Europapolitik. Berlin 1968, S. 95 ff.

25 Bericht des Bundeskanzlers „Über die Lage der Nation" am 14.1.1970 im Bundestag. In: Texte zur Deutschlandpolitik. Vgl. Anm. 14, Bd. IV, 1970, S. 201–221, Zitat S. 204.

26 Wortlaut des Bahr-Papiers in: Zehn Jahre Deutschlandpolitik. Die Entwicklung der Beziehungen zwischen der Bundesrepublik Deutschland und der Deutschen Demokratischen Republik 1969–1979. Bericht und Dokumentation. Hrsg. vom Bundesministerium für innerdeutsche Beziehungen, Bonn 1980, S. 157 f.
Botschafter Allardt hat die Anerkennung des sowjetischen Herrschaftsanspruches über die Staaten ihres Machtbereiches hart kritisiert und den Bruch gegenüber der bisherigen Politik hervorgehoben: „Nur zwei Jahre später vereinbarte der Bundeskanzler Willy Brandt mit der Sowjetregierung, was der Außenminister Willy Brandt im September 1968 strikt abgelehnt hatte, und räumte damit der Sowjetregierung das Recht ein, im Namen der durch den Warschauer Pakt oder durch bilaterale Verträge mit der Sowjetunion verbundenen Staaten zu sprechen, zu handeln und über deren Grenzen Verträge mit Dritten abzuschließen." Vgl. H. Allardt: Moskauer Tagebuch. Vgl. Anm. 22, S. 291.

27 Wortlaut des Moskauer Vertrages und des Briefes zur deutschen Einheit in: Zehn Jahre Deutschlandpolitik. Vgl. Anm. 26, S. 156 f.

28 Wortlaut des deutsch-polnischen Vertrages in: Texte zur Deutschlandpolitik. Vgl. Anm. 14, Bd. VI, 1971, S. 258–260.

29 Wortlaut des deutsch-tschechoslowakischen Vertrages in: Texte zur Deutschlandpolitik. Hrsg. vom Bundesministerium für innerdeutsche Beziehungen. Reihe II, Bd. 2, Bonn 1976, S. 210–212.

30 Wortlaut des Berlin-Abkommens und seiner Anlagen in: Zehn Jahre Deutschlandpolitik. Vgl. Anm. 26, S. 158 ff.
Die Einteilung des Vertrages in „I. Allgemeine Bestimmungen" und „II. Bestimmungen, die die Westsektoren Berlins betreffen" macht deutlich, daß die Position von Sowjetunion und DDR, die nur von einem Westberlin-Abkommen sprechen, auf sehr schwachen Füßen steht.
Im Gefolge des Viermächte-Vertrages wurde am 17.12.1971 zwischen der Bundesrepublik und der DDR ein Abkommen über den Transitverkehr nach West-Berlin und am 20.12.1971 eine Vereinbarung zwischen dem West-Berliner Senat und der DDR-Regierung über den Reise- und Besucherverkehr von West-Berlinern in den Ostsektor der Stadt und in die DDR unterzeichnet. Vgl. ebenda S. 169 ff., S. 175.
Daß mit dem Berlin-Abkommen und seinen Folgeverträgen der Kampf um Berlin nicht zu Ende war, belegen die Verhandlungen mit den DDR-Behör-

den. Die Übersetzung des Viermächte-Abkommens ins Deutsche machte große Schwierigkeiten, von denen eine gar nicht überwunden werden konnte: Die zwischen West-Berlin und der Bundesrepublik bestehende Klammer („tie" im englischen Text) wurde von der Bundesrepublik mit „Bindung", von der DDR mit „Verbindung", also in einem deutlich reduzierten Sinne übersetzt. Der Begriff „Verbindung" findet sich – entsprechend den fortbestehenden Zielsetzungen der östlichen Berlinpolitik – auch im Text des Freundschaftsabkommens zwischen Sowjetunion und DDR vom 7.10.1975. – Bei der Vorbereitung des zunächst für Ost-Berlin vorgesehenen Treffens zwischen Brandt und Stoph verlangte die DDR-Regierung, daß der Bundeskanzler nicht über West-Berlin anreisen dürfe!

31 Das Schreiben Ulbrichts an den Bundespräsidenten und der Vertragsentwurf finden sich in: Zehn Jahre Deutschlandpolitik. Vgl. Anm. 26, S. 119–121.

32 Die grundsätzlichen Ausführungen Bundeskanzler Brandts auf dem Kasseler Treffen mit Einschluß des 20-Punkte-Programms finden sich in: Zehn Jahre Deutschlandpolitik. Vgl. Anm. 26, S. 137–139. Von der Wirklichkeit der deutschen Nation, wie sie sich bei dem Zusammentreffen der beiden deutschen Regierungschefs in Erfurt darstellte, hat Willy Brandt ein bewegendes Bild gezeichnet:
„Ich ließ den Sonderzug nach Mitternacht auf einem Abstellgleis vor der Grenze halten. Als wir in den frühen Morgenstunden weiterfuhren, fanden sich viele Menschen ein, um uns eine gute Reise zu wünschen. Eine Gruppe junger Leute forderte lautstark die Anerkennung der DDR. Winkende Menschen an der Strecke, auf den Bahnhöfen, oft auch an den Fenstern der Häuser, die vorüberglitten. In vielen Bürgern der Bundesrepublik schien ein sonst eher verborgenes Gefühl der Zusammengehörigkeit an diesem Tag ganz wach zu sein. An der Grenze wurde ich nach allen Regeln des Protokolls von einem Beamten der DDR begrüßt. Ich schaute nachdenklich auf die spätwinterliche Landschaft. Die Bahnstrecke war in den Ortschaften durch die Volkspolizei abgeschirmt. Dennoch winkten mir wieder einzelne Leute und große Gruppen ihr Willkommen. Ich sah eine ganze Fabrikbelegschaft, die mich begrüßte. Überall erhobene, ausgestreckte Hände. Überall geöffnete Fenster: Manche Menschen wirkten verhalten, andere waren enthusiastisch und winkten mit Tisch- oder Bettüchern. Mich bewegte es tief, die Namen der Städte zu lesen, die für die Geschichte der deutschen Arbeiterbewegung, vor allem für die Geschichte der Sozialdemokratie so bedeutsam waren.
Um neun Uhr dreißig kam der Zug in Erfurt an. Ministerpräsident Stoph empfing mich höflich und ein wenig steif. Ich hörte Sprechchöre: Willy. Es hätte dem einen oder dem anderen gelten können. Dann bestätigend: meinen vollen Namen. Erst später konnte ich mir beschreiben lassen, was sich auf dem Bahnhofsvorplatz während meiner Ankunft zutrug: Tausende durchbrachen, in einem lebensgefährlichen Gedränge, die schwachen Absperrungen. Wir erreichten das vom Bahnhof gut fünfzig Meter entfernte Hotel „Erfurter Hof", ehe die Ordnung für geraume Zeit völlig zusammenbrach. Conrad Ahlers kam nach ein paar Minuten in mein Zimmer, in dem ich mich frisch machen wollte, um mir zu berichten, die Menge rufe in immer drängenderen Sprechchören: „Willy Brandt ans Fenster!"
Ich zögerte; dann ging ich doch ans Fenster und blickte auf die erregten und hoffenden Menschen: sie hatten sich das Recht zu einer spontanen Kundgebung genommen. Für einen Augenblick fühlten sie sich frei genug, ihre Gefühle zu zeigen. Es war gewiß keine übersteigerte nationale oder gar nationalistische Emotion, die ich in diesem Augenblick spürte. Ich erinnerte mich daran, daß ich schon einmal in ein unfreies Deutschland gereist war. Damals mußte ich mich als Feind im eigenen Land fühlen. Hier war es anders. Ich war bewegt. Doch ich hatte das Geschick dieser Menschen zu bedenken: Ich würde anderntags wieder in Bonn sein, sie nicht. So mahnte ich durch eine Bewegung meiner Hände zur Zurückhaltung. Man hat mich verstanden. Die Menge wurde stumm. Ich wandte mich schweren Herzens ab. Mancher meiner Mitarbeiter hatte Tränen in den Augen. Ich fürchtete, hier könnten Hoffnungen wach werden, die sich nicht würden erfüllen lassen. Das durfte nicht sein. So legte ich mir die notwendige Reserve auf. (Später rückten Verstärkungen der Volkspolizei und linientreue Betriebsgruppen an, die nun in Sprechchören nach Stoph riefen und die „Anerkennung" forderten.)"
Vgl. W. Brandt: Begegnungen und Einsichten. Die Jahre 1960–1975. Hamburg 1976, S. 490–492.

33 Der Grundlagenvertrag und seine Zusatzdokumente finden sich in: Zehn Jahre Deutschlandpolitik. Vgl. Anm. 26, S. 205–211.

34 Schröders Bundestagsrede während der ersten Beratung der Ostverträge am 23.2.1972 in: Texte zur Deutschlandpolitik. Vgl. Anm. 29, Bd. 10, 1972, S. 253–265.

35 Der Wortlaut des von der CSU vorgelegten Alternativentwurfes in: Dokumentation zur Deutschlandfrage in Verbindung mit der Ostpolitik. Zusammengestellt von H. v. Siegeler, Hauptband VII. Bonn/Wien/Zürich 1972, S. 371 f.

36 Egon Bahr am 11.7.1973 in der Evangelischen Akademie Tutzing, in: Deutschland-Archiv, 6. Jg. 1973, S. 865–873, Zitat S. 869 f.

37 Vgl. hierzu von K. D. Bracher: Probleme des Entspannungsdenkens. In: Geschichte der Bundesrepublik Deutschland. Hrsg. von K. D. Bracher/Th. Eschenburg/J. C. Fest/E. Jäckel. Bd. 5/I, Stuttgart 1986, S. 362 ff. In einer kritischen Analyse des westlichen Entspannungsdenkens widmet sich Bracher hier ausführlich einem 1972 in der Sowjetunion, 1973 auch in der DDR und in der Bundesrepublik herausgekommenen Buches von W.W. Sagladin (Hrsg.): Die kommunistische Weltbewegung. Abriß der Strategie und Taktik. Frankfurt 1973. Die einleitenden Sätze dieses Buches markieren die Grundüberzeugungen im Weltbild der Autoren und reißen damit das Problem auf:
„Die revolutionäre Umgestaltung der Welt auf der Grundlage der siegreichen marxistisch-leninistischen Lehre ist die wichtigste gesetzmäßige Tendenz der gesellschaftlichen Entwicklung, ist das Hauptziel aller fortschrittlichen, revolutionären Kräfte. Ein wichtiger Wesenszug der Gegenwart besteht darin, daß die Rolle der kommunistischen Weltbewegung im Leben der Völker, im Kampf für die Lösung der Hauptprobleme, die die gesamte Menschheit bewegen, immer größere Bedeutung erlangt hat" (S. 5).
An späterer Stelle wird „die Errichtung der Diktatur des Proletariats" als „wichtigste historische Gesetzmäßigkeit", als „notwendiges Merkmal der Geburt der neuen sozialistischen Gesellschaft" bezeichnet (S. 141). Ein deterministisches Weltbild gibt sich zu erkennen, das den geschichtlichen Prozeß auf ein vorbestimmtes Endzeitalter ausgerichtet sieht, dem Kampf um seine Realisierung einmalige Wichtigkeit für die gesamte Menschheit zumißt und die mit seiner Verwirklichung Beauftragten benennen kann. Alles dem Endzeitalter Entgegenstehende ist zum Untergang verurteilt und kann von daher auch nur negativ wahrgenommen werden:
„Die gegenwärtige bürgerliche Demokratie ist ihrem Wesen nach eine Form der Diktatur der kapitalistischen Monopole. Hinter welchem politischen Aushängeschild die kapitalistische Ordnung sich auch verbirgt, sie bleibt immer eine Ordnung der sozialen und nationalen Rechtlosigkeit, der Gewaltanwendung gegenüber den werktätigen Massen, der Gesellschaft und der Persönlichkeit. Hiervon gehen die kommunistischen und Arbeiterparteien in erster Linie bei der Bestimmung ihres Verhältnisses gegenüber der bürgerlichen Demokratie aus" (S. 118).
Obwohl von der welthistorischen Gesetzmäßigkeit zum Tode verurteilt, sträuben sich die kapitalistischen Monopole doch dagegen, das ihnen bestimmte historische Grab freiwillig aufzusuchen; sie versuchen vielmehr, „mit allen Mitteln die Positionen des Sozialismus zu schwächen, die nationalen Befreiungsbewegungen... zu unterdrücken, den Kampf der Werktätigen in den kapitalistischen Ländern zu behindern und den unaufhaltsamen Niedergang des Kapitalismus abzuwenden... Die Spitze der aggressiven Strategie... ist weiterhin vor allem gegen die sozialistischen Staaten gerichtet... Der Imperialismus wäre nicht abgeneigt, den Lauf der Geschichte mittels eines thermonuklearen Krieges gegen die sozia-

listischen Länder aufzuhalten" (S. 40 f.).
Die einerseits heiligende, andererseits
verteufelnde Wahrnehmungsperspektive kann gar nicht anders, als die Form
der Auseinandersetzung zwischen den
sich gegenüberstehenden Kräften von
moralischen oder rechtlichen Normen
freizusetzen:

„Für den Erfolg der Revolution ist die
Beherrschung aller Mittel und Formen
des Kampfes durch die kommunistischen Parteien von außerordentlicher
Bedeutung. Die Kommunisten sind bestrebt, die friedlichen und die nichtfried-
lichen Kampfformen, die legalen und
die illegalen, die parlamentarischen
und die Formen des Klassenkampfes
zu beherrschen und sie entsprechend
den konkreten Bedingungen geschickt
anzuwenden" (S. 136).

Die Aufgabe der Gegenwart besteht
darin, das „Zusammenwirken der drei
wichtigsten revolutionären Kräfte" sicherzustellen: „der Völker, die den Sozialismus bzw. den Kommunismus aufbauen, der Arbeiterklasse der ent-
wickelten kapitalistischen Länder und
der nationalen Befreiungsbewegungen" (S. 64). Zum anderen gilt es, „die
Reinheit der revolutionären Lehre sorg-
sam (zu) hüten" und sich „im Kampf
gegen die bürgerliche Ideologie auf
keinerlei Kompromisse ein(zu)lassen"
(S. 423).
Hält man dieses Welt- und Selbstbild
den Hoffnungen und Erwartungen der
Entspannungspolitik gegenüber, so
kann der Gegensatz kaum größer gedacht werden. Ist dieser Gegensatz
Ausdruck einer politisch überholten
Wirklichkeit? Ist er als ideologisches
Nachhutgefecht einer zu Ende gegan-
genen Epoche anzusehen? Wird die
Konvergenz von der Wirklichkeit erzwungen, und werden ideologische
Fiktionen damit in den Raritätenkabi-
netten der Geschichte verschwinden?

38 Der Wortlaut der gemeinsamen Entschließung aller Bundestagsparteien
in: Zehn Jahre Deutschlandpolitik. Vgl.
Anm. 26, S. 181 f.

39 Vgl. Sicherheit und Zusammenarbeit in
Europa. KSZE-Dokumentation. Hrsg. v.
Presse- und Informationsamt der Bundesregierung. Bonn 1975, Zitat S. 7 f.
Umfassende Analyse und Dokumentation in: H.-A. Jacobsen/W. Mall-
mann/Chr. Meier: Sicherheit und Zusammenarbeit in Europa (KSZE). 2.
Bde., Köln 1973, 1978.

40 Vgl. zur Afghanistan-Invasion: Sechs
Jahre Krieg und Besetzung in Afgha-
nistan. Öffentliche Anhörung des Aus-
wärtigen Ausschusses des Deutschen
Bundestages am 18. und 19. 3. 1986.
Hrsg. vom Dt. Bundestag. Bonn 1986;
J. Bellers/G. D. Totakhyl: Der Afghani-
stan-Konflikt und das internationale
System. Aus Politik u. Zeitgesch. Blg. z.
Wochenzeitg. „Das Parlament", B 4/87.

41 Der Nato-Doppelbeschluß wurde im
Januar 1979 bei einer Konferenz der
Regierungschefs der USA, Großbritanniens, Frankreichs und der Bundesrepublik auf der französischen Karibikin-
sel Guadeloupe politisch vorbereitet.
Daß die Bundesrepublik zu diesem

westlichen Gipfeltreffen eingeladen
worden, im Jahr davor als Gastgeber
des dritten Weltwirtschaftsgipfels auf-
getreten war, von 1976–1979 dem Welt-
sicherheitsrat angehörte und 1980 der
UNO-Generalversammlung präsidierte,
sind Indizien für den großen Gewinn an
politischer Bedeutung und auch an
Handlungsspielraum, der nicht zuletzt
auf ihre politische Neuorientierung
1969/70 zurückgeht.

42 Vgl. zu den Vorgängen in Polen: H. Vol-
le/W. Wagner (Hrsg.): Krise in Polen.
Vom Sommer 1980 zum Winter 1981 in
Beiträgen und Dokumenten aus dem
Europa-Archiv. Bonn 1982.

43 Die Rede Honeckers in Gera am
13. 10. 1980 in: Innerdeutsche Beziehungen. Die Entwicklung der Beziehungen zwischen der Bundesrepublik
Deutschland und der Deutschen Demokratischen Republik 1980–1986.
Bonn 1986, S. 74–77. Honeckers Rede
war überaus scharf und voller ideologischer Anwürfe gegen den sogenannten Imperialismus, der überall sein Un-
wesen treibe: „Dabei ist die imperialistische Bundesrepublik an vorderster
Stelle mit von der Partie. Da führt der
Imperialismus einen nicht erklärten
Krieg gegen das revolutionäre Afghanistan und entrüstet sich zugleich über
dessen Verteidigung."

44 Schmidts Regierungserklärung vom
17. 5. 1974 in: Texte zur Deutschlandpolitik. Vgl. Anm. 29, Bd. 2, S. 77 f.

45 Schmidt in der Sitzung der SPD-Fraktion am 18. 3. 1980, zitiert nach K. D. Bracher u. a.: Geschichte der Bundesrepublik Deutschland, Bd. 5/II, S. 324.

46 Zum Treffen am Werbellinsee mit Einschluß des abschließenden Besuches
von Güstrow vergl. den ausführlichen
Bericht von Klaus Bölling: Die fernen
Nachbarn. Hamburg 1983, S. 114–173,
Zitat S. 140. – Link äußert sein Erstaunen über die „fragwürdige Symmetrie",
der sich der Kanzler im Bölling-Zitat
bediente, und nennt Schmidts Vorstoß
einen „verzweifelten Versuch, die Reste
der Entspannungspolitik in Deutschland und Europa zu retten – nicht um
jeden, aber doch um einen sehr hohen
politischen und psychologischen
Preis". Vgl. K. D. Bracher u. a.: Gesch.
der Bundesrep. Bd. 5/II, S. 379, 382.

47 Der Sturz von Bundeskanzler Schmidt
am 1. 10. 1982 durch ein konstruktives
Mißtrauensvotum wird in der populären
Tradition, zumal innerhalb der SPD, auf
den „Verrat" der FDP – den Wechsel
des Koalitionspartners – zurückgeführt. Dieses ist eine politische Legende. Die Voraussetzungen für die
Fortführung der sozial-liberalen Koalition waren nicht mehr gegeben, weil
große Teile der SPD sowohl in der Wirtschaftspolitik als auch in der Haus-
haltspolitik, vor allem aber in der Außenpolitik der Regierung die Gefolgschaft verweigerten. Die Partei selbst
hat sich aus der Regierung gebracht,
indem sie ihren eigenen Kanzler im
Stich ließ. Das tiefe Mißtrauen gegen
die westliche Politik im Westen selbst,
vor allem in Deutschland, hatte eine
unglaubliche Vertrauensseligkeit ge-

genüber der Sowjetunion zur Entsprechung, die sich auch in der fast vollständigen Verdrängung des Afghanistankrieges aus dem Bewußtsein zum
Ausdruck brachte.
Der Vergleich der Berichterstattung in
den Medien über den Vietnamkrieg und
über den Afghanistankrieg ist überaus
erhellend.

48 Die Umsatzzahlen im Handel mit der
Sowjetunion und den übrigen Come-
con-Staaten (außer DDR) steigern sich
von 8,8 Mrd. DM (1970) über 30,8 (1979)
auf 33,5 Mrd. DM (1987).

49 Vgl. zu den im Dezember 1975, im November 1978 und im August 1985 getroffenen Vereinbarungen über die Verkehrswege: Zehn Jahre Deutschlandpolitik. Vgl. Anm. 26, S. 290 ff., S. 341 ff.;
Innerdeutsche Beziehungen. Vgl. Anm.
43, S. 219 ff.
Im Rahmen der ab 1990 gültigen Regelung der Transit- und Straßenbenutzungsgebühren hat sich die DDR dazu
verpflichtet, bis 1994 am Südrand von
Berlin einen neuen Transitübergang
einschließlich eines Autobahnzubrin-
gers zum Berliner Ring zu bauen und
Teile der Transitautobahnen Berlin–
Hof und Berlin–Herleshausen sowie
des Berliner Rings zu erneuern. Die Zahl
der Reisen von und nach Berlin hat in
den vergangenen zehn Jahren um etwa
40 % zugenommen. Über den Ausbau
der Eisenbahnverbindung Helmstedt–
Berlin wird derzeit verhandelt.

50 Vgl. zu den grenzüberschreitenden Ab-
bau-Vereinbarungen: Zehn Jahre
Deutschlandpolitik. Vgl. Anm. 26, S. 309;
Innerdeutsche Beziehungen. Vgl. Anm.
43, S. 195 f.

51 Die „Verordnung über Reisen von Bürgern der DDR nach dem Ausland" vom
30. 11. 1988 ist am 14. 12. 1988 im Neuen
Deutschland veröffentlicht worden.
Daß die Reiseverordnung die als Voraussetzung für Anträge bestehenden
Verwandtschaftsbeziehungen im einzelnen auflistet und ebenso die möglichen Anlässe – bei welchem Geburtstag eines Westverwandten Anträge gestellt werden können und bei welchem
nicht –, daß DDR-Bürger ohne Westver-
wandte grundsätzlich ausgeschlossen
werden und daß erst von Rentnern Anträge „ohne Vorliegen besonderer
Gründe" gestellt werden können,
macht die Unzeitgemäßheit der Verordnung deutlich.

52 Vgl. etwa das Kapitel „Deutsche Demokratische Republik. Ein sozialistisches
System in Deutschland" in dem Schulbuch „Zeitaufnahme", Bd. 4, Braunschweig 1982, S. 49–70. Das DDR-Ka-
pitel dieses Buches hat den gleichen
Umfang wie das Kapitel „Bundesrepublik Deutschland. Eine neue Demokratie entsteht", ebenda S. 27–48. – Allgemein zur Schulbuchproblematik:
„Deutschlandbild und Deutsche Frage."
Hrsg. v. W. Jacobmeyer, vgl. Literaturverzeichnis. W. Marienfeld: Die „Einheit
der Nation" in der Schulgeschichts-
schreibung beider deutscher Staaten
seit 1945. In: K.-E. Jeismann (Hrsg.): Einheit – Freiheit – Selbstbestimmung. Vgl.
Literaturverzeichnis. S. 43–61.

53 Charakteristisch für die Verknüpfung von Information und ideologischem Urteil ist die Überschrift für ein Kapitel über die Bundesrepublik in einem DDR-Schulbuch aus dem Jahre 1960: „Der Kampf des deutschen Volkes... für die nationale Wiedergeburt Deutschlands als einheitlicher, friedliebender, demokratischer Staat." Die drei Adjektive „einheitlich, friedliebend und demokratisch" signalieren, daß damit nicht die tragenden politischen Kräfte in der Bundesrepublik gemeint sind. Vgl. zum DDR-Schulbuch die in Anm. 51 genannte Literatur sowie das gegenwärtige DDR-Schulbuch selbst: Geschichte. Lehrbuch für Klasse 10. 4. Aufl. Berlin-Ost 1986.

54 J. Kuczynski: Abgrenzung. Neues Deutschland 10. 2. 1971. Das stereotype Weltbild begegnet uns auch im Schulbuch und im Unterricht, wenn in den Unterrichtshilfen für den Geschichtsunterricht die Lehrer für die Bewertung der Vertragspolitik auf die Aussage verpflichtet werden: „Imperialisten haben Ziele nicht aufgegeben, ‚realistische' Außenpolitik als Versuch zur Anpassung an das veränderte Kräfteverhältnis und zur Verschleierung der wahren Absichten... Liquidierung des Sozialismus." Entsprechend wird im Schulbuch Bahrs Formel „Wandel durch Annäherung" als „konterrevolutionäre Aktivität" und die Forderung nach Freizügigkeit von Menschen, Informationen und Ideen als „hinterhältig" und „imperialistisch" gebrandmarkt. Die Wahrnehmungsperspektive für die Bundesrepublik und für den Westen insgesamt hat durch die Vertragspolitik keine Änderung erfahren. Vgl. Unterrichtshilfen Geschichte Klasse 10. Berlin-Ost 1979, S. 250, 252 sowie das in Anm. 52 genannte Lehrbuch, S. 215.

55 Vgl. zur Verfassungsänderung von 1974: Verfassung der DDR, Synopse der Fassungen von 9. 4. 1968 und 7. 10. 1974. In: Deutschland-Archiv, 7. Jg. 1974, S. 1188–1224. Der Freundschaftsvertrag der DDR mit der Sowjetunion in: Zehn Jahre Deutschlandpolitik... Vgl. Anm. 26, S. 285 f.

56 Honeckers Rede vom 15. 2. 1981 auf einer Bezirksdelegiertenkonferenz in: Innerdeutsche Beziehungen... Vgl. Anm. 43, S. 79 f.; sein offener Brief an Bundeskanzler Kohl vom 5. 10. 1983 ebenda S. 154 f.

57 Handreichung zur sozialistischen Wehrerziehung. Hrsg. v. K. Ilter, A. Herrmann, H. Stolz im Auftrag des Ministeriums für Volksbildung. Berlin-Ost 1974. In dem Kapitel über „die sozialistische Wehrerziehung im Geschichtsunterricht" (S. 45–62) wird das allgemeine Urteil über die Aggressivität des Imperialismus Bundesrepublik – spezifisch wiederholt:
„Der Imperialismus in der BRD ist und bleibt ein gefährlicher Feind des Sozialismus, der DDR und jedes gesellschaftlichen Fortschritts. Unter veränderten Bedingungen des internationalen Kräfteverhältnisses versucht er, die reaktionären Traditionen seiner aggressiven Politik mit veränderten, angepaßten Mitteln weiterzuführen. In Gestalt der Bundeswehr schufen die reaktionären Kräfte ihr militärisches Aggressionsorgan.
Die allseitige Stärkung der sozialistischen DDR ist unsere Antwort, um im Bündnis mit den sozialistischen Bruderländern und allen friedliebenden, demokratischen Kräften der Welt die Aggressionsabsichten des Imperialismus zum Scheitern zu bringen."
Zur „sozialistischen Wehrerziehung im Musikunterricht" heißt es (S. 112–116): „Durch das musikalisch-künstlerische Erlebnis und die mit dem Singen und Musikhören verbundene emotionale Wirksamkeit der Musik sowie das Eindringen in den Ideengehalt und in die gesellschaftlich-historische Beziehung musikalischer Werke vermag der Musikunterricht tiefe gefühlsmäßige Bindungen an die Deutsche Demokratische Republik, die sozialistische Heimat der Schüler, zu schaffen und auf dieser Grundlage Einstellungen herausbilden zu helfen, die das Denken und Handeln maßgeblich beeinflussen:
– Den Stolz auf die Errungenschaften der Werktätigen in der DDR zu wecken, die Verteidigungswürdigkeit unserer sozialistischen Ordnung zu begründen sowie die Bereitschaft zu vertiefen, diese Ordnung unter Einsatz des Lebens zu verteidigen.
– Die Freundschaft zur Sowjetunion und den anderen Staaten der sozialistischen Gemeinschaft, den proletarischen Internationalismus und die enge Waffenbrüderschaft mit den Armeen der sozialistischen Verteidigungsgemeinschaft zu festigen.
– Die Auseinandersetzung mit der gegnerischen Ideologie zu führen und den Haß auf das imperialistische System zu vertiefen.
– Den Charakter junger Klassenkämpfer zu formen und die Herausbildung künftiger Soldatenpersönlichkeiten bereits in den Jugendjahren vorzubereiten.

Die sozialistische Wehrerziehung im Musikunterricht kann nicht als besondere Zutat, als Anhängsel der Musikerziehung aufgefaßt werden. Sie erwächst aus dem Inhalt der sozialistischen und humanistischen Musikkultur und bildet mit ihr eine untrennbare Einheit, vollzieht sich in der musikalischen Erziehung und Bildung zur Liebe zur sozialistischen Heimat und zum sozialistischen Internationalismus, zur Begeisterung für die großen revolutionären Musikwerke und Musikerpersönlichkeiten in Vergangenheit und Gegenwart, fördert das Bedürfnis nach musikalischer Selbsttätigkeit bei der parteilichen und ausdrucksstarken Interpretation und Rezeption des revolutionären Arbeiterliedes, des Jugend-, Kampf- und Soldatenliedes, sie führt zum Verständnis der aktivierenden Rolle des antifaschistischen und antiimperialistischen Massenliedes und hilft bei der Stärkung des Willens zur kämpferischen Mitarbeit beim Aufbau der sozialistischen Gesellschaft.

Sie wird zum ordnenden disziplinierenden Element beim Massengesang im Marschverband der Pioniere und FDJler in der Schulklasse, im Ordnungsverband bei der Wehrausbildung der Schüler im Rahmen der Arbeitsgemeinschaft und bei der vormilitärischen Ausbildung in der Gesellschaft für Sport und Technik.
Dazu sind die den Lehrplänen und Lehrbüchern für den Musikunterricht unserer sozialistischen Schule innewohnenden Potenzen voll zu nutzen. Sie enthalten die vorgenannten Inhalte und Kriterien in durchgehender Linienführung, werden durch zusätzliche Materialien ergänzt und ermöglichen einen abgerundeten Beitrag des Musikunterrichts zur sozialistischen Wehrerziehung. Er ist vom Musikerzieher bewußt zu gestalten. Das ist eine Aufgabe, die nicht erst in der Mittel- oder Oberstufe beginnt.
Bereits in der 1. Klasse werden die vielfältigen musikalischen Eindrücke und Erlebnisse der Kinder aus der Vorschulzeit mit Liedern vom Kampf um den Frieden vertieft und systematisch erweitert."
Von besonderem Interesse sind auch die Ausführungen zur „sozialistischen Wehrerziehung im Sportunterricht" (S. 130–136). Vgl. auch: W. Hübner/W. E. Effenberger: Wehrpolitische Massenarbeit unter Führung der Partei. Berlin-Ost 1982.

58 Vgl. zur Wehrkunde: W. Henrich (Hrsg.): Wehrkunde in der DDR. Bonn 1978. Ders.: Das unverzichtbare Feindbild. Haßerziehung in der DDR. Bonn 1981. Ders. u. G. Lenz (Hrsg.): Die sozialistische Wehrerziehung in der DDR. Bonn 1984. J. Hartwig/A. Wimmel: Wehrerziehung und vormilitärische Ausbildung der Kinder und Jugendlichen in der DDR. Stuttgart 1979. K.-D. Schlechte/O. Vogler: Wehrerziehung in der DDR. Materialien zur politischen Bildung. Hannover 1984.

59 Die Wertehierarchie für die Sportbeziehungen der DDR findet sich in: Körperkultur und Sport in der DDR. Hrsg. von G. Wonneberger u. a. Berlin-Ost 1982, S. 138 ff., 146 ff., 151 ff. Zum Problem des innerdeutschen Sportverkehrs allgemein vgl.: G. Holzweißig: Diplomatie im Trainingsanzug. Sport als politisches Instrument der DDR. München/Wien 1981. Sport im geteilten Deutschland. Akademieschriften der Führungs- und Verwaltungsakademie des DSB, Nr. 2, 8, 22, 36. Berlin/Frankfurt 1981, 1982, 1984, 1986.

60 CDU-Dokumentation 29/1978 vom 17. 8. 1978. Besonders der der DDR im Rahmen des innerdeutschen Handels gewährte zinslose Überziehungskredit (Swing) wurde als Sanktionsinstrument ins Auge gefaßt. Zu den vorgeschlagenen Mitteln gehörte auch „das bewußte Bloßstellen der DDR vor den zuständigen internationalen Gremien..., wann immer wir legitim Mängel und Versäumnisse in der Durchführung und Beachtung uns angehender internationaler Absprachen etc. aufweisen können. Dabei darf die Bundesregierung sich

auch nicht scheuen, der DDR peinliche Vorgänge und Daten unter Berufung auf das internationale Recht, internationale Standards oder das Vertragsvölkerrecht an die internationale Öffentlichkeit zu bringen."

61 Die Regierungserklärung vom 13.10.1982 in: Texte zur Deutschlandpolitik. Hrsg. v. Bundesmin. für innerdeutsche Beziehungen, Reihe III, Bonn 1985, Bd. 1, S. 9–11.

62 Windelens Rede vom 7.2.1984 über die Deutschlandpolitik der christlich-liberalen Koalition in: Texte zur Deutschlandpolitik… Vgl. Anm. 61, Bd. 2, S. 34–44, Zitate S. 41 f.

63 Beschluß des Deutschen Bundestages zum Bericht zur Lage der Nation und zur Deutschlandpolitik in: Texte zur Deutschlandpolitik… Vgl. Anm. 61, Bd. 2, S. 45–47, Zitat S. 45.

64 Wortlaut des Kulturabkommens vom 6.5.1986 in: Texte zur Deutschlandpolitik… Vgl. Anm. 61, Bd. 4, S. 216–221.

65 Bericht und Dokumentation zum Honecker-Besuch im Europa-Archiv, 42. Jg. 1987, S. 683–690 sowie S. D 521–552. Die Zitate aus den Ansprachen beim großen Empfang in der Bonner Redoute S. D 532 f. und D 536 f. Honeckers Rede vor den Repräsentanten der westdeutschen Wirtschaft nach der Berichterstattung im Neuen Deutschland, 10.9.1987.
Zusammenfassende Dokumentation des Honecker-Besuches in: Der Besuch von Generalsekretär Honecker in der Bundesrepublik Deutschland. Hrsg. v. Bundesmin. f. innerdeutsche Beziehungen. Bonn 1988.

66 Entsprechend heißt es in einer der im Juni 1988 auf dem Evangelischen Kirchentag in Halle vorgelegten 20 Thesen: „10. Weil nur eine lebendige Kultur des Streits um die Wahrheit und um den besten Weg des menschlichen Miteinanders zu einer humanen, gerechten und überlebensfähigen Welt führt, halten wir es für erforderlich, daß die Kommunisten auf das mit Macht ausgeübte Wahrheitsmonopol und auf den prinzipiellen gesellschaftlichen Überlegenheitsanspruch verzichten!" Frankfurter Allg. Zeitung, 26.7.1988.

67 Ansprache Honeckers auf einem Empfang für die Absolventen der Militärakademien am 24.9.1984 in: Neues Deutschland, 25.9.1984, auszugsweise auch im Europa-Archiv, 39. Jg. 1984, S. D 627 f. Wenn Honecker bei seiner Rede in Magnitogorsk im Juni 1989 die DDR als „vordere Bastion des Sozialismus" bezeichnet, dann liegt diesem Sprachbild ebenfalls die Vorstellung einer ununterbrochenen Bedrohung des sozialistischen Weltfriedenslagers zugrunde. Vgl. Neues Deutschland, 30.6.1989.
Viel deutlicher noch werden die präformierten Denkbahnen, wenn Margot Honecker in ihrem Referat vor dem IX. Pädagogischen Kongreß der DDR auf der Grundlage eines marxistischen Geschichtsbildes strengster Observanz „alle dem Sozialismus feindlichen Kräfte auf den Plan getreten" sieht und entsprechend dazu auffordert, eine Jugend heranzubilden, „die kämpfen

kann…, die den Sozialismus verteidigt mit Wort und Tat und, wenn nötig, mit der Waffe in der Hand". Im Rahmen dieses Geschichtsbildes gibt es keine „Moral ‚an sich' ", keine „über den Klassen stehende ewige Moral". Die Volksbildungsministerin tut Vorstellungen dieser Art als „pure Heuchelei" ab und formuliert als Grundüberzeugung: „Moral ist immer klassengebunden; hinter den Moralauffassungen stehen Interessen von Klassen. In der sozialistischen Moral widerspiegelt sich die Moral der Arbeiterklasse und aller Werktätigen, die der Moral der Bourgeoisie unversöhnlich gegenübersteht, hier gibt es keine Neutralität. Das zu wissen ist unabdingbar für unsere Erziehungsarbeit." Neues Deutschland, 14.6.1989.

68 Das Honecker-Zitat aus dem Artikel „Zum 9. Jahrestag der Unterzeichnung der Schlußakte von Helsinki." Neues Deutschland, 1.8.1984.

69 Die in der DDR erscheinenden fünf evangelischen Kirchenzeitungen mit einer Gesamtauflage von rund 150 000 Exemplaren unterliegen wie alle Presseerzeugnisse staatlicher Zensur. Diese kann sich so äußern, daß vorgesehene Artikel nicht veröffentlicht oder die schon gedruckten Zeitungen nicht ausgeliefert werden dürfen. Besonderes Aufsehen erregte im Oktober 1988 eine Zensurmaßnahme, die sich gegen einen Gebetstext richtet: „Hilf, daß durch die Beratungen (gemeint war die ökumenische Kirchenversammlung in Magdeburg) der Prozeß der Umkehr und Erneuerung in unserem Land gefördert wird!"

70 Zu den abstoßendsten Zügen der DDR-Wirklichkeit gehört vor allem die Strafverfolgung von politisch Kriminalisierten. Andreas Schmidt, der als politischer Gefangener mit nur kurzzeitiger Unterbrechung die Jahre von 1977 bis 1982 in den Zuchthäusern Cottbus und Brandenburg verbrachte, bevor er von der Bundesregierung freigekauft werden konnte, hat einen sehr eindringlichen und detaillierten Bericht vom Strafvollzug in der DDR vorgelegt: A. Schmidt: Leerjahre. Leben und Überleben im DDR-GULAG. Böblingen 1986. Der Bericht läßt auch erkennen, wie sehr die Gefangenen aus der Hoffnung auf den Freikauf leben und hierin die Kraft finden, die menschenunwürdigen Haftbedingungen zu ertragen, ohne als Persönlichkeiten zu zerbrechen. Weitere Erlebnisberichte ehemaliger Häftlinge:
S. Faust: Ich will hier raus. Berlin 1983.
U. Schacht (Hrsg.): Hohenecker Protokolle. Aussagen zur Geschichte der politischen Verfolgung von Frauen in der DDR. Zürich 1984.
E. Thiemann: Stell dich mit den Schergen gut. Erinnerungen an die DDR. München 1984.
Freya Klier: Abreißkalender. Versuch eines Tagebuchs. München 1988.
Allgemein und systematisch zur Lage der politischen Gefangenen in der DDR, auch mit ausführlicher Dokumentation

ausgestattet: K.W. Fricke: Zur Menschen- und Grundrechtssituation politischer Gefangener in der DDR. Köln, 2. Aufl. 1988.
Vgl. zum DDR-Alltag besonders das Buch des britischen Journalisten T.G. Ash: „Und willst du nicht mein Bruder sein…" Die DDR heute. Reinbek/Hamburg 1981.
Die Menschenrechtssituation in der DDR ist im Januar 1989 von der Gefangenenhilfsorganisation amnesty international in einem speziellen Länderbericht untersucht worden:
Deutsche Demokratische Republik. Rechtsprechung hinter verschlossenen Türen. Amnesty international publication. Bonn 1989. Hierin heißt es zusammenfassend:
„Gewaltlose politische Gefangene werden auf der Grundlage von Gesetzen festgehalten, die folgende Rechte beschneiden: Freiheit der Meinungsäußerung, Versammlungsfreiheit, Vereinigungsfreiheit und das Recht, das eigene Land zu verlassen. Alle diese Rechte sind Bestandteil des Internationalen Paktes über bürgerliche und politische Rechte, der von der DDR 1973 ratifiziert wurde. Zwar gestattet es der Pakt den Vertragsstaaten, im Falle eines öffentlichen Notstands, der das Leben der Nation gefährdet, bestimmte Rechte außer Kraft zu setzen, das Recht auf Gewissensfreiheit ist davon jedoch ausgenommen. Überdies ist a.i. der Auffassung, daß die Einschränkung dieser Rechte durch eine Reihe von Gesetzen der DDR und deren regelmäßige Anwendung mit dem Ziel, Menschen zu inhaftieren, weit über die im Pakt erlaubten Einschränkungen hinausgeht. Kritik übt die Organisation auch daran, daß diesen Personen – ebenso wie anderen politischen Gefangenen – ein öffentliches Gerichtsverfahren verwehrt wird, ein Recht, das in Artikel 14 des Paktes verankert ist." (S. 8 f.)
In der a.i.-Publikation werden die einzelnen Menschenrechte auf der Grundlage der maßgebenden Strafrechtsparagraphen sowie der offiziellen Kommentare hierzu und konkreter Einzelschicksale abgehandelt. Der zweite Teil des Buches befaßt sich allgemein mit dem Rechtssystem und mit dem Rechtsvollzug in der DDR.
Auf der Grundlage des DDR-Berichts von a.i. hat im Februar 1989 das Europäische Parlament eine Resolution gegen die Menschenrechtsverletzungen in der DDR verabschiedet.

71 Text der gemeinsamen Erklärung in: W. Brinkel/J. Rodejohann (Hrsg.): Das SPD-SED-Papier. Der Streit der Ideologien und die gemeinsame Sicherheit. Freiburg 1988, S. 11–21. Die Erklärung bildet den Abschluß einer seit 1984 geführten Diskussion, bei der für die SPD die Grundwertekommission unter Führung von Erhard Eppler und für die SED das Institut für wissenschaftlichen Kommunismus an der Akademie für Gesellschaftswissenschaften in Ost-Berlin unter Führung ihres Direktors, Prof. Reissig, beteiligt waren.

Wie sehr das SPD-SED-Papier der traditionellen Wahrnehmungsperspektive entgegensteht, macht seine Kommentierung durch den Chefideologen der SED, Kurt Hager, im Neuen Deutschland am 28. 10. 1987 deutlich. Hager fragt im Anschluß an eine zentrale Aussage des gemeinsamen Papiers – „beide Systeme müssen sich gegenseitig für friedensfähig halten" –: „Kann man wirklich von einer Friedensfähigkeit des Imperialismus sprechen?" Das dichotomische Weltbild drängt ihn zur stereotypen Kennzeichnung der Systemunterschiede: „Durch die Politik der aggressiven militaristischen Kreise des USA-Imperialismus und der NATO, die auf Hochrüstung und Stärke, auf Feindschaft gegen den Sozialismus und jeglichen gesellschaftlichen Fortschritt gerichtet ist, wächst die Bedrohung des Friedens... Es entspricht zutiefst dem Wesen ihrer sozialistischen Militärdoktrin, daß die Staaten des Warschauer Vertrages ihre Gefechts- und Verteidigungsbereitschaften sichern, aber niemals und unter keinen Umständen militärische Handlungen gegen einen Staat oder ein Staatenbündnis beginnen werden, wenn sie nicht selbst einem bewaffneten Überfall ausgesetzt sind. Unbeirrbar halten wir an dem Grundsatz sozialistischen Denkens und Handelns fest, keinen Krieg – weder einen mit nuklearen noch mit konventionellen geführten – zuzulassen. Dieser Grundsatz entspricht dem humanistischen Wesen der Außenpolitik des Sozialismus." Von daher kann Hagers Folgerung nur lauten: „Es handelt sich also darum, daß der Imperialismus friedensfähig gemacht werden muß, nicht, daß er von Natur aus friedfertig ist. Alle Bemühungen der Friedenskräfte ... müssen darauf gerichtet sein, die aggressiven Kreise des Imperialismus daran zu hindern, mit dem Inferno eines nuklearen Krieges zu spielen." Das gemeinsame SPD-SED-Papier steht geistig weit oberhalb dieses unglaublich naiven und selbstgerechten Bildes von Welt.

72 J. R. Becher: Selbstzensur. In: Sinn und Form. 40. Jg. 1988, H. 3, S. 543–551.
Dem Vernehmen nach hat Chefideologe Hager die Akademie der Künste persönlich aufgesucht, um die Herausgeber der Zeitschrift wegen der Veröffentlichung des Becher-Textes zur Rede zu stellen und ideologische Entgleisungen ähnlicher Art für die Zukunft abzubinden.

73 Text der Wiener Schlußakte im Neuen Deutschland vom 21. 1. 1989; vollständiger Wortlaut im Europa-Archiv, 44. Jg. 1989, S. D 133 f.; die Zitate auf den Seiten D 135–140.
Honeckers 100-Jahre-Mauer-Rede im Neuen Deutschland vom 20. 1. 1989. Wenige Tage später hat Honecker dem außerordentlich negativen Eindruck seiner Rede durch die Ankündigung eines einseitigen Truppenabbaus um 10000 Mann entgegengearbeitet. Dessen ungeachtet sah sich die DDR auf der Pariser Menschenrechtskonferenz im Juni 1989 durch die Delegierten

mehrerer Nationen wegen Mißachtung der Menschenrechte heftigen Angriffen ausgesetzt und bekam die Sowjetunion, Ungarn und Polen als positive Beispiele vorgehalten; sie wurde auch dazu aufgefordert, ihren Bürgern den vollständigen Wortlaut der Wiener KSZE-Schlußerklärung bekannt zu machen.

74 Vgl. zum Geschichtsbild der DDR:
G. Heydemann: Geschichtswissenschaft und Geschichtsverständnis in der DDR seit 1945. Blg. z. Wochenzeitg. Das Parlament, B 13/87, S. 15–26.
U. Neuhäußer-Wespy: Die SED und die deutsche Geschichte. In: I. Spittmann: Die SED in Geschichte und Gegenwart. Edition Deutschland-Archiv, Köln 1987, S. 98–111.
A. Blänsdorf: Die deutsche Geschichte in der Sicht der DDR. In: Geschichte in Wissenschaft und Unterricht, 39. Jg. 1988, S. 263–290.
Die Bismarckbiographie stammt von E. Engelberg: Bismarck. Urpreuße und Reichsgründer. Berlin (Ost und West) 1985.
Vgl. zum Bild Friedrichs des Großen die Arbeit von I. Mittenzwei: Friedrich II. von Preußen. Eine Biographie. Berlin-Ost 1979 und Köln 1980 sowie zusammenfassend P. Meyers: Friedrich II. von Preußen im Geschichtsbild der SBZ/DDR. Studien zur internationalen Schulbuchforschung, Bd. 35, Braunschweig 1983.
Honeckers Urteil über Luther anläßlich der Konstituierung des staatlichen Luther-Komitees, zitiert nach Neuhäußer-Wespy. Mit Luther, Friedrich dem Großen und Bismarck sind eben jene Gestalten neu und positiv bewertet worden, die anfänglich nach 1945 wie in Westdeutschland die negative Traditionslinie deutscher Geschichte auf Hitler hin markiert hatten.
Auf dem DDR-Historikerkongreß vom 31. 1. bis 3. 2. 1989 traten die Kongreßteilnehmer „übereinstimmend für ein differenziertes Geschichtsbild ein, das die ganze Widersprüchlichkeit der Geschichte erfasse". In der Wahrnehmung dieses nach positiv und negativ nicht selektierbaren historischen Erbes bekundete sich auch „ein weites Traditionsverständnis, das über die Anknüpfung an die revolutionäre Arbeiterbewegung hinausgehend auch andere Kräfte und Persönlichkeiten einschließt, die objektiv eine positive Wirkung auf den gesellschaftlichen Fortschritt ihrer Zeit hatten" (zitiert nach: Informationen. Hrsg. v. Bundesmin. f. innerdeutsche Beziehgg. Nr. 4/1989, S. 5). Zu diesen zwar nicht proletarischen, aber doch fortschrittlichen Persönlichkeiten zählen insbesondere Luther, Friedrich der Große und Bismarck. Mit der Neubewertung der deutschen Geschichte und ihrer Aneignung auch in ihren Widersprüchen und Konflikten hängt möglicherweise das in jüngster Zeit auffällige Bemühen um die jüdische Gemeinde in der DDR zusammen. Die DDR-Regierung hat die Anstellung eines Rabbiners in Ost-Berlin sehr gefördert, ihm das Gehalt gezahlt, Woh-

nung und Dienstwagen zur Verfügung gestellt. Sie begünstigt den Wiederaufbau der Synagoge in der Oranienburger Straße (Honecker hat persönlich einen namhaften Betrag gestiftet) und hat sogar die Möglichkeit erwogen, Wiedergutmachungszahlungen an verfolgte Juden zu leisten, also in eine historische Verantwortung einzutreten, die sie bisher strikt abgelehnt hat.

Im Oktober 1988 wurde der Präsident des Jüdischen Weltkongresses, der Amerikaner Edgar Bronfman, in der DDR empfangen; im November gedachte die Volkskammer in einer Sondersitzung der Opfer des Judenpogroms vom November 1938 (worüber das ND mehrseitig berichtete). Im Februar 1989 weilte der Staatssekretär für religiöse Angelegenheiten, Kurt Löffler, zu einem mehrtägigen Besuch in Israel – der erste offizielle Besuch eines Ost-Berliner Regierungsvertreters in diesem Land. Hier wurden freilich bei aller Vehemenz der Annäherung die Grenzen deutlich; denn Löffler verweigerte für die DDR eine förmliche Anerkennung der Mitverantwortung für die Untaten des Dritten Reiches. Löffler suchte vielmehr das gemeinsame antifaschistische Erbe von Juden und Kommunisten zu beleben und sah die Wiedergutmachung als ein Problem der Bundesrepublik an. Angesichts des offiziellen Selbstverständnisses der DDR, selbst zu den mittelbaren Opfern des Dritten Reiches und damit zu den Siegern des Zweiten Weltkrieges zu gehören, ist nicht zu erwarten, daß die DDR in eine förmliche Rechtsverpflichtung eintritt. Die gegenüber Bronfman bekundete Bereitschaft zu Wiedergutmachungszahlungen wird sie als humanitäre Geste gewertet wissen wollen. Auch liegt der Gedanke nahe, daß mit entsprechenden Zahlungen nur eine Barriere für die Einladung Honeckers in die USA fortgeräumt werden soll.

75 Gorbatschow wirbt für „ein neues politisches Denken" in seinem Buch: Perestroika. Die zweite russische Revolution. Eine neue Politik für Europa und die Welt. München 1987. Im Vorwort an den Leser heißt es: „Wir müssen zusammenkommen und miteinander reden. Wir müssen die Probleme im Geist der Bereitschaft zur Zusammenarbeit anpacken, und nicht im Geist der Feindseligkeit." Gorbatschows Rede vor dem Kongreß der Volksdeputierten: Neues Deutschland 31. 5. 1989.
Der gegenwärtige Entwicklungsstand der sowjetischen Reformpolitik wird in einem voluminösen Sammelband erkennbar; in dem mehr als 30 Wissenschaftler aus unterschiedlichen Disziplinen die Probleme der Perestrojka erörtern. Zum Zukunftsbild einer reformierten Sowjetunion bestehen durchaus Meinungsunterschiede, nicht jedoch – wie der Buchtitel deutlich macht – zur Notwendigkeit einer grundlegenden Reform:
J. Afanassjew (Hrsg.): Es gibt keine Alternative zu Perestroika: Glasnost, De-

mokratie, Sozialismus. Nördlingen 1988.
Eine verkürzte Taschenbuchausgabe: J. Afanassjew u. a.: Der Kampf für Perestroika: Glasnost / Demokratie / Sozialismus. Nördlingen 1988.

76 Rede Gorbatschows am 24. 10. 1988: Europa-Archiv, 43. Jg. 1988, S. D 617.

77 Wortlaut der Gemeinsamen Erklärung: Das Parlament 23. 6. 1989.

78 Zitiert nach Informationen. Hrsg. v. Bundesmin. f. innerdt. Beziehg. Nr. 21/1988, S. 15. Im Berliner Tagesspiegel (29. 7. 88) finden sich Auszüge aus einem Aufsatz: „Die Deutschen und wir" in der „Literaturnaja Gaseta". Auch hier ist der Wandel des Deutschlandbildes auffällig: „Sie (die Deutschen) haben eine gemeinsame Herkunft, eine jahrhundertelang geformte gemeinsame Vergangenheit, die traditionelle Kultur, Sitten und Gebräuche der Ahnen, die nationale Psychologie und schließlich die gemeinsame Verantwortung für den letzten Krieg. Die heutigen Staatsgrenzen kann man nicht auf die Geschichte übertragen. Auch wenn man die zweifellos vorhandenen Unterschiede im Denken und im Lebensbild der Deutschen in der DDR und in der Bundesrepublik berücksichtigt, so müssen wir dennoch immer daran denken, daß wir es mit Deutschen zu tun haben."

79 „Gegen die Entstellung der historischen Wahrheit." Neues Deutschland 25. 11. 1988. Etwas distanzierter klingt die Aufforderung des Chefideologen Kurt Hager an die Historiker der DDR, „Geschichte wahrheitsgemäß zu schreiben... (und) um keine Frage einen Bogen zu machen..., dabei auch auf solch schmerzliche Tatsachen einzugehen wie die Repressalien gegen deutsche Kommunisten in der Sowjetunion in den Jahren 1937 und 1938. Sowenig wir darum einen Bogen machen, sowenig werden wir diese Geschehnisse als Sensation behandeln, wie es die Gegner zur Ablenkung von den Gebrechen und Verbrechen des Imperialismus und zur Verleumdung des Sozialismus nur zu gerne sehen würden." Hager in einem Referat auf einer Historikerkonferenz der DDR: Neues Deutschland 8. 4. 1989.

80 Der Spiegel, 32. Jg. 1978, H. 1, S. 19 ff.

81 H. Schmidt: Einer unserer Brüder. In: Die Zeit 24. 7. 1987.

82 Bei einer 1985 durchgeführten Erhebung in zwei Landauer Gymnasien zur Frage, ob die DDR als Ausland anzusehen sei, bejahten mehr als 60 % der befragten 239 Schüler diese Frage. Bei einer der Klassen, die danach eine Fahrt in die DDR unternahm, veränderte sich das Meinungsbild grundlegend: nur noch 28 % der Schüler sahen die DDR als Ausland an. Ein Schüler formulierte: „Die DDR ist nach einer solchen Fahrt für die meisten kein Ausland mehr, und das ist meines Erachtens das Wichtigste." Vgl. E. Schneider/B. Siebert: Die Bundis kommen. Jugend erlebt die DDR Bonn 1988, S. 70, 79.

83 Text der Rede Reagans: Europa-Archiv, 42. Jg. 1987, S. D 410 ff. Präsident Bush in seiner Rede in Mainz: „In meiner Eigenschaft als Präsident werde ich alles in meiner Macht Stehende tun, um die geschlossenen Gesellschaften Osteuropas zu öffnen. Wir streben die Selbstbestimmung für ganz Deutschland und alle Länder Osteuropas an. Wir werden nicht ruhen und uns nicht beirren lassen... An keinem andern Ort wird die Teilung zwischen Ost und West deutlicher sichtbar als in Berlin. Dort trennt eine brutale Mauer Nachbarn und Brüder. Diese Mauer steht als Monument für das Scheitern des Kommunismus. Sie muß fallen." Frankfurter Allg. Zeitung, 1. 6. 1989.

84 Bericht der Bundesregierung zur Lage der Nation im geteilten Deutschland am 15. 10. 1987 in: Texte zur Deutschland-Politik... Vgl. Anm. 61, Bd. 5, S. 272 ff., Zitat S. 274.

85 Epplers Rede am 17. Juni 1989 in der Gedenkstunde des Bundestages: Das Parlament, 23. 6. 1989.

NACHWORT
ZUR JÜNGSTEN ENTWICKLUNG

Seit dem Abschluß des Manuskriptes im Juli 1989 haben sich im östlichen Europa Entwicklungen von atemberaubender Dramatik und von welthistorischer Bedeutung vollzogen. Die Reformbewegung der Perestroyka hat in Polen und Ungarn unverrückbare Tatsachen geschaffen und hat – in Form und Ausmaß gänzlich unerwartet – voll auf die DDR übergegriffen.

In Polen ist nach dem Ergebnis der Parlamentswahlen vom Juni 1989 eine Regierung gebildet worden, die mit dem neuen Ministerpräsidenten Masowiecki unter der Führung der Solidarność steht – unter der Führung eben jener Bewegung, die 1981 als konterrevolutionär verboten worden war. Vierundvierzig Jahre nach Ende des Zweiten Weltkrieges ist damit die Epoche kommunistischer Herrschaft über Polen, auch über sein Geschichtsbild beendet worden. Alle Tabus der polnisch-sowjetischen Beziehungsgeschichte (Hitler-Stalin-Pakt, Einmarsch der Roten Armee im September 1939, Annexionen, Deportationen, Katyn) haben ihren Bann verloren. Polen ist zu sich selbst zurückgekehrt.

Ungarn hat sich in einem demonstrativen Akt vom Kommunismus losgesagt, indem es seine bisherige Staatsbezeichnung „Sozialistische Volksrepublik Ungarn" abgelegt hat. Die Proklamation der neuen „Republik Ungarn" erfolgte an jenem Tag, an dem dreiunddreißig Jahre zuvor der ungarische Volksaufstand begonnen hatte und der nun zum nationalen Gedenktag erhoben worden ist. Symbolträchtig wie der Tag der Proklamation waren die von den Volksmassen mitgeführten Fahnen, aus denen das stalinistische Staatswappen herausgeschnitten war. Der Reformprozeß wird sogar vom bisherigen Machtträger mitvollzogen: Die kommunistische Staatspartei hat sich aufgelöst und hat sich als sozialistische Reformpartei ein neues, der Demokratie und der Rechtsstaatlichkeit verpflichtetes Programm gegeben. Mit Verfassungsreform, neuem Wahlgesetz und neuem Parteiengesetz geht Ungarn Parlamentswahlen entgegen, durch die eine demokratisch legitimierte Volksvertretung berufen werden wird. Ungarn hat sich wie Polen aus der Fremdbestimmung gelöst und seine Selbstbestimmung zurückgewonnen.

Gegen diese war die Sowjetunion 1956 mit militärischer Gewalt eingeschritten und hatte die ungarische Volksbewegung blutig niedergeworfen, und auch Polen stand – als 1980/81 die kommunistische Herrschaft durch die Solidarność-Bewegung in Frage gestellt wurde – unter der permanenten Drohung einer militärischen Intervention der Roten Armee. 1989 dagegen vollzogen sich die politischen Umwälzungen in beiden Ländern ohne jede – auch nur politische Intervention: Ein deutliches Zeichen für den grundlegenden Wandel im historischen Selbstverständnis, entsprechend im politischen Handeln der Sowjetunion. Das „neue Denken" zeigt sich auch darin, daß jene aus Hunderttausenden von Balten gebildete Menschenkette von Reval über Riga bis nach Wilna toleriert wurde, mit der Esten, Letten und Litauer am 23. August gegen den Hitler-Stalin-Pakt protestierten und ihrem nationalen Selbstbehauptungswillen symbolkräftigen Ausdruck verliehen. Die Sowjetunion dokumentiert ihr neues Verhältnis zur eigenen Geschichte auch dadurch, daß die Existenz des geheimen Zusatzprotokolls zum Hitler-Stalin-Pakt nicht mehr bestritten wird (in der innersowjetischen Auseinandersetzung geht es nicht mehr um die Existenz des Vertragswerkes, sondern nur noch um die Motive Stalins und um die politischen oder rechtlichen Konsequenzen für die Gegenwart) und daß die vom sowjetischen Schriftstellerverband herausgegebene Zeitschrift „Nowi Mir" mit dem Abdruck von Solschenizyns „Archipel Gulag" begonnen hat. Auch wenn die Sowjetunion den im Zweiten Weltkrieg eingebrachten Besitzstand unangetastet bewahren will, entsprechend den Loslösungsbestrebungen im Baltikum entgegentritt, bestreitet sie doch nicht mehr dem Prinzip nach das Selbstbestimmungsrecht der Völker in ihrem Machtbereich und hat sich unzweideutig von der Breschnjew-Doktrin distanziert.

Die Anerkennung der einzelstaatlichen Souveränität im sozialistischen Lager bildete und bildet die politische Grundlage für die Reformen in Polen und Ungarn, aber auch die Grundlage für den Versuch der DDR-Führung, sich gegen den von Sowjetrußland ausgehenden Reformprozeß zu sperren und einen Sozialismus „in den Farben der DDR" zu behaupten, sprich: das überkommene Herrschaftssystem zu konservieren. Die DDR glaubte sich hierzu um so stärker genötigt, als mit demokratischen Reformen nicht nur die Herrschaftsstellung und die Herrschaftslegitimation der SED angetastet, sondern – anders als in Polen und Ungarn – die Existenz der DDR überhaupt in Frage gestellt würden. Professor Otto Reinhold, Mitglied des ZK der SED und Rektor der Akademie für Gesellschaftswissenschaften beim ZK, faßte diese Überzeugung in die Worte:

„Die DDR ist nur als antifaschistischer, als sozialistischer Staat, als sozialistische Alternative zur BRD denkbar. Welche Existenzberechtigung sollte eine kapitalistische DDR neben einer kapitalistischen Bundesrepublik haben?" Reinhold antwortet hierauf: „Natürlich keine."

Es geht also nach Reinhold für die DDR um ungleich mehr als für Polen und Ungarn, die durch Reformen als Staaten nicht in Frage stünden. Vergleichbare Reformen in der DDR würden aber sofort und grundsätzlich das Deutschlandproblem aufwerfen. Reformen und die Forderung nach Einheit Deutschlands seien „untrennbar miteinander verbunden". Es müsse daher alles vermieden werden, was geeignet wäre, die sozialistische Gesellschaft der DDR „in irgendeine Form bürgerlicher Ordnung zu drängen"; es gelte, eine Politik zu betreiben, „die kompromißlos auf die Festigung sozialistischer Herrschaft gerichtet ist... Für ein leichtfertiges Spiel mit dem Sozialismus, mit der sozialistischen Staatsmacht, ist kein Platz."

Reinholds Überlegungen und Folgerungen gewannen den Rang einer Staatsdoktrin. Auf ihrer Grundlage widersetzte sich die DDR-Führung allen an sie herangetragenen Reformbestrebungen und baute einen ideologischen Schutzwall dagegen auf. Der Mauerbau in Berlin wurde erneut als notwendige Verteidigungsmaß-

nahme gegen den drohenden militärischen Überfall gerechtfertigt (das Neue Deutschland am 12. 8. 1989 mit einer umfänglichen Text-, Karten- und Bild-„Dokumentation" unter der Überschrift: „Dem Imperialismus wurde ein Strich durch die Rechnung gemacht"). Nur wenige Tage später wurde der Einmarsch in die ČSSR am 21. 8. 1968 mit einem ähnlichen Begründungsmuster gutgeheißen (das Neue Deutschland am 18. 8.: „Unsere Verbundenheit mit der ČSSR und der 21. August 1968"), während sich alle übrigen Interventionsstaaten von 1968 mit Einschluß der Sowjetunion von der gewaltsamen Unterdrückung des Prager Reformkommunismus distanzierten. Das Bild wird abgerundet durch die demonstrative Zuwendung der DDR zu China **[463]**: Das Neue Deutschland ist voll von Berichten über das chinesische Brudervolk (gemeint ist das Herrschaftssystem). Egon Krenz reist Ende September an der Spitze einer Partei- und Staatsdelegation zu den Jubiläumsfeiern nach China und nimmt den Dank der chinesischen Machthaber für die politische Unterstützung Chinas „bei der Niederschlagung des konterrevolutionären Aufruhrs" im Juni 1989 entgegen; Krenz bekräftigt die Solidarität zwischen Ost-

Berlin und Peking, indem er sagt, daß beide Staaten „die gleichen gesellschaftlichen Ziele im Interesse des Volkes verfolgen" und daß sie „auf der Barrikade der sozialistischen Revolution auch dem gleichen imperialistischen Gegner gegenüberstehen". Am 1. Oktober findet in der Deutschen Staatsoper in Berlin ein spektakulärer Festakt zum 40. Jahrestag der Gründung der Volksrepublik China statt, der im Neuen Deutschland eine ausführliche Würdigung unter der Überschrift erfährt: „In den Kämpfen unserer Zeit stehen DDR und VR China Seite an Seite." Wenige Tage später empfängt Honecker den stellvertretenden chinesischen Ministerpräsidenten und zieht Parallelen vom „konterrevolutionären Aufruhr" in Peking zu dem „besonders aggressiven antisozialistischen Auftreten des imperialistischen Klassengegners" gegen den Sozialismus in Europa.

Der politische Kurs der Beharrung auf dem Status quo unter demonstrativer Anlehnung an die Antireformstaaten, insbesondere an China, wurde jedoch zunehmend in Frage gestellt. Zum einen durch den Exodus von DDR-Bürgern, die zu Zehntausenden aus ihrem Staat hinausdrängten, weil sie jede Hoffnung auf eine positive Veränderung der politischen und gesellschaftlichen Lebensverhältnisse verloren hatten. „Glasnost und Perestroika, das ist bei uns die Ausreise", stellte Stefan Heym lakonisch fest. Die Reformstaaten Ungarn und Polen boten sich als Fluchtweg an, weil deren neues Selbstverständnis es ihnen verwehren mußte, den Flüchtenden die Rückkehr in die DDR aufzuzwingen. Der ungarische Justizminister brachte die Haltung seines Landes mit den Worten zum Ausdruck: „Jede Regierung darf stolz sein, wenn sie etwas für die Menschenrechte tut. Wenn wir Menschenrechte nicht anderen zugestehen, können wir sie auch nicht uns zugestehen." **[464]** Selbst die Tschechoslowakei – obwohl ideologisch wie die DDR auf Antireformkurs – war nicht bereit, sich der Weltöffentlichkeit gegenüber zu diskreditieren und die deutsche Botschaft in Prag mit einem Polizeikordon zu umgeben,

„Ich such' eine neue Wohnung, irgendwo zwischen Rumänenstraße und Chinesenplatz."   Zeichnung: Haitzinger

[463]   Neue Presse, Hannover, 8. 7. 1989

Erich Honecker als Wohnungssuchender, der sich durch die Unruhe an der Baustelle für das gemeinsame Haus Europa belästigt fühlt und um eine ruhige Wohnung in den politischen Altbauvierteln bemüht ist.

um damit die DDR-Flüchtlinge am Zugang zu hindern. So drängten sich – angetrieben von der Furcht, daß die DDR binnen kurzem auf die Fluchtbewegung mit der Schließung der Grenzen antworten würde – in den Botschaften der Bundesrepublik in Budapest, Warschau, Prag, auch in der Ständigen Vertretung in Ost-Berlin und in ungarischen und polnischen Auffanglagern immer mehr Flüchtlinge zusammen, die ihre Ausreise in die Bundesrepublik zu erzwingen suchten. **[465]**

Daß sich die DDR-Führung erst am 3. Oktober dazu entschloß, den paß- und visafreien Grenzübertritt in die ČSSR „zeitweilig auszusetzen", hängt sicher damit zusammen, daß sie fürchtete, durch eine solche Maßnahme einen zweiten Prozeß zu verstärken: die Protestbewegung im eigenen Land, die als viel gefährlicher angesehen werden mußte, weil dieses „Unruhepotential" nicht nach außen abfloß, sondern mit dem demonstrativen Ruf: „Wir bleiben hier!" eine grundlegende Staats- und Gesellschaftsreform forderte. Der Aufbruch der Demokratiebewegung in der DDR ist das eigentlich Unerwartete, nicht die immer mehr anschwellende Flucht. Die vielfältig eingeengten Lebensmöglichkeiten, für die die Flucht von Zehntausenden zum Symbol wurde, der demonstrative China-Kurs der herrschenden Partei, der alle Zukunftshoffnungen abschnürte, ja schlimmste Befürchtungen weckte, anderseits das Wissen um die reichen Lebensmöglichkeiten in einer freien und rechtsstaatlichen Gesellschaftsordnung und die auf diese hin orientierten Reformen in den osteuropäischen Staaten ließen eine unerträgliche Spannung entstehen, die nach Entladung drängte und den politischen Willen freisetzte, den real existierenden Sozialismus und seine ideologische Verklärung nicht mehr hinzunehmen, sich nicht mehr zu verbergen oder anzupassen, sondern zu bekennen, zu fordern, tätig zu sein, das eigene Schicksal aktiv in die Hand zu nehmen. Überall im Lande bilden sich Reformgruppen, das „Neue Forum" wird ihr Symbol; eine neue sozialdemokra-

Die deutsche Wiedervereinigung   Zeichnung: Haitzinger

[464]   Neue Presse, Hannover, 22. 8. 1989

Eine neue Version der Nationalhymne kommt auf: „Deutschland, Deutschland über alles, über Ungarn in die Welt!"

Seit Mai 1989 werden an der ungarisch-österreichischen Grenze die Sperranlagen abgebaut. Zahlreiche DDR-Urlauber nutzen die hierdurch entstehenden Fluchtmöglichkeiten. Von den Grenzposten aufgegriffene Flüchtlinge werden anfänglich mit einem Stempel im Paß als Grenzverletzer gekennzeichnet und in die DDR zurückgeschickt. Ungarn nimmt jedoch bald davon Abstand, stellt sogar Auffanglager für die sich in der Botschaft der Bundesrepublik zusammendrängenden DDR-Flüchtlinge bereit. Das Ministerium für innerdeutsche Beziehungen appelliert an alle DDR-Bürger, ihre Heimat nicht zu verlassen, „damit die Wiedervereinigung der Deutschen nicht in der Bundesrepublik stattfindet". Doch die Fluchtbewegung schwillt unaufhaltsam an. Am 19. August nutzen etwa 600 DDR-Bürger ein Grenzfest der Paneuropa-Union zu einer spektakulären Massenflucht. Am 10. September wird allen in Ungarn befindlichen DDR-Bürgern die freie Ausreise in den Westen gestattet – gegen den Protest der DDR.

tische Partei wird ins Leben gerufen, prominente Schriftsteller, Künstler und Wissenschaftler machen sich zu Sprechern des Reformwillens. Die Kirchen sind die Foren der Reformdiskussion. Der vormundschaftliche Staat wird einer ätzenden Kritik unterzogen, das Gegenbild des demokratischen Rechtsstaates aufgebaut.

„Freie Wahlen" werden zur zentralen Forderung, die die unterschiedlichen Zukunftsentwürfe zusammenbindet.

Die Flucht- und die Reformbewegung werden zunächst in ihrem Bedeutungsgewicht verkannt: Das Regime glaubt ihrer mit ideologischen und sozialen Repressiv-

[465]

Frankfurter
Allgemeine Zeitung,
6. 10. 1989

Die Massenflucht aus der DDR stellt die Legitimation der DDR zunehmend in Frage – dieses um so mehr, als die Fluchtbewegung weit überwiegend von jungen Menschen getragen wird, die in der DDR aufgewachsen sind und denen in Schule und Jugendverband ein ausschließlich DDR-bezogenes Weltbild vermittelt worden ist. Im Rahmen von Flucht und Ausreise kommen im Jahre 1989 mehr als 280 000 DDR-Bürger in die Bundesrepublik.

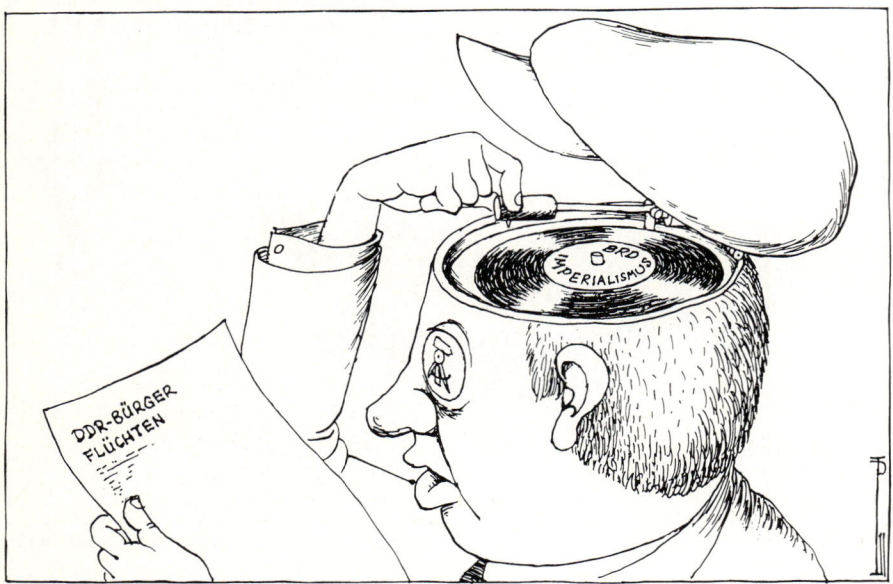

Offizielle Lesart

SZ-Zeichnung: P. Leger

[466]

Süddeutsche Zeitung, 15. 9. 1989

Happy Birthday

[467]

Neue Presse, Hannover, 7. 10. 1989

Der Staatsfeiertag zum 40jährigen Bestehen der DDR als Jubelfest auf der Bombe. _____

---

maßnahmen Herr werden zu können. Die Flüchtenden werden als Verräter diffamiert, die Bundesrepublik wird als Schuldiger der Fluchtbewegung „entlarvt". Am 19. September veröffentlicht das Neue Deutschland unter der Überschrift „Menschenhandel" einen ganzseitigen Bericht, der die wahren Tatsachen der Fluchtbewegung aufzudecken verspricht und zu dem Urteil gelangt:

„Unter Anwendung aller Methoden der Versprechungen, der Verlockungen, des psychologischen Druckes und unverhüllter Abwerbung werden Bürger der DDR dazu gebracht, über dritte Länder ihre Heimat zu verlassen... Die Aktionen der BRD sind generalstabsmäßig vorbereitet, sie werden skrupellos durchgeführt, so wie es dem Charakter der kapitalistischen Gesellschaft entspricht." **[466]**

Auch die Reformgruppen werden ideologisch geächtet, sogar kriminalisiert, so wenn das Innenministerium dem „Neuen Forum" als „staatsfeindlich" die Zulassung verweigert oder wenn Demonstranten als „Randalierer" oder sogar als „marodierender Mob" bezeichnet werden. Auch für die Demonstrationen wird die Bundesrepublik ursächlich ins Feld geführt und auf das „Zusammenspiel mit westlichen Medien" verwiesen. Eine SPD-Besuchsdelegation wird – ungeachtet des bestehenden SPD-SED-Papiers – in rüder Form wieder ausgeladen. Den Demonstrationen für eine andere Ordnung wird nicht nur polizeiliche und richterliche Gewalt, sondern auch das ideologische Porträt der DDR entgegengestellt, das Harry Tisch, der Vorsitzende des DDR-Gewerkschaftsbundes FDGB, in die Worte faßt:

„Für den Sozialismus in der DDR trifft voll und ganz das Wort des großen humanistischen deutschen Dichters Johann Wolfgang Goethe zu, der dies poetisch auf den Nenner brachte: Hier bin ich Mensch, hier darf ich's sein."

Der 40. Jahrestag der DDR soll allen auf Veränderung drängenden Kräften als machtvolle Demonstration für das Bestehende entgegengestellt werden. Aber das Bild dieses Tages könnte beeinträchtigt werden, wenn die Augen der Welt weiterhin auf die sich in den deutschen Botschaften in Prag und Warschau zusammendrängenden DDR-Flüchtlinge gerichtet sind. Die DDR versteht sich daher zu einer fast unglaublichen Lösung. Nachdem sie vorher schon, aber ohne Erfolg, ihr Angebot an die Flüchtlinge immer mehr gesteigert hat (anfänglich nur Straffreiheit bei freiwilliger Rückkehr in die DDR für die Flüchtlinge in der bundesdeutschen Mission in Ost-Berlin, schließlich aber garantierte Ausreise binnen sechs Monaten, sogar unter Einbeziehung von Familienangehörigen und unter Mitnahme von Hausrat für die Flüchtlinge in Warschau), findet sie sich dazu bereit, den Flüchtlingen die direkte Ausreise in die Bundesrepublik zu gestatten und sie sogar mit Sonderzügen der DDR-Reichsbahn von Prag und Warschau durch die DDR zu transportieren (während der Fahrt wird die förmliche Ausbürgerung vollzogen). Dabei müssen Bahnhöfe in der DDR abgesperrt werden, um zu verhindern, daß weitere Fluchtwillige auf die Züge springen. Die Hoffnung, damit für den 7. Oktober die Fluchtbewegung in Vergessenheit zu bringen, trügt jedoch; denn die deutschen Botschaften füllen sich sofort wieder mit neuen Flüchtlingen, denen dann die gleiche Form der Ausbürgerung zugestanden werden muß. Die Sperrung der Grenze zur ČSSR für den paß- und visafreien Verkehr am 4. Oktober bildet schließlich die Ultima ratio.

Die Protestbewegung gegen die Herrschaftsordnung gewinnt eine neue Qualität ausgerechnet in den Tagen, in denen bei den offiziellen Feiern zum 40. Jahrestag der DDR für die Macht und den Selbstbehauptungswillen des SED-Staates unverrückbare Zeichen gesetzt werden sollen. **[467]** Während der Staat am 6. und 7. Oktober mit dem Festakt im Palast der Republik, mit dem Fackelzug der FDJ und der großen Militärparade der NVA den 40. Jahrestag der Gründung der DDR begeht, kommen in der Ost-Berliner Erlöserkirche erstmalig die Vertreter von sechs Reformgruppen und mehreren Friedensinitiativen zusammen, um sich im Eintreten für eine demokratische Umgestaltung der DDR zusammenzuschließen. Die Veranstaltung gipfelt in der Verabschiedung einer „Gemein-

[468]

Frankfurter Rundschau, 6. 10. 1989

Gorbatschow in schwieriger Mission beim Staatsfeiertag der DDR. Während die Reformbewegung ihre Hoffnung auf den Vorkämpfer der Perestroyka setzt, ist die SED darum bemüht, durch Gorbatschow die Legitimation ihrer Herrschaft zu stärken.

samen Erklärung", und diese hat in der Forderung nach freien Wahlen unter Aufsicht der UNO ihren Mittelpunkt. Machtvolle Demonstrationen in Ost-Berlin, Dresden, Leipzig und in vielen anderen Städten verleihen dieser Erklärung Nachdruck. Nach der Meldung der Ost-Berliner Nachrichtenagentur sind es „Randalierer", die am Abend des 7. Oktober in Ost-Berlin versucht hätten, „die Volksfeste zum 40. Jahrestag der DDR zu stören... Im Zusammenspiel mit westlichen Medien rotteten sie sich am Alexanderplatz... zusammen und riefen republikfeindliche Parolen. Die Rädelsführer wurden festgenommen." Auf diesen Tenor ist dann auch die Berichterstattung im Neuen Deutschland gestimmt. Am 10. Oktober wird die angeblich wahre Volksmeinung „dokumentiert" unter Überschriften wie „Bürger empört über Störenfriede", „Gewissenlose Provokation", „Wie Zwischenfälle in der Hauptstadt inszeniert wurden".

Diese Wahrnehmungsperspektive für die Demokratiebewegung ent-

spricht derjenigen, die Honecker in seiner Rede beim Festakt im Palast der Republik einnimmt. Honecker zieht für die 40jährige Geschichte der DDR eine einzigartige Erfolgsbilanz:

„40 Jahre DDR – das waren 40 Jahre heroische Arbeit, 40 Jahre erfolgreicher Kampf für den Aufstieg unserer sozialistischen Republik, für das Wohl des Volkes. Auch weiterhin wird das so sein... Ein Vergleich der DDR von heute mit der DDR von 1949 spricht für sich selbst. Eindrucksvoll tritt der große revolutionäre Umgestaltungsprozeß zutage, der hier auf deutschem Boden vollzogen wurde."

Der triumphale Aufstieg der DDR erfolgt vor dem düsteren Gegenbild der „BRD", das von ihm an vielen Stellen seiner Rede gezeichnet wird, so wenn es zur Politik der Gegenwart heißt:

„Gerade zu einer Zeit, da einflußreiche Kräfte der BRD die Chance wittern, die Ergebnisse des Zweiten Weltkrieges und der Nachkriegsentwicklung durch einen Coup zu beseitigen, bleibt ihnen nur erneut die Erfahrung, daß an diesen Realitäten nichts zu ändern ist, daß sich die DDR an der Westgrenze der sozialistischen Länder in Europa als Wellenbrecher gegen Neonazismus und Chauvinismus bewährt."

[469] Der Lotse soll von Bord   Die Zeit, 20. 10. 1989

Die berühmte Bismarck-Karikatur des „Punch" aus dem Jahre 1890 dient als Vorlage, den Sturz Honeckers am 18. 10. 1989 ins Bild zu setzen. Honecker als Lotse, der das Schiff in gefährlichen Gewässern verlassen muß? Oder Honecker als gefährlicher Lotse, der das Schiff nicht zu führen vermag?

Entsprechend stellt er für die Bundesrepublik erhebliche Reformbedarf fest. Reformpolitik in der DDR wird nur in sehr allgemeinen Wendungen als „Politik der Kontinuität und Erneuerung... in den Farben der DDR" angesprochen und zu deren Zielen auf das Parteiprogramm der SED verwiesen. So bietet die Rede Honeckers keinen Ansatzpunkt für Hoffnungen im Sinne der demokratischen Reformbewegung. Ihre Ferne von den Realitäten wird darin besonders deutlich, daß Honecker – während junge Menschen zu Zehntausenden aus dem Lande flüchten – als eine der „größten Errungenschaften unserer Republik" hervorhebt, „daß ausnahmslos alle jungen Leute eine Zukunft" haben.

Wie anders die Rede von Gorbatschow! **[468]** Bei allem Bemühen um Zuspruch für die DDR setzt diese Rede deutlich andere Akzente, so wenn verwiesen wird auf den „positiven Prozeß der Annäherung von Ost und West ..., in dessen Verlauf alle Schranken der Feindseligkeit, der Entfremdung und des Mißtrauens zwischen den europäischen Völkern fallen", oder wenn als Ziel der Perestroyka formuliert wird:

„Demokratisierung, Offenheit, sozialistischer Rechtsstaat, freie Entwicklung aller Völker und ihre gleichberechtigte Mitbestimmung in den Angelegenheiten, die das ganze Land betreffen, würdige Lebensbedingungen für die ganze Bevölkerung und garantierte Rechte für jeden, umfassende Möglichkeiten für das Schöpfertum eines jeden Menschen – das erstreben wir, und von diesen Zielen lassen wir uns leiten."

Honeckers Rede war rückwärts gerichtet, in alten Klischees befangen, hoffnungsarm oder hoffnungslos für die Zukunft. Gorbatschows Rede hatte eben diese vor Augen – in undogmatischer Perspektive.

Drückt die Rede Honeckers vom 6. Oktober reine Beharrung aus, so breitet sich auf unterer Ebene der SED-Parteihierarchie die Überzeugung aus, daß Reformen unumgänglich sind. Im Blick auf diese kommt es zu Kontakten von SED-Funktionären mit Reformgruppen, besonders in Dresden und Leipzig. Auch das Politbüro der SED kann sich der Einsicht in die Notwendigkeit von Reformen nicht verschließen und stellt diese in einer Erklärung vom 11.10. in Aussicht. Erstmalig wird offiziell zugestanden, daß die Ursachen für die Massenflucht auch in der DDR selbst zu suchen seien, um sie dann aber sogleich wieder als Ergebnis einer „großangelegten Provokation" der BRD zu sehen: „Wiederum bestätigt sich, daß sich der Imperialismus der BRD mit einem sozialistischen Staat auf deutschem Boden niemals abfinden wird, Verträge bricht und das Völkerrecht mißachtet." Eine „haßerfüllte Kampagne" gegen die DDR sei entfacht worden, nicht zuletzt, um „die eigene Reformunfähigkeit und Reformbedürftigkeit in den Hintergrund (zu) drängen". Ein ökonomisch-soziales Reformprogramm für die DDR wird in Umrissen gekennzeichnet (bessere Erfüllung „der wachsenden materiellen und kulturellen Bedürfnisse", „leistungsgerechte Bezahlung", „Reisemöglichkeiten"...) und zu dessen öffentlicher Erörterung aufgefordert („Wir stellen uns der Diskussion"). Der politische Bereich bleibt jedoch unangesprochen. Formal und inhaltlich wird der Reformbewegung entgegengehalten:

„Wir haben ... alle erforderlichen Formen und Foren der sozialistischen Demokratie (also keine staatliche Anerkennung der Reformgruppen) ... Der Sozialismus auf deutschem Boden steht nicht zur Disposition. Das Volk der DDR hat sich für immer für den Sozialismus entschieden."

Als zeitlicher Zielpunkt der Reformdiskussion wird in der Politbüro-Erklärung der 12. Parteitag der SED im Jahre 1990 genannt. Hieran wird erkennbar, daß man die Brisanz der Situation immer noch verkannte. Die Entwicklung war aber mittlerweile deutlich über den Stand der Politbüro-Erklärung hinausgegangen. Die vielen der Politbüro-Erklärung zustimmenden Leserbriefe im Neuen Deutschland vom 14. Oktober wirken wie Beschwörungsformeln, die den vorwärts drängenden Prozeß anhalten sollen. Die Reformbewegung hat inzwischen das ganze Land erfaßt. Immer mehr Städte melden Demonstrationen, immer mehr Menschen beteiligen sich an ihnen. Leipzig wird zum Symbol: Waren es am 2. Oktober etwa 20000 Menschen, die nach dem traditionellen Friedensgebet in der Nikolaikirche für eine demokratische Reform demonstrierten, so sind es am 9. Oktober nach Friedensgebeten in vier Kirchen bereits 70000 und am 16. Oktober nach Gottesdiensten in fünf Kirchen 100–150000 und etwa 300000 wiederum eine Woche später. Die bisher größte Demonstration für demokratische Reformen – wohl auch die größte Demonstration in der Geschichte der DDR überhaupt – findet am 4. November in Ost-Berlin statt: Sie vereinigt mehr als eine halbe Million Menschen. Gleichzeitig hält die Fluchtbewegung unverändert an, ja verstärkt sich noch einmal mit dem Beginn der Herbstferien.

Der Reformbewegung ist mit polizeilichen Mitteln nicht mehr beizukommen; es muß mit politischen geantwortet werden. Hatte sich das Politbüro mit seinem Aufruf zur Reformdiskussion noch auf Honecker berufen, so fällt dieser nun der Reformbewegung zum Opfer. Am 18. 10. wird er vom Politbüro seines Amtes als Generalsekretär der SED enthoben; eine Woche später verliert er auch in der Volkskammer seine Ämter als Vorsitzender des Staatsrates und des Nationalen Verteidigungsrates. **[469]**

Honeckers Nachfolger, Egon Krenz, hat in seiner Rede nach der Wahl zum Generalsekretär, auch in späteren Bekundungen, die Linie der Politbüro-Erklärung vom 11. 10. prinzipiell nicht verlassen, auch wenn er sich unter Berufung auf Gorbatschow deutlich positiver zur Reformpolitik äußert:

„Wie man sich nicht von der Entwicklung in der Welt abkapseln kann, ebensowenig kann sich eine kommunistische Partei von den Prozessen fernhalten, die unsere Bewegung selbst, die Umgestaltung in der Sowjetunion und in anderen Bruderländern betreffen. Wir haben immer bekannt, daß wir die Perestrojka in der UdSSR für einen unumgänglichen Vorgang halten ... Wir haben die Zeichen der Zeit zu erkennen und entsprechend zu reagieren, sonst wird uns das Leben dafür bestrafen. Diese Erfahrung der sowjetischen Kommunisten, auf die unser Kampfgefährte Michail Gorbatschow zum DDR-Jubiläum hingewiesen hat, wird uns in unserer künftigen Arbeit begleiten."

Aber die Grenze der Reformpolitik wird unzweideutig festgeschrieben und dabei wörtlich eine Formulierung des Politbüros übernommen:

Frankfurter Allgemeine Zeitung, 9. 11. 1989

[470]

Das umfangreiche personelle Revirement in Staat und Partei als Bemühen, Ballast abzuwerfen und wieder vom Boden freizukommen. Zum Ballast rechnen insbesondere jene, die die ideologische Erziehung in der Hand hatten: die Politbüro-Mitglieder Hager und Hermann, die Erziehungsministerin Margot Honecker und der Chef-Kommentator des DDR-Fernsehens, Eduard v. Schnitzler.

„Der Sozialismus auf deutschem Boden steht nicht zur Disposition! ... Zur Wahrheit, zu der wir stehen, gehört ..., daß wir unbeirrt dem Gesetz der Geschichte folgen, daß der Sozialismus die einzige humanistische Alternative zum Kapitalismus ist ... Unsere Macht ist die Macht der Arbeiterklasse und des ganzen Volkes unter Führung der Partei. Wir haben sie erstritten nicht um unser selbst willen, sondern für das Wohl des Volkes. Wir halten sie fest und werden sie von den Kräften der Vergangenheit nicht antasten lassen, nicht um unser selbst willen, sondern zum Besten unseres Volkes."

Ist die Macht der SED „die Macht der Arbeiterklasse und des ganzen Volkes"? Wie ist der Herrschaftsauftrag zustande gekommen? Wird die Herrschaft „zum Besten unseres Volkes" ausgeübt? Wer definiert und wer entscheidet, was „das Wohl des Volkes" ist? Sind Menschenrechte, Rechtsstaatlichkeit und demokratische Selbstbestimmung „Kräfte der Vergangenheit"? Ist der real existierende Sozialismus in der DDR eine „humanistische Alternative"? Wird Herrschaft auf einen empirischen Volkswillen oder auf einen ideologischen – „das Gesetz der Geschichte" – zurückgeführt? Wo bleiben in der Vorstellungswelt von Erich Krenz die demonstrierenden Massen, die den Herrschenden in der DDR in Sprechchören entgegenschleudern: „Wir sind das Volk!"?

Die Glaubwürdigkeit der durch den Personenwechsel demonstrierten Wende wird nicht nur durch die Worte des neuen Machtträgers eingeschränkt, sondern naturgemäß auch durch dessen politische Vergangenheit: Seine demonstrative Zuwendung zum reformfeindlichen China, seine Verantwortung für die Verfälschung der Wahlergebnisse vom Mai 1989. Auch andere Mitträger der bisherigen Herrschaftsordnung, die unter den neuen Handlungsbedingungen auf Reform setzen, wie überraschend auch Kurt Hager, erwecken wenig Ver-

[471]

Neue Presse, Hannover, 1. 11. 1989

Der neue Generalsekretär und Staatsratsvorsitzende als treibender Getriebener. _____

trauen und erscheinen als „Wendehälse".

Läßt sich durch reformpolitische Entscheidungen eine neue Vertrauensbasis aufbauen?

Zahlreiche Machtträger der überkommenen Ordnung werden ausgewechselt, der Ministerrat tritt geschlossen zurück, das Politbüro wird neu gebildet. **[470]** Die Partei ruft zu öffentlichen Diskussionen auf, bezieht die Reformgruppen wie das Neue Forum in sie ein, gesteht Fehler ein, verspricht Abhilfe. Die Berichterstattung in den Medien wird von den ideologischen Fesseln und politischen Auflagen befreit, gewinnt ein völlig neues Gesicht: Über Diskussionen und Demonstrationen wird sachlich berichtet, sogar die Reformprogramme oppositioneller Gruppen finden Eingang in die Berichterstattung. Eine Amnestie für die wegen Demonstrationstätigkeit oder Fluchtversuchs Verurteilten wird erlassen, ein Appell zur Rückkehr an die Geflüchteten gerichtet. Ein neues Reisegesetz wird vorgelegt, die Grenze zur ČSSR für den paß- und visafreien Verkehr wieder geöffnet, der Schulunterricht im Fach Wehrkunde ausgesetzt. **[471]**

Trotz alledem: Die Vertrauensbasis ist so tiefgründig erschüttert, daß sie sich nicht wieder aufbaut.

Auch Krenz' Bemühen um Legitimation durch das Gespräch mit den höchsten Repräsentanten der Evangelischen Kirche (keine 24 Stunden nach seiner Ernennung zum Generalsekretär!) und durch die Fahrt nach Moskau zum höchsten Repräsentanten der Perestroyka bringt diese nicht ein. Die Demonstrationen gehen ununterbrochen weiter, und die Fluchtbewegung steigert sich noch, nachdem seit dem 1. November die ČSSR wieder mit dem Personalausweis zugänglich ist. Mißtrauen erregt, daß das neugebildete Politbüro, die Machtzentrale der DDR, mehrheitlich aus bisherigen Mitgliedern besteht. Mißtrauen erregen die Einschränkungen des Reisegesetzes: das Antragsverfahren für das Visum, die dreißigtägige Reisefrist, die fehlenden Devisenbestimmungen, die möglichen Versagungsgründe. Vor wenigen Monaten noch wäre dieses Reisegesetz – weil es allen DDR-Bürgern die Reisemöglichkeiten in den Westen eröffnet – einhellig als gewaltiger Fortschritt begrüßt worden. Unter den neuen Handlungsbedingungen und Zielvorstellungen hat es seine Attraktivität und damit die erhoffte systemstabilisierende Wirkung verloren. Nur noch eine spektakuläre Aktion, die selbst den Erwartungen der Reformbewegung voraus-

eilt, kann die rasende Fahrt in den Abgrund bremsen, neue Stabilität schaffen: die Öffnung der Grenze zur Bundesrepublik und die Öffnung der Mauer in Berlin am 9. November! Eine Woche vorher noch, auf einer Pressekonferenz in Moskau, hatte Krenz den Gedanken einer Öffnung der Mauer weit von sich gewiesen, die Gründe aufgelistet, die sie rechtfertigten, und abschließend erklärt: „Man müsse reale Schritte tun, und keinen Träumen nachhängen." (ND, 2.11.) Jetzt sieht man sich gezwungen, die Träume zu realen Schritten zu machen. Das gänzlich Unerwartete, fast Undenkbare wird Wirklichkeit! Honeckers Rede vom Januar 1989 ruft sich in Erinnerung: Die Mauer werde auch in 50 und 100 Jahren noch bestehen. Und das Gegenbild steht vor Augen: Die Millionen, die durch die Mauer und die Grenze kommen, die Millionen, die sie erwarten; die Menschen, die sich jubelnd in die Arme fallen: Die Deutschen erleben sich wieder als Nation. Der 9. November 1989 wird ihrem historischen Bewußtsein unvergessen bleiben. **[472]**

Von ihm wird politische Wirkung ausgehen, die viel weiter reicht, als diejenigen, die ihn ermöglicht haben, zugestehen wollen. Er macht eine Entwicklung unumkehrbar, und er drängt unabwendbar zu weiteren Entscheidungen. Die gewaltige Kraft der Reformbewegung mit ihrem Ethos und mit ihrer Disziplin, die Revolution mit der Kerze in der Hand, und auf der anderen Seite der auch weiterhin drohende Massenexodus nötigen dazu – wenn nicht zur chinesischen Lösung gegriffen werden soll –, die Herrschaftsordnung grundlegend zu reformieren: Ein geschlossenes System mit verfassungsrechtlich festgelegtem Führungsanspruch einer Gruppe in ein offenes System zu verwandeln, das aus der Legitimität und der Konkurrenz unterschiedliche Ordnungsvorstellungen lebt und ihnen rechtsstaatlich gesicherten Handlungsspielraum gewährt. Die Öffnung von Mauer und Grenze zieht die Verfassungsreform nach sich, macht ein neues Vereinigungs- und Versammlungsgesetz, ein neues Wahlgesetz unumgänglich; sie wird auch den weltlichen Erlösungsorden SED in eine politische Partei verwandeln, wenn denn die Staatskrise als Dauerkrise und der Weg in den Zusammenbruch abgewendet werden soll. **[473]** Dieser Prozeß wird nicht glatt verlaufen. Die Probleme deuten sich an. Wenn vom Pressesprecher des ZK gesagt wird, bei den künftigen freien Wahlen würden alle politischen Kräfte zugelassen, „die sich als wahlfähig erweisen", und die SED geht nicht „mit selbstmörderischen Vorstellungen" in die Diskussion des Wahlrechtes, so wird hieran der Anspruch auf eine Sonderstellung der SED erkennbar, die mittelbar auch von Egon Krenz mit dem Wort beansprucht wird, die bisherigen Wahlen in der DDR seien ebenfalls frei gewesen. **[474]** Entscheidend wird sein, daß die Demokratiebewegung an Intensität nicht verliert: Die Hektik, mit der in den vergangenen Wochen von den Herrschenden Positionen aufgebaut und wieder aufgegeben wurden, läßt die Macht der Volksbewegung deutlich hervortreten. Von ihr wird es abhängen, ob in der SED den Reformkräften um den neuen Regierungschef, Hans Modrow, der entscheidende Durchbruch gelingt.

Massenflucht und Demokratiebewegung haben in der Weltöffentlichkeit großes Aufsehen erregt, und die Öffnung von Mauer und Grenze wird als eine Entscheidung von welthistorischer Tragweite empfunden. Weit über Deutschland hinaus war die Mauer in Berlin zum zentralen Symbol des geteilten Deutschland und der geteilten Welt geworden; entsprechend ist ihre Öffnung das Symbol einer neuen Ära. Die deutsche Frage ist der Welt wieder vor Augen gerückt, und es ist deutlich geworden, daß diese nach wie vor unbeantwortet ist und sich auch mit dem Ablauf der Zeit nicht von selbst beantworten wird. Auch in der bundesdeutschen Öffentlichkeit ist ein bemerkenswerter Wandel eingetreten. Viele Stimmen sind verstummt, die zur völkerrechtlichen Anerkennung des Bestehenden rieten. Das nationale Zusammengehörigkeitsbewußtsein hat zu sich selbst zurückgefunden.

[472]   Zeichnung: Walter Hanel   Hannoversche Allgemeine Zeitung, 13. 11. 1989

Der 9. November als Schicksalstag der deutschen Geschichte: 1989 mit hoffnungsvoller Perspektive für die deutsche Nation.

Die Pinocchios erwachen   Zeichnung: Peter Leger

[473]   Hannoversche Allgemeine Zeitung, 28. 10. 1989

Die Wahl von Egon Krenz zum Staatsratsvorsitzenden erfolgte nicht einstimmig: es gab 26 Gegenstimmen und 26 Enthaltungen. Dieser Tatbestand ist insofern höchst ungewöhnlich, als seit Bestehen der DDR alle Entscheidungen der Volkskammer – mit der einzigen Ausnahme des Abtreibungsgesetzes – einstimmig getroffen worden sind. Das Einstimmigkeitsprinzip – Konsequenz des totalitären Anspruchs auf Welterklärung und Welterlösung – ist eine der demütigenden Bedingungen, unter denen die Satellitenparteien der SED existieren. Die gegenwärtigen Veränderungen in der DDR erwecken in den Blockparteien eigenständiges politisches Leben, besonders auffällig bei der LDPD, nach einem Wechsel im Parteivorsitz auch bei der CDUD. Das Abstimmungsverhalten in der Volkskammer ist ein deutliches Zeichen dafür, daß die Blockdisziplin schwindet. Werden die Blockparteien zu den Aktionszentren der Demokratisierung, oder sind sie durch die 40jährige Dienstbarkeit so diskreditiert, daß die Demokratiebewegung neue Organisationen schaffen muß?

"Nicht zu fassen, der Krenz macht ernst!"

Zeichnung: Haitzinger

[474]

Neue Presse, Hannover, 13. 11. 1989

Egon Krenz vor dem ZK der SED am 8. 11. 1989: „Mit der Reform des politischen Systems unterstützen wir alles, was der revolutionären Erneuerung des Sozialismus dient. Zugleich aber weisen wir Auffassungen, Konzeptionen und Plattformen zurück, die über die Veränderung verfassungsmäßiger Grundlagen auf eine Erosion oder gar den Umsturz der sozialistischen Staats- und Gesellschaftsordnung hinauslaufen. Wir sind eine reformfreudige, aber keine reformistische Partei."

Die Rede macht die Grenzen deutlich, die der politischen Reform gezogen werden sollen: Die in Art. 1 der Verfassung festgeschriebene „Führung der Arbeiterklasse und ihrer marxistisch-leninistischen Partei" soll nicht angetastet werden.

[475]

KLAUS BÖHLE   Die Welt, 26. 9. 1989

Das geteilte Deutschland als Problem der politischen Architektur Europas. ————

Das überkommene Herrschaftssystem der SED wird nicht mehr als gleichberechtigte sozialistische Version demokratischer Ordnung empfunden. Flucht und Demokratiebewegung haben Maßstäbe wieder zurechtgerückt, haben demokratische Rechtsstaatlichkeit auch in der Bundesrepublik neu legitimiert. Die Massenflucht junger Menschen aus einem Teil Deutschlands in den anderen, die machtvollen Kundgebungen der Demokratiebewegung und das Wiedersehen der Deutschen nach der Öffnung von Mauer und Grenze haben die Begriffsverwirrung von einer „sozialistischen Nation DDR" und einer „kapitalistischen Nation BRD" aufgelöst, nicht nur bei den Deutschen, sondern auch in der Welt.

In der öffentlichen Diskussion und in Äußerungen der führenden Staatsmänner dominiert das Votum für das Selbstbestimmungsrecht der Deutschen. Die hier und da erkennbare Furcht vor einem zu mächtigen Deutschland ist wahrhaft anachronistisch und begegnet den Bedingungen der modernen Welt und ihrer Machtgrundlagen mit Begriffen und Vorstellungen des 19. Jahrhunderts. Die Sorge, daß die Deutschen mit der Belebung des nationalen Zusammenhaltes aus der europäischen Einigungsbewegung aussteigen würden, ist ebenfalls gänzlich ungerechtfertigt. Die Einheit Europas ist ein positives Ziel in sich und keine vorläufige Ersatzlösung für die verhinderte Nation. Im Gegenteil: Die Einheit Europas ist die Voraussetzung für die Einheit Deutschlands. Europapolitik und Deutschlandpolitik sind keine Gegensätze, sondern gehören zusammen, und unsere Außenpolitik dient um so stärker der deutschen Nation, je mehr sie auf die Einheit Europas hinarbeitet. Es ist nicht denkbar, ein europäisches Haus um das geteilte Deutschland zu bauen, und es ist nicht denkbar, eine deutsche Wohnung einzurichten, ohne das europäische Haus zu bauen. **[475]** In dem Maße, wie durch die Reformbewegung die leitenden Bauprinzipien zur Übereinstimmung gelangen, wird die staatsrechtliche Form, in der deutsche Einheit gelebt werden kann, zu einer Frage minderen Ranges. Ihre Beantwortung wird weniger von den Deutschen in der Bundesrepublik als vielmehr von den Deutschen in der DDR abhängen.

44 Jahre nach Ende des Zweiten Weltkrieges besteht die Zuversicht, daß eine der schwersten Folgen dieses Krieges überwunden werden kann.

LITERATUR

Backer, J. H.: Die Entscheidung zur Teilung Deutschlands. Amerikas Deutschlandpolitik 1943–1948. München 1981.

ders.: Die deutschen Jahre des Generals Clay. Der Weg zur Bundesrepublik 1945–1949. München 1983.

Baring, A.: Der 17. Juni 1953. Stuttgart 2. A. 1983.

Belezki, V. N.: Die Politik der Sowjetunion in den deutschen Angelegenheiten der Nachkriegszeit 1945–1976. Ost-Berlin 1977.

Benz, W. (Hrsg.): Die Bundesrepublik Deutschland. Geschichte in 3 Bd'n. Frankfurt 1983.

ders.: Die Gründung der Bundesrepublik. Von der Bizone zum souveränen Staat. dtv 4523. 1984.

ders./Plum, G./Röder, W.: Einheit der Nation. Diskussionen und Konzeptionen zur Deutschlandpolitik der großen Parteien seit 1945. Stuttgart 1975.

Borowsky, P.: Deutschland 1969–1982. Hannover 1987.

Bracher, K. D./Eschenburg, Th./Fest, J. C./Jäckel, E. (Hrsg.): Geschichte der Bundesrepublik Deutschland. 5 Bde. Stuttgart/Wiesbaden 1981–87.

Bruns, W.: Deutsch-deutsche Beziehungen. Opladen 4. A. 1984.

Buchheim, H.: Deutschlandpolitik 1949 bis 1972. Der politisch-diplomatische Prozeß. Schriftenreihe der Vierteljahreshefte für Zeitgeschichte, Bd. 49, Stuttgart 1984.

Bucylowski, U.: Kurt Schumacher und die deutsche Frage. Sicherheitspolitik und strategische Offensivkonzeption von August 1950 bis September 1951. Stuttgart 1973.

v. Buttlar, W.: Ziele und Zielkonflikte in der sowjetischen Deutschlandpolitik 1945–1947. Stuttgart 1980.

Davison, W. Ph.: Die Blockade von Berlin. Modellfall des kalten Krieges. Frankfurt/Berlin 1959.

Deuerlein, E.: Deklamation oder Ersatzfriede? Die Konferenz von Potsdam. Stuttgart 1970.

Diepenthal, W.: Drei Volksdemokratien. Ein Konzept kommunistischer Machtstabilisierung und seine Verwirklichung in Polen, der Tschechoslowakei und der Sowjetischen Besatzungszone Deutschlands 1944–1948. Köln 1974.

Dittmann, K.: Adenauer und die deutsche Wiedervereinigung. Die politische Diskussion des Jahres 1952. Düsseldorf 1981.

DDR-Handbuch. Wissenschaftl. Leitung H. Zimmermann, Hrsg. v. Bundesminister für innerdeutsche Beziehungen. Köln 3. A. 1985.

Fischer, A.: Sowjetische Deutschlandpolitik im Zweiten Weltkrieg 1941–1945. Stuttgart 1975.

Foschepoth, J. (Hrsg.): Deutschland in der Nachkriegspolitik der Alliierten. Stuttgart 1984.

ders. (Hrsg.): Kalter Krieg und deutsche Frage. Deutschland im Widerstreit der Mächte 1945–1952. Göttingen 1985.

ders./Steininger, R.: Die britische Deutschland- und Besatzungspolitik 1945–1949. Paderborn 1985.

Fritsch-Bournazel, R.: Die Sowjetunion und die deutsche Teilung. Die sowjetische Deutschlandpolitik. 1945–1979. Opladen 1979.

Frohn, A.: Neutralisierung als Alternative zur Westintegration. Die Deutschlandpolitik der USA 1945–1949. Frankfurt 1985.

Geschichte der sowjetischen Außenpolitik 1917–1970. Redaktion: B. N. Ponomarev, A. A. Gromyko, V. M. Chvostov. 2 Bde. Ost-Berlin 1969/1971.

Geyer, D.: Von der Kriegskoalition zum kalten Krieg. In: ders. (Hrsg.): Osteuropa-Handbuch: Sowjetunion, Außenpolitik I (1917–1955); Köln 1972, S. 343 ff.

Gimbel, J.: Amerikanische Besatzungspolitik in Deutschland 1945–1949. Frankfurt 1971.

Görtemaker, M.: Die unheilige Allianz. Die Geschichte der Entspannungspolitik 1943–1979. München 1979.

Gotto, K./Maier, H./Morsey, R./Schwarz, H.-P.: Konrad Adenauer. Seine Deutschland- und Außenpolitik 1945–1963. dtv-Tb. 1151, 1973.

Graml, H.: Die Alliierten und die Teilung Deutschlands. Konflikte und Entscheidungen 1941–1948. Fischer-Tb. 4310, 1985.

Grebing, H./Pozorski, P./Schulze, R.: Die Nachkriegsentwicklung in Westdeutschland 1945–1949. 2 Bde. Stuttgart 1980.

Grewe, W.: Die deutsche Frage in der Ost-West-Spannung. Herford 1986.

Grosser, A.: Frankreich und seine Außenpolitik 1944 bis heute. München 1986.

ders.: Geschichte Deutschlands seit 1945. Eine Bilanz. dtv 1007, 8. A. 1980.

Grube, F./Richter, G.: Die Schwarzmarktzeit. Deutschland zwischen 1945 und 1948. Hamburg 1979.

dies.: Flucht und Vertreibung. Deutschland zwischen 1944 und 1947. Hamburg 1980.

dies.: Die Gründerjahre der Bundesrepublik. Deutschland zwischen 1945 und 1955. Hamburg 1981.

Gruner, G./Wilke, M. (Hrsg.): Sozialdemokratie im Kampf um die Freiheit. Die Auseinandersetzungen zwischen SPD und KPD in Berlin 1945/46. München 2. A. 1981.

Haack, D./Hoppe, H.-G. u. a. (Hrsg.): Das Wiedervereinigungsgebot des Grundgesetzes. Köln 1989.

Habel, F. P./Kistler, H.: Entscheidungen in Deutschland 1949–1955. Die Kontroversen um die außen-, deutschland- und wirtschaftspolitische Orientierung der Bundesrepublik Deutschland. Reihe „Kontrovers", hrsg. v. d. Bundeszentrale für politische Bildung. Bonn 3. A. 1987.

Hacker, J.: Sowjetunion und DDR zum Potsdamer Abkommen. Köln 2. A. 1969.

Haftendorn, H.: Sicherheit und Entspannung: Zur Außenpolitik der Bundesrepublik Deutschland 1955–1982. Baden-Baden 1983.

Handzik, H.: Die Revisionismus-Debatte in den Vereinigten Staaten. Zur Auseinandersetzung über die Ursachen des kalten Krieges. Ebenhausen 1974.

Heinemann, M. (Hrsg.): Umerziehung und Wiederaufbau. Die Bildungspolitik der Besatzungsmächte in Deutschland und Österreich. Stuttgart 1981.

Herbst, L. (Hrsg.): Westdeutschland 1945–1955. Unterwerfung, Kontrolle, Integration. Schriftenreihe der Vierteljahreshefte für Zeitgeschichte, Sondernummer. München 1986.

Hillgruber, A.: Deutsche Geschichte 1945–1986. Die „deutsche Frage" in der Weltpolitik. Urban-Tb. 360. 6. A. 1987

ders.: Europa in der Weltpolitik der Nachkriegszeit 1945–1963. München 3. A. 1987.

ders.: Sowjetische Außenpolitik im Zweiten Weltkrieg. Königstein/Düsseldorf 1979.

Hoebink, H.: Westdeutsche Wiedervereinigungspolitik 1949–1961. Meisenheim 1978.

Hoensch, J. K.: Sowjetische Osteuropapolitik 1945–1975. Düsseldorf 1977.

Hoffmann, J./Ripper, W. (Hrsg.): Die beiden deutschen Staaten und ihre Integration in die Paktsysteme (1949–1955). Frankfurt a. M. 1984.

Jacobmeyer, W. (Hrsg.): Deutschlandbild und Deutsche Frage in den historischen, geographischen und sozialwissenschaftlichen Unterrichtswerken der Bundesrepublik Deutschland und der Deutschen Demokratischen Republik von 1949 bis in die 80er Jahre. Schriftenreihe des Georg-Eckert-Instituts. Bd. 43. Braunschweig 1986.

Jacobsen, H.-A./Leptin, G./Scheuner, U./Schulz, E. (Hrsg.): Drei Jahrzehnte Außenpolitik der DDR. München/Wien 1979.

Jeismann, K.-E. (Hrsg.): Einheit – Freiheit – Selbstbestimmung. Die deutsche Frage im historisch-politischen Bewußtsein. Schriftenreihe der Bundeszentrale für politische Bildung. Bd. 255. Bonn 1987.

Kaden, A.: Einheit oder Freiheit? Die Wiedergründung der SPD 1945/46. Berlin 2. A. 1980.

Kettenacker, L.: Krieg zur Friedenssicherung. Die Deutschlandplanung der britischen Regierung während des Zweiten Weltkrieges. Göttingen/Zürich 1989.

Kistler, H.: Die Ostpolitik der Bundesrepublik Deutschland 1966–1973. Reihe „Kontrovers", hrsg. v. d. Bundeszentrale für politische Bildung. Bonn 1982.

ders.: Die Bundesrepublik Deutschland. Vorgeschichte und Geschichte 1945–1983. Schriftenreihe der Bundeszentrale für politische Bildung, Bd. 229. Bonn 1985.

Kleßmann, Chr.: Die doppelte Staatsgründung. Deutsche Geschichte 1945–1955. Göttingen 4. A. 1986.

ders.: Zwei Staaten, eine Nation. Deutsche Geschichte 1955–1970. Göttingen 1988.

Krieger, W.: General Lucius D. Clay und die amerikanische Deutschlandpolitik 1945–1949. Stuttgart 1987.

Lehmann, H.G.: Der Oder-Neiße-Konflikt. München 1979.

Loth, W.: Die Teilung der Welt. Geschichte des kalten Krieges 1941–1955. dtv 4012, 6. A. 1987.

ders.: Ost-West-Konflikt und deutsche Frage. dtv 11074, 1989.

März, P.: Die Bundesrepublik zwischen Westintegration und Stalin-Noten. Zur deutschlandpolitischen Diskussion 1952 in der Bundesrepublik vor dem Hintergrund der westlichen und der sowjetischen Deutschlandpolitik. Frankfurt/Bern 1982.

Marienfeld, W.: Das Deutschlandproblem in seiner geschichtlichen Entwicklung. Hannover 2. A. 1985.

Mastny, V.: Moskaus Weg zum kalten Krieg. München 1980.

Meyer-Landrut, N.: Frankreich und die deutsche Einheit. Die Haltung der französischen Regierung und Öffentlichkeit zu den Stalin-Noten 1952. Schriftenreihe der Vierteljahreshefte für Zeitgeschichte, Bd. 56. München 1988.

Niclauß, K.H.: Kontroverse Deutschlandpolitik. Die politische Auseinandersetzung in der Bundesrepublik Deutschland über den Grundlagenvertrag mit der DDR. Frankfurt a.M. 1977.

ders.: „Restauration" oder Renaissance der Demokratie? Die Entstehung der Bundesrepublik Deutschland 1945–1949. Berlin 1982.

Noack, P.: Die Außenpolitik der Bundesrepublik Deutschland. Stuttgart 2. A. 1981.

Nolte, E.: Deutschland und der kalte Krieg. München 1974.

Overesch, M.: Deutschland 1945–1949. Vorgeschichte und Gründung der Bundesrepublik. ADT 7221, Düsseldorf 1979.

ders.: Die Deutschen und die Deutsche Frage 1945–1955. Hannover 1985.

ders.: Chronik deutscher Zeitgeschichte: Politik-Wirtschaft-Kultur. Bd. III, 1: Das besetzte Deutschland 1945–1947. Düsseldorf 1986.

Pfeiler, W.: Deutschlandpolitische Optionen der Sowjetunion. Melle 1987.

Roth, M.: Zwei Staaten in Deutschland. Die sozialliberale Deutschlandpolitik und ihre Auswirkungen 1969–1978. Opladen 1981.

Rovan, J.: Zwei Völker – eine Zukunft. Deutsche und Franzosen an der Schwelle des 21. Jahrhunderts. München 1986.

Rühe, J./Holzweißig, G.: 13. August 1961. Die Mauer von Berlin. Edition Deutschland Archiv. Köln 1981.

Scharf, C./Schröder, H.-J. (Hrsg.): Politische und ökonomische Stabilisierung Westdeutschlands 1945–1949. Fünf Beiträge zur Deutschlandpolitik der westlichen Alliierten. Wiesbaden 1977.

dies.: Die Deutschlandpolitik Großbritanniens und die britische Zone 1945–1949. Wiesbaden 1979.

dies.: Die Deutschlandpolitik Frankreichs und die französische Zone 1945–1949. Wiesbaden 1983.

Schmid, G.: Entscheidung in Bonn. Die Entstehung der Ost- und Deutschlandpolitik 1969/70. Bonn 1979.

Schwan, H./Steininger, R.: Besiegt – Besetzt – Geteilt. Von der Landung der Alliierten in der Normandie 1944 bis zur Teilung Deutschlands 1949. München 1979.

Schwarz, H.P.: Vom Reich zur Bundesrepublik. Deutschland im Widerstreit der außenpolitischen Konzeptionen in den Jahren der Besatzungsherrschaft 1945–1949. Stuttgart 2. A. 1980.

ders./Meißner, B.: Entspannungspolitik in Ost und West. Bonn/Köln 1979.

Schwarz, H.-P. (Hrsg.): Berlin-Krise und Mauerbau. Bonn 1985.

ders.: Die Legende von der verpaßten Gelegenheit. Die Stalin-Note vom 10. März 1952. Stuttgart/Zürich 1982.

ders. (Hrsg.): Handbuch der deutschen Außenpolitik. 2. A. München/Zürich 1976.

ders. (Hrsg.): Entspannung und Wiedervereinigung. Stuttgart 1979.

Staritz, D.: Die Gründung der DDR. Von der sowjetischen Besatzungsherrschaft zum sozialistischen Staat. dtv 4524, 1984.

Steininger, R.: Deutsche Geschichte 1945–1961. Darstellung und Dokumente. 2 Bde. Fischer-Tbb. 4315/16, 1983.

Steininger, R.: Eine vertane Chance. Die Stalin-Note vom 10. März 1952 und die Wiedervereinigung. Bonn 1985.

Spittmann, I./Fricke, K.W. (Hrsg.): 17. Juni 1953. Arbeiteraufstand in der DDR. Köln 1982.

Spittmann, I. (Hrsg.): Die SED in Geschichte und Gegenwart. Edition Deutschland Archiv. Köln 1987.

Thomas, S.: Entscheidung in Berlin. Zur Entstehungsgeschichte der SED in der deutschen Hauptstadt 1945/1946. Ost-Berlin 2. A. 1967.

Tyrell, A.: Großbritannien und die Deutschlandplanung der Alliierten 1941–1945. Frankfurt 1987.

Vogelsang, Th.: Das geteilte Deutschland. dtv 4011, 10. A. 1980.

Wagenlehner, G. (Hrsg.): Die deutsche Frage und die internationale Sicherheit. Koblenz 1988.

Weber, H.: Geschichte der DDR. dtv 4430, 2. A. 1986.

Weidenfeld, W. (Hrsg.): Nachdenken über Deutschland. Materialien zur politischen Kultur der deutschen Frage. Köln 1985.

ders. (Hrsg.): Geschichtsbewußtsein der Deutschen. Materialien zur Spurensuche einer Nation. Köln 1987.

ders./Zimmermann, H. (Hrsg.): Deutschland-Handbuch. Eine doppelte Bilanz 1949–1989. Bonn 1989.

Westdeutschlands Weg zur Bundesrepublik 1945–1949. Beiträge von Mitarbeitern des Instituts für Zeitgeschichte. Beck'sche Schwarze Reihe Bd. 137. München 1976.

Wettig, G.: Das Vier-Mächte-Abkommen in der Bewährungsprobe. Berlin im Spannungsfeld von Ost und West. Berlin 1981.

ders.: Entmilitarisierung und Wiederbewaffnung Deutschlands 1943–1955. München 1967.

ders.: Die Sowjetunion, die DDR und die Deutschland-Frage 1965–1976. Einvernehmen und Konflikt im sozialistischen Lager. Stuttgart 1976.

Wetzlaugk, U.: Die Alliierten in Berlin. Berlin 1988.

Ziebura, G.: Die deutsch-französischen Beziehungen seit 1945. Mythen und Realitäten. Pfullingen 1970.

Zieger, G.: Die Haltung der SED und DDR zur Einheit Deutschlands 1949–1987. Köln 1988.

VERZEICHNIS DER BILDQUELLEN

Außerdem:

Bibliotheken der Stadt Dortmund,
Institut für Zeitgeschichte (Strichzeichnungen von Thomas Theodor Heine): S. 13

Wilhelm-Busch-Museum Hannover,
Deutsches Museum für Karikaturen und kritische Grafik (Strichzeichnungen von H.E. Köhler): S. 56, 104, 131, 137, 141, 150, 152, 160, 171,
178, 184, 207, 219

Verwertungsgesellschaft Bild-Kunst Bonn (Strichzeichnungen von A. Paul Weber): S. Titelblatt, 47, 140

*Die Niedersächsische Landeszentrale für politische Bildung dankt allen Rechteinhabern für die freundlichst erteilten Abdruckgenehmigungen.
Wo es trotz intensiver Bemühungen in Einzelfällen nicht gelungen ist, Kontakte zu Rechteinhabern herzustellen,*
– vor allem dann, wenn die Strichzeichnungen drei bis vier Jahrzehnte zurückliegen
– oder Zeitungen, denen sie entnommen sind, ihr Erscheinen seit längerem eingestellt haben,
werden die Rechteinhaber gebeten, sich gegebenenfalls mit der Landeszentrale in Verbindung zu setzen.

DER VERFASSER:

Wolfgang Marienfeld
Dr. phil., Professor für Geschichte und ihre Didaktik im Fachbereich Erziehungswissenschaften der Universität Hannover.

Veröffentlichungen:

– Konferenzen über Deutschland.
  Die alliierte Deutschlandplanung und -politik 1941–1949.
  Hannover 1962

– (zus. m. W. Osterwald) Die Geschichte im Unterricht.
  Düsseldorf 1966

– Geschichte im Lehrbuch der Hauptschule.
  Stuttgart 1972

– Ur- und Frühgeschichte im Unterricht.
  Frankfurt 1979

– Jüdische Lehrerbildung in Hannover, 1848–1923.
  Hannoversche Geschichtsblätter. NF Bd. 36, H. 1/2 Hannover 1982

– Das Deutschlandproblem in seiner geschichtlichen Entwicklung.
  Hannover 2. A. 1985

– (zus. m. M. Overesch) Deutschlandbild und Deutsche Frage in den Geschichtsbüchern der Bundesrepublik Deutschland und den Richtlinien der Länder.
  In: W. Jacobmeyer (Hrsg.): Deutschlandbild und Deutsche Frage in den historischen, geographischen und sozialwissenschaftlichen Unterrichtswerken der Bundesrepublik Deutschland und der Deutschen Demokratischen Republik von 1949 bis in die achtziger Jahre.
  Braunschweig 1986

– Der Historikerstreit.
  Hannover 1987